Gert Lange
Sonne, Sturm und weiße Finsternis

Schriften des Deutschen Schiffahrtsmuseums

Für das Deutsche Schiffahrtsmuseum
herausgegeben von Uwe Schnall

Band 43

In Zusammenarbeit mit dem
Alfred-Wegener-Institut
für Polar- und Meeresforschung

Gert Lange

Sonne, Sturm und weiße Finsternis

Eine Chronik
der ostdeutschen Antarktisforschung

Kabel

© 1996, Deutsches Schiffahrtsmuseum, Bremerhaven,
und Ernst Kabel Verlag, Hamburg
Redaktion und Layout: Dr. Uwe Schnall
Umschlag: Peter Albers
Satz und Reproduktion: KCS GmbH, Buchholz/Hamburg
Druck und Bindung: Westermann Druck Zwickau GmbH, Zwickau
ISBN 3-8225-0334-7

Inhaltsverzeichnis

Vorwort — 7

1959–1961
5. Sowjetische Antarktisexpedition — 9
Günter Skeib
Gefangene der Insel — 10

1960–1962
6. Sowjetische Antarktisexpedition — 15
Stephan Klemm
Hauptobservatorium Mirny — 16
Peter Glöde
Auf Empfangsstation an der Prawda-Küste — 21

1961–1963
7. Sowjetische Antarktisexpedition — 26
Joachim England
Ein ganz unnormal schöner Tag — 27

1962–1964
8. Sowjetische Antarktisexpedition — 32
Joachim Liebert
Südliche Sterne im Fadenkreuz — 33
Günter Leonhardt
Das Inferno — 37

1964–1966
10. Sowjetische Antarktisexpedition — 46
Claus Elstner
Schwereanschlußmessung Potsdam – Mirny — 47
Tankred Schmidt
Unterwegs auf dem Inlandeis — 51

1967–1969
13. Sowjetische Antarktisexpedition — 57
Peter Glöde
Wie die ersten Bilder entstanden — 58
Hartwig Gernandt/Joachim Hofmann
Antarktika aus kosmischer Sicht — 60

1968–1970
14. Sowjetische Antarktisexpedition — 64
M. Martin Schneider
Wostok – Ein Jahr im Inneren des Kontinents — 65
Hans Driescher
Nachts, wenn der Himmel leuchtet — 69

1971–1973
17. Sowjetische Antarktisexpedition — 75
Reinhard Dietrich
Das Lager am Abendberg — 76
Artur Zielke
8000 Kilometer über Eis und Schnee — 82
Klaus Dreßler
Kreuz und quer über die Berge der Freundschaft — 86
Siegfried Meier
Helikopter-Sprünge — 91

1973–1975
19. Sowjetische Antarktisexpedition — 96
Georg Dittrich
Das Hüttendreieck auf dem Inlandeis — 97
Alfred Helbig
Temperaturprofile im Gletscherwind — 103
Joachim Hofmann
An den Nunatakkern der Prince Charles Mountains — 106

1974–1976
20. Sowjetische Antarktisexpedition — 114
Georg Schrader
Beobachtungen eines Arztes — 115

1975–1977
21. Sowjetische Antarktisexpedition — 123
Hartwig Gernandt
Ein Observatorium entsteht — 124
Detlef Hebert
Radionuklide in Antarktika — 131

1976–1978
22. Sowjetische Antarktisexpedition 137
Hans-Jürgen Paech
Als Geologe in den Read Mountains 138

1977–1979
23. Sowjetische Antarktisexpedition 143
Rainer Hoyer
Im Spaltennetz des Hays-Gletschers 144
Gerhard Strauch
Der Marsch durch die Oase 149

1978–1980
24. Sowjetische Antarktisexpedition 156
Klaus Peukert
Expeditionsglück, Expeditionsleid 157
Wilfried Richter
Leben in der Felswüste 162

1979–1981
25. Sowjetische Antarktisexpedition 167
Klaus Odening
Warum Robben und Pinguine gezählt werden 168
Werner Passehl
Auf in neue unbekannte Gebiete! 173

1980–1982
26. Sowjetische Antarktisexpedition 176
Wolf-Dieter Hermichen
Erdgeschichte in Eis geschrieben 177
Martin Rauschert
Tauchen unter Eis 182

1981–1983
27. Sowjetische Antarktisexpedition 193
Conrad Kopsch
Mit den Augen des Magnetikers 194

1982–1984
28. Sowjetische Antarktisexpedition 199
Wolfgang Krüger
Was geschieht, wenn das Eis geschmolzen ist? 200

1983–1985
29. Sowjetische Antarktisexpedition 204
Gerald Müller
Erlebnisse eines Technikers 205

1984–1986
30. Sowjetische Antarktisexpedition 211
Peter Plessing
Dem antarktischen Ozon auf der Spur 212

1985–1987
31. Sowjetische Antarktisexpedition 218
Rainer Mönke
Mit dem Schlauchboot durch die Maxwell Bay 219

1986–1988
32. Sowjetische Antarktisexpedition 225
Werner Stackebrandt
Der Schlittenzug zum Wohlthatmassiv 226

1987–1989
1. Antarktisexpedition 233
Günther Peters/Reiner Frey
Y3G – »Georg Forster« sendet 234

1988–1990
2. Antarktisexpedition 238
Helmut Pankow
Von »Tintenstrichen« und Algenteppichen 239

1989–1991
3. Antarktisexpedition 243
Ulf Bauerschäfer
Vom Humboldtgebirge zur Untersee-Oase 244

1990–1992
Gert Lange
Auftakt im Ausklang 256

1994–1996
Das große Reinemachen 262

Anhang
Bodo Tripphahn
Aus der Werkstatt der Expeditionen 275
Gert Lange
Populäre Forschungschronik als Vermittlerwerk 284

Register 288

Vorwort

Dieses Buch soll ein Augenzeugenbericht über die Antarktisforschung der DDR sein. Es vereint Erlebnis- und Ergebnisberichte von 42 Polarforschern, von denen viele mehrmals in der Antarktis gearbeitet haben. Diese Erinnerungen repräsentieren jenen »östlichen Arm« des nach dem Zweiten Weltkrieg geteilten Flusses deutscher Polarforschung, der »durch karges Land« floß, wie Professor Gotthilf Hempel, der frühere Direktor des Alfred-Wegener-Instituts in Bremerhaven, einmal sagte.

Der Zusammenbruch des staatlichen Systems DDR beendete das Kapitel der separaten ostdeutschen Polarforschung. Zäsuren ermöglichen uns, die Ereignisse eines überschaubaren Zeitraumes zu dokumentieren. Und zwar in der Abfolge ihres Geschehens. Auf diese Weise ergibt sich eine Art Chronik der DDR-Polaraktivitäten. Doch man kann den hier erfaßten Entwicklungsabschnitt auch aus wissenschaftsinterner Sicht betrachten, nämlich als die Chronik der von Potsdam aus koordinierten Antarktisforschung. Potsdam war über Jahrzehnte, neben Bremerhaven, *die* Wiege bedeutsamer Polarexpeditionen. Potsdam war in Methodik und Engagement schulebildend, und von diesem brandenburgischen Forschungszentrum reichten vielfältige Verästelungen noch in entfernteste Orte.

Die ostdeutschen Wissenschaftler sind seit 1959 regelmäßig in die Antarktis gefahren. Und sie haben trotz mitunter widriger Umstände wichtige Ergebnisse heimgebracht. Die reichhaltige Ausbeute an Daten und neuen Einsichten kann in diesem Buch nur zu einem kleinen Teil wiedergegeben werden. Herausgeber und Redakteur wollten kein Fachbuch produzieren, und wahrscheinlich bedürfte die Gesamtschau ohnehin mehrerer Monographien.

Als die DDR zu bestehen aufhörte, stand die Frage, was mit den polaren Forschungskapazitäten geschehen solle. Sie waren vom Wissenschaftsrat des Bundesrepublik hervorragend bewertet worden. Die Gutachter empfahlen mit Nachdruck, dieses Erfahrungspotential für die deutsche Polarforschung zu erhalten. In den anschließenden Diskussionen wurde hervorgehoben, daß das Kristallisationszentrum solcher eigenständig gewachsenen »Perle der außeruniversitären Wissenschaft« vernünftigerweise in den neuen Bundesländern verbleiben solle.

Es entstand der Plan, die Identität der ostdeutschen Polarwissenschaften in Form einer Forschungsstelle des Alfred-Wegener-Instituts für Polar- und Meeresforschung (AWI), Bremerhaven, zu wahren. Ein glücklicher Umstand begünstigte dieses Experiment: Die Polarforscher der Bundesrepublik und der DDR waren getrennte Wege gegangen, aber es gab bei den verschiedenen Themen und Projekten kaum Doppelarbeit. Die westliche Seite hatte sich mehr auf die marinen Bereiche konzentriert, die östliche mehr auf kontinentale Unternehmungen wie die Erforschung von Küstenoasen, Schlittenzüge über das Inlandeis und stationäre Atmosphären-Sondierungen. Die Arbeitsprogramme ergänzten sich auf vorteilhafte Weise. Seit dem 1. Januar 1992 gibt es die Forschungsstelle des AWI auf dem Potsdamer Telegrafenberg.

Seitdem verflechten sich die Kooperationsstränge zunehmend auch mit anderen Institutionen der alten und neuen Bundesländer. Daß die in der deutschen wie in der internationalen Polarforschung überlieferten Arbeitsrichtungen auf dem Potsdamer Telegrafenberg noch verstärkt werden sollen, ist besonders erfreulich.

Ein Teil der Berichte wurde bereits vor Jahren geschrieben. Sie sind im Grunde nur aus dem gesellschaftlichen Umfeld und dem damaligen Stand der Wissenschaften heraus zu verstehen. Ein älterer Polarforscher meinte, daß es zu spät sei, eine Retrospektive, wie wir sie vorhatten, als zeitgenössische Wissenschaft auszugeben, und zu früh, sie so zu lesen wie einen Bericht von Drygalski oder Wegener. Es entspricht dem besonderen Charakter dieses Buches, alte und neue Texte jetzt, da dieses Teilkapitel der deutschen Polarforschung zu Ende gegangen ist, vorzulegen.

Vielleicht ist der Leser geneigt, die früheren Texte als Zeugenaussagen aufzunehmen, mit all ihren zeitbedingten Gegebenheiten. Sie aus heutiger Sicht umzuschreiben, schien unangebracht; sie hätten vieles an

Frische der Erinnerung eingebüßt, und der entbehrungsreiche Kampf um wissenschaftliche Ergebnisse mit oft unzulänglichen Mitteln, über die ein Doktorand der neunziger Jahre vielleicht nur lächeln kann, wären geglättet oder gar nicht erwähnt worden.

Zum Kolorit der ostdeutschen Polarexpeditionen gehört, daß sie – mit selbstbestimmten wissenschaftlichen Programmen – in die Sowjetischen Antarktisexpeditionen (SAE) integriert waren. Dadurch konnte eine starke Logistik einschließlich Polarflotte, Flugzeugen, gut versorgten Basisstationen genutzt werden, und die deutschen Forscher hatten Gelegenheit, in Gebiete zu gelangen, in die sie ohne diese Hilfe nie gekommen wären. Vielleicht bereiten derlei Umstände speziell jüngeren Lesern einige Schwierigkeiten. Aber wir nehmen an, sie verstehen, wer gemeint ist, wenn die Autoren von »sowjetischen« Kollegen sprechen, und wissen, daß St. Petersburg einst Leningrad geheißen hat.

Schließlich möchten wir allen Wissenschaftlern danken, die, ungeübt im Reportieren und meist auch im Fotografieren, ihr Bestes gegeben haben, um in möglichst lebendiger Weise über ihre Expeditionen zu berichten und, was sie erkannt haben, so darzustellen, daß es ein aufgeschlossener Mensch auch versteht. Wenn es uns gelingt, etwas vom Geist der Polarforschung in der ehemaligen DDR auch jüngeren Lesern zu vermitteln, dann haben wir unsere Aufgabe erfüllt.

Prof. Dr. Max Tilzer
Direktor des Alfred-Wegener-Instituts
für Polar- und Meeresforschung
Bremerhaven

1959–1961

5. Sowjetische Antarktisexpedition (SAE)
Mirny

Das Gebiet der Davis-See ist für deutsche Antarktisfahrer mit einer gewissen Tradition verbunden. Hierhin führte Erich von Drygalski seine Südpolarexpedition. Am 21. Februar 1902 sichtete er von Bord des Dreimastschoners GAUSS eine völlig vereiste Erhebung, die er als übergletschertes Land deutete. Während eines Ballonaufstiegs am 29. März bis in 500 m Höhe bestätigte sich die Beobachtung. Es war jene Insel, die heute Drygalskis Namen trägt, die der Pionier der deutschen Polarforschung aber nicht betreten hat.

Dem Meteorologen Günter Skeib war es 1960 vergönnt, gemeinsam mit zwei russischen Kameraden erstmalig auf der Drygalski-Insel für längere Zeit zu leben und zu arbeiten. Er überwinterte dort und registrierte regelmäßig meteorologische Werte. Zusammen mit den Beobachtungen zweier anderer nach Norden vorgeschobener Außenposten entstand so ein genaueres Bild vom Wetterablauf im Küstenbereich von Mirny.

Diese entbehrungsreichen vierzehn Wochen Günter Skeibs auf der Drygalski-Insel waren jedoch nur ein Teil des Arbeitsprogramms der DDR-Meteorologen. Sie waren am 19. Januar in die Station Mirny eingeflogen worden, wo sie in zwei aneinandergebauten Polarhütten ein kleines Laboratorium einrichteten. Darin hatte Joachim Kolbig umfangreiche gläserne Gerätschaften und Apparaturen aufgebaut, die den Transport zum Glück gut überstanden hatten, um den Ozon- und den Kohlendioxidgehalt der bodennahen Luft mit chemischen Methoden zu ermitteln. Beide Analysenreihen ließen Aussagen über großräumige atmosphärische Luftbewegungen zu.

Der Ozongehalt der höheren Atmosphäre wurde mit einem elektro-optischen, sogenannten Dobson-Spektrometer bestimmt, das auf dem Dach der Laboratoriumshütte seinen Platz fand. Diesen Arbeiten, die nichts mit dem damals noch unbekannten »Ozonloch« zu tun hatten, widmete sich vor allem Christian Popp. Die Meßkampagne vom Februar 1960 bis Januar 1961 sollte das natürliche jahreszeitliche Verhalten des Ozons über Antarktika aufklären helfen. Die Daten zeigten ein winterliches Ozonminimum um 320 Dobsoneinheiten (Maß für den Gesamtozongehalt der Atmosphäre) im April und eine Zunahme auf mehr als 470 Dobsoneinheiten gegen Ende Oktober. Sie fügten sich in die spärlichen Kenntnisse ein, die man seinerzeit vom Jahresgang des Ozons mit einem Maximum im Südsommer, also von November bis Januar, und einem Minimum im Winter, zwischen März und Mai, hatte.

Skeibs Hauptaufgabe war die Untersuchung des Strahlungshaushaltes der antarktischen Inlandeisoberfläche, das heißt, es sollte festgestellt werden, welche Energiemengen der Erdoberfläche in Form von Strahlung im Laufe eines Tages, Monats und Jahres zugute kommen. Fernziel solcher Meßreihen ist es, eine Strahlungsbilanz (mit Einnahmen- und Ausgabenseite) Antarktikas aufzustellen.

Die erste Polarmannschaft der DDR war natürlich bemüht, neben exakten wissenschaftlichen Ergebnissen auch viele praktische Erfahrungen über die Arbeitsweise und die besonderen Schwierigkeiten einer antarktischen Expedition in die Heimat mitzubringen. Deshalb nahm sie, soweit es die eigenen Arbeiten zuließen, am Routine-Beobachtungsdienst der sowjetischen aerometeorologischen Abteilung teil und selbstverständlich auch an vielen Einsätzen, die zur Aufrechterhaltung des Betriebes der Station Mirny notwendig waren.

Die Expedition ging tragisch zu Ende. Bei einer Brandkatastrophe in einer tief ins Eis versunkenen Wohnunterkunft starben acht Polarforscher, unter ihnen Christian Popp. Vor dem Meteorologischen Observatorium in Potsdam erinnert ein Gedenkstein an den Tod des Wissenschaftlers.

Gefangene der Insel

Günter Skeib

Der Winter des Jahres 1960 war für uns nicht deshalb ungewöhnlich, weil er im April begann und im September zu Ende ging. Auf 66 Grad südlicher Breite vor der Küste Antarktikas ist das nun einmal so. Doch wir hatten uns vorgenommen, während der härtesten Winterzeit, vom Mai bis zum August, in einem Zelt zuzubringen und auf einer Insel mitten im Eis der Davis-See zu leben. Kaum zwei Monate hatte ich, zusammen mit Christian Popp und Joachim Kolbig, als Meteorologe in Mirny gearbeitet, und schon packte mich wieder die Neugier nach dem unbekannten Land, ja, ich wurde unruhig, wenn ich nach Süden, über die weißschimmernde Fläche des Inlandeises schaute oder wenn die Flugzeuge über unser Haus davonflogen zu fernen Eisinseln und einsamen Bergketten an der Küste. Deshalb meldete ich mich sofort, als auf der etwa 90 km nördlich von Mirny gelegenen Drygalski-Insel die Außenstation Mir gegründet werden sollte. Man redete mir keinesfalls zu – vielleicht, weil ich damals schon vierzig Lenze hinter mir hatte. Aber wer sich mit vierzig bereits zu den »alten Herren« rechnet, ist selbst schuld. Ich hatte keine Illusionen. Gewiß ist das Leben in Mirny unvergleichlich härter als in heimatlichen Gefilden; doch das Leben im Polarzelt während des antarktischen Hochwinters würde sich wiederum wesentlich härter gestalten als in Mirny. Aber sollte es nicht gerade auch deshalb schön sein? Vielleicht auch war die Faszination, die von dem Namen und den Schriften des deutschen Antarktisforschers Erich von Drygalski ausging, nicht ohne Einfluß auf mich. Die von Drygalski entdeckte Insel weckte mein besonderes Interesse. Entscheidend aber war wohl der Drang des Wissenschaftlers, den noch unbekannten Dingen und Erscheinungen durch eigenes Anschauen, Erleben, Untersuchen auf den Grund zu kommen.

Die Drygalski-Insel ist keine Insel im landläufigen Sinne. Zwar wurde sie auf bisherigen Antarktiskarten wie eine richtige, aus Felsuntergrund bestehende Insel verzeichnet, aber in Wirklichkeit besteht sie nur aus einem riesigen, auf dem Meeresboden festgefrorenen Eissockel von annähernd elliptischer Grundfläche. Ihre Durchmesser betragen 20 bzw. 13 km. Die Küstenlinie wird von einer etwa 30 m hohen, steil abfallenden Eisbarriere gebildet. Die Oberfläche ist aber linsenförmig gewölbt, ihre Kuppe liegt fast 300 m über dem Meeresspiegel, und dieser ganze riesige Eisblock ruht in etwa 100 m Meerestiefe auf einer unterseeischen Erhebung. Die Drygalski-Insel ist wahrlich eines der eigenartigsten geographischen Gebilde, die ich kennengelernt habe. Kein Wunder, daß Erich von Drygalski, als er diesen Koloß sichtete, annahm, es handele sich um einen nördlichen Ausläufer des antarktischen Festlandes. Erst in den Jahren 1957/58 wurde die wirkliche Struktur dieser »Insel« von sowjetischen Wissenschaftlern eingehend erforscht.

Ich sah voller Spannung auf die trostlos einförmige Fläche hinunter, als unsere zweimotorige Li-2 in steilen Kurven tiefer ging und der Pilot einen Landeplatz suchte. Die heftigen Stürme haben lange, parallele Schneeverwehungen hinterlassen, die vom Wind festgepreßt sind. Die Maschine macht mehrere hohe Luftsprünge, dann setzen die Kufen hart auf. Die Mittagssonne steht tief über dem Horizont. Ihr goldfarbenes, orange getöntes Licht wirkt gar nicht mittäglich, sondern ruft eine rechte Abendstimmung hervor.

Ich springe aus der Maschine. Sascha Smirnow, unser Aerologe, und Pawel Kutusow, Thermophysiker der glaziologischen Gruppe, folgen nach. Ein seltsames Gefühl befällt uns bei dem Gedanken, daß wir nun zu dritt drei Monate in dieser Einöde arbeiten werden. Als die Flugzeugmotoren verstummt sind, spüren wir die unwahrscheinliche Stille über der Insel. Oskar Kritschak, der Leiter der aerologischen Abteilung in Mirny, steigt bedächtig die schmale Aluminiumleiter an der Kabinentür herab. »Na, dann man los, Kinder, wir haben keine Zeit zu verlieren!«

Schon fliegen uns Säcke, Bündel und Kisten aus der Kabine entgegen. Wir stapeln alles so schnell und gut es geht. Dann machen sich Sascha und Pawel in aller Eile daran, das Aluminiumgestänge unseres Wohnzeltes zusammenzusetzen, während Oskar und ich eine flache Grube im Schnee ausheben, in der das Zelt einen festen Halt finden soll.

Die Flugzeugbesatzung drängt auf baldigen Abflug. Mirny meldet Wetterverschlechterung. Oskar Kritschak muß uns verlassen. Er schlägt mir kräftig auf die Schulter. »Machen Sie es gut, Günter«, sagt er. »Der deutsche Polarforscher Drygalski hat diese Insel als erster gesehen, Sie werden nun als erster Deutscher hier überwintern.« Seine lustigen Augen blinzeln mich bei diesen Worten bedeutungsvoll an. Oskar würzt seine Worte stets mit einer feinen Ironie, und man weiß mitunter nicht, was Ernst, was Schalk ist. Zeit, darüber nachzusinnen, habe ich nicht; Oskar weiß auch, daß uns in diesem Augenblick jeder Sinn für Romantik und erhabene Gefühle fehlt. Wir denken an das Nächstliegende. Wird das Zelt vor der heranziehenden Wetterfront sicher stehen? Können wir die vielen Ausrüstungsgegenstände und Proviantkisten noch vor Einbruch der Dunkelheit sturmfest stapeln?

Wir arbeiten, daß uns bei minus 20 Grad Celsius der Schweiß das Gesicht herunterläuft, schleppen alles an einem geeigneten Platz zusammen, legen das Zelt mit Matratzen und Rentierfellen aus, braten dann – müde und hungrig – unter klarem, kaltem Sternenhimmel die ersten Beefsteaks.

Als wir nachts in unseren Schlafsäcken liegen, braust der Wind mächtig über die Eiskappe der Insel. Er rüttelt das Zelt, dessen Gestänge beängstigend quietscht und ächzt. Immer wieder wachen wir von dem Lärm auf. Doch daran sollten wir uns in den nächsten Wochen gewöhnen, wie auch an manch andere Unbequemlichkeit, die ein Zeltleben in der winterlichen Antarktis mit sich bringt.

Schwierig ist zum Beispiel die Essenzubereitung. Am ersten Morgen versuche ich, draußen in den Kisten etwas Eßbares zu finden. Es ist stockfinster, denn die Sonne geht hier im Mai erst gegen elf Uhr vormittags auf. Halb vom Schnee zugeweht liegt dort der Papiersack mit den Broten, irgendwie fingere ich aus einem Lattenverschlag zehn Eier heraus. Sie sind so eiskalt, daß ihre Schalen schmerzhaft an den Fingerspitzen klebenbleiben. Nun fehlt nur noch etwas Butter, und die notwendigsten Zutaten für ein Frühstück wären vorhanden. Aber mit dem Messer ist nicht ein Krümel von dem festgefrorenen Butterklotz abzubekommen. Da greife ich, von der morgendlichen Kälte angespornt, zur Axt und schlage munter drauflos, daß die Buttersplitter nur so durch die Luft sausen. Schließlich gelingt es mir, ein größeres Stück abzuklauben.

Natürlich sind auch die Brote steinhart gefroren. Sie müssen in den Zeltfirst gehängt werden, wo sie in einigen Stunden auftauen. Durch die Erfahrung gewitzt, taue ich auch gleich die Eier im heißen Teewasser erst einmal auf, ehe ich sie in den Tiegel schlage. So vergeht die Zeit mit vielen Vorbereitungen. Das Frühstück wird um die Mittagszeit serviert.

Nachmittags zimmern wir aus den Expeditionskisten einen kleinen Vorbau an den Zelteingang und zwar so, daß die Öffnungen der Kisten alle nach innen liegen. Auf diese Weise entsteht ein tunnelartiger Lagerraum. Lebensmittel, Geräte, Werkzeuge, alles ist zur Hand, ohne daß wir ins Freie gehen müssen. Lange hämmern Sascha und Pawel an dem Vorbau herum, bis alles schneedicht ist, während ich mit dem Aufbau der Wetterhütte zu tun habe. Am 21. Mai 1960 um ein Uhr mittags mache ich die erste normale Wetterbeobachtung auf der Drygalski-Insel.

Viel Arbeit hat Sascha mit dem Aufbau des aerologischen Zeltes, in dem die Radiosondenballons mit Wasserstoff gefüllt werden sollen. Pawel hilft ihm kräftig beim Ausschachten des unter der Schneeoberfläche angelegten Ballonfüllraumes, in dem wir dann die Gasgeneratoren aufstellen. Außerdem nimmt er regelmäßig in einem Bohrloch Messungen der Eistemperatur bis 30 m Tiefe vor. Fast täglich haben wir Sturm, doch waren wir auch in Mirny nichts Besseres gewöhnt. Manchmal hüllt sich die Insel auch in dichten Nebel. An solchen Tagen umgibt uns nur um die Mittagszeit für einige Stunden ein trüber Dämmerschein. Dann wird es wieder finster. Ende Mai fällt der erste Orkan über uns her. In wenigen Stunden entwickelt sich über der Insel ein brüllendes Inferno. Glücklicherweise sitzt das Zelt nun tief im Treibschnee und hat festen Halt am Boden. Seine halbkugelförmige Gestalt verleiht ihm darüber hinaus eine große Festigkeit und bietet den Windstößen wenig Angriffsfläche.

Die Außenarbeiten können bei diesem Unwetter nicht weitergeführt werden. Zur Untätigkeit verurteilt, liegen meine beiden Kameraden im Zelt und philosophieren. »Ach wenn doch Palmen auf diesem Eiland wären«, meint Sascha. »Und dazu schöne Südseeinsulanerinnen«, ergänzt Pawel mit einem Seufzer.

Ich habe wenig Zeit zu so phantasievollen Betrachtungen. Der Beobachtungstermin muß bei jedem Wetter eingehalten werden, und gerade die scheußlichsten Wetterlagen sind uns Meteorologen besonders interessant. Viermal am Tage muß ich deshalb auf jeden Fall aus dem Zelt heraus. Nachts um ein Uhr ist der letzte, morgens um sieben Uhr schon wieder der erste Beobachtungstermin.

Der Wetterablauf auf der Drygalski-Insel unterscheidet sich in vielem von dem in Mirny. Ostwinde herrschen stark vor und bringen kräftige Schneefälle und Sturm. Läßt der Wind nach, so bildet sich häufig Nebel, der an Stangen, Zeltleinen und allen Geräten im Freien dicken Rauhfrost ablagert, eine Erscheinung, die in Mirny äußerst selten ist. Reißt die Bewölkung bei Windstille auf, so wird es rasch kalt. Die Temperaturen sinken auf minus 30 Grad Celsius und darunter. Obwohl unsere Station fast hundert Kilometer nördlich von Mirny mitten im Meer liegt, sind ihre Mitteltemperaturen im Winter um einige Grade tiefer als an der Küste des antarktischen Kontinents. Trotzdem kommen mitten im Polarwinter beim Durchzug kräftiger Zyklonen plötzlich kurze Temperaturanstiege bis in Gefrierpunktnähe vor, wenn wärmere Luftmassen aus eisfreien Meeresgebieten von Norden herangeführt werden.

Als am 26. Mai die Lufttemperatur schnell zu steigen beginnt, kann ich trotz der bisher nur kurzen Erfahrung auf der Insel meinen Kameraden die sichere Vorhersage geben: für die nächsten drei Tage Sturm, Sturm, vielleicht Orkan! Der bald darauf einsetzende starke Druckfall bestätigt diese düstere Prognose.

Auch der Wind dreht nun nach Ost. Das Zeltgestänge beginnt wieder wie toll zu knarren und zu schwanken. Draußen ist die Hölle los. Aber ich habe Beobachtungstermin. Fest eingemummt in den Sturmanzug mache ich mich auf den Weg. Der Ausgang des Zeltvorbaus ist durch eine weiße Wand versperrt. Der beständig peitschende Wind hat feinen Schnee fest gegen die Leinwandvorhänge gepreßt. Mit dem Spaten stoße ich nach oben ein Loch in das Hindernis und werde sofort von hereinfegenden Schneemassen überschüttet. Nur rasch hinaus ins Freie! Eiskalt peitscht der Sturm Schneekristalle ins Gesicht. Wie ein Maulwurf krieche ich an die Oberfläche, purzele die steile Schneewehe hinab in die vom Brüllen des Orkans erfüllte Finsternis. Es ist absolut nichts zu erkennen. Der Strahl der Taschenlampe dringt nur einen bis zwei Meter in die brodelnde Schneedrift ein. Das Leitseil entlang finde ich mühsam den Weg zur Wetterhütte, kriechend, stolpernd, von den mächtigen Windstößen hin und her geworfen. Mit aller Kraft klammere ich mich an das Eisengerüst der Wetterhütte. Erst nach vielen vergeblichen Versuchen gelingt es mir, die Meßwerte abzulesen und aufzuschreiben.

Ins Zelt zurückgekehrt, dauert das Auskleiden noch länger als die Beobachtung selbst. Bis hinab zu den Fußsohlen ist der staubfeine Schnee in die Stiefel geblasen worden. Nur langsam taut die Eiskruste vom Gesicht ab. An den Wangen und an der Nase werden die ersten leichten Erfrierungsmerkmale brennend spürbar. »Stärke dich erst mal«, meint Sascha, »deine Beefsteaks sind inzwischen fertig. Wir haben auch schon einen starken Tee gebrüht.« Obwohl am nächsten Tag der Schnee noch immer in dichten Wolken über die Insel treibt, schachten Sascha und Pawel wieder an den Gruben für den Ballonfüllraum. Prächtige und unermüdliche Burschen sind meine beiden Zeltgenossen.

Morgens um neun Uhr hocken wir alle um das Funkgerät herum. Während des Orkans der letzten Tage war es unmöglich, eine Verbindung mit Mirny herzustellen. Der Treibschnee lädt die Antenne auf, aus den Kopfhörern vernimmt man nur ein lautes Brodeln und Krachen. Ob es heute wohl klappt? Unentwegt ruft Sascha in das Mikrofon: »Mirny, hier Drygalski-Insel – Mirny, hier Drygalski-Insel – wir rufen Mirny – wir rufen Mirny!«

Endlich hören wir die vertraute Stimme des Funkers an der Basisstation. Wir können die Wettermeldungen durchgeben und bekommen sogar Telegramme aus der Heimat zugesprochen. Das hebt die Stimmung. Mit neuem Eifer gehen wir unseren Arbeiten nach.

Oft bekommen wir auch direkte Funkverbindungen mit unseren Kameraden auf der Sawadowski-Eiskappe innerhalb des Westlichen Schelfeises. Zusammen mit zwei sowjetischen Kameraden arbeitet dort der tschechoslowakische Meteorologe Oldrich Kostka, genau wie wir hier, in einem Polarzelt; es ist die Außenstation Drushba. Und auf einer Eisinsel hundert Kilometer vor dem östlich von Mirny gelegenen Shackleton-Schelfeis sind drei weitere Mitarbeiter der aerologischen Abteilung tätig. Sie führen in der Außenstation Pobeda dasselbe wissenschaftliche Programm wie wir durch.

Ab Mitte Juni werden zweimal am Tage Ballons mit einer elektrisch arbeitenden Sonde aufgelassen, die uns über einen kleinen Sender die Werte von Lufttemperatur, Luftdruck und Luftfeuchtigkeit aus großen Höhen übermittelt. Hiermit entsteht uns viel zusätzliche Arbeit, denn bei den fortdauernd hohen Windgeschwindigkeiten werden die Ballons nach dem Start oft von Luftwirbeln zu Boden geschleudert und das Meßgerät wird dabei zerstört. Mehrfach müssen die Aufstiege wiederholt werden, bis einer gelingt. Das bedeutet aber stundenlange Arbeit an den Generatoren zur Herstellung neuen Wasserstoffgases und langwierige Vorbereitung und Überprüfung neuer Radiosonden.

Da Pawel seine Temperaturmessungen im Eis abgeschlossen hat, wird er eines Tages von einem Flugzeug nach Mirny zurückgeholt. An seine Stelle tritt Sergej Karpuschin aus der geographisch-geologischen Abteilung. Er ist bereits fünfundvierzig Jahre alt und kann viel über die Tundren von Nordsibirien, über Kamtschatka und Sachalin erzählen. Am liebsten lasse ich mir jedoch von ihm über seine Erlebnisse als Komsomolze berichten, als er in den dreißiger Jahren zusammen mit Tausenden anderen jungen Menschen in den Fernen Osten ging, um die Stadt Komsomolsk am Amur aufzubauen. Als Spezialist für Luftaufnahmen hat er während der Wintermonate in Mirny wenig in seinem Fach zu tun und ist deshalb freiwillig in unsere Außenstation gekommen. Ihm fällt die recht mühselige Aufgabe der Gasherstellung und Ballonfüllung zu. Das Wasserstoffgas mußten wir damals selbst erzeugen. In ein großes kegelstumpfförmiges Gefäß wird Ätznatron und eine Siliziumlegierung eingefüllt. Darauf tropft aus einem oberen Vorratsbehälter, genau dosiert, Wasser. In einer chemischen Reaktion entsteht auf diese Weise Wasserstoff. Das Gas wird durch ein Kühl- und Reinigungsgefäß geleitet und gelangt dann in einen Vorratsballon. Bis spät in die Nacht hält sich Sergej im Ballonfüllraum auf und überwacht die Gasbereitung.

Eines Tages erleben wir zum ersten Mal die berüchtigte »weiße Finsternis« der Polargebiete. Der Himmel ist von einer geschlossenen, formlosen, weißlichen Wolkendecke überzogen. Einheitlich weiß leuchtet von unten her die Schneeoberfläche der Insel. Das Licht scheint von allen Seiten her in die Augen zu stechen. Außer der schwarzen Zeltkuppel, die aus dem Boden ragt, den Funkmasten und einigen Benzintonnen in der Nähe unseres Lagers scheint die Landschaft um uns herum verschwunden zu sein. Nicht eine Schneewehe ist zu erkennen. Wie hilflose Kinder tappen wir umher und fallen unvermutet in Gräben oder tiefe Einsenkungen des Bodens, die in der diffusen Lichtflut der »weißen Finsternis« unsichtbar geworden sind.

Diese Erscheinungen kann man sowohl im Südpolar- als auch im Nordpolargebiet bei bestimmten Beleuchtungsverhältnissen beobachten. Sie kann sich so extrem auswirken, daß man das Gefühl hat, im leeren Raum zu schweben. Himmel und Erdoberfläche gehen unmerklich ineinander über, so daß keinerlei Orientierungsmöglichkeiten vorhanden sind.

Nur einmal begebe ich mich bei solch einer Wetterlage außer Sichtweite des Zeltes und muß es erleben, daß ich für bange Minuten völlig hilflos dastehe und nicht weiß, woher ich gekommen bin und wohin ich zu gehen habe, um das Zelt wieder zu erreichen, bis ich endlich eine der vorsorglich gesteckten Markierungsstangen entdecke. Die »weiße Finsternis« kann für den Menschen im Polargebiet sehr gefährlich werden, und es ist besser, an solchen Tagen die nächste Umgebung der Unterkunft nicht zu verlassen.

Im Juli verunglückt Sascha Smirnow. Ein Benzinkanister gerät ihm in Brand. Heftige Verbrennungen im Gesicht und an den Händen sind die Folge. Da zu dieser Zeit wieder sehr schlechtes Wetter herrscht, kann der Arzt aus Mirny nicht zu unserer Insel fliegen. Über Sprechfunk lassen wir uns von ihm beraten und helfen dem armen Sascha, der heftige Schmerzen hat, so gut wir können. Wir versuchen ihn zu trösten. »Du hast Pech mit dem Feuer«, sagt Sergej einmal. »Nimm dich in acht, sonst geschieht ein weiteres Unglück.« Wir ahnten nicht, welch schaurige Bedeutung diese Worte noch bekommen sollten.

Am ersten Tag, an dem einigermaßen gutes Flugwetter herrscht, wird Sascha nach Mirny gebracht. Jetzt sind wir nur noch zwei auf der Insel, Sergej und ich. Noch drei Wochen müssen wir ausharren. Regelmäßig werden die Wetterbeobachtungen durchgeführt, täglich die Meldungen über Funk abgesetzt. Als jedoch in den ersten Augusttagen das Gebrumm eines Flugzeuges uns aus dem Zelt ruft und kurz darauf die lang erwartete Maschine aus Mirny zur Landung ansetzt, atmen wir erleichtert auf. Die Mitglieder der Besatzung schlagen uns anerkennend auf die Schultern. Dann helfen sie beim Einladen des Gepäcks.

Eine halbe Stunde später kreisen wir über der Drygalski-Insel. Ich bin glücklich über die dort unter schwierigen Bedingungen verbrachten Tage und die Arbeitsergebnisse, die wir mitbringen. In Hochstimmung sitze ich am offenen Schiebefenster hinten in der Kabine des Flugzeuges, sehe als einen winzigen schwarzen Punkt das Zelt meinem Blick entschwinden und freue mich auch schon auf das Wiedersehen mit meinen Kameraden in Mirny, auf Christian Popp und Joachim Kolbig. Doch die Besatzung ist seltsam wortkarg. Dann unterhält sich Sergej lange mit dem Navigator. Sie haben ernste Gesichter und rufen mich nach vorn. Ich winke ab, aber sie geben keine Ruhe. Schließlich beginnt der Navigator stockend, mich auf schreckliche Dinge in Mirny vorzubereiten. Ich kann den Sinn der Worte kaum fassen, stelle Fragen und bekomme nur ein stummes Kopfnicken zur Antwort.

In der Nacht vom 2. zum 3. August war in der Meteorologischen Station ein Brand ausgebrochen. Es war jene Nacht, in der ein wütender Orkan, der heftigste des ganzen Polarwinters 1960, über Mirny und die Davis-See dahinraste. Jeder Versuch, den Brand wirkungsvoll zu bekämpfen, war hoffnungslos. In dieser Nacht kamen acht Polarforscher ums Leben, unter ihnen meine Gefährten Sascha Smirnow, Oskar Kritschak und Oldrich Kostka, und auch Christian Popp.

Auf dem Flugplatz in Mirny empfängt uns der Expeditionsleiter, bleich, übernächtig. Neben ihm steht Joachim. Als er mich ansieht, merke ich, daß ihm die Tränen in den Augen stehen. Ohne viele Worte drücken wir uns die Hände.

Traurig sind die ersten Tage in Mirny. Im Schneesturm stehe ich am Rande der tiefen Grube, die das abgebrannte Haus hinterlassen hat, und schaue hinunter an die Stelle, wo mein Bett stand, das jetzt ausgeglüht und krumm auf einem Schutthaufen liegt. Auch der größte Teil der wissenschaftlichen Materialien ist vernichtet. Von meinen persönlichen Sachen finde ich unter den geborgenen Gegenständen nur den Fotoapparat, verbogen und angekohlt, und einige halbverbrannte Fotos und Telegramme von zu Hause. Außerdem entdecke ich, wie durch ein Wunder noch lesbar geblieben, Manuskriptseiten, aus denen später mein Buch »Orkane über Antarktika« werden sollte. Dies, so sagt man mir, habe in einem Bündel neben Christian gelegen.

Da fällt mir ein, daß ich vor dem Abflug zur Außenstation die persönlichen Dinge in eine Aktentasche getan und Christian gebeten hatte, im Falle einer Katastrophe diese Tasche zu bergen. Armer guter Christian! Selbstlos dachte er an sein Versprechen, obwohl nicht einmal die Möglichkeit bestand, das eigenen Leben zu retten.

Für das gesamte Expeditionskollektiv bedeutet dieser Schicksalsschlag eine starke seelische Belastung. Am 21. April begleiten wir unsere Toten zur Buromski-Insel, wo ihre Ruhestätte ist.

Das Leben in Mirny ging weiter – es mußte weitergehen. In rastloser Arbeit finden wir allmählich wieder zu uns selbst und setzen den Kampf gegen die antarktische Natur fort. Vorerst sind Joachim, der sich wenige Stunden vor der Katastrophe durch den Orkan zu unserer Laboratoriumshütte durchgekämpft hatte, und ich die einzigen Meteorologen in Mirny, denn die Kameraden von der Pobeda-Insel konnten noch nicht ausgeflogen werden. Selbstverständlich führen wir bis zu ihrer Rückkehr den Beobachtungsdienst weiter und sind auch in den folgenden Wochen damit beschäftigt. Dennoch versuchen wir, auch unser eigenes wissenschaftliches Programm so gut wie möglich zu erfüllen. Es gibt Arbeit übergenug, und das ist das beste so. Bald können auch die Radiosondenaufstiege wieder durchgeführt werden. Wir dürfen und wollen nicht aufgeben. Die Antarktis wird den Forscherdrang des Menschen nicht besiegen.

1960–1962

6. Sowjetische Antarktisexpedition
Mirny

Die Vorbereitungen für die Teilnahme der zweiten DDR-Gruppe an den sowjetischen Antarktisexpeditionen begann erst im Juli 1960, etwa drei Monate vor der Abreise. Das war wohl die kürzeste Vorbereitungszeit, die eine Überwinterungsexpedition je gehabt hat.

Ihre wissenschaftlichen Aufgaben waren unterschiedlicher Art. Der Meteorologe Stephan Klemm setzte die von Skeib begonnenen Messungen zum Wärmehaushalt der Antarktis in Mirny lückenlos fort. Das meteorologische Meßfeld erstreckte sich 40 bis 80 m östlich der Laboratoriumshütte der DDR-Wissenschaftler: ein Wirrsal von Masten, Abspannungen, Stromzuführungen und Meßgeräten, in dem sich nur der Experte auskannte. Außerdem war Stephan Klemm an einer Premiere beteiligt: Gemeinsam mit dem Leiter der meteorologischen Abteilung, Wassili Schljachow, unternahm er sechs Nachtmeßflüge von jeweils acht bis zehn Stunden Dauer, um die nächtliche effektive Ausstrahlung über dem Eiskontinent zu ermitteln.

Es ist aus heutiger Sicht bemerkenswert, daß sich die ostdeutschen Antarktisfahrer zu einem so frühen Zeitpunkt intensiv mit dem Ozonhaushalt befaßten. Das kann dem Interesse des Meteorologischen Hauptobservatoriums Potsdam an der Dynamik des stratosphärischen Ozons zugeschrieben werden und einer Initiative der Wetterwarte Dresden-Wahnsdorf, wo man sich im Sinne der Grundlagenforschung des troposphärischen Ozons annahm. Wahnsdorf registrierte auch als eines der ersten Observatorien die Zunahme des bodennahen Ozons in Mitteleuropa. In Mirny bestimmte der Hydrologe Otto Schulze den Ozongehalt der bodennahen und hohen Luftschichten (wieder mit dem Dobson-Spektrometer, das gleich in der Antarktis verblieben war). Er nahm an Erkundungsflügen teil, um die Drift der Eisberge zu ermitteln, sowie an anderen glaziologischen Untersuchungen.

Aufschlußreich waren beispielsweise Eisbohrungen, die an mehreren Meßstellen auf dem Festeisgürtel vor der Küste in Abständen von etwa einem Kilometer niedergebracht wurden. Das Ergebnis dieser Messungen war eine Eiszuwachskurve, die quantitative Aussagen über den Zusammenhang zwischen der Lufttemperatur und der Stärke des Meereises zuließ.

Peter Glöde bediente sich bei den Ionosphärenuntersuchungen der Methode des Funkwellenempfangs im Lang- und Mittelwellenbereich. Das Observatorium für Ionosphärenforschung Kühlungsborn, das damals noch zum Meteorologischen Dienst der DDR gehörte (später Akademie der Wissenschaften), hatte Glöde vor allem auf die Erkundung der tiefen Ionosphäre orientiert. Diese Arbeiten sind jedoch zugleich Bestandteil des Forschungsprogramms zur Physik der polaren Hochatmosphäre, das in den Jahren 1968 bis 1970 und 1976 bis 1979 von insgesamt fünf Expeditionsgruppen verwirklicht wurde. Auf den Seiten 124 bis 130 gibt Hartwig Gernandt einen zusammenfassenden Überblick.

Hauptobservatorium Mirny

Stephan Klemm

Am 1. Januar 1961 trifft die Ob mit der sechsten Sowjetischen Antarktisexpedition an der Packeisgrenze etwa 20 km vor Mirny ein. In den nächsten drei Wochen hat das Schiff schwerste Eisbrechertätigkeit zu leisten. Hilfssprengungen vor dem Bug unterstützen das Vorankommen in dem bis über zwei Meter dicken Meereis. Inzwischen werden die Expeditionsteilnehmer gruppenweise mit einer AN-6 nach Mirny geflogen. So schließen wir schnell Bekanntschaft mit unserer neuen Bleibe für die nächsten vierzehn Monate.

Die Station Mirny liegt an der Prawdaküste auf einer ungefähr einen Kilometer breiten Landzunge. Schon von weitem sehen wir die hohen Funkmasten und einige abgestellte Flugzeuge und Hubschrauber. Zwei aus dem Eis herausragende Felsen, die Treibstofftanks, einige Dächer und eine Anzahl kastenähnlicher Aufbauten, die sich später als Einstiegsluken herausstellen, kann man erst kurz vor der Landung erkennen.

Mirny, wo wir drei deutschen Teilnehmer zusammen mit über 90 sowjetischen Kollegen und einem Wissenschaftler aus den USA überwintern, ist ein eigenartiges kleines »Städtchen«, ein ausgedehntes Observatorium unter Schnee. Über den meisten der damals dreißig Häuser, Laboratorien und Werkstätten, aus Holz mit 10 cm starken Wänden und guter Wärmeisolierung hergestellt, liegt eine zwei bis drei Meter dicke Schneeschicht. Das Innere kann nur durch Einstiegsluken vom Dach her über steile Leitern erreicht werden. Diese Eingänge werden fast täglich mehrmals vom Schnee zugeweht und müssen immer wieder freigeschaufelt werden. Alle Unterkünfte sind mit zusätzlichen Notausgängen versehen worden.

Die Häuser sind unter den gegebenen Expeditionsbedingungen wohnlich eingerichtet. Neben zwei oder drei Arbeitsräumen befinden sich darin vier bis sechs kleine Wohnräume und ein Waschraum. Im Notfall können die elektrisch betriebenen Zentralheizungen auch auf Kohlefeuerung umgestellt werden. Mirny wurde von der ersten Sowjetischen Antarktisexpedition im Südsommer 1955/56 errichtet und diente als Hauptstation für alle sowjetischen Antarktisunternehmen, bis im Jahre 1962 Molodjoshnaja an der Küste des Enderbylandes gebaut wurde und die Leitfunktion übernahm. Mit guten Sende- und Empfangsanlagen ausgerüstet, hält Mirny den Funkverkehr mit der Heimat und den übrigen Antarktisstationen aufrecht.

Der Funk ist für die Polarforscher über mehr als ein Jahr die einzige Verbindung zur bewohnten Welt – wenn sie nicht durch ionosphärische Störungen in der Zeit des Polarwinters tage- oder gar wochenlang lahmgelegt ist. Bei guten ionosphärischen Bedingungen hingegen kann über Kurzwelle mit Moskau gesprochen werden und, über Kabel nach Berlin, auch mit heimatlichen Adressaten. Während der Expedition haben wir auf diese Weise dreimal mit unseren Angehörigen telefonieren können. Historisch gesehen waren dies die ersten Telefongespräche zwischen Mirny und Berlin.

Das Herz von Mirny ist die Elektrostation mit drei Dieselgeneratoren, die Tag und Nacht abwechselnd in Betrieb sind. Telefonleitungen unter dem Schnee verbinden neben dem Elektronetz alle Häuser. Trinkwasser wird aus Eis gewonnen; auch hierfür spielt Elektroenergie eine wichtige Rolle. Natürlich gibt es in Mirny keine Kanalisation. Alle »Abwässer« und alle übrigen Abfälle werden mühsam durch die Einstiegsluken hinausgetragen und, in Fässern tiefgefroren, auf Schlitten an genau bestimmte Stellen gebracht.

Für das leibliche Wohl sorgten damals drei versierte und fleißige Köche. Die Kücheneinrichtung gleicht einer modernen Hotelküche. Im »Eiskeller« Antarktika sind alle Lebensmittel, wie Fleisch, Wurst, Fisch, Butter, Käse, ohne Mühe frisch zu halten. Kartoffeln, Zwiebeln, etwas Gemüse und Obst, das in Kapstadt eingekauft wird, bewahrt man in einem Lagerhaus mit Klimaanlage auf. Im übrigen sorgen Konserven für ein unter Polarbedingungen recht abwechslungsreiches Essen. Brot und mitunter auch Kuchen werden von den Köchen fachmännisch gebacken. Am meisten fehlt uns, besonders während der zweiten Expeditionshälfte, vitaminreiches Frischgemüse und frisches Obst. Deshalb werden im Polarwinter den Fruchtsäften regelmäßig Vitamintabletten zugesetzt.

In diesem seltsamen, vom Schnee überwehten Observatorium arbeiten Wissenschaftler der verschiedensten naturwissenschaftlichen Fachdisziplinen, zum Beispiel der Meteorologie, Aerologie, Glaziologie, der Luftchemie, Seismologie, Ionosphärenforschung, der Polarlichtpeilung und kosmischen Strahlung, des Erdmagnetismus und der Medizin. Sämtliche Expeditionsteilnehmer werden in bestimmten Abständen von den Ärzten gründlich untersucht. Solche Visiten, die jeweils etwa vier Stunden dauern, sind keineswegs beliebt. Die Ärzte interessieren sich auch dafür, welchen Einfluß das rauhe Klima und die außergewöhnlichen polaren Lebensbedingungen auf den menschlichen Organismus haben. Neben dieser rein wissenschaftlichen Tätigkeit sind sie oft Retter in höchster Not. Blinddarmoperationen und Behandlung von Knochenbrüchen stellen in Antarktika keine Seltenheit dar; bei den vielfältigen Gefahren des Polarlebens ereignen sich Unfälle weitaus häufiger als unter normalen Umständen. Aber auch ein Mediziner macht darin keine Ausnahme. Beispielsweise ist der junge Leningrader Chirurg Leonid Rogossow, der als einziger Arzt an der noch baufrischen Station Nowolasarewskaja überwinterte, in der Nacht vom 30. April zum 1. Mai 1961 gezwungen, an sich selbst eine Blinddarmoperation mit Hilfe eines Spiegels vorzunehmen. Diese gelungene Operation ging in ihrer Besonderheit in die Geschichte der Chirurgie ein. Mehr als 90 Prozent der Expeditionsteilnehmer, die vorher als kerngesund und antarktistauglich befunden worden waren, begaben sich während unserer Überwinterung in ärztliche Behandlung.

Ein besonderer Höhepunkt im Alltag ist die »Banja«, eine echt russische Sauna, die alle zwei Wochen in einem Raum der Elektrostation stattfindet. Dieser Regelmäßigkeit und vor allem des hohen körperlichen Genusses wegen wird die Banja zur Zeitrechnung der Polarforscher in Mirny. Bei minus 30 Grad und knirschendem Frost kann man am Banjatag besonders mutige Polarniks vor dem »Badehaus« nackt und krebsrot sich im Schnee wälzen sehen. Die draußen abgegebene Wärme wird wenige Minuten später im Dampfbad und bei Reiserbesenmassage wieder ersetzt. Zum Stillen des Durstes gibt der Bademeister Kwas aus. Nach einem anschließenden Schläfchen fühlt man sich wie neugeboren.

Zu unseren, neben der Wissenschaft, zusätzlichen Aufgaben gehört die Errichtung der neuen Antarktisstation Nowolasarewskaja in der Schirmacheroase (Prinzessin-Astrid-Küste), die Entsendung eines Traktorenschlittenzuges von Mirny aus in das Gebiet Komsomolskaja–Sowjetskaja–Wostok und der Bau zweier Landebahnen auf dem Kontinentaleis für das besondere Ereignis der 6. Sowjetischen Antarktisexpedition: den ersten Direktflug der beiden Turboprop-Flugzeuge IL-18 und AN-10 in die Antarktis, die Eröffnung der Fluglinie Moskau–Mirny.

Am 15. Dezember 1961 starten in Moskau die beiden Flugzeuge. Nach Zwischenlandungen in Taschkent, Neu Delhi, Rangun, Jakarta, Darwin, Sydney, Christchurch auf Neuseeland und der amerikanischen Antarktisstation McMurdo erreichen sie Mirny nach zehn Tagen über eine Strecke von 26 000 km. Für uns ist die Ankunft der Boten aus Europa – 30 Passagiere, unter ihnen Wissenschaftler, Journalisten und Kameraleute – nach über einem Jahr völliger Abgeschiedenheit das schönste Geschenk zum bevorstehenden Jahreswechsel und außerdem eine Entschädigung für die wochenlange Tag- und Nachtarbeit bei der Vorbereitung der Landebahnen.

Die neue Fluglinie ist ein großer Gewinn, nicht nur, weil sich dadurch für viele Wissenschaftler die Expeditionszeit verkürzt, die »Sommermonate« besser genutzt, die Stationen und Schlittenzüge günstiger versorgt werden können, sondern auch wenn es darum geht, Menschenleben zu retten. Als die australischen Polarforscher in der Station Mawson davon erfahren, daß in Mirny eine IL-18 und eine AN-10 angekommen seien, senden sie ebenso wie alle anderen Antarktisstationen ein Telegramm mit herzlichen Glückwünschen zu diesem erfolgreichen Direktflug. Und sie bitten, wenn möglich, eine Maschine nach Mawson (von Mirny mehr als 1200 km entfernt) zu schicken, um einen seit Wochen durch eine Gehirnblutung völlig gelähmten Polarforscher abzuholen. Die Australier hatten keine Flugzeuge mehr; sie waren alle in einem Orkan zerstört worden. Bei der nächsten fluggünstigen Wetterlage holt eine Li-2 den kranken Australier aus Mawson ab. Die aus Moskau gekommene IL-18 bringt ihn in einem stundenlangen Flug über den Südpol nach McMurdo, der amerikanischen Hauptstation. Von dort wird er in seine Heimat zurückgebracht und auf diese Weise gerettet.

Höhenklima an der Küste

Die vom Meteorologischen Hauptobservatorium Potsdam in die Antarktis geschickten Meteorologen sollten unter anderem die direkte Sonnenstrahlung über dem Inlandeis messen. Mancher mag sich vielleicht fragen, welchen Sinn das hat, wie ihm überhaupt die Witterungsverhältnisse und das Klima des antarktischen Kontinents als eine sehr fernliegende Angelegenheit vorkommen, die uns nicht zu beschäftigen brauche, jedenfalls nicht so, daß sie den Aufwand jahrzehntelanger Forschungsarbeit rechtfertige. Man muß sich jedoch vergegenwärtigen, daß sich das Wettergeschehen der Antarktis auf unseren gesamten Planeten auswirkt. Gewiß sind viele Aufgaben der Polarforschung – wie der Wissenschaft überhaupt – dem Bereich der Grundlagenforschung zuzuordnen, deren Erkenntnisse nicht sofort in praktische Nutzanwendung umgesetzt werden können, die aber dennoch dringend notwendig sind, um auf weite Sicht den komplizierter werdenden Anforderungen unseres technischen Zeitalters gerecht zu werden. Und man muß möglichst die gesamten Naturerscheinungen kennen, auch wenn man nur einen Teil, etwa die globale Zirkulation oder die Wetterentwicklung in bestimmten Regionen der Erde, verstehen will. Ende der fünfziger Jahre gab es auch noch keine Wettersatelliten, die heute zuverlässige Informationen über verschiedene atmosphärische Vorgänge erfassen und übermitteln können. So erbrachten die Forschungsarbeiten jener Zeit oftmals in mühevoller Kleinarbeit viele völlig neue, wenn auch nicht immer endgültige Erkenntnisse über die Natur des Südpolargebietes.

Dabei sind die Strahlungsvorgänge, die sich an und über der Erdoberfläche abspielen, für den Meteorologen von ganz entscheidender Bedeutung: Sie beeinflussen den Wärmehaushalt. Nun dürfen wir uns das nicht so einfach vorstellen wie beispielsweise bei einer stufenlosen Regelung eines Energiekreises, wo es nur eine Einflußgröße gibt. Auf die Erdoberfläche wirken verschiedene Strahlungsströme ein, deren Intensität wiederum von unterschiedlichen Bedingungen abhängt. Da gibt es unter anderem die direkte Sonneneinstrahlung, die diffuse Himmelsstrahlung und die unsichtbare langwellige Strahlung der Atmosphäre. Sie können eine Erwärmung hervorrufen, während die vom Boden reflektierte Strahlung und die unsichtbare langwellige Ausstrahlung der Erdoberfläche einer Erwärmung entgegenwirken.

Die Messungen der in antarktischen Gebieten einfallenden Strahlungsenergie und der von der Schneeoberfläche reflektierten Anteile sollen mit eine Antwort auf die Frage geben: Schmilzt der Festlandeispanzer allmählich ab oder nimmt die Eisdicke von Antarktika immer mehr zu? Würden nicht bis zu 90 Prozent der einfallenden Strahlungsmenge von der blendendweißen Schnee- und Eisoberfläche reflektiert, würde in der Tat – so hat man errechnet – das Kontinentaleis im Polarsommer monatlich um etwa zwei Meter abschmelzen. Nach den bisherigen Meßergebnissen ist aber die Strahlungsbilanz von Antarktika im Jahresdurchschnitt negativ, das heißt, daß durch Reflexion und Ausstrahlung der Oberfläche mehr Wärme abgegeben als durch die Sonne zugeführt wird. Demnach müßte der Eiskontinent immer mehr abkühlen – wenn nicht die aus nördlichen Breiten stammenden Luftmassen Wärme herantransportierten, die einen gewissen Ausgleich dieser negativen Bilanz bewirken. Die Behandlung des Wärmehaushaltes auf Antarktika ist also wegen der quantitativ schwer erfaßbaren Wärmezufuhr durch Luftmassen sehr kompliziert, und es gibt heute noch keine eindeutige Antwort auf die erwähnte Frage.

Die größte Intensität der direkten Sonneneinstrahlung in Mirny habe ich mit 1,54 cal je Quadratzentimeter und Minute bei einem Höhenwinkel der Sonne von 46,7 Grad gemessen. Das ist erstaunlich viel und übertrifft die in arktischen Regionen gleicher Breite gemessenen Werte etwa um die Hälfte. Es entspricht einer Bestrahlungsstärke von 1074,612 Watt je Quadratmeter. Auch die in der Antarktis erwartete geringe Lufttrübung wegen der fehlenden Luftverunreinigung hat sich bestätigt. Die dafür verwendete Kennziffer, der Linkesche Trübungsfaktor, schwankte in Mirny zwischen 1,7 und 2,2. Das entspricht Werten, die in Mitteleuropa nur in Höhenlagen um 3000 m – etwa auf der Zugspitze – bei gleicher Sonnenhöhe vorkommen, während diese Werte zum Beispiel in Potsdam etwa doppelt so groß sind. So kann man bezüglich der Strahlungsverhältnisse wirklich von einem Höhenklima an der Prawdaküste sprechen.

Nachtmeßflüge

Wassili Schljachow, der Leiter der Meteorologisch-aerologischen Abteilung, der schon zweimal in Mirny überwinterte, hatte sich etwas Besonderes ausgedacht. Bereits während der Hinfahrt auf der OB sagte er mir, daß es einer seiner jahrelangen Wünsche sei, in der Antarktis den Gradienten der effektiven Ausstrahlung in der Höhe durch Messungen vom Flugzeug aus zu ermitteln. Solche Messungen waren bis dahin an keiner anderen Südpolarstation vorgenommen worden.

Ich lasse mich von Wassili schnell begeistern, kann mir jedoch nicht recht vorstellen, wie eine solche Aufgabe unter polaren Bedingungen zu lösen sei. Niemand zu Hause hat ja geahnt, daß wir mit solchen Möglichkeiten konfrontiert werden könnten. Daher wurden auch keine entsprechend vorbereiteten Geräte mitgenommen.

Meine Strahlungsmessungen sind gut angelaufen. Auch mit den Temperatur- und Windgradientregistrierungen kann ich zufrieden sein. (Das sind kontinuierliche Messungen der Temperatur und der Wind-

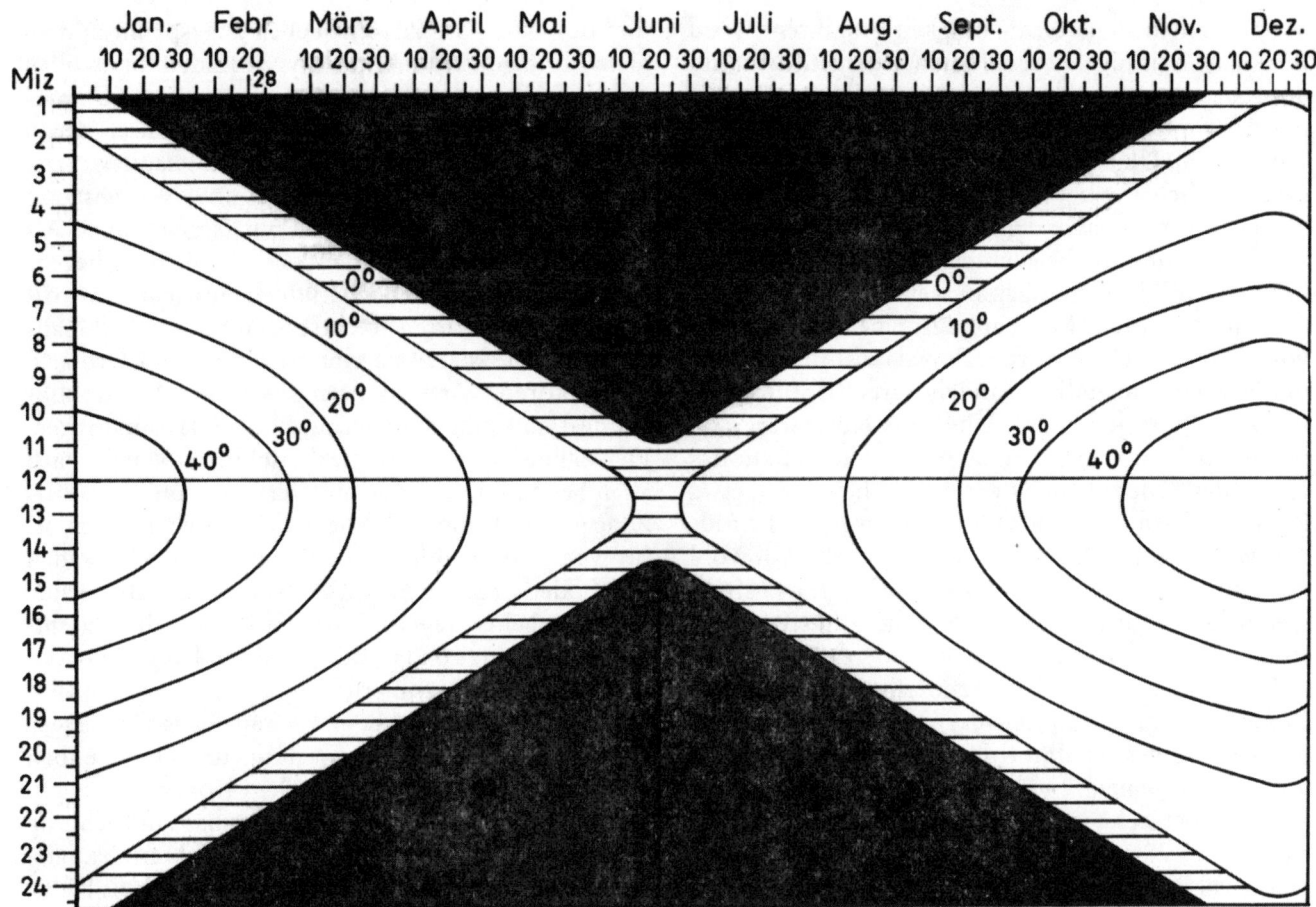

Im Mittwinter, am 20. Juni, herrscht tiefe Polarnacht in der Antarktis. Im Dezember ist es ununterbrochen taghell. Die Graphik zeigt die Lichtverhältnisse und Sonnenhöhen an der Station Mirny im Jahre 1961 (Miz = Mirny-Zeit).

geschwindigkeit in verschiedenen Höhen, deren Differenzen bezogen auf die Höhenunterschiede als Gradient bezeichnet werden.) Daher entschließe ich mich, ein Reservegerät für den vorgesehenen Flug umzubauen. Ein Strahlungsbilanzmesser wird mit einem empfindlicheren Thermoelement versehen und die Polyäthylenhaube, die neben der kurzwelligen auch die langwellige Strahlung hindurchläßt, durch eine planliegende Folie ersetzt. Auch Wassili kann noch ein solches Thermoelement bekommen. Er ist froh, daß sein Signalgeber nun ebenfalls eine hohe Empfindlichkeit aufweist.

Der 22. September unterscheidet sich von den üblichen Wintertagen in Mirny durch weniger Wind und durch gute Strahlungsverhältnisse. Nach den Ergebnissen des Radiosondenaufstiegs am Morgen wird eine klare Nacht vorausgesagt, auf die wir schon seit Wochen mit Ungeduld warten. Bei den fast andauernd zyklonalen Wetterlagen gab es während des gesamten Winters nur selten am Tage einige Stunden brauchbare Strahlungsverhältnisse für Messungen. Abends setzte dann immer wieder Schneefegen oder gar Schneesturm ein. Nun aber scheint der erste Meßflug zur Ermittlung der nächtlichen effektiven Ausstrahlung, d. h. der Differenz von langwelliger Eigenstrahlung des Bodens und der langwelligen Gegenstrahlung der Atmosphäre, in verschiedenen Höhen über dem Eiskontinent endlich Wirklichkeit zu werden.

Die Nachtlänge beträgt nur noch zwölf Stunden. Fieberhaft bauen wir die verschiedenen Instrumente zusammen. Das Tragegestell für die Meßfühler wird an die Nase einer Li-2 angebracht. Unsere Finger sind trotz guter Wollhandschuhe schnell klamm; es herrschen minus 21 °C. Um 20 Uhr soll die Maschine startklar sein. Wir gehen daher vorzeitig zum Abendessen. Der Wind hat zwar etwas zugenommen, trotzdem hoffen wir, daß die günstigen Flugbedingungen anhalten. Wassili und mich interessieren natürlich in erster Linie der klare Himmel und die Funktion unserer Meßinstrumente. Wird sich die Haltevorrichtung bei der hohen Fluggeschwindigkeit bewähren? Wird der kleine Leitflügel unsere Meßinstrumente während des Fluges immer in der Horizontalen halten, wie wir uns das vorstellten?

Um 20.40 Uhr – die Sonne ist schon längst untergegangen – heben wir von der Rollbahn ab. Unter uns gleiten die weißen und roten Orientierungslampen von Mirny und die beleuchtete Startbahn dahin. Ein herrliches Bild. Wir steigen in weiten Schleifen bis in eine Höhe von 4000 Meter auf. Dann nehmen wir kurz vor 24 Uhr Abschied von der Prawdaküste und fliegen mit beständigem Südkurs landeinwärts Richtung Pionerskaja–Wostok–Südpol. Über uns ein klarer Sternenhimmel mit wenig vertauten Sternbildern, nur das Kreuz des Südens kennen wir inzwischen. Nach etwa einer Stunde überfliegen wir den vor zwei Wochen aus Mirny aufgebrochenen Schlittenzug. Aber obwohl der Inlandeispanzer im Mondschein gespenstisch grünlich-gelb glitzert, können wir die Fahrzeuge vom Flugzeug aus nicht entdecken.

Die 375 km von der Küste entfernt liegende Station Pionerskaja mit einer Höhenlage von 2750 m überfliegen wir gegen zwei Uhr. Kurz danach empfangen wir aus Mirny einen Funkspruch außer der Reihe: »… plötzlich Schneesturm eingesetzt, Windgeschwindigkeit um 20 m/s, weitere Sichtverschlechterung zu erwarten, sofort zurückfliegen!« Unter uns macht sich Nervosität breit. Was soll geschehen, wenn wir in Mirny nicht landen können? Die Treibstoffvorräte wären zwei Stunden nach Erreichen der Küstenstation aufgebraucht. Die australische Station Wilkes liegt von Mirny 700 km entfernt, also nicht mehr in unserem Aktionsbereich. Wo aber sollen wir bei völliger Dunkelheit und ohne die für das Landungsmanöver notwendigen meteorologischen Angaben risikolos aufsetzen können? Solche und viele andere Gedanken gehen uns durch den Kopf, und sie werden auch ausgesprochen. Da heißt es: Nerven behalten!

Noch fliegen wir ruhig in nur 300 m Höhe über der Eisfläche nach Norden. Unter uns leichtes Schneefegen. Es ist inzwischen 4 Uhr geworden. Bald müssen wir Mirny erreichen. Die Messungen sind längst eingestellt, ganz abgesehen davon, daß sie uns noch nicht befriedigen.

Plötzlich wird die Li-2 hin- und hergerissen. Der Wind ist stark böig geworden. Die Flugzeugbesatzung und besonders die Piloten suchen angespannt in dem gleichförmigen Dunkel, Mirny zu finden. Sie wollen auf alle Fälle eine Landung hier versuchen. Die Sichtweite hat wieder etwas zugenommen, erfahren wir in einem neuen Funkspruch, und der Flugkapitän, Svjet Tarrasow, der wegen seiner Ruhe und Nervenstärke bekannt ist, hat seine Fassung wiedergewonnen. Als äußeres Zeichen dafür kämmt er während des Fliegens beharrlich seinen Vollbart. Endlich entdeckt er Mirny. Nach einem scharfen Rechtsbogen setzt er zur Landung an. Die Maschine vibriert heftig vom Drosseln der Motoren. Wir klammern uns an den Verstrebungen fest, um möglichst wenig Beulen davonzutragen. Der Schneesturm reißt die Maschine stoßartig nach allen Seiten hin und her und verlangt von der Besatzung ganzes Können. Da liegt die Landebahn vor uns, für wenige Augenblicke zu erkennen. Die Kameraden am Boden markieren sie, indem sie ständig grüne Leuchtkugeln abfeuern. Ein derber Ruck, die Maschine hat aufgesetzt und poltert auf ihren Kufen über das »Rollfeld«. Wir atmen erleichtert auf.

Die Premiere wäre beinahe schiefgegangen. Dennoch lassen wir uns nicht entmutigen. Es folgen noch mehrere Nachtmeßflüge über dem Kontinent bis hin nach Komsomolskaja und darüber hinaus in Richtung Wostok zum geomagnetischen Südpol, ebenso entlang der antarktischen Küste und über dem Meereis bis an die 700 km nördlich von Mirny liegende Treibeisgrenze. Mit einer IL-14 fliegen wir in einer Höhe von 5500 m. Die Flüge dauern meist über zehn Stunden und sind sehr anstrengend, jedoch unvergeßlich.

Die Meßergebnisse zeigen über Mirny eine Abnahme der nächtlichen effektiven Ausstrahlung mit zunehmender Höhe. Im Höhenprofil bleiben die Werte über 4000 m jedoch konstant. In einer gleichbleibenden Höhe von 4000 m über NN auf der Linie Mirny–Wostok stellen wir mit zunehmender geographischer Breite eine allmähliche Abnahme der nächtlichen effektiven Ausstrahlung fest. Über dem Meereis vor Mirny bis zur Meereisgrenze dagegen werden konstante Werte in Höhen von 3000 bis 5000 m gemessen. Über dem offenen Meer nehmen die Werte sprunghaft zu. Diese Nachtmeßflüge stellen einen weiteren Beitrag in der Erforschung der Strahlungsbilanz und des Wärmehaushaltes Antarktikas dar.

Auf Empfangsstation an der Prawdaküste

Peter Glöde

Eine Erde. Wie bekomme ich auf diesen Schnee- und Eisfeldern von Mirny eine gute Erde? Das war die Frage, die mir bald die größten Sorgen machte.

Damals, 1960, waren wir bei den Vorbereitungen der Expedition zu sehr von dem aus heimatlichen Messungen Bekannten ausgegangen. Dabei hatten wir uns die Antarktis als eine Einsiedelei vorgestellt und völlig übersehen, daß ein Observatorium wie Mirny mit seinen Werkstätten, der Funkstation und ausgedehnten Kabelnetzen auch seine eigenen Funkstörungen erzeugt, die um so schwerer wogen, weil der Nulleiter des Elektronetzes die einzige »Erdungsmöglichkeit« bot.

Auch für meine Meßgeräte war die fehlende Erdung fatal. Die Geräte registrierten zunächst vor allem die örtlichen Funkstörungen, die natürlich stärker waren als die Signale der weit entfernten Sender, die ich aufzunehmen hatte und worauf sich ja mein Forschungsprogramm begründete.

Ich beriet mich mit dem Expeditionsleiter, Valentin Driatski, und seinen Mitarbeitern. Sie schlugen als Ausweg vor, eine neue Erdungsleitung von meinem Meßraum zur etwa 100 m entfernten Küste zu verlegen. Ein 30 mm starkes Stahlseil hatte die notwendige Festigkeit; es mußte, auf dem Schnee liegend, über die Eisbarriere hinabhängend, auch starker mechanischer Beanspruchung standhalten. An sein Ende wurde ein altes Dieselölfaß geschweißt, damit die Kontaktfläche zum Seewasser groß genug ist.

Das Versenken des Fasses war gar nicht einfach. Die See war zu dieser Zeit schon wieder fest zugefroren. Zusammen mit dem Amerikaner Stewart Gillmor, der kurz nach Abschluß seines Studiums als Gast der Sowjetischen Antarktisexpedition in der geophysikalischen Gruppe arbeitete, zog ich aufs Eis hinaus. Wir hackten ein Loch, darunter kam auch Wasser zum Vorschein, aber unter diesem Wasser stießen wir auf eine zweite Eisschicht. Wie wir uns später klarmachten, mußten wir wegen des Wechsels von Ebbe und Flut so nahe am Ufer diese Eisschichtung fast erwarten. Aber zunächst waren wir über den Mißerfolg bitter enttäuscht. Mit letztem Kraftaufwand und Wut im Bauch, auf den Knien vor dem Eisloch kauernd, schlug ich auf die zweite Eisschicht ein. Als der nächste Stoß keinen Widerstand fand, tauchte ich mit Armen und Schultern ins Wasser und kam so zu einem unfreiwilligen Halbbad. Das erzwang den Abbruch der Arbeiten. Nach einem langen Marsch (die Eisbarriere von Mirny hat von der See nur einen Zugang, und der befindet sich am äußersten Ende der Station) im warmen Haus angekommen, hingen Anorak und Lederjacke steif gefroren auf dem Körper, so daß mir die Kameraden beim Entkleiden und beim Einnehmen der »Hausmedizin« helfen mußten.

Funkwellen als Meßfühler

Solche mißlichen Aktionen waren zum Glück selten. Wenn ich auch viele Außenarbeiten zu erledigen hatte, so bestand doch die Hauptaufgabe darin, ein umfangreiches Meßprogramm zu absolvieren – beileibe kein ruhiges Tun, bei dem man nur vor seinen Geräten zu sitzen und an Knöpfchen zu drehen hatte.

Um den Sinn der Aufgabe verständlich zu machen, möchte ich den Leser in die unsichtbare Welt der Funkwellenausbreitung führen. Sie ist so interessant, daß sich nicht nur Wissenschaftler damit beschäftigen, sondern auch viele, viele Amateure und Laien; und da wohl jeder einen Rundfunkempfänger besitzt, sollten sich auch für den Uneingeweihten die Zusammenhänge leicht erschließen.

Auf der annähernd kugelförmigen Erde ist die Funkverbindung über große Entfernungen nur möglich, weil die elektromagnetischen Wellen bestimmter Frequenzbereiche an den ionisierten Schichten der Atmosphäre – der Ionosphäre – reflektiert werden. Aber der Grad und die vertikale Ausbreitung der Ionisation verändern sich ständig. Allgemein gilt: Je stärker die Ionisation, desto höher die Frequenz, die von diesen Schichten zurückgeworfen wird. Sehr hohe Frequenzen durchdringen diese Ionisation; sie werden entweder in darüber liegenden, noch stärker ionisierten Schichten reflektiert, oder sie verlassen die Erde.

Für eine Funkverbindung nützt es jedoch nichts, wenn die elektromagnetischen Wellen von der Ionosphäre über dem Sender senkrecht zurückgeworfen werden, sondern der schräg oder bei Fernverbindungen fast parallel zur Erdoberfläche abgehende Funkstrahl wird, bedingt durch die Erdkrümmung, die

Ionosphäre in einigen 100 km Entfernung unter einem bestimmten Winkel treffen. Solche flach einfallenden elektromagnetischen Wellen werden schon bei geringeren Ionisationsdichten und damit niedrigeren Höhen reflektiert als die senkrecht auf die Ionosphäre treffenden Wellen.

Die Reflexion langer, flach abgestrahlter elektromagnetischer Wellen an den unteren Schichten der Ionosphäre ermöglicht es dem Wissenschaftler, gerade diese Schichten mit Hilfe von Funkwellen zu erforschen und dabei deren Veränderungen zu studieren. Auf dieser Methode beruhte wesentlich unser 1961 begonnenes ionosphärisches Forschungsprogramm. Umgekehrt erlauben neue Kenntnisse über die Ionosphäre genauere Aussagen über die Funkwellenausbreitung, also über die Qualität der Funkverbindung zwischen zwei Punkten.

Diese Zusammenhänge gelten in allen Oberflächenbereichen der Erde, sie können demzufolge überall beobachtet werden. Dennoch war es für mich von besonderem Reiz, die ionosphärischen Veränderungen über Antarktika zu studieren. Einerseits hatten unsere Untersuchungen im Observatorium für Ionosphärenforschung Kühlungsborn gezeigt, daß einige für die »polare« Ionosphäre typische Störungen bis nach Deutschland wirken, andererseits breiten sich elektromagnetische Wellen entlang dem Großkreis aus; sie wählen also den kürzesten Weg. Der kürzeste Weg zwischen weit entfernten Punkten in mittleren Breiten führt über das Polargebiet. Das kann man sich leicht mit Hilfe eines Zwirnsfadens klarmachen, den man zum Beispiel zwischen Berlin und Tokio oder Berlin und San Francisco auf den Erdglobus spannt. Die Strecke über das Polargebiet wählen übrigens auch viele Fluglinien. Funkwellen *müssen* diesen kürzesten Weg nehmen, wobei sich die Welle über große Entfernungen ausbreitet, indem sie abwechselnd an der Ionosphäre und am Erdboden reflektiert wird. Eine gestörte Ionosphäre auf solch einem »Hop«, wie wir sagen, unterbricht die Funkverbindung.

Unser Grundgedanke war nun, durch Beobachtungen im Polargebiet die zeitlichen Veränderungen der Ausbreitung langer Funkwellen zu erfassen. Wir gingen davon aus, daß sich auf der Südhalbkugel gewonnene Erkenntnisse auf die Verhältnisse im Norden übertragen lassen. Zum anderen rechneten wir mit begünstigenden Umständen: Auf der Südhalbkugel sind die Frequenzbänder nicht von so vielen Sendern belegt wie in Europa. In dichtbesiedelten Gebieten der Nordhalbkugel kann die Fernausbreitung dieser Wellen gar nicht untersucht werden, denn hier arbeitet die Mehrzahl der über 15 000 Rundfunkstationen der Erde. Alle Frequenzen werden von mehreren Sendern genutzt, wobei am Beobachtungspunkt jeweils der nahe den weiter entfernten Sender übertönt. In der Antarktis jedoch werden nur Kurzwellensender betrieben. Die Lang- und Mittelwellensender, die in Mirny empfangen werden konnten, waren mehr als 4500 km entfernt: in Neuseeland, Australien oder Südafrika. Deshalb sollte es möglich sein, die Fernausbreitung dieser Wellen in Mirny gut zu studieren und besonders den letzten Teil des Ausbreitungsweges, der durch die Polarregion führt, hinsichtlich seines Verhaltens bei Ionosphärenstörungen zu beobachten.

Ärger mit Antennen

Das Meßverfahren hierfür ist denkbar einfach. Es bedarf dazu »nur« eines Funkempfängers mit guter Antenne und eines Anzeigeinstruments, wobei diese Meßanordnung mit einem Hochfrequenzgenerator bekannter Leistung geeicht werden muß. Eigentlich entstand diese Methode als eine Notlösung, weil sich die ursprünglich vorgesehene, ununterbrochene Registrierung eines bestimmten Senders nicht realisieren ließ.

Die Schwierigkeiten begannen mit den Antennen. Zwischen den vorhandenen Masten hingen bereits die Antennen der Funkstation, und die sichere Verbindung zur Heimat durfte nicht durch zusätzliche »Drahtverhaue« gefährdet werden. Vor dem Haus 15, in dem ich zu Beginn der Überwinterung eine etwa 12 m² große, also für antarktische Verhältnisse recht geräumige Stube zum Wohnen und Arbeiten bezog, stand einer der Funkmasten. Als einfachste Lösung bot sich an, die Abspannseile dieses Mastes zu nutzen, die am felsigen Untergrund und am Mast isoliert waren. So hatte ich ohne großen Aufwand mehrere Stabantennen mit etwa 10 m Höhe gewonnen.

Als nächstes wurde eine Langdrahtantenne errichtet. Mit Hilfe sowjetischer Kollegen zog ich vom nahen Mast zur Ballonfüllhalle, die eben erst auf einem Hügel erbaut worden war, ein starkes Kupferseil. Es war fast 150 m lang und spannte sich in 10 bis 20 m Höhe über den Schnee, – eine optimal erscheinende Lösung. Erst später wurde mir die Problematik solcher Antennen klar. Sie erfordern quasi als Gegengewicht eine einwandfreie Erdung, und das ist in Antarktika eben nicht ohne weiteres zu erreichen. Deswegen habe ich während meines zweiten Polaraufenthalts 1967/68 Ferritantennen verwendet, also Spulen auf einem magnetischen Kern, der die Empfindlichkeit erhöht. Sie sind klein und erfordern keine Außenmontage. Als Dipol bewährten sich Drähte, die wir einfach auf dem Schnee auslegten, denn Schnee ist ebenso wie Fels ein guter Isolator; es ist für den Langwellenempfang letztlich unerheblich, ob durch das Aufhängen der Drähte an Masten noch etwas effektive Antennenhöhe gewonnen werden kann.

Aber diese Erfahrungen mußten erst einmal gemacht werden. 1961 war ich darauf angewiesen, eine starke Erdungsanlage zu schaffen, und hier setzte der mißglückte Versuch an, die an ein Stahlseil geschweißte Öltonne ins Meer zu versenken. Danach war das Wetter so schlecht, daß wir erst einen Monat später mit Verstärkung und etwas besserem Werkzeug wieder auf das Meereis ziehen konnten, um eine neue Aktion zu starten. Diesmal war das Loch etwas weiter vom Ufer entfernt schnell und ohne Zwischenfälle durch das Eis gehackt, aber wir hatten es, vermeintliche unnütze Arbeit scheuend, recht eng gemacht. Das Faß paßte zwar hinein, rutschte aber nicht durch. Wir sprangen zu dritt auf dem herausragenden Faßboden herum, bis es endlich samt einigen Metern Erdungsleitung im Ozean versank. Umstehende fanden, daß diese synchronisierten Sprünge Talent verrieten und wir vielleicht als Tanzgruppe auftreten sollten.

Aber im Hause angekommen, gab es gleich ein neues Problem: Die Metallteile des Gebäudes – Unterbau, Blechdach, Warmwasserheizung usw. – waren mit dem Nulleiter des Elektronetzes verbunden. Nun war meine Erde so gut, daß vom Elektronetz starke Ausgleichsströme über die Verbindungskabel flossen und an den Kontaktstellen die Funken sprühten. Also mußte schleunigst eine stabile elektrische Verbindung festgeschraubt werden.

Die Winterstürme verursachten viel Schaden an den Antennen, insbesondere bei der Langdrahtantenne waren die Reparaturen nach den Stürmen oft schwieriger als seinerzeit der Neuaufbau. Einmal brach das Kupferseil im Sturm dicht vor der Ballonfüllhalle. Das lose Ende wurde 100 m weit fortgetragen und unter dem Schnee begraben. Ziehen am Seil half nichts, weil es sich zu Schlingen verwickelt hatte. Meter für Meter mußte es aus dem festgepreßten Schnee freigeschaufelt werden. So sorgten die »kleinen« Schwierigkeiten dafür, daß man auch im Winter in Bewegung blieb.

Was eine Sonneneruption erkennen läßt

Was haben all diese Mühen nun an wissenschaftlicher Substanz eingebracht? Während der sechsten – und später während der 13. – Sowjetischen Antarktisexpedition wurde regelmäßig die relative Feldstärke an australischen, afrikanischen, asiatischen und europäischen Lang- und Mittelwellensendern registriert. Die von August 1961 bis Januar 1962 stündlich vorgenommenen Messungen an allen hörbaren Stationen (insgesamt waren es etwa 200) in den Frequenzbereichen 164 bis 265 kHz und 540 bis 800 kHz ergaben nachts bei ungestörter Ionosphäre stabile Ausbreitungsbedingungen mit Empfangsfeldstärken von einem Mikrovolt pro Meter und darunter. Am Tage machte die Dämpfung dieser Wellen in der untersten Schicht der Ionosphäre, der sogenannten D-Schicht, den Empfang der Lang- und Mittelwellen über so große Entfernungen generell unmöglich.

Diese unterste Ionosphärenschicht baut sich in etwa 60 bis 80 km Höhe nur am Tage auf, bei direktem Einfluß der Sonnenstrahlung. Nachts verschwindet sie schnell wieder, bedingt durch die Anlagerung der Elektronen an des in diesen Höhen noch dichte Neutralgas. Die Elektronendichte, die den Grad der Ionisation kennzeichnet, reicht am Tage noch nicht aus zur Reflexion der Mittel- und Langwellen. Zusammen mit der noch verhältnismäßig hohen Neutralgasdichte bewirken die von der ankommenden Welle in Schwingung versetzten Elektronen nur eine starke Dämpfung der Welle. Diese D-Schicht wird auf dem Wege zum Reflexionspunkt in der darüber liegenden E-Schicht (90 bis 110 km) und wieder zurück zweimal durchlaufen, so daß dadurch die Fernausbreitung der Lang- und Mittelwellen völlig unterdrückt wird.

Bei den Ionosphärenstörungen, die die geladenen Teilchen solaren Ursprungs auslösen, wird aber auch nachts unterhalb der reflektierenden E-Schicht eine mehr oder weniger stark absorbierende Ionisation ohne feste Schichtstruktur aufgebaut. Da die Absorption, das heißt die Dämpfung der hindurchgehenden Wellen, um so stärker ist, je niedriger die Frequenz der Funkwelle und je schräger ihr Einfall, wird bereits bei schwachen ionosphärischen Störungen die Fernausbreitung der Lang- und Mittelwellen besonders empfindlich reagieren. Es konnte nachgewiesen werden, daß man mit dieser Methode auch die schwachen Nachwirkungen solcher Korpuskularstörungen noch in den folgenden Tagen erfassen kann. Beispielsweise kam es nach der starken Sonneneruption, die am 28. September 1961 um 22.08 Uhr Greenwich Time von anderen Observatorien und von Satelliten gemessen wurde, zu einem Einfall hochenergetischer Protonen. Wegen ihrer elektrischen Ladung werden diese Protonen im Magnetfeld der Erde so abgelenkt, daß sie nur über den Polarkappen, in einem kreisförmigen Gebiet mit etwa 2000 bis 3000 km Radius um die Magnetpole der Erde, in die Atmosphäre eindringen können. Die hohe Energie dieser Protonen führt dazu, daß sie tief in die Erdatmosphäre vorstoßen und dort bei schon erheblichen Neutralgasdichten unterhalb 80 km Höhe eine anormale Ionisation bewirken, was eine völlige Dämpfung aller Funkwellen des Kurz-, Mittel- und Langwellenbereiches zur Folge hat. Das ist die sogenannte Polarkappenabsorption, englisch Polar Cap Absorption (PCA), die am Tage plötzlich jeden Funkverkehr in den Polargebieten unterbricht.

In Mirny wurde diese Polarkappenabsorption von Stewart Gillmor mit einem Riometer gemessen. Dieses Gerät empfängt die kosmische Radiostrahlung im UKW-Bereich und registriert die Dämpfung der Signale beim Durchgang durch die Ionosphäre. Zum Zeitpunkt der Sonneneruption war es in Mirny fast schon wieder Tag. Die in der vorangegangenen Nacht noch völlig normale Lang- und Mittelwellenausbreitung wurde also mit Tagesbeginn ohnehin unterbrochen. Nur das Riometer zeigte die starke anormale Dämpfung; und unser Funker hatte keine Chance, irgendeine Verbindung zu bekommen.

Nach der allgemeinen Vorstellung verschwindet die PCA nachts wieder, weil sich die Elektronen, die die Dämpfung verursachen, nach Sonnenuntergang schnell an die reichlich vorhandenen Neutralgasatome bzw. -moleküle anlagern und damit wirkungslos werden, wie das auch von der nur am Tage wirksamen D-Schicht bekannt ist. Die Funkwellen können an die so entstehenden, schwer beweglichen positiven Ionen keine Energie abgeben; sie werden also nach dieser Vorstellung nicht erkennbar gedämpft.

Am Abend des 29. September 1961 ging dann auch die Dämpfung nach den Messungen des Riometers völlig zurück, der Kurzwellenfunkverkehr der Station verlief wieder normal. Aber Mittel- und Langwellensender waren während der ganzen Nacht nicht zu empfangen. Das bedeutete, daß die Polarkappenabsorption nachts doch nicht völlig zurückging! Ich konnte mit den dafür sehr empfindlichen Mittel- und Langwellen ein nächtliches Nachwirken der Polarkappenabsorption erfassen. Am Tage spalten dann die ersten Sonnenstrahlen die angelagerten Elektronen wieder ab; dadurch kann sich die PCA mit abnehmender Stärke auch an den Folgetagen wiederholen. Das war am 30. September deutlich ausgeprägt. Auch am Abend des 30. September blieben die Mittel- und Langwellen stark gedämpft, nur ganz wenige Stationen waren überhaupt hörbar.

Am 30. September 1961 um 21.00 Uhr Greenwich Time – also in Mirny am 1. Oktober um 5.10 Uhr Ortszeit, kurz vor Tagesanbruch – traf die bei der Sonneneruption gleichzeitig mit den Protonen ausgestoßene Plasmawolke auf die Erdatmosphäre. Beim Eindringen dieser Plasmawolke, die aus negativ geladenen Elektronen und positiven Ionen des Sonnengases besteht, in die Magnetosphäre der Erde wird ein Magnetsturm ausgelöst, gekennzeichnet durch starke Änderungen des Erdmagnetfeldes. Das ist zu erklären mit der Störung der normalerweise vorhandenen und dem Aufbau neuer Stromsysteme, die das äußere Magnetfeld der Erde bestimmen (im Gegensatz zu den im Erdinneren fließenden Strömen und dem dadurch bedingten inneren Feld, das den Hauptteil zum Magnetfeld der Erde beiträgt). Mit dem Eindringen der Plasmawolke in die Erdatmosphäre sind Polarlichterscheinungen (Aurora) verbunden. Sie waren in Mirny durch die Tagesdämmerung verdeckt. Vom Observatorium für Ionosphärenforschung Kühlungsborn wurde zu dieser Zeit die Polarlichtionisation der Nordhemisphäre mit dem Radargerät geortet. Solche Leuchterscheinungen treten in einem ringförmigen Gebiet um die Magnetpole auf, der sogenannten Polarlichtzone. Nur in dieser Zone können die Elektronen der Plasmawolke in die Erdatmosphäre eindringen.

In der Ionosphäre verursachen diese Elektronen eine zusätzliche Dämpfung, die sogenannte Auroral Zone Absorption (AZA). Sie bewirkt eine starke Dämpfung sämtlicher Funkwellen, die auf dem 30-MHz-Riometer erheblich stärker war als der PCA-Effekt zwei Tage zuvor. Der Kurzwellenfunkverkehr der Station Mirny war erneut unterbrochen, und es konnten während der Nacht vom 1. zum 2. Oktober keinerlei Mittel- und Langwellensender empfangen werden.

Nach Abklingen des Magnetsturmes, als kein weiteres Plasma in die Erdatmosphäre eindrang, verschwand, wie das Riometer anzeigte, die AZA. Die Ionogramme im Kurzwellenbereich und der Kurzwellenfunkverkehr normalisierten sich sehr schnell. Aber der Empfang der Mittel- und Langwellensender war auch in den Folgetagen behindert und damit ein Nachwirkungseffekt deutlich nachweisbar.

Für das bessere Verständnis der Ionosphäre und die in ihr ablaufenden Prozesse geben gerade diese schwachen Nachwirkungseffekte wesentliche Hinweise. So zeigte der Vergleich mit Beobachtungen in mittleren Breiten der Nordhalbkugel, wo dieser Nachwirkungseffekt auf kürzeren Ausbreitungsstrecken (etwa 200 km) von Kühlungsborn in Richtung Norden wesentlich stärker ausgeprägt war, daß offenbar für solche Nachwirkung nur ein relativ schmaler Gürtel von einigen hundert Kilometer Breite verantwortlich ist, in den noch einige Tage nach Magnetstürmen schwache Korpuskularströme eindringen. Dieser Gürtel liegt zwischen dem äußeren Rand der Polarlichtzone und etwa 50 Grad geomagnetischer Breite.

Das Wahrnehmen all dieser Erscheinungen, die sich als Störeffekte während des Empfang der Sender bemerkbar machten, weckte durchaus keine Begeisterung. Denn der erste Gedanke war jedesmal, ob an der Anlage etwas nicht in Ordnung sei. Während man einen vermeintlichen »Effekt« sah oder beobachtete, war man hin und her gerissen zwischen dem Wunsch, noch einmal die technische Funktion der Apparatur zu überprüfen und der entgegenstehenden Forderung, die Messungen nicht durch Eingriffe in die Technik zu stören. Gerade bei den Nachwirkungseffekten bleibt am Abend der während der Tagesstunden normale Zustand erhalten, daß keine Sender zu empfangen sind. Für den Beobachter ist es zunächst aber nicht klar, ob in den damals leider nicht sehr stabilen Empfangsgeräten vielleicht eine Röhre ausgefallen ist oder der Sturm wieder die Antennenzuführung abgerissen hat. So war dann die Mehrzahl auch der wirklichen Effekte zunächst mit der Suche nach möglichen technischen Fehlern verbunden, und diese Suche begann in der Dunkelheit an den Antennen über dem Haus.

Außerdem schwanken die Signale eines Senders bei der Fernausbreitung auch im Normalfall sehr stark; das Auf- und Abschwellen der Signalfeldstärke, das durch Inhomogenitäten in der Ionosphäre bedingte sogenannte Fading, führt auch an ungestörten Tagen zu einem ständigen Auf und Ab mit Fadingperioden von Sekunden bis halben Stunden. Während der Beobachtung war also oft nicht zu entscheiden, ob das gleichzeitige oder fast gleichzeitige Verschwinden der Signale von zwei oder drei Sendern mit diesen normalen Schwankungen erklärbar ist. Die »Effekte«, also die anormal hohe Dämpfung während oder nach Partikeleinbrüchen in die Erdatmosphäre, waren erst nach gründlicher Auswertung der Registrierungen zu erkennen.

Die Untersuchung der Funkwellenausbreitung in Mirny sollte und konnte nur Mosaiksteine liefern, die das Bild der Ionosphäre vervollständigen und ganz spezielle Details aufhellen. Heute sind weit bessere Geräte und Meßmethoden entwickelt; damals haben wir erste, wertvolle Erfahrungen gesammelt. Dabei wirft jede Arbeit auch neue Fragen auf. Daß das Bemühen um Verständnis dieser Naturvorgänge durchaus noch nicht abgeschlossen ist, wird deutlich, wenn man das weltweite Programm zur Untersuchung der mittleren Atmosphäre (Middle Atmosphere Programme) betrachtet, das in den achtziger Jahren verwirklicht wurde. Nur aus unendlich vielen einzelnen Messungen an den verschiedensten Punkten der Erde und fast unüberschaubaren Detailuntersuchungen werden schließlich die Gesamtzusammenhänge erkennbar.

1961–1963

7. Sowjetische Antarktisexpedition
Mirny, Wostok, Molodjoshnaja, Tulaberge

Auf Expeditionen gibt es Tätigkeiten, die späterhin nicht im Mittelpunkt der Aufmerksamkeit stehen, weil sie wenig Neues bringen. Es sind Routinearbeiten. Sie werden jedoch von den Expeditionsteilnehmern nicht weniger beachtet, im Gegenteil. Sie erst schaffen Voraussetzungen für andere, weiterreichende Aktivitäten. Weil dies so ist, soll hier an erster Stelle Joachim Englands Mitarbeit während der 7. Sowjetischen Antarktisexpedition im Wetterbüro von Mirny genannt sein, wo er täglich drei bis vier Stunden damit zu tun hatte, die Höhenwetterkarte zu zeichnen und zu analysieren. Das mag für den Fachmann in Europa verhältnismäßig einfach sein, aber in der Antarktis glich zu dieser Zeit das Entschlüsseln und Eintragen der Daten einer Detektivarbeit, denn der Funkempfang war nicht immer der beste, und die Meldungen waren mitunter fast bis zur Unkenntlichkeit verstümmelt. Trotzdem muß sich der Synoptiker um jede Information ernsthaft bemühen, denn das Beobachtungsnetz in der Antarktis ist sehr dünn.

Des weiteren hat sich Joachim England mit Messungen der Abkühlungsgröße – eines bioklimatologischen Wertes – sowie der direkten Sonnenstrahlung beschäftigt. Ausgiebig widmete er sich der Wolkenfotografie. Ein Auftrag der Industrie bestand darin, die Foto- und Filmtechnik aus der damaligen DDR-Produktion zu testen. Und er nahm, wiederum als Wolkenfotograf, an der Meeresexpedition der Ob *teil.*

Die Ob *war das erste, legendäre Flaggschiff der sowjetischen Antarktisflotte, ein eigentlich für den Nördlichen Seeweg gebauter Frachter mit Eisbrechereigenschaften. Die Sowjetunion benutzte in der Antarktis ausschließlich Schiffe, die sie für die Expeditionen zeitweise aus dem zivilen Dienst zog, sogar normale Passagierschiffe. Für eine Wasserverdrängung von 12 500 Tonnen hatte die* Ob *eine nicht gerade hohe Maschinenleistung von 8200 PS.*

In Mirny wie auf dem Schiff fotografierte England mit Hilfe eines von Zeiss Jena angefertigten Himmelsspiegels sowie verschiedener Kameras und Objektive die Gesamtheit der Bewölkung, das heißt in allen Richtungen vom Zenit bis zum Horizont auf jeweils einem Bild. Das Studium der Bewölkung im subantarktischen Meeresgebiet liefert gewissermaßen die Vorgeschichte zu den Zirkulationsverhältnissen in der Antarktis, weil sich die Zyklonen, Wetterfronten usw. über dem Meer in einem noch jungen Stadium befinden. Das fotografische Programm wurde auch auf der vier Monate dauernden Heimreise der Ob *nach Murmansk absolviert.*

Von gänzlich anderer Art waren die Arbeiten der beiden Geodäten Georg Dittrich und Georg Schwarz. Sie brachen am 17. Februar 1962 zum ersten selbständigen Schlittenzug deutscher Polarforscher in Antarktika auf, allerdings noch mit Hilfe sowjetischer Transporttechnik. Er führte von Mirny aus 100 km auf einem meridionalen Kurs nach Süden. Innerhalb von sieben Wochen bauten sie eine geodätische Traverse auf, bestehend aus einem Netz trigonometrischer Signalpunkte, deren Koordinaten und Höhenlagen auf dem Rückmarsch bestimmt wurden.

Auf ihrem zweiten Schlittenzug vom 5. Oktober bis 13. November 1962 wurden die Signalpunkte, die sich je nach Fließgeschwindigkeit des Eises langsamer oder schneller in nördlichen Richtungen (hier annähernd Nordost) bewegen, erneut vermessen. Die Ergebnisse dieser Expedition dienten als Bezugsbasis für die im Jahre 1965 (s. S. 51 bis 56) vorgenommene dritte Beobachtung der Traverse.

Außerdem untersuchten die Geodäten die terrestrische Refraktion, d. h. die Ablenkung des Lichtstrahls, die über antarktischen Schnee- und Eisflächen besonders stark ist. Diese Arbeiten regten Georg Dittrich zu einem selbständigen Expeditionsprogramm an, das 1974/75 verwirklicht wurde. Darüber berichtet der Autor auf den Seiten 97 bis 103.

Ein ganz unnormal schöner Tag

Joachim England

Im Lautsprecher knackt und kracht es. Das sind allemal die ersten Anzeichen eines beginnenden Arbeitstages in Mirny – wenn einen nicht außergewöhnliche Aufgaben zu einem zeitigeren Aufstehen veranlassen. Dann ertönt die übliche Morgenmusik, und die Stimme des diensthabenden Funkers begrüßt uns über Stationsfunk: »... ich wünsche euch einen angenehmen Tag. Radiogramme von zu Hause sind eingetroffen für ...« Nun folgt eine Reihe von Namen. Meiner ist nicht dabei. Schade! Aber Georg Dittrich hat ein Telegramm bekommen. Ich werde es ihm zum Frühstück mitbringen, denn mein Weg führt unmittelbar an der Funkstation vorüber; da erhält Georg den Gruß aus der Heimat eher, und er erspart sich den holprigen Anmarsch.

Ich bewohne ein Minizimmer im Haus 15, arbeite aber zusammen mit den beiden Geodäten Georg Dittrich und Georg Schwarz oben in der »Villa«. Diese »Villa«, eine schmale Doppelhütte unter dem Schnee, hatten bereits die beiden Gruppen aus der DDR vor uns bewohnt und eingerichtet. Sie liegt etwas oberhalb des Stationszentrums in Richtung zum Flugplatz, gleich neben der meteorologischen Beobachtungsstation. Das Haus 15 dagegen steht nicht weit entfernt von der Eisbarriere. Es ist eins von den selten gewordenen Gebäuden, die wenigstens noch zum Teil aus dem Schnee herausschauen.

Dennoch muß ich beim Verlassen des Hauses einen hohen Schneewall überklettern, den vor einigen Tagen ein Orkan kurz vor unserer Haustür aufgetürmt hat. Ich schaue wegen des Telegramms zur Funkstelle hinein, aber es war schon abgeholt worden. Georg hat es also nicht abwarten können. Man freut sich ja so sehr auf ein paar Zeilen von daheim! Auf einem Tisch sitzt vergnügt mein sowjetischer Kollege, der Meteorologe Sascha Babkin, und baumelt mit den Beinen. Mit ihm arbeite ich im Wetterbüro zusammen. Er zeichnet und analysiert jeden Tag die Bodenwetterkarte, ich die Höhenwetterkarte. Sascha zeigt mir die letzten Wettermeldungen von Mirny und Nowolasarewskaja vom Null-Uhr-Termin nach Greenwich-Zeit. Das ist in Mirny 8 Uhr Ortszeit. Außerdem entfaltet er vor mir die in der Nacht aufgenommenen Faksimilekarten der amerikanischen Station McMurdo. Im Oktober war versuchsweise der gegenseitige Austausch von vollständigen Wetterkarten über Funk zwischen den beiden Stationen aufgenommen worden. In seiner freundlichen Art erläutert mir Sascha die Wetterlage und meint, daß wir heute den ganzen Tag über mit ruhigem und sonnigem Wetter rechnen können.

Zum Frühstück in der »Kajut Kompanija«, dem Speise- und Kulturraum, treffe ich meine Kameraden. Das Telegramm war aus Potsdam; die Mannschaft, die uns ablösen wird, ist unterwegs. Bei der »Villa« angekommen, schauen wir uns um. Wir haben einen der seltenen, sagenhaft schönen Antarktistage. Der Wind weht nur schwach. Lockere, hohe Wolkenfelder driften langsam über die Station hinweg, die im gleißenden Sonnenlicht vor uns liegt. Die Luft ist ganz klar. Selbst die fernsten Gegenstände am Horizont erscheinen gestochen scharf. Sichtverhältnisse, wie sie wohl nur in den Polargebieten möglich sind oder bestenfalls noch im Hochgebirge. Wir beschließen, das schöne Wetter zu nutzen und nach dem Mittagessen die Haswellinsel aufzusuchen. Sie hebt sich vor uns greifbar nahe aus dem Meereis heraus, aber in Wirklichkeit liegt sie vier bis fünf Kilometer von der Station entfernt.

Die beiden Schorschs

Am Vormittag haben wir noch viel zu tun. Die beiden Schorschs, ihrer gleichlautenden Vornamen wegen so genannt, also Georg Dittrich und Georg Schwarz, sind erst vor ein paar Tagen von einem mehrwöchigen Schlittenzug zurückgekehrt und müssen ihr Beobachtungsmaterial sichten und ordnen. Schon am Ende des Antarktissommers, von Mitte Februar bis Mitte April 1962, waren sie mit zwei sowjetischen Traktoristen auf schweren Kettentraktoren, an die Wohn- und Lastschlitten angehängt waren, unterwegs. Sie hatten damals von Mirny aus eine lange trigonometrische Traverse in südlicher Richtung aufgebaut und auf dem Rückweg vermessen. Ungünstige Witterungsbedingungen hatten das Vorankommen sehr erschwert und die Rückkehr verzögert. Einmal, als erst der eine, dann noch der andere Traktor ausfiel, war der Erfolg des Unternehmens sogar in Frage gestellt. Von Mirny wurde eine kleine Hilfsexpedition ausgeschickt, die die Fahrzeuge wieder zum Laufen brachte, so daß die

Vermessungsarbeiten abgeschlossen werden konnten. Das war eine aufregende Zeit. Nichts ist ja schlimmer während einer Expedition, als wenn die geplanten Arbeiten nicht zu Ende geführt werden können. Wieviel Mühe und auch materieller Aufwand ist dann umsonst gewesen!

Während des Winters haben die beiden Schorschs sehr viel rechnen müssen, um die Standorte der einzelnen geodätischen Signale möglichst genau zu bestimmen. Mehr als achtzig solcher Signale mußten aufgebaut, vermessen und berechnet werden. Sie bestehen aus vier bis acht Meter langen Aluminiumstangen, die mit Drahtseilen fest verspannt werden. Obenauf ist ein schwarzer Blechzylinder befestigt, damit die Signale auch über eine Entfernung von einigen Kilometern gut zu erkennen sind.

Mit Hilfe dieser Messungen soll die Eisbewegung im Hinterland von Mirny bestimmt werden. Wie allgemein bekannt, befinden sich die ungeheuren Eismassen der Antarktis keineswegs in Ruhe; das Eis fließt vielmehr langsam wie ein Kuchenteig auseinander. Die geodätischen Signale wandern also auf dem langsam fließenden Eis von ihren ursprünglichen Standorten weg. Durch Wiederholungsmessungen können die neuen Koordinaten einer jeden Stange berechnet werden. Aus der Differenz zwischen erster Messung und Wiederholungsmessung ist es dann möglich, den zurückgelegten Weg des Signals und damit die Eisbewegung in diesem Gebiet zu bestimmen. Solche Untersuchungen sind an möglichst vielen Stellen des Inlandgletschers erforderlich, wenn man eine Eisbilanz der Antarktis aufstellen will. Von Anfang Oktober bis Mitte November waren Georg Dittrich und Georg Schwarz wieder mit den beiden sowjetischen Traktoristen unterwegs, um die erste Wiederholungsmessung des trigonometrischen Netzes durchzuführen. Und wieder hatten trotz der relativ günstigen Jahreszeit widrige Witterungsbedingungen die Arbeiten sehr erschwert und verzögert.

Wie kalt ist sehr kalt?

Während sich die beiden Geodäten mit ihren Aufzeichnungen beschäftigen, sehe ich mich nach meinen Geräten um, die ich im Freien, unweit der Einstiegsluke zur »Villa«, aufgebaut habe. Der Himmel ist gering bewölkt, vielleicht kann ich nachher noch eine Messung der direkten Sonnenstrahlung mit dem Panzeraktinometer durchführen. Mit diesem Gerät, das den Trübungsfaktor der Atmosphäre feststellen hilft, haben schon meine Vorgänger gemessen. Ich sollte die Beobachtungen fortsetzen.

Ein leichtes Surren zeigt mir an, daß die Frigorimeter einwandfrei arbeiten, worüber ich besonders froh bin, denn damit habe ich sehr viel Ärger und Mühe gehabt. Das Frigorimeter ist ein bioklimatologisches Meßinstrument, mit dem die Abkühlungsgröße gemessen wird. Schon längere Zeit beschäftigt die Mediziner die Frage nach der abkühlenden Wirkung meteorologischer Faktoren auf den menschlichen Körper. Wir wissen ja, daß die Lufttemperatur allein kein Gradmesser für unser Wärmeempfinden sein kann. Zum Beispiel lassen sich tiefe Temperaturen bei schwachem Wind und intensiver Sonnenstrahlung wesentlich leichter ertragen als bei starkem Wind und bedecktem Himmel. Daraus geht hervor, daß für das Wärmeempfinden des Menschen die Summe der Wirkung verschiedener meteorologischer Elemente maßgebend ist, und zwar aller derjenigen, die eine thermische Wirkung haben: Lufttemperatur, Luftbewegung, Strahlung und Verdunstung.

Da jeder menschliche Körper anders auf diese Einflüsse reagiert, hat man nach geeigneten physikalischen Meßmethoden gesucht, mit deren Hilfe man alle diese komplex wirkenden Größen möglichst vollständig durch eine einzige Meßzahl ausdrücken kann. Der für solche objektiven Aussagen ungeeignete menschliche Körper muß dabei durch einen physikalisch genau definierten Probekörper ersetzt werden; erst dadurch werden die Messungen untereinander exakt vergleichbar. Es muß aber betont werden, daß die Frigorimeter wie auch alle in der Folgezeit entwickelten Geräte zur Bestimmung der Abkühlungsgröße in ihrer Wirkungsweise niemals mit dem komplizierten Verhalten des menschlichen Körpers gleichgesetzt und die mit ihnen erhaltenen Werte unbesehen auf den Menschen angewandt werden können. Die Meßwerte sind keine physiologischen, sondern physikalische Größen.

Ich hatte für meine Messungen drei Davoser Frigorimeter nach Dorno und Thilenius zur Verfügung. Diese Geräte bestehen aus einem Meßkörper samt Zuleitungskabel und dem Registriergerät. Als Meßkörper dient eine massive Kupferkugel mit einem Durchmesser von 7,5 cm, deren Oberfläche geschwärzt ist. Im Zentrum der Kugel befindet sich ein Quecksilberkontaktthermometer, das die in der Äquatorebene liegende ringförmige elektrische Heizung über ein Relais ein- oder ausschaltet, je nachdem, ob die der menschlichen Normaltemperatur angeglichene Kugeltemperatur von 36,5 °C unter- beziehungsweise überschritten wird. So wird eine in gewissen Grenzen konstante Kugeltemperatur erreicht. Die

Kugel ist auf einem Stiel befestigt, durch den die Zuleitungen für das Kontaktthermometer und die Heizung ins Freie führen.

Am Meßort, der so gewählt werden soll, daß alle meteorologischen Faktoren ungehindert auf den Meßkörper einwirken können, wird die erwärmte Kugel im Normalfall abgekühlt, wenn dem nicht durch Beheizung entgegengewirkt wird. Soll die Kugeltemperatur konstant auf 36,5 °C gehalten werden, dann müssen Abkühlung und Wärmezufuhr den gleichen Betrag haben.

Die aufgewendete Heizleistung ist also gleich der Summe der abkühlenden Wirkung aller meteorologischen Faktoren und damit direkt ein Maß für die Abkühlung der Kugel. Es braucht demnach nur die elektrische Leistung gemessen zu werden, um die Abkühlungsgröße durch einfache Umrechnung zu erhalten. Die Abkühlungsgröße selbst ist definiert als der Wärmestrom, der pro Sekunde durch jeden Quadratzentimeter der Kugeloberfläche fließt, wenn die Kugeltemperatur 36,5 °C beträgt und der Meßkörper frei allen Witterungseinflüssen ausgesetzt wird. Die Dimension der Abkühlungsgröße ist mcal/cm$^2 \cdot$ s.

Frigorimetermessungen sind schon in vielen Gebieten der Erde ausgeführt worden. Neben dem Nutzen solcher Messungen für medizinische und insbesondere physiologische Fragestellungen kann das Frigorimeter auch zu anderen Aufgaben herangezogen werden. So hat man zum Beispiel versucht, eine Klassifizierung der Klimate im Hinblick auf die Bewohnbarkeit der Erde damit auszuarbeiten. Durch eine einzige Meßgröße, eben die Abkühlungsgröße, ließe sich die klimatische Bewohnbarkeit der einzelnen Regionen charakterisieren. Besonders interessant für solche Untersuchungen sind natürlich die klimatisch außergewöhnlichen Gebiete, etwa die Antarktis.

Es zeigte sich jedoch schon zu Beginn meiner Messungen, daß die Verhältnisse in der Antarktis noch extremer als erwartet sind und die eingesetzten Geräte in ihrer ursprünglichen Form den Belastungen nicht standhielten. Vor allem waren die Heizungen zu schwach und brachten nicht annähernd die notwendige Leistung. Außerdem brannten sie meist schon nach kurzer Zeit durch. Das Hauptproblem bei der Konstruktion einer Frigorimeterheizung für antarktische Verhältnisse bestand darin, daß in dem kleinen Raum der Kugel eine hohe Leistung von etwa 200 Watt erreicht werden muß. Dabei treten Wärmestaus auf, die zum Schmelzen des Heizdrahtes führen. Ich habe während des antarktischen Sommers und der ersten Wintermonate etwa zwanzig verschiedene Heizungen nach unterschiedlichen Prinzipien gebaut und ausprobiert, meist jedoch ohne befriedigendes Ergebnis. Schließlich konnte ich doch noch eine Lösung finden. Es war der allerletzte Versuch. Wäre damit kein Erfolg beschieden gewesen, so hätte ich die Frigorimeter eingepackt. Endgültig! So aber laufen die Geräte seit Anfang August, und ich habe seitdem eine lückenlose Registrierung der Abkühlungsgröße vorliegen, wenn man von einigen kurzen Perioden mit Stromausfall im Netz von Mirny absieht.

Bei der Entwicklung der Heizungen und anderer, ursprünglich zu schwach bemessener Teile der Frigorimeter halfen mir die sowjetischen Kollegen. Selbst der amtierende Stationsleiter Wiktor Wenediktow kümmerte sich darum. Es ist auch bei großen, gut organisierten Expeditionen gar nicht so einfach, spezielle Dinge, die man braucht, zu bekommen. Man muß sehen, was da ist, und viel improvisieren. Einen Bastlerladen mit den nötigen Ersatzteilen und Ausrüstungsgegenständen gibt es ja hier nicht. Ich konnte aber immer zu den Mechanikern in die Werkstatt gehen und fand stets ein offenes Ohr. Manchmal kamen sie auch in meine Hütte und beteiligten sich an den Versuchen. Sie haben beachtlichen Anteil an dem Erfolg, der sich schließlich doch noch einstellte.

Die Messungen zeigen, daß die Abkühlungsgröße in der Antarktis außerordentlich hohe Werte erreicht. Sie beträgt ein Mehrfaches von dem, was in Mitteleuropa unter extremen Bedingungen auftritt. So wurde zum Beispiel in Greifswald ein *Stunden*mittel der Abkühlungsgröße von 80 mcal/cm$^2 \cdot$ s nur zweimal in einem Zeitraum von vier Jahren erreicht. In Mirny dagegen liegen die *Monats*mittel der Monate April bis Oktober um diesen Wert oder deutlich darüber. Das höchste Stundenmittel konnte am 4. Mai 1962 bei einer Temperatur von minus 24 °C, einer mittleren Windgeschwindigkeit von 31 m/s, bedecktem Himmel und starkem Schneetreiben gemessen werden: 214 mcal/cm$^2 \cdot$ s! Trotzdem ist es sehr wahrscheinlich, daß an anderen Tagen mit starkem Schneesturm noch höhere Werte aufgetreten sind; ich konnte sie nur wegen Versagens der Heizung nicht erfassen. Es darf angenommen werden, daß in der Antarktis Extremwerte von 250 mcal/cm$^2 \cdot$ s möglich sind. Das höchste gemessene Tagesmittel der Abkühlungsgröße betrug am 12. April 1962 153 mcal/cm$^2 \cdot$ s. Die niedrigsten Werte treten naturgemäß im antarktischen Sommer an Strahlungstagen auf. Infolge der Reinheit der Atmosphäre in den Polargebieten ist die Intensität der Sonnenstrahlung sehr groß, und der geschwärzten Kugel wird dadurch zusätzliche Wärme von außen zugeführt.

Beim Einschätzen der Werte muß beachtet werden, daß wegen der extrem starken Abkühlung in der Antarktis vor allem in den oberen Bereichen der Abkühlungsgröße die Temperatur der Kugeloberfläche wahrscheinlich wesentlich geringer als die geforderten 36,5 °C war. Das bedeutet, daß in Wirklichkeit die Werte noch merklich höher liegen als die Messungen ergeben haben. Die erforderliche Korrektur kann aber nur vorgenommen werden, wenn die Temperatur der Kugeloberfläche bekannt ist. Derartige Messungen konnten mit den vorhandenen Mitteln während dieser Expedition nicht durchgeführt werden.

Es seien noch Versuche verschiedener Autoren erwähnt, die die Abkühlungsgröße mit dem Wärmeempfinden des Menschen in Beziehung setzen. Sie haben Wärmeempfindungsskalen aufgestellt. Darin werden zum Beispiel Abkühlungsgrößen von 30 bis 40 mcal/cm² · s als kalt und solche von 50 mcal/cm² · s als unerträglich oder äußerst kalt bezeichnet. In diesen Bereichen liegen aber in Mirny selbst im Hochsommer, im Dezember, größtenteils die Tagesmittel! Selbst die niedrigsten Stundenmittel am Tag liegen in dieser Zeit oft noch deutlich über den genannten Schwellenwerten.

Ausflug zu den Pinguinen

Inzwischen ist die Mittagszeit herangekommen. Aus der Messung mit dem Panzeraktinometer wird heute nichts mehr. Es sind zu viele Zirren am Himmel; sie schwächen die Sonnenstrahlung ab. Ich mache noch eine Aufnahmeserie mit den Wolkenkameras. Dafür steht mir ein Himmelspiegel zur Verfügung: Auf einer großen Konvexlinse wird das gesamte Himmelsgewölbe abgebildet. Das Spiegelbild wird mit einer Kamera – ich arbeitete mit einer Exakta Varex – fotografiert, die auf einem Stativ genau über der Linse angebracht ist. Auf diese Weise erhält man mit einer einzigen Aufnahme die Gesamtbewölkung über der Station.

Anschließend gehen wir hinunter zur Kajut Kompanija Mittag essen. Es gibt heute Geflügel. Außerdem steht ein großer Topf mit Nudelsuppe da. Kopfschüttelnd, ja fassungslos, sehen die sowjetischen Polarniks zu, wie ich mir einen zünftigen Nudeleintopf mit Huhn bereite, auf den ich gerade mächtigen Appetit habe. Sie können den ausgefallenen Geschmack ihres deutschen Kollegen nicht so recht begreifen. Nu, nitschewo! Des weiteren erregen wir seit einigen Tagen Aufsehen wegen unserer Kurzfrisuren. Gleich nach der Rückkehr der beiden Schorschs vom Schlittenzug hatten wir uns gegenseitig nach der Topfmethode die Haare geschnitten. Wir schauen ringsum in neiderfüllte Gesichter.

Von Wiktor Wenediktow erhalten wir die Genehmigung für den Ausflug zur Haswellinsel. Wir sollen dort gleich einmal nach Mr. Pryor sehen, dem Professor für Mikrobiologie. Er gehörte zu jener Gruppe amerikanischer Wissenschaftler, die sich 1961 auf einem Rundflug befand und kurz nach dem Start hinter der australischen Station Wilkes abstürzte. Nur dem glücklichen Umstand, daß er als Austauschwissenschaftler in Mirny zurückgeblieben war, verdankte Madway Pryor sein Leben. Jetzt hat er sein Zelt auf der Haswellinsel aufgeschlagen, um faunistischen Studien nachzugehen.

Auf den Ausflug wird natürlich Foto- und Filmausrüstung mitgenommen. Wir haben ja ideales Fotowetter. Wir klettern die Eisbarriere am Kap Chmara hinunter und gelangen aufs Meereis. Erste lange Risse durchziehen es, ein Zeichen für den nahenden Sommer. Die Stille der Natur wird nur ab und zu vom Geschrei der Raubmöwen unterbrochen. Als wir uns allmählich der Haswellinsel nähern, kommt plötzlich ein kleiner Trupp Adeliepinguine auf uns zugerannt, die Hälse hochgereckt. Aha, die munteren, etwa 60 bis 70 cm großen Burschen sind inzwischen eingetroffen. Aufgeregt umtrippelt uns die Schar. Einen will Georg Dittrich necken. Er nimmt seine Tschapka ab und hält sie ihm entgegen. Der Pinguin stürzt wütend und mit den Flügeln schlagend darauf los und verbeißt sich in sie. Ich kann vor Lachen kaum mit meiner Pentaflex die Szene festhalten. Es sieht auch zu drollig aus, wie der wütende Pinguin um unseren Schorsch herumspringt und an der Mütze zerrt. Schließlich hat er es satt und nimmt Reißaus, den anderen kleinen Gesellen nach, die schon längst das Weite gesucht hatten.

Bevor wir zur Haswellinsel hinaufsteigen, wollen wir noch einen Abstecher zur Kaiserpinguinkolonie machen, die sich in der Nähe eines mächtigen, auf dem Meeresgrund aufsitzenden Tafeleisberges befindet. Unterwegs begegnen wir Mr. Pryor. Er beobachtet eine in Geburtswehen liegende Robbe, die ihn und uns mit großen vorwurfsvollen Augen anschaut. Da die Robben auf dem Eis keine natürlichen Feinde haben, fliehen sie vor dem Menschen nicht. Leider ist uns die Zeit schon ein bißchen knapp, und wir können die Geburt nicht abwarten. Wir verabreden uns für den späten Nachmittag mit Mr. Pryor auf der Insel.

Die Kaiserpinguinkolonie bei Mirny ist eine der wenigen, die es in der Antarktis gibt. Biologen haben die Anzahl der in dieser Kolonie lebenden Vögel einschließlich der Jungen auf 35 000 geschätzt. Jetzt, im

November, befindet sich die Kolonie zum Teil schon in Auflösung. Die niedlichen Küken mit ihrem silbergrauen Federkleid, dem schwarzen Kopf und den breiten, weißen Augenringen sind herangewachsen und stehen vor ihrer ersten Mauser. Kaiserpinguine werden etwa 1,20 m groß. Es sind die einzigen höherentwickelten Lebewesen, die während des Winters an der Antarktisküste leben. Die kleinen Adelies und die Möwen, die wir im Sommer vor Mirny antreffen, ziehen sich während des langen, eisigen Winters weit nach Norden in wärmere Gefilde zurück. Die Kaiserpinguine dagegen, die sich im Sommer über weite Gebiete verstreuen, kommen zu Beginn des Winters von allen Seiten herbei und bilden ihre Brutkolonie.

Es ist keineswegs eine bloße Laune der Natur, daß diese Pinguine ausgerechnet im Winter brüten. Das hat biologische Ursachen. Die Kaiserpinguine sind gewichtige Vögel und legen entsprechend große, 400 bis 500 g schwere Eier: Die Brutzeit erstreckt sich deshalb über 60 bis 70 Tage. Im Juli schlüpfen die ersten Jungen aus. Brüteten die Kaiserpinguine im Sommer, so fiele wegen der langen Brut- und Entwicklungszeit die Mauser in den lebensfeindlichen Polarwinter. Da während der Mauser die Vögel sehr empfindlich sind, würden die meisten von ihnen ein Opfer der eisigen Stürme.

Ein Weibchen legt in jedem Jahr nur ein einziges Ei, zwei oder mehr könnten nicht warm gehalten werden. In der Eiswüste gibt es nicht ausreichend Material für den Bau eines Nestes. Die Kaiserpinguine schieben das Ei mit dem Schnabel auf ihre Füße und stülpen eine dicke Bauchfalte darüber, die sich bei Männchen und Weibchen gleichermaßen ausbildet. Auf den Füßen unter der Bauchfalte liegt das Ei so geschützt und warm, daß es ausgebrütet werden kann. Es behindert aber die Elterntiere am Fortkommen, so daß sie sich nur langsam weiterbewegen können.

Nach der Eiablage übernehmen zuerst die Männchen das Brutgeschäft. Die Weibchen wandern inzwischen an das zu dieser Jahreszeit 20 bis 30 km entfernte offene Meer, um Nahrung zu sich zu nehmen. Sie leben von Meerestieren, hauptsächlich von Fischen, Krill und Mollusken. Die Kaiserpinguine sind gute und schnelle Schwimmer. Die Weibchen kehren, wohlgenährt, nach einiger Zeit zur Kolonie zurück, um die Männchen abzulösen, oft erst, wenn die Jungen schon geschlüpft sind. Die Männchen hatten während des Brütens keine Möglichkeit zur Nahrungsaufnahme. Ausgehungert wandern sie nun zum offenen Meer, und in der Folgezeit schaffen die Alten abwechselnd Nahrung für die Jungen herbei.

Kommt ein Elterntier zur Kolonie zurück, so sucht es sich sein eigenes Junges heraus. Es beginnt eine lange Verbeugungszeremonie, ehe Vater oder Mutter die halbverdaute Nahrung herauswürgt. Die Biologen sagten uns, daß diese Zeremonie wahrscheinlich ein Erkennungszeichen zwischen den Alten und den Jungen sei. Die Kaiserpinguine füttern nur ihr eigenes Junges. Ein kleiner Kaiserpinguin, der das Pech hat, seine Eltern zu verlieren, ist hoffnungslos dem Verderben ausgesetzt. Um ihn kümmert sich kein anderer. Im Gegenteil, er wird weggestoßen und geht spätestens beim nächsten Schneesturm zugrunde. Die außerordentlich harten Existenzbedingungen haben eine solche Verhaltensweise herausgebildet. Wir hören die Tiere noch lange nach Verlassen der Kolonie.

Auf der Haswellinsel haben wir endlich über längere Strecken hinweg einmal Felsboden unter den Füßen. Sonst sind wir nur Eis und Schnee gewöhnt. Wir durchstreifen die Insel, deren höchste Erhebung ungefähr hundert Meter mißt. In einem flachen Tal finden wir das rote Zelt des Amerikaners, der uns schon erwartet und einen kleinen Imbiß bereithält. Bei ihm ist alles in bester Ordnung. Wir wandern gemeinsam zu der Seite der Insel, die Mirny zugewandt ist und lagern uns auf die noch sonnenwarmen Felsplatten. In der Ferne liegt still und friedlich die Forschungsstation, die uns schon fast ein ganzes Jahr lang zum vertrauten Domizil geworden ist. Wie viel haben wir in dieser Zeit erlebt! Schwere, vor allem aber auch schöne und eindrucksvolle Stunden, die wir sicherlich niemals vergessen können. Auf dem Meereis nähert sich ein schwarzer, immer größer werdender Fleck. Es ist Zeit, sich von Mr. Pryor zu verabschieden, denn der Fahrer des kleinen Kettenfahrzeuges, eines »Wesdechod«, soll uns abholen. In waghalsigem Tempo über das Meereis bringt er uns nach Mirny zurück.

1962–1964

8. Sowjetische Antarktisexpedition
Mirny, Molodjoshnaja, Wostok

Die deutsche Mannschaft zur 8. Sowjetischen Antarktisexpedition bestand wieder aus einer geodätischen und einer meteorologischen Arbeitsgruppe.

Die Meteorologen (Buttenberg, Nitzschke) fertigten gemeinsam mit einem sowjetischen Synoptiker täglich Wetteranalysen für das Südpolargebiet und die angrenzenden Gewässer an, damit die Besatzungen der sowjetischen Antarktisstationen, der Flugzeuge und Schlittenzüge sowie der Schiffe im südlichen Eismeer meteorologisch gut beraten werden. Solange die Sonne schien, setzten sie die 1960 begonnene Meßreihe des Trübungsfaktors der Atmosphäre mit Panzeraktinometern fort. Aus Monatsmittelkarten des Luftdrucks wurden die Topographien der 500-, 300- und 100-Millibar-Flächen analysiert, um einen Beitrag zur Erforschung der mittleren Strömungsverhältnisse des Südpolargebietes zu leisten. Außerdem beteiligten sie sich an Wetter- und Eiserkundungsflügen.

Die Luftdruck- und Temperaturdaten von Radiosondenaufstiegen an der Station Mirny gestatteten es Peter Nitzschke, aus den jahreszeitlichen Veränderungen die Aussage abzuleiten, daß sich die Troposphäre und die unteren Schichten der Stratosphäre im Winter gleichermaßen abkühlen, wie sie sich im Sommer erwärmen. Das war damals noch kein Allgemeinplatz. Es bedeutete, daß das »Kompensationsprinzip« der Atmosphäre, wonach die Temperaturtrends »oben« und »unten« gegenläufig sind, über hochpolaren Regionen nicht gilt.

Die Geodäten Joachim Liebert und Günter Leonhardt sollten zunächst nur in der Sommersaison 1962/63 auf Antarktika bleiben und in dieser Zeit eine möglichst genaue astronomische Ortsbestimmung an der Station Wostok vornehmen. Wostok liegt weit im Inneren des kontinentalen Eisplateaus, etwa 1200 km von der Küste entfernt. Da die Station in den Sommermonaten 1963 nach einer einjährigen Konservierung neu eröffnet wurde, Schlechtwetter aber den Flugtransport des Baumaterials verzögerte, standen die beiden Geodäten vor der Frage, eine unvorhergesehene Überwinterung auf sich zu nehmen. Sie entschieden sich in Abstimmung mit dem Nationalkomitee für Geodäsie und Geophysik der DDR für den Verbleib in Mirny und die Bestimmung des Astropunkts Wostok im folgenden Jahr.

Nach Abschluß der Meßkampagnen war der Astropunkt Mirny der genaueste aller Antarktisstationen an der Küste, der Astropunkt Wostok der genaueste im Inneren der Antarktis. Die Neubestimmung eines Astropunktes II. Ordnung in Molodjoshnaja (am westlichen Rand des Enderbylandes gelegen) erlaubt die geographische Orientierung des ein Jahr zuvor von russischen Geographen angelegten lokalen Meßpunktnetzes und damit eine exakte Kartierung des Küstenverlaufes und der Stationsumgebung. Die astronomischen Beobachtungen ergaben, daß sich Molodjoshnaja auf dem Globus weiter nördlich befindet, als man zuvor annahm.

Die im folgenden Kapitel geschilderten turbulenten Ereignisse um das Geologenlager in den Tulabergen erlebten die beiden Expeditionsteilnehmer noch vor ihrem Aufenthalt in Wostok, der vom November 1963 bis Mitte Februar 1964 dauerte. Um so bewundernswürdiger, wie sie nach überstandener lebensbedrohlicher Situation noch Kraft und Nerven aufbrachten, die komplizierten Messungen am Kältepol der Erde erfolgreich abzuschließen, bei Temperaturen bis unter minus 50 °C und nach Sternen des hellen Tageshimmels. Für die Bestimmung eines Astropunktes I. Ordnung unter solch extremen Bedingungen gab es noch kein Beispiel.

Erst seit dieser Expedition wußte die Welt, wo – genau – die Station Wostok liegt. Das heißt, wo sie im Jahre 1964 lag. Denn es war anzunehmen, daß sie sich, auf Eis gebaut, fortbewegt. In welche Richtung und wie schnell, das sollte eine Wiederholungsmessung in den Jahren 1971/72 zeigen.

Südliche Sterne im Fadenkreuz

Joachim Liebert

Gebannt stehen wir am 4. Januar 1963 auf dem Peildeck des Expeditionsschiffes ESTONIA und schauen nach Süden. Die sowjetischen »Polarniki« bestätigen uns: Es sind keine hellen Wolkenbänke, was sich da etwa 50 km vor uns ausbreitet, es ist die Küste des ungeheuren Eiskontinents. So haben bereits Scott und Mawson (er an fast der gleichen Stelle), Amundsen und Filchner das »Südland« zum ersten Mal gesehen – als einen schmalen weißen Streifen am Horizont. Wir sind fasziniert von der Großartigkeit einer uns noch völlig fremden Landschaft, und diese Faszination sollte uns mehr und mehr und für immer packen.

Am 16. Januar gegen 3 Uhr morgens verlassen wir das gastliche Schiff. All unser Frachtgut ist auf Lastschlitten verladen. Ein Konvoi, von vier Traktoren gezogen, soll uns und die Ausrüstungen nach Mirny bringen, geführt von Michail Romanow, der bereits an mehreren Polarexpeditionen teilgenommen hat. Nach herzlicher Begrüßung und einem kritischen Blick auf unsere Kleidung sagt er: »Zieht euch erst mal ordentlich an, Kinder! So könnt ihr nicht mitfahren!«

In unseren Manchesterhosen, leichten Anoraks und engen Schaftstiefeln wären uns tatsächlich die nächsten Stunden übel bekommen, und wir taten gut daran, die russische Polarkleidung einzuweihen. Keine tausend Meter hatten wir uns vom Schiff entfernt, als aus fast heiterem Himmel ein Schneesturm losbrach. Der Weg über das Meereis mußte schwer erkämpft werden; immer wieder sackten die Schlepper bis über die Ketten in die mürbe Firnschicht ein, ständig drohte die Gefahr eines völligen Einbruchs in verdeckte Meereisspalten. »Springt, wenn es unter euch kracht, so weit ihr könnt!« rief uns Michail zu. Statt der vorgesehenen drei währte die Fahrt zwölf Stunden. Von Mirny aus wurden Suchfahrzeuge entsandt; sie halfen schleppen und begleiteten uns.

Als wir von der Besatzung der Station begeistert empfangen wurden, wußten wir: Wir hatten eine Bewährungsprobe bestanden, wir gehörten schon von diesem Tag an zur großen Expeditionsfamilie. Nun konnte nichts mehr schiefgehen, mochte kommen, was da wollte. Und es kam noch viel auf uns zu, was wir uns nicht hatten träumen lassen.

Nach der ersten Heimkehr aus Antarktika, im Frühjahr 1964, konnten Günter Leonhardt und ich auf 546 eindrucksvolle Expeditionstage zurückblicken. Nach unserer Teilnahme an der 17. Sowjetischen Antarktisexpedition im Jahre 1972 erhöhte sich deren Anzahl auf rund 800 Tage. Antarktika war uns mit den Stationen Mirny, Wostok, Molodjoshnaja und einem Geologenlager an der Amundsenbucht eine Zeitlang zur zweiten Heimat geworden, unvergeßlich und unauslöschlich.

Welche Aufgaben haben uns diesen Weg geführt?

Da wir während unseres ersten Antarktisaufenthaltes entscheidende Erfahrungen für die späteren Messungen sammeln konnten, will ich vor allem darüber berichten. Ursprüngliche und Hauptaufgabe war die Bestimmung eines astronomischen Punktes I. Ordnung im Gebiet der Station Wostok, das heißt, für einen wohldefiniert zu vermarkenden Punkt sollten die geographische Länge und Breite mit höchstmöglicher Genauigkeit bestimmt werden. Das Gelingen einer solchen Koordinatenbestimmung ließ hoffen, durch eine Wiederholungsmessung nach etwa fünf bis zehn Jahren die Bewegung des Eises an der Station Wostok nach Größe und Richtung ermitteln zu können. Das wäre eine wichtige Aussage zum dynamischen Verhalten des Eises in diesem Gebiet. Unser Arbeitsprogramm umfaßte außerdem astronomische Ortsbestimmungen in den bereits erwähnten Stationen und Gebieten, deren Zweck in der Ortsfestlegung, Orientierung und Paßpunktbestimmung zur Kartenaufnahme bestand.

Nach den Unternehmungen in Molodjoshnaja und den turbulenten Ereignissen im Geologenlager am Mt. Riiser-Larsen, über die mein Expeditionskollege Günter Leonhardt berichtet (siehe folgenden Beitrag), begann für uns – gemeinsam mit den Meteorologen Manfred Buttenberg und Peter Nitzschke – im April 1963 die Überwinterung. In deren Verlauf bestimmten wir den Astropunkt Mirny neu. Er befindet sich auf Felsgestein am (nach einem verunglückten sowjetischen Traktoristen benannten) Kap Chmara und ist mit einem eisernen Dreibock signalisiert. Bereits während der ersten Sowjetischen Antarktisexpedition 1956 als Punkt niederer Ordnung bestimmt, errechneten Geodäten fünf Jahre später die Koordinaten mit einem mittleren Fehler von ± 10 m. Unsere Neubeobachtung sollte die Koordinatengenauigkeit verbessern und darüber hinaus die Frage klären helfen, ob sich die Lage des Punktes eventuell im Laufe der Zeit verändert hat.

Diese Messungen, die wir ebenfalls 1972 wiederholten, um die Veränderlichkeit beziehungsweise Unveränderlichkeit des Punktes festzustellen, verlangte eine große Anzahl von Sternbeobachtungen mit einem Passageinstrument nach verschiedenen astronomischen Ortsbestimmungsverfahren. Aus Gründen der Zuverlässigkeit war meine Wahl auf diesen Instrumententyp gefallen. Selbst bei ungewöhnlich tiefen Temperaturen lassen Passageinstrumente wegen ihres einfachen Aufbauprinzips keinen Ausfall erwarten.

Für die Beobachtungen wird das Gerät entweder so aufgestellt, daß das Fernrohr, das nur um eine horizontale Achse beweglich ist, allein den Meridian beschreiben kann, – oder aber, das Instrument wird um 90 Grad gedreht aufgestellt; dann kann das Fernrohr nur einen Kreis beschreiben, der durch Ost-, West- und Zenitpunkt festgelegt ist. In letzterem Fall sagt man, das Instrument steht im Ersten Vertikal.

Ferner hat man wieder zwei grundsätzliche Möglichkeiten der Gestirnsbeobachtung. Entweder werden Durchgänge von Sternen an Horizontalfäden oder an (möglichst einer Vielzahl von) Vertikalfäden im Gesichtsfeld beobachtet, je nachdem, ob die geographische Länge oder Breite ermittelt werden soll. Gewöhnlich gehört dazu eine sehr genaue Zeitnahme der Momente, in denen die Sterne die Fäden im Gesichtsfeld des Fernrohres passieren. Es leuchtet nun ein, bei welcher Beobachtungsart man welche Koordinate ermitteln kann, wenn man sich den täglichen Lauf der Gestirne infolge der Erdrotation vergegenwärtigt. Demnach müssen beispielsweise die Zeiten der Durchgänge der Sterne durch den Meridian, im Instrument also an den Vertikalfäden, ein Maß für die geographische Länge sein. Von der geographischen Breite des Ortes hängt jedoch ab, in welcher Höhe ein bestimmter Stern den Meridian passiert; hier spielen mithin horizontale Fäden bei der Beobachtung eine Rolle. Grob verallgemeinert ist es nun im Ersten Vertikal gerade umgekehrt. Hier bestimmt man aus Durchgangszeiten durch Horizontalfäden die Länge, während Zeiten der Durchgänge an Vertikalfäden ein Maß für die Breite sind, genauer: Für die Breite müssen Zeitdifferenzen zwischen den Durchgängen eines Sternes im Osten und im Westen durch den Ersten Vertikal bestimmt werden.

In der Praxis ist das etwas komplizierter, denn es gelingt nicht, das Instrument ideal im Ersten Vertikal oder Meridian zu orientieren. Diese in der Regel kleinen Orientierungsfehler müssen aus den Messungen selbst ermittelt werden; teilweise können sie durch geschickte Meßanordnungen eliminiert werden. Die Meßkampagnen erfordern, damit sie möglichst effektiv verlaufen, genau vorbereitete Programme ihres Verlaufs.

Wir hatten für die Beobachtungen eine doppelwandige, sehr stabile Schutzhütte mit aufklappbarem Dach anfertigen lassen – ein Meisterwerk unseres Potsdamer Tischlers. Ehe wir jedoch das wertvolle Passageinstrument der Hütte anvertrauten, wollten wir deren Standfestigkeit im nächsten Orkan testen, auf den man ja zu dieser Jahreszeit in Mirny nicht lange warten muß. Die würfelförmige, zwei Meter Kantenlänge messende Schutzhütte hatten wir zwar am Eisuntergrund mit Hilfe einiger Eimer Wasser festfrieren lassen und an den oberen Ecken mit Stahlseilen verankert, aber man konnte nie wissen – die Urgewalt der Elemente ist unberechenbar. Im tobenden Orkan, bei Windgeschwindigkeiten von 50 m/s, haben wir die Ungewißheit dann auch nicht ausgehalten. Verbunden mit einem fünf Meter langen Seil, damit wir uns nicht verlieren, trieb uns die Unruhe zu dem hölzernen Schmuckstück. – Es trotzte vibrierend der starken Belastung.

Nach Abflauen des Orkans konnten wir das Instrument auf einer gefüllten Kerosintonne, die als Pfeiler diente, aufstellen. Dann begannen die wochenlangen Messungen, in denen wir, immer wieder durch Schlechtwetterperioden unterbrochen, die notwendigen Daten zusammentrugen. Der Standpunkt der Meßhütte befand sich neben dem alten, mit dem Dreibock signalisierten Astropunkt, war also exzentrisch, aber ebenfalls auf festem Gestein, gewählt. Uhren, Zeitsignalempfänger und Zeitschreiber konnten wir im Arbeitsraum der sowjetischen Aerologen in unmittelbarer Nähe unseres Standpunkts unterbringen. Kabelverbindungen zwischen Instrument und Arbeitsraum sorgten für die Übertragung der Zeitregistrierung, für Strom und Sprechkontakt.

Die Beobachtungen entbehrten nicht einer gewissen Dramatik: Das ist nicht die spannungsgeladene Dramatik des Kampfes um die pure Existenz, wie wir sie in den Tulabergen erlebten. Es ist die »feinere« Spannung, die jeden packt, der sich bemüht, unter schwierigen Umständen beste Meßergebnisse zu erzielen. In den seltenen klaren Nächten machten mir die kalten, vor allem in der zweiten Nachthälfte fast Orkanstärke erreichenden Fallwinde vom Inlandeis arg zu schaffen. Sie führten erhebliche Treibschneemengen mit sich. Immer wieder war das Objektiv schneebedeckt, dann wieder beschlug das Okular, und ehe man dessen Linsenfläche klar bekam, war der Stern bereits »über alle Berge«. Am Okular gab es daher nur eine Devise: Möglichst lange die Luft anhalten und genau beobachten. In Wostok beschlug das Okular mitunter schon durch verdunstende Augenflüssigkeit, besonders bei Windstille. Doch in Mirny war es selten windstill, meist zwangen die Sturmböen, wenn sie 20 bis 25 m/s überschritten, zum Abbruch der Arbeit. Bei plötzlich hereinbrechendem Sturm hatten wir alle Hände voll zu tun, das Hüttendach in die Gewalt zu bekommen. Nur starke Seilknebel, die an zusätzlichen Haken befestigt wurden, konnten das Ausreißen der Dachriegel durch Sturmeswucht verhindern. Dabei fielen die Temperaturen unter minus 25 Grad Celsius. Das ist nicht immer angenehm; während der stundenlangen Beobachtungen kriecht die Kälte durch die beste Polarkleidung, und manchmal hätte ich Günter um den wärmeren Platz bei den Uhren und Chronographen beneiden können. Aber die Sternenpracht des Südhimmels, die mir – wenn nicht gerade Schneefahnen darüber hinwegjagten – in fast unglaublicher Brillanz vor Augen stand, oder phantastisch zuckende, weiträumige Polarlichter ließen solche Gedanken schnell verwehen.

Noch während der Überwinterung berechneten wir die ersten Ergebnisse unserer Messungen. Die Beobachtung des Astropunktes in Mirny gelang mit sehr hoher Präzision. Danach hat der Punkt folgende Koordinaten:

66°33'06",11 südlicher Breite,
93°00'50",73 östlicher Länge.

Die Koordinaten konnten mit einer Genauigkeit von ± 0,06 Bogensekunden bestimmt werden, das heißt, der Lagefehler beträgt nur etwa ± 2 m. Die Wiederholungsmessung 1972 ergab, daß der Astropunkt Mirny keiner bemerkenswerten Lageveränderung unterliegt. Die Resultate ließen uns optimistisch den in Wostok bevorstehenden Aufgaben entgegensehen. Außerdem hatten wir eine zweckmäßige Meßtechnologie erarbeitet, und – was besonders wichtig war – wir fühlten uns, umgeben von den unbeschreiblich hilfsbereiten sowjetischen Kameraden, sehr wohl. Wir genossen geradezu die Expeditionsatmosphäre.

Das Leben war alles andere als eintönig. Einerseits hielt uns die Arbeit ständig in Trab und erwartungsvoller Spannung: Zahllose kleine und größere Schwierigkeiten während der Meßkampagnen wollten gemeistert sein, die Auswertungen waren voranzutreiben und die sorgfältige Vorbereitung für Wostok mußte gesichert werden. Zum Beispiel gab es für Bedingungen unter minus 26 °C und das niedrige Luftdruckniveau Wostoks keine Refraktionstafeln. Hierzu waren spezielle Untersuchungen zur Ablenkung des Sternenlichts in der Erdatmosphäre (astronomische Refraktion) und entsprechende Berechnungen erforderlich. Andererseits war das Leben in der Station ohnehin abwechslungsreich. Allabendlich gab es in der Kantine Filmvorführungen; wir konnten Schach, Dame, Domino, Tischtennis oder Billard spielen; auch Vorträge wurden gehalten. Und oft fanden sich Anlässe, in frohen Runden die harmonische Gemeinsamkeit zu feiern.

Aber nun stand uns Wostok bevor. Dort gab es kaum Sturm; dafür stellten der geringe Luftdruck, sehr tiefe Temperaturen und hohe Lufttrockenheit ungewöhnliche Anforderungen an den Organismus. Obwohl wir inzwischen eine gewisse Abgeklärtheit gewonnen hatten, sahen wir den Tagen und Wochen in Wostok mit gemischten Gefühlen entgegen. Würden wir uns gut akklimatisieren? Manch einer hatte in dieser Hinsicht trotz bester Kondition trübe Erfahrungen machen müssen. Immerhin, wir flogen in eine Station von besonderem Ruf. Wostok, das bedeutete Härte, aber auch eine verschworene Gemeinschaft. Die meisten der Männer kannten wir bereits. Leiter der Station war 1963 Wassili Siderow, 1972, während unseres zweiten Aufenthaltes, Wolodja Ananjew, zwei – wenn man so sagen darf – kaltblütige Polarfüchse mit warmen Herzen. Sie haben mit ihren Kameraden wesentlichen Anteil am Gelingen unserer Arbeit.

Am 27. November 1963 verließen wir unser Überwinterungsquartier Mirny. Es war nach neunmonatiger Flugpause das erste Flugzeug, mit dem wir in Richtung Wostok starteten, nur ein Minimum ausgewählter Habseligkeiten bei uns, denn verständlicherweise mußte das Frachtgewicht so niedrig wie möglich gehalten werden. Unser Einstand, eine Kiste Radeberger Pilsner, wurde nicht mitgerechnet.

Noch vor fünf Uhr morgens waren wir gestartet, nachdem die Maschine zunächst partout keinen Zoll von der Stelle weichen wollte; erst ein paar kräftige Holzhammerschläge befreiten die festgefrorenen Gleitkufen aus der Umklammerung. Aus der Vogelperspektive überblicken wir ein wunderbares Panorama: über Hunderte von Quadratkilometern das zerfurchte küstennahe Inlandeis – herrlich das pastellblaue Spaltengewirr im gleißenden Weiß unter azurblauem Himmel. Im Meereis sind zahllose Eisberge eingeschlossen, bis zum Horizont, wo sich im Norden flach die Eislinse der Drygalski-Insel erhebt.

Langsam steigt unter uns der gewaltige Rücken des Inlandeises an. Mirny entschwindet den Blicken, während wir noch fast eine Stunde nach dem Start am Nordhorizont die Tafeleisberge wahrnehmen können. Die Sicht über Hunderte von Kilometern ist für mitteleuropäische Verhältnisse unvorstellbar.

Schließlich ist nur noch grelleuchtendes Weiß unter uns und tiefblauer Himmel über uns. Ab und an kann man die Spur des Schlittenzuges ausmachen, der sich auf dem Weg nach Wostok befindet. Als wir ihn erreichen, werden an einem Fallschirm Versorgungsgüter und Ersatzteile für einen defekten Schlepper abgeworfen. Unten werden Mützen geschwenkt. Wir fliegen eine Schleife; Alexejew – er war, wie wir erfahren, ehemaliger Chefpilot Außenminister Wyschinskis – grüßt schaukelnd mit der Maschine, dann geht es weiter nach Süden.

Nach mehr als fünfstündigem Flug landen wir bei minus 37 °C auf der Schneepiste von Wostok. Erstaunlich mühsam wanken wir Neuankömmlinge zum Stationsgebäude. Die Ankunft der ersten Maschine nach langer Abgeschiedenheit ist für das kleine, 15köpfige Kollektiv der Überwinterer ein Fest. Aber uns ist nicht so recht zum Feiern zumute, der Sauerstoffmangel fordert Tribut. Erst nach einigen Tagen sind wir so weit akklimatisiert, daß wir mit unserem Arbeitsprogramm beginnen können.

Während wir die Instrumentenschutzhütte und das Instrumentarium aufbauen, beunruhigt uns immer wieder die Frage, ob die für die Station Wostok bekannten Näherungskoordinaten und damit unsere umfangreichen Vorausberechnungen stimmen. Und wir denken mit Sorge an die lokalen Umstände: Wir hatten während der Messungen mit Temperaturen bis unter minus 50 °C fertig zu werden und mußten nach Sternen des hellen Taghimmels beobachten. Für die Bestimmung eines Astropunktes I. Ordnung unter solchen Bedingungen gab es noch kein Beispiel! Dieses Vorhaben kostete uns bereits auf der Schiffsreise manchen zusätzlichen Schweißtropfen, denn um einen Stern am Taghimmel beispielsweise im Fernrohr eines Theodoliten ausfindig zu machen, müssen Höhe und Azimut (das ist der im Horizont gegen eine Vorzugsrichtung, etwa Norden, gemessene Winkel bis zum Vertikal des Sterns) mittels der Standpunktkoordinaten zu vorgegebener Zeit berechnet werden, und zwar mit einer Genauigkeit von einer Bogenminute. Für astronomisch Interessierte sei hier am Rande vermerkt, daß man mit einem kleinen Fernrohr mit 550 mm Öffnung bei genauer Kenntnis des Sternortes Objekte bis 2. Größenklasse (das entspricht etwa der Helligkeit des Polarsterns) am klaren Taghimmel auffinden kann. Eine gewisse Übung gehört allerdings dazu, den Stern im Gesichtsfeld auch wirklich zu entdecken.

Mit den uns bekannten Näherungskoordinaten von Wostok hatten wir in unserer Schiffskajüte tagelang die Beobachtungsephemeriden und -programme für 95 helle Sterne der Südhalbkugel berechnet, mit einer Handkurbelrechenmaschine – es war eine Sisyphusarbeit; Taschenrechner gab es damals noch nicht. Aber die Mühe hatte sich gelohnt: Zu jeder beliebigen Tageszeit waren uns die Einstellkoordinaten für jene Sterne bekannt. Wenn ich, am Instrument stehend, von Günter aus dem Arbeitsraum über Feldtelefon den Hinweis erhielt »Jetzt muß er kommen«, und dann tatsächlich das zitternde weiße Pünktchen auf das Fadenkreuz im Okular zulief, so war das jedesmal ein kleiner Triumph, und es machte gar nichts, daß im klirrenden Frost ein paar Wimpern an der Okularfassung klebenblieben.

Anfang Februar mußten die für die Bestimmung des Astropunktes benötigten Meßdaten beisammen sein, denn gegen Ende des Monats sollte wegen der dann ständig absinkenden Temperaturen der Flugverkehr eingestellt werden. Neben den Messungen mit dem Passageinstrument beobachteten wir noch mit einem Zeiss-Sekundentheodoliten mehrere hundert Standlinien nach den vier hellsten Fixsternen des Südhimmels und erhielten zur Kontrolle unabhängige Resultate für die Berechnung der gesuchten Koordinaten.

Der Arbeitstag umfaßte oft mehr als siebzehn Stunden; nur für kurze Schlafpausen unterbrachen wir die Messungen. Das Beobachten selbst war zeitweise recht kompliziert, denn in den oberflächennahen Schichten des Firns werden Erschütterungen und Vibrationen kilometerweit übertragen, so daß fahrende Schlepper Messungen unmöglich machen können. Um die von der Elektrostation erzeugten Vibrationen am Passageinstrument abzuschwächen, zogen wir um die Beobachtungshütte einen 1,80 m tiefen und etwa halbmeterbreiten Graben, wodurch der Störeinfluß verringert wurde. Bei einigen diffizilen Beobachtungen kam uns die Stationsleitung entgegen und ließ sogar die Dieselaggregate der Elektrostation für kurze Zeit abstellen.

Die Wiederholungsmessungen 1971/72 in Wostok ergaben zu diesem Zeitpunkt folgende Koordinaten: 78°27'52",98 ± 0",11 = ± 3,3 m südlicher Breite, 106°50'02",79 ± 0",60 = ± 3,7 m östlicher Länge. Ihr Vergleich mit den 1964 ermittelten Koordinaten ließ die Schlußfolgerung zu, daß sich das Stationsgebiet mit einer Geschwindigkeit von etwa 3,6 m (± 0,6 m) im Jahr in südöstlicher Richtung bewegt. Noch 1963 hatten die Glaziologen keinerlei Vorstellung über die zu erwartende Größenordnung der Werte. Interessant ist, daß sich unser Resultat mit später erfolgten theoretischen Untersuchungen deckt, wonach – unter der Voraussetzung eines ausgeglichenen Massehaltes des Kontinentaleises – für Wostok etwa jene Eisbewegung erwartet wird. Unser Meßergebnis würde somit der Aussage entsprechen, daß derzeit der Massehaushalt des Eises in Antarktika ausgeglichen ist.

Wir haben während der 8. wie während der 17. Sowjetischen Antarktisexpedition mit den seinerzeit der wissenschaftlichen Forschung zugänglichen Meßmethoden arbeiten müssen und haben versucht, ihre Möglichkeiten unter den gegebenen Bedingungen weitestgehend auszuschöpfen. Heutzutage werden für Untersuchungen der Eisdynamik meist moderne Verfahren der operativen Ortung mittels künstlicher Erdsatelliten angewendet. Sie erlauben es eher, globale Aussagen über die Dynamik der antarktischen Eiskappe zu treffen, die von einzelnen Punktbeobachtungen auf der Erde nur schwerlich zu erwarten sind.

Das Inferno

Günter Leonhardt

Das Enderbyland ist eines der interessantesten Forschungsgebiete der Antarktis. Bis über 2000 Meter hohe Berge ragen aus der Eisfläche heraus, bilden zusammenhängende Bergrücken oder einzelne Felsmassive, deren petrographischer Aufbau, Schichtenfolge und Verwitterungsgrad vor allem von geologisch-historischem Interesse sind.

Im Südsommer 1962 war mit der geologischen Dokumentation der Scott- und der Tulaberge begonnen worden. Nun sollten diese Arbeiten fortgesetzt werden. Joachim Lieberts und meine Aufgabe in den Tulabergen bestand darin, mit Hilfe astronomischer Messungen die geographischen Koordinaten einzelner Festpunkte zu bestimmen. Erst dadurch sollte es möglich werden, die Ergebnisse der geologischen Kartierung zu orientieren und in das Gesamtwerk der geologischen Erkundung des Kontinents einzuordnen.

Außenlager am Mt. Riiser-Larsen

Am 6. März 1963 starten wir von Molodjoshnaja aus in das neue Einsatzgebiet. Unser Pilot ist Slawa Erochow, ein gedrungener, kräftiger Mann, der, wie alle Piloten, die ich kennenlernte, Ruhe und Sicherheit ausstrahlt. Von ihm kann ich – die folgenden Ereignisse werden das verständlich machen – nur mit Hochachtung sprechen. In etwa tausend Meter Flughöhe zeigt er uns ein Bergmassiv, die Kette des Mt. Riiser-Larsen. Wir schätzen bis zu diesen Bergen etwa 30, höchstens 50 Kilometer, so nahe erscheinen sie uns.

Doch nach fast einstündigem Flug sind wir offenbar nur wenig näher gekommen – kein Wunder, die Entfernung von Molodjoshnaja bis zum Mt. Riiser-Larsen beträgt 240 Kilometer.

Alle, die das dortige Lager kennen, rühmten uns die Schönheit der Berge. Was wir aber beim Überfliegen von Gletschersystemen und Gipfelketten und während der Landung sehen, übertrifft bei weitem unsere Erwartungen. Die sowjetischen Geologen hatten ihr kleines Außenlager, das als Ausgangsbasis für die Flüge in die Scott- und Tulaberge dient, auf dem Eis des Richardsonsees errichtet. Sieben Polarzelte beherbergen unsere »Gastgeber«: vier Geologen, einen Geophysiker, einen Funker und acht Angehörige der Poljarnaja Awiazija, einer für Einsätze in Polargebieten spezialisierten Abteilung der Aeroflot. Wir zwei Geodäten aus der DDR werden jubelnd begrüßt, denn von nun an ist das Zeltlager »international«.

Der Richardsonsee erstreckt sich ungefähr über fünf Kilometer, aber er ist nur einen Kilometer breit. Im Süden und Osten wird er von dem über 900 m hohen Massiv des Mt. Riiser-Larsen und im Norden von der Front eines Gletschers malerisch eingerahmt. Im Nordosten bleibt zwischen zwei Bergen der Ausblick auf die Amundsenbucht frei. Das mehrere Meter starke Eis des Sees ist eben und bietet für unsere beiden Anuschkas, wie die Piloten die zuverlässigen AN-6 nennen, gute Start- und Landebedingungen. Inmitten dieses Panoramas und in einem vorzüglichen

Kollektiv erfahrener Polarforscher und Polarflieger fühlen wir uns wohl. – So schön kann die Antarktis sein!

Die Zelte sind wie in Molodjoshnaja eingerichtet. Eines davon dient als Küchenzelt, ein anderes als »Radiostation«. Strom gibt es nur aus Akkumulatoren für den Funker. Gekocht und geheizt wird mit Propangas. Der Leiter des Geologenlagers ist Slawa Duchanin. Köche und Ärzte sind wir alle selbst, sozusagen nebenher.

Während der 7. Sowjetischen Antarktisexpedition wurden von einem Teil des Enderbylandes Luftaufnahmen angefertigt, die mit Hilfe der von uns bestimmten Astropunkte zur Herstellung von Küstenkarten verwendet werden sollten. Dafür waren acht günstig verteilte und auf den Luftbildern identifizierbare Punkte im Gelände zu signalisieren und deren Koordinaten zu ermitteln. Sie liegen bis 250 km vom Zeltlager entfernt und bis 2000 m über dem Polarmeer.

Da die Eisdicke von der Küste zum Inneren des Kontinents stark zunimmt, sind von den gewaltigen Gebirgsketten der Nye-, Scott-, Tula- und Napierberge nur einzelne Felsen und Massive über dem Eis sichtbar. Zu solchen Nunatakkern fliegen wir, und wer sich die einzelnen Berge und Felsen näher betrachten kann, versteht den tiefen Sinn einer gründlichen geologischen Erforschung dieses Gebietes. Genau waagerecht, dann wieder senkrecht stehende Schichtenfolgen, Rillen und Schürfspuren im Gestein – eindeutige Zeichen der früher mitunter bis zu den Gipfeln reichenden Vereisung, stark verwitterte und zum Teil erodierte Flächen, vom Wind freigefegte Kristalle seltener Größe; einem Geologen muß dabei das Herz höher schlagen.

Doch bevor diese wie ein überdimensionales Lehrmodell vor unseren Augen aufgebaute »historische Geologie« aus der Nähe bewundert, schließlich dokumentiert und kartiert werden kann, sind einige bange Minuten zu überstehen. Sofern der Pilot den Neulingen nicht unbedingt zeigen will, welche Kapriolen das Flugzeug unter seiner sicheren Hand machen kann, sind die Flüge ins Innere der Antarktis zumeist relativ ruhig. Die Spannung steigt beim Erreichen des Ziel-Nunataks: Hier gibt es keine vorbereitete Landebahn und niemanden, der den Piloten über Funk oder durch Zeichen einweist; er muß im Niemandsgebiet landen.

Der Pilot umkreist ein- oder zweimal die Bergkuppe, versucht einen günstigen Landeplatz zu finden, und dann – »geht es runter«. Für die »Passagiere«, die mit Theodoliten, Chronometern und anderen empfindlichen Geräten auf den Knien oder auf dem Rücken auf irgendeiner Kiste oder in einem Winkel hocken, kauern, sitzen, stehen, heißt es dann: »Haltet euch fest!« Endlich gibt es ein paar schwer zu beschreibende sanfte oder harte Stöße, und entweder die Maschine landet oder – hebt ab. Im zweiten Fall trösten wir uns: »Hatten Glück, nichts passiert«, und nach wenigen Minuten beginnt an anderer Stelle das gleiche. Nach der Landung muß schnell gehandelt werden: flugs aussteigen, den Beobachtungspunkt auf seine Eignung prüfen, Meßgeräte, Vermarkungsmaterial und die Notausrüstung entladen, wenn möglich noch ein Zeitvergleich mit dem Flugzeugempfänger, gute Wünsche, und schon startet die Maschine wieder, denn die für Flüge geeignete Zeit ist knapp bemessen, und die Geologen haben schon den nächsten Nunatak im Sinn.

Unsere fachliche Aufgabe ist klar. Wir müssen mit dem Zeiss-Theodoliten die Sonne anzielen, dazu die Zeit erfassen; dann ermitteln wir, Hilfstafeln und eine kleine Rechenmaschine zur Hand, die Haupthimmelsrichtungen mit der notwendigen Genauigkeit. Darauf bezogen können wir die Sternkoordinaten, die wir auf der Schiffsreise vorausberechnet haben, einstellen, die von uns ausgewählten Sterne großer Helligkeit am Taghimmel anzielen und die eigentlichen Messungen beginnen.

Wenn das Wetter aushält, der Wind das Stativ nicht zu heftig erschüttert, Theodoliten und Chronometer funktionieren, dem Beobachter die Augen nicht zu sehr tränen und die Finger nicht steif werden, der Rechner keine Fehler macht und alles andere klappt, könnten wir in drei Stunden die Beobachtungen abschließen. Die leere Benzintonne, die wir mit dem Flugzeug hergebracht haben und an der weiß die Aufschrift »8. SAE – 1963 – Astropunkt« prangt, muß noch aufgestellt und mit einem Steinwall befestigt werden. Nach alles in allem etwa vier Stunden wäre der Rück- oder Weiterflug möglich.

Doch wir haben bereits im bisherigen Expeditionsverlauf und aus Gesprächen unserer Kameraden erfahren müssen, daß es bei solchen Unternehmungen keinen idealen Arbeitsablauf gibt. Und da nicht alle »Eventualitäten« vorhersehbar sind, wird bei Expeditionen das Wort Improvisation großgeschrieben. Am Abend vor unserem ersten Flug waren wir unterwiesen worden: Bei einer Havarie am Flugzeug oder einem schnellen Wetterumschlag kann es geschehen, daß wir für längere Zeit auf uns allein gestellt sind und bis zum Entsatz »durchhalten« müssen. Die für solche Fälle mitzuführende Notausrüstung möchte ich im Detail nicht aufzählen; sie besteht im wesentlichen aus

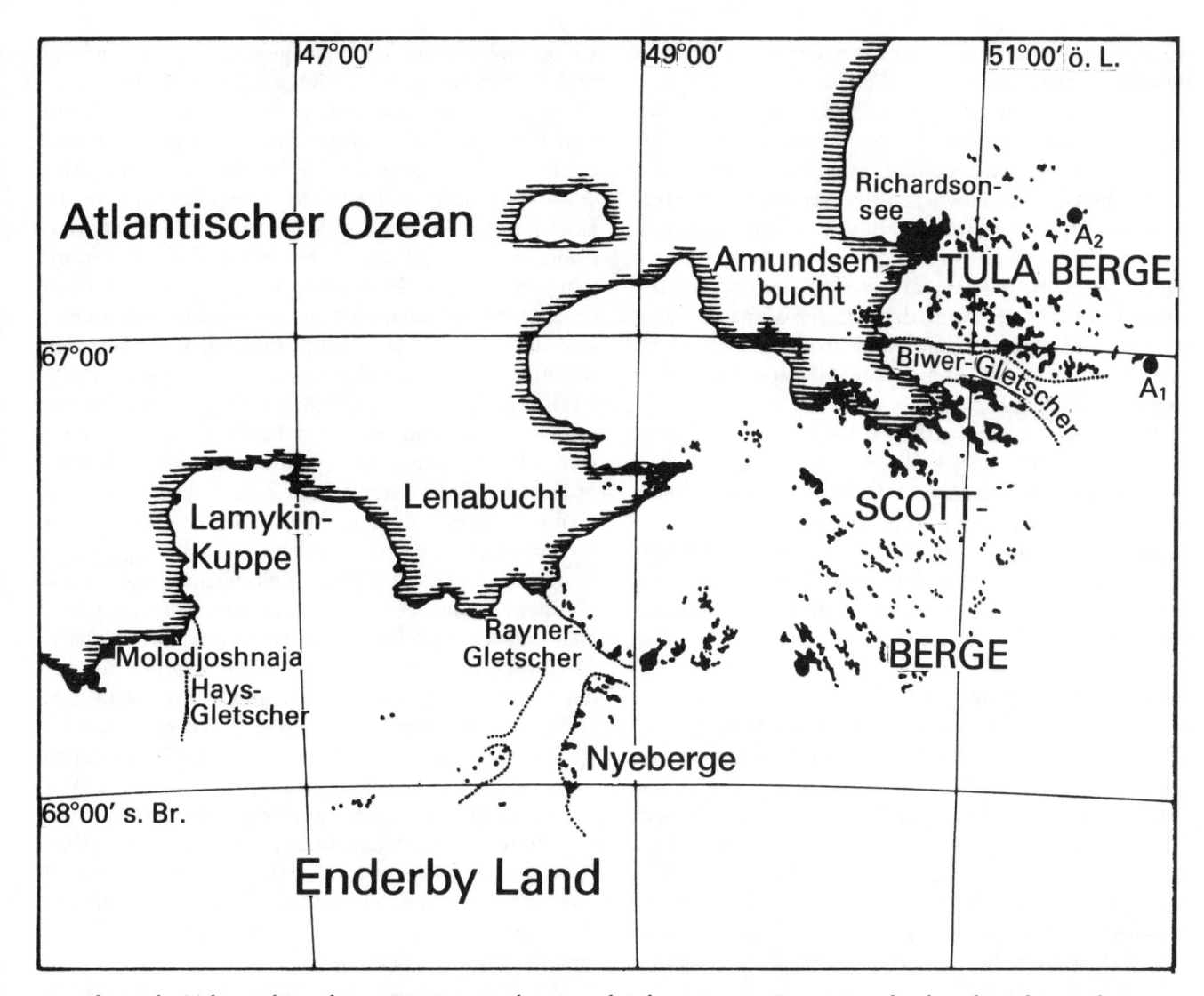

Lageskizze der Tula- und Scottberge. Die Astropunkte A₁ und A₂ konnten von Günter Leonhardt und Joachim Liebert noch bestimmt werden, bevor das Geologenlager am Richardson-See zerstört wurde.

Zelt, Schlafsäcken, Schutzkleidung, Proviant sowie Signalraketen und -pistolen.

Das hört sich im propangasgeheizten Zelt oder in anderer gemütlicher Runde beruhigend an. Erst als das Flugzeug nach einer Abschiedsrunde hinter der nächsten Bergkette verschwindet, wird uns so recht klar, in welcher Lage wir uns befinden. Eine fast unwirkliche Stille macht sich bemerkbar, und man besinnt sich, wie wichtig im Bedarfsfall die scheinbar überzähligen Ausrüstungsgegenstände sein können. »Was für ein Kerl« man in der Not ist, das möchte wohl keiner freiwillig testen. Unwillkürlich drängt sich der Gedanke auf, unter welch schwierigen Bedingungen die Pioniere der Polarforschung arbeiten mußten. Wahrscheinlich kann sich nur derjenige, der die unvergleichlich besseren Verhältnisse moderner, mit geeigneter Technik und Kleidung ausgerüsteten Expeditionen kennenlernte, vorstellen, wieviel Idealismus, Tapferkeit und Entbehrungsbereitschaft von den Forschern aufgebracht werden mußten, die uns erste Kunde und Erkenntnis aus den Polargebieten brachten. Daß viele von ihnen dabei ums Leben kamen, charakterisiert die Härte der Aufgabe. Solche Gedanken machen aber auch deutlich, welche außergewöhnlichen Belastungen der Mensch unter extremen Bedingungen zu tragen imstande ist. Zu unserer Verabschiedung im Institut war uns eine Maxime mitgegeben worden, an die ich in kritischen Situationen oft gedacht habe: »Sie haben eine hohe Verantwortung. Denken Sie aber immer daran: Eine Hand für die Aufgabe, eine Hand fürs Leben! – Kommen Sie gesund wieder nach Hause!«

Wir sind gut ausgerüstet und mit dem festen Willen in die Antarktis gefahren, unsere Aufgaben nach bestem Vermögen zu erfüllen, und wir haben eine Gewißheit – auf die sowjetischen Freunde und Partner können wir uns verlassen. Diese Überzeugung hilft, mit vielen Mißhelligkeiten fertig zu werden, auch wenn Joachim und ich auf einer Fläche von mindestens 5000 km² zeitweilig die einzigen Menschen sind und niemand garantieren kann, ob das Flugzeug auf die verabredeten Raketensignale oder zum vereinbarten Zeitpunkt zurückkehren wird.

Sieht man davon ab, daß wir bei minus 15 °C ohne jeden Schutz auf einer freiliegenden Felskuppe arbeiten müssen und sich daraus allerhand Komplikationen ergeben, kommen wir gut voran. Die spätere Auswertung entschädigt uns für vieles: Die erreichten Koordinatengenauigkeiten sind geeignet, die Erwartungen, die man in unsere Messungen setzt, nicht zu enttäuschen.

Die Zerstörung des Lagers

Leider fand die Zeit intensiver Arbeit und schöner Erlebnisse ein Ende, das wohl keiner der Beteiligten je vergessen wird. Am Morgen des 12. März 1963 packen wir unsere Ausrüstung für den Flug zum nächsten Astropunkt. Es ist trüb und windig. Eine Maschine muß zum Erkundungsflug aufsteigen. Schon bald kehrt sie zurück. Über dem Arbeitsgebiet liegen dichte Wolkenbänke. Seit der vergangenen Nacht fällt das Barometer rasch. Sturm und Schnee kündigen sich an. Heute kann nicht geflogen werden.

Der »Ruhetag« gibt Joachim und mir Gelegenheit, die Auswertung der bisherigen Messungen fortzusetzen; nur das Mittagessen unterbricht den Arbeitsablauf.

Am Nachmittag nimmt die Windstärke zu. Im Zelt wird es kälter, obwohl ständig zwei Propangasflammen brennen. In den Bergen dröhnt und rauscht es eigenartig. Aus Molodjoshnaja erhalten wir Sturmwarnung.

Wir sind alle auf den Beinen. Joachim bringt mit anderen Kameraden an den Zelten zusätzliche Halteseile an. Das beim heimischen Camping notwendige Einschlagen der Heringe entfällt hier. Die Seile werden um Steine geschlungen, die es am Südufer des Sees in allen Größen gibt, auf das Eis gelegt, mit einem Eimer Wasser übergossen und schon sind sie festgefroren.

Ich arbeite mit den Flugzeugbesatzungen, um weitere Stahlseile für die Verankerung der Flugzeuge im Eis zu befestigen. Auch das geht trotz der außergewöhnlichen äußeren Bedingungen und der Kälte ziemlich einfach vonstatten. Mit Äxten, Eisbohrern und Eisenstangen brechen wir Löcher in das meterdicke Eis. Die Enden der Drahtseile werden um Pfostenstücke oder große Steine gewunden und in die Löcher versenkt. Am Rande des Sees ist das Eis durchbohrt, dort wird Wasser geschöpft und in Benzintonnen gefüllt. Eine Gruppe von Polarniks ist nur damit beschäftigt, mit einem Schlitten Wasser heranzufahren und die Ankerlöcher damit aufzufüllen. In wenigen Minuten sitzen die Anker wie in Beton gegossen.

Gegen 18.30 Uhr versammeln wir uns zum gemeinsamen Abendbrot. Niemand bagatellisiert die Situation, aber Laune und Appetit sind ausgezeichnet. Manchmal drückt der Sturm heftig gegen die Zeltwand. Deshalb ist es nicht nur Scherz, wenn einer meint: »Rebjata (soviel wie Kinder oder Jungs), langt kräftig zu, wer weiß, wann wir das nächste Mal essen.«

Jäh wird unsere Mahlzeit beendet. Ein lautes Bersten und Krachen läßt alle aufspringen und hinauseilen. Erochows AN-6 wurde von einer Sturmböe aus der Verankerung gehoben und auf das Eis geschlagen. Dabei ist eine Tragfläche gebrochen. Jeder weiß oder ahnt, in welch kritische Situation uns der Verlust auch nur eines der beiden Flugzeuge bringen könnte. Wir rollen 300 kg schwere Benzintonnen heran und heben je sechs in die Flugzeuge. Die verhältnismäßig leichten Anuschkas sollen damit belastet werden. Ohne wesentliche technische Hilfsmittel ist das Hochhieven der Tonnen in die etwa zwei Meter hohen Ladeluken eine fürchterliche Schinderei.

Der Orkan hat inzwischen Böengeschwindigkeiten bis zu 50 m/s erreicht, der Aufenthalt im Freien ist lebensgefährlich. Schon bei etwa 40 m/s wird der Mensch zum Spielball des Sturms, wenn er keine Möglichkeit findet, sich irgendwo festzukrallen. Wir haben uns Seile um den Leib gebunden und ihre Enden an den Eisankern befestigt. Auf dem blanken Eis des Sees ist es am besten, sich bei einer starken Böe sofort hinzuwerfen; der Sturz ist sanfter und ungefährlicher als wenn man vom Sturm zu Boden gerissen wird.

Es ist stockdunkel geworden, die Arbeiten im Freien müssen abgebrochen werden. Die im Windschatten der Zelte stehenden Ausrüstungskisten haben wir auch mit Seilen im Eis verankert, die Kiste mit den Beobachtungsergebnissen fest verschlossen und ins Zelt gebracht.

Die Anweisungen für die Nacht machen deutlich, womit in den nächsten Stunden zu rechnen ist. Keiner darf allein im Zelt bleiben oder das Zelt verlassen, jede

Zeltbesatzung ist für sich und ihre Ausrüstung selbst verantwortlich. Wir sitzen in vollständiger Polarkleidung auf den Feldbetten; Sicherungsseile, Taschenlampen, Messer liegen für alle Fälle bereit. Die Temperatur im Zelt ist auf minus 16°C gesunken, längst mußten wir die Heizflammen löschen und die Gasflaschen verschließen. Trotzdem frieren wir nicht. Wir versuchen bei jeder Böe mit dem Körpergewicht das Zelt an der Sturmseite zu entlasten; dafür haben wir im Zeltinneren, zwischen Kuppel und Bodenring, spezielle Seile angebracht, an denen wir mit Leibeskräften ziehen, um so die Spannung gegen den Winddruck zu verstärken.

Ununterbrochen kracht und knallt es nah und fern. Wir nehmen an, daß der Sturm am etwa drei Kilometer entfernten Gletscher größere Eisabbrüche verursacht und die Flugzeuge und vielleicht auch Zelte weiterhin übel zurichtet. Geräusche wie Kanonendonner erschüttern das See-Eis, unseren »Baugrund«. Der Winddruck läßt das Eis trotz seiner enormen Stärke bersten. Wir hatten ein solch schreckliches Knallen schon einmal in Mirny, in unserer Hütte etwa zehn Meter unter der Schneeoberfläche, also im kompakten Eis, gehört. Damals war die dreißig Meter hohe Barriere auf fünf Kilometer Länge abgebrochen.

Es ist tiefschwarze Nacht; wir können nur ahnen, was draußen vorgeht, zu sehen ist nichts. Von den Kameraden, deren Zelte nur wenige Meter von unserem entfernt sind, haben wir seit Stunden nichts gehört, der Sturm übertönt alles. Immer wieder kontrollieren Joachim und ich »blind« die Zeltbefestigungen. Dazu binden wir uns mit einem Seil aneinander und kriechen auf dem Bauch über das Eis.

Schließlich ist es fünf Uhr morgens, es beginnt zu dämmern. An der Zeltöffnung wird gerüttelt, der Sturm kann es nicht sein. Wir lösen vorsichtig die Verschnürung und erkennen unseren Zeltnachbarn, den Navigator Igor Sotikow, der zu uns gekrochen ist. Er erbittet zusätzliche Befestigungsseile; mehrere Zelte sollen stark beschädigt worden sein. Obwohl der Orkan noch nicht nachgelassen hat, muß die Arbeit wiederaufgenommen werden.

Im ersten Morgenlicht bietet sich ein niederschmetterndes Bild. Unvorstellbare Naturgewalten haben gewütet. Die AN-6 des Piloten Erochow hängt mit gebrochenen Tragflächen und Landefüßen, abgerissenem Heck und zertrümmertem Propeller in ihrer Verankerung. Das nachts unbesetzte Küchenzelt ist verschwunden, weitere zwei Zelte haben derart starke Beschädigungen, daß sie nicht mehr bewohnbar sind, andere bedürfen dringend der Reparatur beziehungsweise neuer Sicherungen. Auf dem Gelände liegen Kisten, leere und volle Benzintonnen und Gasflaschen herum; der Anemometer-Mast (letzte Registrierung: Windgeschwindigkeit 60 m/s!) und die Such- und Empfangsantennen liegen teilweise in Windrichtung auf dem Eis des Sees verstreut oder sind unauffindbar. Tiefe und breite Risse durchziehen die gestern noch glatte Oberfläche.

Ein Flugzeug und drei Zelte sind also vernichtet; unser Leben könnte von der zweiten AN-6 und den restlichen vier Zelten abhängen, alle Kraft muß deren Erhaltung gelten. Doch das Arbeiten im Freien ist fast unmöglich. Bei einer Windgeschwindigkeit von 50 m/s ist jedes Fortbewegen eine Mischung von Laufen, Fallen, Fliegen, Kriechen und Schlittern; nicht immer ist die Bewegungsrichtung beeinflußbar. Trotzdem muß das Befestigen weiterer Eisanker für Flugzeuge und Zelte, das Auswechseln zerrissener Seile und das Zusammensuchen wichtiger Ausrüstungsgegenstände weitergehen.

Dem Bordmechaniker Tolja Meschewych reißt der Sturm die Schapka vom Kopf. Der unbedachte Griff nach der davonfliegenden Kopfbedeckung hat schlimme Folgen. Tolja stürzt und prallt mit dem Hinterkopf auf das steinharte Eis. Benommen und mit einer stark blutenden Platzwunde muß er ins Zelt gebracht werden. Tolja wird verbunden und aufs Feldbett gelegt. Minuten später erscheint ein »Neuer« an Popows Maschine. Unter der Sturmhaube des Anoraks leuchtet ein blütenweißer »Turban«; nach Toljas Meinung könne ihn keiner zwingen, im Bett zu liegen, wenn seine Kameraden um ihr und sein Leben kämpfen.

Eine mit Wasser gefüllte Benzintonne wird vom Schlitten genommen und ausgeschüttet. Plötzlich erfaßt eine Böe den Metallschlitten und wirbelt ihn durch die Luft. Der Schlitten trifft Igors Bein und reißt den Navigator zu Boden. Auch er muß in ein Zelt gebracht werden; das Wadenbein ist gebrochen. Es wird geschient, und die Kameraden packen Igor auf ein notdürftig hergerichtetes Krankenlager. Dem Zelt gilt ab sofort die besondere Aufmerksamkeit aller.

Wolodja Andrejew, unser Funker, arbeitet unablässig. Er hatte gestern abend die letzte Verbindung mit Molodjoshnaja und konnte den aufkommenden Orkan melden. Wegen der fehlenden Antennen bleiben heute alle Bemühungen erfolglos. Doch die unterbrochene Funkverbindung und die Wetterlage werden in Molodjoshnaja gewiß richtig gedeutet

Mittag ist wahrscheinlich längst vorüber. Das Laufen scheint leichter zu werden. Haben wir uns an den Sturm gewöhnt oder läßt er wirklich nach? Vielleicht um sich selbst und den Kameraden Mut zu machen, wird die Vermutung dem nebenan Arbeitenden – wer das eigentlich ist, kann man kaum feststellen – zugebrüllt.

Gegen 15 Uhr wird es zur freudigen Gewißheit: Der Sturm hat an Stärke verloren, wir können uns etwas Ruhe gönnen. Zu unserem Glück war in Wolodjas Funkerzelt ein Teil der Küchenvorräte gelagert; der »Funker ohne Kontakt« (schon beginnt wieder einer zu scherzen, das muß der unverwüstliche Sascha Batenkow sein, Flugzeugmechaniker und »Stimmungskanone«) hat mit der Zubereitung unserer nach 21 Stunden ersten Mahlzeit begonnen. Spiegeleier, Brot und Tee, mehr ist nicht aufzufinden, aber – ein herrliches Essen! Den Mut hat keiner verloren. Igor hat zwar starke Schmerzen, ist aber guter Dinge, Tolja – mit seinem Turban zum Scheich ernannt – weist jeden ab, der nach seiner Verletzung fragt; ihm »fehlt nichts«.

Keiner spricht davon, wie es ihm zumute ist, doch alle Gesichter sind von den Strapazen der letzten 24 Stunden gezeichnet. Niemand mag entscheiden, ob jetzt die Ruhe vor oder nach dem Sturm herrscht, deshalb heißt es erst einmal Kräfte sammeln. »Nach dem Essen zwei Stunden Ruhe, dann sehen wir weiter«, lautet die Anweisung.

Mit dem Schlafen wird es leider wieder nichts, diesmal aber aus einem erfreulichen Grund. Kaum liegen wir, da reißt Wolodja die Zeltöffnung auf; er hat Verbindung mit Molodjoshnaja. Er und die Funker beider Flugzeuge haben eine Antennenanlage improvisiert, und nun klappt es. Obwohl keiner Zweifel hat, warten wir doch gespannt auf die Anweisung der Expeditionsleitung. Wie vermutet – unser Lager wird abgebrochen; wenn das zweite Flugzeug in Ordnung gebracht werden kann und sobald es das Wetter zuläßt, soll die Lagermannschaft nach Molodjoshnaja ausgeflogen werden.

Joachim liegt auf unserem Zelt und bessert mit Sattlernadel und Faden Schäden aus. Ich straffe – zum wievielten Male eigentlich? – und ersetze Seile. Auch an den drei anderen Zelten wird gearbeitet. Beide Flugzeugbesatzungen haben alle Hände voll zu tun, Popows Maschine wieder betriebsbereit zu machen. Aus den Trümmern der Maschine Erochows werden einige Armaturen ausgebaut; Radio und Funkeinrichtung bleiben als Notlösung im demolierten Rumpf.

Die Nacht bricht herein. Drei Geologen, deren Zelt zerstört ist, ziehen mit ihren Feldbetten und den wichtigsten Ausrüstungskisten zu uns. Bewegen kann sich nun im Zelt kaum jemand, das ist aber unbedeutend, da alle nur ein Bedürfnis haben – Schlafen.

Bei mittleren Windgeschwindigkeiten soll es nachts »ruhig« gewesen sein, ich habe davon nichts bemerkt. Manche Kameraden fanden wegen der Anstrengungen der letzten Tage keinen Schlaf. Ich gehöre zu den Glücklichen, denen es nicht schwerfällt, einen wichtigen Grundsatz einzuhalten: Ein Expeditionsteilnehmer muß dann schlafen können, wenn es die Situation erlaubt und er Zeit dafür hat.

Am Morgen ist der Himmel bedeckt und es schneit. Auch an Popows Maschine müssen etliche Schäden behoben werden, wir können deshalb noch nicht fliegen und haben plötzlich Zeit. Wir laufen in Windrichtung über den See zum Gletscherrand, der ein völlig verändertes Bild bietet. Große Teile sind abgebrochen. In den Trümmern liegt wahrscheinlich alles, was im Lager fehlt. Ständiges Knistern verrät, daß die Gletscherfront noch nicht zur Ruhe gekommen ist, also – nicht zu nahe an die bizarre Eiswand wagen.

Die Motoren der Anuschka heulen auf, schnell zu den Zelten! Im Freien essen wir noch einmal gemeinsam, sogar Igor sitzt, das geschiente Bein von sich gestreckt, am Tisch. Wenn auch aus der Notwendigkeit geboren, es ist wirkliches Camping, und zwischen Zelten und Flugzeugen unter freiem Himmel zu sitzen erscheint uns wie ein Idyll. Daß es in das Essen schneit, stört nicht. Tolja hat unseren »Kühlschrank« – ein großes Loch im Eis – wiedergefunden und geöffnet.

Um 14 Uhr ist es soweit, wir starten mit der Popow-Besatzung nach Molodjoshnaja. Wir, das sind der verletzte Igor, der Pilot Slawa Erochow, Joachim und ich. Es fällt uns nicht leicht, von einem solch schönen Fleckchen Erde Abschied zu nehmen; trotz des Orkans, – es war ein großes, unvergeßliches Erlebnis.

Der Flug verläuft ruhig. Wir haben eine herrliche Aussicht auf Bergrücken und Gletscher. Wer nur diese Bilder sieht, wird kaum glauben, welch furchtbare Tücken und Gefahren der antarktische Kontinent noch bereithalten kann.

Der Kampf ums Leben
Wir werden in Molodjoshnaja jubelnd begrüßt; Stationsbesatzung und Baukommando sind zur Landebahn geeilt und feiern uns wie Helden. Igor wird sofort in das provisorisch eingerichtete Zimmer des Arztes gebracht (die Station befindet sich ja erst im Aufbau); jeder möchte ihm Gutes tun, und die Trage mit dem Verletzten könnte mindestens fünfzig Griffe haben, so viele Hände wollen helfen.

Die erste Nacht verbringen wir in der Stolowaja, dem inzwischen fertiggestellten Speise- und Kulturraum der Station. Am nächsten Morgen – es ist schon der 15. März – bemühen wir uns um die Zeltausrüstung; Gasflaschen und Gaskocher, Feldbetten, Tisch und Stühle werden beschafft, denn am Nachmittag treffen weitere Kollegen aus dem Zeltlager ein; sie werden bei uns wohnen.

Doch das Wetter verschlechtert sich wieder. Erst am späten Nachmittag wird der einzige Flug des Tages möglich. Drei Geologen und der Geophysiker Schenja Korjakin kommen an. Die Maschine kehrt sofort ins Lager zurück, da morgen die restlichen Freunde nach Molodjoshnaja geflogen werden sollen.

Die Nacht ist unruhig, wir wachen oft auf, denn das Zelt wird ständig vom Sturm erschüttert. Am Morgen tobt ein Schneesturm, wie wir ihn noch nicht erlebt haben. Die Antarktis scheint beweisen zu wollen, daß ihre Erforschung kein Kinderspiel ist. Schon seit dem Aufstehen beherrscht ein banger Gedanke unsere Gespräche: Wie wird das Wetter auf dem Richardsonsee sein? Wie und wann werden unsere Freunde zu uns kommen können? Es ist unmöglich zu fliegen. Das oft gebrauchte »Wsjo budjet normalno« (Alles wird in Ordnung gehen) ist heute nicht zu hören.

Mittags erreicht uns eine furchtbare Nachricht. Oleg Brok, unser Funker, hatte zeitweilig Verbindung mit dem Lager; wie sie zustande kam, das sollten wir erst später erfahren. In der vergangenen Nacht hat ein zweiter Orkan das Zeltlager auf dem Richardsonsee restlos verwüstet. Auch das entsandte Flugzeug ist verloren, die übrigen Zelte ebenfalls. Unsere acht im Lager verbliebenen Freunde mußten an den Hang des Mt. Riiser-Larsen fliehen und sind nun ohne jeden Schutz dem Sturm ausgeliefert. Wer aus dem Lager gefunkt hat, weiß Oleg nicht. Wegen der vielen Störungen konnte er die »Handschrift« seines Gegenüber nicht erkennen, und mitten im Satz brach die Verbindung ab.

Die Gewißheit ist erschütternd: Unsere Freunde haben keine Möglichkeit, sich aus eigener Kraft zu retten. Ihre einzige Chance besteht im »Überleben« bis Hilfe von außen kommt. Die Verantwortlichen stehen vor schwierigen Entscheidungen. Über Funk wird mit Expeditionsleiter Professor Michail Somow, der sich an Bord der Ob am Schelfeis vor der Station Nowolasarewskaja befindet, und mit dem Stationsleiter von Mirny, Nikolai Tjabin, beraten. In der noch unvollständigen Station Molodjoshnaja sind keine Flugzeuge stationiert. Ein Schlittenzug ist wegen der zu überquerenden Gletscher kaum möglich und würde viel zu lange dauern. Die nächsten verfügbaren Maschinen sind die IL-14 der Besatzungen Martschenko und Kubyschkin in Mirny – 2300 km östlich der Amundsenbucht! Über Mirny und dem Richardsonsee toben Schneestürme, es kann vorerst nicht geflogen werden. Somow gibt schließlich folgende Anweisung: Die Ob nimmt sofort Kurs auf die Amundsenbucht; sie kann bei guter Fahrt und günstigen Verhältnissen in fünf bis sechs Tagen am Ufer sein. Von dort müßte ein Einsatzkommando zu Fuß bis zum Mt. Riiser-Larsen vordringen. Sobald es die Wetterlage erlaubt, startet eine IL-14 in Mirny. Sollte sie das Lager nicht erreichen oder nicht landen können, fliegt die Maschine zunächst nach Mawson, einer australischen Station, oder zu uns nach Molodjoshnaja. Die Australier und Neuseeländer haben ihre Hilfe angeboten, aber auch in Mawson sind keine Flugzeuge stationiert. Alle sowjetischen Stationen organisieren einen Notdienst, der sich pausenlos um Funkverbindung mit dem Lager bemüht.

Bei uns tobt der Schneesturm in unverminderter Stärke, keiner hat aber Sinn für die eigenen Probleme. Wir sind in Gedanken bei unseren Freunden und können doch nichts für deren Rettung tun.

Die Ob macht gute Fahrt. Sie könnte am 20. März in der Amundsenbucht sein. Aber heute ist erst der 17.! Werden unsere Kameraden so lange durchhalten? In Mirny ist die Besatzung Martschenko mit einer Gruppe besonders bewährter Polarforscher gestartet. An Bord befinden sich auch der Stationsarzt Nikolai Saweljew und sein »Havarieassistent«, der Aerologe Witali Babarykin. Auf sie wartet schwere Arbeit, denn inzwischen wissen wir Genaueres. Wolodja Andrejew und Sascha Batenko hatten gestern aus einer der zerstörten Maschinen Funkverbindung zu uns hergestellt. Plötzlich erfaßte eine Böe das Wrack, wirbelte es durch die Luft, und die mit großer Mühe in das damals noch intakte Flugzeug gebrachten Benzintonnen verletzten unsere beiden Freunde schwer. Sascha hat einen Arm und mehrere Rippen, Wolodja beide Schlüsselbeine gebrochen – es ist furchtbar.

Wegen zu schlechten Wetters muß die IL-14 in Mawson landen, eine weitere Nacht voller Ungewißheit beginnt. In unserem Zelt schläft niemand, immer wieder kreisen Gedanken und Gespräche um den Richardsonsee und unsere acht tapferen Freunde. Ständig kommen aus der Station die Wachhabenden und alle, die auch keinen Schlaf finden. Jeder will wissen, wie wir als Ortskundige die Überlebenschancen im nicht mehr existierenden Lager einschätzen.

Um Mitternacht bringt mir der Stationsfunker eine Menge Telegramme zu meinem Geburtstag. Viele Hände muß ich schütteln, viele Glückwünsche entgegennehmen. Ich denke an Daheim und bin froh, daß dort alle wohlauf sind. Hier bei uns ist jede Stunde von der Frage überschattet, was der 18. März für die acht am Mt. Riiser-Larsen bringen wird.

Die Station hat ständig Funkverbindung mit Mirny, das Lager schweigt. Um 7.50 Uhr meldet sich Mawson: Die IL-14 startet. In zwei Stunden könnte sie die Amundsenbucht erreichen. Hoffnung und Spannung steigen sofort. Alexej Martschenko und seine Besatzung haben Prof. Somow um Starterlaubnis gebeten, obwohl unter normalen Umständen das Wetter einen Start nicht erlaubte. Die Beweggründe der Besatzung sind einleuchtend; keiner weiß, ob und wann das Wetter besser wird, und mit jeder Verzögerung schwinden die Chancen unserer Freunde, gesund geborgen zu werden. Schweren Herzens gibt der Expeditionsleiter die Starterlaubnis, denn schließlich riskieren Pilot und Besatzung ihr Leben für das der Lagerinsassen.

Seit 9.30 Uhr haben wir Funk- und zeitweise Sprechverbindung mit dem Flugzeug. Kommandant Martschenko bittet darum, daß die aus dem Lager Geretteten zu seiner Hilfe in die Funkstation kommen. Sofort rennen wir los, haben aber keine Vorstellung, wie wir helfen könnten – wir sollten es bald erfahren. Auch Igor mit seinem Gipsbein wird in die überfüllte Funkstation gebracht.

Die IL-14 hat des Gebiet der Amundsenbucht erreicht, ist aber völlig ohne Sicht. Bodennahe Wolkenbänke ermöglichen es nicht, zwischen die Bergmassive einzufliegen. Martschenko fliegt 2000 m hoch und findet das Lager nicht. Slawa Erochow, der mit uns ausgeflogene Pilot, übernimmt per Funk das Kommando – für die IL-14 beginnt ein »Blindflug mit Fernsteuerung«. Vom Können der beiden Piloten und Funker sowie von ihrem Zusammenspiel hängt das Leben von 18 Menschen ab – zehn in der IL-14, acht am Mt. Riiser-Larsen.

Das Lager schweigt weiter, es kann keine Hilfe für die Navigation leisten. Slawa berät sich mit uns. Wie soll er die Landung ermöglichen, da er über 200 Kilometer von Alexej Martschenko entfernt ist? Schnell noch einen Blick auf die Eiskarte, dann beginnt ein Unternehmen mit höchstem Risiko, aber ohne Alternativlösung.

Die IL-14 fliegt 200 km nach Norden, dort müßte das Meer frei von Eisbergen sein. Dann durchstößt die Maschine die tiefliegenden Wolkenbänke und kehrt knapp über der Meeresoberfläche nach Süden zurück. Ziel ist Kap Anna, ein markantes Felsmassiv an der Küste, etwa 50 km östlich vom Lager. Gegen 12 Uhr meldet Alexej »Kap Anna in Sicht«. In 400 m Höhe rast die Maschine die Küste entlang nach Westen. Wieder Alexejs Stimme: »Küstenverlauf bricht jetzt ab, wendet sich nach Süden.« Die Amundsenbucht ist erreicht. Martschenko brüllt aus dem Lautsprecher: »Was soll ich tun?« Slawa schreit ebenfalls aufgeregt, die Verständigung ist schlecht. Seine Kommandos bleiben trotzdem klar und eindeutig. »Weiter nach Süden! Bis du einen etwa tausend Meter hohen Berg siehst. Dann sofort scharf Nordost.« Wir erschrecken. Versagen Slawas Nerven? Nordostkurs führt vom Lager weg! Später erklärt er uns, warum das Kommando notwendig war. Die IL-14 flog mit 300 km/h in 400 m Höhe, also tiefer als die Berggipfel. Die Sichtweite betrug etwa 500 Meter, eine Entfernung, für die das Flugzeug sechs Sekunden benötigt; es kann deshalb nie enge Kurven fliegen, und Slawa mußte zur Sicherheit den weiten Bogen wählen.

»Was haben die Kerle für Nerven!« flüstert mir Joachim zu. Ja, es ist beinahe unwahrscheinlich.

Nachdem Martschenko Nordost-Kurs und 400 m Flughöhe gemeldet hat, erklärt ihm Erochow, wie es weitergehen soll. »Zuerst eine weite Nordostschleife, bis du die jetzige Position wieder erreicht hast, anschließend genau Südwest. Wenn Steuerbord der Berg von vorhin auftaucht, das ist der nördlichste Ausläufer des Mt.-Riiser-Larsen-Massivs, leichten Nordkurs. Links siehst du noch einen etwa 500 m hohen Berg; zwischen beiden ist der Einflug zum Richardsonsee. Dann schnell nach unten. Ich weiß nicht, ob die Wracks unserer Anuschkas die Landebahn blockieren, wahrscheinlich kannst du an dieser Stelle nicht landen, du mußt das selbst entscheiden. Ich würde dir empfehlen, den See zu überfliegen, noch einmal zurück und beim zweiten Anflug – gute Landung! Hast du alles verstanden?«

Martschenko: »Alles verstanden! So lange habe ich dich noch nie sprechen hören.«

Erochow: »Du hast gut reden, du kannst fliegen, aber ich sitze hier in einer geheizten Funkstation und bin aufgeregt wie noch nie. Also Alexej, mach's gut! Mehr kann ich dir nicht helfen.«

Wir haben in den letzten Tagen vieles erlebt, solch eine Aktion aber noch nicht!

Die IL-14 meldet sich wieder. »Deine Beschreibung war gut, ich scheine über dem See zu sein, sehe aber außer Wolken nichts. Ich werde beim zweiten Anflug blind landen, wird schon gutgehen.«

Nichts zu sehen, was kann das alles bedeuten?! Leben unsere Freunde noch? Haben sie versucht, sich zur Küste durchzuschlagen?

12.45 Uhr aus dem Lautsprecher: »Haltet die Daumen! Ich lande.« Was für schrecklich stille, bange

Sekunden! Dann: »Wir haben aufgesetzt!« Jubel, Jubel in der Funkstation! Alle beglückwünschen Slawa; der winkt müde ab, sagt nur: »Der Alexej ist ein Prachtjunge.«

Was wird auf dem Richardsonsee sein? Oleg ist nicht ansprechbar, er funkt und funkt – keine Antwort.

Die Zeit vergeht. Es ist 15 Uhr. Keiner hat die Radiostation verlassen. Oleg scheint etwas zu hören, er fordert gebieterisch Ruhe. Erst vernehmen wir Funksignale, dann die Stimme des Stationsleiters von Mirny, Nikolai Tjabin: »Unsere Maschine ist gestartet. Alle acht Lagerinsassen befinden sich an Bord. Sascha und Wolodja sind schwer verletzt, sie haben erste ärztliche Hilfe erhalten. Die anderen sind gesund. Sie alle lassen euch, besonders die acht Mitstreiter aus dem Lager, herzlich grüßen. Wir können heute nur bis Mawson fliegen. Wenn sich das Wetter bessert, fliegen wir zu euch oder nach Mirny, aber – jetzt wird kein Risiko mehr eingegangen. Allen, die an dieser Rettungsaktion beteiligt waren, ganz herzlichen Dank, besonders dir, Slawa.«

Unbändiger Jubel! Sie sind gerettet. Wir umarmen uns – es ist nicht zu beschreiben.

Da meldet sich noch einmal die IL-14. »Ein persönliches Wort an einen, der heute besonderen Grund zur Freude hat. Alle Flugzeuginsassen wünschen dir, lieber Günter, alles Gute zum Geburtstag, eine erfolgreiche Expedition und gesunde Rückkehr in die Heimat. Sascha läßt dir sagen, seine Verletzungen sind sicher bald auskuriert, und dann wird er – möglichst mit dir – den ›Vogelbeerbaum‹ singen.«

1964–1966

10. Sowjetische Antarktisexpedition
Mirny, Molodjoshnaja

Die folgenden Seiten rühren an bedeutende Traditionen der Geodäsie in Potsdam, die bis in das Jahr 1870 zurückreichen, als das Geodätische Institut im Zusammenhang mit der mitteleuropäischen Gradmessung gegründet wurde. Seitdem haben namhafte Gelehrte und zahlreiche Untersuchungen auf allen Kontinenten der Erde den international guten Ruf dieser Forschungsstätte begründet. Unter anderem war es Friedrich Robert Helmert, der Bahnbrechendes für die Erforschung der Physik des Erdkörpers geleistet hat. Die Arbeiten der fünf Mann starken DDR-Gruppe während der 10. Sowjetischen Antarktisexpedition knüpften direkt – wenn auch auf anderem, technisch höheren Niveau – daran an. Und nicht nur, daß die beiden Geophysiker, die diesmal den weiten Weg nach Antarktika antraten, im Stammhaus jenes ehemaligen Geodätischen Instituts auf dem Potsdamer Telegrafenberg tätig waren, das zum Zentralinstitut für Physik der Erde gehörte, Claus Elstner arbeitete sogar an dem gewaltigen Schreibtisch, von dem aus Helmert einst durch seine wissenschaftlichen und organisatorischen Bemühungen in die Welt gewirkt hatte.

Für den Laien mögen die Messungen, die Claus Elstner und Hans Wirth in Antarktika ausgeführt haben, recht diffizil erscheinen, doch es ging nach wie vor um ein sehr verständliches großes Anliegen: um die genaue Bestimmung der wahren physikalischen Figur unserer Erde und ihre gesetzmäßigen Veränderungen. Nachdem Elstner und Wirth die im ersten Autorenbeitrag geschilderten relativen Schweremessungen in Mirny abgeschlossen hatten, fuhren sie mit dem Expeditionsschiff OB *nach Molodjoshnaja, um sich dort einer ebensolchen Aufgabe zu stellen. Zugleich begann Wirth, seine Apparaturen zur Messung der Schwerkraftvariationen, die durch die Wirkung der Erdgezeiten bedingt sind, einzurichten (siehe auch Manfred M. Schneider, S. 66).*

Solche Messungen verlangen eine außerordentlich hohe Präzision. Deshalb waren unter den rauhen antarktischen Bedingungen mehrmonatige Vorversuche erforderlich. Von Juni bis Dezember 1965 gelang dann eine nahezu kontinuierliche Registrierung dieser Variationen, aus denen Vorstellungen über das elastische Verhalten der Erdkruste in diesem Gebiet gewonnen werden konnten. Gegen Ende des Jahres bestimmte Wirth auf einigen Flügen zwischen Molodjoshnaja und Mirny den Unterschied der Schwerkraft zwischen beiden Stationen auch gravimetrisch. Damit war eine indirekte Kontrolle der Ergebnisse möglich, die die Pendelmessungen erbracht haben. Für den, der mit den speziellen Maßen etwas anfangen kann: Zwischen Mirny und Molodjoshnaja ergab sich eine Schweredifferenz von 61.8 mGal.

Eine Geodätengruppe fuhr – drei Jahre nach den Beobachtungen von Georg Dittrich und Georg Schwarz – ein weiteres Mal mit einem Motor-Schlittenzug über die 100 km lange Traverse von Mirny in Richtung Süden. Während dieser zweiten Wiederholungsmessung wurden Lageveränderungen von über 40 Signalpunkten des Triangulationsnetzes erfaßt und damit tiefere Einblicke in den Bewegungsmechanismus des antarktischen Inlandeises gewonnen.

Schwerkraft-Anschlußmessung zwischen Potsdam und Mirny

Claus Elstner

Während der einmonatigen Schiffsreise war mir durch den Kopf gegangen, welch ungeheure Vorleistungen doch erforderlich sind, um eine einzige Meßaufgabe befriedigend lösen zu können. Es sind nicht nur die für eine Expedition notwendigen organisatorisch-technischen Vorbereitungen, die selbstverständlich über den Erfolg mitentscheiden, sondern der ganze Schatz an Erkenntnissen und Erfahrungen, die lange Entwicklung eines Wissenschaftszweiges münden in das jeweils nächste Meßexperiment. Wieviel haben wir unseren wissenschaftlichen Vätern und Ahnen zu verdanken!

Die Größe der Erdkugel zu bestimmen war bereits vor mehr als 2000 Jahren dem griechischen Gelehrten Erathostenes gelungen: Er hatte aus den Unterschieden der Mittagshöhe der Sonne an zwei, auf etwa demselben Meridian gelegenen Orten und aus deren gegenseitiger Entfernung den Radius der Erdkugel errechnet. Das von ihm verwendete Verfahren bildet auch die Grundlage für die Methode der Gradmessung. Dafür sind sowohl astronomische Bestimmungen der Lage des Zenits relativ zum Himmelspol als auch geodätische Abstands- und Winkelmessungen an der Erdoberfläche erforderlich.

Nun gibt es bei diesem Verfahren eine kardinale Schwierigkeit: Die Lage des Zenits, des senkrecht über dem Beobachtungspunkt an der Himmelskugel gedachten Punktes, wird durch den Winkel zwischen der Lotrichtung im Beobachtungspunkt und der Drehachse der Erde ausgedrückt. Doch die Lotrichtung an einem beliebigen Ort der Erdoberfläche stimmt im allgemeinen nicht mit der Normalrichtung (die senkrecht zur Tangentialfläche verläuft) einer mittleren Erdkugel oder eines mittleren Erdellipsoids überein, sondern sie ist durch die Masseverteilung in der Erde und an ihrer Oberfläche abgelenkt. Deshalb verwendet man, um die Figur der Erde genauer zu beschreiben, die Lage des mittleren ungestörten Meeresniveaus, das man sich auch unter den Kontinenten fortgesetzt denkt. Die Fläche des mittleren Meeresniveaus bezeichnet man als das Geoid. Sie bildet – eben wegen der unterschiedlichen Masseverteilung in der Erde – keinen mathematisch regelmäßigen Körper. Für die Bestimmung des Geoids relativ zu einem angenommenen mittleren Erdellipsoid werden neben den astronomischen und geodätischen Messungen auch die Werte der Schwerkraft an der Erdoberfläche benötigt. Mit ihrer Hilfe können die Wirkungen der Masseverteilung auf die Geoidgestalt berechnet werden.

Die theoretischen Grundlagen zur Bestimmung der Erdfigur aus astronomischen, geodätischen und Schweremessungen schufen bereits im 18. und 19. Jahrhundert die Franzosen Clairault (1713–1765) und Laplace (1749–1827) sowie der Ire George Stokes (1819–1903). Als in der zweiten Hälfte des vergangenen Jahrhunderts Schwerkraftmessungen durch die Entwicklung von Pendelapparaten in größerem Umfang ausgeführt werden konnten und damit auch die Bemühungen um die Erforschung der Erdfigur verstärkt wurden, war es der langjährige Direktor des Geodätischen Institutes Potsdam, Friedrich Robert Helmert (1843–1917), der die ersten weltweiten Untersuchungen zur Bestimmung der Erdfigur wesentlich mitgestaltet hat. In Potsdam begann ein Büro für Internationale Erdmessung zu arbeiten, wo vereinbarungsgemäß aus vielen Ländern Berichte eingingen. Unter Helmerts Leitung wurde im Potsdamer Institut von 1898 bis 1904 auch eine Absolutbestimmung der Schwerkraft ausgeführt, deren Ergebnis 1909 als internationaler Ausgangs- und Bezugswert für alle weiteren Schwerkraftmessungen an der Erdoberfläche und auf den Ozeanen festgelegt wurde. Damit war das Potsdamer Schweresystem geschaffen, das bis 1971 als Grundlage für die geodätisch-gravimetrischen Arbeiten zur Erforschung der Erdfigur diente.

In den letzten zwei Jahrzehnten wurden neue Verfahren entwickelt; jetzt kann man mit Hilfe von Bahnbeobachtungen künstlicher Erdsatelliten berechnen, wie die Schwerkraft der Erde verteilt ist. Auch die Leistungsfähigkeit der gravimetrischen Meßinstrumente ist erheblich verbessert worden. Damit war die Möglichkeit gegeben, das mittlere Erdellipsoid und das internationale Schweresystem neu festzulegen. Nachdem die Astronomen (1964) und die Geodäten (1967) ihre Referenzsysteme verbessert hatten, empfahl die XV. Generalversammlung der Internationalen Union für Geodäsie und Geophysik 1971 in Moskau ein neues Internationales Gravimetrisches Standardsystem (IGSN-71) zur weltweiten Anwendung. Das neue Standardsystem wird nicht wie das Potsdamer durch nur einen Bezugspunkt repräsentiert, sondern durch die Werte der Schwerkraft in etwa 2000 Meßpunkten, die auf alle Kontinente verteilt sind. An mehreren Orten in Europa und Amerika wurden moderne absolute Bestimmungen der Schwerkraft ausgeführt, die das Niveau des neuen Standardsystems mit einer Genauigkeit von $5 \cdot 10^{-8}$ der Schwerkraft festlegen. Das heißt, die Schwerkraft wird mit dem außerordentlich geringen Fehler von einem Fünfzigmilliardstel ihres Wertes gemessen.

Während bei absoluten Schweremessungen die Grundgrößen der Beschleunigung – Länge und Zeit – aus der Bewegung eines Körpers im Schwerefeld der Erde (Pendel oder freier Fall) an einem bestimmten Ort ermittelt werden müssen, genügt es bei relativen Messungen, nur eine dieser Grundgrößen an verschiedenen Orten zu messen. Man bestimmt auf diese Weise die Unterschiede der Schwerkraft zwischen den Beobachtungsorten, wobei an einem der Punkte die Größe der Schwerkraft bekannt sein muß. Dabei muß für jede Schwerkraft-Anschlußmessung dasselbe, an der Basisstation benutzte Gerät verwendet werden.

Die für relative Schwerkraftmessungen entwickelten Instrumente lassen sich in zwei Gruppen einteilen, die Pendelgeräte und die Gravimeter. Es sind höchstempfindliche Apparaturen, von denen es gar nicht allzu viele in der Welt gibt. Aus den Änderungen der Schwingungszeiten der Pendel zwischen den Beobachtungspunkten kann man den zugehörigen Unterschied der Schwerkraft berechnen, wenn man annimmt, daß die Länge der Pendel unveränderlich ist. Um diese Annahme zu kontrollieren, werden meist mehrere Pendel von gleicher Form und Größe verwendet. Sorgfältig müssen alle Störungen der Pendelbewegung vermieden werden. Dazu gehören Einflüsse der Temperatur, des Luftdruckes, des Magnetfeldes der Erde und Erschütterungen des Erdbodens. Die Pendel selbst sind aus Quarz oder Invar, einer Legierung von Eisen und Nickel, gefertigt, da diese Materialien eine sehr geringe Temperaturausdehnung aufweisen. Der äußere Luftdruck wird in den Pendelgeräten bis auf einige Millibar verringert, um die Dämpfung der Pendelbewegung durch Luftreibung herabzusetzen. Die Pendel sind etwa 25 cm lang und schwingen mit einer Periode von einer Sekunde über mehrere Stunden, wobei die Anfangsamplituden 0,5 Grad betragen. Die Periode der Pendelbewegung muß mit einer Genauigkeit von 10^{-8} Sekunden gemessen werden. Für diesen Zweck werden transportable Quarzuhren benutzt, deren Gangverhalten mit Hilfe der Funksignale von Zeitzeichensendern ermittelt wird.

Die zweite Gruppe von Meßgeräten, die Gravimeter, sind im Prinzip hochempfindliche Waagen, mit denen die Lageveränderung einer Masse im Schwerefeld der Erde bestimmt wird. Sie sind Ende der dreißiger Jahre entwickelt worden und gestatten gegenwärtig, die Schwereunterschiede mit einer relativen Genauigkeit von 10^{-9} zu messen. Obwohl die Anzeigewerte der Gravimeter, im Unterschied zu den Ergebnissen der Pendelgeräte, noch über eine Eichung in Beschleunigungseinheiten umgerechnet werden müssen, haben sie wegen ihrer höheren Leistungsfähigkeit die Pendelgeräte in den letzten Jahren weitgehend ersetzt. Lediglich bei der Bestimmung von Schwereunterschieden zwischen sehr weit voneinander entfernten Orten werden auch heute noch Pendelverfahren angewendet, da bei sehr langen Reisewegen die Gravimetermessungen wegen nicht kontrollierbarer Schwankungen des Nullpunktes der Meßskala größere Fehler enthalten können.

Für viele Schwerkraftmessungen auf allen Kontinenten wurde der Wert der Schwerkraft in Potsdam als Basiswert verwendet. Das Potsdamer Institut hatte mit der Entwicklung eigener Geräte und mit zahlreichen relativen Schweremessungen wesentlichen Anteil an diesen Arbeiten. Auch mehrere bedeutende wissenschaftliche Expeditionen wurden für relative Schwerebestimmungen genutzt. Der Deutschen Südpolarexpedition von 1901 bis 1903 unter Leitung des Geographen Erich von Drygalski stellte das Geodätische Institut in Potsdam ein Pendelgerät zur Verfügung, mit dem die Expeditionsteilnehmer im Gebiet des von Drygalski entdeckten Gaußberges, etwa 500 km von der späteren sowjetischen Station Mirny entfernt, Schweremessungen ausführten. An der bekannten Grönlandexpedition Alfred Wegeners 1930/31 war vom Potsdamer Institut Karl Weiken beteiligt, der die Schwerkraft längs eines Profils über das grönländische Inlandeis gemessen hat.

Der Aufbruch nach Süden
Als Anfang der sechziger Jahre die Möglichkeit gegeben war, im Rahmen der sowjetischen Antarktisexpeditionen Schwerkraftmessungen vorzunehmen, wurde auf Initiative von Professor Karl Reicheneder,

Direktor des damaligen Geodätischen Instituts in Potsdam, ein Polareinsatz geplant. Zwar war zu diesem Zeitpunkt in Antarktika bereits eine Anzahl von Basispunkten durch Pendelmessungen geschaffen worden. Die äußere Genauigkeit des von dem Amerikaner John C. Rose 1961 bestimmten Schwerewertes an der Station Mirny lag jedoch bei 1 bis 2 mGal*. Da sich auf diesen Wert umfangreiche Gravimetermessungen bezogen, war eine Verbesserung seiner Genauigkeit wünschenswert.

Die Teilnahme an dieser Expedition war für uns eine große und aufregende Chance, der wir uns sogleich mit Eifer zuwandten. Anfang des Jahres 1964 begannen wir mit den Vorbereitungen unserer Geräte und Ausrüstungen, wobei wir von der Expeditionsgruppe des Nationalkomitees für Geodäsie und Geophysik der DDR unter Leitung von Bodo Tripphahn wirksam unterstützt wurden. Besonders interessierten uns zunächst die Bedingungen, unter denen die Meßapparaturen eingesetzt werden sollten. In Gesprächen mit Fachkollegen, denen die Verhältnisse im Expeditionsgebiet schon bekannt waren, durch einen Besuch im Arktischen und Antarktischen Forschungsinstitut in Leningrad, dem heutigen Petersburg, und aus dem Studium der Berichte bisheriger Expeditionen erhielten wir einen ersten Eindruck von den Arbeitsbedingungen.

Ende Oktober gingen die etwa fünfzig Kisten mit unserem Instrumentarium und den persönlichen Ausrüstungen auf die Reise. Alle Teile der Meßapparaturen waren sorgsam in feuchteabweisendes Papier gehüllt worden und wurden anschließend bei leichtem Unterdruck in PVC-Tüten eingeschweißt. Die besonders empfindlichen Teile waren außerdem durch eine Umhüllung aus Aluminiumfolie gegen stärkere Temperaturschwankungen geschützt. Diese zwar etwas aufwendige, aber sehr wirksame Verpackung hat sich, wie wir später feststellen konnten, bestens bewährt. Für den Transport der Pendel waren besondere, mit dicken Schaumgummipolstern ausgelegte Kisten angefertigt worden, um die Erschütterungen während der Reise möglichst gering zu halten.

Die vor der Expedition notwendigen Pendelmessungen an der Basisstation in Potsdam waren bereits in der ersten Oktoberhälfte ausgeführt worden, wobei wir besonders die Einflüsse magnetischer Felder auf die Bewegung der Pendel im Schwerefeld beachteten.

Ein Teil des weniger empfindlichen Gepäcks gelangte Anfang November mit dem Lastkraftwagen nach Leningrad, während die Kisten mit den Meßgeräten auf dem Luftweg zum Ausgangspunkt der Expedition gelangten. Lediglich unsere große Magnetspule, zwei kreisförmige Spulenkörper von etwa 1,20 m Durchmesser, mußte mit der Bahn auf die Reise geschickt werden. Und am 26. November war dann auch für uns die Stunde des Abschieds gekommen. Vom Flughafen Berlin-Schönefeld aus traten wir, natürlich ein wenig aufgeregt und voller Erwartungen, die für einen Physiker recht ungewohnte Reise an.

Feldbett am Vierpendelapparat
In Mirny angekommen, waren wir zunächst über das ruhelose Treiben überrascht. Hauptobservatorium und Basisstation für die weitverzweigten sowjetischen Forschungsarbeiten in Antarktika, glich Mirny in diesen sommerlichen Polartagen einem großen Umschlagplatz. Die meist unter dem Schnee verborgenen Häuser waren angefüllt mit Geräten und Ausrüstungen der Teilnehmer zweier Expeditionen, der zu Ende gehenden und der beginnenden. Überall wurde gebaut, transportiert oder gepackt. Verschiedene Expeditionsteilnehmer hielten sich auf ihrem Weg von oder nach anderen Stationen nur einige Tage in Mirny auf. Im Speisesaal traf man auf sonnengebräunte Polarniks, die an der innerkontinentalen Station Wostok überwintert hatten und dort bei der Jahreshöchsttemperatur von minus 25 Grad ins Schwitzen gekommen waren, ebenso wie auf bleiche Neuankömmlinge wie uns, die sich – noch ein wenig unsicher – mit dem Expeditionsleben erst vertraut zu machen begannen.

Im Haus Nummer 13 liefen alle Fäden dieser Betriebsamkeit zusammen. Hier arbeitete die Leitung der Expedition. Michail Ostreikin, der oberste Chef, und Iwan Petrow, der Direktor des Observatoriums Mirny, trafen rasch und präzise alle notwendigen Entscheidungen über Transport und Versorgung, Organisation der wissenschaftlichen Arbeiten mit ihren wechselseitigen Abhängigkeiten und nicht zuletzt auch über die Wünsche der ausländischen Teilnehmer aus Japan, Ungarn, Polen, den USA und der DDR.

Nach einem kurzen Hilfseinsatz beim Entladen der leicht verderblichen Güter und einigen Stunden Schlaf gingen wir zunächst daran, uns eine Meßstation auszusuchen. Doch ganz so einfach war das nicht, da nur sehr wenige Häuser über einen geeigneten Beobachtungsplatz verfügten. Wir brauchten für unsere Arbeiten einen stabilen Pfeiler, der unmittelbar auf dem anstehenden Gestein gegründet ist. Ein Betonfundament war in der für unsere Zwecke gut geeigneten

---

* Ab 1. 1. 1980 wird im neuen internationalen Maßsystem die Beschleunigungseinheit Gal = cms^{-2} durch 10^{-2}ms^{-2} ersetzt. 1 mGal = 10^{-5}ms^{-2}.

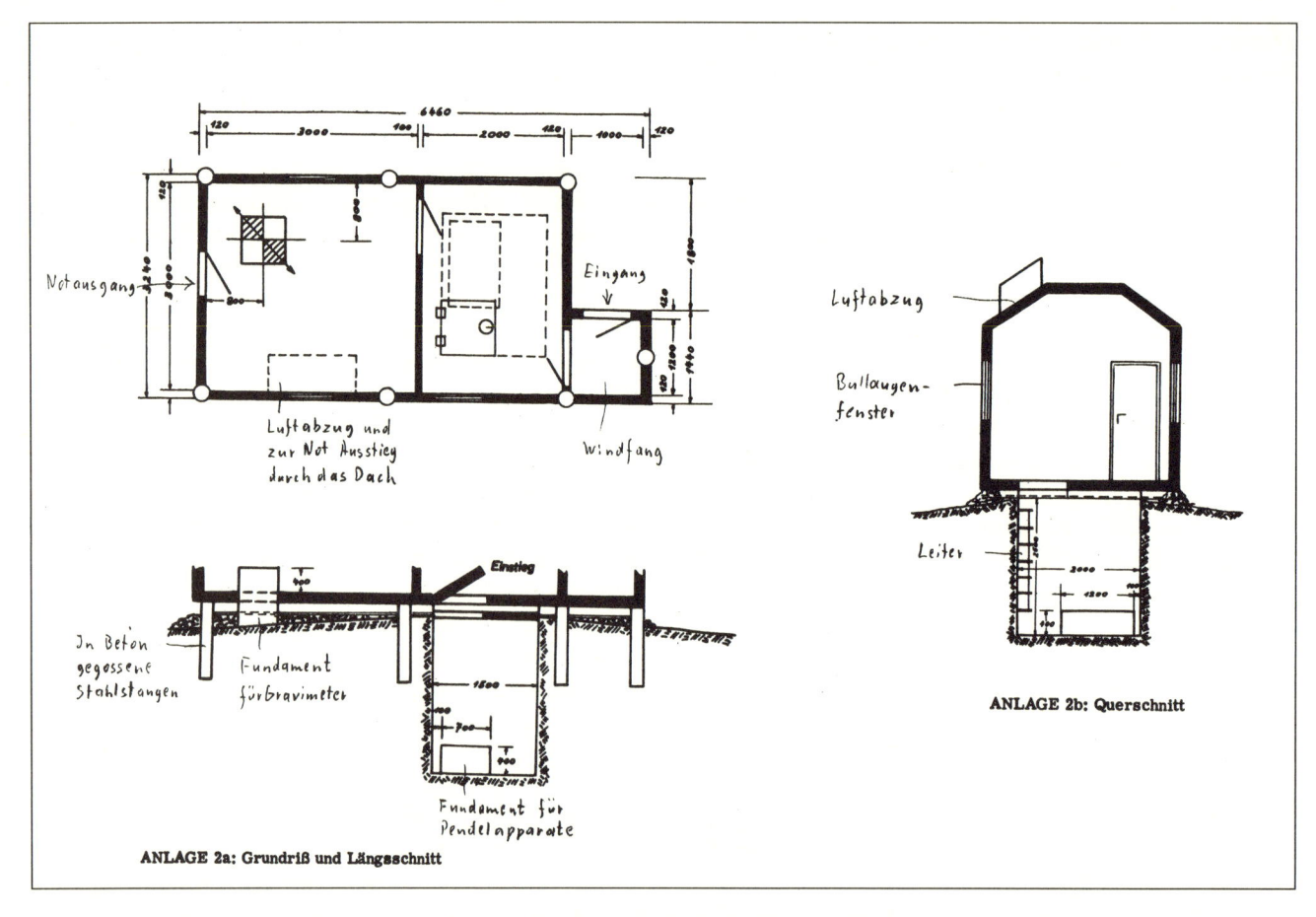

Grundriß, Längsschnitt und Querschnitt der ersten in der DDR für den Einsatz in Antarktika gebauten Forschungshütte. Hier haben Elstner und Wirth relative Schweremessungen in Molodjoshnaja ausgeführt. Auf dem Fundament im Keller fanden die Pendelapparate ihren Platz, auf dem Fundament im linken Raum die Gravimeter.

Seismischen Station vorhanden. Aber mit zunehmenden Temperaturen drang Schmelzwasser in den Keller, so daß wir uns nach einigen erfolglosen Entwässerungsversuchen für den Aufbau der empfindlichen Pendelapparatur im Kosmischen Pavillon entschieden. In diesem Haus befand sich zur Messung der Intensität der kosmischen Strahlung eine kugelförmige Ionisationsmeßkammer, die einen Durchmesser von etwa einem Meter hatte und in einem Stahlrohrgestell auf einem ebenerdigen Pfeiler stand. Der freie Raum unterhalb dieser Kugel reichte gerade aus, um unsere Pendelapparate aufzustellen.

Wir hatten die beiden im Potsdamer Institut bewährten Vierpendelapparate mit insgesamt 14 Invar- und zwei Quarzhalbsekundenpendel zur Verfügung. Für den Empfang der Zeitsignale errichteten wir eine symmetrische Antenne von je 30 m Seitenlänge. Bei allen Vorbereitungsarbeiten, vom schwierigen Transport der Pendel, die wir natürlich wie unseren Augapfel hüteten, bis hin zur Entwicklung einer photographischen Registrierung, mit der die Pendelbewegungen für die spätere Auswertung aufgenommen wurden, haben uns die sowjetischen Kameraden in uneigennütziger Weise unterstützt.

Am 16. Januar 1965 begannen die Messungen; sie dauerten, nur von wenigen Stunden täglichen Schlafs unterbrochen, bis zum 24. Januar. Ich hatte mir unmittelbar neben der Meßapparatur ein Feldbett aufgeschlagen, um alle erforderlichen Arbeiten zur Schwingungszeitbestimmung der Pendel auch in den Nachtstunden ohne lange Wege erledigen zu können. Wenigstens einmal am Tag mußten wir unser Zeitnormal, zwei Kleinquarzuhren aus tschechischer Produktion, mit den Signalen verschiedener Zeitzeichen- und Normalfrequenzsender vergleichen. Auch den Sender Nauen bei Potsdam konnten wir während der Nachtstunden zu diesem Zweck empfangen. Die Schwingungszeiten der Pendel wurden über die photographische Aufnahme ihrer Nulldurchgänge und der Sekundensignale der Quarzuhr ermittelt.

Während der Meßperioden selbst geschieht freilich wenig Aufregendes – vorausgesetzt, alles verläuft nach Programm. Jede Verrichtung muß mit äußerster Sorgfalt ausgeführt werden, und je weniger Unvorhergesehenes dabei eintritt, desto besser. Der Meßraum war sehr eng. Das verlangte bei allen Bewegungen und Handreichungen besondere Vorsicht, damit der Schwingungsvorgang der Pendel nicht durch zusätzliche Erschütterungen gestört wird. Der regelmäßige Wechsel der Pendelapparaturen, das Austauschen der Pendel selbst und das Bestimmen der elastischen Mitbewegung des Meßpfeilers waren deshalb mit erheblichen gymnastischen Übungen verbunden.

Um den Einfluß des magnetischen Feldes auf die Pendelbewegung abschätzen zu können, mußte ich dessen räumlichen Verlauf mit einer Magnetfeldwaage ausmessen, und schließlich mußten neben den Pendelmessungen noch während einiger Tage gravimetrische Versuchsmessungen ausgeführt werden. Es zeigte sich, daß unsere hochempfindlichen Gravimeter die lange Schiffsreise durch mehrere Klimazonen sowie die Pack- und Transportarbeiten an Land gut überstanden hatten.

Nach einer Woche angestrengtester Arbeit konnten wir die Schwerkraftmessungen abschließen. Die Bearbeitung und Reduktion aller in Mirny und Potsdam gemessenen Pendelschwingungszeiten gestattete uns, einen neuen Schwerewert für den Basispunkt in Mirny abzuleiten, der im gültigen internationalen Schweresystem nun 982 392,7 ± 0,3 mGal beträgt. Damit wurden die älteren Ergebnisse von I. S. Sparkmann (1957/58) und John C. Rose (1960/61) präzisiert und die Voraussetzungen für einen genaueren Anschluß aller auf dem antarktischen Kontinent ausgeführten relativen Schwerkraftbestimmungen an das internationale Schweresystem geschaffen.

Am Abend des 25. Januar verließen wir an Bord des Expeditionsschiffes Ob die Prawdaküste mit Westkurs in Richtung Enderbyland. Dort sollten uns neue Aufgaben erwarten.

Unterwegs auf dem Inlandeis

Tankred Schmidt

Wir haben uns die Reisevorbereitungen etwas romantischer vorgestellt. Die reizvollen Potsdamer Seen locken unter strahlender Sonne zum Baden, wir aber stehen schwitzend in Polarkleidung vor hohen Regalen, ziehen uns warme Daunenanzüge an, probieren Pelzmützen, Stiefel, Handschuhe ... Günter Mellinger, mein Expeditionskamerad nimmt durch die Polarkleidung so an Umfang zu, daß er wie ein beleibter Fünfziger aussieht, obgleich er erst siebenundzwanzig Lenze zählt. Wahrscheinlich sehe ich nicht anders aus. Zwei zurückgekehrte Überwinterer, Günter Leonhardt und Joachim Liebert, geben gerade ihre Polarkleidung zurück. »Was habt ihr denn nun wirklich davon gebraucht?« fragen wir. »Packt nur reichlich ein!« raten sie. »Ein Jahr ist lang und Ersatz oft schneller nötig als man denkt.« Etwas ungläubig stehen wir da und probieren weiter Stück für Stück, quittieren und setzen es auf unsere Ausrüstungslisten.

Mit dieser Expedition geht ein Traum meiner Jugend in Erfüllung. Wie oft hatte ich als Kind Reisen mit dem Finger auf der bunten Weltkarte unternommen, die mein Vater über meinem Bett befestigt hatte. Mit sehnsüchtigem Interesse hörte ich später die Berichte meiner Lehrer an der Oberschule und der Bergakademie, in denen sie von ihren Arbeiten in fremden Ländern und von Überfahrten zu anderen Kontinenten sprachen. Nun freute ich mich, daß ich an der Erforschung eines Gebietes teilnehmen konnte, das weitab von bewohnten Territorien liegt und auch heute noch wissenschaftliches Neuland darstellt.

Vom Bergbau auf das Eisplateau

Ich hatte an der Bergakademie Freiberg das Fach Markscheidewesen studiert und später im Mansfelder Kupferschieferbergbau Fragen der Deformation der Erdoberfläche infolge bergbaulicher Einwirkungen bearbeitet. Diese Tätigkeit kam mir in der Antarktis sehr zustatten, denn auch dort, auf der Kappe des Inlandeises, beschäftigen mich die Deformationen der Oberfläche, die Verzerrungen, die durch das unregelmäßige Fließen der Gletscher entstehen.

Wir haben das Glück, daß wir bereits auf Erfahrungen von Polarforschern aus der DDR zurückgreifen können. Wir sollten die hundert Kilometer lange geodätische Traverse neu vermessen, die Georg Dittrich und Georg Schwarz vor drei Jahren mit Hilfe einer Dreieckskette angelegt hatten. Die beiden Kundigen, die wir natürlich nach Strich und Faden ausfragen, geben uns wertvolle Hinweise sowohl fachlicher als auch allgemeiner Art. »Richtet euch schon jetzt darauf ein, daß bei Schneesturm, der die Außenarbeiten zum Erliegen bringt, die Stimmung der Truppe gefährdet ist. Der enge Raum der Schlittenhütte, die geringe Verbindung mit anderen Menschen, die verschiedenen Angewohnheiten der Expeditionsteilnehmer und das unbestimmte Warten, wann endlich die Außenarbeiten fortgesetzt werden können, das alles bleibt nicht ohne Auswirkungen auf Laune und Befinden. Nehmt das Spiel ›Mensch-ärgere-dich-nicht‹ mit, und ihr werdet auch diese kritischen Zeiten überwinden!« Das sind Ratschläge von Georg Dittrich. So recht glauben wir ihm nicht. Können wir die Expeditionszeit nicht besser nutzen, als mit einem Gesellschaftsspiel? Wie gut die Hinweise waren, sahen wir später, als wir über zweieinhalb Tage im Schneesturm festsaßen und uns kaum aus der Hütte hinauswagten. Zwar hatten wir den Teufel mit dem Beelzebub ausgetrieben, denn Traktorist und Funker forderten danach auch bei gutem Wetter ein Spielchen, aber die Stimmung war gerettet.

Trotz vieler Antworten unserer Vorgänger bleibt noch manche Frage offen, die uns beunruhigt. Was machen wir, wenn das Signalisierungsmaterial nicht ausreicht, wenn im Küstengebiet mehr Signale zugeschneit oder umgefallen sind als wir annehmen? Und werden wir in der knappen Zeit mit den Messungen zurechtkommen? Um wieviel schwerer und risikovoller war die Expedition von Georg Dittrich und Georg Schwarz vor drei Jahren. Doch ihnen stand der Zeitraum einer Überwinterung zur Verfügung, während wir die Arbeiten noch im antarktischen Sommer abschließen und vor Einbruch des Winters wieder heimkehren sollten. So bleibt bei aller planerischen Sorgfalt ein gewisses Maß an Ungewißheit, mit dem man solch eine Reise antritt. Aber sind es nicht auch die unbekannten Verhältnisse, die Unsicherheiten, die zum Reiz einer Expedition beitragen? Sie gehören einfach dazu. Nachher nennt man das alles das besondere, einmalige Expeditionsfluidum.

Etwa drei Monate nach dem Einpacken in der Heimat stehen wir bei strahlendem Sonnenschein in der Station Mirny vor unserem Berg Ausrüstungskisten, die ohne Ausnahme den Transport gut überstanden haben. Schon nach wenigen Tagen soll unser Schlittenzug über das Inlandeis beginnen. Wir stellen die Ausrüstung neu zusammen. Fast jede Kiste müssen wir durchstöbern; wir hatten sie so gepackt, daß bei Verlust oder Zerstörung einer Kiste während des Transports trotzdem die Expedition gesichert ist. Auf dem Stationsgelände holen wir alles zusammen, was gebraucht wird: den Treibstoff für das Fahrzeug, das Propangas für den Kochherd, die Steinkohle zum Heizen des Ofens (damals wurden die Hütten noch nicht mit Öl beheizt) sowie die Lebensmittel. Nicht so leicht fällt es uns, abzuschätzen, wieviel Brot, Fleisch, Wurst, Kartoffeln, Mehl, Zucker, Gemüse usw. wir in vier Wochen essen werden. Die meisten Lebensmittel legen wir in einen großen Kasten, der außen an unserer Schlittenhütte befestigt wird. Hier bleiben die Vorräte stets gefrostet. Auch die Fleischbrühe, ein dicker, hartgefrorener Block, den wir mit dem Beil bearbeiten müssen, um die gewünschte Menge in den Kochtopf zu bekommen, wird dort untergebracht. Nur der Kartoffelsack bekommt einen Sonderplatz unweit des Ofens, und der Traktorist wacht sorgsam, daß wegen der Kartoffeln stets gut geheizt wird.

Wir möchten möglichst bald losfahren. Aber zunächst steht die Entladung der Schiffe im Blickpunkt der Expeditionsleitung, so daß sich unser Abfahrtstermin mehrmals verschiebt. Aus Zeitnot ändern wir unseren ursprünglichen Plan, der die Aufstellung der Signale auf der Hinfahrt zum Kilometer 100 und die Messungen auf dem Rückweg vorsah. Wir entschließen uns zu einer Vorbereitungsfahrt zum Ende der Traverse. Die Messung der Dreieckskette soll dann auf einem zweiten Schlittenzug von Mirny aus erfolgen. Damit wäre gesichert, daß wir die Signale – ausgehend von den Felsen in Mirny – auch dann vermessen könnten, wenn wir die Arbeiten vorzeitig abbrechen müssen. Bei der Vorbereitungsfahrt war es zweckmäßig, am Ende der Kette mit der Signalisierung anzufangen, da nach Einschätzung der Expeditionsleitung bis zum Kilometer 50 nur noch wenige alte Signale stehen und unser Signalisierungsmaterial vermutlich doch nicht ausreichen wird. Aber in Küstennähe ist das nicht wesentlich, dort kann uns die Werkstatt von Mirny helfen.

Signale bis zum Horizont

Am 19. Januar 1965 ist endgültig der große Start angesagt. Nach mehreren technischen Kontrollen und kurzen Einweisungen steigen wir ins Fahrzeug. Der Motorenlärm läßt kaum das eigene Wort verstehen. Holpernd setzt sich der Schlittenzug in Bewegung.

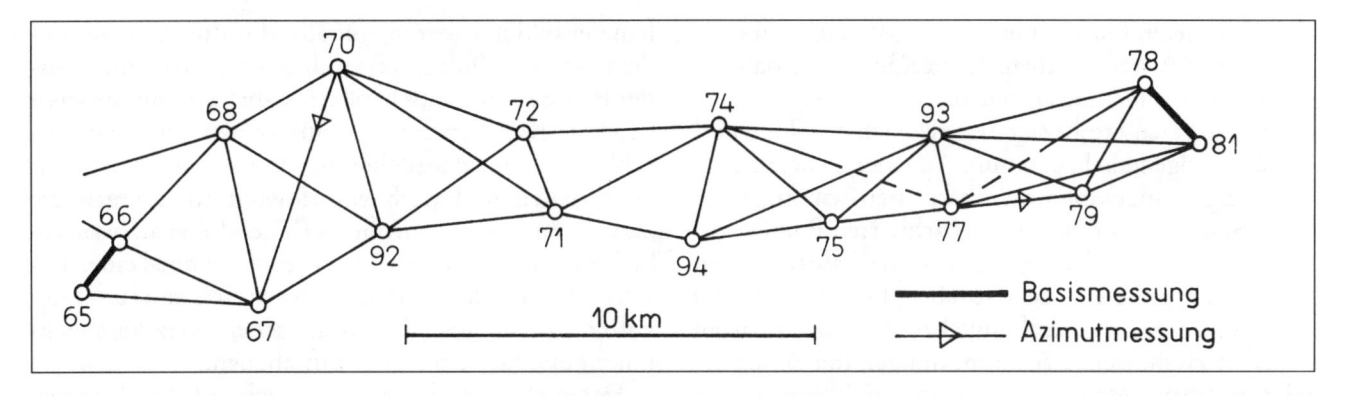

Als die Satellitenkommunikation für Punktbestimmungen auf dem antarktischen Eis noch nicht zur Verfügung stand, mußten sich die Geodäten mit Hilfe aufwendiger Triangulationsketten voranarbeiten. Die Skizze zeigt den letzten Abschnitt (km 75 bis km 100) der Traverse auf dem südlichen Inlandeis von Mirny. Die unterbrochenen Linien besagen, daß vom Signal 77 aus die Signale 74 und 78 nicht zu sehen waren.

Stationsleiter Iwan Petrow und Hauptingenieur Maksutow begleiten uns sogar einige Kilometer mit einem kleinen Raupenfahrzeug. Auf einem kurzen Halt verabschieden wir uns auch von ihnen, erhalten die letzten Ratschläge und guten Wünsche und sind dann zu viert allein mit dem mächtigen Zugfahrzeug, einem Kettenschlepper vom Typ ATT, und dem angekuppelten Wohnschlitten.

Unser Traktorist Tolja Kundulew hat an mehreren Schlittenfahrten auf dem Inlandeis teilgenommen und verfügt über umfangreiche Polarerfahrungen. Schnell gewinnt er unsere Sympathien, er ist eine fröhliche Natur und hat ausgesprochen handwerkliches Geschick. Der Funker Wolodja Schapowal ist bereits über ein Jahr beim Funkdienst der Station Mirny. Als Abschluß seiner Expeditionszeit nimmt er nun an unserem Schlittenzug teil. Er erweist sich als ein ruhiger, sehr geduldiger Expeditionskamerad. Von der Leitung war ihm auf seine Bitte hin zugesichert worden, daß er die für den Funker sonst übliche Nebenfunktion als Koch nicht wahrzunehmen braucht. So verteilt sich die Kocherei anfangs auf die anderen drei Teilnehmer. Als aber denn die Meßaufgaben unsere Zeit stark einschränken, übernimmt Wolodja doch anteilig auch die Essenszubereitung. Seine Bedenken, daß uns sein Essen nicht schmecken würde, erweisen sich als unbegründet.

Wir beiden deutschen Fahrensleute haben uns die wissenschaftlichen Aufgaben etwas aufgeteilt. Günter Mellinger, der an der Technischen Universität Dresden Geodäsie studiert hat, widmet sich mehr den fehlertheoretischen und mathematischen Fragen unserer Arbeit. Ich kümmere mich besonders um die Meßtechnik, die Kontrollen der Messung sowie die Einschätzung der ständig wirkenden Deformationen der Oberfläche.

Die Fahrtrasse von Mirny in Richtung auf die Inlandstationen Komsomolskaja und Wostok ist mit Stangen gekennzeichnet, und so erreichen wir ohne Orientierungsschwierigkeiten bereits am Abend des ersten Tages den 50. Kilometer. Es war festgelegt, daß wir zweimal täglich mit Mirny Funkverbindung aufnehmen. Aber schon am ersten Abend kommt kein Funkverkehr zustande. Zunächst stört uns das nicht weiter, aber als am anderen Morgen Wolodja wieder mißmutig von seinem Hocker aufsteht, lassen wir doch erst einmal die Köpfe hängen.

Für uns bedeutet das stehenzubleiben und zu warten. Das ist eine Anweisung; da hilft auch nicht, daß wir in Zeitnot sind. Für die Stationsleitung wirft ja die über längere Zeit ausbleibende Funkverbindung viele Fragen auf bis hin zu einem möglichen Unglück, und sie wird ihrerseits Aktivitäten einleiten, um den Kontakt zu dem Außentrupp wiederzugewinnen. Am Vormittag erhalten wir dann auch per Funk die Nachricht, daß Mirny uns nicht hört und daß ein Hilfszug ausgeschickt wird, der mittags bei uns sein soll.

Das Warten fällt uns schwer. Endlich, es ist bereits 19 Uhr, erreicht uns das Fahrzeug. Die Spezialisten stellen zu unserem Erstaunen fest, daß die Funkstation völlig in Ordnung ist. Wir befinden uns nur in einem langgezogenen, in der weißen Eintönigkeit augenscheinlich nicht wahrnehmbaren Wellental; dadurch und durch ungünstige Wetterbedingungen war keine Funkverbindung zustande gekommen.

Da in der Nacht die Sicht gut ist, starten wir nach kurzer Ruhe bereits 0.30 Uhr und erreichen gegen Mittag den Endpunkt unserer Traverse, den hundertsten Kilometer. Günter und ich können uns nun endlich an die Arbeit machen. Es beruhigt uns, daß die Signale hier einwandfrei stehen.

Im einzelnen ergibt sich für die nächsten Tage und Wochen folgendes Programm: An einer der vielen Signalstangen angekommen, überprüfen wir zunächst ihren Stand und ob wir die benachbarten Punkte gut sehen. Später, auf der eigentlichen Meßfahrt, sind an jedem Eckpunkt der geodätischen Dreiecke mittels Theodolit die Horizontalwinkel zu den benachbarten Signalen zu messen. Längenmessungen mit Basislatte oder Meßband werden nur an einigen Stellen vorgenommen, weil das sehr viel Zeit erfordert. Davon ausgehend lassen sich die übrigen Seitenlängen mittels der Dreieckswinkel berechnen. Um die Richtung der Kette festzulegen, werden durch Anzielen der Sonne bei genauer Zeiterfassung mehrmals astronomische Richtungen ermittelt und auf die Dreiecksseiten übertragen. Die Höhe der einzelnen Signale über dem Meeresspiegel erhalten wir durch Höhenwinkelmessungen, aus denen sich über die Länge der Dreiecksseiten die Höhenunterschiede berechnen lassen. Nach diesem Verfahren kann, bezogen auf einen Festpunkt, dem Felsen Kap Chmara in Mirny, der Endpunkt der Kette auf wenige Meter in der Grundrißlage und auf wenige Dezimeter in der Höhe bestimmt werden.

Das sind nun entlang der trigonometrischen Traverse unsere täglichen Aufgaben. Von Punkt zu Punkt fahren wir die Signale ab. Bei Sonnenschein setzen wir in die Beifahrerluke des ATT den Sonnenkompaß ein und können so die Fahrtrichtung zum nächsten Punkt genau einhalten. Auch wenn die Signalstange sichtbar ist, fährt es sich nach einem solchen Fernziel schwierig, da man es leicht aus den Augen verliert, und wenn wir Bodenwellen durchfahren oder im Schnee einsinken, verschwindet das Signal hinter dem Horizont. Bei bedecktem Himmel müssen wir uns mit dem Magnetkompaß begnügen, der auf der Schlittenhütte montiert ist und durch eine Übertragung im Fahrerhaus abgelesen wird.

Die Sicht ist oft sehr schlecht. Nur wenige Stunden am Tage lassen sich Beobachtungen durchführen, oft müssen wir anhalten, weil die Signale nicht mehr zu erkennen sind. Der ständige Wechsel zwischen Wartezeit und hektischem Betrieb bei guter Sicht geht auf die Nerven. Oft bessert sich das Wetter gerade, wenn wir uns dem Genuß einer mühsam zubereiteten Mahlzeit hingeben. Dann stürzen wir schnell alles hinunter, um die Fahrt fortzusetzen oder mit den Beobachtungen voranzukommen.

Wo die Eisoberfläche lange Wellenberge und Wellentäler bildet, haben wir Mühe, die alten Signale wiederzufinden. Zudem verwechseln wir manchmal aus der Ferne die Bambusstäbe der Fahrtrasse mit unseren geodätischen Signalen. So müssen wir uns bald entschließen, zum Aufsuchen der Punkte den Theodolit aufzustellen und nach gerechneten Richtungen die Signale mit dem Fernrohr des Theodolits anzuzielen. Selbst auf diese Weise beobachten wir einmal einen falschen Punkt, der uns dazu verführt, mit unserem Fahrzeug weit aus dem geodätischen Netz herauszufahren und hier ein Signal aufzubauen.

Dabei stellen wir fest, daß auch auf den Magnetkompaß kein sicherer Verlaß ist und uns der Kilometerzähler irgendwie genarrt hat. Wir müssen das Signal wieder abreißen und lassen uns diesen Fehler eine Lehre sein. Es war ein glücklicher Umstand, daß uns dieses Versehen hier im südlichen oberen Teil der Strecke passierte. Im küstennahen unteren Teil, wo das Eis Bruchzonen aufweist, kann ein solcher Orientierungsfehler zum Absturz in verdeckte Eisspalten führen, wofür es leider schon tragische Beispiele gibt. Allen Teilnehmern der 9. Expedition war der Absturz eines Schlittenzuges bei Mirny noch gegenwärtig. Nach diesem Zwischenfall nehmen wir uns vor, falls wieder die Orientierung kritisch wird, auf die Sonne zu warten und nach dem Sonnenkompaß weiterzufahren.

Der mittlere Teil der alten Dreieckskette ist stark verschneit. Wir finden nur noch wenige Signale. Hier müssen wir die Traverse neu aufbauen. Dabei leistet uns die Kastenbussole, ein auf den Theodolit aufsetzbares Kästchen mit einer Magnetnadel, gute Dienste. Wir zielen vom unbekannten Standpunkt die bereits erkundeten Signale an und messen gleichzeitig die Magnetrichtung. Bei diesem magnetisch orientierten sogenannten Rückwärtseinschnitt genügen bereits zwei Sichten zur Bestimmung des neuen Standpunktes. Dazu werden die Magnetrichtung und die Richtung zu den Signalen auf Transparentpapier aufgetragen. Diese Zeichnung – der Geodät nennt sie »Spinne« - legen wir auf die kartierte Dreieckskette auf und verschieben sie, bis sich die Zielstrahlen mit den kartierten Signalen decken. Dann können wir unseren Standpunkt auf die Kartierung durchnadeln. Diese Methode gibt uns die Möglichkeit, auch einige Signale aufzufinden, von denen nur noch die Zylinder aus dem Schnee herausragen. Solch ein Erfolg war für die Mannschaft jedesmal eine besondere Freude.

Das Aufstellen neuer Signale geht verhältnismäßig schnell vonstatten. Sie bestehen aus ein Meter langen Aluminiumstangen, die aneinandergesteckt und auf diese Weise beliebig verlängert werden können. Die schwarzen Sichtzylinder, die auf der etwa vier Meter über die Schneeoberfläche ragenden Rohrspitze befestigt werden, sind etwas größer als die 1958 verwendeten. Auch der Verzicht auf Schraubverbindungen, mit denen sich Georg Dittrich noch abplagen mußte, hat die Arbeiten sehr erleichtert. Während des Ausrichtens werden die Signalstangen an Holzpflöcken fest mit Stahlseilen verzurrt.

Im Küstengebiet hat unsere trigonometrische Kette eine fehlertheoretisch ungünstige Form. Hier können wir die Signale nur in einer schmalen spaltenfreien Zone von etwa 200 m Breite aufstellen, und es ist auch nicht ratsam, in diesem Abschnitt mit dem Raupenschlepper an die alten Stangen heranzufahren. Die Schnee- und Eisfläche läßt zwar keine Spalten erkennen, aber das besagt nichts über den Untergrund. Vom Flugzeug aus wurden in diesem Bereich ausgeprägte Spaltensysteme erkundet. So ziehen wir, Günter und ich, mit Bergsteigerseil verbunden und mit Eispickeln ausgerüstet auf Fußmärschen zu den Signalorten.

Mitte Februar brechen wir erneut zum Schlittenzug auf, diesmal um die Traverse zu messen. An jedem Dreieckspunkt erfolgen die festgelegten Winkel- und Längenbestimmungen. Ungünstige Witterungsbedingungen, Schneestürme, geringe Sichtweiten lassen uns anfangs nur langsam vorankommen. Außerdem werden nun die Tage schon kürzer. Eine wetterbedingte Pause von siebzig Stunden rückt die Erfüllung unserer Meßaufgabe in weite Ferne. Aber darauf folgt eine Schönwetterperiode. Neun Tage können wir ununterbrochen arbeiten. Dann toben wieder Schneestürme. Nur selten heitert der Himmel auf. Wir beeilen uns nach Kräften und können am 5. März die Winkel- und Streckenmessungen am letzten Triangulationspunkt abschließen.

Nach umfangreichen Kontrollen unserer Meßwerte auf Vollständigkeit und Richtigkeit (Winkelsummenkontrollen in den Dreiecken usw.) haben wir Grund zu feiern. Unser Schlittenzug steht zu diesem Zeitpunkt am Kilometer 105. Wir sind noch ein Stück über das Traversenende hinausgefahren, um ein Treibstoffzwischenlager dauerhaft zu signalisieren. Nun ist auch das erledigt; wir befinden uns in Hochstimmung. Am südlichsten Punkt unserer Reise, neben den aus dem Schnee herausragenden Treibstoffässern, schwenken wir die Landesfahnen und stoßen mit einem Glas Klaren an. Wind und Kälte treiben uns jedoch bald in die warme Schlittenhütte, wo wir mit den Restbeständen an Lebensmitteln ein »Bankett« vorbereitet haben. Gemeinsam mit uns feiern zwei Geophysiker, deren Wohnschlitten einige Tage vorher auf die Eiskappe gebracht und an unser starkes Zugfahrzeug gehängt wurde. Sie führen Eisdickenmessungen durch; die dafür notwendigen Apparaturen sind in ihrer Schlittenhütte eingebaut. So ist eine ausgelassene Runde beisammen, wir vergessen die Kälte draußen vor der Hütte und sehen voller Optimismus unserer Rückkehr in die Station entgegen.

Aber am nächsten Tag schlägt das Wetter wieder um, es wird trübe, Schneesturm setzt ein; starkes Schneefegen behindert die Sicht. Es ist fraglich, ob wir bei diesem Wetter Mirny zum vorgesehenen Termin erreichen. Am 10. März wird die Ob in Mirny erwartet, und schon am 13. soll sie wieder abfahren – mit uns an Bord. Was ist, wenn wir nicht zur Zeit in Mirny eintreffen? Tolja kann die alte Fahrspur und überhaupt die Schneeoberfläche kaum erkennen. Er entschließt sich, ständig einen von uns vor dem Fahrzeug vorangehen zu lassen, der ihn in die alten Spuren einweist. Das erfordert vom Spurensucher wie vom Fahrer hohe Konzentration.

Wohlbehalten kommen wir doch noch planmäßig in der Station an, berichten dem Stationsleiter über das Ergebnis des Schlittenzuges und gehen anschließend in die »Banja«, um uns den Schmutz abzuschwitzen und abzuspülen. Am 10. März können wir die letzten vermessungstechnischen Arbeiten in Mirny abschließen.

Wird der Helengletscher schmaler?
So sehr wir uns bemüht hatten, vor Einbruch des Winters mit dem letzten Schiff die Heimreise anzutreten, so fällt uns nach den Wochen gemeinsamer Arbeit der Abschied von unseren Kollegen der 10. Sowjetischen Antarktisexpedition doch schwer. Freunde bleiben winkend am Ufer zurück, als wir mit kleinen Rettungsbooten zum Dieselelektroschiff Ob hinübertuckern. Bereits während der Schiffsreise können wir die vorläufigen Ergebnisse unserer Messungen und Beobachtungen zusammenstellen und der Expeditionsleitung übergeben beziehungsweise mit der Post nach Potsdam schicken. Die gründliche Auswertung nehmen wir dann in den Sommermonaten 1965 zu Hause vor.

Die Ergebnisse unserer Expedition lassen sich folgendermaßen zusammenfassen: Wir haben insgesamt 78 Triangulationspunkte beobachtet und je fünf Basis- und Azimutmessungen durchgeführt. Ausgehend von den festen trigonometrischen Punkten auf den Felsen in Mirny berechneten wir für jedes Signal die Lagekoordinaten und die Höhe über dem Meeresspiegel. Die

Lage- und Höhenwerte der 1962 von Dittrich und Schwarz eingemessenen Signale, die wir auffinden konnten, wurden denen des Jahres 1965 gegenübergestellt. Daraus lassen sich die Bewegungen dieser Punkte errechnen. Genauigkeitsbetrachtungen ergaben für den letzten Punkt der 100 Kilometer langen Traverse (bezogen auf die Ausgangswerte in Mirny) eine Standardabweichung von nur ± 4,3 Meter.

Wie bewegt sich nun das Eis im Bereich unserer trigonometrischen Kette? Vom Kilometer 100 aus nehmen die Fließgeschwindigkeiten nach Norden hin bis zum Kilometer 55, von einzelnen Schwankungen in Wellentälern und auf Wellenbergen abgesehen, fast kontinuierlich zwischen 38 m und 88 m im Jahr zu. Im mittleren Teil (Kilometer 50 bis Kilometer 30) bewegt sich das Eis jährlich 100 bis maximal 130 m in nordöstlicher Richtung. Dieser Bereich gehört demnach zum Einzugsgebiet des östlich von Mirny ins Meer strömenden Helengletschers. Interessant ist der starke Geschwindigkeitsabfall etwa am Kilometer 24, womit die Grenze des Helengletschers vor der Station Mirny gekennzeichnet sein dürfte. Im Küstenbereich ergeben sich Werte zwischen 25 und 50 m im Jahr. Nach unseren Berechnungen haben diese Werte eine Standardabweichung von höchstens ± 3 Meter.

Der Vergleich mit den Geschwindigkeitsbestimmungen von 1962 zeigt eine unerwartet gute Übereinstimmung. Damit erwies sich, daß Lagemessungen nach einem halben Jahr (der Zeitraum zwischen erstem und zweitem Schlittenzug von Dittrich/Schwarz) bereits ein reales Bild über die Eisgeschwindigkeiten ergeben können.

Die Gegenüberstellung der auf den Meeresspiegel bezogenen Signalhöhen aus den Jahren 1962 und 1965 war die Grundlage zur Berechnung der jährlichen Absenkungsgeschwindigkeiten des Eises: Während im nördlichen Teil der Kette jährliche Absenkungen von zwei bis vier Meter festgestellt wurden, betragen im Bereich der starken horizontalen Eisbewegung (25. bis 55. km) die Absenkungen bis über sechs Meter im Jahr. Hier ist wiederum das Einzugsgebiet des Helengletschers zu erkennen. Südlich davon stellten wir Absenkungen von etwa 1,2 m im Jahr fest, die sich von Punkt zu Punkt nur wenig ändern. Die 1965 ermittelten Absenkungsgeschwindigkeiten weichen von den Ergebnissen aus dem Jahre 1962 zum Teil erheblich ab. Im Bereich der starken horizontalen Eisbewegungen wurden etwas geringere Werte festgestellt, ab 60. Kilometer nach Süden jedoch betrugen sie nur ein Fünftel der früher bestimmten Werte. Es konnte nicht geklärt werden, ob diese Erscheinung auf periodische Absinkvorgänge oder eventuell auf Einflüsse bei der Höhenwinkelbeobachtung zurückzuführen ist.

Den Schneeauftrag ermittelten wir, indem wir die Signalzylinderhöhen über der Schneeoberfläche gemessen haben. Daraus ergab sich in Küstennähe nach zweieinviertel Jahren ein Schneezuwachs von rund drei Metern. Im Bereich des 11. bis 35. Kilometer erhielten wir Zuwachswerte bis zu sechs Meter! So war es verständlich, daß hier die meisten alten Signale völlig eingeschneit waren und wir sie nicht wiederfinden konnten. Im südlichen Teil hingegen betrug der Schneezuwachs nur in einigen Fällen mehr als zwei Meter.

Faßt man die Ergebnisse zusammen, dann ist als Tendenz zu erkennen, daß sich besonders im Einzugsgebiet des Helengletschers die Eisoberfläche abgesenkt hat. Im Zeitraum der beiden Vergleichsmessungen, von 1962 bis 1965, hat sich also der Helengletscher verkleinert.

Allein daraus sind noch keine gesicherten Aussagen über langfristige Klimaänderungen abzuleiten. Dazu bedarf es noch anderer Beobachtungen. Wir haben jedoch auf unserem Schlittenzug für die Glaziologie einiges Grundlagenmaterial zusammengetragen, das tiefere Einsichten in den Bewegungsmechanismus des antarktischen Eises erlaubt und für die Eismassebilanz in diesem Gebiet von Bedeutung ist.

1967–1969

13. Sowjetische Antarktisexpedition
Mirny

Die Sonne hat ihre Zyklen, wie wir wissen. 1968/69 war wieder ein Jahr des Sonnenfleckenmaximums. In solchen Zeiten kommt es zu starken Korpuskulareinbrüchen in die Atmosphäre der Erde, besonders in Polarregionen. Das Forschungsprogramm der DDR-Gruppe innerhalb der 13. Sowjetischen Antarktisexpedition war deshalb auf dem Gebiet der solar-terrestrischen Physik angesiedelt. Mit den im Observatorium für Ionosphärenforschung Kühlungsborn erarbeiteten Meßmethoden wurde in Mirny das Verhalten der Ionosphäre, vor allem ihrer tieferen Schichten (D- und E-Schicht, 60 bis 110 km Höhe) untersucht.

Zu diesem Zweck haben Hartwig Gernandt und Peter Glöde Signale der geophysikalischen Satelliten S 66 und Explorer 37 empfangen, um die Elektronenkonzentration in etwa 100 km Höhe zu ermitteln. Erstmalig auf einer sowjetischen Antarktisstation wurden Satellitenmessungen des Ultraviolett- und Röntgenspektrums ausgewertet und damit Einflüsse der Sonne auf die Erde geklärt.

Die Untersuchung der Lang- und Längstwellenausbreitung ermöglichte – neben Aussagen über die Ausbreitungseigenschaften dieser Wellen – den Nachweis charakteristischer Erscheinungen in der polaren Hochatmosphäre. Da ostdeutsche Wissenschaftler dieses Programm in folgenden Expeditionen fortgesetzt haben, berichten wir auf den Seiten 128 bis 130 darüber.

Der Empfang von Wetterbildern, die Satelliten verschiedener Bauserien ausstrahlen, gehörte seit 1968 zum ständigen Arbeitsprogramm. Wenn auch in späteren Jahren, seit 1972, andere Satellitensysteme in Umlauf kamen, wodurch die Bildqualität erheblich verbessert wurde, so ist es dennoch berechtigt, die Beiträge unseres Buches über den Wetterbildempfang an dieser Stelle, unter der 13. SAE, zu veröffentlichen, weil die Wetterbild-Empfangsanlage WES-1 während dieser Expedition ihre Jungfernfahrt nach Antarktika bestand.

Das Schmuckstück wurde seinerzeit als Beweis für die High-Tech-Fähigkeit ostdeutscher Wissenschaftsinstitutionen gehandelt. Das sollte eine episodische Ausschweifung wert sein. Die Anlage hatte, im wesentlichen, Akademiemitglied Professor Karl-Heinz Schmelovsky entwickelt, von dem einige Leute behaupteten, er sei zu faul, in der Literatur nachzuschlagen und baue statt dessen lieber selber zusammen, was er brauche; auch hielt sich die Mär, daß er im Institut für solar-terrestrische Physik nach einem halben Tag Kaffeetrinken in einer halben Stunde geniale Theoreme aufzustellen in der Lage sei, sich aber ansonsten im Hintergrund des Wissenschaftsbetriebes halte. Wie dem auch sei, die Wetterbildempfangsanlage empfahl sich als ein Glanzstück.

Weniger glänzend gestalteten sich die Bemühungen, einen Produzenten zu finden. Deshalb wurden die Empfänger in den Akademiewerkstätten Berlin-Adlershof hergestellt. Die Gesamtfertigung übernahm die damalige Richter KG in Berlin-Oberschöneweide. Insgesamt wurden zehn Stück gebaut, einige gingen ins Ausland. Das in Mirny eingesetzte Gerät nutzte noch die nächste DDR-Gruppe, dann wurde es den sowjetischen Polarniks übergeben und hat noch einige Jahre zuverlässig gearbeitet.

Bei der weiterentwickelten Satellitenbild-Empfangsanlage WES-2, die 1973 nach Molodjoshnaja und 1975 nach Nowolasarewskaja kam, wiederholte sich das Debakel der Überleitung in die Produktion. Die großen volkseigenen Betriebe verlangten Absatzgarantien und erklärten sich, unter dieser Voraussetzung, bereit, eine Musterfertigung nach zwei Jahren aufzulegen. Wieder half die inzwischen zum VEB Meteorologische Meßgeräte mutierte (dann in den akademischen Gerätebau einverleibte) Richter KG. Von dieser Anlage wurden etwas mehr als sechzig Stück hergestellt, darunter wieder viele für ausländische Abnehmer. Alle weiteren Vorstöße, diese Entwicklungsrichtung zu verfolgen, verliefen im Sande, und die Innovation wurde aufgegeben.

Wie die ersten Bilder entstanden

Peter Glöde

Unsere Wetterbildempfangsanlage WES-1 sollte sich bereits an Bord des Forschungsschiffes PROFESSOR WIESE bewähren. Da solch ein Schiff mit elektrischen Geräten und Antennen, starken Funkstationen und Radaranlagen und immer wieder mit Kabeln aller Art vollgestopft ist, war schon die Wahl eines geeigneten Platzes für die Antenne nicht einfach. Schließlich konnten wir sie über dem Schornstein anbringen; nach der Montage und nach Reparaturen sahen wir schwarz wie Essenkehrer aus.

Als dann die ersten, noch etwas verzerrten Bilder die Entwicklerschalen verließen, war die Biskaya schon passiert. Mit einiger Erfahrung und mit Hilfe der von uns selbst berechneten Überflugsdaten des Satelliten ESSA 6 (wie so oft hatte uns aus Potsdam kein Telegramm mit den »offiziellen« Daten erreicht) bekamen wir die ersten schönen Bilder. Die Laien bewunderten die klaren Konturen der afrikanischen Küste, die Meteorologen waren zufrieden über die deutlich erkennbaren Wolkenformationen. Wir sonnten uns in der von allen Seiten gezollten Aufmerksamkeit und Anerkennung. Inzwischen liefen auch die anderen Meßprogramme, die wir während der Seereise zu betreuen hatten, und wir dachten an ein bißchen Ruhe und Erholung unter tropischem Himmel.

Aber das Schicksal wollte es anders. Die Wetterbilder waren in der Tat eine wichtige Informationsquelle für Expeditionsleitung und Schiffsführung, besonders als es darum ging, die südlich des Äquators vorgesehenen Stopps für ozeanographische Messungen vorzubereiten. Beratung zu diesen Fragen täglich 9.30 Uhr im »Salon« von Professor Jewgeni Fjodorow. Da sollten dann, bitte schön, die aktuellen Wetterbilder entwickelt, fixiert und getrocknet und mit Koordinaten versehen auf dem Tisch liegen. Statt des ruhigen Frühstücks hasteten wir nun jeden Morgen zwischen Aufnahmeapparatur und Dunkelkammer hin und her. So ein Expeditionsschiff ist zwar immer zu klein, wir aber haben den langen Weg vom Brückendeck bis zur Dunkelkammer achtern unter Deck oft genug verflucht, vor allem die Aufgänge und – Wege abkürzend – die steilen Leitern. Dabei waren uns die Kollegen, die zum Morgenschwatz auf den Gängen standen, zunächst auch noch böse, weil wir auf ihren freundlichen Gruß kaum antworteten und weiterjagten. Von wegen Erholung und Entspannung während der Fahrt! So hat mancher Erfolg auch seine Schattenseiten; jede gelöste Aufgabe zieht neue Arbeit nach sich.

Besonders groß war jedoch die Freude, als nach vielen Tagen mit Bildern ohne jede Landmarke aus den 40er, 50er und 60er Breiten des Südatlantik und des Südindik endlich der antarktische Kontinent auf dem Glanzpapier sichtbar wurde. Deutlich hob sich unser Ziel, das weiße Eis des Kontinents, von der dunklen See ab. Nur die ebenfalls weißen Wolken waren über dem Eis nicht mehr auszumachen. Emsig und schließlich mit befriedigendem Erfolg wurde deshalb versucht, durch Manipulation an der Schwärzungskennlinie des Bildschreibers den schwachen Kontrast zwischen weißem Eis und den ein klein wenig angegrauten Wolken sichtbar zu machen. Außerdem lernten wir, aus den über See ganz deutlichen Wolkenstrukturen deren Fortsetzung über dem Eis zu rekonstruieren und sanfte Grautöne – Kontrast konnte man das eigentlich gar nicht nennen – entsprechend zu deuten.

Kapitän und Schiffsführung interessierten sich nun besonders für die Eisverhältnisse und sahen ihren Zeitplan vorerst gesichert, als offenes Wasser beziehungsweise offene Rinnen zwischen den Eisfeldern bis hin zur Barriere vor Mirny erkennbar waren. So kam es zur ersten Eisnavigation nach Wetterbildern in der Antarktis, auch wenn die »alten Hasen« zur Sicherheit immer noch nach den annähernd untrüglichen Zeichen Ausschau hielten: Über offenem Wasser erscheint die Wolkenunterseite dunkler als über Eisfeldern; die Flächen oder Fahrrinnen mit offenem Wasser »spiegeln« sich an der Wolkenunterseite.

Ein Nachteil unserer Bilder war, daß wir sie wegen der oft fehlenden Landmarken nicht genügend genau einordnen konnten. Ein Irrtum um hundert Kilometer war für die Meteorologen unbedeutend; Wettererscheinungen sind großräumig. Aber eine Durchfahrt von wenigen Kilometern Breite zwischen zwei Packeisfeldern muß man erst einmal finden! Dabei lernten wir sehr anschaulich, wie sich das antarktische Schelfeis im Verlauf weniger Jahre verändert. Am Westschelfeis und seiner charakteristischen Nordwestspitze waren seit 1957 etwa 50 km Schelfeis abgebrochen. Doch das wußten wir damals noch nicht. Wenn wir anhand der uns zugänglichen Karten mit ihren Konturen des Schelfeises die Koordinatenpunkte auf unseren Wetterbildern bestimmten, dann mußten also erhebliche Fehler entstehen. Heute kann man mit einem Taschenrechner die Koordinaten aus den bekannten Umlaufdaten des Satelliten und dem genauen Zeitpunkt der Aufnahme schnell berechnen; uns fehlten aber sowohl die genauen Umlaufdaten als auch der bequeme Taschenrechner. Wir begriffen nur ganz langsam, warum unsere schönen Landmarken, oder besser »Eismarken«, und deren aus der Karte entnommene Koordinaten so falsch waren. Daß weit über tausend Kubikkilometer Eis im Verlauf weniger Jahre einfach abbrechen und verschwinden, schien zunächst kaum vorstellbar. Aber die riesigen Eisberge, die wir passierten und deren größte wir auch auf den Satellitenbildern erkennen konnten, waren die deutlichen Spuren gewaltiger Prozesse in der Natur.

In Mirny angekommen, waren der Transport und der Aufbau der Wetterbildempfangsstation das erste Etappenziel. Am 21. Januar war es geschafft; unsere Bilder kamen auf den Tisch der Synoptiker, die diese neue Informationsquelle sogleich nutzten. Da es nur wenige meteorologische Stationen in der Antarktis gibt und Informationen aus den Weiten des Südpolarmeeres fast gänzlich fehlen, blieb beim Zeichnen der Karten auf der Grundlage von Beobachtungen zwangsläufig vieles der Intuition oder Phantasie überlassen; man kann es auch Erfahrung nennen. Nun wurde die Lage der Tiefdruckgebiete und ihrer Sturmausläufer gut sichtbar und aus den täglich aufgenommenen Bildern waren die Veränderungen abzulesen. Sehr schnell wurden »unsere« Wetterbilder zum täglichen Werkzeug der Meteorologen.

Und wieder gab es einen Wettlauf mit der Zeit: Sollten auch die weit östlich der Station vorbeiführenden Satellitendurchgänge genutzt werden, was uns Wolkenbilder bis zum Adelieland sicherte, dann mußte einer von uns sechs Uhr morgens die Empfangsanlage bedienen. Dabei war nicht das frühe Aufstehen problematisch, sondern daß der Wetterbildempfang neben der Vorbereitung der Meßprogramme einherlief, die wir für die Ionosphärenuntersuchungen möglichst schnell abschließen wollten. Die letzten Bilder aus den westlichen Satellitendurchgängen empfingen wir am späten Vormittag, wenn die Flugzeuge schon lange unterwegs waren. Über Funk konnten sie mit den ganz aktuellen Informationen versorgt werden, und nicht selten veranlaßten vorausgesagte Schlechtwettergebiete die Piloten zur beschleunigten Rückkehr.

Die Flieger waren also die Hauptnutzer unserer Bilder; sie berichteten dann auch oft, ob und wie sie die auf dem Satellitenbild erkennbaren Wetterfronten antrafen. Allerdings fanden auch sie bei aller Freude ein Haar in der Suppe: Bis dahin waren die nie ganz geklärten Wetterverhältnisse immer gut gewesen als Begründung, wenn ein Flug aus irgendeinem technischen oder auch persönlichen Grunde einmal verschoben werden sollte.

Eine Schwierigkeit »am Rande« machte sich sehr bald bemerkbar: Zum Entwickeln und Wässern der Bilder war ausreichend sauberes Wasser nötig. Zunächst klappte die Versorgung mit dem »Wasserschlitten«, der das in einer Eisspalte geschmolzene Frischwasser zu den einzelnen Hütten der Station brachte, recht gut. Entsetzt waren die Fahrer nur über die Menge, die wir verbrauchten. Jeden zweiten oder dritten Tag waren die Fässer in unserem Haus wieder leer, und wir schleppten Kanister um Kanister über den steilen Zugang in unser tiefgelegenes Haus 15, wobei dieser Zugang noch auf einer recht wackeligen Bohle über einen Schmutzwassersee führte. Wer auf dieser glitschigen Bohle ausrutschte, ging baden.

Als mit den Schneestürmen Neuschnee vor das Haus getragen wurde, und der Wassertümpel wieder zufror, war vieles leichter. Dennoch hat das Wasserschleppen vor allem während der Überwinterung noch manchen harten Einsatz gefordert, wobei die sowjetischen Kollegen und auch der bulgarische Meteorologe Wassil Sachariew, die ebenfalls in unserem Haus wohnten, kräftig mit zupackten.

Besonders brauchten wir die Hilfe unserer Freunde, als im Februar ein noch recht mäßiger Schneesturm die, wie wir meinten, auch für schwere Orkane genügend verankerte Satellitenempfangsantenne umriß. Morgens lagen die Trümmer auf dem Dach, die Metallrohre wild verbogen, die isolierenden Plaststücke zerbrochen. Da wußte sich auch unser einfallsreicher Funkmechaniker Ingo Nevermann keinen Rat. Wir waren der Verzweiflung nahe, denn zu Hause war alles sorgfältig eingemessen und abgestimmt worden. Für solch einen Totalschaden hatten wir keine Ersatzteile mit. Aber die Werkstatt ließ uns nicht im Stich, fieberhaft wurde nach passenden Materialien gesucht, mühsam richteten wir die verbogenen Teile. Nach drei Tagen war eine neue, noch stabilere Antenne entstanden. Alle wichtigen Maße entsprachen genau der alten Konstruktion, so daß auch die elektrischen Werte wieder stimmten. Hier bewährte sich die Kameradschaft;

keiner hatte gefragt, warum oder wofür er denn verpflichtet sei, mitzutun; jeder hatte nach besten Kräften geholfen.

Inzwischen waren auch die anderen Meßprogramme zur Ionosphärenuntersuchung in Gang gekommen. In dem nur zwölf Quadratmeter großen Arbeitsraum war es recht eng geworden. Auf den aus Kisten montierten Tischen und auf Wandkonsolen bis unter die Decke aufgereiht summten die Empfänger und tickten die Registriergeräte. In der Ecke am Fenster stand, eingeklemmt zwischen anderen Geräten, die Wetterbildempfangsanlage. Auf dem einzigen freien Tisch lag noch ein großer Konvexspiegel, der zu einer All-sky-(einer Rundsicht-)Fotoapparatur gehörte, wie sie einst Joachim England (siehe S. 26) benutzt hatte, den jetzt aber niemand brauchte. In diesem Spiegel war die gesamte Einrichtung unseres Raumes gut erfaßt. Das Foto auf den Bildseiten entstand, indem ich das »Spiegelbild« unserer Arbeitsstätte photographierte; kein Weitwinkelobjektiv hätte solch eine Übersicht ermöglicht.

Antarktika aus kosmischer Sicht

Hartwig Gernandt / Joachim Hofmann

Satellitenbeobachtungen sind auch in der Polarforschung nicht mehr wegzudenken, wenn wir Strukturen und Veränderungen der Erdoberfläche, der Ozeane und der Atmosphäre global erfassen wollen. Mit mobilen Bodenstationen für den 137-MHz-Kanal kann man polumlaufende Satelliten praktisch an jedem Punkt der Erde empfangen. Dabei tasten Radiometersysteme der Satelliten die Erdoberfläche bis zum optischen Horizont ab. Zusätzlich mit Eichwerten und Kennmarken versehen, werden die Blindzeilen im Echtzeitbetrieb übertragen, so daß sie sofort zur Verfügung stehen. Das ist, wenn man meteorologischer Vorgänge erfassen will, von besonderem Vorteil, besonders in Polargebieten, wo es nur sehr wenige Beobachtungsstationen gibt. Vor allem für den Flugverkehr zwischen den Küsten- und Inlandstationen sind die aktuellen Informationen über Bewölkungsverhältnisse von großer Bedeutung.

Darüber hinaus können mit Satellitenaufnahmen Variationen der Eisbedeckung untersucht werden. Sie geben Hinweise auf günstige Fahrtrouten der Expeditionsschiffe im Polarmeer und helfen, geeignete Landestellen auszuwählen. Langjährige Beobachtungen der Eisdynamik in den Küstengebieten lassen neue Erkenntnisse über den Eishaushalt und die Strahlungsenergiebilanz des antarktischen Kontinents zu.

Während der 13. und 14. Sowjetischen Antarktisexpedition wurde in Mirny das Wetterbildempfangssystem WES-1 operativ zur Unterstützung der gesamten Expedition betrieben. Mit dieser Anlage konnten die polumlaufenden Satelliten, die im 137-MHz-Kanal arbeiten, empfangen werden. Der verhältnismäßig robuste Aufbau der Anlage machte sie besonders für den Einsatz auf Schiffen und Expeditionen geeignet. Damals wurden Satelliten der ESSA-Serie empfangen, die elektronisch gespeicherte Einzelbilder übertrugen. Vom Empfangsort Mirny erfaßte die Anlage ein Gebiet zwischen 40° bis 120° Ost und 40° bis 75° Süd, also vom Enderbyland bis zur Davis-See. Für jedes Bild hat das Bedienungspersonal die geographischen Koordinaten des Mittelpunkts berechnet. Dadurch war eine Zuordnung möglich, und die Aufnahmen konnten der synoptischen Arbeitsgruppe zur weiteren Verwendung übergeben werden. Während des antarktischen Sommers 1968/69 haben wir auf diese Weise für das Expeditionsschiff OB eine damals ungewöhnlich dichte Eisbedeckung im Gebiet der Drygalski-Insel aufgeklärt. Wir konnten eine sieben Kilometer breite Durchfahrt durch das Packeis ausfindig machen, die einzige, wie sich herausstellte, die zu dieser Zeit passierbar war, um an die Prawdaküste zu gelangen.

Zur 21. SAE wurde eine Wetterbildempfangsanlage auch nach Nowolasarewskaja mitgenommen. Mit dieser Expedition sollte ein umfangreiches ionosphärisches Beobachtungsprogramm der DDR-Gruppe beginnen (siehe S. 124 bis 130). Das setzte den möglichst raschen Aufbau einer Forschungsbasis bis zum hereinbrechenden Polarwinter voraus. Deshalb war es erforderlich, daß die gesamte Ausrüstung rasch, sobald es die Eisverhältnisse irgendwie zuließen, am Kap Ostry, der Schiffsanlegestelle für die Station Nowolasarewskaja, entladen wurde.

Zur Unterstützung dieser Operation im Sommer 1975/76, deren Erfolg wesentlich von den im voraus aufgeklärten Eisverhältnissen auf dem Meer abhing, arbeitete die WES-1 kontinuierlich bereits an Bord der Kapitän Markow. Auch während des komplizierten, mehr als robusten Schleppertransportes zur Schirmacheroase war sie in einem der Meßcontainer in Betrieb. Seitdem hat jede nachfolgende Überwinterungsgruppe der DDR das Satellitenbildprogramm fortgesetzt. Es liegen Bildserien der polumlaufenden Satelliten NOAA und METEOR bis zum Jahre 1989 vor. Sie überstreichen das Gebiet zwischen Enderbyland, Filchner-Schelfeis und Antarktischer Halbinsel.

Im Sommer 1976/77 konnten die ersten Aufnahmen des sowjetischen Satelliten METEOR empfangen werden, der im Vergleich zu den NOAA-Satelliten eine geringere mittlere Flughöhe hat (800 km gegenüber NOAA 1400 km). Damit war das Enderbyland und das Gebiet des Lambertgletschers besser zu erkennen. Die Fotobeispiele auf den Bildseiten zeigen gut, welche Möglichkeiten die Satellitenaufnahmen außer der täglichen Überwachung der Bewölkungsverhältnisse für die Eisaufklärung bieten. Beim Betrachten der Bilder des gleichen Gebietes an aufeinanderfolgenden Tagen lassen sich die Veränderungen der Wolken- und Eisbedeckung sowie des Verlaufes von Schelfeis- und See-Eiskanten recht zuverlässig feststellen. Sogar eine detaillierte Aufklärung eng begrenzter Gebiete ist möglich.

In der Zeit vom 14. Januar bis zum 8. Februar 1977 konnten wir mit NOAA-Bildern genau verfolgen, wie das Randeises am Kap Ostry aufbricht. Nach spezieller Auswertung, wobei nur noch der unmittelbare Bereich des Kaps und damit nur die innerhalb einer Bildzeile wahrgenommenen Grauwerte beurteilt wurden, schätzten wir am 29. Januar eine Randeisbreite zwischen null und drei Kilometern ein. Vom Kapitän des Expeditionsschiffes Pengina, das zu dieser Zeit vor dem Packeis lag, wurde dann auch eine Breite von zwei Kilometern bestätigt.

Mit Hilfe der Wetterbildempfangsanlage WES haben DDR-Überwinterungsgruppen auch jahreszeitliche Variationen der See-Eisgrenze zwischen 40° Ost und 40° West beobachtet. Das antarktische See-Eis umschließt den gesamten Kontinent. Dabei können die jahreszeitlichen Schwankungen der äußeren See-Eisgrenze sehr groß sein. Die minimale Bedeckung kann bis auf ein Zehntel der maximalen Bedeckung zurückgehen. Die Ausdehnung des See-Eises wird stark durch die troposphärischen Zirkulationssysteme und ebenso durch Strömungsverhältnisse des Südpolarmeeres sowie durch die Verteilung der Landmassen beeinflußt. Die an den antarktischen Küsten kräftigen Fallwinde vom Kontinent lassen Gebiete mit permanent geringer Eisbedeckung oder sogar offenem Wasser entstehen, die unter Umständen gleichzeitig Zonen erhöhter Eisproduktion sind. Da die Eisbedeckung im Südpolarmeer einen wesentlichen Einfluß auf die Strahlungsbilanz dieses Gebietes hat, ist die genaue Kenntnis ihrer Dynamik äußerst wichtig.

Die extrem unterschiedlichen Beleuchtungsverhältnisse schränken allerdings die Auswertung der visuellen Satellitenbilder zu diesem Zweck erheblich ein, denn in den weit ausgedehnten Dämmerungszonen sind Strukturen schwer erkennbar. Ein Trennung von Wolken und Eis gelingt mit Aufnahmen von aufeinanderfolgenden Tagen verhältnismäßig gut. Die Helligkeit eines Eisgebietes hängt von der Intensität des reflektierten Sonnenlichtes und damit vom Bedeckungsgrad (Verteilung Eis und offenes Wasser) ab. Ein relativer Vergleich der innerhalb eines Bildes auftretenden Grauwerte erlaubt eine grobe Einschätzung der Eisbedeckung.

Durch das unterschiedliche Reflexionsvermögen der Schneeoberfläche des Inlandeises und des Meereises läßt sich auch die Grenzlinie zwischen beiden und somit der Verlauf der Festlandküste deutlich erkennen. Während die im visuellen Bereich übertragenen Satellitenbilder nur in den Sommermonaten genutzt werden können, stehen Bildinformationen des Infrarotkanals das ganze Jahr über zur Verfügung.

Ein Beispiel soll die Möglichkeiten der langfristigen Eiserkundung verdeutlichen. In dem von uns mit Satellitenbildern der WES-Anlage überschauten Raum reichte am 8. und 9. November 1976 zwischen 10° und 20° Ost, also in Höhe der Station Nowolasarewskaja, das See-Eis über 1400 km weit in den Ozean hinaus. Dagegen erstreckte sich zwischen 15° und 30° West, etwa im Küstenabschnitt Kap Norwegia bis Coatsland, eine eisfreie Zone weit nach Süden. Der Abstand zwischen Küste und See-Eisgrenze betrug dort nur 500 km.

Bereits vierzehn Tage später hat sich das Bild völlig gewandelt. Im Osten ist die nördliche See-Eisgrenze um 450 km zurückgegangen. Eine Zone geringer Eisbedeckung und sogar teilweise mit eisfreien Stellen beobachten wir zwischen 10° und 20° Ost unmittelbar vor der Schelfeisbarriere (beiderseits des Lasarew-Schelfeises und vor Kap Ostry). Dieses Gebiet einer Eisverdünnung konnte bereits vor November 1976 festgestellt werden und besteht möglicherweise auch während des Polarwinters. Ein Zusammenhang mit dem Fallwindsystem scheint nicht ausgeschlossen, da im gleichen Sektor, wie auch die Aufnahme vom 8. November 1976 belegt, eine extrem weite Ausdehnung des See-Eises nach Norden nachweisbar ist.

Als sich das Südpolargebiet im Dezember 1976 erwärmte, wich die See-Eisgrenze weiter nach Süden zurück. Am Ende des Monats existierte im Raum zwischen 20° Ost und 20° West nur noch ein 100 km bis 250 km breiter Packeisgürtel. Entlang der Schelfeisküste waren viele eisfreie Wasserflächen entstanden. Vom Kap Norwegia bis zum Filchner-Schelfeis, wo sich die Station Druschnaja befand, bestand praktisch eine eisfreie Verbindung auf dem Wasser. Ein Jahr zuvor (Dezember 1975) wurde im gleichen Raum ein ähnlicher Packeisgürtel mit geringerer Ausdehnung beobachtet. Zugleich waren aber auch die eisfreien Wasserflächen unmittelbar vor der Schelfeisküste weniger ausgedehnt. Eine günstige Zufahrt zur Station Druschnaja existierte in beiden Fällen nur entlang des festen Randeises und der Schelfeisbarriere. Der vorgelagerte Packeisgürtel war in beiden Jahren zwischen 20° und 25° West, also vor der Cairdküste, am schwächsten und konnte an dieser Stelle von Schiffen am besten durchdrungen werden.

Mitte Januar 1977 war schließlich der gesamte Küstenstreifen von dichten Eisgebieten frei. Lediglich im Westen konnten wir auf den Satellitenbildern schwache Eisbedeckung und zahlreiche driftende Eisberge feststellen. Das See-Eis hatte sich weitgehend aufgelöst. Daß dies nicht immer so sein muß, zeigt ein Vergleich der Aufnahmen aus den Jahren 1976 und 1977. Am 8. Februar 1976 konnten wir vor dem Königin-Maud-Land, unserem Beobachtungsgebiet, noch einen 40 km breiten, geschlossenen Packeisgürtel ausmachen, während am 27. Januar 1977 bis auf wenige dünne Eisfelder das Küstengebiet eisfrei war. Die Eisverhältnisse können also von Jahr zu Jahr sehr unterschiedlich sein. Sie stellen möglicherweise einen Indikator für die Energieumsetzung in der Südhemisphäre während des Polarsommers dar, oder sie zeigen, daß die Strahlungsenergiebilanz ständig schwankt.

Satellitenaufnahmen enthalten auch, da der Felsuntergrund des Kontinentes an zahlreichen Stellen unter dem Eis hervortritt, Angaben zum geologischen Bau Antarktikas. Wenn die Schneedecke dieser »Oasen«, Einzelberge (Nunatakker) und Bergketten im antarktischen Sommer abtaut, heben sie sich deutlich als dunkle Objekte von den Eis- und Schneeflächen der Umgebung ab. Im Gegensatz zu den Erderkundungssatelliten lassen jedoch die Flugbahnhöhen meteorologischer Satelliten und die großen Aufnahmewinkel ihrer Systeme das Erkennen geologischer Details nicht zu. Auch größere schneefreie Gebiete erscheinen auf den kleinmaßstäblichen Aufnahmen nur als dunkle Flächen von wenigen Quadratmillimetern Größe. Herkömmliche Methoden der geologischen Fotointerpretation, die auf dem Erkennen verschiedener Gesteine über Grauton-Unterschiede beruhen, können deshalb nicht angewendet werden. Dagegen lassen sich aus der Gruppierung und den Konturen dieser Felsaustritte Aussagen über die Bruchstruktur des Felsuntergrundes der antarktischen Eismasse ableiten.

Durch Blockbewegungen wurden – verstärkt etwa ab Mitte Tertiär – weite Teile Antarktikas in ein Mosaik leistenförmiger oder vieleckiger Schollen zerlegt. Die Amplituden dieser neotektonischen Schollenbewegungen erreichten maximale Werte von vier bis fünf Kilometer. Wie mächtig die antarktische Eismasse an bestimmten Orten ist, wie sie abfließt, das wird wesentlich von der Morphologie des subglazialen Reliefs bestimmt. Hoch- und Horstschollen sind nur von geringmächtigem Kontinentaleis bedeckt, teilweise auch völlig eisfrei. Dagegen ist das Eis über Tief- beziehungsweise Grabenschollen bis zu mehreren Kilometern mächtig. Das kontinentale Eis fließt bei markanten Höhenunterschieden zwischen Hoch- und Tiefschollen meist kaskadenartig über die Kanten der Hochschollen ab. Diese Bereiche sind durch Spaltenzonen markiert, die sich im Grauton gleichfalls von den höher oder tiefer liegenden, meist firnbedeckten Eisflächen der Umgebung unterscheiden. Annähernd senkrecht zum Kontinentalrand orientierte Grabenstrukturen dienen, wie der Lambert-Gletscher, als »Abflußrinnen«.

Die Aufnahme auf Seite XXXV (METEOR, 14. 2. 1977) zeigt den Lambert-Gletscher im Küstengebiet der Ostantarktis zwischen 66° und 73° Ost. Dieser gewaltige Eisausfluß, der sich zur Prydsbucht bewegt und das Ameryschelfeis nährt, ist mit ca. 450 km Länge der größte Gletscher der Erde. Im Südteil überragt das Antarktische Hochplateau die Gletscheroberfläche um etwa fünfhundert, im Norden um etwa tausend Meter.

Im Bild sind Lambert-Gletscher und Teile des Ameryschelfeises am dunkleren Grauton ersichtlich. Die dunklere Färbung ist auf diffuse Lichtreflexion durch die unebene, von Spalten und Schmelzwasserrinnen zerfurchte sowie lokal von Moränen bedeckte Gletscheroberfläche zurückzuführen.

Die fast geradlinige Ostgrenze der Prince Charles Mountains markiert den westlichen Grabenrandbruch. Zwei aus westlicher Richtung in den Lambert-gletscher mündende Tributärgletscher, Scylla und Charybdis (Sc und Ch), lassen ein zweites, etwa Ost-West orientiertes Störungssystem im Untergrund erkennen. Am Nordende des westlichen Randbruches ist im Gebiet der Jetty-Oase (J) eine östlich abgesetzte Parallelstörung sichtbar. Sie läßt auf ein staffelförmiges Absinken des Felsuntergrundes schließen.

Der Ostrand des Lambert-Gletschers wird in seinem südlichen Teil durch die gleichfalls bruchtektonisch bedingte 800 bis 1000 m hohe Steilstufe des Mawson-Abbruchs (M) markiert; sie ist etwa 170 km lang.

Der in der Abbildung mit S und R (Statler Hills, Reinboldt Hills) gekennzeichnete graue Streifen entspricht der Ostgrenze des Ameryschelfeises (A). Sie kann nach Süden bis in das Gebiet östlich des Mawson-Abbruchs verfolgt werden. Wahrscheinlich zeichnet sich hier eine weitere Steilstufe im Untergrund ab. In ihrem nördlichen Bereich liegen einige Nunatakker und Nunatakgruppen. Das Satellitenbild offenbart mit diesem Detail neue Erkenntnisse, die in späteren Jahren auch durch geophysikalische Ergebnisse der sowjetischen Antarktisexpeditionen gestützt wurden: Der Lambert-Gletscher ist vermutlich nur der westliche, morphologisch markant ausgeprägte Teil einer weitaus breiteren Grabenstruktur. Demzufolge dürfte der Mawson-Abbruch nicht als westliche Randscholle des Grabens angesehen werden, sondern als ein in der Mitte liegender Horst, der zwei Teilgräben einer sehr viel größeren Grabenstruktur voneinander trennt.

Im Süden geht der Lambert-Gletscher aus der Vereinigung mehrerer Tributärgletscher hervor, deren Verlauf durch die sich gabelförmig nach Süden spreizenden Gletscherränder gut zu verfolgen ist. Aufgabelungen an den Enden großer Grabenstrukturen (Rifte) kennen wir auch von anderen Kontinenten, sie sind typisch. Das Satellitenbild zeigt, daß im Falle des Lambert-Gletschers eine ähnliche Struktur vorliegt.

1968–1970

14. Sowjetische Antarktisexpedition
Mirny, Wostok

Wer nicht in Wostok war, der war nicht in Antarktika, behaupten – stolz auf die bestandenen, ungewöhnlichen Belastungsproben – die Mitarbeiter dieser Inlandstation. Ganz Hartgesonnene meinen sogar: Wer nicht in Wostok war und keinen kontinentalen Schlittenzug erlebt hat, war nicht in Antarktika. Solchen Ansehens kann sich jedoch nur ein kleiner Teil der Antarktisfahrer rühmen. Immerhin war M. Manfred Schneider nach Abschluß der 14. Sowjetischen Antarktisexpedition bereits der dritte DDR-Wissenschaftler, der in Wostok gearbeitet hat. Doch im Unterschied zu Joachim Liebert und Günter Leonhardt überwinterte er am Kältepol der Erde. Hier wurden 1960 minus 88,3 Grad Celsius gemessen. Schneider brauchte »nur« minus 82,8 Grad Celsius auszuhalten; und im Hochsommer des Jahres 1969 kletterte das Thermometer auf minus 23 Grad.

Seine gravimetrischen Messungen sind bisher einmalig. Unter den extremen Bedingungen der Zentralantarktis hat er die Schweregezeiten der Erde und mit Horizontalpendeln die gezeitenbedingten Lotschwankungen untersucht. Den Abschluß seiner Arbeiten bildeten Schwereanschlußmessungen zwischen Mirny und Wostok.

Da die Expeditionszeit noch in das Jahr des Sonnenfleckenmaximums 1968/69 fiel, wurde wiederum der Untersuchung von solar-terrestrischen Beziehungen besondere Aufmerksamkeit gewidmet. Die Gruppe in Mirny setzte die ionosphärischen Beobachtungen ohne Unterbrechung fort. Die lückenlose kontinuierliche Registrierung der Fernausbreitung von Funkwellen im Längst-, Lang- und Mittelwellenbereich über die gesamte Zeit des Sonnenfleckenmaximums ist von Wert für die Funkprognostik wie für die Erforschung geophysikalischer Vorgänge in hohen Schichten der Erdatmosphäre. Es ergaben sich interessante Vergleiche mit derartigen Erscheinungen in hohen nördlichen Breiten – eine Problematik, die in internationale Arbeitsprogramme aufgenommen wurde. Sie vervollständigten unsere Modellvorstellungen vom Planeten Erde. Einige dieser Zusammenhänge wurden bereits von Peter Glöde erläutert.

Das solar-terrestrische Programm ergänzten diesmal Messung der spektralen Energieverteilung der Nachthimmelsstrahlung und des Polarlichts. Die Methode läßt Aussagen über bestimmte Phänomene der Sonnenaktivität und ihre Wechselwirkungen mit Gasen in der Ionosphäre zu. Das für diese Aufgabe von Hans Driescher, Leiter der ostdeutschen Gruppe, und dem Ingenieur Heinz Kober entwickelte elektronische Spektralphotometer hat sich viele Jahre in der Antarktis bewährt.

Die Expedition verlief nicht ohne tragische Zwischenfälle. Am 17. Juli 1969 war der Physiker Klaus Diederich an der Eisbarriere von Mirny abgestürzt und erlag den inneren Verletzungen. Besonders schwierig gestaltete sich die Rückführung der Expedition zum Forschungsschiff Professor Wiese. *Ein Eisgürtel versperrte die Zufahrt. Alle Ausrüstungen mußten über die brüchige Meereisdecke transportiert werden. Auf dem Schlittenzug zum Schiff gingen vier Traktoren verloren, wobei ein sowjetischer Traktorist den Tod fand. Die DDR-Gruppe wurde am 6. Januar 1970 mit einer AN-2 aus Mirny ausgeflogen.*

Wostok – Ein Jahr im Inneren des Kontinents

Martin Manfred Schneider

Nachts halb drei Uhr klingelt das Telefon: »Aufstehen! Wir starten um fünf!« Katzenwäsche. Ein Griff nach der Kaeschka, der kamelhaargefütterten Klimaschutzkleidung. Die Siebensachen liegen seit Tagen schon bereit.

Schlechtes Wetter im Inneren des Kontinents hatte immer wieder den Abflug nach Wostok verhindert. Nun ist es soweit. Knapp sechs Flugstunden liegen vor mir. Der Koch hält in der Kantine ein kräftiges Frühstück bereit. Als ich um vier Uhr die Wolokuscha besteige, ein Schleppblech, das von einem Traktor gezogen wird, liegt die Station noch ruhig im ersten rötlichen Morgenlicht. Auf der Startbahn hinter dem Radiohügel wird letzte Hand an die Maschine der Poljarnaja Awiazija angelegt. Punkt fünf Uhr gleiten wir zum Start. Zurück bleiben winkend meine Kameraden, die sich, wie unsere Vorgänger, in der »Deutschen Hütte« einquartiert haben. Es ist der 21. Januar 1969. In einem Jahr erst werden wir uns wiedersehen.

Die Maschine gewinnt kreisend an Höhe und nimmt Südkurs. Nach einer halben Stunde tauchen einige schwarze Punkte am Horizont auf. Es ist der Schlittenzug, der vor sechs Tagen von Mirny nach Wostok aufgebrochen war; etwa hundert Kilometer hat er in tiefem Schnee und Sturm am Abhang des Inlandeises zurückgelegt. Dann wird die Sicht immer schlechter. Schon bei klarem Wetter kann man die Grenze zwischen Himmel und Erde nur mit Mühe erkennen. Um wieviel schwieriger ist es bei Schneesturm und diffusen Lichtverhältnissen. Und der Pilot fliegt nach Bodensicht! 1410 km Luftlinie bis Wostok. Wir sind nahe daran, umkehren zu müssen. Da ist die Spur des vorjährigen Schlittenzuges zu sehen. Die IL-14 »tastet« sich weiter über die konturenlose Schneewüste. Kurz vor elf Uhr setzt die Maschine in Wostok auf. Der Schlittenzug wird noch einen Monat bis hierher brauchen.

Wir sind die beiden letzten Wostotschniki, die mit dem Flugzeug ankommen, der Arzt Witja Bashanow und ich. Die anderen empfangen uns mit herzlichem Hallo und nehmen uns das Gepäck ab. Wir wundern uns über so viel Höflichkeit, merken aber nach Minuten schon, daß es nicht nur eine Geste ist. Wir wissen, Wostok liegt 3488 m hoch. Die Luft ist dünn, im Durchschnitt 620 mbar. Wir sollten die Höhe gleich spüren. Es sind keine 150 m bis zum Stationsgebäude. Als Witja und ich dort ankommen, fliegt uns der Atem. Sauerstoffmangel; damit hat jeder fertig zu werden. Aber man muß vorsichtig Luft holen. Wir befinden uns am Kältepol der Erde. Es gibt nur wenige Winter, in denen nicht minus 80 °C erreicht werden. Jetzt, im Hochsommer, beträgt die Mittagstemperatur minus 38 Grad. Also keinesfalls hastig atmen! Das Tragen eines wollenen Gesichtsschutzes, der nur die Augen freiläßt, ist vorgeschrieben. Sonst besteht die Gefahr, sich die Atmungsorgane zu erkälten. Wie lange hat mich später ein unbedachtes Schnappen nach Luft mit geöffnetem, ungeschütztem Mund geplagt! Der stechende Schmerz im Backenzahn nahm kein Ende; und trotz langer Behandlung durch den leitenden Stationsarzt Tolja Koljadenko blieb die Anfälligkeit gegen Kälte. Tolja stellte seelenruhig das Kurzwellengerät zur Bestrahlung bereit und meinte besänftigend, der schlechteste natürliche Zahn sei immer noch besser als der beste künstliche.

Im Stationsgebäude machen wir es uns bequem. Es ist behaglich warm, plus 20 Grad Celsius. Das Kühlwasser der Dieselaggregate speist die Warmwasserheizung. Uns wird Ruhe verordnet, damit wir uns an den geringen Luftdruck gewöhnen. Anzeichen der Höhenkrankheit treten bei jedem Neuankömmling auf. Zunächst ist das körperliche Leistungsvermögen erheblich herabgesetzt. Schon nach unbedeutender Anstrengung ringt man nach Luft, der Puls hämmert in den Schläfen, bisweilen stellen sich Verdauungsbeschwerden und Nasenbluten ein. Schlimm ist die quälende Schlaflosigkeit trotz völliger Ermüdung. Nach einigen Tagen, bei manchen erst nach Wochen, hat sich der Organismus an die neuen Lebensumstände angepaßt. Jetzt versteht man die Notwendigkeit gründlicher ärztlicher Untersuchung vor dem Überwintern im Herzen der Antarktis.

Das ist der unmittelbare erste Eindruck von Wostok. Die verschiedenen Gebäude, die Antennenanlagen, das meteorologische Meßfeld unweit des Wohnhauses, die schweren Kettenfahrzeuge wird man erst in den nächsten Tagen gewahr. Das alles, einschließlich des Lagerplatzes, befindet sich in einem Umkreis von

200 Metern. Es ist ein Jahr lang der Lebensraum eines Kollektivs von 18 Mann. Nur die Landebahn, mit leeren Treibstoffässern markiert, zieht sich 3800 m lang in die Ferne. Wenn Anfang März das letzte Flugzeug nach Mirny zurückgekehrt ist und der Schlittenzug sich wieder auf den Weg zur Küste begeben hat, besteht nur noch Funkverbindung mit der Außenwelt. Die nächsten Nachbarn sind die US-amerikanischen Stationen am Südpol und in McMurdo, jeweils über 1000 km entfernt. Dazwischen nichts als Eis und Schnee, kein Lebewesen, nicht einmal ein Fels.

Wie sehr die Gedanken in die Ferne schweifen, zeigt der Richtungsweiser am Rand der Landebahn. Dort sind die Heimatorte der Überwinterer vermerkt, sie liegen über 15 000 km entfernt: Simferopol, Jakutsk, Leningrad... Auch ich schlage mein Täfelchen an den Pfosten: Nach Freiberg zu meiner Familie sind es 15 587 km. Ein Spaßvogel hat ein besonderes Schild angebracht: »Zur Sonne 149 500 000 km«.

Die Station Wostok wurde während der zweiten Sowjetischen Antarktisexpedition unter der Leitung des späteren Direktors des Arktischen und Antarktischen Forschungsinstituts in Leningrad, Professor Alexej Fjodorowitsch Trjoschnikow, gegründet. Sie nahm im Dezember 1957 die wissenschaftlichen Arbeiten auf. Das Inlandeis ist in diesem Gebiet 3700 m dick. Es liegt unter dem Niveau des Meeresspiegels dem Felsuntergrund auf. Die gleißende Firnoberfläche breitet sich endlos weit und glatt dahin. Alles, was zum Auf- und Ausbau der Station benötigt worden ist, mußte mühsam aus Mirny mit Schlittenzügen oder Flugzeugen in die lebensfeindliche Einöde gebracht werden. Diese ins Innere des Kontinents vorgeschobene Forschungsstation wurde nach dem Flaggschiff der 1. Russischen Südpolarexpedition benannt, die unter der Leitung von Bellingshausen und Lasarew stand. Mit der WOSTOK umsegelte die Schaluppe MIRNY, von Petersburg kommend, den antarktischen Kontinent. 1820 wurde er von Bellingshausen zum ersten Mal gesichtet.

Voller Pläne und ohne Illusionen bin ich in Wostok eingetroffen. Aber die Wirklichkeit ist dennoch anders als das Bild, das man sich aus Beschreibungen macht. Meine Ausrüstung umfaßt 30 Kisten; sie befinden sich noch mit dem Schlittenzug unterwegs. 37 vorgefertigte Teile für meine Meßhütte konnten nach und nach mit dem Flugzeug hergebracht werden. Die kostbaren Meßinstrumente habe ich als umfangreiches Handgepäck mit mir geführt. Es dauert fast einen Monat, ehe ich an meine wissenschaftliche Arbeit gehen kann.

Doch auch in dieser Zeit sitzt man nicht untätig herum. Zunächst muß ein Raum für mich geschaffen werden. Dazu erhalte ich einen ausrangierten »Balok« – eine sehr stabile, auf jede Weise gut transportierbare Holzhütte. Sie ist zu reparieren und an das Stationsgebäude anzuschließen. Fenster, Türen, Heizung, Elektroinstallation sind die eine Seite, der Ausbau als Wohn- und Arbeitsraum die andere. Wie wichtig ist eine polytechnische Ausbildung für einen Wissenschaftler, der auf Expedition geht! Die Unterstützung aller ist in einem guten Kollektiv gewiß, aber jeder hat auch seine eigenen, wichtigen Aufgaben. Deshalb gilt zuerst: Hilf dir selbst! Uns sitzt der Winter mit seinen Schneestürmen im Nacken, er treibt zur Eile.

Die zeitlichen Änderungen der Erdanziehung, verursacht durch die unterschiedliche Stellung von Sonne und Mond, will ich messen, die sogenannten Erdgezeiten.

Sie äußern sich – gesetzmäßig über die ganze feste Erde verteilt – als nahezu periodisch wiederkehrende, vertikale Bewegungen der Erdoberfläche, gleichzeitig auch als Schwankungen der Schwerkraft. Für deren Messung sind hochempfindliche Instrumente erforderlich: Gravimeter, d. h. Schweremesser. Im Prinzip bestehen sie aus einer Federwaage, nur sind sie viel empfindlicher als deren handelsübliche Ausführungen. Selbst in einem guten Labor zu Hause bedarf es besonderer Vorkehrungen, damit die winzigen Effekte der Erdgezeiten zuverlässig gemessen werden können. Ich wurde oft gefragt, was mich nach Wostok gezogen hat, um trotz der widrigen Umstände solche Messungen zu versuchen. Die Antwort erscheint einfach: die wissenschaftliche Neugier und die Überzeugung, der Schwierigkeiten Herr zu werden.

Auf der Südhalbkugel gibt es nur wenige Orte, an denen bisher Erdgezeiten gemessen wurden. Es ist aber notwendig, das Verhalten des Erdkörpers unter der Anziehungswirkung von Sonne und Mond an möglichst vielen Stellen zu kennen, wenn wir etwas darüber erfahren wollen, wie die stofflichen und physikalischen Eigenschaften im Inneren der Erde verteilt sind. Dabei wird die Wirkung der Erdgezeiten durch die elastische oder plastische Nachgiebigkeit des Erdkörpers, die global unterschiedlich sein kann, beeinflußt.

Auf die Meßeffekte wirken drei nennenswerte Faktoren ein: tägliche Temperaturschwankungen am Ort, die in den Geräten gezeitenähnliche Wirkungen auslösen; Luftdruckschwankungen an der Erdoberfläche, die systematische Verfälschungen des eigentlichen Effektes erzeugen; und schließlich können sich die Gezeiten im Meer, die mit gleicher Periodizität ablaufen, in küstennahen Gebieten infolge der Verlagerung der Wassermassen ähnlich äußern. Deshalb ist es vorteilhaft, den Beobachtungsort von vornherein so auszuwählen, daß die Erdgezeitenmessungen möglichst wenig von diesen Faktoren beeinträchtigt werden.

Nun bieten gravimetrische Untersuchungen in der zentralen Antarktis gegenüber Messungen an den meisten Orten der Nordhalbkugel und in küstennahen Gebieten Vorteile. Die Lage der Station Wostok ist für solche Untersuchungen günstig, weil hier die genannten systematischen Verfälschungen der Erdgezeiten weitgehend unerheblich sind. Die täglichen Temperaturschwankungen bleiben während der Polarnacht gering. Auch die Luftdruckänderungen haben einen vergleichsweise geringen periodischen Anteil. Schließlich ist die Station fast ringsum mehr als 1000 km vom Ozean entfernt.

Aber auch die besonderen Hindernisse, in Wostok zuverlässige Meßdaten zu erhalten, sind nicht von der Hand zu weisen. Es beginnt ein harter Wettlauf mit der Zeit. Bei Temperaturen um minus 50 Grad Celsius hat es die Planierraupe bereits Ende Februar schwer, eine vier Meter tiefe Grube auszuheben. Darin soll der Erdgezeitenpavillon aufgestellt werden. Ich habe ständig Angst, daß ein plötzlich hereinbrechender Schneesturm unsere Mühe zunichte macht, bevor die Bauarbeiten abgeschlossen sind. Zum Glück bleibt der Himmel die ganze Zeit über blau, und die Arbeiten kommen dank der Hilfe meiner Stationskameraden gut voran.

Aber wie einfach ist das zu Hause! »Man nehme. ...« Holzpfähle, schlage sie – in einem quadratischen Netz verteilt – als Fundament in den Firn, verbinde sie mit Querbalken und montiere darauf die Hütte – wir haben ja alles erprobt. Wie anders ist die Wirklichkeit! Die Holzpfähle sind nach wenigen Schlägen mit einem Vorschlaghammer nahezu im Firn verschwunden. Ich muß sie mit Wasser eingießen, damit sie sich im Eis verfestigen. Das Nageln macht ungeahnte Schwierigkeiten. Nicht nur, daß ein Nagel sich mit dicken Handschuhen schlecht halten läßt, und ich mir die steif gewordenen Finger blauschlage, die Eichenholzpfähle zerspringen in der Kälte wie Glas. Nur mit großer Geduld lassen sich die Fertigteile aneinanderfügen. Sie sind während des Schiffstransports durch die Tropen und anschließend in der trockenen Luft der Antarktis verzogen und gerissen. Wer hat bei der Vorbereitung an solche Folgen gedacht? Die Ritzen müssen sorgfältig mit Isolationsmaterial verstopft werden, denn die Temperatur im Firn wird minus 55 Grad Celsius betragen, die Geräte sollen aber bei einer konstant gehaltenen Umgebungstemperatur um plus 10 Grad Celsius betrieben werden!

Die fertige Hütte hat drei mal drei Meter Grundfläche. Ich decke sie mit einer Segeltuchplane ab; dann kann die Grube wieder mit Schnee gefüllt werden. Nie habe ich in so kurzer Zeit so viel Schnee schippen müssen. Von der Schneeoberfläche aus ist noch ein schräger Zugang zur Sohle der Baugrube zu schaufeln. Er wird 7 m lang, hat einen Querschnitt von 0,8 mal 1,8 m und wird oben, einen Meter über dem Firn, von einer Falltür verschlossen. Die Stufen begieße ich wieder mit Wasser – im Nu sind sie eishart. Endlich kann ich mit der Elektroinstallation beginnen. Nicht nur einmal bricht das Stromkabel, wenn ich es etwas biegen will. Später im Winter muß ich einen noch tiefer liegenden Gang graben. Darin werden die empfindlichen Neigungsmeßgeräte aufgestellt, die ebenfalls für die Erdgezeitenforschung notwendig sind.

Die sehr niedrigen Temperaturen machen beim Betrieb der Meßeinrichtung weniger Schwierigkeiten als erwartet. Die elektrische Raumheizung arbeitet im wesentlichen zuverlässig. Aber die unvermeidlichen Spannungsschwankungen im Stationsnetz wirken sich sehr nachteilig aus. Ich habe Pufferakkumulatoren eingebaut, die die Stromversorgung bei Netzausfällen sicherstellen und Spannungsschwankungen ausgleichen sollen, trotzdem wird die Meßwertanzeige der Gravimeter immer wieder gestört.

Eine andere Störquelle sind die elektrostatischen Aufladungserscheinungen. Obwohl in jede Wandplatte der Hütte ein Kupferdrahtnetz eingelegt ist, das mit dem der benachbarten Platte in leitender Verbindung steht, so daß der Meßraum wie ein Faradaykäfig wirkt, ergeben sich darin beträchtliche Potentialunterschiede. Nach Schneesturm lassen sich bis zu einem Zentimeter lange Funken aus den Metallteilen ziehen. Immer wieder versuche ich, durch eine günstige Anordnung der stromführenden Kabel, durch Abschirmen der Temperaturregeleinrichtung und andere Maßnahmen den Einfluß der elektrostatischen Aufladung auf die hochempfindlichen Gravimeter so gering wie möglich zu halten. Es dauert bis Ende Juli, ehe ich die ersten brauchbaren Registrierungen vorliegen habe.

Auch die Meßaufgabe ist problematisch. Die Schwankungen der Schweregezeiten mit halb- und ganztägiger Periode nehmen mit wachsender geographischer Breite ab und verschwinden an den Polen vollständig. In Wostok beträgt der Meßeffekt 40 Prozent des Wertes, der in mittleren Breiten erreicht wird.

Aber dort schwankt die Erdschwere ohnehin nur um etwa zwei Zehnmillionstel ihres Betrages. Wegen der verschiedenartigen Störeinflüsse hat es in Wostok keinen Zweck, den Meßeffekt über ein gewisses Maß hinaus zu vergrößern, zum Beispiel durch einen längeren Lichtzeigerarm der photographischen Registrierung oder mit elektrisch-elektronischen Mitteln; die Störungen selbst würden ja auch vergrößert werden. Es ist also ein Kompromiß beim Aufbau der Meßanordnung erforderlich, der nur durch systematisches Suchen nach einer annehmbaren Lösung erreicht werden kann.

Die gesamte Arbeit bis zum Ende der Expedition wird ein Ringen um jeden einzelnen Meßwert. Wie groß ist die Freude, wenn eine auswertfähige Meßreihe vorliegt! Meine Kameraden freuen sich dann mit mir. Wie ernüchternd dagegen, als ich feststellen muß, daß die strenge Kälte die Kabel regelrecht zerreißt. Bei minus 70 Grad Celsius im Freien hatte sich das Material so zusammengezogen, daß ein Zentimeter in der Leitung fehlte. Nach einem Kabelbruch fällt die Heizung der Meßhütte und die Stromversorgung der Geräte aus. Die Fehlersuche und Reparatur des Kabels im Dämmerlicht der beginnenden Polarnacht dauert Stunden. Inzwischen sinkt die Temperatur in der Hütte so weit, daß tagelange Neujustierungen erforderlich werden. Immer wieder erlebe ich neue Überraschungen. Es genügt beileibe nicht, ein noch so gut vorbereitetes Instrument aufzustellen und einfach Meßwerte abzulesen. Um wissenschaftlich aussagekräftige Ergebnisse zu erhalten, muß den ungewöhnlichen Umweltbedingungen in Wostok täglich aufs neue die Stirn geboten werden.

Und was ist des Ergebnis des einjährigen Einsatzes? Im Grunde eine einzige Zahl. Es ist ohne weiteres möglich, die Gezeitenamplitude für den theoretisch gedachten Fall zu berechnen, daß die Erde unter der Anziehungswirkung von Sonne und Mond *nicht* elastisch nachgibt. Setzt man die tatsächlich gemessene Gezeitenamplitude mit diesem theoretischen Wert ins Verhältnis, erhält man den sogenannten Gravimeterfaktor. Er ist ein Ausdruck dafür, um wieviel sich die Schweregezeiten infolge des elastischen Verhaltens des Erdkörpers verstärken.

Es liegen nun von Juli bis Dezember 1969 Meßreihen vor. Ihre Auswertung ergibt, daß der mittlere Gravimeterfaktor für Wostok 1,20 beträgt. Hinter dieser nüchternen Angabe verbirgt sich jedoch viel. Es wurde nachgewiesen, daß Messungen der ganztägigen Erdgezeiten in der zentralen Antarktis möglich sind. Der Gravimeterfaktor für den Gezeitenanteil mit ganztägiger Periode ist mit den Werten für bekannte Erdgezeitenstationen vergleichbar. Daraus ist zu folgern: Großräumig verhält sich die Erdkruste in der zentralen Antarktis ebenso wie auf anderen Erdteilen: Die extremen Meß- und Umgebungsbedingungen in Wostok können durch spezifische Vorbereitungen der instrumentellen Ausrüstung und durch eine besondere Beobachtungstechnologie überwunden werden. Hierfür liegen nunmehr Erfahrungen vor.

Natürlich haben die Überwinterer auch an einer zentralantarktischen Station nicht allein an ihre wissenschaftliche Arbeit zu denken. Im Vordergrund steht in Wostok stets, die Existenz des Kollektivs zu sichern. Das ist in Anbetracht der unwirtlichen Umgebung ganz wörtlich zu nehmen, und dieser Kampf ums Dasein war für mich auch das eigentlich beeindruckende Erlebnis. Was das im einzelnen bedeutet, mögen einige Beispiele zeigen.

Ein Flugzeug muß unter Einsatz aller Kräfte in einer halben Stunde entladen sein. Ende Februar haben wir Kartoffelkisten im Abgaswirbel der laufenden Motoren entladen. Bei minus 60 Grad Celsius dürfen die Maschinen nicht abgestellt werden, da sonst das Öl steif wird. Und nicht nur Flugzeuge treffen ein. Auch der Schlittenzug mit seiner gewichtigen Fracht. Wasser ist zu gewinnen, Wasser für die Kühlung der Dieselaggregate, zum Waschen, zur Speisezubereitung. Es wird aus Schnee erschmolzen. Jedes Mannschaftsmitglied hat vor Einbruch des Winters 1300 Blöcke mit etwa 60 mal 40 mal 40 cm Kantenlänge auszusägen und zu stapeln. Solange die Kettenfahrzeuge eingesetzt werden können, wird dieser Vorrat zur Station gebracht. Monatlich einmal ist Großeinsatz, auch im Winter bei minus 80 Grad. Das dauert einen ganzen Tag, eine Stunde arbeiten, zwei Stunden aufwärmen, von früh bis abends.

Was heißt »abends«! Die Sonne läßt sich am 20. April 1969 mittags das letzte Mal am nördlichen Horizont blicken. Dann beginnt die Polarnacht. Wir leben nach der Uhr, 7.30 Uhr Frühstück, 13 Uhr Mittagessen, 20 Uhr Abendessen, 24 Uhr Nachtruhe. Zwei Monate lang ist es draußen »auf der Straße«, wie wir auch in Wostok sagen, selbst um die Mittagszeit kohlrabenschwarz. Wir gehen nur hinaus, wenn die Arbeit ruft.

In dieser Zeit unterliegt das Kollektiv, jeder einzelne, einer besonderen psychischen Belastung. Wir drängen uns im Stationsgebäude zusammen, auf 37 mal 10 m². Darin befinden sich ein Gemeinschaftsraum, die Küche, Arbeits- und Wohnräume, die Funkstation, die Werkstatt. Beliebt ist der Billardraum. Es fehlt weder an Spieleifrigen noch an Ratgebern. Auch Domino ist eine willkommene Entspannung. Die Art zu spielen heißt hier »tschelowek – tscheloweku wolk«, »der Mensch ist des Menschen Wolf«, kurz »tsche tsche we«, eine derbe Belustigung. Wer verliert, muß im Stehen weiterspielen. Wer dreimal verliert, kriecht einmal um den Tisch herum. Die Kameraden johlen, rauh, aber herzlich. Fünfmal in der Woche ist abends Kino. Den Film holt der Diensthabende aus dem Lager. Jeden Tag hat ein anderer von uns Dienst, reihum nach dem Alphabet. Der Koch braucht Hilfe, Räume und Toilette sind zu säubern. Schließlich ist Wäsche zu waschen.

In der zweiten Hälfte der Überwinterung gehen Arbeit und Freizeit in geregelteren Bahnen vor sich als in der ersten. Allerdings machen sich die lange Abgeschiedenheit, die spärliche Verbindung mit der Heimat in der Stimmung und der Leistungsbereitschaft der einzelnen bemerkbar. Rücksichtnahme und Besonnenheit lassen die erfahrenen Polarhasen unter uns erkennen.

Die gute Seele der Station ist der Chefmechaniker Iwan Timofejewitsch Zyrjanow. Wir nennen ihn nur Timofeitsch. Er fährt Kettenschlepper, repariert Motoren, montiert Heizungsanlagen, verlegt elektrische Leitungen und spielt liebend gern Domino. Nach Jahren im russischen Norden weilt er schon das zweite Mal in Wostok. Er ist der älteste von uns, 43 Jahre alt, und unentbehrlich wegen seiner Erfahrungen und Bereitwilligkeit zu helfen.

Ende November beginnen wir das Stationsgebäude zu renovieren. Die Neuankömmlinge sollen es ebenso in einem ansprechenden Zustand vorfinden, wie wir es vor einem Jahr übergeben bekommen haben. Am 20. Dezember 1969 landet das erste Flugzeug mit dem Leiter der Expedition Dmitri Dmitritsch Maksutow aus Mirny. Damit endet die Überwinterung.

Am 1. Januar 1970 verlasse ich Wostok. Der Abschied fällt mir nicht leicht. Im Schneetreiben sehe ich noch einmal das vertraute Antlitz einiger Kameraden, die auch in der Saison hier bleiben werden. Sie schauen dem vorbeigleitenden Flugzeug nachdenklich hinterdrein. Wir haben gemeinsam, eine verschworene Gemeinschaft, den Unbilden der Natur getrotzt. Lebt wohl, meine Wostotschniki – Männer von Wostok!

Nachts, wenn der Himmel leuchtet

Hans Driescher

Nachdem wir die beschwerliche Überfahrt vom Liegeplatz unseres Schiffes, der PROFESSOR SUBOW, zu der noch etwa 15 km entfernten Station Mirny überwunden hatten, brannten wir vor Neugierde, unsere Arbeitsplätze und Wohnunterkünfte kennenzulernen. Ein Mitarbeiter der Expeditionsleitung zeigte mir ein etwas abseits gelegenes Gebäude, den »Kosmischen Pavillon«, mit dem Hinweis, mich beim Hauskommandanten zu melden und mir in Absprache mit ihm einen Arbeitsraum einzurichten. Das Gebäude glich äußerlich einer tiefverschneiten Scheune. Auf dem Dach, das sich etwa zwei Meter über das Schnee- und Eisniveau erhob, waren auf einem wiederum gut zwei Meter hohen Stahlgerüst Meßgeräte aufgestellt. Fenster schienen nicht vorhanden zu sein, und nachdem ich durch eine schlecht schließende Pendeltür den von mehreren Glühlampem erleuchteten Innenraum betrat, kamen mir doch arge Bedenken. Hier überwintern? – Aber ein Zurück gab es nicht mehr.

Eine Unmasse von Kisten und Geräteteilen füllte den riesigen, offensichtlich nicht heizbaren Raum. Zwischen den Geräten und Kisten lag an einigen Stellen Schnee, der durch die Tür und noch andere undichte Stellen eingedrungen war. Expeditionsteilnehmer waren offenbar nicht anwesend. In einem mit Brettern abgeschlagenen Winkel dieses unwirtlichen »Pavillons« standen Meßgeräte zur Registrierung des Erdmagnetismus. Von den Wänden und der Decke tropfte Schmelzwasser herab. Im Hintergrund sah ich eine Treppe, die zu einem unbeleuchteten Gang ins Eis führte.

Während ich so nachdachte, wo ich hier wohl unseren Spektrographen aufstellen sollte, betrat eine Gruppe lärmender und diskutierender sowjetischer Expeditionsteilnehmer das Haus. Die Kollegen waren einige Tage vor uns in die Station gekommen. Unter ihnen befand sich Marat Musabajew aus Alma-Ata, den ich schon auf der Schiffsreise kennengelernt hatte und der, wie sich bald herausstellte, der Hausverantwortliche war. Auf meine Frage nach dem Aufstellungsort für den Spektrographen schlug Marat vor, uns doch erst einmal gemütlich hinzusetzen und Tee zu trinken. Er merkte mir die Verblüffung über seine Worte gar nicht an, sondern stieg eine kleine, von mir bisher noch nicht entdeckte Treppe hinunter.

Nun erkannte ich das eigentliche Wohn- und Arbeitsgebäude mit einfach ausgestatteten und selbstverständlich gut beheizten Räumen. Der scheunenähnliche Bau, den ich zuerst sah, war über dem ursprünglichen Haus errichtet worden, um Lagerraum zu schaffen und die Außenmeßgeräte genügend hoch aufstellen zu können. – Ich richtete mir meine Unterkunft einigermaßen zweckmäßig und behaglich ein und konnte nun meinerseits Einladungen zu einem Kaffee aussprechen.

Die Aufstellung des 170 kg schweren Empfängers für die Spektralanalyse der Nachthimmelsstrahlung auf dem Dach des Kosmischen Pavillons wurde in Mirny als ein sportliches Ereignis betrachtet und auch von der hier weilenden Kameragruppe des Fernsehens gefilmt. Höhepunkt der Aktion war das Hochhieven auf die Meßplattform über eine schmale Stahltreppe, auf der nur zwei Personen zugleich Platz fanden. Ohne die herkulischen Kräfte meiner sowjetischen Freunde wäre das Unternehmen fast gescheitert.

Anfang März, im antarktischen Spätsommer, wurde es endlich so dunkel, daß die astronomische Dämmerung erreicht war, die Messungen beginnen und wir uns die bange Frage beantworten konnten, ob die Empfindlichkeit des Gerätes ausreichen würde, um die spektrale Energieverteilung der Nachthimmelsstrahlung zu erfassen.

Die Geheimnisse der Nachthimmelsstrahlung

Nachthimmelsstrahlung – was ist das, wird mancher Leser fragen. Ich will es zu erklären versuchen.

Befinden wir uns während einer sternklaren Nacht im Freien und der Mond scheint nicht, dann herrscht immer noch so viel Helligkeit, daß wir uns, nachdem sich die Augen angepaßt haben, im Gelände gerade noch orientieren können. Die Beleuchtung erfolgt aber unter den genannten Bedingungen nur zu etwa 30 Prozent durch das Sternenlicht und durch die vom kosmischen Staub reflektierte Sonnenstrahlung, das sogenannte Zodiakallicht. Den Hauptbeitrag zur Helligkeit liefert die Nachthimmelsstrahlung. In der älteren englischsprachigen Literatur wurde sie bezeichnenderweise »nonpolar aurora« – »nichtpolares Nordlicht« – genannt. In neuerer Zeit wird das Wort »airglow« für die von der oberen Atmosphäre ausgesandte (nicht vom Polarlicht verursachte) Strahlung verwendet. Es handelt sich beim airglow um diffuse Leuchterscheinungen in relativ schmalen Schichten der Hochatmosphäre. Bei Raumflügen um die Erde können Kosmonauten deutlich die Schicht des »grünen Nachthimmelsleuchtens« in einem Höhenbereich zwischen 80 und 110 km mit bloßen Augen erkennen.

Es gibt eine Vielzahl von Mechanismen, die zur Entstehung der einzelnen Komponenten der Nachthimmelsstrahlung führen. Durch die Wirkung energiereicher ultravioletter Strahlung von der Sonne auf die oberen Schichten der Erdatmosphäre werden die Gase am Tage teilweise ionisiert und aufgespalten. Bei der Rückverwandlung oder Rekombination dieser angeregten Zustände in der Nacht wird die gespeicherte Energie wieder frei und zum Teil als Licht im sichtbaren Bereich des Spektrums abgegeben.

Besonders auffällig ist eben die sogenannte »grüne Polarlichtlinie«, deren genaue Wellenlänge zu 5577 Angström bestimmt wurde, und deren Entstehungsweise etwa folgendermaßen dargestellt werden kann: Tagsüber spaltet die UV-Strahlung der Sonne O_2-Moleküle in atomaren Sauerstoff auf (Dissoziation). Dieser kann durch eine Dreierstoß-Rekombination in ein Sauerstoffmolekül und ein angeregtes Sauerstoffatom umgewandelt werden. Das angeregte Atom geht schließlich in ein energetisch niedrigeres Niveau über und strahlt die Energiedifferenz als elektromagnetische Strahlung der Wellenlänge 5577 Angström ab.

Es gibt noch eine Reihe weiterer charakteristischer Linien der Nachthimmelsstrahlung, die wieder anderen Rekombinationsvorgängen in der Hochatmosphäre zugeordnet werden. So können beispielsweise zwei ebenfalls recht intensive rote Linien des Sauerstoffs nur aus bedeutend größeren Höhen ausgesandt werden, da in der E-Schicht, also in 90 bis 110 km Höhe, wo die grüne Sauerstofflinie vorzugsweise entsteht, die Teilchendichte so groß ist, daß die Emission der roten Linie durch Stoßdeaktivierung verhindert wird. Im Nachthimmelsspektrum sind weiterhin noch Linien des Stickstoffs und des Natriums von Bedeutung. Mit den beschriebenen Reaktionen ist angedeutet, daß das Spektrum der Nachthimmelsstrahlung Aussagen über die Art und Häufigkeit der in der Ionosphäre stattfindenden Dissoziationen und Rekombinationen gestattet. Ihr Studium erlaubt uns Rückschlüsse auf dynamische Vorgänge in diesen Höhenlagen.

Auch am gleichen Beobachtungsort haben die Rekombinationsprozesse einen weiten Dynamikbereich, der nur mit zeitlich dicht beieinander liegenden oder kontinuierlichen Messungen erfaßt werden kann. Intensitätssteigerungen der Nachthimmelsstrahlung gehen mit Äußerungen der Sonnenaktivität einher, weil dabei tagsüber ein erhöhter Anteil an kurzwelliger Ultraviolettstrahlung dissoziierend und ionisierend wirkt; dadurch ist die Anzahl der Rekombinationen nachts größer.

Neben der kurzwelligen elektromagnetischen Strahlung der Sonne kann auch die solare Partikelstrahlung auf die Hochatmosphäre der Erde einwirken. Die sporadisch auftretenden Partikelausbrüche der Sonne verursachen beim Eindringen in die Ionosphäre eine wesentlich eindrucksvollere Leuchterscheinung als die Nachthimmelsstrahlung: das Polarlicht. In unseren Breiten ist Polarlicht oder Nordlicht ein außerordentlich seltenes Ereignis, während in höheren nördlichen oder südlichen Breiten in fast jeder klaren Nacht mehr oder weniger intensive Polarlichter zu beobachten sind.

Die elektrisch geladenen Partikel von der Sonne bewegen sich nach den Gesetzen der Elektrodynamik auf Spiralbahnen längs der Feldlinien des Erdmagnetfeldes. Deshalb kann der Teilchenstrom nur in der Nähe der geomagnetischen Pole auf die Hochatmosphäre einwirken, weil nur an den Polen die Feldlinien des Erdmagnetfeldes nahezu senkrecht zur Erdoberfläche verlaufen und die Erdatmosphäre durchdringen. Dabei haben sowohl Nord- als auch Südpolarlichter ihre größte Häufigkeit und Intensität längs eines ovalen Gürtels um die geomagnetischen Pole. Wenn wir die zeitlichen und örtlichen Schwankungen des Polarlichtes untersuchen, gestattet dies also auch Aussagen über Intensität und Variationen der Partikelstrahlung von der Sonne und es hilft uns, Wechselwirkungen in der Ionosphäre physikalisch richtig zu beurteilen.

Polarlicht in unseren heimatlichen Breiten messen zu wollen, wäre wenig sinnvoll, weil wir hier solche Leuchterscheinungen kaum beobachten können. Dagegen kann die Messung der spektralen Energieverteilung der Nachthimmelsstrahlung auch bei uns aussagekräftige Ergebnisse bringen. Aber hierfür wäre es günstig, über relativ lange Zeiträume zu messen. Lange und klare Nächte, wie sie – ruhige Wetterlagen vorausgesetzt – im Polargebiet auftreten, sind also von

Vorteil. Des weiteren wäre es wünschenswert, die möglicherweise veränderte spektrale Energieverteilung der Nachthimmelsstrahlung *nach* Äußerungen der Sonnenaktivität zu beobachten. Es interessiert die Frage, ob sich nach einem polarlichterzeugenden Partikeleinbruch, nachdem das Polarlicht selbst wieder vollkommen abgeklungen ist, die Intensität der einzelnen Linien des Spektrums der Nachthimmelsstrahlung verändert. Eine Antwort darauf ließe weitere Schlußfolgerungen auf Vorgänge in den entsprechenden Höhen der Atmosphäre zu.

Außerdem bietet eine gut ausgerüstete polare Forschungsstation, in der eine Vielzahl der verschiedensten geophysikalischen Aufgaben bearbeitet wird, die Möglichkeit, unmittelbar Daten auszutauschen und sie zu vergleichen mit Messungen anderer Zustandsgrößen, die zur Klärung der untersuchten Prozesse geeignet sind.

Arbeit am Spektrographen
Für die direkte optische Beobachtung nächtlicher Leuchterscheinungen waren in Mirny bereits zwei Gerätetypen routinemäßig im Einsatz. Mit der sogenannten All-sky-Kamera, einem Aufnahmeprinzip, das auch Joachim England 1962 zur Dokumentation der Tagesbewölkung genutzt hatte, wurde der nächtliche Himmel von Horizont zu Horizont auf einem Konvexspiegel abgebildet und mit einer Kleinbildkamera automatisch in vorgewählten Zeitabständen fotografiert. Weiterhin arbeiteten zwei Polarlichtspektrographen, die so aufgebaut sind, daß das einfallende Licht aus dem Zenitbereich mit Hilfe eines Beugungsgitters spektral zerlegt und während der Belichtungszeit von etwa einer Minute auf Kleinbildfilm fotografiert wird.

Der richtigen Aufstellung dieser Geräte haben unsere sowjetischen Kollegen besondere Aufmerksamkeit gewidmet, denn die Messungen der Leuchterscheinungen am Nachthimmel können durch die Beleuchtung der Station und durch das bis in Höhe von einigen Metern auftretende Schneefegen erheblich gestört werden. Zur Ergänzung sollte nun ein auf elektronischer Basis funktionierendes Spektralphotometer als DDR-Beitrag eingesetzt werden. Das Gerät war folgendermaßen aufgebaut: Der relativ schmale Öffnungswinkel der Eingangsoptik ist auf den Zenit des Himmels ausgerichtet. Die ankommende Strahlung durchläuft eine Folge jeweils automatisch in den Strahlengang gebrachter schmalbandiger Metallinterferenzfilter und fällt über eine rotierende »Zerhackerscheibe« auf die Empfangsfläche eines Fotomultipliers, dessen verstärkte Ausgangsspannung mit Hilfe eines Kompensationsbandschreibers angezeigt und registriert wird.

Die quarzgesteuerte Drehzahlstabilisierung des Motors für die Zerhackerscheibe gestattete den Einsatz eines sehr schmalbandigen Verstärkers und damit ein günstiges Signal-Rausch-Verhältnis zur Messung dieser ungewöhnlich kleinen Lichtintensitäten. Es waren insgesamt zehn Spektralbereiche für die einzelnen Komponenten der Nachthimmelsstrahlung und des Polarlichtes vorgesehen, die in Abständen von fünf Sekunden abgetastet wurden. Gespannt verfolgte ich die ersten Registrierungen. Die Empfindlichkeit des Gerätes – meine große Sorge – reichte aus! Alles verlief, wie ich es mir vorgestellt hatte.

An verschiedenen, hochempfindlichen Meßgeräten der Station machten sich aber plötzlich erhebliche Störungen im Funkwellenbereich unangenehm bemerkbar. Sie beeinflußten sogar den Morsetelegrammverkehr. Wir von der deutschen Gruppe beteiligten uns natürlich auch intensiv an der Suche nach dem Störenfried, der nur in unregelmäßigen Zeitabständen in Betrieb war. Eines Tages hatten wir ihn mit einem Kofferradio wieder deutlich im Empfangsbereich. Wir richteten die Antenne des Gerätes auf maximale Empfangsfeldstärke und orteten die Störquelle. Es war eindeutig unser Nachthimmelsspektrograph! Speziell der Drehstromgenerator zum Antrieb der Zerhackerscheibe. Es erhob sich allseitiger und durchaus begründeter Protest gegen diesen Störsender; ich wurde ganz offiziell aufgefordert, die Anlage mit sofortiger Wirkung außer Betrieb zu setzen und die Ursache zu beseitigen.

Versuche mit Abschirmungen und Erdungen blieben erfolglos, die Anlage mußte auf direkte Drehstromversorgung vom Kraftwerk aus umgestellt werden. Nie werde ich die tatkräftige und als etwas vollkommen Selbstverständliches hingestellte Hilfe meiner sowjetischen Freunde, des Ingenieurs Nikolai Samoilow und Dr. Wladimir Swerews, vergessen! Sie haben sich bei minus 35 Grad, Dunkelheit und stürmischem Wind tagelang an den Außenarbeiten zum Verlegen der Drehstromleitung beteiligt. Nie werde ich vergessen, wie wir in dieser Kälte und diesem Sturm auf dem Außengestell des Kosmischen Pavillons etwa sechzig kleine Metallschrauben entfernen mußten, um das Empfangsgerät zu öffnen und den Motor der Zerhackerscheibe von Stern- auf Dreieckschaltung umzuklemmen. Wir waren dabei gezwungen, ohne Handschuhe zu arbeiten. Ich schaffte maximal fünf Schrauben in einem Arbeitsgang, Kolja einmal sogar zehn; dann rannten wir wieder in die Räume, um uns aufzuwärmen und Anlauf für den nächsten Arbeitsgang zu nehmen.

Schließlich war der Anschluß ans Drehstromnetz erfolgt, die Deckplatten mit ihren 60 Verbindungsschrauben saßen wieder fest, der Thermostat des Gerätes war eingeschaltet. Bei der erneuten Inbetriebnahme mußten wir aber zu unserem Verdruß feststellen, daß während der Reparatur einige elektronische Bauelemente von der Kälte zerstört und damit unsere bisherigen Bemühungen völlig vergeblich waren. Wir transportierten kurz entschlossen noch in derselben Nacht das so spektakulär hochbeförderte Gerät wieder in den beheizten Arbeitsraum. Daß wir es nur zu dritt und sehr schnell schafften, läßt sich eventuell aus unserem Gemütszustand erklären. Am 10. Juni war der Spektrograph wieder arbeitsfähig und auf dem Meßgestell montiert, diesmal ohne Zuschauer und Fernsehkamera.

Zweihundert Meter durch den Sturm

Ende April hatten wir bereits seit einer Woche Wind mit Spitzengeschwindigkeiten von 20 bis 25 m/s bei Temperaturen um minus 25 Grad. Unsere optischen Beobachtungsinstrumente mußten abgedeckt und ausgeschaltet werden, weil der vom Sturm mitgerissene Treibschnee selbst in Höhe der Meßgestelle die Sicht beeinträchtigte.

An einem dieser Tage saß ich mit meinen Kollegen, dem Hochfrequenztechniker Heinz Messerschmidt und dem Physiker Klaus Diederich, zusammen, um einen Beitrag für die immer sehr aktuelle und einfallsreich gestaltete Stationswandzeitung anläßlich des ersten Mai zu besprechen. Als wir die deutsche Fassung des Artikels fertiggestellt hatten, kam mein Freund Michail Bogoslowski dazu, der als Psychologe gemeinsam mit den beiden Stationsärzten im Medizinischen Pavillon wohnte und arbeitete. Mischa hatte als Kind eines sowjetischen Offiziers längere Zeit in Berlin gelebt, er sprach fließend deutsch und war gern bereit, mit mir den Text ins Russische zu übersetzen.

Während wir so dasaßen, hatten wir auf einmal den Eindruck, als prassele ein Gewitterregen auf das Dach. Der Sturm hatte sich derart verstärkt, daß das Aufschlagen der Schnee- und Eispartikel dieses Geräusch hervorrief. In den tief im Eis eingefrorenen Arbeitsräumen hörte man jedoch nur sehr gedämpft, was sich draußen abspielte. Vor der Haustür tobte der Schneesturm so stark, daß die Sicht allenfalls einen halben Meter betrug. Vom roten Positionsscheinwerfer des Kosmischen Pavillons beleuchtet, sah das Ganze wie ein Hexenkessel aus. Der Orkan verursachte Pfeif- und Heulgeräusche. Eine Verständigung war nur durch Zeichensprache möglich.

Mischa wollte noch an diesem Abend die endgültige Fassung des Artikels auf seiner Schreibmaschine fertigstellen. Wir mußten also zu seiner Unterkunft und beschlossen, die höchstens zweihundert Meter weite Strecke bis zum Haus der Mediziner trotz des Sturmes zu überwinden, um dort weiterzuarbeiten. Zusätzlich zu unserer Expeditionskleidung – Lederhosen, Lederstiefel, Lederjacke und Pelzmütze – zogen wir uns die dicken gesteppten Kapuzen der Wattejacken über und banden sie vor dem Gesicht so dicht zusammen, daß nur ein Sehschlitz für die Augen blieb. Mischa hatte als Schutz über seiner normalen Brille noch eine Skibrille, meine Augen waren unbedeckt. Wir hielten uns vor der Tür kräftig aneinander fest und hangelten dann mehr als wir gingen an dem Halte- und Orientierungsseil entlang, das zwischen den Stromleitungsmasten durch die Station verlief. Wie wir später erfuhren, hatte der Sturm zu dieser Zeit Spitzengeschwindigkeiten um 42 m/s, also etwa 150 km/h, erreicht. Die in der Meteorologie übliche Windstärkenskala nach Beaufort endet mit der Beschreibung von Windstärke 12 bei 32,7 bis 36,9 m/s!

Um uns zu orientieren, zählten wir die jeweils erreichten Strommasten. Nach 50 m Wegstrecke konnte ich jedoch nichts mehr sehen; zwischen den Augenwimpern hatte sich eine Brücke von erbsengroßen Eisklumpen gebildet, die ich mit der Hand herausbrechen mußte. Als ich nach weiteren 50 m anhielt, um das Eis vor den Augen zu entfernen, entriß mir der Sturm den Handschuh. Dummerweise verwendete ich noch Mühe daran, ihn wiederzufinden. (Er trieb inzwischen wahrscheinlich schon weit über dem Ozean.) Ich hatte mich dazu einige Meter von Michail entfernt, fiel ohne Halteseil in der Dunkelheit immer wieder hin und mußte dabei mit der bloßen Hand in den Schnee fassen. Schließlich gab ich den Handschuh auf und robbte wieder ans Seil zurück, rief Mischa etwas zu (sinnlos, da er es nicht hören konnte) und bemerkte dabei, daß er in eine ganz andere Richtung sah. Seine Schutzbrille war über und über mit Eis bedeckt und nahm ihm fast jede Sicht. Außerdem war die Brille mit Gesicht und Kapuze zusammengefroren, so daß er sie gar nicht abnehmen konnte. Er gab mir sofort einen Reservehandschuh, und wir zogen uns am Halteseil weiter voran. Immer wieder mußte ich Eis aus den Wimpern und Augenbrauen brechen. Endlich erkannte ich erleichtert die Positionslampe am Haus der Mediziner.

Alexander Katruschenko, Chefarzt der Expedition, betrachtete uns beide gründlich, während wir uns der eisverkrusteten Kleidung entledigten. Mischas Gesicht um den Brillenrand herum und meine Hand zeigten deutliche Anzeichen von Hauterfrierungen. Einige Minuten später hatte uns Alexander behandelt und meinte, nun könnten wir sagen, wir seien echte Polarniks. Er lud mich ein, diese Nacht lieber auf dem Operationstisch zu verbringen, statt wieder zurückzugehen, auf dem ich dann auch ausgezeichnet geschlafen habe.

Von diesem Tage an ging ich nicht mehr ohne Reservehandschuh aus dem Haus.

Der Zauber des Polarlichts

Im Mai wurde der Station Mirny per Funk eine verstärkte Sonnenaktivität gemeldet. Die Ionosphärenforscher hatten Hochbetrieb. Die meteorologischen Voraussetzungen waren in dieser Nacht vom 15. zum 16. auch für optische Beobachtungen sehr günstig: Die Atmosphäre war vollkommen wolkenfrei und dunstlos, es herrschten Temperaturen um minus 27 Grad und nur leichter Wind, der kein Schneetreiben in Höhe der Meßgestelle verursachte. Wir nutzten die wenigen hellen Stunden des Tages, um die Meßgeräte sorgfältig durchzusehen und neues Filmmaterial einzulegen.

Mit den anderen Expeditionsteilnehmern aus unserer Heimat, die in einem benachbarten Gebäude tätig waren, stimmten wir das Arbeitsprogramm genau ab. Ein Kollege bat mich, ihm von den zu erwartenden Polarlichtern einige Aufnahmen zu machen. Ich versprach ihm das natürlich, – wenn er mir rechtzeitig seinen vorbereiteten Fotoapparat brächte.

Es wurde früh dunkel. Unser Spektrograph arbeitete einwandfrei. Unruhe in den Registrierungen des Erdmagnetismus meiner sowjetischen Kameraden war der erste Vorbote kommender Ereignisse in der Ionosphäre. Wir warteten gespannt, es passierte jedoch zunächst stundenlang nichts. Um das Auftreten der Polarlichter rechtzeitig zu bemerken, brauchten wir nicht ständig draußen den Himmel zu beobachten, der Nachthimmelsspektrograph war viel empfindlicher. Bereits mit den Augen nicht wahrnehmbare Intensitätsunterschiede in den einzelnen Spektralbereichen markierten sich durch veränderte Registrierungen. Starkes Polarlicht zeigte schon mehrere Minuten zuvor einen deutlichen Anstieg im ultravioletten Bereich. Nachts um zwei Uhr war es so weit. Mit meinem sowjetischen Kollegen ging ich auf die Beobachtungsplattform. Über uns ein sternklarer

Himmel, im Hintergrund die bunten Positionslampen der nächtlichen Forschungsstation.

Nach fünf Minuten erkannten wir am Himmel eine schwach grüne, sich schnell verändernde Leuchterscheinung, von der einzelne weißlich-grün leuchtende Strahlen ausgingen und schließlich den Zenit erreichten. Polarlichter dieser Art hatten wir schon oft gesehen. Dann aber folgte ein Schauspiel, das auch in Polargebieten selten ist. Die vereinzelten Strahlen im Zenit wurden zahlreicher, die Leuchtkraft nahm zu. Es bildeten sich lange Bögen und Banden mit Strahlenstruktur in einem intensiven Grün, zum Teil auch als zentrische Erscheinungen, die dann als Korona bezeichnet werden. Das Südlicht wurde von Sekunde zu Sekunde prächtiger, die Ränder begannen sich intensiv weinrot zu färben, bis schließlich Rot und Grün, scharf gegeneinander abgegrenzt, in gleichem Maße vorherrschten. Es sah aus, als hingen in kräftigen Farben leuchtende, überdimensionale Tüllgardinen vom hohen Himmel herab bis fast auf den Erdboden und würden vom Wind stark bewegt. Während dieses überwältigenden Naturschauspiels liefen wir kontrollierend und beobachtend von Meßgerät zu Meßgerät und bemühten uns, auch einige Diapositive auf Kleinbildfilm aufzunehmen.

Nach einer halben Stunde war bis auf ein nur ganz schwaches Leuchten am Horizont alles vorüber, und wir empfanden jetzt erst die Kälte und den stärker gewordenen Wind.

Als wir uns dann bei einer Tasse Tee aufwärmten und über das beeindruckende Erlebnis unterhielten, kam unser Kollege mit seinem Fotoapparat und fragte, ob sich schon etwas Besonderes am Himmel gezeigt hätte …

1971–1973

17. Sowjetische Antarktisexpedition
Molodjoshnaja, Wostok, Mirny

Über das Verhalten der Ausflußgletscher ist immer noch wenig bekannt, nicht zuletzt deshalb, weil die stark zerklüfteten, mitunter wie eine Zunge ins überfrorene Meer hineinragenden Abbruchsfronten schwer zugänglich sind. Auch die Randzonen der tief ins Innere Antarktikas reichenden Eisströme können nicht ohne weiteres betreten werden, weil sich in diesen Bereichen gefährliche Spalten auftun.

Die DDR-Mannschaft zur 17. Sowjetischen Antarktisexpedition erkundete einen dieser Ausflußgletscher, den östlich von Molodjoshnaja in die Spoonerbucht mündenden Hays-Gletscher. Seine südliche Begrenzung war zu jener Zeit noch nicht bekannt und mußte – im Ergebnis der Arbeiten – sehr viel weiter im Süden gesucht werden, als man vorher angenommen hatte. Die im Vergleich zu anderen Eisströmen nicht allzu große Ausdehnung des Hays ließ ihn als Modellobjekt geeignet erscheinen. Daneben wurden Vergleichsmessungen am westlich von Molodjoshnaja gelegenen Campbell-Gletscher vorgenommen.

Damit war der Auftakt für ein umfangreiches glaziologisches Forschungsprogramm gegeben. Am Fuß des Abendberges entstand ein Außenlager der deutschen Polarforscher. Von Molodjoshnaja brach die im wesentlichen geodätisch orientierte Gruppe zu zwei Schlittenzügen auf. Der Herbstschlittenzug dauerte 31 Tage, vom 8. April bis 9. Mai 1972. Er führte etwa fünfzig Kilometer am Rand des Hays-Gletschers entlang, überquerte dann den Gletscher und erreichte den Nunatak 1422. Auf dieser Strecke wurde eine 122 km lange geodätisch-glaziologische Traverse errichtet und vermessen, bestehend aus dreißig gegenseitig sichtbaren Signalpunkten und zwei Festpunkten auf Fels. Auf dem Frühjahrsschlittenzug vom 9. November bis 6. Dezember erfolgte die Wiederholungsmessung. Sie ergab – zusammen mit den aufgenommenen Meßbildern, die die Oberfläche bis 35 km Küstenabstand nahezu lückenlos dokumentieren – erste Erkenntnisse über Morphologie, Eisbewegung, Schneezutrag, den Eisausstoß und die Massebilanz des Hays-Gletschers.

Die Hays-Traverse war über mehrere Jahre Forschungsobjekt von ostdeutschen Geodäten, Glaziologen, später auch Isotopenphysikern. So erfolgten die zweite Wiederholungsmessung und eine Verlängerung der Traverse um 48 km nach Süden während der 21. SAE. Über den Abschluß der Arbeiten am Hays-Gletscher in den Jahren 1978/79 berichtet Rainer Hoyer auf den Seiten 144 bis 149.

Die von Joachim Liebert und Günter Leonhardt unternommene zweite astronomische Ortsbestimmung höchster Genauigkeit in Wostok gestattete es, einen realen Geschwindigkeitsvektor des Eises an der Oberfläche der zentralen Ostantarktis zu ermitteln. Die Resultate dieser Messungen sind auf Seite 36 erwähnt.

Während der Sommerkampagne 1972/73 wurde noch eine Reihe anderer Arbeiten ausgeführt. Zum Beispiel bestimmte Rolf Eger den Refraktions- und Brechungskoeffizienten des Lichts über der lokalen Eiskappe von Molodjoshnaja. In der Spoonerbucht, vor der Kalbungsfront des Hays-Gletschers, wußte man nichts über die Wassertiefen; sie wurden an mehreren Lotpunkten mit 830 bis 932 m erfaßt. Nur einen Kilometer vor der Gletscherzunge, lassen diese ungewöhnlichen Tiefen auf eine Meeresrinne schließen, die sich unter dem Hays-Gletscher ins Festland einschneidet. Auf sieben Flugrouten konnten Eisdicken mittels Radar gemessen werden. Ablation (Abtragung des Eises durch Wärmeeinfluß), Temperierung der Oberflächenschichten in Küstennähe und weitere Themen kamen hinzu.

Wir bleiben in unserer Retrospektive jedoch beim Hays-Gletscher, weil vor allem die anspruchsvollen Schlittenzüge für die Antarktisforschung der DDR ein nachhaltiger Impulsgeber waren. Das läßt sich auch im persönlichen Bereich ihrer Teilnehmer verfolgen. Reinhard Dietrich, damals noch Forschungsstudent, erhielt 1990 eine Professur im Institut für planetare Geodäsie der Technischen Universität Dresden. Siegfried Meier konnte seine Wünsche, sich weiterhin glaziologisch zu betätigen, zwar nicht durchsetzen, hat aber ein wunderbares Buch – »450 Tage in Antarktika« – geschrieben und wurde, ebenfalls an der TU Dresden, auf den Lehrstuhl für mathematische Metho-

den der Geodäsie berufen. Und Artur Zielke, ein hervorragender Maschinist, von dem gesagt wird, daß er wie Öl in den Motor hineinkriechen könne, fuhr 1994 zum siebenten Mal in die Antarktis.

Krönender Abschluß der Expedition 1973 war die Benennung einer Felsgruppe um den Nunatak 1422 m als Berge der Freundschaft. Die ostdeutschen Polarforscher wollten damit der freimütigen Unterstützung ihrer sowjetischen Kollegen gedenken. Von diesen Bergen liegt eine Karte im Maßstab 1 : 10000 vor.

Das Lager am Abendberg

Reinhard Dietrich

Tagelang haben wir alles vorbereitet und sind nur von einem Wunsch beseelt: so bald wie möglich aufzubrechen. Raus aus der Station! Gewiß fühlen wir uns wohl in Molodjoshnaja. Doch wenn wir vor das Haus treten, sehen wir im Osten an der Küste ein Bergmassiv. Dort beginnt unser eigentliches Arbeitsgebiet; dort wollen wir unser Außenlager errichten, um möglichst nahe am Hays-Getscher zu sein. Besonders im vollen Glanz der Abendsonne leuchten die Felsen in kräftigen rotbraunen Farben, wahrscheinlich stammt daher der Name: Abendberg.

Wir sind bester Stimmung, als wir am 7. Januar 1972 mit Sack und Pack die Station verlassen. Der Lastschlitten, von einem schweren Kettentraktor gezogen, sieht kurios aus. Hochauf beladen mit den Bauteilen unserer künftigen Hütte, mit Rohren für den Funkmast und die Meßsignale, Verpflegungskisten, Bettgestellen, Matratzen und den tausend Dingen, die man zum Wohnen und Leben braucht, wird er gekrönt von Stuhl- und Tischbeinen und einem herausragenden Ofenrohr. Dazwischen sitzen wir, erzählen, singen, nehmen die Bilder der sommerlich wechselhaften Firnoberfläche wahr.

Der Abendberg liegt zwölf Kilometer östlich der Station. Aber um dorthin zu gelangen, müssen wir etwa zwanzig Kilometer fahren; Steilhänge und Spaltenzonen zwingen immer wieder zu Umwegen. Was wir von der Station aus sehen, ist die westliche Schmalseite der einige Quadratkilometer großen Felsoase.

Gegen Mittag erreichen wir das Gipfelplateau. Doch das Lager, dessen Standort der Leiter unserer Gruppe, Klaus Dreßler, vor Tagen ausgesucht hatte, soll auf den eisfreien, windgeschützten Flächen des Nordhanges errichtet werden. Es ist ein liebliches Plätzchen, 40 m über dem Meeresspiegel; ein kleiner, zugefrorener See wird uns als Trinkwasserspender dienen. Von der Eiskappe im Süden trennt uns ein etwa 200 m hoher Berg.

Nicht weit, rund einen Kilometer von uns entfernt, sehen wir östlich einen Teil der blauschimmernden Abbruchfront des Eisstromes. Imposant zerklüftet ragt sie aus dem Meereis empor. Endlich liegt er vor uns, der Gletscher, zum Greifen nah. Gewaltige Spaltenbrüche ziehen sich entlang seiner seitlichen Begrenzung nach Süden. Steigen wir auf den Gipfel des Abendberges, so sehen wir, wie das Gletschertal polwärts immer sanfter wird, fließend in das Inlandeis übergeht.

Eine ganze Reihe von Fragen beschäftigt uns: Wo kommen die Eismassen her? Wie bewegen sie sich? Wie stark ist die Eisdecke? Nimmt das Eis im Bereich des Hays-Gletschers zu oder ab? Welchen Einfluß haben Temperatur, Relief, Niederschläge auf die Eisbewegung? Um wenigstens einiges davon zu beantworten, müssen wir »vor Ort« erkunden, beobachten, messen.

Doch ehe die Forschungen beginnen können, brauchen wir ein Dach über dem Kopf. Nach einem Imbiß unter freiem Himmel laden wir die Umzugsfuhre ab und beginnen mit dem Aufbau der Hütte. Zunächst wird das Bodengerüst montiert. Wir gehen sehr sorgsam vor, prüfen immer wieder mit der Wasserwaage die Lage der Kufen und Balken; es soll ein solides Häuschen werden. Dann werden die Seitenteile eingepaßt, zwei davon mit Doppelfenstern, eins mit einer dicht schließenden Tür. Schneller als erwartet lassen sich die einzelnen Segmente zusammenfügen, das flache Dach über der 2,5 mal 5 m² großen Grundfläche bildet den Abschluß. Gründlich dichten wir alle Ritzen mit Schaumstoffstreifen ab und überdecken sie außen mit Aluminium-, innen mit Holzleisten. Um Mitternacht stehen die eisernen Doppelstockbetten, und müde krabbeln wir in die Schlafsäcke.

Wir nähern uns dem Gletscher

Nach drei Tagen ist alles soweit aufgebaut und eingerichtet, daß wir an die Feldarbeiten denken können. Für mich als Forschungsstudenten ist alles neu und interessant. Im Kochen und Zimmern habe ich das erste Praktikum bereits hinter mir, jetzt gibt es auch fachlich etwas dazuzulernen.

Unsere Köpfe beugen sich über die Karten. »Siegfried und ich werden oben auf dem Berg mit dem Phototheodoliten das erste Stereomodell der Gletscherfront aufnehmen. Ihr zwei«, wendet sich Klaus an unseren Mechaniker Artur Zielke und mich, »baut auf einer der letzten Felskuppen vor dem Gletscher einen Steinmann, den wir als Paßpunkt brauchen.« Sein Finger tippt auf einen braunen Tupfer in der Karte. »Wir sehen euch im Fernglas, wenn ihr angekommen seid. Ihr geht dann auf Sprechfunkverbindung.« – In den Rucksack wandern Handsprechfunkgerät, Seil und Proviant; wir greifen zum Eispickel und marschieren los. Unser Weg führt über glatten Fels, Moränenfelder und blankes Eis, dazwischen auch über körnigen Schnee. Nach einer Stunde sind wir an Ort und Stelle, schwitzen unter der strahlenden Sonne.

»Wir hören euch gut«, bestätigt Klaus über Sprechfunk. »Haben mit den Messungen begonnen. Wir sehen euch. Ihr könnt den Steinmann dorthin bauen, wo ihr jetzt steht.« Wir schleppen Steine zusammen und basteln einen dicken, stabilen Burschen von 1,2 m Höhe. Dann schauen wir uns um.

Nur ein paar hundert Meter von uns entfernt beginnt der Gletscher. Ein Chaos von Spalten und Eisbrüchen markiert deutlich die Grenze. Im Norden blicken wir auf eine Flanke der Gletscherfront, an der mächtige Eistrümmer liegen. Welch großartige, bizarre Schönheit!

Auf dem Rückweg machen wir einen kleinen Bogen. Bald aber zieht sich ein schmaler Riß durchs Eis. Wir beachten ihn kaum, doch ein Stück weiter schauen wir in einen handbreiten Spalt. Wir seilen uns an. Der nächste Spalt klafft bereits einen halben Meter breit. Wir schauen abwechselnd hinein. Eine märchenhafte Pracht tut sich vor unseren Augen auf. Galerien riesiger Eiszapfen bilden gewundene Vorhänge. Eiskristalle von Markstückengröße in ebenmäßig symmetrischen Formen glitzern verlockend. Das sanfte Blau des Eises wird den Spalt hinab immer kräftiger und verliert sich in einem violetten Dunkel. Wir schlagen mit dem Eispickel einige Zapfen ab; klirrend fallen sie in die gähnende Tiefe.

Als wir eine Stunde später wieder in der Hütte sind, müssen wir uns sagen lassen, daß solche Abstecher, wenn sie auch interessant sein können, gerade in Spaltengebieten nicht willkürlich unternommen werden dürfen, sondern vorher genau abzusprechen sind.

Ein paar Tage danach unternehmen die Kameraden einen Erkundungsmarsch nach Süden, um für unsere ersten Meßpunkte auf dem Eis spaltenfreies Gebiet zu suchen, während ich zum Küchendienst in der Hütte bleibe. Spät am Nachmittag sind sie wieder zurück, Gesichter und Arme knallrot. Siegfried Meier, unser Eis- und Gletscherspezialist, der das glaziologische Forschungsprogramm erarbeitet hat, stöhnt: »Oh, meine Ohren lummern.« Zum Schutz gegen noch stärkeren Sonnenbrand hat er sich ein Tuch um den Kopf gewickelt.

»Wie war der Spaziergang?« frage ich fröhlich. »Von wegen Spaziergang!« klärt mich Artur auf. »Die Sonne hat den Schnee aufgeweicht. Wenn du bei jedem Schritt einsinkst, ist dir nicht nach Spazierengehen.« »Trotzdem haben wir fast zwanzig Kilometer bewältigt«, sagt Siegfried, und sein Gesicht strahlt dabei. »Halte dich fest: Auf spaltenfreier Route sind die Standpunkte schon für drei Signale erkundet!«

An diesem Tag führe ich mit dem Chef der Funkstation in Molodjoshnaja nicht nur das übliche allabendliche Funkgespräch, bei dem ich mitteile, daß am Abendberg alles in Ordnung sei, und er wiederum die kurze und bisher stets zutreffende Wetterprognose der Meteorologen weitergibt: daß es morgen genauso schön wie heute wird. Diesmal bitten wir um ein Kettenfahrzeug, damit wir die ersten Punkte auf dem Eis vermarken können.

Hell dröhnen am nächsten Tag die Ketten eines GT-T, der den Schneehang herauf auf unsere Hütte zuhält. Wir sind erstaunt, daß neben dem lustigen Sanja Kostengokow, der das Fahrzeug steuert, Stationsleiter Wjatscheslaw Awerjanow aussteigt. Gewiß will er sich davon überzeugen, ob, was wir tun, auch Hand und Fuß hat. Anerkennend besieht er sich unsere Hütte. Er ist überrascht, wie gemütlich wir es uns eingerichtet haben. Anhand der Karte erläutern wir ihm unser heutiges Vorhaben. Ruhig hört er zu, und als Klaus geendet hat, meint er nur: »Bitte, fangen wir an!«

Wir fahren den Berg hinauf. Oben bestimmt Siegfried Meier mit dem Kompaß die Richtung zum ersten Punkt. Exakt weist er Sanja ein, und los gehts. – Ob wir den Buchenholzpflock wiederfinden, den Siegfried und Artur eingeschlagen haben? Sig lebt richtig auf, als wir tatsächlich genau auf den mit Fahnentuch markierten Pflock zukommen. Die nun folgenden Handgriffe verlaufen wie am Schnürchen: Mit dem

Firnbohrer ein 1,20 m tiefes Loch bohren, drei Gruben für die Heringe der Spannseile ausheben, Montieren des Signals, bestehend aus fünf Meter Alurohr mit einem knallroten Zylinder obenauf. Das Signal wird in das Bohrloch eingeführt, auf einer Unterlegscheibe stabilisiert, gerichtet. Dann Heringe einschlagen, Seile verspannen, Gruben zuschütten.

An diesem Vormittag ist es besonders warm, kein Lüftchen regt sich. Zeitweise arbeiten wir mit freiem Oberkörper. Wjatscheslaw Awerjanow packt beim Grubenausschaufeln und Signalsetzen tüchtig mit an. Schnell läßt er uns vergessen, daß er der Gründer der berühmten Inlandstation Wostok ist. Obwohl er fast die Fünfzig erreicht hat, wirkt er drahtig und energievoll. Unseren Signalen prophezeit er allerdings keine lange Lebensdauer: »Im Sommer die starke Strahlung, im Winter der Sturm, das werden sie kaum überstehen.« Wir aber sind zuversichtlich, mal sehen, wer recht behält.

Als auch das dritte Signal steht, bannt Klaus von einer neuen Meßbasis aus mit dem Phototheodolit den Mittellauf des Gletschers auf die Photoplatten. Eine Felswand jenseits des Gletschertales bietet willkommene Festpunkte inmitten des fließenden Eises, an denen die Meßfotos später orientiert werden können. Dann machen wir eine Pause mit Imbiß und fahren zurück zum Abendberg. Wir spüren, daß wir heute gut bestanden haben.

Mit den ersten drei Signalen auf dem Inlandeis ist der Anfang gemacht. Schrittweise stoßen wir weiter nach Süden vor. Die Signale sollen uns nicht nur die Orientierung im Gelände erleichtern und dafür sorgen, daß wir uns stets auf gefahrloser spaltenfreier Fahrtrasse bewegen, sondern sie stellen vor allem die örtliche Markierung (Vermarkung) geodätischer Punkte dar. Wir haben also mit Hilfe von Winkel- und Streckenmessungen die Koordinaten dieser Punkte zu bestimmen. Die verwendeten Geräte von Carl Zeiss Jena (Theodolite und das Elektrooptische Kurzstreckenmeßgerät EOK 2000) gestatten es, diese Koordinaten auch über 30 km Entfernung noch auf wenige Dezimeter genau zu ermitteln, wobei auf einem Punkt in festem Gelände Bezug genommen wird. Deshalb gehen wir von den Küstenfelsen des Abendberges aus und schließen den jeweils nächstliegenden Punkt – das nächste Signal – mit Winkel- und Streckenmessungen koordinatenmäßig an den vorhergehenden Punkt an. So entsteht eine geodätische Traverse. Die Hays-Traverse, die wir anlegen wollen, soll zunächst am Westrand des Gletschers entlangführen, dann das Gletschertal queren und (nach 122 km, was wir natürlich erst nach Beendigung der Arbeiten wußten) an einer Gruppe von Nunatakkern abschließen – falls ein Weg dorthin auf spaltenfreier Route zu finden sein würde.

Da die Signale an der Eisbewegung teilnehmen, wird eine zweite Messung zu einem späteren Zeitpunkt für sie jeweils andere Koordiaten ergeben. Die Differenzen der Koordinaten von Erst- und Wiederholungsmessungen sind nun gerade jene uns interessierenden Werte, aus denen wir für jedes Signal die Eisbewegung im dazwischenliegenden Zeitraum errechnen können. Die Forderung der gegenseitigen Sichtbarkeit von Signal zu Signal und die Reichweite unseres Streckenmeßgerätes haben Einfluß auf die Signalabstände. Sie betragen zwei bis fünf Kilometer.

Steinringe und »Aschenbecher«

An den Tagen, an denen Sanja nicht mit dem Kettenfahrzeug ins Außenlager kommt, um das Gebiet gletscheraufwärts zu erkunden, wartet trotzdem genug Arbeit auf uns. Die Meßpunkte auf dem Berg können wir zu Fuß erreichen, und von hier aus setzen wir die photogrammetrischen Aufnahmen der Gletscherfront fort. Auch an der Hütte gibt es noch viel zu tun. Sie soll ja nicht nur im Sommer Quartier sein, sondern auch den orkanreichen antarktischen Winter gut überstehen. Wir bohren mit dem Gesteinsbohrer Löcher in den Fels, rammen Holzpflöcke ein für die starken Stahltrossen, an denen wir die Hütte festzurren. Auch der Mast unserer Funkantenne wird mit Stahlseilen verspannt. Später hat Klaus noch die Idee, um die Hütte lockeres Geröll heranzuschaufeln, damit die Orkanböen nicht unter den Hüttenboden greifen können. Aus Expeditionskisten und Sperrholzplatten zimmern wir einen zweiräumigen Vorbau, der als Vorratslager dient sowie Dieselaggregat und Toilette aufnimmt.

Finden wir ein paar freie Stunden, so gibt es eine Menge Interessantes zu entdecken. Eisfreie antarktische Gebiete wie der Abendberg werden allgemein als Oasen bezeichnet. Dieser Begriff beinhaltet eine ganze Reihe von Prozessen und Erscheinungen, die als periglazial, das heißt: in der Umgebung von Gletschern entstanden, beschrieben werden. Ich erinnere mich an die Vorlesung in Geomorphologie, in der wir über derartige Dinge einiges gehört haben. Hier am Abendberg kann man praktischen Anschauungsunterricht erhalten, wenn man die Augen offenhält.

Der anstehende Fels bildet sogenannte Rundhöcker, die an ihrer Oberfläche von zahlreichen Gletscherschrammen gezeichnet sind. Das zeugt davon, daß die Eisbedeckung früher einmal über den Abendberg hinweg reichte. Beim Rückgang des Eises ist sehr viel Gesteinsmaterial liegengeblieben, die Moräne. Es variiert in der Größe vom feinsten Schluff bis zum mannshohen Block. Spätere geologische Untersuchungen zeigen, daß es sich vom anstehenden Granatgneis unterscheidet. Wir finden unter anderem Basalt- und Chloritgneis, die in der gesamten Küstenzone von Molodjoshnaja nicht vorkommen. Das läßt den Schluß zu, daß sie mit dem Eis des Hays-Gletschers aus größerer Entfernung herantransportiert worden sind.

In flachen Mulden sammelt sich das Moränenmaterial, und man kann Frostmusterböden erkennen: Von dem wechselnden Auftauen und Wiedergefrieren werden besonders die feineren Materialkomponenten betroffen, sie drücken die gröberen Brocken nach außen und stellen sie teilweise hochkant. So ist ein Feinerdebeet immer von größeren Steinen umgeben. Diese Rundformen mit einem Durchmesser von 1,5 bis 2 m nennt man Steinringe.

Sowohl der anstehende Fels als auch die Moränenblöcke zeigen ausgeprägte Formen der Windverwitterung. Dabei werden die Härteunterschiede des Gesteins deutlich, und es entstehen wabenförmige Bildungen. Unter den so umgestalteten Steinen finden wir manchen interessanten »Aschenbecher« für daheim. Auch die Frostverwitterung ist eine typische Erscheinung in antarktischen Oasen. Durch die Sonneneinstrahlung schwanken die Temperaturen im Gestein stark. Das führt dazu, daß vom Fels große Gesteinsplatten abgesprengt werden, die bis zu einem Meter stark sind. Die Verwitterung arbeitet weiter daran und zerkleinert die Platten zu eckigem Frostschutt.

Auch typische Auswirkungen des Oasenklimas können wir beobachten. Im Gegensatz zum Inlandeis mit seiner hohen Albedo akkumuliert der Fels im Sommer Wärme. Die kleinen Seen der Oase werden eisfrei; in einem messe ich plus 12 °C! Im Verwitterungsschutt messen wir gar eine Temperatur von plus 30 °C. Die erwärmte Luft steigt nach oben, und weithin kann man über dem Abendberg bei Sommersonnenwetter eine Haufenwolke stehen sehen, die sich stets vormittags bildet und am Abend wieder verschwindet.

Natürlich ist so ein Oasenklima für Pflanzen günstig. Blütenpflanzen gibt es nicht in Antarktika, aber wir entdecken Flechten in leuchtend roten, grünen und schwarzen Farben. Manche bilden eine Kruste auf dem Gestein, andere wirken wie Miniaturgebüsche mit einer Höhe von ein bis zwei Zentimetern. Auch sie nutzen die Wärme, die bei Sonne von dem Gestein aufgenommen wird. An feuchten Stellen entdecken wir sogar einen herrlich grünen Moosteppich.

Ornithologische Beobachtungen

Als ich einmal über große, abgesprengte Felsplatten laufe, höre ich plötzlich ein Schilpen unter mir. Was mag das sein? Nach einer Weile kommt ein schwalbengroßer, dunkler Vogel angeflattert und verschwindet in einer Felsspalte. Das Schilpen wird lauter. Ich habe Brutplätze der Buntfüßigen Sturmschwalbe entdeckt. In eine Nisthöhle kann ich hineinsehen. Eng aneinandergeschmiegt sitzt da ein Paar dieser zierlichen Ozeanvögel. Die Buntfüßigen Sturmschwalben gehören zu den zehn Vogelarten, die in der kontinental-antarktischen Küstenzone brüten. Am Abendberg aber treffen wir außer ihnen nur noch Adeliepinguine und Antarktische Raubmöwen.

Ein Besuch in der Pinguinkolonie ist immer lohnend. Hier nisten etwa 2000 Vögel. Mangels anderen Materials haben sich die Adeliepinguine ihre Nester aus Steinen gebaut. Sie legen in der Regel zwei grünlichweiße Eier, die dann 35 Tage bebrütet werden.

Interessant ist es, den Vögeln bei der Balz zuzusehen: Beim »Aufrichten« beispielsweise hebt das Männchen seinen Kopf und streckt den Schnabel in die Höhe, wobei die Flügel langsam hin- und herbewegt werden. Oft werden dabei benachbarte Vögel angesteckt, und man kann gleich eine ganze Gruppe beim »Aufrichten« beobachten. Zur Brutablösung der Partner sieht man das »Schwenken«: Die beiden Vögel stehen voreinander und wiegen, laut rufend, ihre Oberkörper hin und her. Meist bleiben die Adeliepinguine auf ihren Nestern, wenn wir uns ihnen nähern, und greifen mit Schnabelhieben unsere Beine an. Ein Vogel aber dreht den Kopf zum Flügelansatz, zeigt die weiße Sehnenhaut der Augen und wackelt mit dem Kopf – die Balzgeste »Schulterbohren«.

Bei einem Gelege entdecke ich einen runden Stein, der mitgebrütet wird. Als ich ihn 20 cm vom Nest entfernt hinlege, rollt der brütende Altvogel ihn mit dem Schnabel sofort wieder zu sich ins Nest. Dieses »Einrollen« eiähnlicher Gegenstände ist auch von Vogelarten in unseren Breiten bekannt.

Die brütenden Vögel müssen noch manchen Sturm über sich ergehen lassen. Dabei zeigen ihre Schnäbel in die Windrichtung, und sie ducken sich so tief auf ihre Gelege, daß man nur die dunklen Rücken sieht. An den über den Nestrand hinausreichenden Kotspritzern kann man deshalb die vorherrschende Windrichtung erkennen.

Die frisch geschlüpften Adeliepinguinküken tragen einen dunklen Flaum. Die Altvögel wärmen die Jungen mit ihrem Brutfleck und schirmen sie gegen den Wind mit dem Körper ab. Die ersten drei Wochen leben die kleinen Pinguine im sogenannten Neststadium, sorgsam von den Eltern behütet. Piepsend betteln sie um Futter, das die Alten schließlich aus ihrem Schlund heraufwürgen. Dabei verschwindet der Kopf des Kükens fast ganz im Schnabel des Elternteils.

Danach beginnt das Kindergartenstadium. Es bilden sich größere Gruppen von Jungvögeln, aber die Altvögel versorgen weiterhin nur ihre eigenen Jungen. Oft kann man jetzt beobachten, daß die bettelnden Küken – inzwischen rundlichen, wolligen Säckchen gleichend – ein Stück hinter den Alten herlaufen, ehe sie gefüttert werden. Im Februar schließlich mausern sich die herangewachsenen jungen Adeliepinguine und verlassen in ihrem ersten Federkleid die Kolonie in Richtung Meer.

Die Sterblichkeit der Pinguinküken ist recht hoch, sie kann (für die Zeit zwischen Eiablage und Verlassen der Kolonie) nach Forschungen verschiedener Fachleute 80 Prozent erreichen. Wir sind aber überrascht, als wir im Südsommer 1972/73 am Abendberg beobachten, wie nach und nach alle Jungvögel sterben und kein einziger großgezogen wird. Am 9. Februar kommt das letzte Küken um. Waren die ungünstigen Witterungsverhältnisse dieses Jahres schuld daran? Wir sehen jedenfalls, wie nahe an der Existenzgrenze die Pinguine in der Antarktis leben.

Die Adeliepinguine haben natürliche Feinde. Im Meer ist es vor allem der Seeleopard. An Land wird die Antarktische Raubmöwe Eiern und Küken gefährlich. Auch auf dem Abendberg nisten diese Vögel, die sich an unserer Hütte gern die Küchenabfälle holen. Kommt man in ihr Brutrevier, dann greifen diese, mit 1,5 m Flügelspannweite recht beachtlichen Vögel jeden Eindringling unter heiserem Geschrei an. Im Sturzflug stoßen sie auf uns herab und versuchen, uns mit ihren herabhängenden Beinen am Kopf zu treffen. Das kann eine schmerzhafte Lektion sein!

Wird man auf diese Weise attackiert, so kann man recht bald in einer kleinen Bodenmulde zwei braungesprenkelte Eier oder einen wolligen, hellen Jungvogel entdecken. Oft nisten die Raubmöwen ganz nahe an der Pinguinkolonie. Ein Gelege, das ich finde, hat nur vier Meter Abstand vom nächsten brütenden Adeliepinguin.

Herrlich ist es auch, den Raubmöwen bei ihrem kraftvollen Flug über Fels und Eis oder bei ihren mit rauhen Schreien und trillernden Rufen erfüllten Luftspielen zuzusehen. Dann zieht sofort Leben in die tote Landschaft ein; in der Winterzeit, wenn Raubmöwen und Adeliepinguine nordwärts in die Treibeisregion gezogen sind, wirken der Abendberg und seine Umgebung öde und verlassen.

Start mit Schwierigkeiten

Ende Januar 1972 haben wir Signal 9 in etwa 25 km Küstenabstand gesetzt und befinden uns bereits mehr als 600 m über dem Meeresspiegel. Bis Ende März vermessen wir diesen Traversenabschnitt und bereiten den Schlittenzug vor, der uns weiter nach Südosten führen soll. Stationsleiter Awerjanow, selbst Glaziologe, weiß den wissenschaftlichen Gewinn zu schätzen, den die Verlängerung der Traverse bis zu jenen, etwa 80 km Luftlinie von Molodjoshnaja entfernt gelegenen Nunatakkern bringen würde. Er unterstützt uns in jeder Weise. Quer durch das Einzugsgebiet eines antarktischen Ausflußgletschers genaue Angaben über Oberflächentopographie, Eisbewegung und Akkumulation – das hatte es, wie die Fachliteratur auswies, noch nie gegeben.

Anfang April zeigt der antarktische Herbst mit immer kürzer werdenden Tagen und häufigen Stürmen, daß das schöne Sommerwetter vorbei ist. Am 8. April zieht unser Schlittenzug, bestehend aus Breitkettentraktor mit angehängtem Wohn- und Lastschlitten sowie dem GT-T als schnellem Erkundungsfahrzeug, die eisigen Hänge vor Molodjoshnaja hinauf. Aber bereits nach knapp zehn Kilometern wird das Schneetreiben so stark, daß wir zum Anhalten gezwungen sind. Mit dem GT-T kann man noch einmal in die Station fahren und sich dort startbereit halten. Da aber unsere frostempfindlichen Lebensmittel im Wohnschlitten Wärme brauchen, bleiben Shenja Prusakow und ich hier zurück.

Shenja – das ist neben dem Traktoristen Lonja Koschewin unser zweiter sowjetischer Spezialist, der am Schlittenzug teilnimmt (Sanja, der uns am Abendberg so gutgelaunt mit dem GT-T bedient hat, befand sich inzwischen auf Heimreise.) Shenja war eigentlich als Chirurg in Molodjoshnaja, aber auch seine Erfahrungen als Funker sind für uns sehr wertvoll. Arzt und Funker in einer Person – Stationsleiter Awerjanow tut alles für die Sicherheit unserer Arbeit. Daneben führt Shenja auch noch die meteorologischen Terminbeobachtungen durch und wird bei Meßwetter, wenn alle anderen eingespannt sind, unser Essen kochen.

Vorerst aber sind wir allein. Während draußen der Schneesturm heult und den anderen die Ausfahrt aus der Station verwehrt, sitzen wir im kleinen

Wohnschlitten und unterhalten uns. Ich erfahre von Shenjas Kindheit während der faschistischen Blockade Leningrads, von seiner Überwinterung in der Arktis als Funker auf der Rudolf-Insel des Franz-Joseph-Landes und von seiner Entscheidung, anschließend Medizin zu studieren. Wir spielen Schach, versuchen uns in der Küche mit »echt« russischen und deutschen Gerichten. Jeder schneidet dem anderen die Haare. So vergeht die Zeit.

Dann braucht unser Ofen Nachschub. Er verbrennt tröpfchenweise Diesel, das von einem Fäßchen auf dem Dach über einen regulierbaren Hahn in den Ofen geleitet wird. Und die Flamme wird kleiner und kleiner. Wir kämpfen über eine Stunde im Sturm, um von den Fässern auf dem Lastschlitten Dieselöl abzuzapfen und damit den Tank auf dem Dach wieder zu füllen. Die Schneekristalle beißen im Gesicht, die Hände werden steif und rot.

Als wir wieder in die Schlittenhütte treten, schlägt uns dicker Qualm entgegen. Der Ofen brennt! Die Schuhe glimmen! Schnell werfen wir sie hinaus. Dann den Regulierhahn zugedreht! Wir lüften und fragen uns noch immer verstört: Wie konnte das geschehen? Wahrscheinlich wuchs durch das Nachfüllen der Druck in der Zufuhrleitung derart an, daß die Flamme zu stark wurde und Gegenstände in Ofennähe Feuer fingen. Und das waren Shenjas Lederstiefel und meine Latschen. Die Lehre ist deutlich genug. Nicht auszudenken, was wir mit einem brennenden Schlitten hätten anfangen sollen...

Nach fünf Tagen wird das Wetter wieder besser. Kettenrasselnd taucht der GT-T mit den Kameraden auf, so daß unser Schlittenzug am 13. April seinen zweiten Start erlebt. Aber auch diesmal zwingt uns ein Schneesturm nach wenigen Kilometern Fahrt zum Stand. Jetzt ist es etwas enger im Balok. Der Wohn- und Schlafraum für uns sieben Mann hat eine Fläche von nur 8,8 m². Das erfordert einige Einschränkung und viel Verständnis füreinander. Trotzdem ist das größere Problem die Essenzubereitung auf dem kleinen Gasherd.

Nach zwei Tagen klart der Himmel schließlich auf, wir können mit den Meßarbeiten beginnen. Bald ist Signal 9 passiert. Jetzt sieht der Arbeitsablauf folgendermaßen aus: Der GT-T fährt voran. Von ihm aus sind die Standpunkte für die neuen Signale zu erkunden. In diesem Fahrzeug haben Siegfried Meier und ich ihren Platz, Artur Zielke steuert es. Ist ein Standort gefunden, so wird zunächst auf dem Dach des Fahrzeuges das Stativ mit den Reflektoren für die Streckenmessung aufgestellt. Auf dem Dach des Wohnschlittens, der am zurückliegenden Signal verblieben ist, stehen Rolf Eger und Klaus Dreßler mit dem elektrooptischen Streckenmeßgerät. In heimatlichen Gefilden auf eine Reichweite von etwa zwei Kilometer begrenzt, schaffen wir hier in der klaren Luft Antarktikas Strecken bis über fünf Kilometer Länge. Mit der erhöhten Aufstellung erreichen wir, daß der Zielstrahl über der bodennahen Luftschicht liegt, in der jetzt häufig Schneefegen auftritt, was bei ebenem Standort die Sicht behindern würde. Während die Streckenmessung erfolgt, errichten wir das neue Signal. Die körperliche Betätigung wärmt auf; wir tun sie gern. Immerhin liegen die Temperaturen jetzt meist zwischen minus 20 und minus 30 °C, und es bläst ein schneidender Wind.

Anschließend werden gleichzeitig von uns und vom Balok mit den Theodoliten die Höhenwinkel gemessen, aus denen später der Höhenunterschied der beiden Signale abgeleitet wird. Diese gleichzeitige Messung von beiden Seiten ist nötig, um den Einfluß der Refraktion – der Strahlenbrechung – auf das Ergebnis klein zu halten. Denn daß durch die bodennahe Kaltluft starke Verzerrungen und höhenmäßige Versetzungen auftreten, beobachten wir jetzt auch an den nicht mehr so weit entfernten Nunatakkern. Einmal wirken sie wie gepreßte, flache Sockel, ein andermal scheinen sie hochaufgetürmte Gipfel, und einmal spiegelt sich der eine Berg derart in der Luft, daß er wie ein rauchender Vulkan aussieht. Manchmal steht dann in unseren Beobachtungsbüchern: Abbruch der Messungen wegen zu starker Refraktion.

Geht alles nach Wunsch, haben wir, bevor wir zur Erkundung des nächsten Signalstandpunktes aufbrechen, die Zentrierungsmessungen auszuführen, damit die auf die Stativstandpunkte bezogene Streckenmessung noch genau auf das Signal selbst umgerechnet werden kann. Nachdem beim Balok noch der Horizontalwinkel zwischen dem letzten verlassenen und dem neu aufgestellten Signal gemessen ist, verläßt auch unsere Hauptstation diesen Standort und begibt sich zum neu aufgestellten Signal, während der GT-T den nächsten Standort erkundet.

Vier neue Signale am Tag sind bei Ausnutzung der gesamten Taghelligkeit – etwa noch acht Stunden – maximal zu schaffen. Mit großem Appetit stürzen wir uns dann abends auf die von Shenja zubereitete Mahlzeit. Als Arzt hat er zum Glück wenig zu tun. Nur wenn uns beim Messen kleine Stellen an Wange, Nase oder den Fingern erfrieren wollen, hält er seine Spezialtherapie bereit: »Sprit von außen und von innen, das hilft!« meint er augenzwinkernd, reibt dem

Betroffenen die Haut ein und spendiert einen hochprozentigen Schluck aus seinem Arztkanister, natürlich etwas verdünnt.

Tritt man abends noch einmal hinaus vor den Wohnschlitten, so erblickt man nahe am Zenit das Kreuz des Südens und Alpha Centauri, den uns nächsten Fixstern. Oftmals schimmern an dem glasklaren Sternenhimmel diffuse Polarlichtbänder in grünlichen, gelblichen und roten Farben. Manchmal geschieht es, daß das Polarlicht plötzlich an Intensität gewinnt, aufwallend und züngelnd am Himmel entlangschießt oder sich als stabähnliche Formation in lautloser Dynamik zenitwärts bewegt und dort einen flackernden Kreis bildet. Welch einen Gegensatz zu diesem Naturschauspiel in endlos scheinender Weite bietet da unser anheimelnder Balok mit seinen schwach erleuchteten kleinen Fenstern und dem leise tuckernden Stromaggregat.

Tritt man wieder ein, so sieht man Shenja am Funkgerät unsere neue Position und andere für die Station wichtige Informationen übermitteln. Anschließend nimmt er sogar Heimattelegramme auf, die inzwischen für uns in Molodjoshnaja eingetroffen sind. Einige Kameraden beugen sich über die Beobachtungsbücher, andere spielen Halma oder lesen.

8000 Kilometer über Eis und Schnee

Artur Zielke

Als mich Bodo Tripphahn, der Leiter meiner Dienststelle in Potsdam und »Vater« vieler Expeditionen, fragte, ob ich Interesse hätte, an einem Antarktiseinsatz teilzunehmen, traf mich das wie ein Schlag. Für einen Wissenschaftler ist solch ein Angebot vielleicht nicht außergewöhnlich, aber ich, als Mechaniker und Kfz-Schlosser? »Eben«, sagte Bodo Tripphahn. »So einen brauchen wir.«

Mein Herz pochte bis zum Hals, und alle nur möglichen Gedanken rasten mir durch den Kopf. Ich arbeitete seit fünf Jahre im Zentralinstitut für Physik der Erde auf dem Potsdamer Telegrafenberg. Im Fuhrpark konnte ich einige technische Erfahrungen sammeln. Aber nun Antarktika! Welch großes Abenteuer würde da auf mich zukommen? Die lange Schiffsreise, viele neue Eindrücke, der Aufenthalt in der weißen Wüste ... Natürlich hatte ich Lust mitzufahren. Auch war mir klar, daß es kein Zuckerlecken werden würde. Achtzehn Monate von Zuhause fort! Was wird meine Frau dazu sagen? Wie wird es unsere kleine Tochter, die gerade das zweite Jahr zur Schule ging, aufnehmen? Bodo Tripphahn erriet meine Fragen und ließ mir Bedenkzeit.

Die restlichen Stunden des Arbeitstages verstrichen viel zu langsam. In Gedanken war ich bereits auf Expeditionsreise; ich bin kein Stubenhocker, mich reizt alles Neue und Unbekannte. Schon als Junge wollte ich zur See fahren.

Wie bringe ich das meiner Frau bei? Kann ich ihr noch weitere Pflichten überlassen, während sie sich mit ihrem Ökonomiestudium abplagt? Doch dann ließ sich alles viel besser an, als ich dachte. Meine Frau hörte mir aufmerksam zu. Wir besprachen alle möglichen Ecken und Kanten, die während meiner Abwesenheit hinderlich sein könnten. Ihren Äußerungen entnahm ich, daß sie meiner »Abenteuerlust« keinen Dämpfer geben wollte. Das Jasagen fiel ihr trotzdem nicht ganz leicht.

Die erste Bekanntschaft mit der in der Antarktis gängigen sowjetischen Fahrzeugtechnik machte ich im damaligen Leningrad, während des Verladens, und die Neugier trieb mich in die Nähe dieser stählernen Kolosse. Da standen die mächtigen Charkowtschankas, die für die weiten innerkontinentalen Schlittenzüge, etwa von Mirny nach Wostok, genutzt werden. Sie heißen so, weil sie in Charkow, einer ukrainischen Stadt, hergestellt werden. Für unsere Aufgaben und demzufolge für meine eigene Tätigkeit käme die mittelschwere Kfz-Technik in Frage. Das waren:

das schwere Kettenfahrzeug GT-T
Länge: 6,34 m, Breite: 3,14 m, Höhe: 2,16 m
Gewicht: 8,2 t, Nutzlast: 2 t
Motor: Diesel, 6 Zylinder, 200 PS
Treibstoffverbrauch: 25 l/h, Ölverbrauch: 0,5 l/h
max. Geschwindigkeit: 45 km/h

der Breitkettentraktor S-100 B
Länge: 5,00 m, Breite: 3,29 m, Höhe: 3,12 m
Gewicht: 13 t, Kettenbreite: 1000 mm
Motor: Diesel, 4 Zylinder, 100 PS
max. Geschwindigkeit: 5 km/h.

Am 22. Dezember 1971 hatten wir antarktischen Boden betreten. In den ersten Januartagen lernte mich der russische Mechaniker Sanja Kostengokow auf dem schweren Kettenfahrzeug an. Er hatte schon drei Südpolarexpeditionen erlebt und an schwierigen Schlittenzügen teilgenommen – ein Meister auf dem GT-T. Obwohl lebhaft von Natur, wirkte er immer ausgeglichen. Über unsere Arbeiten wollte er alle Details wissen, nicht nur das Technische interessierte ihn, sondern zum Beispiel auch das Aufstellen der Signale, die Messungen und wozu das alles nützlich sei. Stets fröhlich und guter Dinge packte er bei jeder Gelegenheit mit zu. Und er war in den freien Stunden, wenn wir uns in der Station aufhielten, ein leidenschaftlicher Volleyballspieler, der trotz seiner geringen Körpergröße durch tollkühne Sprünge seine Gegner zu überlisten verstand.

Aufmerksam beobachtete ich Sanja, wie er ruhig, geradezu gelassen, an den Hebeln des GT-T hantierte. Jeden seiner Handgriffe registrierte ich genau, denn schon bald wollte ich selbst das Fahrzeug führen. Endlich war es dann so weit, und ich durfte ans Steuer. Aufgeregt, doch nach einigen Übungen mit sicherer Hand, bediente ich die Hebel und setzte das Fahrzeug in Gang. Das Geräusch des aufheulenden Motors durchdrang die Kabine, und wir rollten aus der Station. Es ist schon eigenartig, mit 200 PS und 40 km/h durch die weiße Einöde zu fahren. Die Metallketten wühlten sich über die Oberfläche, rissen den Schnee auf und schleuderten ihn am Heck in die Höhe.

Nach stundenlanger Fahrt ist der GT-T vereist und verdreckt, und wir sind es nicht weniger. »Wie ein Berufsfahrer!« sagt Sanja, und er ist so stolz wie ich. Das Rasseln der Ketten und das Dröhnen des Motors klang mir noch in den Ohren, als ich mich schlafen legte.

Ende Februar 1972 gingen wir mit der »Anuschka«, einem kleinen, wendigen Kurzstreckenflugzeug, auf Erkundung. Das Wetter war gut, es wehte ein mäßiger Wind. Die »Anuschka« nahm Kurs auf den Abendberg. Unvergleichlich ist die antarktische Landschaft aus der Vogelperspektive: unter uns die endlose Schneewüste und dann vor uns plötzlich bizarre Berge. Mit einemmal entdecke ich auf dem vereisten Meer die massige NAWARIN, die eine Fahrrinne zur Station bricht. Ähnlich wie die OB ist auch die NAWARIN ein bugverstärktes Transportschiff. Dahinter folgt die NADESHDA KRUPSKAJA, ein Passagierschiff. Sie wartet im eisfreien Wasser, bis die starke NAWARIN freie Bahn geschaffen hat.

Abends habe ich Dienst an der Barriere als motorisierter Leuchtturmwärter. Die NAWARIN und die KRUPSKAJA nähern sich der Station. Die Scheinwerfer des Kettenfahrzeuges markieren die vorgesehene Anlegestelle. In der Kabine ist es warm, und ich lasse die Eindrücke des Tages in mir nachklingen. Allmählich kommen die Lichter der NAWARIN heran, werden größer und klarer, bis der gewaltige Schiffskörper wie ein erleuchtetes Geisterhaus etwa vierhundert Meter vor meinem Standort stillsteht.

Am nächsten Tag hat auch die KRUPSKAJA angelegt, und unser fünfter Mann ist da, der Vermessungsingenieur Rolf Eger. Wir sind komplett. Ich habe vollauf mit den Entladearbeiten zu tun. Es gibt keine Pause, ich fahre rund um die Uhr. In dem dichten Schneetreiben ist höchste Konzentration erforderlich, um das Kettenfahrzeug sicher zu steuern. Das Entladen der NAWARIN zieht sich fast drei Wochen hin. Immer wieder unterbrechen tagelange Stürme die Arbeiten. Neben Lebensmitteln müssen auch Lastwagen, Kettenfahrzeuge und viele technische Geräte an Land gebracht werden. Ich werde zum Cheffahrer der Station benannt – eine große Ehre. Abwechselnd habe ich Tag- und Nachtschicht.

Die nächsten Aufgaben dienen schon der Vorbereitung unseres Schlittenzuges. Ein umfangreicher Kistentransport mit Verpflegung und Meßgeräten von der etwas abseits gelegenen Deutschen Hütte ins Zentrum der Station, wo der Schlittenzug ausgerüstet wird, macht sich notwendig. Dabei muß ich rückwärts an die Hütte heranfahren. Windstille – und ganz plötzlich – eine Tücke der Antarktis – bricht eine Windböe los. Ich verspüre einen harten Schlag gegen den Kopf, die offene Kabinentür des Kettenfahrzeuges ist zugeschlagen. Mir wird schwarz vor Augen, unter meiner Pelzmütze rinnt Blut hervor. Die Kopfverletzung klafft etwa fünf Zentimeter breit und muß genäht werden. Ich habe nur einen Gedanken: Was wird aus meiner Teilnahme am Schlittenzug? – Es ging noch einmal gut; einen Tag vor der Abfahrt werden die Fäden gezogen.

Am 8. April starten wir. Bereits am Vorabend standen die Schlitten und Fahrzeuge für den Herbstschlittenzug bereit. Die Flaggen der UdSSR und der DDR werden am Funkmast aufgezogen. Dichte Schneewolken treiben über die kleine Gruppe von Fahrzeugen und ihrer Mannschaft. Am Traktor hängt ein Schlitten mit Treibstoff und Ausrüstungen. Auf dem Wohnschlitten befinden sich Schlafplätze für sieben Personen, außerdem die Funkstation, die Küche und die elektrische Ladeeinrichtung. Somit ist das Leben in dem engen Wohnraum für uns reichlich unbequem. Besonders beschwerlich war es an den vielen Sturmtagen, an denen der Wohnschlitten kaum verlassen werden konnte: Trotzdem versäume ich nicht, Notizen in mein Tagebuch zu kritzeln. Hier sind einige Auszüge, die vielleicht einen – wenn auch nur blassen – Eindruck von unserem ersten Schlittenzug vermitteln:

16. April: Wieder hat es über Nacht pausenlos geschneit. Am Tag Schneefegen. Wir kommen schwer voran. Die Schlitten sind so stark verweht, daß der GT-T vor den Traktor gespannt werden muß. In den meterhohen Wehen hängen die Schlitten fest. Schaufeln, Schaufeln, An- und Abkuppeln, Rückwärtsstoßen, Vorwärtsziehen. Das sind langwierige Manöver. Endlich haben wir es geschafft und gelangen zum nächsten Meßpunkt.

17. April: Nachts sanken die Temperaturen auf minus 25 °C. Am Morgen, zum Aufbruch, haben wir klaren Himmel. Wir rücken weitere zehn Kilometer nach Süden vor: Die Messungen gehen gut voran. Pech haben wir trotzdem – die Funkverbindung zum Wohnschlitten bricht ab. Atmosphärische Störungen.

Ein weiteres Pech haben wir mit der Kraftstoffzufuhr, sie streikt. Die Kälte läßt den Diesel gelieren. Ich versuche immer wieder, den Motor zu starten, ohne Erfolg. Da helfen nur noch rote Leuchtkugeln. Das ist das verabredete Signal für eine Havarie und bedeutet: Sofort herkommen! Kugel um Kugel feure ich ab. Endlich hat unsere »Hauptstation Wohnschlitten« etwas gemerkt und schickt den Traktor her.

18. April: Wieder läßt starkes Schneefegen keine Messungen zu. Lonja Koschewin, unser Traktorist, und ich nutzen die Zeit, um die Fahrzeuge aufzutanken. Doch der Teufel scheint mit dem Wetter gegen uns im Bunde, Lonja erwischt im Schneetreiben das falsche Faß. Statt mit Diesel wird der GT-T mit Frostschutzmittel getankt. Ich stelle es bei einer Stichprobe fest, sofort stoppen wir die Zufuhr. Trotzdem muß die Tankanlage völlig entleert werden. Dadurch haben wir großen Verlust an Kraftstoff und sind gezwungen, von der Station Nachschub anzufordern.

25. April: In den Morgenstunden läßt der Schneesturm nach. Wir brechen zum Signal 21 auf. Plötzlich sehen wir rote Leuchtkugeln am Himmel und fahren zum Wohnschlitten zurück. Am Traktor ist ein Kettenbolzen gebrochen. Die rechte Kette muß repariert werden. Eine Heidenarbeit, weil sich der Bolzen festgefressen hat! Und minus 26 °C! Lonja und ich arbeiten unter größten Anstrengungen mit Gasflamme, Vorschlaghammer und Hebel. Mittags beginnt es auch noch zu schneien. Mit viel Geduld und eiserner Konzentration können wir gegen 19 Uhr den Schaden beheben. Wir sind völlig durchfroren, die Gesichter vereist. Im Wohnschlitten öffnet Shenja Prusakow, der uns begleitende Arzt und Funker, den Spritkanister, der eigentlich für Operationszwecke bestimmt ist. Der Trunk wird nur mit wenig Wasser verdünnt.

28. April: Die Nacht ist sehr kalt, aber klar. Tief beeindrucken uns die zuckenden Polarlichter am Himmel.

Nach dem Frühstück fahren wir weiter. Doch vorher muß das Kettenfahrzeug mit Öl aufgefüllt werden. Lonja hilft mir dabei. Die Fässer sind auf dem Schlitten unter einer hohen Schneedecke verschwunden. An Seilen ziehen wir das Faß mit dem GT-T heraus. Mittels Gasbrenner bekommen wir das Öl flüssig und so läßt es sich überhaupt erst aus dem Faß herauslösen.

Nachmittags sind wir auf dem Weg zum Nunatak. Aber am Hang stockt das Kettenfahrzeug – Motorschaden. Eine gute Stunde dauert die Reparatur. Ohne Handschuhe an den Eisenteilen zu arbeiten, ist unmöglich. Durch das starke Erkalten des Eisens würden die Hände daran klebenbleiben.

30. April: Seit Tagen liegen wir im Schneesturm fest. Im Wohnschlitten ist es wegen der Enge fast unerträglich. Die Luft ist schlecht, und wir liegen wie die Heringe. Die Zeit versuchen wir mit Halma, Schach oder Lesen totzuschlagen. Dazu ein anderes Problem: Am Stromaggregat ist der Motor defekt. Das bedeutet Gefahr für unsere Energieversorgung, wenn nicht gar ihren völligen Zusammenbruch. Lonja und ich versuchen verbissen, den Schaden zu beheben.

2. Mai: Strahlender Sonnenschein! Das Thermometer zeigt minus 22 °C, und es werden 9 m/s Windgeschwindigkeit gemessen. Endlich rollen wir – nach sechs Wartetagen! – weiter auf die Nunatakker zu. Die Fahrt geht reibungslos vor sich. Uns bietet sich eine phantastische Fernsicht. Wir arbeiten nur in der Lederjacke, und unsere Stimmung ist ausgezeichnet.

Wir rollen aufs nächste Signal zu. Was für ein stolzes Gefühl, das Kettenfahrzeug durch diesen Glanz und diese Weite zu steuern! Dennoch muß ich aufmerksam die Struktur des Geländes beobachten.

6. Mai: An Stange 16, wir sind bereits auf der Rückfahrt, bemerke ich plötzlich eine Veränderung: eine in dem diesigen Licht kaum wahrnehmbare, sich lang hinziehende Erhöhung auf der sonst gleichförmigen

Oberfläche. Spaltengefahr! Ich verlasse den GT-T mit einem Spaten und untersuche die Spaltenbreite. Es sind nur kleinere Spalten. Ein bißchen ängstlich bin ich trotzdem, aber ich lasse mir nichts anmerken und überquere das Hindernis.

13. Mai: Wir sind wieder in der Station, waren in der Sauna, haben frische Wäsche an und feiern drei Tage mit unseren sowjetischen Kollegen. Die vielen kleinen und großen Ärgernisse am Rande des Schlittenzuges haben wir längst vergessen. Schließlich konnten wir sie gemeinsam mit gutem Willen und Rücksichtnahme meistern.

Danach arbeite ich täglich in der Werkstatt. Der GT-T muß gründlich überholt werden, er wird für die Entladearbeiten der Ob gebraucht. Draußen ist es nun, im Mai, ziemlich ungemütlich, minus 30 °C und Schneetreiben. An manchen Tagen tobt der Sturm so, daß die Häuser in ihren Fugen wackeln. Für den Weg von unserer Unterkunft bis zur Werkstatt benötigt man normalerweise zehn Minuten, einmal habe ich fast eine halbe Stunde dazu gebraucht. Der Sturm bringt eine Flut von Eiskristallen mit sich. Wie tausend Nadelstiche empfindet man ihren Aufprall im Gesicht. Die Windgeschwindigkeit übersteigt 40 m/s, das sind mehr als 140 km/h.

Am 23. Mai teilt ein Funkspruch des Kapitäns der Ob mit, daß das Schiff aufgrund der Eisdicke schwer vorankommt. »Es wird jedoch versucht, die Station zu erreichen.« Das bedeutet für uns in der Werkstatt, die Traktoren für die Entladung bereitzuhalten. Der Stationsleiter weist an, die Fahrerkabinen zu entfernen, aus Sicherheitsgründen, damit wir bei einem eventuellen Abkippen in eine Eisspalte vom Fahrzeug springen können. Doch die Kfz-Technik kommt nicht zum Einsatz, denn die Wetterlage wird so schlecht, daß es für die Ob unmöglich ist, sich weiter der Station zu nähern. Mit einer AN-2 werden nur die dringendst benötigten Lebensmittel sowie die Ablösung für die Überwinterer transportiert.

Während der Wintermonate arbeiteten 15 Mechaniker in der Werkstatt. Sie bereiteten auch die Technik für unseren zweiten Schlittenzug vor. Diese neue Werkstatt, im selben Jahr an die Station übergeben, war technisch sehr gut ausgerüstet, so daß sämtliche Reparaturen möglich waren. Das muß auch so sein, wie sollte man sich sonst viele tausend Kilometer von der Zivilisation entfernt behelfen?

Die Zeit der Überwinterung verging verhältnismäßig schnell. Im Fotolabor konnten wir Filme und Fotos entwickeln. Das »Spielkasino«, so nannten wir den Aufenthaltsraum, bot neben Kino ausreichend Abwechslung. Es war genügend Zeit zum Erfahrungsaustausch mit unseren sowjetischen Kollegen, und es kam zu vielen persönlichen Kontakten. Bereits während der Entladearbeiten an der Nawarin hatte ich Boris Aminow kennengelernt, einen Mechaniker aus Leningrad. Trotz anfänglicher Sprachschwierigkeiten verstanden wir uns bald sehr gut. Boris war meist in der Baubrigade beschäftigt. Viele Stunden der Freizeit verbrachten wir gemeinsam, unternahmen ausgedehnte Spaziergänge, auf denen wir uns über unsere Arbeit und unsere Familien – er hatte auch eine kleine Tochter – unterhielten. Boris konnte ausgezeichnet singen und begleitete sich auf der Gitarre. Wo er erschien, ging es fröhlich zu. Er verfaßte auch Gedichte über die antarktische Landschaft und malte. Zu meinem Geburtstag schenkte er mir eines seiner Bilder: »Eisberg mit untergehender Sonne«. Ein echter Prachtkerl. Mit Boris Aminow verbindet mich noch heute eine herzliche Freundschaft.

Anfang November begann für uns der zweite, der Frühjahrsschlittenzug. Wir waren die gleiche Mannschaft wie im Herbst, nur anstelle von Lonja fuhr jetzt der Mechaniker Igor Bubel mit. Gleich in den ersten Tagen hatten wir mit einigen Pannen zu kämpfen. So hatte Igor beim Anfahren eine verschneite Benzintonne übersehen. Der Wohnschlitten sank tiefer als die Zugmaschine ein und saß auf der Tonne auf, ohne daß es gleich bemerkt wurde. Igor glaubte wohl, das Hemmnis wäre eine Schneewehe, er zerrte mit seinen 100 PS vorwärts und stieß zurück. Es splitterte und krachte, wie Rolf Eger und Reinhard Dietrich, die ahnungslos am Tisch saßen, das Ereignis wiedergaben, und plötzlich stand die Benzintonne im Wohnraum. Zum Glück hatten wir genügend Bretter und Sperrholz auf dem Lastschlitten. Mit vereinten Kräften behoben wir den Schaden.

Im wesentlichen waren auf unserem zweiten Marsch die gleichen Aufgaben zu lösen wie beim Herbstschlittenzug. Aber diesmal gab es mehr Spalten zu überwinden. Das Erkennen und Überfahren von Eisspalten habe ich während des Frühjahrsschlittenzuges gelernt. Trotzdem ist man manchmal ratlos. Ich entsinne mich einer Episode während der 21. SAE: Unversehens stehen wir vor mächtigen Rissen im Gletschereis. Wir schätzen die Tiefe auf etwa 40 Meter. Was machen? Einfach darüber hinwegfegen? Meine Hände zittern, als wir die ersten hinter uns haben.

Am nächsten Morgen nehme ich Verbindung zum Stationsleiter Awerjanow auf. Ich erzählte ihm von den noch vor uns liegenden Spalten, melde Bedenken an, schlage vor, daß wir die Fahrt vielleicht doch verschieben sollten. »Nitschewo«, meinte er und ist bald selbst zur Stelle. Ich weiß nicht, wie viele Spalten er schon überquert hat, doch die Art, wie er diese verflixten Dinger prüft, verrät den absoluten Fachmann. »Charascho«, sagt er schließlich, setzt sich mit mir in die Maschine und zischt über die restlichen Abgründe hinweg.

Während der 17. SAE waren die Spalten jedoch noch nicht so tief ausgeprägt. Das Wetter zeigte sich nicht gerade wie für eine Frühlingsfahrt geschaffen, aber Anfang Dezember spürten wir doch den antarktischen Sommer aufkommen. Ringsum schmolz der Schnee, und unser Schlittenzug näherte sich dem Ende.

Das Resümee des Kraftfahrers: Während des ersten und zweiten Schlittenzuges sowie für dazwischen liegende Meß- und Transportfahrten habe ich mit dem Kettenfahrzeug 8000 km zurückgelegt. Pro Schlittenzug wurden zehn Fässer Diesel mit einem Fassungsvermögen von je 200 Litern sowie 400 Liter Motorenöl benötigt. Um die Stromaggregate zu betreiben – das gehörte auch zu meinem Verantwortungsbereich – brauchten wir 400 Liter Benzin.

Kreuz und quer über die Berge der Freundschaft

Klaus Dreßler

Noch heute stehen mir die Bilder des ersten Schlittenzuges über den Hays-Gletscher so deutlich vor Augen, als wäre ich erst vor wenigen Tagen zurückgekehrt. Es war eine Zeit harter Arbeit, voller Entbehrungen und unvorhergesehener Ereignisse. Trotzdem oder gerade deshalb war sie schön und ungewöhnlich interessant. Während eines Erkundungsfluges, am 1. März 1972, sahen wir auch eine Berggruppe, die uns noch gründlich beschäftigen sollte. Sie wurde damals schlicht als Nunatak 1422 bezeichnet, nach der nur ungenau bekannten Höhe, und war als Endpunkt unserer geodätischen Traverse vorgesehen.

Messen mit Bildern
Meine wichtigste fachliche Aufgabe bestand darin, photogrammetrische Aufnahmen anzufertigen. Die Photogrammetrie nutzt die Bilder der photographierten Geländeabschnitte, um Raumkoordinaten für beliebige Geländepunkte zu ermitteln. Sie ist also ein spezielles geodätisches Meßverfahren. Bei der terrestrischen Photogrammetrie befinden sich im Unterschied zur Luftbildmessung die Meßkammern (aus Kamera und Winkelmeßgerät bestehende Phototheodolite) auf der Erdoberfläche. Die Ermittlung der Bildkoordinaten erfolgt mit einer Genauigkeit von etwa 0,01 mm. Die Koordinatengenauigkeit der Geländepunkte hängt in erster Linie von den Aufnahmeentfernungen ab.

Ich hatte bereits im Braunkohlenbergbau mehrere Jahre lang Erfahrungen im photogrammetrischen Messen sammeln können, die mir auch während der Spitzbergen-Expedition der DDR 1964/65 zugute kamen. In der Antarktis galt es nun, die Oberfläche der Eiskappe im Untersuchungsgebiet zu bestimmen (das entsprach einer Ergänzung der vorliegenden Karten), sowie die Fließgeschwindigkeiten des Campbell- und des Hays-Gletschers an möglichst vielen Punkten über den Zeitraum eines Jahres zu ermitteln. In beiden Fällen waren stereoskopische Aufnahmen mit Basislängen (Abstand der beiden Phototheodolite) von mehreren hundert Metern auszuführen, und für die Geschwindigkeitsmessungen mußten Wiederholungsaufnahmen von einem Standpunkt, sogenannten Zeitbasen, angefertigt werden. Im Verlauf der 17. SAE haben wir von 25 Basen aus die Karte im Maßstab 1 : 200 000 um 700 km² ergänzt und die Geschwindigkeitsvektoren von 160 km² Gletscheroberfläche ermittelt. Um die Abhängigkeit der Eisbewegung von den Jahreszeiten feststellen zu können, wurde manche Basis bis zu 14mal vermessen.

Tiefe Temperaturen und häufige Schneestürme schränken jedoch topographische Arbeiten in Antarktika erheblich ein. Bereits ein Schneefegen im Bereich von einigen Zentimetern bis wenigen Dezimetern über der Oberfläche – als Saltation bezeichnet – macht photogrammetrische Aufnahmen unmöglich. Die wechselhaften Wetterbedingungen haben besonders während unseres ersten Schlittenzuges die Arbeiten erschwert. Andererseits läßt die sehr saubere antarktische Atmosphäre bei günstigem Wetter beträchtliche Fernsichten zu.

Ein anderes Hemmnis ist die oft starke Refraktion (vgl. S. 97 bis 106), die mitunter zu seltsamen Erscheinungen führt. Ich denke an die eindrucksvolle Fata Morgana, die wir in der Nähe des oberen Flugplatzes von Molodjoshnaja erlebten. Damals schrieb ich in mein Tagebuch:

»Schönste Fata Morgana bisher. Auf der Gegenstation in 1,2 km Entfernung erschien hoch über dem GT-T, unserem Kettenfahrzeug, eine große Flagge oder Rauchfahne, die sich nach unten ausdehnte, bis der GT-T plötzlich dreifach überhöht erschien, ebenso wie alle anderen Gegenstände. Durchs Fernrohr sah ich Artur ein zweites Mal über sich selbst, aber auf dem Kopfe stehend und mitunter so lang gestreckt wie in einem Zerrspiegel. Der Abendberg hatte senkrechte Seitenflanken wie der Lilienstein in der Sächsischen Schweiz, bis er über sich wiederum umgekehrt schwebte, manchmal beide Bilder ineinander übergehend, manchmal mit einem Streifen Himmel dazwischen. Gegenstände, sonst nicht sichtbar, kamen über dem Horizont zum Vorschein! Besonders schön: die roten und schwarzen Tafeln der Landebahnmarkierung. Sie waren sonst hinter einem Schneerücken verborgen, jetzt tauchten sie in ihrer normalen Größe etwa 10 m über der Oberfläche auf. Dann verwandelten sie sich in schlanke Säulen. Der eigenartigste Effekt war, daß die Traktoren, Bulldozer und anderen Geräte für die Flugplatzwartung, sonst in derselben Entfernung deutlich sichtbar, zeitweise ganz verschwanden. Alle diese Erscheinungen wechselten langsam innerhalb von ein bis fünf Minuten. Ein Zustand ging in den anderen über.«

Die Meßarbeiten mußten unter solchen Bedingungen natürlich abgebrochen werden.

An unbenannten Nunatakkern

Der Winter mit einem Monat Polarnacht in Molodjoshnaja verging auch für uns schnell und ohne Schwierigkeiten. Bei günstigem Wetter versuchten wir Außenarbeiten zu erledigen, und in der Zwischenzeit hatten wir reichlich zu tun, um wenigstens einen Teil unserer Messungen und der photogrammetrischen Aufnahmen auszuwerten.

Im zeitigen Frühjahr bereiteten wir den zweiten Schlittenzug vor. Er dauerte vom 9. November bis 6. Dezember 1972. Die während des Herbstschlittenzuges aufgestellten und eingemessenen Signale mußten nun neu vermessen werden. Aus den Punktveränderungen ergeben sich dann die Aussagen über Bewegungsrichtung und Fließgeschwindigkeit des Gletschereises. Die Arbeiten gingen uns diesmal schneller von der Hand – wir konnten das gute Wetter zu Beginn des antarktischen Sommers nutzen, und wir hatten im Laufe der Überwinterung vieles gelernt, was uns jetzt zustatten kam. So erreichten wir den Nunatak 1422 vor dem geplanten Termin. Am 25. November kroch unser Schlittenzug auf den Punkt »Schneesturmvogel« zu, den letzten der geodätischen Traverse, der sich als Festpunkt auf der äußersten, gletschernahen Felskuppe befindet.

Die kleine Berggruppe ist auf neueren Karten im Maßstab 1 : 5 000 000 als winziger brauner Fleck dargestellt, im Maßstab 1 : 200 000 sind ihre Konturen schon gut erkennbar. Einen Namen konnten wir nirgends ermitteln. Ist sie so unbedeutend oder hatte sich noch niemand näher damit befaßt? Neugier, Wissensdurst, Abenteuerlust, die Sehnsucht des Entdeckers ließen keinen zaudern, als ich vorschlug, einige Tage zur topographischen Aufnahme dieser Berge zu verwenden.

Fünfzig Kilometer von der Küste entfernt, liegen sie am Rand des kontinentalen Eisschildes. Sie sind der westliche Teil einer Reihe von Nunatakkern, die sich beiderseits des Rayner-Gletschers, der östlich des Hays-Gletschers in die Lena-Bucht mündet, erstrecken. Nähert man sich ihnen von Norden, so fallen sie durch eine mächtige Felswand und einen sich westlich davon ausbreitenden, großflächigeren Berg auf.

Steilflanken bis zu 300 m Höhe verhindern an dieser Stelle jedes Vorwärtskommen. Zwischen den herausragenden Kuppen zieht sich eine regelmäßig gebildete, bogenförmige Schneesteilkante hin, die vermuten läßt, daß sich unter dem Firn eine Felsgratverbindung befindet; zwei kleinere Gratstücke durchstoßen die Eisdecke. Von den Gipfelpartien bis zu den durchschnittlich 1120 m hohen Schnee- und Eisflächen am Fuße der Berge erstrecken sich riesige Schneewehen, von Schneegruben und einem Eisspaltengebiet unterbrochen. Kommt man hingegen von Süden, bietet sich ein ganz anderes Bild; da sehen die Nunatakker recht unauffällig aus. Das von Süd nach Nord andrängende Inlandeis erreicht hier in sanfter Steigung fast die Höhe der Gipfel. So wirkt die Nunatak-Gruppe, die eine Ausdehnung von etwa vier Kilometern hat, wie ein Rückstau.

Wir näherten uns mit unserem Schlittenzug vom Westen und stießen zunächst auf die Ausläufer des weniger steilen Nunataks. Anfangs schien unser Vorhaben ins Schwanken zu geraten. Die Berge empfingen uns mit heftigem Sturm. Der 26. November sieht uns deshalb erst einmal alle abwechselnd eine der Schneegruben ausheben, in denen Siegfried Meier glaziologische Untersuchungen anstellt. Mit Spaten, Äxten, Sägen gehen wir gegen das nach unten immer härter werdende Firneis an. Drei Meter tief soll die Grube werden; damit durchstoßen wir vier bis fünf Jahresschichten, die der Fachmann an der waagerechten Linienführung und der unterschiedlichen Tönung des Eises erkennt. Siegfried möchte erkunden, in welcher Weise sich die Eigenschaften der oberen Firn- und Eisschichten eines Gletschertales von denen des Inland-Eisplateaus unterscheiden. Das wurde bisher kaum sorgsam geprüft, denn die großen glaziologischen Inland-Traversen verlaufen zumeist, von einer Küstenstation ausgehend, meridional nach Süden, wobei die spaltenreichen Abflußtäler aus Sicherheitsgründen gemieden werden. Außerdem brauchen wir Informationen über die Schneeakkumulation im Einzugsgebiet des Hays-Gletschers, wenn wir am Ende unserer Arbeiten eine Massebilanz erhalten wollen. An diesem Tag schaffen wir aber nur 2,50 m. Erst am nächsten wird die Grube fertig.

Der 27. November ist noch sehr windig. Siegfried klettert in seinen Schacht. Er wird die Wände sauber abputzen, damit er Schichtprofile zeichnen kann, und dann aus jeder Schicht quaderförmige Blöcke heraussägen, die ihm zur Dichtebestimmung dienen. Aus den Dichtedaten und Schichtdicken kann er später die Niederschlagsmenge je Sommer- beziehungsweise Winterhalbjahr errechnen. Abends werden wir einen ansehnlichen Vorrat an Eisbrocken für die Wassergewinnung haben.

Rolf Eger sitzt im Balok und rechnet die bisherigen Messungen durch, um zu prüfen, ob sich etwa ein grober Fehler eingeschlichen hat. Alle anderen helfen mir bei den photogrammetrischen Arbeiten.

Zuerst erkunden wir das Gelände in großen Zügen. Artur Zielke fährt uns mit dem GT-T zu den höchsten und wichtigsten Punkten. Wir erhalten einen guten Überblick über das nicht allzu komplizierte Terrain. An den Punkten, die schon mit Sicherheit als Eckpunkte des trigonometrischen Netzes erkannt werden, stellen wir leere Benzintonnen auf, die wir mit Steinen beschweren, oder errichten unsere üblichen, roten Zylindersignale. Sie müssen in den meisten Fällen auch auf den photogrammetrischen Aufnahmen als sogenannte Paßpunkte zur Feinkorrektur während der Auswertung erkennbar sein. Wenn auf diese Weise alle Standpunkte vermarkt sind, kann die trigonometrische und photogrammetrische Messung praktisch gleichzeitig erfolgen. So müssen wir jeden Punkt im Laufe der Messungen mindestens zweimal aufsuchen.

Die rechtwinkligen Koordinaten der Standpunkte werden nun derart bestimmt, daß in einem Netz von Dreiecken eine oder einige Strecken und möglichst viele Winkel gemessen werden. Nach einer Fehlerausgleichung als Folge überschüssiger Messungen erhalten wir die Koordinaten der Punkte mit einer Genauigkeit von ± 0,1 m. In den drei Tagen, in denen uns das Wetter gnädig war, konnten wir im Gebiet der Nunatakker ein trigonometrisches Netz von 23 Punkten einmessen und 30 photogrammetrische Modelle aufnehmen. Dabei mußten wir täglich mindestens 30 km mit dem Kettenfahrzeug zurücklegen.

Das Prinzip der terrestrischen Photogrammetrie ist verhältnismäßig einfach (vgl. Skizze): Im Gelände werden die Aufnahmeachsen der beiden Meßkammern streng parallel gerichtet, und es wird die Basislänge b gemessen. Aus der bekannten Brennweite f der Kammer und den in den Meßbildern gemessenen Abständen l und r können die gesuchten Koordinaten x und y der Geländepunkte errechnet werden. Für die Höhenkoordinate z gilt Entsprechendes.

Prinzipdarstellung der terrestrischen Photogrammetrie

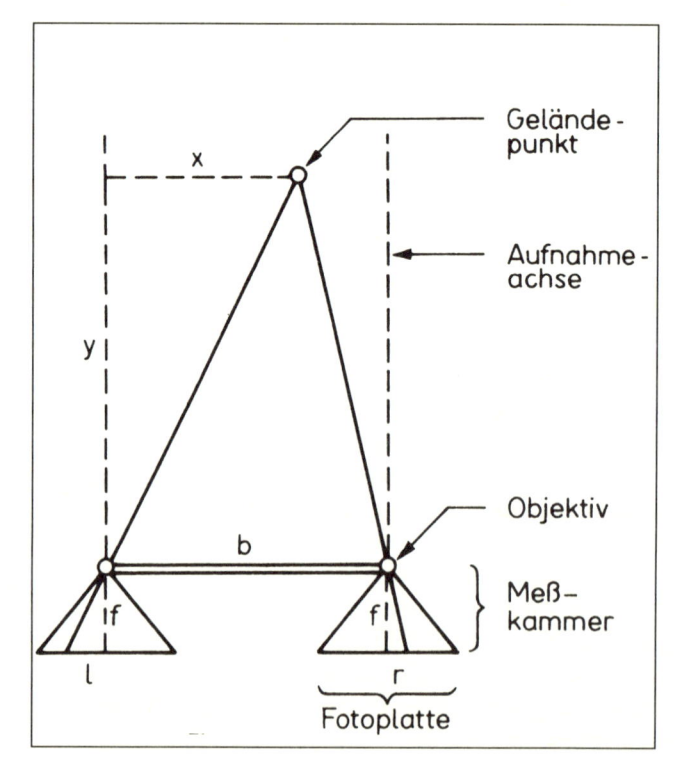

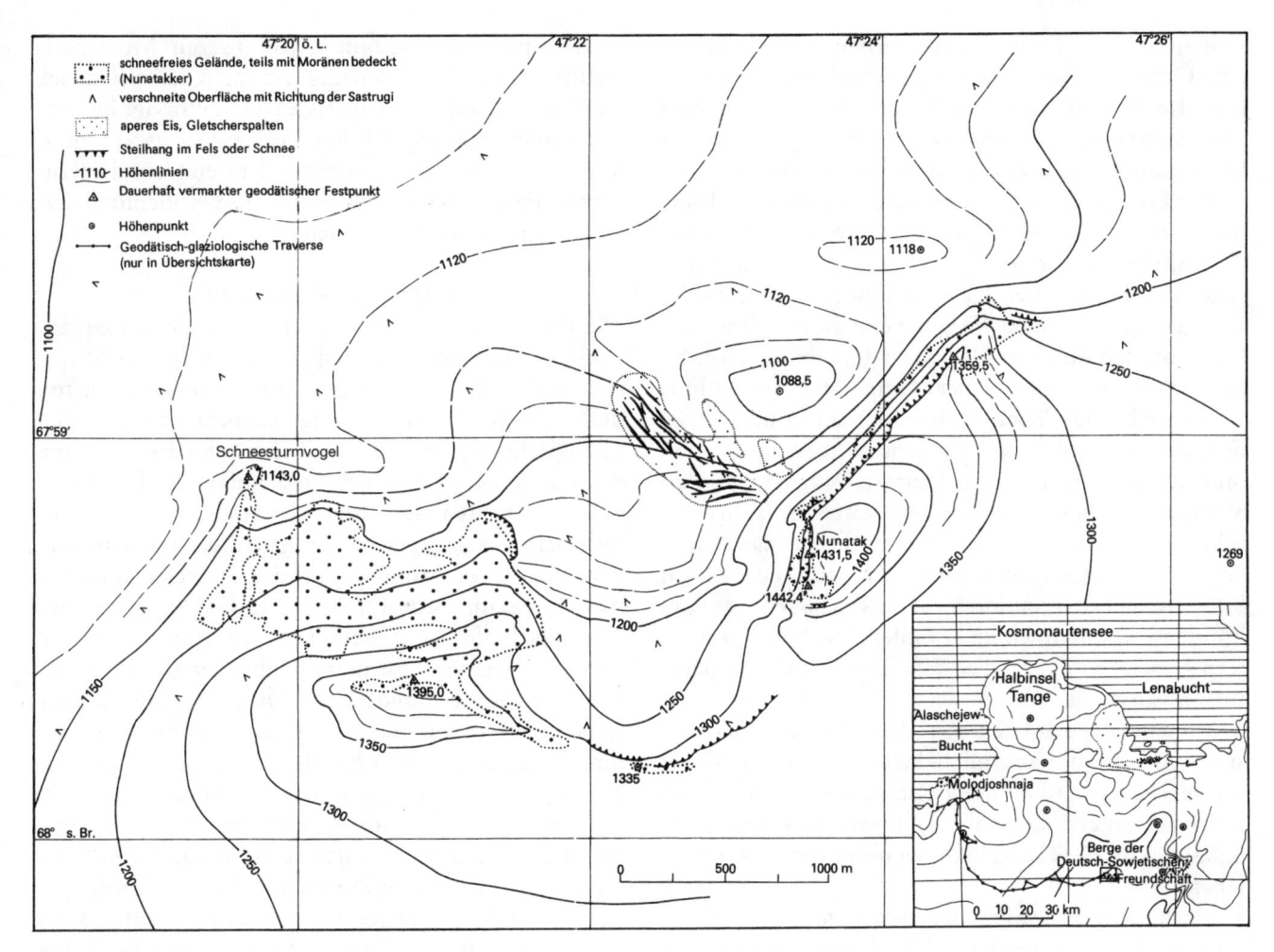

Die von einer Forschergruppe der DDR 1972 kartierten und benannten Berge der Freundschaft, etwa 75 km Luftlinie von Molodjoshnaja entfernt

Um eine möglichst hohe Genauigkeit zu erzielen, ist das Objektiv des Phototheodoliten fest auf 1 : 25 abgeblendet. Als Bildträger haben wir Photoplatten mit Topoemulsionen, Empfindlichkeit 3 DIN, eingesetzt. Da unter normalen Bedingungen die hieraus resultierenden Belichtungszeiten mehrere Sekunden bis Minuten betragen, ist in den Phototheodoliten kein Verschluß eingebaut. Die Belichtung erfolgt mit der Hand, indem der Objektivdeckel abgehoben wird. Auf dem Inlandeis war es aber oft so hell, daß wir mit Leuchtdichten von mehr als 50 000 asb zu tun bekamen. In Ermangelung anderer Möglichkeiten mußte deshalb nach Gefühl sehr kurzzeitig belichtet werden. In Molodjoshnaja haben wir dann jede Photoplatte einzeln entwickelt.

Eine weitere Schwierigkeit bestand darin, die Punkte der Schneeoberfläche in den Meßbildern eindeutig zu erkennen. Das ging nur, wenn die Aufnahmen bei klarem Wetter und tiefstehender Sonne gemacht wurden, so daß die langen Schatten der Windgangeln Kontrastflächen auf dem Schnee entstehen ließen. Dabei wirkt der flache Bogenverlauf der Sonne über Antarktika begünstigend.

Die Auswertung der Photoplatten erfolgt später mit einem Stereoautographen. Der Auswerter sieht ein räumliches Modell des Geländes, in dem er eine Meßmarke an beliebiger Stelle aufsetzen kann. Der Grundriß der so »angefahrenen« Punkte oder Linien wird sofort automatisch auf einem Kartiertisch gezeichnet. Die Höhen können digital abgelesen werden.

Das Ergebnis ist eine Karte des Untersuchungsgebietes im Maßstab 1 : 10 000. Sie erfaßt eine Fläche von etwa 20 km² und weist eine hohe Genauigkeit auf.

Zwischen den Arbeiten im Gelände hatten wir nur wenig Zeit für andere Beobachtungen. Wir sammelten Gesteinsproben, an denen die Geologen dann feststellten, daß die Felsen im wesentlichen aus Feldspaten, Quarzen, Pyroxenen und Amphiboliten bestehen. Im Verwitterungsschutt am Hang des Berges 1397 m fanden wir wunderschöne Stücke fast reinen Quarzes mit bis zu zehn Zentimeter Durchmesser.

Wir konnten in 1300 m Höhe eine mittlere Jahrestemperatur von etwa minus 23°C errechnen. Obwohl die Lufttemperatur in der Umgebung sicher nur in den seltensten Fällen über den Gefrierpunkt steigt, bildet sich in geringem Maße Wasser, wenn die Sonnenstrahlung von den dunklen Gesteinen absorbiert wird. So beobachteten wir bei einer Temperatur von minus 14 °C und einer Windgeschwindigkeit von etwa 20 m/s, daß dünne Schneeschichten in der Sonne tauen und Wasserflecken sowie kleinste Pfützen auf den Steinen entstehen. Erscheinungen von Korrasion (Abschliff durch vom Wind mitgeführten Sand und Schnee) und Gletscherschrammen, wie sie an den Uferfelsen bei der Station Molodjoshnaja sehr oft vorkommen, konnten wir nicht finden. Die Berge verwittern vorwiegend durch Frostsprengung und Temperaturschwankungen.

Manchmal verfolgten wir den Flug der Schneesturmvögel. Wahrscheinlich halten sich diese Vögel nur hier auf, um unter den Felsüberhängen zu brüten, denn da sie hier keine Nahrung finden, ist kaum anzunehmen, daß sie ständig in dieser unwirtlichen Gegend leben.

Nach dem Abschluß der Arbeiten saßen wir in unserem Balok zusammen. Ein Russe, ein Ukrainer und fünf Deutsche aus der DDR, bestens ausgerüstet, hatten die topographische Aufnahme einer markanten Nunatak-Gruppe am Rande des Hays-Gletschers in insgesamt fünf Tagen bewältigt. Wir glaubten damit auch das Recht zu haben, einen Namensvorschlag zu unterbreiten. Nach den Erlebnissen der bisherigen Expeditionszeit und besonders der herzlichen Zusammenarbeit während der beiden, streckenweise schwierigen Schlittenzüge gab es nichts Näherliegendes, als sie »Berge der Deutsch-Sowjetischen Freundschaft« zu nennen. Nach gründlicher Bearbeitung der Meßergebnisse in der Heimat, dem Druck der Karten, nach Veröffentlichungen und dem Austausch wissenschaftlicher Materialien besonders mit den Unterzeichnerstaaten des Antarktisvertrages ist dieser Name nun bei allen Interessenten bekannt geworden.

Am Beispiel der geodätischen Erschließung dieser Berge der Freundschaft kann man gut ersehen, wie die Unterlagen wenig erkundeter Gebiete schrittweise verbessert werden. In der Karte von 1962 (Maßstab 1 : 200 000) steht nur die Höhenangabe für den *östlichen* Gipfel mit 1422 m. Aus unseren Messungen resultiert eine Höhengenauigkeit von ± 0,3 m. Danach ist aber der *westliche* Gipfel mit 1442,4 m der höhere. Der östliche Gipfel mißt nur 1397 m. An anderer Stelle konnten wir in den genannten Karten Grundrißfehler von Felspartien bis 500 m und von Höhenlinien bis 1500 m ermitteln bzw. berichtigen.

Unsere Sehnsucht: Molodjoshnaja
Die Rückfahrt des zweiten Schlittenzuges ging planmäßig vonstatten. Siegfried, Artur, Rolf und Shenja fuhren diesmal unabhängig vom Wohnschlitten mit dem schnellen GT-T. Sie hatten ein umfangreiches glaziologisches Programm mit vielen Schneegruben und diversen anderen Arbeiten zu absolvieren. Die restlichen drei sollten weite Strecken langsam, aber ununterbrochen zurücklegen; Reinhard Dietrich nahm ein barometrisches Höhenprofil der Traverse auf. Ich hatte dabei die beste Funktion. In luftiger Höhe, auf dem Dach des Wohnschlittens sitzend, mußte ich dafür sorgen, daß Igor in möglichst gerader Linie zur nächsten Signalstange fährt. Dick angezogen, eine Leuchtpistole zur Hand, mit der ich winkend oder mittels abgefeuerter Leuchtpatronen die Richtung anzugeben hatte, war es mir anfangs noch recht kalt. Aber bald, mit abnehmender Höhe, wurde es angenehm warm; die Temperatur stieg bis auf minus 8 °C. An vorausbestimmten Punkten und jeden Abend trafen sich beide Fahrzeuge. Gemeinsam schachteten wir noch zwei tiefe Gruben, um die Serie glaziologischer Profile zu vervollständigen und nahmen drei photogrammetrische Basen auf.

Die Funkverbindung zur Station kam täglich zustande. Wir erfuhren, wann welches Schiff Leningrad in Richtung Antarktis verlassen und welches schon den Äquator überquert hatte. Auch private Telegramme wurden durchgegeben. Es war sehr spaßig, wenn Shenja unter dem Kopfhörer verstehend nickte und in etwas holprigen Zügen – wegen der Transkription aus der kyrillischen in die lateinische Schrift – Buchstabe für Buchstabe unsere Telegramme niederschrieb. Am Ende las er sie manchmal vor. Einige falsche Buchstaben, meist falsche Betonung und Abteilung sowie die kehlige Aussprache reizten uns zum Lachen. Er selbst verstand kein Wort, freute sich aber königlich, wenn wir alles mitbekamen. Mehrmals ließ er sich das bestätigen und natürlich auch die Texte übersetzen.

Doch unsere Gedanken waren schon in »Molod«, wie wir Molodjoshnaja kurz und liebevoll nannten. Es war unsere zeitweilige Heimat geworden, die Geborgenheit, etwas ganz Besonderes. Zwar lockten auch die Aussicht auf ein Bad und andere Annehmlichkeiten, vor allem aber hatten wir Sehnsucht nach der wohltuenden Atmosphäre des Stationslebens.

In einer antarktischen Forschungsstation herrschen einige Eigenarten, die man vielleicht im Zeitalter des Kommunismus, eines wirklichen Kommunismus, wie ich ihn mir vorstelle, allgemein erwarten kann. Alle Expeditionsteilnehmer sind nicht nur freiwillig in der Antarktis, sie haben sich teilweise lange darum beworben und darauf vorbereitet. Es sind alles Enthusiasten. Vielleicht ist bei manchem ein wenig Abenteuerlust mit im Spiele, in jedem Fall aber geht jeder, ob Expeditionsleiter, ob Koch oder Wissenschaftler, seiner Arbeit mit Freude und Begeisterung nach. Sie ist ihm, obwohl oft schwierig, zum Bedürfnis geworden. Es herrschen Kameradschaftlichkeit, Hilfsbereitschaft, Optimismus, Ehrlichkeit, Zuverlässigkeit, eine gewisse Anspruchslosigkeit. Das könnten wir mit vielen, vielen Beispielen belegen.

Die Arbeit sorgt dafür, daß auch die etwas schwereren Wintermonate schneller vergehen. Es gibt genug zu tun, und man ist außerdem glücklich, wenn man anderen Gruppen mit eigener fachlicher Arbeit einmal helfen kann. Alle Türen stehen offen, obwohl die Hauseingänge in »Molod« gleich mit drei Türen gegen Treibschnee und Kälte geschützt sind. Und wo gibt es noch eine Siedlung, in der in die Türen der Wohnhäuser gar nicht erst Schlösser eingebaut werden? In jeder Fachgruppe wurden uns bereitwillig alle Einzelheiten der Aufgaben und der Ausrüstung erklärt. Es gibt kein Geld. Jeder kann beliebig viel essen und trinken. Eine Ausnahme machen lediglich alkoholische Getränke. Nur Telegrammgebühren und der Bezug von Tabakwaren werden angeschrieben und nach der Expedition bezahlt. Beeindruckend war für uns außerdem die gleichbleibende Höflichkeit unserer Gastgeber untereinander und über das ganze Jahr hinweg. So bedankte sich zum Beispiel jeder nach dem Mittagessen mit einigen freundlichen Worten bei den Köchen und dem Küchendienst. Das sind gewiß nicht sensationelle Beobachtungen, die man aus Antarktika mitbringt, aber auch diese kleinen Begebenheiten haben sich wohl jedem von uns dauerhaft eingeprägt.

Helikopter-Sprünge

Siegfried Meier

5. März 1973, einer der letzten windschwachen Tage am Ende der Südsommersaison: hohe, geschlossene Wolkendecke, nur leichter Fallwind am Boden, gute Sicht. Der Helikopter MI-8 schraubt sich mit singendem Rotor in einhundert Meter Flughöhe über den Eiskappenrand bei Molodjoshnaja hinauf. Im Süden das sanft gewellte Inlandeis mit den Strukturen des windverblasenen Schnees, im Norden das noch immer eisbedeckte Meer mit den eingeschlossenen Eisbergen, die gleich Waffelstückchen auf einem Tablett zu liegen scheinen. Unter uns flitzen die Markierungstafeln des Flugplatzes hinweg. Südlich davon geht die Maschine auf Ostkurs und steuert den Hays-Gletscher an.

Vor einer Stunde sah es noch nicht so aus, als ob der Meßflug zum Hays-Gletscher zustande käme. Im Nordwesten der Station baute sich gegen Mittag eine dunkle Wolkenfront auf, Anzeichen eines jener Tiefdruckgebiete, die sich vor der Südspitze Afrikas beim Zusammenstoß warmer subtropischer und kalter polarer Luftmassen entwickeln, gegen das Enderbyland anlaufen und vor allem den küstennahen Gebieten stürmische Winde und reichlich Schneefall bringen. Gestern aber hatten wir uns in der synoptischen Station die Satellitenbilder angesehen. Der Meteorologe vom Dienst verhieß uns nur in der ersten Tageshälfte gutes Wetter. Sicheres Flugwetter aber machte die Flugleitung zur Bedingung, um dem Luftsprung zum Hays-Gletscher mit Landungen auf seiner rissigen, zerspalteten Zunge in der vorgeschrittenen Jahreszeit stattzugeben.

Der Vormittag verging mit Vorbereitungen, mit dem Umrüsten der Maschine. Genna Trepow von der Radiophysikalischen Abteilung des Arktischen und Antarktischen Forschungsinstituts in Leningrad, Fachmann für Radareisdickenmessungen, baute seine Meßapparatur in den Hubschrauber ein. Mit den Fliegern besprachen wir die Route und die möglichen Landeplätze anhand des Luftbildplanes.

Schwer war es nicht, Genna von der Notwendigkeit des Fluges zu überzeugen, ist er doch an allen Problemen und Ergebnissen unseres geodätisch-glaziologischen Forschungsprogrammes am Hays-Gletscher interessiert. Es galt, buchstäblich in letzter Minute der Expedition, eine Lücke zu schließen: die noch fehlenden Eisdicken der Hays-Zunge möglichst nahe der etwa 7 km langen Kalbungsfront zu messen. Vor bereits gepackten Kisten, zufrieden mit den sonstigen Ergebnissen der Expedition, schmerzte mich diese Lücke besonders. Ohne das wichtige Eisdicken-Querprofil in Frontnähe keine Querschnittsfläche, ohne Querschnittsfläche kein Eisdurchfluß, ohne Eisdurchfluß keine sichere Massenbilanz. Schade, jammerschade.

Doch dann sind wir mit Genna, der gerade mit einer Saisongruppe vom Amery-Schelfeis zurückgekehrt war, zusammengekommen. Sein derzeitiges fachliches Problem: störungsfreie Radarsondierung über Spaltengebieten. Wir versicherten ihm, daß es nirgends so prächtige Spalten wie am Hays-Gletscher gibt. Unsere Interessen decken sich haargenau.

Gegen Mittag lief der Motor warm, summend kreisten die Rotorblätter. Mit der Energiezuleitung zum Meßgerät schien etwas nicht zu klappen. Langsam wurde ich unruhig. Die Wolkenwand rückte deutlich näher. Doch Genna, breit gebaut, ein Hüne von Gestalt, hantierte in einem Strippenfitz mit unerschütterlicher Ruhe. Was sollte da noch schiefgehen?

Der Hubschrauber startete um 13.30 Uhr. Wie meist ist die Kabine überheizt. Für die Freiluftarbeit angehost, bricht mir bald der Schweiß aus. Ich habe einen heißen Kopf und kalte Füße. Den Kollegen geht es nicht anders. Der lange Nikolai Tretjakow schiebt sich die Schapka ins Genick. Als Geophysiker meist im Gelände tätig, hat er sich gleich uns an niedrige Temperaturen gewöhnt. Nikolai ist, seit unserer ersten Begegnung im Frachthafen von Leningrad, einer der Aktivposten unseres Forschungsprogramms. Er hilft, wo er nur kann, besonders wenn eine interessante, abwechslungsreiche Aufgabe lockt. Und dieser Meßflug läßt sich spannend an. Tretjakow führt drei Gravimeter zur Schweremessung mit. Artur Zielke hält den Firnkernbohrer bereit. Drei Fliegen wollen wir mit einer Klappe schlagen: Eisdickenmessung, Schweremessung, Firnkernbohrung – sofern es gelingt zu landen. Und das ist der springende Punkt: Wird der Pilot genügend große Maschen im Netz der Spalten finden, um hindurchzuschlüpfen?

Die Spannung wächst, denn gerade überfliegen wir die ausgescherte Randzone, in der sich die Bewegungskräfte des aktiven Eisstroms gegen das ruhiger liegende Festlandeis hin ausgleichen. Einen Kilometer ist der Trümmerstreifen breit. Der Blick in die Tiefe, in das Chaos geborstenen Eises, ist entmutigend. Ich wunderte mich nicht, wenn sich der Kommandant auf der Stelle zur Umkehr entschlösse. Nichts dergleichen geschieht. Unbeirrt hält die Maschine Ostkurs, denn wir wollen das Profil vom östlichen Ufer zum Abendberg hin messen.

Ein Blick aus dem Kabinenfenster: Von Süden schiebt der Hays-Gletscher in einer flachen, bis zu 60 Kilometer breiten Depression seine Eismassen heran und in das tektonisch angelegte, glazial überformte Ausflußtal von 10 km Breite hinein. Dabei dehnt sich das zusammengepreßte Eis in Längsrichtung; Verformung und Geschwindigkeit nehmen besonders in den bodennahen Schichten zu. Durch die Reibung entsteht Wärme, die ausreicht, wie spätere Rechnungen mit Hilfe der Wärmeleitungsgleichung zeigen, um zusammen mit der Erdwärme das Eis am Gletschergrund auf Schmelztemperatur zu bringen. Die mittlere Eistemperatur in Oberflächennähe beträgt an der Südgrenze des Gletschers, schätzungsweise auf 70° südlicher Breite und in 2000 bis 2300 m Höhe, minus 30 bis minus 35 Grad. Sie nimmt in Richtung Küste bis auf etwas über minus 10 Grad zu. Ebenso erwärmt sich das Grundeis, wird fließfähiger und produziert dadurch noch mehr Reibungswärme. Ab etwa 30 km Küstenabstand ist beim Hays-Gletscher am Boden die Schmelztemperatur erreicht. Möglicherweise beginnt das Eis nun auf einem Gemisch von Moräne und gespanntem Schmelzwasser zu gleiten: bis zu 1000 m im Jahr schiebt sich die Gletscherzunge zur Küste und leckt aufs Meer hinaus.

Der Grabenbruch setzt sich nordwärts in einer unterseeischen Rinne mit Wassertiefen bis etwa 1000 m fort. Ich erinnere mich, wie wir in den Wintermonaten das Meereis mit dem Kettenfahrzeug befahren haben – in respektvollem Abstand von der Kalbungsfront und den eingefrorenen Eisbergen. Heikel war das Überqueren der küstennahen Spalten, an denen sich die Eisdecke im Rhythmus der Gezeiten hebt und senkt. Artur Zielke donnerte mit Höchstgeschwindigkeit über die vom Fegschnee festgepreßten, pontonartigen Übergänge. An besonders breiten Spalten senkt sich das Fahrzeug einen kurzen Moment, wippt auf und nieder – geschafft! Wir stoppen. Die Spalte ist drei Meter breit. An den Rändern ist das kompakte Eis mehr als einen Meter dick, darüber eine hartgepreßte Schneedecke. In der Spalte selbst haben sich dünne Eisschichten gebildet, mit Eisbrei dazwischen, darauf liegt eine festverblasene Schneeschicht. Und darunter liegt tiefes, tiefes Wasser. An sich ist die Füllmasse tragfähig, wenn man nur genügend schnell darüber hinbraust. Auf der Rückfahrt suchen wir uns andere Übergänge, denn es ist nicht ratsam, zweimal an derselben Stelle die Überquerung zu versuchen.

Mit Hilfe einer Handseilwinde haben wir die Wassertiefen von der Meereisdecke aus gelotet. Am Lotgewicht war, als wir es wieder aus dem Eisloch zogen, ein feines Sediment von graugrüner Farbe angefroren. Die Laboranalyse ergab, daß das Sediment aus einer Schmelzwassersuspension abgelagert worden ist. Dies war die indirekte Bestätigung, daß tatsächlich Schmelzwasser (vielleicht aus subglazialen Ausflüssen, Kavernen) am Gletschergrund in den übertieften Meeresgraben fließt.

Etwa in Höhe des Abendberges, sieben Kilometer südlich der Kalbungsfront, beginnt die Hays-Zunge zu schwimmen. Ohne Bodenreibung steigt die Geschwindigkeit an der Front auf 1400 m im Jahr. Im Februar/März, nach dem Aufbrechen des Meereises, treibt ein Dutzend abkalbender Eisberge von etwa einem Kilometer Durchmesser unter dem Einfluß des Windes und der Meeresströmung davon. Etwa drei Kubikkilometer Eis stößt der Hays-Gletscher jährlich aus. Sind Einzugsgebiet und Schneeniederschlag so groß, daß sie den Verlust ersetzen können?

Um diese Frage befriedigend zu beantworten, wollten wir den Gletscher in seiner gesamten Ausdehnung erkunden, möglichst bis dorthin verfolgen, wo er sich aus dem Inlandeis herauszulösen beginnt, den Strom gewissermaßen von der Quelle bis zur Mündung untersuchen. Das ist uns nur zum Teil geglückt. Unübersichtliche Spaltengebiete und die fortgeschrittene Jahreszeit auf der ersten Schlittenreise im April/Mai 1972 verhinderten ein weiteres Vordringen als bis zu 50 km Küstenabstand. Immerhin konnten wir das Einzugsgebiet auf 68° südlicher Breite an der Stelle seiner größten Ost-West-Ausdehnung (60 km), Spaltengebiete umfahrend, zweimal queren und die Vermessungsarbeiten an einem festen Punkt auf Fels, an den Bergen der Freundschaft, abschließen. Erschwerend für die Schlittenzüge wirkte sich der hohe Schneezutrag aus: teilweise bis zu anderthalb Meter im Jahr an den Gletscherrändern und auf den muldenreichen Randplateaus, im Gletschertal, wo die Fallwinde stärker sind und die Oberfläche kräftiger erodieren, etwas weniger. Es stellte sich heraus, daß das Gebiet der größten Ost-West-Ausdehnung auch das der höchsten Schneezuträge ist. Die mittlere jährliche Niederschlagsmenge beträgt 28 g je Quadratzentimeter. Der Eisstrom wird demnach gut genährt, und der kräftige Eisausstoß an der Küste braucht nicht unbedingt die Gesamtmasse zu vermindern.

Daß die hohen Schneezuträge unser Vorankommen letztlich aber doch mehr förderten als behinderten, wurde uns erst Jahre später, nach der Zusammenschau aller Ergebnisse und Erfahrungen, bewußt. Die Jahre 1970 bis 1972 waren sehr niederschlagsreich, selbst größere Spalten wurden zugeweht oder von tragfähigen Schneebrücken überdeckt. Nach einem achtstündigen Erkundungsflug mit dem Doppeldecker AN-2 am 1. März 1972 und der sorgfältigen terrestrischen Navigation während der Schlittenzüge durch Reinhard Dietrich gelang die Hays-Querung gefahrlos. Nur ein zentimeterbreiter Riß wurde unterwegs bemerkt.

Ab 1973 folgten einige normale bis niederschlagsarme Jahre, verbunden mit warmen, strahlungsreichen Sommern und kräftiger Schneeschmelze in Küstennähe: Die Spalten öffneten sich, tragende Brücken verschwanden. Am 24. Dezember 1974 brach ein Fahrzeug einer japanischen Schlittenexpedition im Einzugsgebiet des Rayner-Gletschers, des östlichen Nachbarn »unseres« Hays-Gletschers, in eine Spalte ein. Die Maschine konnte aus eigener Kraft geborgen, aber alle weiteren Messungen mußten abgebrochen werden. Zur zweiten Wiederholungsmessung der Hays-Traverse 1976 gelang es nur auf Grund der guten Geländekenntnis von Rolf Eger und Artur Zielke sowie der alpinen Erfahrung ihres Kollegen Roland Mörseburg, zwischen den teils offenen, teils verdeckten Spalten hindurch zu navigieren. Noch größeren Schwierigkeiten sah sich die Gruppe unter Leitung von Rainer Hoyer 1977/78 gegenüber.

Aus unseren Beobachtungen schlossen wir zunächst, daß die Oberfläche einsinkt und der Gletscher an Masse verliert. Diese Auffassung mußten wir, spätestens als die Wiederholungsmessungen zwischen 1972 und 1978 ausgewertet vorlagen, revidieren. Die Oberfläche entlang der Hays-Traverse blieb in diesem Zeitraum im Mittel über alle Punkte bei gleicher Höhe: Der Masseverlust durch die Kalbung wurde vom Schneezutrag annähernd ausgeglichen. Im Gletschertal ist sogar mit einer schwachen Massenzunahme von 1 bis 3 g je Quadratzentimeter und Jahr zu rechnen. Dies steht im Einklang mit ebenfalls schwach positiven Massenbilanzen des Shirase- und Lambert-Gletschers in der Ostantarktis. Ob das auch in den nächsten Jahren und Jahrzehnten so sein wird, ist nicht gewiß, denn große Eismassen reagieren im allgemeinen sehr träge auf äußere Einflüsse, zum Beispiel Klimaschwankungen. Immerhin liegt das Alter der Grundeisschicht am Hays-Gletscher in der Größenordnung von 10 000 Jahren, und ein Eisteilchen braucht, ausgeglichenen Massenhaushalt vorausgesetzt, ebenso Tausende von Jahren, um von der Quelle zur Mündung des Stromes zu gelangen.

Etwas anders verhält sich die Eiskappe von Molodjoshnaja: Ihr Rand schmilzt zur Zeit geringfügig zurück. Im Abendberggebiet fanden wir junge, vor nicht allzu langer Zeit ausgeschmolzene Moränen. Diese eisfreien Felsen werden auch in nächster Zukunft nicht vom Eis überschoben, obwohl sein Niveau einst viel höher lag. Zur letzten Kaltzeit, die vor 10 000 bis 20 000 Jahren zu Ende ging, mögen sowohl die Eiskappe von Molodjoshnaja als auch der Hays-Gletscher bis in die Gipfelregion des Abendberges gereicht haben.

Die Probleme des Bewegungsverhaltens, des Massehaushalts und der glazialen Geschichte gehen mir beim Anblick der Eismassen, die sich unter dem Helikopter schauerlich weit dahinziehen, immer wieder durch den Kopf. Am Ende der Expedition sind wir ja auch des öfteren versucht, unsere Arbeitsergebnisse zu bilanzieren. Mit einem Ruck werde ich aus meinen Gedanken gerissen. Der Pilot neigt die Maschine scharf nach rechts und beginnt kreisend tiefer zu gehen. Die Spaltenmuster tanzen Reigen, aufgerissene Schlünde rücken näher. Zwanzig Meter über Grund, und keine Chance zu landen. Schraube aufwärts und gerader Flug nach Süd. Einen Kilometer weiter lockert sich das Netz der Spalten. Wieder geht der Pilot abwärtskreisend auf die Suche. Noch bevor wir uns richtig orientiert haben, hält sich der Hubschrauber knapp über Grund. Nicht größer als ein Feldstück, von Gräben umfaßt, ist dieser spaltenfreie Landeplatz. Der Kommandant springt selbst hinaus, um die Tragfähigkeit der Schneedecke zu prüfen, ehe die gummibereiften Räder aufsetzen und sich unter der Last der Maschine plattdrücken.

Meßplatz Nummer eins. Tretjakow hebt seine Gravimeter aus den stoßgedämpften Blechbehältern, Trepows Mechaniker stellt die Antennen zur Radarsondierung auf dem Eis auf, Artur setzt den Firnbohrer an. An den Firnkernen wollen wir den Schneezutrag auf der Gletscherzunge untersuchen. Innerhalb von fünfzehn Minuten sind die Messungen erledigt. Hubschrauberstunden sind teuer, sehr teuer, da darf nicht gebummelt werden.

Die Gletscheroberfläche ist gewellt wie ein riesiges Waschbrett. Wir sind in der Sohle eines Wellentales gelandet. Vor lauter Eis, das ringsum ansteigt, sehen wir den Gletscher nicht. Einige Küstenfelsen ragen gerade noch über die wulstige Oberlippe einer Riesenspalte, die an der nächstliegenden Wellenflanke klafft. Die Situation ist uns von den Schlittenzügen her vertraut. Das Eis als plastische, verformbare Masse fließt in die Täler des Untergrundes hinein, über Rücken und Felsstufen hinweg. An spitzen Erhebungen wird es auch abgeschert. Die Strukturen des Untergrundes bilden sich, freilich in viel gedämpfteren Formen, an der Oberfläche ab. In Küstennähe, wo die Eisdicken geringer und die Fließgeschwindigkeiten größer als im Inland sind, dominieren oft die Oberflächenwellen und behindern die Sicht von Meßpunkt zu Meßpunkt. Die Entfernungen von einem Wellenberg zum anderen liegen in Gletschermitte zwischen 8 km und 15 km, an den Gletscherrändern zwischen 3 und 6, manchmal nur bei 2 km. Die Höhenunterschiede zwischen Berg und Tal können bis zu 100 m ausmachen. Was sind wir nicht im vergangenen Jahr mit dem Fahrzeug am Gletscherrand herumgekurvt, um mit guter Sicht von Wellenberg zu Wellenberg nach Süden voranzukommen!

Rolf Eger und Reinhard Dietrich waren bereits auf dem Herflug mit Rucksack, Theodolit und Stativ am Westufer des Gletschers ausgestiegen. Sie werden von zwei geodätischen Punkten aus die Landeplätze unseres Hubschraubers einmessen, um die Radar- und Gravimetersondierungen genau zu lokalisieren. Sie können uns hier ganz gewiß nicht sehen. Deshalb hält sich die Maschine zwei Minuten lang in einhundert Meter Höhe über der Landestelle. Diese Zeit reicht für die Kollegen, den Rotor ins Fadenkreuz des Theodolitfernrohrs zu nehmen und die Winkel abzulesen. Um die Orientierung zu sichern, hat der Bordmechaniker noch kurz vor dem Abheben eine Rauchbombe gezündet.

Langsam dreht die Kanzel auf die vorgesehene Profilrichtung ein. Der Pilot blickt kurz auf. Wir verständigen uns mit »Daumen links« und »Daumen rechts«. Beim Lärm des Motors kann man sich nur lautstark oder mit Zeichen unterhalten. Fünfhundert Meter weiter schlüpft die MI-8 in die nächste Masche. Genna winkt mich nach hinten ans Meßgerät. Auf dem Bildschirm zittert eine grüne Linie mit spitzem Impuls: das Bild der Reflexion des Radarsignals an der Grenze zwischen Eis und Fels.

Genna überschlägt im Kopf: Gletscherdicke etwa 1000 m. Wir befinden uns in der Talmitte. Am östlichen Rand waren es 670 m. Das ist viel, mehr als wir erwartet hatten. Die Grabensohle liegt also etwa 900 m unter dem Meeresspiegel. Der Hays-Gletscher ist dick und wohlgenährt, besser als beispielsweise der Lambert-Gletscher, der – mit seinem mehr als eine Million Quadratkilometer weitem Einzugsgebiet der größte Eisstrom Antarktikas und der Erde – am Ausfluß zum Amery-Schelfeis nur 600 bis 800 m Dicke aufweist und der sich mit 370 m im Jahr auch viel langsamer bewegt. Obwohl ein Zwerg unter den Riesen der antarktischen Ausflußgletscher – so nennt man die Eisströme, die das Eis des Inlandes mit hohen Geschwindigkeiten zur Küste transportieren und in die angrenzenden Meere ausstoßen – gehört der Hays-Gletscher doch zu den aktivsten. Unter den Gletschern und Eiskappen des westlichen Enderbylandes stellt er das bedeutendste Abflußgebiet dar.

Nur 15 Prozent der antarktischen Küstenlinie nehmen die Fronten der Ausflußgletscher ein. Aber sie steuern mit ihrem dynamischen Verhalten den Massehaushalt der im Mittel zwei Kilometer mächtigen antarktischen Eisdecke von 14 Millionen Quadratkilometer Fläche und einem Eisvorrat von nahezu 30 Millionen Kubikkilometer ganz erheblich. Will man verstehen, wie das antarktische Eis vor zehn Millionen Jahren oder vor noch längerer Zeit gewachsen ist und sich über den Kontinent als mächtiger Schild ausgebreitet hat, welchen Schwankungen es im tertiär-quartären Eiszeitalter, im Rhythmus der Kalt- und Warmzeiten unterworfen war, wie es sich durch den Schneezutrag und Eisausstoß ständig erneuert und erhält, wie es sich in der Gegenwart und in der Zukunft entwickelt, in welchem Ausmaß es den Wärme- und Wasserhaushalt der Erde beeinflußt, so muß man auch die schwer zugänglichen Eisströme besser erforschen. Wir wissen heute schon, daß die Gesamtmasse des antarktischen Eis schwach anwächst – um vielleicht einigen Zentimeter Mächtigkeit pro Jahr. Zur Zeit werden einzelne Abflußgebiete gesondert und sehr detailliert untersucht, um dieses Ergebnis zu prüfen.

Der Hubschrauber setzt zum nächsten Sprung über das zerspaltene Eis an. Wie aufmerksam geht doch die Flugmannschaft auf die Wünsche der Wissenschaftler ein, wie geschickt tastet sich der Pilot an die wenigen geeigneten Stellen zur Landung heran! Am Weihnachtsabend landeten wir mit derselben Mannschaft bereits mehrmals auf dem benachbarten Campbell-Gletscher, in unserem Forschungsprogramm das Vergleichsobjekt zum Hays-Gletscher, um leere Benzintonnen als Punktmarkierung zur Bewegungsmessung auszusetzen. Zwar ist der kleinere, langsamere Campbell bei weitem nicht so zerklüftet wie der Hays, aber seine von Schmelzwässern überronnene und überfrorene Oberfläche ist tückisch glatt und reich an fallgrubenähnlichen, verschneiten Löchern und Spalten – alles andere als eine zuverlässige Landepiste. Auf unser Kompliment nach der ersten Landung winkte der Pilot nur ab: »Ziemlich harmlos hier, das Eis liegt doch fest. Auf dem Meereis der Arktis dagegen, wenn sich eine driftende Tafel auflöst, gibt es nicht nur Bruch und Spalten, da schaukelt auch der Landeplatz!« Längst ist ausgemacht, daß diese Mannschaft unsere letzte, sorgsam aufgesparte Kiste mit Trostpullen aus Radeberg zum Abschiedsgeschenk erhalten muß.

Jenseits der Talmitte steigt der felsige Gletschergrund zum westlichen Ufer hin wieder flach an. Am Gletscherrand, bei unserem Traversensignal 1, ist die Eisdecke nur noch hundert Meter dick, und das Felsniveau liegt bereits hundert Meter über dem Meeresspiegel. Dann durchstößt das anstehende Gestein die Eisdecke und gipfelt im Abendberg.

Hier nehmen wir Abschied vom Hays-Gletscher, von den arbeits- und erlebnisreichen Wochen und Monaten an seinen Ufern, Abschied von dem uns so vertraut gewordenen Abendberg. Der Hubschrauber hat sich nahe dem höchsten Punkt wirbelnd niedergesetzt. Von hier aus haben wir im Vorjahr den Standort unseres Außenlagers erkundet, den Eisstrom zum ersten Mal überblickt, seine küstennahe Region vermessen, die Reisen nach Süden angetreten. Nun folgt die Abschlußmessung nahe den vibrierenden Masten des geodätischen Signals in 270 m Höhe. Der Wind hat tüchtig aufgefrischt. Schneidend fährt er ins Gesicht. Der Horizont im Süden ist wolkenverhangen, Fahnen von Fegschnee ziehen über die Gletscheroberfläche und wedeln horizontal über die 50 m hohe Abbruchfront hinaus. Die Hütte am Fuß des Berges, Stützpunkt und Heimstatt unserer Arbeitsgruppe, winterfest den Nachfolgern, den Teilnehmern der 18. Sowjetischen Antarktisexpedition, zur weiteren Nutzung übergeben, ist schon völlig im Schnee eingehüllt. Der Pilot winkt aus dem Kabinenfenster: »Beeilt euch, Jungs, Molodjoshnaja meldet Sturm!« – Aufheulender Motor, kurzes Abheben, und mit nach vorn geneigtem Rotor fliegt die böengeschüttelte MI-8 auf die schützenden Gebäude der sowjetischen Station zu.

1973–1975

19. Sowjetische Antarktisexpedition
Molodjoshnaja, Sodrushestwo, Prince Charles Mts.

Die OLENJOK, eines der Expeditionsschiffe, erreichte am Morgen des 11. Dezember 1973 den Festeisgürtel 160 km vor der Küste des Enderbylandes. Von dieser Position aus wurde die siebenköpfige ostdeutsche Geodäten- und Meteorologen-Gruppe mit Hubschraubern nach Molodjoshnaja gebracht. Sie stand unter der bewährten Leitung von Georg Dittrich, der bereits 1962 Schlittenzüge zur Vermessung einer 100 km langen geodätischen Trasse von Mirny in südlicher Richtung (s. S. 27 und 51 ff.) unternommen hatte. Diesmal sollte die Refraktion – die Brechung des Lichtes – über den Zeitraum eines Jahres unter antarktischen Bedingungen sowie die thermische Struktur der eisnahen Luftschicht untersucht werden. Die Meßaufgabe machte es notwendig, in drei relativ selbständigen Außenstellen am Fuße der Inlandeiskappe zu arbeiten, so daß die DDR-Gruppe während der 19. Sowjetischen Antarktisexpedition ein kleines eigenes System von Wohn- und Arbeitshütten sowie Meß-, Sprech- und Transportverbindungen aufbauen und für den Verlauf einer Überwinterung aufrechterhalten mußte. Die Hütten wurden später von anderen ostdeutschen Wissenschaftlern in und um Molodjoshnaja noch vielfach genutzt.

»Die irdische Refraktion des Lichtstrahls unter dem Einfluß einer sich ständig verändernden thermischen Struktur der Luftschichten kann man nur ergründen, wenn die Messungen mit absoluter Konsequenz, äußerst gewissenhaft, ja geradezu stupide durchgeführt werden«, meinte Georg Dittrich nach Abschluß der Arbeiten. »Die Zeit der heroischen Expeditionen ist vorüber. Heute kommt es darauf an, in den Polargebieten mit größtmöglicher Akribie Ergebnisse so zu sammeln, daß sie mit den in normalen Observatorien zu Hause gewonnenen Ergebnissen vergleichbar sind.«

Zum ersten Mal war auch ein Geologe aus der DDR unterwegs nach Antarktika: Professor Joachim Hofmann aus Freiberg. Er fuhr zur Station Sodrushestwo (zu deutsch etwa: Gemeinsamkeit) weiter, die zwei Jahre zuvor am östlichen Rand des Amery-Schelfeises errichtet worden war. Sie diente drei vornehmlich geologischen Expeditionen der UdSSR, von 1971 bis 1974, als Sommerbasis.

Um einmal einen Eindruck von den Schwierigkeiten der Polarschiffahrt zu erhalten, hier ein kleiner Ausschnitt der Fahrtroute: War die OLENJOK schon nicht an die Station Molodjoshnaja herangekommen, fror sie auch noch 240 km vor der Küste ein. Erst mehrere Sprengungen befreiten sie aus der Umklammerung. Am Rand des Festeisgürtels entlang ging die Fahrt in westlicher Richtung weiter. Auf offener See trifft die OLENJOK mit der PROFESSOR WIESE zusammen; Expeditionsteilnehmer für die Basis Sodrushestwo steigen um. Zwei Tage später dreht das Motorschiff NINA SAGAJDAK bei, um Proviant zu übergeben. Am 21./22. Dezember ist die Prydz-Bucht erreicht, und die OLENJOK bricht einen Fahrweg in die zugefrorene Sannefjord-Rinne. Doch auch hier kann sich das Schiff nur bis auf 20 Seemeilen der Geologenbasis nähern und liegt dann im Eis fest. Mannschaften sowie sämtliche Ausrüstungen und Versorgungsgüter müssen in sechstägiger, fast pausenloser Operation mit fünf Hubschraubern in die Station geflogen werden.

Der »Kontinent des ewigen Eises« zeigt sich den Geologen am wenigsten gewogen, seine Geheimnisse zu offenbaren. Nur knapp fünf Prozent seiner Oberfläche sind eisfrei. Unter diesen Umständen ist es schwierig, der wissenschaftlichen Zielstellung – geologische Erforschung des gesamten Kontinents – gerecht zu werden.

Sie erfordert in erster Linie moderne, kostenaufwendige geophysikalische Verfahren, weshalb auch die Geophysiker gegenüber den Geologen bei antarktischen Expeditionen in der Mehrzahl sind. Das Kartenwerk, an dem Hofmann als Feldgeologe mitwirkte, wurde im Auftrag des Scientific Comitee on Antarctic Research (SCAR) erarbeitet. Später, während der 23. SAE, arbeitete Hofmann auch in den Shackleton- und in den Pensacola-Mountains, im Grenzbereich zwischen Ost- und Westantarktis, sowie während der 30. SAE nochmals am Lambert-Rift, im küstennahen Gebiet der Jetty-Oase. Über die Untersuchungen in den Read Mountains berichtet Hans-Jürgen Paech auf den Seiten 138 bis 142.

Das Hüttendreieck auf dem Inlandeis

Georg Dittrich

Bei trigonometrischen Höhenbestimmungen über polaren Schnee- und Eisflächen begegnen wir einer Naturerscheinung, die den Geodäten seit langem bekannt und in verschiedenen Regionen der Erde unterschiedlich stark zu beobachten ist: der Refraktion oder Strahlenbrechung. Darunter verstehen wir die Ablenkung des Lichtstrahles auf seinem Weg durch die Erdatmosphäre. Sie hat bei allen optischen geodätischen Meßverfahren die Krümmung des Zielstrahls und somit eine Verfälschung der Meßergebnisse zur Folge. Das gilt für Sternbeobachtungen ebenso wie für das Anvisieren irdischer Zielmarken. Würde der Geodät die Refraktion außer acht lassen, erhielte er nie Angaben über die »wahre« Höhe seines Zielobjektes, sondern stets nur einen entsprechend der Stärke der Lichtbrechung falschen Wert. Den tatsächlichen Zielstrahlverlauf mit einer für geodätische Zwecke ausreichenden Genauigkeit zu bestimmen ist deshalb problematisch, so daß Höhenübertragungen über mehrere hundert Kilometer mittels trigonometrischer Nivellements kaum oder nur mit erheblichen Schwierigkeiten auf einen Meter genau erfolgen können.

Über polaren Schnee- und Eisflächen erreicht die Refraktion wesentlich größere Werte als in mittleren Breiten. Aus diesem Grund hat man sich beispielsweise während der Internationalen Grönlandexpedition 1959 entschlossen, über mehr als 900 km quer über das Inlandeis statt eines trigonometrischen Nivellements mit langen Zielweiten ein geometrisches Nivellement mit Nivellierinstrumenten und Nivellierlatten durchzuführen. Dabei konnten die Zielweiten sehr kurz und der Einfluß der Refraktion gering gehalten werden. Der Nachteil des geometrischen Nivellements besteht im geringeren Arbeitsfortschritt.

Im Januar 1962, zu Beginn meiner ersten antarktischen Überwinterung, lernte ich in der Station Mirny den sowjetischen Glaziologen A. P. Kapiza und den Geodäten A. G. Lasarew kennen. Damals erfuhr ich von den langen innerkontinentalen Schlittenzügen der sowjetischen Antarktisexpeditionen, die Mirny mit der Station Wostok, dem Südpol und dem Pol der relativen Unzugänglichkeit verbanden. Ein großes Dreieck bildete die Route Komsomolskaja–Wostok–Sowjetskaja. Auf diesen Zügen wurden auch umfangreiche geodätische Messungen unternommen, wobei die trigonometrischen Höhenübertragungen auf den Polygonseiten von speziell vorbereiteten Kettenfahrzeugen aus erfolgten. Lasarew erzählte auch anschaulich von seinen Untersuchungen der Refraktion während der 6. SAE. Er hatte Refraktionskoeffizienten festgestellt, die dreißig- bis vierzigmal so groß waren wie in Mitteleuropa.

Während der Vermessungsarbeiten, die ich 1962 gemeinsam mit Georg Schwarz auf dem meridionalen Profil von Mirny zum Kilometer 100 ausführte (vgl. auch S. 26 und 27), konnten wir uns selbst von der Wirkung der Refraktion überzeugen. Eine krasse Folge sind Luftspiegelungen und Verzerrungen. Es kommt vor, daß man plötzlich einen Eisberg sieht, den man »normalerweise« gar nicht sehen kann, weil er sich unter dem Horizont befindet; die Lichtstrahlkrümmung hat ihn ins Blickfeld gehoben. Oder das Bild eines Eisberges erscheint verkehrt herum. Mitunter sieht man die zwei bis drei Kilometer entfernte Nachbarhütte oder ein Fahrzeug langgezogen wie einen Strich, im nächsten Augenblick schmal und hoch wie einen Turm; oder der Beobachtungsmast in 5 km Entfernung fasert sich auf als stünde er in Flammen. Oft sahen wir die Sonnenscheibe nicht rund, sondern ellipsenförmig, manchmal sogar durch Aufbauchungen verzerrt. Aber auch an solche beeindruckenden Naturerscheinungen gewöhnt man sich. Da wir sie fast täglich wahrnehmen konnten, hätten wir uns eher gewundert, wenn sie ausgeblieben wären.

In den Wintermonaten des Jahres 1962 haben wir dann einige Messungen zu dieser Problematik in der Nähe von Mirny unternommen. Bereits damals entstand der Plan, die Refraktion in antarktischen Breiten einmal als ein Hauptforschungsthema zu untersuchen. Es war mir klar, daß auf den Streckenendpunkten zeitlich synchron gemessen werden muß, damit wir feststellen können, welche örtlichen Unterschiede bei der Refraktion bestehen. Um einen Einblick in die tageszeitliche wie auch in die jahreszeitliche Änderung der Refraktion zu bekommen, hielten wir es für erforderlich, die Messungen ein ganzes Jahr hindurch über jeweils volle 24 Stunden auszudehnen. Unterschiedliche

Entfernungen und verschiedene Höhen des Zielstrahles über der Eisoberfläche sollten weitgehend den Verhältnissen bei praktischen Messungen entsprechen, die meist auf Schlittenzügen durchgeführt werden. Eine günstige Voraussetzung dafür bieten Beobachtungen auf den Eckpunkten eines Dreiecks mit unterschiedlichen Seitenlängen. Liegen die drei Seiten nach verschiedenen Himmelsrichtungen, kann man auch noch die Einflüsse der Windrichtungen auf die Refraktion untersuchen. Da die Ablenkung des Lichtstrahls vor allem durch Lufttemperatur und Luftdichte beeinflußt wird, also meteorologische Ursachen hat, mußten unbedingt Meteorologen an derartigen Forschungen mitwirken. – Es sollten jedoch mehr als zehn Jahre vergehen, bis unser Vorhaben verwirklicht werden konnte.

Wie ein Kollektiv sich findet
Am 9. Dezember 1973 landete die erste Gruppe unserer Expeditionsmannschaft mit dem Hubschrauber vor dem DDR-Pavillon in Molodjoshnaja. Drei Tage später unternahmen wir eine Erkundungsfahrt, um ein günstiges Meßgelände ausfindig zu machen. Wir entschieden uns für ein etwa zwölf Kilometer südlich der Station gelegenes Gebiet. Damit war klar, daß unsere drei Wohn- und Arbeitshütten den Charakter von Außenstationen annehmen mußten.

Das hieß: Länger als ein Jahr würden jeweils zwei oder drei Teilnehmer unter antarktischen Bedingungen in einer einsamen Behausung zubringen und dabei ein anstrengendes Beobachtungsprogramm zu erfüllen und alle lebensnotwendigen Tätigkeiten weitgehend ohne Hilfe von außen zu bewältigen haben. Nicht ohne Sorge dachte ich daran, wie uns das gelingen wird. Während der Vorbereitungen in Potsdam hatten wir uns kennengelernt: die Meteorologen Alfred Helbig, Reinhard Gaster und Rolf Thoss, die Geodäten Georg Hellmund, Joachim Müller und ich sowie der Kraftfahrzeugmechaniker Adolf Noack. Die Schufterei damals war grenzenlos, und jeder gab sein Bestes. In den letzten Wochen vor der Abreise hatten wir uns, fast unter Expeditionsbedingungen, in einen Lagerraum einquartiert, um alles termingerecht zu schaffen. Beim Kistenzimmern, beim Schweißen der Beobachtungsmasten, bei der Gerätejustierung, dem Verpacken und dem Kistenschleppen, dem leidigsten Teil jeder Expedition, erkannten wir unsere Fähigkeiten und Neigungen. Das machte es mir später leicht, die richtige Einteilung zu treffen. Vom Zimmermann »Holzwurm« Rolf Thoss über den »Hobbykoch« Reinhard Gaster bis zum »Schweißer« Joachim Müller waren neben den speziellen fachwissenschaftlichen Kenntnissen auch alle praktisch notwendigen Fertigkeiten vorhanden.

Da an der Lösung der wissenschaftlichen Aufgabe zwei Fachrichtungen mitwirkten, mußten auch unterschiedliche wissenschaftlich-technische Aspekte bei der Ausrüstung und im Programm selbst in Übereinstimmung gebracht werden. Nach manchen Aufregungen, die mit Humor überwunden wurden, standen schließlich vierzig Tonnen Ausrüstung und ein verläßliches, eingespieltes Kollektiv am 29. Oktober 1973 im Überseehafen Rostock-Warnemünde zur Einschiffung auf das sowjetische Dieselelektroschiff OLENJOK bereit. Am Morgen des 30. Oktober legte ich mich aufatmend in die Koje: Alles war ordentlich verstaut, die OLENJOK hatte vom Kai abgelegt. Obwohl es nicht meine erste Expedition war, begann wieder die Faszination der Fahrt zum »rauhen Kontinent«.

Unser Aufenthalt in Molodjoshnaja dauerte nur so lange, bis die Hütten montiert waren. In der Station boten sich dafür die besten Voraussetzungen. Ein Kettentraktor schleppte sie auf ihren Schlittenkufen über das ansteigende Gletschereis zum Einsatzort. Jetzt galt es, sich schnell einzurichten, Zeit zu gewinnen bei der Montage der Beobachtungsmasten sowie bei den notwendigen versorgungs- und sicherheitstechnischen Arbeiten.

Das ausgeklügelte System
Wie sah nun solch ein Meßpunkt aus? Für die geodätischen Beobachtungen diente ein vorgefertigter Stahlmast von 6 m Länge mit zwei angeschraubten, tischförmigen Geräteträgern in 1,5 m und 4,0 m Höhe über der Schneeoberfläche. Während der Mast 1 als fester Punkt auf einem Felsen der Konowalow-Berge unmittelbar an der Schneegrenze aufgestellt wurde, mußten die Masten an den Punkten 2 und 3 als »bewegliche« Punkte auf dem mit einer Geschwindigkeit von 2 bis 3 m im Jahr zur Küste fließenden Inlandeis errichtet werden. Das Einsinken des Mastfußes in das Firneis verhinderte ein tief eingegrabenes Holzfundament, das wir mit schnell gefrierendem Eisbrei verfestigten. Damit sich das Fundament durch die Sonnenstrahlung nicht erwärmt, die bis etwa 2 m in den Firn eindringt, deckten wir es mit reflektierender Isolationsfolie ab.

Besonders sorgfältig haben wir die Masten mit Stahlseilen abgespannt, denn sie mußten Orkane bis zu 200 km/h Windgeschwindigkeit sicher überstehen. Am Punkt 1 war das nicht schwierig. Dort konnten Stahlheringe zur Befestigung der Abspannseile im Fels einzementiert werden. Auf dem Firneis wurden die

Das Meßdreieck am Hang der Inlandeiskappe, etwa 8 bis 12 km südlich der Station Molodjoshnaja. Von drei relativ selbständigen Außenlagern an den Eckpunkten wurde 1974/75 ein Jahr lang die terrestrische Refraktion des Lichtes unter verschiedenen meteorologischen Bedingungen ermittelt.

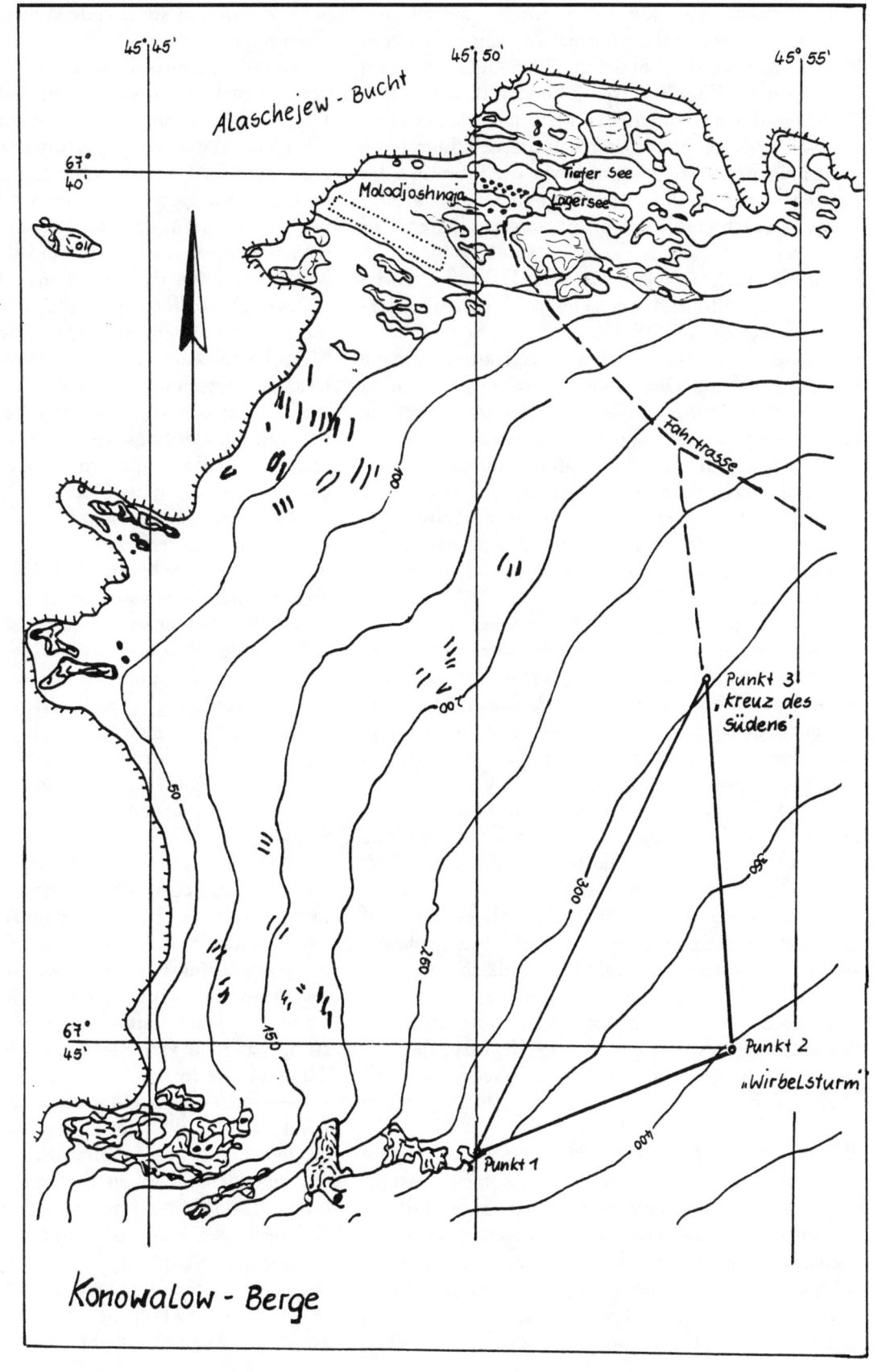

Seile an starken Rundhölzern verankert, die wir, um einen flachen Seilwinkel zu erhalten, weit genug vom Mast entfernt etwa 1,5 m tief quer zur Zugrichtung im Eis eingruben. Für die Verspannung sämtlicher geodätischen und meteorologischen Masten sowie der Hütten waren 600 m Stahltrossen erforderlich. Durch ein ausgeklügeltes System konnten wir die Vibration der Masten, vor allem die Drehschwingungen bei größeren Windgeschwindigkeiten, auf ein vertretbares Maß verringern.

Auf den Geräteträgern waren die Dreifußuntersätze für die Theodolite, für den elektrooptischen Entfernungsmesser Zeiss-EOK 2000 sowie die Signalscheinwerfer fest montiert. Die Prismenreflektoren für die Entfernungsmeßgeräte haben wir, nach einem Einfall von Joachim Müller, direkt am Mast montiert. Die Stromversorgung der Signalscheinwerfer, der Zeiss-EOK 2000 und der Beleuchtungseinrichtung der Theodolite erfolgte mittels Kabel von der etwa 20 m entfernten Hütte aus, zu der auch eine Sprechverbindung mit Hilfe von Feldtelefonen bestand. Als Standplatz für den Beobachter diente ein unabhängig vom Mast aufgestelltes Arbeitspodest.

Etwa 20 m vom geodätischen Beobachtungsmast entfernt befand sich der 6 m hohe meteorologische Mast. Sein Standort war so gewählt, daß die dort gemessenen Werte denen am geodätischen Mast entsprachen, aber nicht von diesem beeinflußt wurden. Ein weißer Anstrich der Masten sollte das Aufheizen durch Sonnenstrahlung verhindern.

Die »Kabelei« vom Meteo-Mast zur Hütte war bereits zu Hause vorbereitet worden; wir brauchten sie nur noch zu montieren. Die Wohn- und Arbeitshütten haben wir so aufgestellt, daß sie weder die meteorologischen Verhältnisse noch das Schneeprofil auf den Meßstrecken und an den Beobachtungsmasten störten. Sie waren in der DDR weitgehend nach dem Vorbild der russischen Schaposchnikow-Hütten gebaut worden, die sich in der Arktis und auch in der Antarktis bewährt hatten: Eine zerlegbare, doppelwandige Holzkonstruktion mit dazwischen befindlicher Isolierung.

Wohnlich in der Abgeschiedenheit

Wir beabsichtigten zwar nicht, vollkommen selbständige Stationen zu errichten, aber wir mußten davon ausgehen, daß die Hüttenbesatzungen etwa einen Monat lang nicht nach Molodjoshnaja zurückkehren oder den 3 bis 5 km entfernten Nachbarpunkt besuchen konnten. Die Hütten mußten also über einen Beobachtungszeitraum von etwa einem Jahr absoluten Schutz sowie ausreichende Arbeits- und Lebensbedingungen bieten.

Was alles gehörte dazu? Die Grundfläche der Hütte von 2,5 mal 7,0 m war in den Aufenthaltsraum, den Lager- und Toilettenraum mit einem darin aufgestellten kleinen Stromaggregat sowie einen kleinen Vorratsraum, der auch als Schneeschleuse diente, aufgeteilt. Glücklicherweise konnte ich während des Baus noch verhindern, daß die Hüttentür nach außen zu öffnen gewesen wäre; beim Einwehen mit Treibschnee hätten wir in der Falle gesessen.

Zwei Doppelfenster, zugleich Notausstiege, gaben Sicht nach draußen. An einem dieser Fenster hatte der Meteorologe seinen Arbeitsplatz, von dem aus er während der Messungen auch die Arbeit des Geodäten beobachten konnte. Ein Ölofen beheizte den Aufenthaltsraum. Allerdings wies er ziemlich starke Temperaturunterschiede auf: Von wenigen Grad am Fußboden bis 25 Grad an der Decke.

Die Einrichtung bestand aus zwei Arbeitstischen, einem selbstgefertigten Doppelstockbett, einem Regal, einem Schrank aus übereinandergestellten Expeditionskisten sowie zwei bis drei Stühlen oder Hockern. Abgesehen von der wissenschaftlichen Einrichtung der Hütte mit den meteorologischen Registriergeräten, Akkumulatoren, Geräten für die Nachrichtenverbindung sowie der notwendigen Werkzeugausstattung gehörte noch eine Vielzahl von Kleinkram dazu. Vom Propangaskocher (Wieviel Propangas brauchen zwei Mann in einem Jahr?) bis zum großen Topf für die Trinkwassergewinnung aus Schnee, vom Teekessel bis zum Eßbesteck, vom Küchenhandtuch bis zur Hausapotheke, vom Seifenpulver, Handfeger, Abfalleimer, der Waschschüssel usw. bis zum Lesestoff kamen selbst bei Beschränkung auf das unbedingt Notwendige doch erhebliche Mengen Ausstattungsgut zusammen. Sicher hätte man dieses Minimum weiter herabsetzen können, aber ein ständiger Behelf mit einer unzureichenden Ausrüstung hätte zu viel Arbeit und Kraft erfordert, die dann für die mit großer Akribie durchzuführenden wissenschaftlichen Untersuchungen gefehlt hätten. Bei der Ausstattung der Hütten waren wir davon ausgegangen, daß der Arbeitsaufwand zur Absicherung der lebensnotwendigen Bedingungen so gering wie möglich zu halten sei. Im allgemeinen erfordert dieser Teil der Expeditionsarbeit etwa die Hälfte der zur Verfügung stehenden Zeit.

Nicht zu übersehen war auch, daß das Zusammenleben von zwei Mann auf engstem Raum und in weitgehender Abgeschiedenheit sowie eine länger andauernde große Arbeitsbelastung psychologische Probleme mit sich bringen konnte. Eine gute Qualität der Ausrüstung, halbwegs erträgliche Lebensbedingungen, die es zum Beispiel zulassen, auch einmal eine etwas umfangreichere Mahlzeit zuzubereiten, lassen derartige Probleme nicht aufkommen oder schnell abbauen. Dazu gehört, neben einer guten psychologischen Übereinstimmung der Hüttenbesatzung und der erforderlichen Selbstdisziplin, auch die Möglichkeit, selbst auf engstem Raum einen winzigen persönlichen Bereich für jedes Expeditionsmitglied zu schaffen.

Alle drei Hütten waren schließlich mit Phantasie und Geschick so zweckmäßig wie nur möglich und nach dem Geschmack der jeweiligen Bewohner eingerichtet. Die Treibstoffversorgung erfolgte aus Beständen der sowjetischen Expedition. Weit genug von der Hütte entfernt standen etwa jeweils zehn Fässer mit Dieselöl und Benzin. Da wir versäumt hatten, eine Faßpumpe mitzunehmen, provozierte das Umfüllen des Dieselöls in Kanister für den Hüttenbedarf so manchen Fluch; es gehörte erhebliches Geschick dazu, bei Sturm den Strahl in die kleine Öffnung des Kanisters zu zielen.

Wichtig war die Nachrichtenübermittlung. Wir entschlossen uns, zwischen den nicht allzuweit entfernten Meßpunkten eine Telefonverbindung zu schaffen. Die 7,5 km Feldtelefonkabel waren schnell auf dem Schnee verlegt und alle 50 m an Holzpflöcken oder Heringen befestigt. Diese Verbindung bewährte sich so gut, daß wir den bei Schneefegen sehr gestörten UKW-Sprechfunk mit der Station Molodjoshnaja aufgaben und aus allen verfügbaren Drahtresten eine weitere, 12 km lange, stabile Telefonverbindung mit der Funkstelle einrichteten; sie brachte noch den Vorteil, daß Funktelegramme von daheim sofort durchgegeben werden konnten.

Große Aufmerksamkeit wurde der technischen Sicherheit und dem Brandschutz auf den Meßpunkten zugewandt, da bei schwierigen Witterungsbedingungen kaum oder nur mit hohem Einsatz Hilfe von außen möglich war. Um bei schlechter Sicht den Weg nicht zu verfehlen, montierten wir auf den Dächern leistungsstarke Orientierungslampen und markierten die Fahrwege zwischen den Hütten und zur Station mit Pfählen. Selbstverständlich hatten wir uns im Umgang mit Feuerlöschern geübt. Für den Fall eines Brandes lagen außerhalb der Hütten Notproviant sowie Schlafsäcke und Werkzeug.

24 Stunden Meßdienst

Alles in allem waren die wichtigsten Bauarbeiten Ende Januar 1974 abgeschlossen. Nachdem wir die »wahren« Höhenunterschiede zwischen den drei Meßpunkten mittels eines geometrischen Nivellements bestimmt hatten, begannen im Februar die »Routinearbeiten«, wie wir sie nannten. Es kam darauf an, die für die Untersuchungen notwendigen Meßwerte mit größter Akribie, Gleichmäßigkeit und möglichst ohne Störungen zu gewinnen. Wie liefen die Messungen ab? Als Beispiel will ich einen beliebigen Meßtag schildern:

23 Uhr klingelt der Wecker. In der Hütte ist es kalt und finster. Schnell wird der Ölofen in Betrieb gesetzt; Alfred Helbig kümmert sich um das Benzinaggregat, nach kräftigem Vorwärmen springt es sofort an. Das Frühstück (oder nennt man es Abendbrot?) besteht aus einer mit zwei bis drei Eßlöffeln Butter kalorienmäßig angereicherten Fertigsuppe, Brot, Butter, Wurst, Konservenfleisch, Marmelade und Tee. – Anruf bei den beiden anderen Hütten: Alles klar; Zeitvergleich. Ich stelle die geodätischen Meßinstrumente auf den Beobachtungsmast. Das Wetter ist gut. Kurz vor Mitternacht wird das Benzinaggregat abgestellt.

Die Messungen beginnen 23.50 Uhr mit den meteorologischen Beobachtungen. Ich bin für den Außendienst angezogen: Wollene Unterwäsche, Wollsocken, Roßhaarfüßlinge, Fellstiefel, Trainingshose, Sporthemd, Pullover, Fellweste, Daunenhosen und Daunenanorak, Pelzmütze und Handschuhe. In den Taschen drei gespitzte Bleistifte, Uhr, Rauchutensilien.

0.10 Uhr: Ich gehe zum Beobachtungsmast. Stockdunkle Nacht mit klarem Sternenhimmel, gute Beobachtungsbedingungen, Temperatur etwa minus 20 Grad. Keine Zeit für weitere Betrachtungen.

0.17 bis 0.23 Uhr: Vom unteren Beobachtungstisch aus zehn Höhenwinkelmessungen nach Punkt 1. Der Lichtpunkt des Signalscheinwerfers ist im Fernrohr gut zu sehen. Der Wind ist erträglich.

Pause für mich bis 0.37 Uhr. In dieser Zeit erfolgen die Messungen auf den Punkten 1 und 3. Im Nordwesten leuchtet das Meereis. Das Auge hat sich an die Dunkelheit gewöhnt. Ein Blick auf den uns inzwischen bekannten südlichen Sternhimmel: Der Orion zeigt sich im Vergleich zum gewohnten Heimathimmel »verkehrt herum«. Im Norden erkenne ich den Horizont: Grenzlinie zwischen dem schwarzen Himmel und dem schimmernden Meereis. Ich stehe allein am Geomast: Hinter mir, im Süden, im Osten und Westen auf Hunderte von Kilometern kein einziger

Mensch. Im Norden grüßt die Signallampe eines Funkmastes von Molodjoshnaja. Die Hütten auf den Nachbarpunkten unseres Meßdreiecks sind nicht zu erkennen. Wir haben die Hüttenbeleuchtung abgestellt, da sie bei den Beobachtungen stören würde. Einem aufkommenden Gefühl grenzenloser Einsamkeit kann ich nicht nachgeben, die nächste Beobachtung ist fällig.

0.37 bis 0.43 Uhr: Höhenwinkelmessungen zum Punkt 3. Im Fernrohr sehe ich ab und zu das Aufblitzen von Joachim Müllers Taschenlampe – Gewißheit, daß wir synchron arbeiten. Ein schwacher Lichtschimmer an unserem Hüttenfenster, Alfred Helbig mißt zur selben Zeit die Temperaturgradienten.

0.45 Uhr: Ich schalte den Signalscheinwerfer aus, drehe ihn für den nächsten Termin wieder in Richtung des Punktes 1. Danach klettere ich auf das Beobachtungspodest und richte den Theodolit sowie den elektrooptischen Entfernungsmesser auf den Punkt 3.

Kurze Pause in der warmen Hütte. Eins und Drei melden, alles klar. Wieder raus zu den Messungan vom oberen Beobachtungstisch aus.

1.00 bis 1.10 Uhr: Messungen der Strecke zum Punkt 3 mit dem EOK-2000. 1.27 bis 1.33 Uhr: Höhenwinkelmessungen zum Punkt 1. Anschließend wieder Umbau des Theodolits auf den unteren Beobachtungstisch.

Etwa 30 Minuten Meßpause, Zeit für einen Tee. In der Hütte ist es inzwischen wohlig warm, fast 20 Grad. Die Meßwerte werden gemittelt und in EDV-Belege eingetragen. Im Transistorradio empfange ich auf Kurzwelle Fetzen einer Sendung von Radio Berlin International.

2.10 Uhr: Wieder auf dem Geomast. Das Spiel wiederholt sich nun entsprechend unserem Programm bis 24 Uhr.

4.10 Uhr: Es ist hell geworden. Der Wind nimmt zu, Richtung Süd-Südost, etwa 9 bis 10 m/s, also Gletscherwind. Schneefegen setzt ein. Das Oberflächenrelief ist nicht mehr zu sehen; es scheint, als flösse ein Schneestrom zum Meer. Trotz der Klimabekleidung fröstelt mich, der Wind verstärkt die Abkühlung wesentlich. Im Bart, an den Augenbrauen und Wimpern hängt Eis. Die Messungen werden zur Qual. Ich muß mich zur Sorgfalt zwingen.

5 Uhr: Der Gletscherwind hat sich zum Sturm entwickelt, mehr als 15 m/s. Das Schneefegen verstärkt sich so sehr, daß die Ziele verschwinden. Über uns jedoch klarer Himmel. Notgedrungen müssen wir die geodätischen Beobachtungen bis 8 Uhr ausfallen lassen. Im Nu liegen wir für zwei Stunden auf unseren Betten in tiefem Schlaf. Ein »Diensthabender« beobachtet das Wetter und gibt Signal, sobald Messungen wieder möglich sind.

8 Uhr: Anruf von Hütte 3: Das Schneefegen hat sich gelegt. Auf den Punkten 1 und 2 sind aber alle Bemühungen vergeblich, die Ziele zu erkennen. Auch die Infrarotstrahlen des EOK-2000 durchdringen das Schneefegen nicht. Scherzhaftes Schimpfen per Telefon zwischen den Hüttenbesatzungen wegen »Störung der erzwungenen Morgenruhe«.

10 Uhr: Das Schneefegen hat nun wirklich aufgehört, die »Routine« geht weiter. Die Sonne taucht alles in gleißendes Licht. Ich kann weit auf das Meer hinausschauen. Da sich unser Meßpunkt 400 m hoch befindet, liegt der Horizont bei etwa 70 km Entfernung. Davor das gewohnte Panorama der Eisberge, im Osten der Hays-Gletscher, im Westen sehe ich die Zunge des Campbell-Gletschers. Hinter mir steigt nach Süden die antarktische Eiskappe an. In den kurzen Meßpausen bleibe ich jetzt draußen. Längst ist mir die Umgebung, so weit das Auge reicht, wohlvertraut. Jede Veränderung würde mir sofort auffallen. Das Weiß der antarktischen Landschaft hat für mich seine Monotonie verloren. Ich ertappe mich hin und wieder, daß ich am Mast vor mich hinsinge oder laut denke. Ist das die Reaktion auf die Ruhe in dieser Eiswüste?

Gegen 13 Uhr hat Alfred Helbig ein Mittagessen zubereitet. Dankbar setze ich mich an den gedeckten Tisch. Es gibt Eintopf und Bouletten. Etwa um 15 Uhr habe ich meinen »toten Punkt«: Mechanisch gehe ich zum Beobachtungsmast, ebenso mechanisch führe ich die Messungen aus. Ob der Tag noch mal ein Ende nimmt? Die Kälte ist durch die Filzsohlen gekrochen, meine Beine scheinen abgestorben zu sein. Ich zwinge mich zur Konzentration, sage mir alle Handgriffe und die Meßwerte laut an. Eine sehr schön ausgeprägte Nebensonne wird ohne Aufmerksamkeit wahrgenommen. In den Meßpausen sind die Gespräche mit Alfred Helbig verstummt. Er ist ebenso übermüdet wie ich. Ein starker Kaffee oder Tee möbelt uns wieder etwas auf.

16.17 Uhr: Starke Zunahme der Refraktion. Die Ziele flimmern heftig. Habe ich mich vermessen? Solche Zenitwinkel kamen heute noch nicht vor. Schnelle Kontrolle: Alles richtig. Die Änderung des Zenitwinkels um fast zehn Minuten ist tatsächlich auf die Refraktion zurückzuführen.

17.17 Uhr: Fast bin ich geneigt, die Messungen abzubrechen. Die Zielpunkte sind so unruhig, daß ich sie kaum anvisieren kann. Schließlich schaffe ich es doch noch.

18 Uhr: Dispatchermeldung zur Station Molodjoshnaja: Bei uns alles in Ordnung. Der Funker Sergej Potapow gibt mir ein Telegramm von zu Hause durch. Das Stimmungsbarometer steigt um Zehnergrade.

18.17 Uhr: »Normale« Beobachtungen. Auch an den folgenden Terminen.

Um 19 Uhr werden die Signalscheinwerfer wieder eingeschaltet. Am Osthimmel sieht man den Erdschatten. Der Schnee wird blau. Mit der Aussicht auf das baldige Ende der Schicht sind die Meßtermine leichter zu ertragen. Das abendliche Schneefegen ist nicht so heftig und stört uns nicht.

23.37 Uhr: Die letzte Messung ist »im Kasten«. Ich baue die Instrumente ab und verstaue sie in einer Kiste vor der Hütte. Alfred Helbig nimmt noch den meteorologischen 24-Uhr-Termin wahr. Endlich kann ich meine Polarkleidung ablegen. In Trainingshosen und leichtem Pullover erledige ich den Abwasch – mein Amt als »Kochgehilfe«. Nachdem wir gemeinsam die Hütte aufgeräumt haben, verschwindet Alfred in seine Koje. Die Hütten 2 und 3 melden sich ab. Ich schalte den Ölofen aus und setze mich noch ein Weilchen an meinen Arbeitstisch. Draußen in der Finsternis heult der wieder aufgefrischte Wind. Ich höre zu und lasse von den Anstrengungen des Tages »die Seele ausbaumeln«. Die Kälte kriecht in die Hütte. Ich habe mich inzwischen in meinem Schlafsack eingerichtet.

So oder ähnlich ist fast jeder Meßtag verlaufen. Für Abwechslung sorgten lediglich wechselhafte Wetterlagen, Geräteausfälle oder die programmierten Fahrten nach Molodjoshnaja.

Unsere Hütten bildeten eine gute Basis für die gleichmäßig, Tag für Tag durchzuführenden Arbeiten. Sie boten nicht nur Schutz vor Sturm und Kälte, sie wurden unser »Zuhause«, an dem jede Hüttenbesatzung auch mit einem gewissen Stolz hing. Im Verlauf eines Jahres bewährten sie sich ebensogut wie die Meßpunkte; die Mühe und Sorgfalt beim Aufbau hatten sich gelohnt.

Temperaturprofile im Gletscherwind

Alfred Helbig

Seit drei Tagen blies der Wind mit unverminderter Stärke. Wir konnten in den aufgewirbelten Schneemassen kaum zwanzig Meter weit sehen. An Messungen war nicht zu denken. In unserer Hütte herrschte Dunkelheit. Zu dieser Jahreszeit, Anfang Juli, wurde es draußen lediglich für zwei Stunden so hell, daß wir ohne künstliche Beleuchtung in der Hütte arbeiten konnten. Die andere Zeit surrte das Stromaggregat. Doch damit hatten wir Sorgen. Es stand in dem kleinen Anbau und entwickelte eine beträchtliche Wärme. Um sie abzuführen, hatten wir in der Seitenwand eine Lüftungsöffnung angebracht. Dadurch bekamen wir zwar kühle Luft, aber auch große Mengen Treibschnee in den Aggregateraum. Der Schnee schmolz sofort und setzte alles unter Wasser. Außerdem reichte der Benzinvorrat nur noch wenige Stunden. Benzin und Heizöl lagerten zur Genüge draußen in Fässern unter dem Schnee. Vor jedem Tanken mußten sie freigeschippt werden, die Pumpe war von Schnee und Eis zu säubern. Das Abfüllen im Sturm glich einer Kraft- und Geduldsprobe. Bei Windgeschwindigkeiten über 15 m/s ist jedoch alle Mühe vergebens, und an jenem 9. Juli des Jahres 1974 war unsere Benzinreserve wieder einmal so zusammengeschrumpft, daß wir auf »Festbeleuchtung« verzichteten und uns mit Taschenlampen begnügten.

Gewiß ist ein zusätzlicher Ruhetag zwischen den anstrengenden 24-Stunden-Schichten willkommen, jedoch wäre er in der Station Molodjoshnaja viel angenehmer. Nicht zuletzt wegen der Essenszubereitung, die hier in der Außenstation uns selbst überlassen war. Aus der Aufgabenverteilung ergab es sich, daß mir das Amt des Kochs zufiel. An Lebensmitteln war kein Mangel – das Problem: die Zubereitung! Kochbücher hatten wir nicht mitgenommen. Hier rettete uns Reinhard Gaster, zu dessen Hobbys das Kochen gehörte. In der Anfangszeit klingelte bei ihm oft das Telefon, weil die »Köche« in den anderen Hütten rasch ein paar Tips brauchten, um doch noch ein schmackhaftes Gericht zustande zu bringen. Aber heute gab es nur eine einfache Mahlzeit – Lauchkremsuppe, mit Milchpulver angerührt. Zwar waren noch einige Hühner und

Fleischstücke vorrätig, doch sie befanden sich außerhalb der Hütte in einer völlig verwehten Kiste, an die wir bei diesem Wetter nur unter größten Anstrengungen herangekommen wären. Nach dem Essen erfuhren wir über UKW-Sprechfunk aus der Station, daß die Synoptiker erst für den morgigen Abend mit besserem Wetter rechneten. Zeit genug also, bisherige Messungen auszuwerten und die Geräte zu überprüfen.

Die Untersuchung der terrestrischen Refraktion über dem antarktischen Inlandeis und ihrer Einflüsse auf die Genauigkeit geodätischer Messungen ist nur möglich, wenn die thermische Struktur der eisnahen Luftschicht genauestens berücksichtigt wird. Refraktion ist die Ursache für Spiegelungseffekte in der Atmosphäre, zum Beispiel scheinbare Wasserflächen über sommerlich erhitzten Landstraßen oder die Fata Morgana in Wüstengebieten. In beiden Fällen nimmt die Lufttemperatur von der Oberfläche ausgehend sehr rasch nach oben ab. Es existieren große vertikale Temperaturunterschiede in den unteren Metern der Atmosphäre.

Über polaren Schnee- und Eisflächen ist die vertikale Temperaturverteilung umgekehrt: Über einer sehr kalten Oberfläche nimmt die Lufttemperatur mit der Höhe rasch zu. Die vertikalen Temperaturunterschiede haben hier das entgegengesetzte Vorzeichen und führen insbesondere über dem antarktischen Inlandeis zu starker Strahlenbrechung.

Nimmt man in erster Näherung eine kreisbogenförmige Lichtbahn an, so ist das Maß für die Strahlenkrümmung – der Refraktionskoeffizient k – als Quotient der Krümmungsradien von Erdoberfläche und Lichtbahn definiert. Die Höhe eines Zielpunktes kann von einem gegebenen Standpunkt aus bei bekannter horizontaler Entfernung beider Punkte aus dem gemessenen Höhenwinkel berechnet werden. In einer Atmosphäre ohne Dichteunterschiede verliefe der Zielstrahl geradlinig zwischen dem Theodolit und der Zielmarke. Infolge der Refraktion unterscheidet sich aber der gemessene vom wahren Höhenwinkel. Der Fehler in der Höhenbestimmung beträgt beispielsweise bei einem Refraktionskoeffizienten von +1 in 2 km Entfernung 0,31 m, in 6 km Entfernung aber schon 2,82 m. Bei einem Refraktionskoeffizienten von +5 ergibt sich in 2 km Entfernung eine Abweichung von der wahren Höhe um 1,65 m, in 6 km Entfernung um 14,10 m.

Für hohe Genauigkeitsanforderungen muß geprüft werden, ob die Annahme eines kreisbogenförmigen Zielstrahlverlaufs gültig ist. Das vertikale Temperaturprofil kann zwischen Stand- und Zielpunkt verschieden sein. Außerdem verläuft der Zielstrahl in unterschiedlichen Höhen über dem Gelände und somit in Luftschichten mit schwächerer oder stärkerer vertikaler Temperaturänderung. Deshalb weicht die wahre Bahn des Zielstrahls von der »theoretischen« meist ab. Kennt man den vertikalen Verlauf der Lufttemperatur – das vertikale Temperaturprofil –, so kann daraus der lokale Refraktionskoeffizient berechnet werden.

Das Herzstück des, wenn man so sagen darf, meteorologischen Systems unserer Refraktionsuntersuchungen war der stählerne Mast jedes Beobachtungspunktes, an dem in Höhen von 0,75 m, 1,50 m, 3,00 m und 6,00 m über der Schneeoberfläche sowohl strahlungsgeschützte Widerstandsthermometer als auch Schalenkreuzanemometer zur Messung der Windgeschwindigkeiten angebracht waren. Aus den jeweiligen Temperaturdifferenzen der übrigen Meßstellen zur Absoluttemperatur in 1,50 m Höhe ließ sich für unser Beobachtungsdreieck das Temperaturprofil ableiten. Um das Datenmaterial zu vervollständigen, haben wir weitere Parameter, wie Luftfeuchte, Luftdruck, Windrichtung, horizontale Sichtweite sowie die Art und Menge der Bewölkung, erfaßt. Alle diese Meßwerte und Beobachtungen wurden in Tagebüchern notiert und sofort in Formulare übertragen, deren Informationsgehalt später ohne viel Aufwand für eine EDV-gerechte Bearbeitung erschlossen werden konnte.

Was geschieht nun über dem antarktischen Inlandeis? In dem uns interessierenden untersten Teil der atmosphärischen Grenzschicht, der Bodenschicht, sind die meteorologischen Zustandsgrößen besonders von den Eigenschaften der Unterlage (Fels, Wasser, Schnee oder Eis) beeinflußt. Die vertikalen Gradienten der meteorologischen Parameter unterscheiden sich hier um ein bis zwei Größenordnungen von denen in höheren Schichten. Während in der freien Atmosphäre der vertikale Temperaturgradient in der Größenordnung von 1 K/100 m liegt, wächst in den Bodenschichten der Gradient auf das Zehn- bis Hundertfache an. Schließen wir zunächst eine horizontale Wärmezufuhr oder -abfuhr aus, dann hängt die Gestalt des Temperaturprofils über dem Inlandeis im wesentlichen von der Strahlungsbilanz der Unterlage ab.

Für den meteorologisch Interessierten sei hier die Bilanzgleichung der Energieströme an der Oberfläche genannt:

$$S = (I + H)(1\ \alpha) + G - U.$$

Die Strahlungsbilanz S setzt sich zusammen aus der

Summe von direkter Sonnenstrahlung I und diffuser Himmelsstrahlung H, multipliziert mit dem Reflexionsvermögen der Unterlage (der Meteorologe spricht von der Albedo α), sowie aus den Strahlungskomponenten im langwelligen Teil des Spektrums, das sind die atmosphärische Gegenstrahlung G und die Ausstrahlung der Erdoberfläche U.

Von ganz wesentlicher Bedeutung für die Strahlungsbilanz der Inlandeisoberfläche ist ihr hohes Reflexionsvermögen (Albedo). 75 bis 93 Prozent der eingestrahlten Sonnenenergie werden von den Schneeflächen zurück in den Weltraum reflektiert, während es beispielsweise über einer Grasfläche nur etwa 20 Prozent sind! Die langwellige Gegenstrahlung ist ebenso wie die Ausstrahlung der Erde von der Temperatur abhängig und erreicht daher in polaren Gebieten nur kleine Beträge.

Die Strahlungsbilanz südlich des Polarkreises ist fast das ganze Jahr über negativ. Nur in den Monaten November bis Februar erreicht sie Werte wenig über Null (15 bis 30 W/m²). Der Jahreswert der Strahlungsbilanz liegt im zentralen Teil der Antarktis zwischen minus 6 und minus 13 W/m². Im Verlauf des Jahres wird der Energieverlust, der aufgrund dieser negativen Strahlungsbilanz auftritt, durch den Energietransport aus niederen Breiten ausgeglichen.

Die Folge dieses Strahlungshaushaltes der Schneeoberfläche ist eben jene starke Abkühlung der Luft in den unteren Metern. Ausgehend vom niedrigsten Wert an der Schneeoberfläche nimmt die Lufttemperatur erst stark und dann langsamer mit der Höhe zu und bildet so die für die antarktische Grenzschicht typische Bodeninversion.

Diese Kaltlufthaut führt nun in der Hangzone des Inlandeises, dessen Oberfläche sich mit einem Gefälle von 10 bis 30 m/km zur Küste neigt, zu einer in der Antarktis ganz ausgeprägten Erscheinung: dem katabatischen Wind oder einfach Gletscherwind genannt. Die stark ausgekühlten Luftmassen strömen unter dem Einfluß der Schwerkraft hangabwärts und erreichen Geschwindigkeiten von 10 bis 15 m/s. Dieser Gletscherwind steht in Wechselwirkung mit der Intensität der Bodeninversion und beeinflußt die Struktur des vertikalen Temperaturprofils. Auf der Rückseite von Tiefdruckgebieten kommt es zu Windgeschwindigkeiten von 20 bis 25 m/s, weil sich hier der Gradientwind und der katabatische Wind überlagern. Beim Durchzug von Zyklonen treten im Küstengebiet die höchsten Windgeschwindigkeiten auf: 50 bis 60 m/s.

Unsere Messungen waren so angelegt, daß weitge-

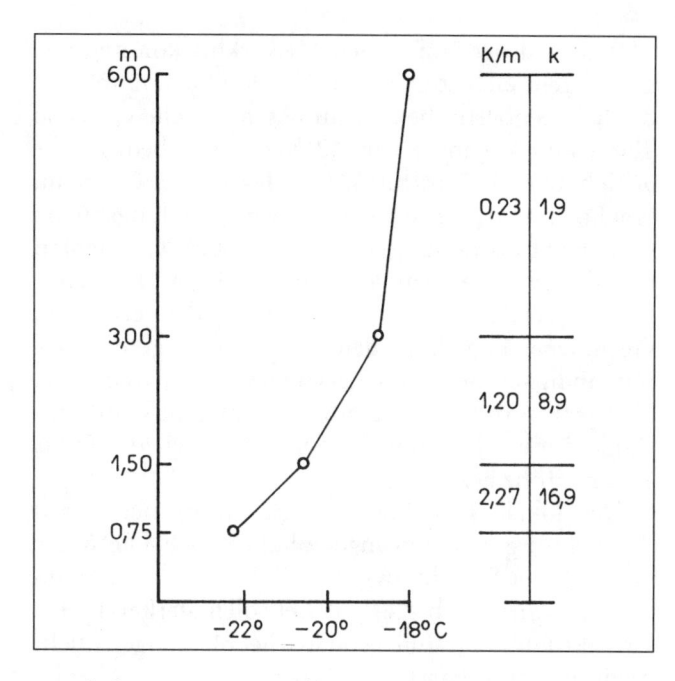

Vertikales Temperaturprofil am 11. Oktober 1974, 17.30 Uhr, am Meßpunkt 2. Daneben die Temperaturgradienten in K/m und der errechnete Refraktionskoeffizient k.

hend sowohl der Jahresgang als auch der Tagesgang des vertikalen Temperaturgradienten und der Refraktionsverhältnisse erfaßt werden konnten. Um den zur Verfügung stehenden Zeitraum vom Februar 1974 bis Februar 1975 gut zu nutzen, entschlossen wir uns zu einem möglichst ununterbrochenen Wechsel zwischen einem Meßtag, der von 0 Uhr bis 24 Uhr dauerte, und einem Ruhetag, der aber nur bedingt Zeit zum Ausruhen ließ, denn neben den lebensnotwendigen Verrichtungen wie Essenkochen, Reinigungsarbeiten usw. mußten Benzin und Heizöl getankt, Schnee geräumt, Geräte gewartet und repariert werden. Freizeit im landläufigen Sinne als Zeit der Muße und des Ausspannens gab es selten. Die meiste Überwindung bei einem solchen Lebensrhythmus kostete das Aufstehen um 23 Uhr, kaum daß man endlich eingeschlafen war. 23.50 Uhr erfolgten die ersten meteorologischen Messungen, und dann ging es durch bis 24 Uhr des folgenden Tages. Dabei fiel das härtere Los gewiß den Geodäten zu, die draußen am Theodolit beobachten mußten.

So hatte auch die Schlechtwetterperiode, die uns selbst ein kurzzeitiges Verlassen der Hütte unmöglich machte, ihr Gutes. Die Prognose, die uns die Synoptiker übermittelt hatten, war übrigens richtig; das Wetter besserte sich, und am 11. Juli begann 0 Uhr ein neuer Meßtag.

Während des einjährigen Meßzyklus konnten wir in unserem Gebiet zwischen 0,75 m und 1,50 m über der Schneeoberfläche eine durchschnittliche vertikale Temperaturzunahme von 0,2 K/m feststellen. In der Schicht von 3,00 m bis 6,00 m lag sie bei 0,1 K/m. Nachts traten bei stark negativer Strahlungsbilanz (fehlende Einstrahlung) im Mittel größere Gradienten auf als am Tage. Am Meßpunkt 3 lagen die Werte höher als an anderen Punkten, was mit der geringeren Geländeneigung und demzufolge geringeren Geschwindigkeit des Gletscherwindes zu erklären wäre. Der größte Temperaturgradient überhaupt wurde am Punkt 3 mit 7,1 K/m in der Schicht zwischen 0,75 bis 1,50 m Höhe gemessen.

Der lokale Refraktionskoeffizient ist bei diesen Temperaturgradienten ungewöhnlich hoch. Die Werte liegen in der Schicht zwischen 0,75 m und 1,50 m im Bereich von −3,5 bis +45,9! Bei solch starker Lichtstrahlkrümmung sind geodätische Messungen nicht mehr durchführbar.

Die extremen vertikalen Temperaturgradienten brachten auch etwas Abwechslung in den zeitlich streng geregelten und manchmal eintönigen Meßtag. Der 10. Oktober beispielsweise war wolkenlos. Am späten Nachmittag wuchsen die Temperaturdifferenzen zwischen den einzelnen Höhen immer mehr an. Der Wind war relativ schwach. Zwischen 17.30 und 18 Uhr lag die Temperaturdifferenz zwischen dem untersten und dem obersten Temperaturgeber bei 5 K. Georg Dittrich stand draußen am Theodoliten. Mitten in der Meßzeit für den Höhenwinkel winkte er mir zu. Ich lief hinaus und bemerkte am südlichen Horizont Spiegelungserscheinungen. Durch das Zielfernrohr des Theodoliten in Richtung der westlich gelegenen Hütte 1 bot sich ein ungewöhnlicher Anblick: Die rotgestrichene Zieltafel und das Beobachtungspodest waren zu einem verschwommenen Farbfleck zusammengeschmolzen, die Hütte konnte ich überhaupt nicht erkennen. Im Bildfeld von links nach rechts, hangabwärts also, strömten die Luftmassen schlierenförmig dahin; man glaubte die einzelnen Turbulenzelemente wahrnehmen zu können. Das Gegenlicht der tiefstehenden Sonne gab diesem Schauspiel mit honiggelben und rötlichen Tönen eine eigenartige Färbung. Hohe Werte des Refraktionskoeffizienten brachten uns sogar eine optische Verbindung zur Station. Die Strahlkrümmung ermöglichte es uns, über die Wölbung des Inlandeises hinwegzusehen; Tanklager und Raketenabschußrampe, die sich sonst unserem Blick entzogen, lagen plötzlich vor uns.

Die harte Arbeit auf den Außenstationen erbrachte ein reiches wissenschaftliches Material über die terrestrische Refraktion und die Temperaturverhältnisse in der eisnahen Luftschicht der Hangzone Antarktikas. Die Ergebnisse helfen den Geodäten, die Genauigkeit von Höhenmessungen zu verbessern. Damit kann die Massebilanz des antarktischen Eisschildes, speziell der antarktischen Ausflußgletscher, genauer bestimmt werden. Das Vorzeichen dieser Bilanz hat, weil Ausdehnung des antarktischen Eises und globales Klima miteinander gekoppelt sind, wesentlichen Einfluß auf die künftige Klimaentwicklung unseres Planeten.

An den Nunatakkern der Prince Charles Mountains

Joachim Hofmann

Vorgeschichte
Die Entdeckungsgeschichte Antarktikas ist reich an Überraschungen. War der Küstenverlauf des Kontinents seit den dreißiger Jahren relativ gut bekannt, so lagen bis zum Ende des Zweiten Weltkrieges über sein Inneres nur geringe Kenntnisse vor. Die Auffassung, daß der Kontinent mit Ausnahme des Transantarktischen Gebirges und der Gebirge des Königin-Maud-Landes völlig von Eis bedeckt und somit unmittelbarer geologischer Forschung unzugänglich sei, herrschte vor. Es war deshalb eine Sensation, als 1949, während der Operation »High Jump«, die die Errichtung der US-amerikanischen Station Amundsen-Scott zur Folge hatte, auf einem Erkundungsflug über der ostantarktischen Küste südlich des Amery-Eisschelfes ein Gebirge gesichtet wurde, das sich tief ins Weichbild des Kontinents erstreckte.

Die Bedeutung dieser Entdeckung lag auf der Hand: Hier eröffneten sich Möglichkeiten, die Geologie im *Inneren* Antarktikas zu ergründen. Im Polarsommer 1954/55 erreichte eine australische Expedition von der Station Mawson aus den nordwestlichen und westlichen Teil dieses Gebirges. Weitere, bis 1963 fortgesetzte Expeditionen zeigten, daß Nunatakker, Nunatak-Gruppen und Steilstufen einen gigantischen, etwa 400 km langen Abflußgletscher umgeben, den Lambert-Gletscher. Dieser Gletscher entsteht aus der Vereinigung mehrerer Tributärgletscher und nährt den Amery-Eisschelf, der die südliche Prydzbucht bedeckt. Die Nunatakker und Nunatak-Gruppen westlich und südlich des Gletschers wurden als Prince Charles Mountains bezeichnet, die etwa 200 km lange Steilstufe, die den östlichen Gletscherrand bildet, als Mawson-Abbruch. Den westlichsten Ausläufer der Prince Charles Mts., den Pik Komsomolski, hat eine Geologengruppe der 11. Sowjetischen Antarktisexpedition in 700 km Entfernung von der Küste erst 1965 entdeckt.

Die geologische Untersuchung der Gebirgsumrandung des Lambert-Gletschers brachte unvorhergesehene Ergebnisse. In ihrem nördlichen und mittleren Teil wurden erwartungsgemäß aus den Küstengebieten der Ostantarktis bekannte, hochmetamorphe Gesteine archaischen und frühproterozoischen Alters (Enderbite, Gneise, Charnockite, Migmatite und Granitoide) angetroffen, die das »kristalline Fundament« der Ostantarktis bilden. In den Südlichen Prince Charles Mts. traten jedoch schwachmetamorphe mittel- bis jungproterozoische Gesteine (Glimmerschiefer, Phyllite, Quarzite und Konglomerate) zutage. Ihre erste Beschreibung durch den australischen Geologen D. S. Trail, 1963, erregte großes Aufsehen, denn Gesteine dieses Typs waren in Ostantarktika noch nicht beobachtet worden.

Das wissenschaftliche Interesse an den schwachmetamorphen Gesteinen wuchs, als 1965/66, ebenfalls während der 11. SAE, Dimitri Solowjew am Mt. Ruker Eisenerze (Jaspilite) des weltweit bekannten Kriwoi-Rog-Typs fand. Die Gebirgsumrandung des Lambert-Gletschers wurde deshalb zwischen 1965 und 1975 bevorzugtes Arbeitsgebiet australischer und sowjetischer Expeditionen. Mit großem logistischem und technischem Aufwand erfolgte eine erste gründliche Erkundung vor allem während der 17., 18. und 19. SAE. Neben geologischen Feldarbeiten wurden umfangreiche geophysikalische Untersuchungen (Aeromagnetik, Gravimetrie, Tiefenseismik) durchgeführt. Mit diesen Verfahren kann der geologische Bau der eisbedeckten Gebiete erkundet werden. Die Ergebnisse all dieser Aktivitäten dienen zunächst der Erarbeitung geologischer Karten, und diesem Zweck ordnen sich auch die Feldarbeiten unter, die unsere Geologengruppe während der 19. Sowjetischen Antarktisexpedition betrieb. Sie sollten uns bis zu 600 km ins Innere des Kontinents führen.

Flug über den Lambert-Gletscher

Beinahe behäbig löst sich die schwer beladene AN-2 von der Schneepiste. Langsam gewinnt sie an Höhe und nach einer Runde um die Station legt der Pilot den einmotorigen Anderthalbdecker auf Südwestkurs.

Endlich ist es soweit! Der Rumpf der Maschine, Laderaum und Passagierkabine zugleich, ist bis in Höhe der runden Fenster mit festgezurrten Frachtstücken gefüllt: Propangasflaschen, Zelt, Funkgerät, Klappfliegen, handliche Schlitten, Zeltmöbel, Kisten mit Ausrüstung und Proviant. Vertiefungen zwischen der reichlich kantigen Fracht haben wir mit Schlafsäcken ausgestopft und über die gesamte Ladung die Filzmatten unserer Schlafsäcke und des Zeltbodens gebreitet. Auf dieser verhältnismäßig bequemen Liegefläche richten wir uns mit Kamera, Feldstecher und Karte ein. Wir – das sind vier Mitglieder der geologischen Gruppe: Lonja Fedorow, Geologe und unser Leiter, Dima Kolobow, Geomorphologe, Dima Ershow, Funker und passionierter Koch und letztlich ich, antarktischer Neuling, »Gast« in der Gruppe, mit gleichen Pflichten und Rechten wie jedes Mitglied einer Antarktisexpedition.

Durch das Schott zum Cockpit können wir die Rücken des Piloten und des Copiloten sehen. Im Zwischenschott, einer winzigen Nische zwischen Cockpit und Rumpf, hockt der Funker. Das Dröhnen des Motors läßt keine Unterhaltung zu. Wir dösen im Halbschlaf vor uns hin – die Anstrengungen der letzten Tage machen sich bemerkbar. Aber unsere Stimmung ist gut. Wir fliegen zwei Tage früher als vorgesehen!

Das Trauma aller antarktischen Geologen, durch schlechtes Wetter oder organisatorische Schwierigkeiten fernab vom Arbeitsgebiet auf der Basis festgehalten zu werden, ist gebannt. Nun kommt es nur noch auf uns an.

Ein Schlag auf die Schulter weckt mich. Unser Funker zeigt zur linken Seite: Über der weißen Fläche des Amery-Eisschelfes, auf der einzelne Schneedünen und zugewehte Spalten zu erkennen sind und über die dichte Schneeschleier nach Norden treiben, ist ein schwarzer Streifen auszumachen. Nach 15 Minuten sind wir querab einer 150 bis 200 m hohen Steilstufe, der Nordseite der allseits vom Schelfeis umgebenen Insel Hillock. Für mich der erste Sichtkontakt mit dem kristallinen Fundament der Ostantarktis. Wenig später neigt sich die Maschine leicht, Kursänderung nach Südwest; wir halten direkt auf den Lambert-Gletscher zu.

Nach einer weiteren Flugstunde befinden wir uns über dem Gletscher. Vor dem westlichen Horizont steht die Gruppe der Amery Peaks, die zu den Mittleren Prince Charles Mts. gehören. Südlich davon erkennen wir den Mt. Meredith und das Fisher-Massiv, zwei große, kastenförmige Nunatakker mit steilen Flanken und markantem Gipfelplateau. Nach Osten sind keine Grundgebirgsaustritte zu sehen. Mit leichtem Anstieg, der den Westrand des Lambert-Gletschers andeutet, dehnt sich bis an den Horizont das allmählich zum antarktischen Hochplateau ansteigende kontinentale Eis, auf dem sich Lichtreflexe und Wolkenschatten abzeichnen.

Im starken, böigen Gegenwind wird die Maschine heftig geschüttelt. Hin und wieder sackt sie kräftig durch. Das flache, etwa 50 km breite Tal des Lambert-Gletschers wirkt wie ein Windkanal, durch den ein starker Kaltluftstrom aus dem Inneren des Kontinents zur Küste fließt.

Im mittleren Teil des Gletschers hält der Pilot die Maschine in wenigen Kilometern Abstand vom Ostrand des Tales, dem Mawson-Abbruch. Eine gigantische Steilstufe, die das Niveau des Eises 600 bis 900 m überragt, begrenzt hier auf fast 200 km Länge den Lambert-Gletscher. Aus der Ferne geschlossen und massiv wirkend, wird sie von zahlreichen Seitentälern durchbrochen, die dem Gletscher kleinere Eisströme zuführen. Sie gliedern die Steilstufe in einzelne Bergmassive auf. Ihre geradlinigen Konturen lassen darauf schließen, daß sie durch junge bruchtektonische Vorgänge entstanden sind. Die schroff ansteigenden Flanken sind im unteren Teil von Schutthalden bedeckt. Auf den Gipfelplateaus erkennen wir flache Moränenwälle. Diese Plateaus liegen bei benachbarten Bergen nicht in gleicher Höhe, sondern sind deutlich gegeneinander versetzt. Hat die Neotektonik hier eine ursprünglich einheitliche Verebnungsfläche zergliedert? Dann müssen noch während der Bildung der Inlandeismasse kräftige Vertikalbewegungen das kristalline Fundament betroffen haben!

Um dem Fallwind auszuweichen, zieht der Pilot die Maschine in den Steigflug. Trotz größerer Flughöhe können wir Spaltenzüge und Schmelzwasserrinnen auf dem Gletscher noch gut wahrnehmen. Von Schmelzwässern herangetragene Schotter und angeschnittene Mittelmoränen heben sich als dunkle Bänder vom schmutzigen Weiß des Gletschereises ab.

Im Südteil des Lambert-Gletschers ist der Mawson-Abbruch als eine bis zu 900 m hohe Felswand ausgebildet. Schutthalden treten immer mehr zurück und fehlen schließlich völlig. Blanker hellgrauer und bräunlicher Fels tritt unmittelbar zutage. Es sind gebänderte Gneise, in denen hin und wieder Faltenstrukturen sowie helle und dunkle, oft ebenfalls verfaltete Gesteinsgänge zu beobachten sind. Wir haben den oberen Teil des Lambert-Gletschers erreicht. Der Höhenmesser zeigt 1600 m über Meeresspiegel, 500 m Höhe über Grund. Mit Südwestkurs halten wir auf das Cumpstone-Massiv (2070 m) zu, einen mächtigen, flachen Einzelberg mit steilen Flanken, der nun in etwa 30 km Entfernung vor uns liegt. Er markiert die Vereinigung von Mellor-, Collins-, Geysen- und Kaliningrad-Gletscher zum Lambert-Gletscher. Das Gebiet der Tributärgletscher bildet südlich des Cumpstone-Massivs eine weite, flache Senke, die zum antarktischen Hochplateau überleitet. Allmählich ansteigend, heben sich westlich und südlich von uns die schneefreien Nordseiten der Nunatakker ab, die zu den Südlichen Prince Charles Mts. gehören, und über dem westlichen Horizont steht klar die flache Pyramide des etwa 3355 m hohen Mt. Menzies, des höchsten Berges der Ostantarktis.

In wenigen Kilometern Entfernung vom Südostabfall des Cumpstone-Massivs, der sich in einem warmen, gelblich-braunen Ton zeigt, nehmen wir Südkurs und steuern direkt auf die Nordseite des Mt. Maguire zu. Er wird unser erstes Arbeitsgebiet sein! Unter uns erstrecken sich weite Schneedünenfelder, ein Zeichen, daß wir den eigentlichen Gletscherbereich hinter uns gelassen haben. Dann schiebt sich eine hohe Felswand vor die Fenster der rechten Rumpfseite: die Nordflanke des Mt. Maguire. Ich erkenne zunächst geschichtete grünlich-graue, dann massige, fast schwarze Gesteine. Nach wenigen Minuten sind wir daran vorbei. Der Funker winkt Lonja, etwas später auch mich nach vorn. Wir zwängen uns hinter die Sitze von Pilot und Copilot. Nach einer weiteren Vollkurve fliegen wir die Nordseite des Mt. Maguire in etwa 300 m Höhe nochmals an, um einen günstigen Lande- und Lagerplatz zu finden, möglichst nahe am Felsmassiv. Im Anflug erkennen wir, daß das Eis völlig schneefrei ist – so wirkt sich der Wärmestrahlungseffekt der dunklen Nordseite aus! Hier ist es unmöglich zu landen. Wir halten uns deshalb in etwas größerer Entfernung und sichten, bereits im östlichen Abschnitt, einen Schneestreifen, der spitzwinklig auf die fast senkrecht abfallende Nordseite des Mt. Maguire zuläuft.

Der Pilot und Lonja nicken sich zu. Während wir

unsere Plätze einnehmen, überfliegen wir den Schneestreifen in geringer Höhe. Im zweiten Anflug wirft der Bordfunker eine Rauchbombe, um die Windrichtung festzustellen. Schließlich setzt unser Vogel zur Landung an. Vor den Fenstern huscht eine flache Schneelandschaft vorbei, die zunehmend mehr Einzelheiten erkennen läßt: Schneewehen, tiefe Windfurchen und dunkle Löcher, wo der Schnee über Spalten im Gletschereis eingebrochen ist. Dann zwei, drei kräftige Schläge gegen die Kufen des Fahrwerkes und einige Hopser. Die Spornkufe fällt auf den Firn; wir sind gelandet. Mit gedrosseltem Motor schliddert die Maschine zum Ende des Schneestreifens. Wir stehen knapp einen Kilometer vor der Nordseite des Mt. Maguire. Näher kommen wir mit dem Flugzeug nicht heran.

Das Außenlager am Mt. Maguire
Unser Training in der Basis Sodrushestwo – wir haben dort das Zelt zweimal auf- und abgebaut – lohnt sich. Nach 45 Minuten ist über einer Sperrholzunterlage das große Polarzelt aufgeschlagen und mit Filz ausgelegt. Während wir die letzten Zeltmöbel aufstellen und Kisten mit den kälteempfindlichen Vorräten stapeln, hat Dima bereits Teewasser, das im Kanister mitflog, auf dem propangeheizten Herd zum Kochen gebracht. Als wir später um den Tisch sitzen, stellt er den Funkkontakt mit Sodrushestwo her. Die erste Meldung über unsere Ankunft und den Aufbau des Lagers geht hinaus. Anderthalb Stunden nach der Landung verabschiedet sich die Flugbesatzung von uns. Ein paar Händedrücke, dann lärmt das Triebwerk der AN-2 wieder. Etwas schwerfällig wendet unsere brave Anuschka, gleitet davon und hebt nach wenigen hundert Metern schaukelnd von der Piste ab.

Erst jetzt spüren wir die Kälte. Die Sonne steht inzwischen im Südwesten, und der Schatten des Mt. Maguire fällt auf unser Lager. Das Thermometer zeigt minus 17 °C an. Der restliche Tagesverlauf gestaltet sich recht einfach. Während Dima für uns eine kräftige Mahlzeit zaubert, stellen wir den Antennenmast auf. Anschließend tragen wir alle Kisten zusammen, stapeln sie als Windschutz an der Ostseite des Zeltes. Mit Säge und Spaten heben wir im Firn Gruben für die Frischfleischvorräte aus. Die Firnwürfel werden griffbereit neben dem Zelteingang gestapelt – unsere Wasserreserve.

Nach der Mahlzeit brechen wir mit Hammer und Rucksack zu einem ersten kurzen Erkundungsgang auf. Über das Eis und eine schmale Moräne erreichen wir bald die steil aufragende, fast schwarze Nordwand des Mt. Maguire. Sie besteht aus einem schweren, schiefrig spaltendem Tiefengestein, einem Metabasit. Gefaltete bräunlich-rote Granatbänder und wunderschöne dunkelgrüne Hornblendekristalle, die sich an Klüften gebildet haben, sowie ein hellgrünes, blättriges Glimmermineral beschäftigen uns eine Stunde, dann treiben uns Kälte und Müdigkeit zurück zum Zelt und in unsere Schlafsäcke.

Am nächsten Morgen weckt uns Dima mit der Mitteilung, daß die AN-2 wieder auf dem Weg zu uns ist. Sie bringt Kira, unseren zweiten Funker, Edward Grew, einen US-amerikanischen Kollegen, der bereits im Vorjahr in der sowjetischen Geologengruppe arbeitete, sowie ein weiteres Zelt und die Reserve an Flaschengas. Wir werden also vor unserem ersten großen Marsch auf die Ankunft der Maschine warten.

Ich stehe in den ersten Tagen völlig unter dem Eindruck des einzigartigen Landschaftsbildes, das sich in ungekannter Sichttiefe unter einem strahlend blauen Himmel, der nur manchmal von hohen dünnen Zirruswolken bedeckt ist, darbietet. Die Südlichen Prince Charles Mts. bestehen aus mehr als dreißig, über eine Fläche von rund 25 000 km² verteilten Nunatakkern. Es sind eisumgebene, oft bis zu 50 und mehr Quadratkilometer große Horst- und Kippschollen, deren Nord- und Westseiten während des antarktischen Sommers abtauen und dem Geologen ideale Arbeitsmöglichkeiten bieten. Ihre respektable Höhe – sie erheben sich 400 bis 1200 m über das Eis -, steile Flanken und ein markantes Gipfelplateau bestimmen das Bild. Sie lassen auch die Dimensionen des Störungsmusters im kristallinen Fundament ahnen. Die mit Moränen und Schutt bedeckten Gipfelplateaus wurden unter Einwirkung starker Winderosionen zur Landschaft der antarktischen Steinwüste umgestaltet.

Die Sonne steht jetzt, im Höhepunkt des antarktischen Sommers, den ganzen Tag am Himmel. Zur »Nachtzeit«, bei tiefem Sonnenstand im Süden, fällt der Schatten des Mt. Maguire über unser Lager und verbreitet ein leichtes Dämmerlicht. Schon in den ersten Tagen – unerwartet für mich – erfahre ich, daß die antarktische Landschaft voller Geräusche ist. Zum Poltern und Klappern von fallenden Steinen an den Flanken der Nunatakker gesellt sich das Rascheln und Singen des treibenden Schnees und – besonders in den Nachtstunden – das Knistern, Rollen und Krachen des sich bewegenden Eises. Es dauert einige Zeit, bis ich mich an diese Erscheinungen gewöhnt habe.

Reiz und Problematik der antarktischen Geologie liegen in der Synthese einer Vielzahl von Beobachtungen, die aus der Erkundung isolierter, oft mehr als

50 km voneinander entfernter Nunatakker gewonnen werden. Die am einzelnen Nunatak idealen Aufschlußverhältnisse verlocken immer wieder zur Feldarbeit im Detail. Detailuntersuchungen haben jedoch wenig Sinn, solange die Grundzüge des geologischen Baues noch nicht geklärt sind. Diese, der geologischen Feldarbeit eigene methodische Randbedingung zwingt uns zum ständigen Abwägen zwischen notwendiger und nicht notwendiger Tätigkeit. Die Effektivität unseres Einsatzes ist sehr davon abhängig, wie wir dieses Moment beherrschen, also von der Kunst, zur rechten Zeit eine Arbeit abzuschließen.

Feldarbeiten geht stets eine Vorerkundung voraus. Für unsere Gruppe wurde sie bereits im Vorjahr durchgeführt. Ihre Aufgabe ist es, erfolgversprechende Ansatzpunkte für geologische Untersuchungen zu finden, das heißt Gebiete zu erkennen, deren wissenschaftliche Bearbeitung grundlegende Aussagen über den geologischen Bau verspricht. Andere, weniger aussagekräftige Aufschlüsse werden nur übersichtsweise – etwa durch gelegentliche Landungen bei Hubschrauberflügen – erfaßt. Die Organisation eines solchen Einsatzes mehrerer Geologen, mit der zwangsläufig die Planung der Lufttransportmittel verbunden ist, setzt eine zielstrebige Leitung voraus. Wie in den Vorjahren, so lag sie auch während unserer Expedition in den Händen von Dmitri Solowjew. Er hat bereits an zehn Antarktisexpeditionen teilgenommen. Sein organisatorisches Können habe ich bewundert. Dabei tat er alles mit jenem Grimm, der einen leidenschaftlichen Geologen erfaßt, wenn er Feldarbeiten nur aus der Ferne verfolgen und sich nicht selbst daran beteiligen kann. Seine Erfahrungen, seine gründliche Kenntnis der Gebirgsumrandung des Lambert-Gletschers und sein nur zu gut verständlicher Gemütszustand waren für uns mehr Ansporn als alle Instruktionen. Solowjew ist ein Geologe mit Intuition, der wohl stets den entscheidenden Aufschluß findet – er war es ja, der 1965 die Jaspilit-Eisenerze am Mt. Ruker entdeckte – und der auch die zur Lösung der vielschichtigen Expeditionsprobleme notwendige Energie und Geduld aufbringt. Wahrscheinlich werden solche Charaktere nur unter Bedingungen antarktischer Expeditionen geformt.

Wird von antarktischer Geologie gesprochen, ist letztendlich der Gedanke an Bodenschätze naheliegend. Wie jeder Kontinent führt auch Antarktika und sein Festlandsockel Lagerstätten nutzbarer Rohstoffe. Die Kohlevorkommen des Transantarktischen Gebirges wurden bereits von den Geologen der Expedition Robert Scotts zu Beginn unseres Jahrhunderts entdeckt. 1965 waren mehr als hundert Fundpunkte nutzbarer Mineralien bekannt. Der sechste Kontinent birgt die letzte unverritzte, jedoch außerordentlich schwer zugängliche kontinentale Rohstoffreserve unseres Planeten. Der Abbau dieser Lagerstätten wird allerdings in jedem Fall schwierig, häufig sicher unmöglich sein.

Unser Anliegen ist geologische Grundlagenforschung, also »Bestandsaufnahme«, des geologischen Baus der eisfreien Gebiete. Wir wollen also klären, wie die in den Südlichen Prince Charles Mts. anstehenden Gesteine gelagert sind, welches Alter sie haben, wie sie verformt wurden usw., kurz, unsere Aufgabe besteht darin, alle wesentlichen Erscheinungen zu erkennen, aus denen die geologische Entwicklungsgeschichte der von uns untersuchten Gebiete abgeleitet werden kann.

Der bevorstehenden Feldarbeit sah ich mit einiger Unruhe entgegen. Natürlich hatte ich mich anhand der Berichte sowjetischer und australischer Expeditionen vorbereitet. In Leningrad war ich von Professor Michail Rawitsch, dem Nestor der sowjetischen Antarktis-Geologen, eingehend über Probleme dieser Art informiert worden. Hoch- und schwachmetamorphes Präkambrium großer Schilde hatte ich in Karelien, der Ukraine, in Sibirien und in Indien gesehen. Die zu erwartenden Bilder waren mir folglich bekannt. Als Geologe mitteleuropäischer Schule war ich jedoch im Meßtischblatt-Maßstab aufgewachsen und gewohnt, geologische Arbeiten auf relativ kleinen Flächen von wenigen hundert Quadratkilometern durchzuführen. Hier aber würden wir in einem Monat ein Gebiet zu erkunden haben, in das drei mittelgroße deutsche Bundesländer hineinpassen. Doch nach wenigen Tagen habe auch ich mich auf die neuen Bedingungen eingestellt.

Geologenalltag

Zur Feldarbeit verlassen wir meist vor neun Uhr, nach dem morgendlichen Temperaturanstieg, unser Lager. Nach kurzem Marsch über das Eis erreichen wir das Moränenband vor dem Nunatak, auf dem wir uns sicher bis zum Ausgangspunkt unserer Arbeiten bewegen – meist eine Stelle, die einen günstigen Ansatz zur Profilaufnahme bietet. Nach Absprache über einzuhaltende Marschrichtungen, Ort und Zeit des abendlichen Treffpunktes, trennen wir uns.

Lonja macht sich mit Dimas Hilfe an die Profilaufnahme. Edward Grew, ein ungewöhnlich gründlicher und geradezu einzelgängerischer Arbeiter, betreibt in ihrer Nähe Metamorphose-Studien. Dima Kolobow geht seinen Moränen-Beobachtungen und dem Studium glazigener Landschaftsformen nach. Er hat die längsten Märsche zurückzulegen. Meine Aufgabe ist es, strukturgeologische Beobachtungen vorzunehmen, das heißt zu analysieren, wie die Gesteine gelagert sind. Zunächst marschiere ich ein bis zwei Kilometer auf das Eis hinaus und versuche, mit Hilfe des Feldstechers die Lagerungsverhältnisse im Gebiet eines vier bis sechs Kilometer langen Abschnittes der Mt.-Maguire-Flanke so genau wie möglich zu erkennen sowie in Skizzen und Fotos festzuhalten. Auf den Skizzen markiere ich Punkte, die ich an den Gesteinsaufschlüssen begehen will, um Falten- und Bruchstrukturen näher anzuschauen oder schwer erkennbare Lagerungsverhältnisse zu klären.

Ausgesprochene Klettertouren am Fels vermeiden wir, da Zeitaufwand und zu erwartende Ergebnisse in keinem vertretbaren Verhältnis zueinander stehen würden. Beschreibungen, zeichnerische und fotografische Dokumentation von Falten und Bruchstrukturen, das Vermessen von Schicht- und Schieferungsflächen, von Faltenachsen und Lineationen mit dem Kompaß nehmen mich voll in Anspruch. Ebenso die Auswahl, das Zurechtschlagen, Etikettieren und Verpacken von Belegstücken. Auf dem Weg zwischen den einzelnen Arbeitspunkten beobachte ich weitere strukturelle Details. Faltungs- und störungsbedingte Änderungen von Flächen- und Achsenlagen versuche ich durch Kompaßmessungen in regelmäßigen Abständen zu verfolgen. Die Höhe meines Standortes über der Moräne wird mit dem Taschenbarometer bestimmt. Hin und wieder sehe ich Lonjas Gruppe, von der ich mich im Laufe des Tages jedoch immer weiter entferne. Fortwährend muß ich nach günstigen Steigmöglichkeiten suchen und – vor allem zur Mittagszeit, wenn die Sonnenstrahlung voll auf die Nordseite des Mt. Maguire fällt – auf Steinschlag achten. Dann lösen sich Felsbrocken, die der Spaltenfrost im Kluftverband gelockert hat; die dünnen Eisfilme tauen auf, und das Gestein bricht nieder. Solange es poltert und klappert, halte ich mich im Schutz von Überhängen oder größeren Blöcken.

Im Abstand von anderthalb bis zwei Stunden lege ich Pausen ein. Nach einer Zwischenmahlzeit – einem Stück Mecklenburger Dauerwurst, einem Riegel Schokolade und einer Handvoll Dörrobst – geht es weiter. Ein normaler Feldarbeitstag hält uns so zehn bis zwölf Stunden in Bewegung. Obwohl die Temperaturen morgens zwischen minus 10 und minus 16 °C liegen, spüren wir die Kälte während der Arbeit kaum. In windgeschützten Nischen steigt die Temperatur um die Mittagszeit bei direkter Sonneneinstrahlung manchmal sogar über den Gefrierpunkt. Schneereste werden weich, und das Tropfen von Tauwasser, das sich im Schutt verliert, ist zu hören. In den Abendstunden, wenn die Nordseiten der Nunatakker lange Schatten werfen, wird es schnell empfindlich kalt. Langes Stehen ist dann nicht geraten. Das bedeutet meist das Ende der Tagesarbeit. Vom Sammelpunkt, an dem wir uns innerhalb einer bestimmten Frist einfinden, marschieren wir gemeinsam zum Lager zurück.

Manchmal schränken Schlechtwetterlagen oder mit Schneetreiben verbundene Fallwindattacken unseren Bewegungsradius ein. Dann kann nur stundenweise in Lagernähe gearbeitet werden. Solche Zwangspausen nutzen wir zur ersten Auswertung der Feldergebnisse, zum Verpacken von Proben sowie für Arbeiten, die das Lagerleben erfordert.

Nach jeweils sieben bis zehn Tagen ziehen wir mit Hubschrauber-Unterstützung um: vom Mt. Maguire zum Mt. Mc Dummet, von dort zum Mt. Ruker und schließlich zur Westseite des Mt. Stinear, des imposantesten der Nunatakker in den Prince Charles Mts. An den Erkundungsflügen in der Umgebung der neuen Lagerstandorte beteiligen sich auch zwei Geophysiker und zwei Geodäten, die nach jedem Umzug für einige Tage aus der Station Sodrushestwo zu uns kommen. Sie messen an den Landepunkten die Erdschwere, bestimmen die Totalintensität des erdmagnetischen Feldes und unternehmen astronomische Ortsbestimmungen für topographische Zwecke. Im Verlauf eines Flugtages schaffen wir sechs bis acht Landungen auf den Gipfelplateaus von Nunatakkern und einige kurze Zwischenlandungen an anderen, geologisch interessanten Stellen.

Länger als eine Stunde darf ein Aufenthalt nicht ausgedehnt werden, da sonst die Triebwerke der MIL-8 zu sehr auskühlen. Auf den Plateaus ist es ja wesentlich kälter, und es weht ein scharfer, die Auskühlung fördernder Wind. Während die Geophysiker und Geodäten ihre Geräte aufbauen, gehen wir die Umgebung des Landeplatzes systematisch ab. Meist fordert uns eine Leuchtkugel zur Rückkehr auf. Die knapp bemessene Zeit zwingt uns, das Beobachtungsprogramm stark einzuschränken. Mehr als die Bestimmung der anstehenden Gesteine, eine kurze Charakteristik der Metamorphose-Erscheinungen, das Sammeln einiger Belegstücke und eine grobe Aufnahme der Lagerungsverhältnisse können wir nicht schaffen. Lücken in den Aufzeichnungen schließen wir durch Vergleiche unserer Feldbuchnotizen. Doch die Übersichtsflüge sind wichtig, denn auf diese Weise können wir die Ergebnisse unserer Nunatak-Erkundungen in die allgemeine geologische Situation einbinden. So fügen sich die lokalen Beobachtungen und Aufzeichnungen allmählich zu einer geologischen Karte der Südlichen Prince Charles Mts. Diese Karte wiederum wird für die Interpretation der Aeromagnetik benötigt, die uns über den geologischen Untergrund der eisbedeckten Flächen informiert.

In den letzten Tagen der Feldarbeit rundet sich das Bild unserer anfangs recht widersprüchlichen Beobachtungen zu einer Grundvorstellung der geologischen Entwicklung des schwachmetamorphen Gesteinskomplexes. Das Zusammenwirken von Geologen unterschiedlicher fachlicher Profils, die zudem noch aus verschiedenen, mit manchmal recht gegensätzlichen Auffassungen behafteten wissenschaftlichen Schulen kommen, erweist sich als außerordentlich förderlich. Unsere Fachdiskussionen sind oft unerbittlich, jedoch stets von dem gemeinsamen Streben nach umfassender Interpretation der Beobachtungen getragen. Wir sind alle der Meinung, daß uns dieses Zusammenraufen noch über das in der Antarktis ganz selbstverständliche kollektive Handeln hinaus verbindet. Aus den Diskussionen nehmen wir für jeden neuen Arbeitsabschnitt eine Orientierung mit auf den Weg, und damit steigert sich die Wirksamkeit unserer Gruppe sehr.

Zunächst erkennen wir, daß die schwachmetamorphen Gesteine, die in einer von Ost nach West streichenden, 60 bis 80 km breiten und 250 km langen Zone erscheinen, im Norden und Süden von Störungen begrenzt werden. An diesen Störungen sind Gesteine des kristallinen Fundaments über den schwachmetamorphen Komplex geschoben. Im Norden wie im Süden sind die schwachmetamorphen Gesteine an den Aufschiebungen überkippt und intensiv gefaltet, wobei sich die Falten zum Inneren ihres Verbreitungsgebietes neigen. In mehreren Kilometern Entfernung von den randlichen Aufschiebungen klingt die intensive Faltung jedoch aus. Sie wird durch eine flachwellige Lagerung abgelöst. Nur dort, wo faltungsfreundliche Gesteine auftreten – der Geologe versteht darunter dünnschichtige Sedimente mit ausgeprägten Schichtfugen – wird der flachwellige Faltenbau durch intensive Faltungsbilder kompliziert. Das ist zum Beispiel in den Jaspilit-Eisenerzen des Mt. Ruker der Fall.

Charakteristisch für den schwachmetamorphen Komplex ist das Fehlen von Graniten, die in echten Faltengebirgen weit verbreitet sind. Dafür treten häufig basische Gesteine (Diabase) von dunkler, oft grüngrauer bis grünschwarzer Farbe in Form von Gängen, Stöcken und pilzförmigen Körpern auf. Eine schwache Schieferung zeigt, daß diese Gesteine während der Faltung des schwachmetamorphen Komplexes als glutflüssige Schmelze eingedrungen sind. Auch in den Gneisen des kristallinen Fundamentes konnten wir diese Gesteine häufig finden – als Zufuhrkanäle der Intrusionen im schwachmetamorphen Komplex.

Die Ergebnisse unserer Feldarbeit und die Resultate der vorjährigen Expedition zeigen, daß die Südlichen Prince Charles Mts. nicht Teil eines echten Faltengebirges in der Ostantarktis sein können. Ihre Ausgangsgesteine mußten vielmehr auf dem kristallinen Fundament abgelagert worden sein. Diese starre Unterlage verhindert eine durch seitlichen Druck verursachte intensive Faltung. Das Faltenbild wurde mehr durch Vertikalbewegungen von Blöcken des Fundamentes erzeugt, denen die darüberliegende »Sedimenthaut« folgte. Nur dort, wo Schollen des kristallinen Fundaments auf Gesteine des schwachmetamorphen Komplexes überschoben wurden, standen diese unter Einwirkung eines starken seitlichen Zusammenschubes und reagierten mit intensiver Faltenbildung.

Die schwache Metamorphose führten wir auf die wärmedämmende Wirkung des kristallinen Fundamentes zurück. Aufgrund dieser Erkenntnisse konnten wir die schwachmetamorphen Bildungen der Südlichen Prince Charles Mts. als Teil einer intrakratonen Faltenzone, wie sie der Moskauer Geotechniker V. E. Chain definiert hat, bestimmen. Diese zunächst sehr theoretisch anmutende Erkenntnis besitzt für die Beurteilung der im schwachmetamorphen Komplex zu erwartenden Lagerstätten große Bedeutung. Faltenzonen ähnlichen Typs sind von anderen Kontinenten bekannt, so daß dort auftretende Lagerstätten auch im Gebiet der Südlichen Prince Charles Mts. erwartet werden können.

Gondwana-Landschaft

Später, während der 23. und der 30. Sowjetischen Antarktisexpedition hatte ich Gelegenheit, meine Vorstellungen vom Lambert-Rift zu vervollständigen. Wir hatten zum Beispiel ein Zeltlager in der Hügellandschaft am Fuße der Kamenistaja-Plattform im Norden der Prince Charles Mountains. Ich war oft in ruhigen Stunden, die uns an Schlechtwettertagen beschieden waren, zu den allmählich aus dem Schnee heraustauenden Aufschlüssen gelaufen und hatte die bräunlichgelblichen und weißen, wunderschön kreuzgeschichteten Sandsteine studiert, die bis zu einem Meter mächtige Schichten dunkelgrauer kohliger Schiefer aufwiesen mit darin eingebetten, mattglänzenden Kohlelagen. In den Schiefern fand ich massenhaft die

(Foto: Hebert)

I

Dr. Günter Skeib, Leiter der ersten Überwinterungs-gruppe der DDR, in der Meteorologischen Station von Mirny, 1959.
(Foto: Skeib)

Ankunft der Dreier-gruppe mit Dr. Skeib auf der Drygalski-Insel. Hier wurde die Außenstation »Mir« aufgebaut.
(Foto: Skeib)

Ein aufklappbares Zeltgestell überdeckte einen in den Schnee gegrabenen Raum, wo Ballons für meteorologische Sondenaufstiege auf der Drygalski-Insel mit Wasserstoffgas gefüllt wurden. (Foto: Skeib)

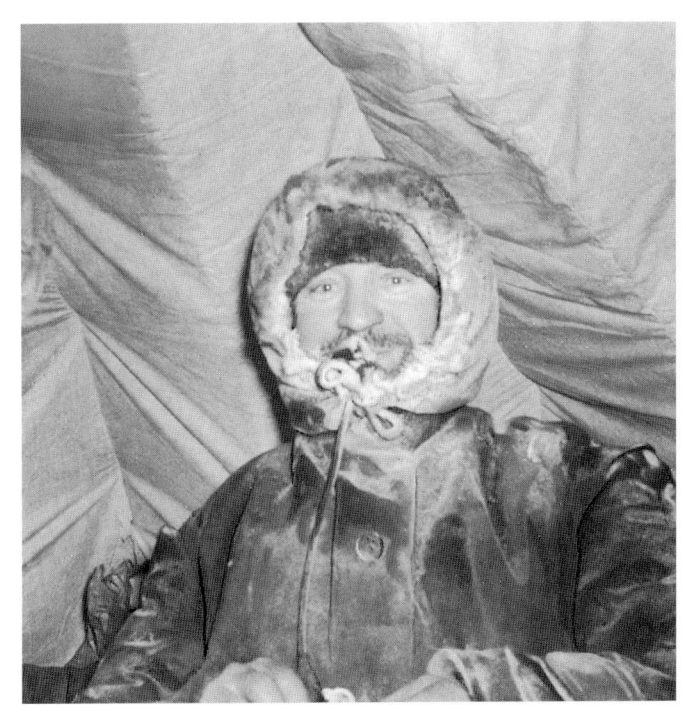

Sergej Karpuschin, der die Gasherstellung zu betreuen hatte, im Ballonzelt. (Foto: Skeib)

Sascha Smirnow, Aerologe und Funker auf der Drygalski-Insel, gehörte zu den Opfern der Brandkatastrophe in Mirny. (Foto: Skeib)

Ankunft der Kooperazia *vor Mirny, etwa 1962. (Foto: Archiv AWI)*

Die Station Mirny im Königin-Marie-Land, Prawda-Küste, 1960. (Foto: Klemm)

Salut für die in der Nacht vom 3. zum 4. August 1960 verunglückten Polarforscher. Unter ihnen befand sich der Meteorologe Christian Popp aus Potsdam. Er ist auf der zwei Kilometer vor der Eisbarriere von Mirny gelegenen Buromski-Insel an der Seite seiner sowjetischen Kameraden beigesetzt. (Foto: Dittrich)

Christian Popp. (Foto: Skeib)

Der Meteorologe Stephan Klemm bei der Montage von Strahlungsbilanzmessern für Nachtmeßflüge. (Foto: Klemm)

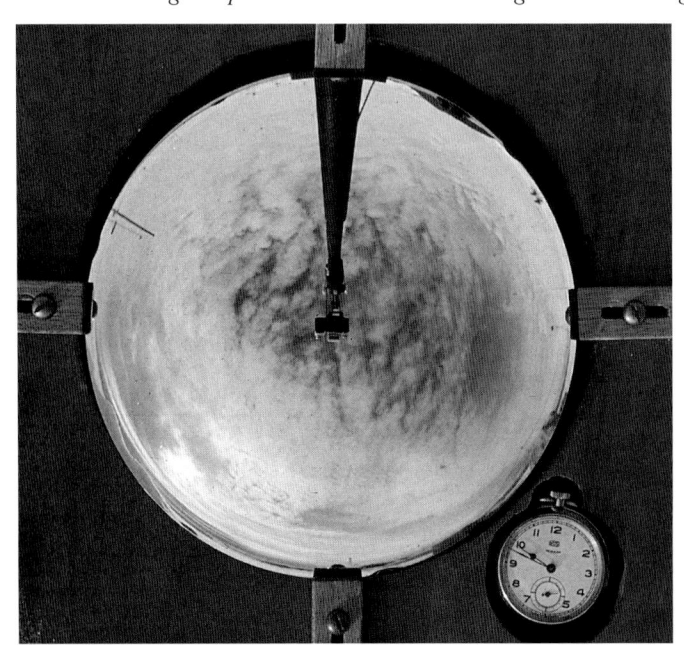

Mit einer All-sky-Kamera fotografiertes Wolkenbild. Am Rand des Hohlspiegels ist das Horizontpanorama der Station Mirny zu erkennen. Im Zentrum der Aufnahme, die Stratocumulus-Wolken zeigt, die Kamera. (Foto: England)

Heinz Messerschmidt beim Bau einer Rahmenantenne zur Eichung der Radiowellenregistrierung. (Foto: Driescher)

Mirny im Jahre 1980. (Foto: Gernandt)

Das Entladen der Treibstoffvorräte gehörte in den frühen Jahren der Polarforschung zu den härtesten Arbeiten. (Foto: England)

VII

Die in freien Stunden gern besuchte Adelie-Pinguinkolonie in der Nähe von Molodjoshnaja. Hier hat Dr. Detlef Hebert Probenprofile der Kotablagerungen aufgenommen, um das Alter der Besiedlung zu bestimmen. (Foto: Dietrich)

Adeliepinguine bauen ihre Nistplätze aus Steinen, die sie in der Umgebung zusammenlesen. (Foto: Dietrich)

Einbruch eines Schlittenzuges in eine Gletscherspalte. (Foto: Rößler)

Dr. Hans Driescher im Gespräch mit dem verdienten Polarforscher Ernst Krenkel, Funker der ersten driftenden Polarstation »Nordpol 1« unter Papanin. (Foto: Driescher)

Die Deutsche Hütte am Abendbergmassiv. Hier begannen die Vermessung des Hays-Gletschers 1972 und die Wiederholungsmessungen in den folgenden Jahre. (Foto: Dreßler)

Aufbau eines Signalzylinders, dessen Ort sich mit dem fortbewegenden Eis verändert. Dadurch kann die Fließgeschwindigkeit des Eises bestimmt werden. Heutzutage ermittelt man die Koordinaten mittels Satellitenkommunikation. (Foto: Dietrich)

Der Schlittenzug der DDR-Gruppe zur 17. SAE nach einem Schneesturm am Hays-Gletscher. (Foto: Dreßler)

Dieter Tauchert, Detlef Hoffmann und Arno Hofmann, Teilnehmer der 23. SAE, entnehmen am Abendberg Gesteinsproben für isotopenphysikalische Datierungen. (Foto: Hoyer)

Im (noch gemäßigten) Schneesturm können sich die Polarforscher nur an starken Halteseilen fortbewegen. (Foto: Driescher)

Polarnacht 1972 in Molodjoshnaja. (Foto: Dreßler)

Schneefegen am Abendberg, von der Deutschen Hütte in Richtung Meer gesehen. (Foto: Dietrich)

Mitunter finden die Geodäten die im Vorjahr aufgestellten Signalstangen bis zum Sichtzylinder verschneit vor. (Foto: Schmidt)

Gemeinsames Zubereiten von Pelmeni in der russischen Stolowaja. (Foto: Schrader)

Sommerlust in Molodjoshnaja. (Foto: Dietrich)

Links: Rolf Thoss überprüft die Widerstandsthermometer. (Foto: Müller) – Rechts: Mit nur kurzen Pausen wird die Laufzeit des Lichtstrahls zwischen den Meßpunkten jeweils 24 Stunden lang gemessen. Am Mast die Prismenreflektoren, die den vom gegenüberliegenden Meßpunkt ausgesandten Lichtstrahl widerspiegeln. (Foto: Dittrich)

Der Punkt »Wirbelsturm« im Meßdreieck zur Ermittlung der terrestrischen Refraktion in der Nähe von Molodjoshnaja. Im Vordergrund der Meteorologische Mast zur Bestimmung der Wind- und Temperaturgradienten. Dahinter das Geodätische Beobachtungspodest. (Foto: Dittrich)

Aufpressungen des Schelfeises am Nordrand der Schirmacher-Oase, Königin-Maud-Land. (Foto: Fritzsche)

Ausgang einer Eisgrotte in der Schirmacher-Oase. (Foto: Rößler)

Die 1976 in der Schirmacher-Oase entstandene Forschungsbasis der DDR. (Foto: Flake)

Der Atmosphärenphysiker Dr. Hartwig Gernandt (links), Expeditionsleiter 1975 bis 1977 und Erbauer der Station in der Schirmacher-Oase, und Werner Passehl. (Foto: Archiv AWI)

Die Kapitän Kondratjew *1978 an der Entladestelle Kap Ostry, etwa 90 km vor der Schirmacher-Oase. (Foto: Rößler)*

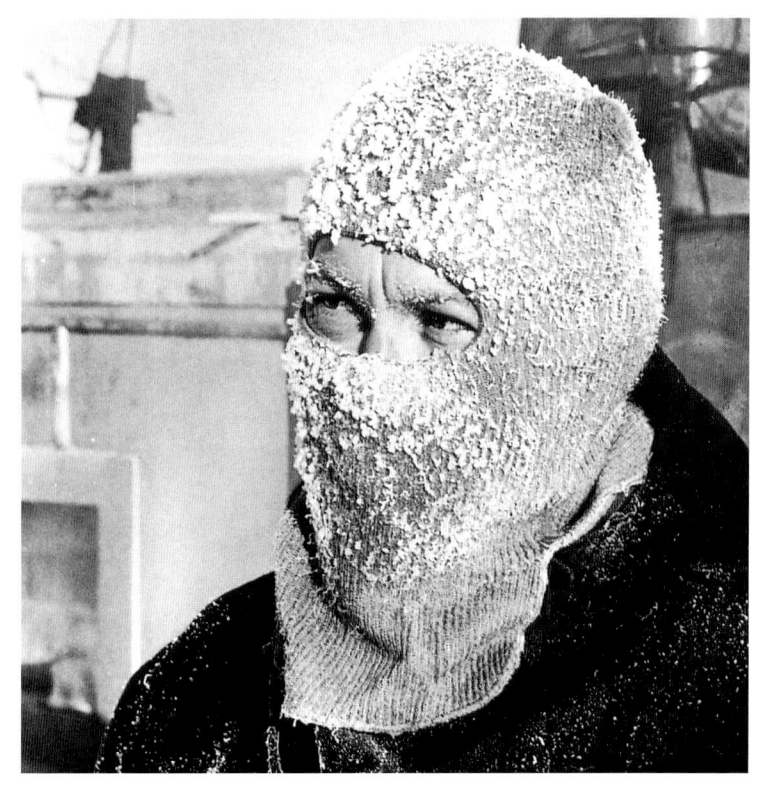

Dr. Manfred M. Schneider überwinterte als erster Deutscher am Kältepol der Erde, in Wostok. (Foto: Schneider)

Blick auf einen Teil der von den deutschen Biologen auf Bellingshausen entdeckten riesigen Brutkolonie von Zügelpinguinen. (Foto: Odening)

Die massigen Robben können erstaunlich wendig sein und das Rückgrat weit nach hinten biegen. Hier eine Weddell-Robbe. (Foto: Odening)

Heinrich Schuck (links) mit dem Leiter der sowjetischen Station Bellingshausen, Dr. Wladimir Spitschkin, und einem russischen Kollegen beim Beringen eines Raubmöwenkükens. (Foto: Odening)

Im Dezember, wenn die Sonne am höchsten steht, bilden sich bizarre Eislandschaften. (Foto: Gernandt)

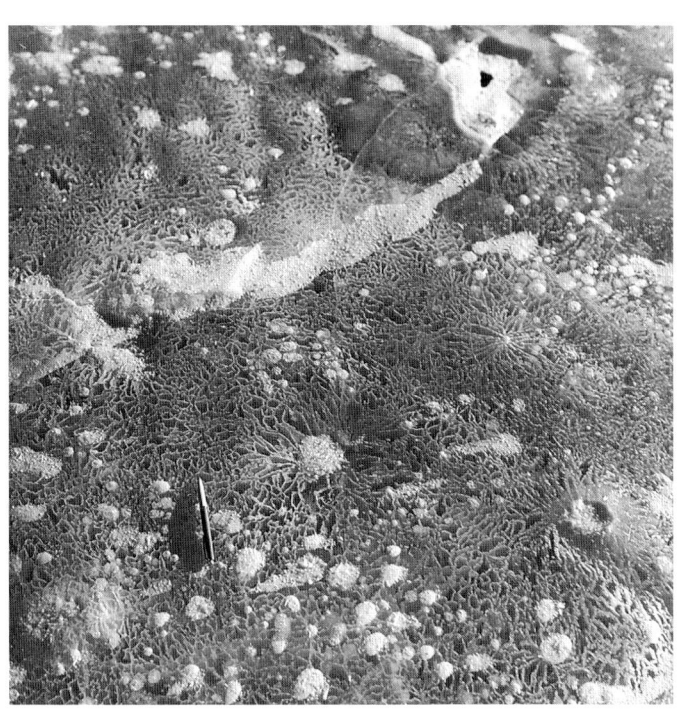

Durch Verdunstungsprozesse entstandene Kristallisation auf einer einst glatten Eisfläche. (Foto: Paech)

Ufer der Eisbarriere im Enderbyland. (Foto: Dietrich)

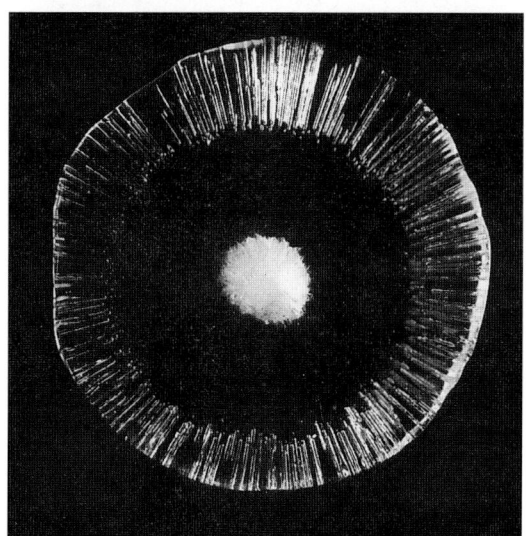

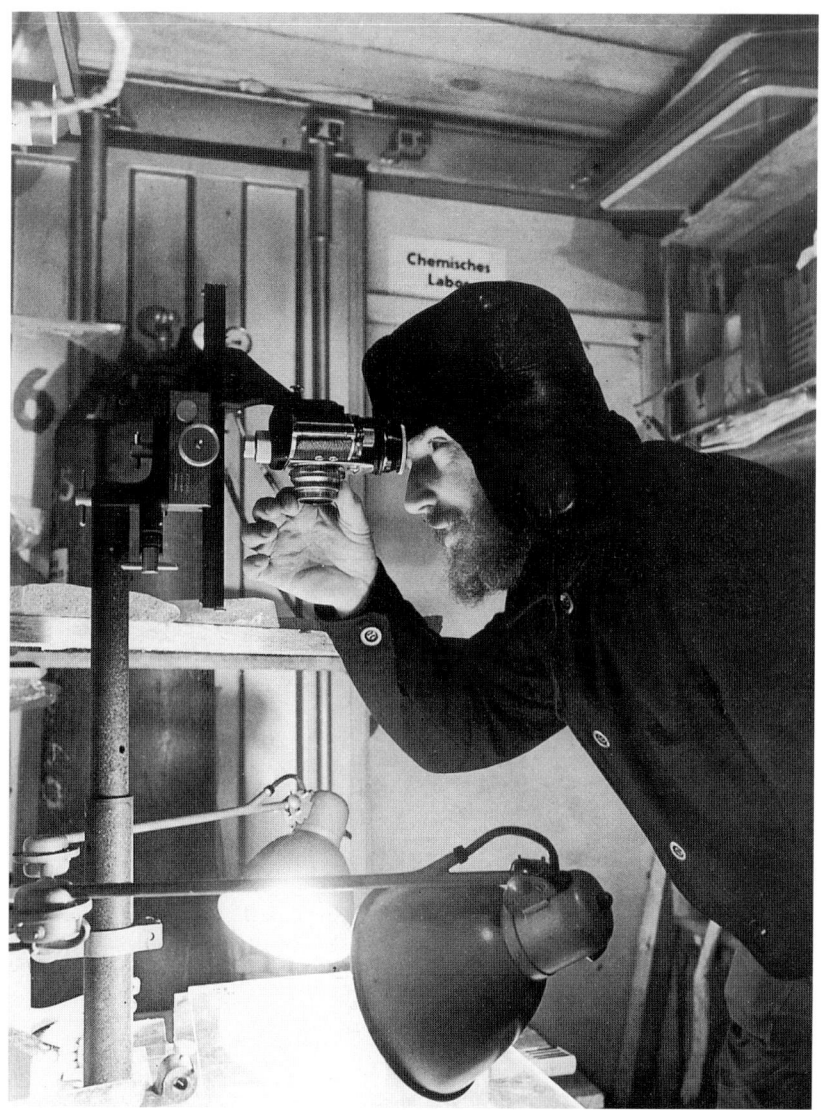

Schönheit des Eises. Der Leipziger Isotopenphysiker Dr. Wilfried Richter bei Eisaufnahmen im Fotolabor. – Becherkristalle von der Decke einer Eisgrotte. – Querschnitt eines Bohrkernes aus wiedergefrorenem Süßwasser. – Zapfen mit Luftblasen von der Unterseite einer See-Eisplatte. (Fotos: Richter)

Rast der Geologen in den Read Mountains. (Foto: Paech)

Geologenzelt nach einem Schneesturm. (Foto: Paech)

Zur Vorbereitung der nächsten Expedition wurden die Pensacola Mountains mit einer AN-2 abgeflogen. (Foto: Paech)

In den Read Mountains. (Foto: Paech)

Der Mensch ist winzig im Angesicht der gewaltigen Massive des Transantarktischen Gebirges. Deutlich hebt sich in der Felswand eine Schicht weißen Marmors ab. (Foto: Paech)

Antarktische Seebären an der Drakestraßenküste. (Foto: Odening)

Kapsturmvogel auf seiner aus Schalen der Napfschnecke errichteten Brutstätte. (Foto: Odening)

Seltene Gemeinschaft: Eselspinguine und Antarktiskormorane brüten unmittelbar nebeneinander. (Foto: Odening)

Auf dem Weg nach Antarktika. (Foto: Dreßler)

Das Polarzelt, in dem die Insassen der meteorologischen Außenstation »Mir« auf der Drygalski-Insel überwinterten. Links der tunnelartige verschneite Ausgang des Zeltes. (Foto: Skeib)

Die »Deutsche Hütte« in der sowjetischen Polarstation Mirny. (Foto: Skeib)

An der Abbruchstelle des Inlandgletschers am Prilednikowoje-See, Schirmacher-Oase. (Foto: Richter)

Schneefegen in Mirny. (Foto: England)

Arbeit mit dem Motorbohrer auf dem Meereis. (Foto: England)

Dr. Georg Dittrich (vorn) und Georg Schwarz unternahmen 1962 mit Hilfe sowjetischer Transporttechnik den ersten Schlittenzug der DDR über das antarktische Inlandeis. (Foto: England)

Beim Empfang von Signalen einer Ballonaufstiegssonde. Rechts Diplomingenieur Georg Schwarz. (Foto: England)

Zu den bezauberndsten Erscheinungen der Polarnacht gehören die Polarlichter. Rotes Polarlicht (Aufnahme Conrad Kopsch) ist auch in der Antarktis selten. Eine besondere Rarität zeigt das Bild unten. Die Strahlen zeichnen nach, was sonst nie zu sehen ist: die in die Erdatmosphäre einfallenden Linien des Magnetfeldes. (Foto oben: Raeke)

Meßgestell auf dem Dach des Kosmischen Pavillons in Mirny. Rechts eine All-sky-Kamera, links der Empfänger des Nachthimmelsspektrographen, mit dem Dr. Hans Driescher polare nächtliche Leuchterscheinungen untersucht hat. (Foto: Driescher)

Abschied der neuen Stationsbesatzung von den Überwinterern, die nach meist zwölf Monaten Antarktisaufenthaltes mit dem Hubschrauber zum Schiff geflogen werden. (Foto: Klemm)

Die Sowjetischen Antarktisexpeditionen nutzen für Mannschaftstransporte normale Ozeanschiffe, die im Fahrwasser bugverstärkter Frachter operierten. Hier die KOOPERAZIA *an der Anlegestelle vor Mirny. (Foto: Klemm)*

Der geodätisch-glaziologische Schlittenzug von Schmidt/Mellinger (1965) am Endpunkt der Traverse, 105 km südlich von Mirny. (Foto: Schmidt)

Transport von Baumaterial und einer Kufenhütte auf die Inlandeiskappe. (Foto: Gaster)

Montage der von der Firma Nikow, Goldberg, vorgefertigten Polarhütten südlich von Molodjoshnaja, 1973/74. (Foto: Gaster)

Blick in eine der Wohn- und Arbeitshütten, in denen die Gruppe zur Refraktionsbestimmung untergebracht war, 1974. (Foto: Gaster)

Der Meteorologe Dr. Alfred Helbig bei der Reparatur eines Temperaturgebers. (Foto: Dittrich)

Montage einer automatischen meteorologischen Station auf dem Schelfeis. (Foto: England)

Verkabelungsarbeiten am Mast zur Bestimmung der Temperatur- und Windgradienten. (Foto: Dittrich)

Schneetreiben bei beginnender Polarnacht. Unter solch ungünstigen Sichtverhältnissen mußten die Refraktionsmessungen eingestellt werden. (Foto: Helbig)

zungenförmigen, parallelnervigen Blätter der Gondwana-Pflanze Glossopteris, eines farnblättrigen Nacktsamengewächses, das an das kalte, eiszeitliche Klima zur Zeit des Perm gewöhnt war. Im unteren Teil der Schieferlagen bemerkte ich sogar an manchen Stellen aufrecht stehende, zentimeterdicke Stengel und Wurzelstöcke von Schachtelhalmgewächsen.

Der überraschendste Fund waren bis zu kopfgroße, grünliche Quarzitblöcke mit glattgeschliffener Oberfläche und scharfen Kanten. Dreikanter, wie wir sie auch auf kleineren, dem Wind ausgesetzten Hügeln der Plattform gefunden hatten. Hier aber waren sie in die Sandsteine eingebettet! Es konnte sich nur um „Dropstones" handeln – Windkanter, die im Perm in das Eis von Schmelzwasserflüssen eingefroren worden waren, die mit dem Eisgang fortgetrieben wurden und beim Abschmelzen der Schollen in die Ablagerungen der Flüsse oder Schmelzwasserseen fielen. Solche Quarzite hatte ich 1973/74 im Südteil des Lambert-Gletschers an den Felswänden des Mt. Ruker gesehen. Wahrscheinlich stammten sie von dort, 250 Kilometer von ihrem jetzigen Fundort entfernt. Dropstones sind für eiszeitliche Festlandssedimente in Gebieten mit Flußläufen uns Seen typisch, und sie sind Klimazeugen.

Nimmt man alle Beobachtungen zusammen: kreuzgeschichtete Sandsteine, rasch wechselnde Schüttungsrichtungen, die weit aus dem Süden als Dropstones herangetragenen Windkanter, die kohligen Schiefer mit ihren Wurzelstöcken und die Existenz der Glossopteris-Flora, so können wir uns recht gut vorstellen, wie eine permische glaziale Landschaft ausgesehen hat. Sie wurde wesentlich von periodisch Treibeis führenden Schmelzwasserflüssen, deren Altwässern und flachen Seen bestimmt, in denen es immer wieder zur Bildung von Mooren kam. Wie heute der Lambert-Gletscher, so flossen im Perm die Flüsse in dem sich absenkenden Rifttal ebenfalls nach Norden. Unsere Erkenntnis, daß sich das Lambert-Rift weit in jenen Teil Gondwanas erstreckte, der heute der indische Subkontinent ist, läßt hinter dem Bild des Lambert-Gletschers eine Landschaft noch weit gigantischerer Dimension erahnen, die des Gondwana-Subkontinents vor seinem Zerfall.

Am 6. Februar 1974 verließen wir das letzte Lager an der Westseite des Mt. Stinear. Zwei Tage zuvor hatte sich plötzlich das Wetter geändert. Eine tiefe, fast auf dem Eis liegende Wolkendecke nahm uns die Sicht. Auf dem Rückmarsch zum Lager stieg die Temperatur in kurzer Zeit von minus 16 auf minus 7°C. Ein schneereicher Tiefausläufer aus dem Küstengebiet hatte uns erreicht. Als wir morgens aus den Schlafsäcken krochen, trugen die Westseite des Mt. Stinear und die Moränen eine dünne Schneedecke. Der antarktische Herbst war da. Am Abend fiel erneut Schnee. Ein Funkspruch aus der Basis kündigte uns für den nächsten Tag den Hubschrauber an. Wir mußten packen.

Während des Rückfluges schwiegen wir; die Erinnerungen an die gemeinsamen Arbeiten waren zu nachhaltig und noch zu frisch, als daß wir jetzt hätten darüber sprechen wollen. »Aus Prinzip« unternahmen wir noch zwei Zwischenlandungen auf dem Mt. Isabell und dem Shaw-Massiv. Am späten Abend, nach achtunddreißig Tagen Feldarbeit, landeten wir, herzlich von allen Polarniks begrüßt, wieder in der Basis. Müde und nachdenklich saßen wir später in ungewohnter Umgebung, in der Sauna, und schließlich hinter einem festlich gedeckten Tisch. Wir konnten uns nicht von dem Gefühl befreien, daß die Expedition eigentlich schon abgeschlossen war. Zwar würden wir noch zwei Wochen in den Oasenlandschaften der Ingrid-Kristensen-Küste arbeiten. Das große Erlebnis dieser Expedition jedoch lag hinter uns.

1974 –1976

20. Sowjetische Antarktisexpedition
Molodjoshnaja

Als am 21. Dezember 1975 der Hubschrauber aus dem Stationsgelände von Molodjoshnaja aufstieg, um die deutschen Expeditionsteilnehmer zu der etwa hundert Kilometer entfernt an einer Eisscholle liegenden Professor Wiese *zu bringen, hatten sie keine aufregenden Schlittenzüge erlebt, keine Gebirgserkundung oder andere dramatische Ereignisse. Sie hatten ein bioklimatologisches Untersuchungsprogramm absolviert, das ihnen hohe Disziplin und Selbstkontrolle abverlangte. 21 verschiedene Tests mußten die Teilnehmer an sich oder einem ihrer Kameraden vornehmen. Besonders dicht mit Terminen ausgefüllt war jeder Mittwoch, an dem das Sondermeßprogramm auf dem Kalender stand: Von morgens 5 Uhr bis nachts 24 Uhr wurden zu jeder Stunde (die Essenszeiten ausgenommen) mindestens sieben Untersuchungen an den Probanden durchgeführt. Wer wollte behaupten, daß dies – vor allem psychisch – weniger anstrengend sei als die Bewährung in einem Orkan?*

Das Testprogramm war von Mitarbeitern des Forschungsinstituts für Bioklimatologie des Meteorologischen Dienstes der DDR, Berlin-Buch, des Forschungsinstituts für Balneologie und Kurortwissenschaft, Bad Elster, und der Medizinischen Akademie Erfurt zusammengestellt worden. Die in diesen Institutionen ausgewerteten Meßergebnisse sind nicht nur für die medizinische Betreuung der Polarforscher interessant, sondern auch für die Ursachenforschung bei Normabweichungen physiologischer Werte des Menschen, also auch für physiologische Störungen, wie sie in mittleren Breiten häufig vorkommen.

Neben der Mitarbeit im synoptischen Büro der Station sollen hier noch zwei Ergebnisse genannt werden, um die sich vor allem der Arzt und Hygieniker Georg Schrader bemüht hat: In Molodjoshnaja und an anderen Orten wurden Bodenproben gesammelt, die über die Verbreitung von Gasbranderregern in der Antarktis und deren Antibiotikaresistenz Auskunft geben sollten. Im Gegensatz zu Untersuchungen japanischer Wissenschaftler im Jahre 1975, die keine Antibiotikaresistenz nachweisen konnten, zeigte sich bei den Proben eine siebenprozentige Resistenz gegenüber Oxytetracyclin. – An Tiermaterialien wurde die Verbreitung von DDT und anderen schwer abbaubaren Umweltchemikalien in der antarktischen Fauna untersucht. Die Auswertung ergab, daß die Abbaurückstände in den Tierorganen denen in der Nähe der Einsatzorte dieser Stoffe weitgehend gleichen. Auch die Tiere des sechsten Kontinents sind also von einer Bedrohung durch toxische Umweltchemikalien nicht ausgenommen. Beide Resultate weisen darauf hin, daß die ökologische Isoliertheit der Antarktis mehr und mehr durchbrochen wird.

Parallel zu den klimatologischen Tests in Molodjoshnaja verlief ein ähnliches Programm während einer See-Expedition unter Leitung von Günter Skeib. Die Schiffskabinen der deutschen Polarforscher auf der Ob *wurden mit Meßinstrumenten zur Registrierung des Innenraumklimas ausgestattet, und die Probanden hatten nun auf der Fahrt durch die unterschiedlichen Klimazonen dieselben physiologischen Meßgrößen wie die Überwinterer zu erfassen. Die Verpflichtung zur Enthaltsamkeit gegenüber Alkohol und »normabweichenden« Festivitäten war den anderen, zumeist unbeschäftigten Schiffsinsassen nicht leicht klarzumachen.*

Auf der Route vom Skagerrak zur neu errichteten sowjetischen Station Bellingshausen (King George Island, vor der Spitze der Antarktischen Halbinsel) sowie durch die Polarmeere, fast um den gesamten Kontinent, zur Versorgung der Stationen Molodjoshnaja, Mirny, Leningradskaja an der Oates-Küste des Süd-Victoria-Landes und zurück über Nowolasarewskaja, Tenerife, Rostock entstanden sozusagen Meridional- und antarktische Zonalprofile der physiologischen Parameter einschließlich der dazugehörigen Klimadaten.

Im folgenden veröffentlichen wir Auszüge aus Briefen, die Schrader an einen Freund und entfernten Fachkollegen gerichtet hat, der sich auf seine Reise nach Antarktika vorbereitet. Die Brieftexte wurden redaktionell bearbeitet.

Beobachtungen eines Arztes

Briefauszüge
Georg Schrader

Du hast mich gebeten, Dir ein paar Eindrücke vom »Land des ewigen Eises« aufzuschreiben. Brauchst Du etwa Bestätigung in Deinem Entschluß, auch einmal die große Fahrt ins Ungewisse zu wagen, um dort im tiefen Süden Fragen der Bioklimatologie zu untersuchen?

Entschuldige, daß ich erst jetzt Deine Bitte erfülle. In Molodjoshnaja hat mich der Expeditionsalltag so sehr gepackt, daß ich weder Zeit noch Lust hatte, lange Mitteilungen zu verfassen. Ich war ganz und gar darauf eingestellt, so viel wie möglich an Erlebnissen aufzunehmen. Jetzt im Urlaub – August, Heiligendamm, sengende Sonne über dem Strand, was wünscht man sich mehr? – habe ich Muße zurückzudenken. Ich genieße die herrliche Wärme, der Sand ist in Wällen aufgeschüttet und mit unzähligen sonnenhungrigen Menschen übervoll. Glaube nicht, daß deshalb die Erinnerung an Antarktika auch nur einen Schimmer verblassen würde. Inmitten der wimmelnden Nacktheit sitze ich, und oft gleiten meine Gedanken in eine andere Welt, in Gebiete der Erde, wo zu dieser Tageszeit, ein Uhr mittags, die Sonne nicht aufgeht. Dann sehe ich mich auf einer Schneewehe am Ufer des Atlantischen Ozeans stehen. Das Meer ist mit einer dicken Eisschicht verschlossen. Dreihundert Kilometer vielleicht könnte ich nach Norden vordringen auf diesem Eis, dann würde ich das offene Wasser erreichen. Es wird kalt, der Wind dringt sogar durch den Daunenanzug. Die Füße fangen an zu frieren. Aber was soll man noch in die Stiefel ziehen außer Wollsocken und Filzfußlappen? Stehenbleiben ist gefährlich. Wenn nur der Wind nicht wäre!

Wie jetzt eben bin ich manchmal mit meinen Gedanken bei den Erlebnissen der Expedition. Sie sind so deutlich, daß sie nicht einmal vom Tagesgeschehen verdrängt werden. Im Gegenteil, die Tagesereignisse lösen Erinnerungen aus, Vergleiche drängen sich auf, Urteile bilden sich aus der Sicht eines Menschen, der die Natur der Antarktis, der die Einsamkeit, aber auch materielle Unbesorgtheit kennengelernt hat ...

Du weißt, es war Zufall, daß ich von der Möglichkeit, an einer solchen Expedition teilzunehmen, erfuhr. Warum ich mich zu der Reise entschloß, die mindestens anderthalb Jahre Trennung von der Familie und allen Lebensgewohnheiten, ja zum Teil sogar von dem bis dahin verfolgten beruflichen Lebensweg bedeutete, das hat sicher mehrere Gründe. Abenteuerlust, die Neugier auf unbekanntes Land, die zusätzliche Finanzierung und das interessante medizinische Untersuchungsprogramm mögen dabei mitgespielt haben. Den tieferen Grund findest Du aber anderswo: Er liegt in dem jugendlichen Wunsch, sich zu bestätigen an einer Aufgabe, die als schwer lösbar gilt. Einmal eine solche Gelegenheit zur Bewährung erhalten, das läßt alles andere vergessen. Und wir waren noch nicht abgefahren, als wir am Wunsch vieler unserer Bekannten, mit uns zu tauschen, erlebten, welch ungewöhnliche Aufgabe wir vor uns hatten.

In der antarktischen Station aber war dieses Moment des Außergewöhnlichen nicht mehr wirksam. Alle wußten, daß hier keiner den Entschluß eines Kameraden, in der Antarktis zu überwintern, als eine besondere Tat ansah. Es gab kein Aufblicken zu der Leistung eines anderen, wenn sie nur in der Bereitschaft zu diesem antarktischen Leben bestand. Der Stolz, der damals unsere Entscheidung, von zu Hause abzureisen, so erleichtert hatte, diesen Stolz gab es nicht mehr; es war da niemand, der ihn nährte; das Feuer der ersten Begeisterung erlosch. Mit dieser Einsicht begann die Überwindung aller Schwierigkeiten in der Isolation der Antarktis.

Die letzten Überwinterer kommen an

Du interessierst Dich für psychische Verhaltensweisen, deshalb will ich Dir von den ersten Erlebnissen auf dem Kontinent erzählen.

Die Ankunft der Schiffe am Randeis der Station Molodjoshnaja hatte sich um einige Tage verzögert. Das antarktische Wetter durchkreuzt auch heute noch so manchen Fahrplan, wenn es sich vom strahlenden Sonnenschein binnen weniger Stunden zum Schneesturm wendet. Dann sind wir zum Abwarten verurteilt. Unsere Meteorologen können über die Größenordnung der einzelnen Witterungselemente zwar sehr genau Auskunft geben, sie schätzen auch ausgezeichnet den weiteren Verlauf ein, aber eins nimmt auch der vollkommenste Einsatz meteorologischer Technik dem Menschen nicht ab: das Verurteiltsein zum Ausharren bis das Unwetter vorüber ist.

Drei Tage vor dem Randeis der Station – was macht man in dieser Zeit? Die Seemänner und jene Wissenschaftler, die sich nur in der Saison hier aufhalten und mit dem Schiff, das uns herbringt, wieder nach Hause möchten, sind verärgert wegen des zusätzlichen Aufenthaltes. Die Überwinterer, die zu den letzten Anreisenden gehören, schimpfen auch auf das Unwetter, denn sie haben nicht nur all ihre persönlichen Sachen eingepackt, um abzusteigen vom Schiff, auf dem sie sich jetzt höchst überflüssig fühlen, sondern sie sind auch neugierig auf die Station, und die Spannung, die kurz vor jeder Reise, jeder wichtigen Veränderung im Leben auftritt, können auch sie nicht lange aushalten.

So entstehen auf dem engen Raum des Schiffes aus einer Mannschaft, die lange Zeit gemeinsam das Ziel verfolgte hierherzukommen, zwei Gruppen. Die erzwungenen Stunden des Wartens auf das Ende des Sturms lassen diese Gruppen in ein – fast muß man sagen – feindliches Verhältnis zueinander treten. Die Ursache der Spannungen liegt außerhalb. Nach drei Tagen bricht der Sturm ab, ebenso plötzlich, wie er uns überraschte. Augenblicklich sind auch die Streitereien beendet, und eine Trennung folgt, wie man sie in einem Film nicht rührender darstellen könnte. Und sie ist doch so aufrichtig, so tief empfunden!

Dann sitzen wir auf dem Kistenhaufen, der einem Schlitten aufgeladen wurde, und fahren zur Station. Die Ankunft ist mit viel Arbeit verbunden, denn die Kisten müssen sofort ausgepackt werden. Begeistert liegen wir schließlich auf dem Bett. Ein Bett nach fünf Monaten Schiffskoje! Wir strecken uns auf den Matratzen unserer Vorgänger aus; wir sind keine Pioniere – die hatten es schwerer. Noch versuchen wir zu erraten, was sich in diesen Räumen alles ereignet haben mag, da geht die Tür auf, und herein kommen die ersten Gäste: unsere Kollegen vom Schiff. Wir sind ihnen noch sehr verbunden, kennen ihre Namen, haben uns an ihre Sprechweise gewöhnt. Bei den Hausmitbewohnern, die ich bisher traf, war es mir nicht gelungen, ihr Russisch zu verstehen. Sprachen sie einen Dialekt oder war es nur die andere Melodik oder verwendeten sie einen anderen Wortschatz? Nun endlich wieder Kollegen, die wir verstehen.

Eine Stunde bemühten wir uns schon, unseren Gästen mit kleinen Aufmerksamkeiten die Zeit zu verkürzen, als auch noch alle zehn Frauen unseres Schiffes, der OB, ins Zimmer drängen. Abermals hieß es zusammenrücken. Große Begeisterung, denn sie hatten nicht versäumt, unsere Lieblingsspeise – auf damaligen Seereisen selten angebotenen Schnittkäse – als Geschenk zu überreichen. Wir lachten noch einmal über die vielen lustigen Begebenheiten der Reise. Auch darüber, wie wir uns im einzelnen geholfen, wie wir uns in der glühenden Sonne am Äquator ins Wasserbassin geworfen haben, und über unsere Gesichter, als wir Kuchenstücke aßen, die mit Fischeinlage gebacken waren.

Mit vielen guten Ratschlägen versehen, standen wir in der Mitte des Zimmers, und auch die Frauen wußten jetzt nicht recht, was sie uns noch für einen Gefallen tun könnten. Plötzlich hatte eine die Idee, uns der Reihe nach zu umarmen und jedem einen Kuß zu geben. Ehe wir richtig begriffen, was geschah, was die Frauen damit sagen wollten, hatten sich ihr alle angeschlossen, und wir standen wieder mit einigem Nachdenken im Zimmer. Dieser letzte Besuch erinnerte uns an unsere Frauen und Kinder und machte uns den Abschied von den Schiffen, der letzten Brücke in die Heimat, die zwei Tage später die Bucht verließen, schwer …

Was fehlt uns?
Zwischen dem Gewühl von Geräten, Papieren und Büromaterial, Medikamenten, Kleidungsstücken und inmitten der halb geöffneten Kisten eine Kaffeepause einzulegen ist eine gute Sache. Berge von Verpackungsmaterial füllen den Raum. Dennoch sind wir der Meinung, hier in der Station kann man sich viel wohler fühlen als auf dem Schiff. Endlich haben wir unsere Kaffeetassen, die wir auf dem Schiff nicht auspacken konnten. Mit etwas Einbildungsvermögen stellten wir uns vor, wie aus dem Kisteninhalt in wenigen Tagen eine bequeme Einrichtung entstehen wird.

Nicht alle Dinge hatten die Reise gut überstanden. Die Glasflaschen der Haarwaschmittel zum Beispiel waren in der Kälte zerplatzt. Wäre es nicht gelungen, das gefrorene Substrat beim Tauen aufzufangen, hätten wir uns die ganze Winterzeit glatzköpfig zeigen müssen. Vielleicht wollte uns bereits die Verkäuferin in einem Potsdamer Kosmetikgeschäft zu diesem »Scherz« verhelfen, als sie sich weigerte, jedem zehn Flaschen zu verkaufen? Erst nachdem wir uns mit Dokumenten und der Erklärung, für welch langen Zeitraum wir uns versorgen mußten, ausgewiesen hatten, stellte sie kopfschüttelnd die verlangten Dinge auf den Ladentisch.

Der Kauf von Zahnpasten war ebenfalls kompliziert; ihm ging ein langwieriges Rechnen voraus. Wir mußten den täglich nötigen Preßstrang mit der Anzahl der Expeditionstage multiplizieren, daraus den Gesamtverbrauch in Metern ermitteln und eine Tube ausquetschen, um zu sehen, wieviel Meter Zahnpasta darin enthalten sind.

Ähnliche Überlegungen waren auch anderweits nötig. Lothar Tharang, unser einziger »echter« Raucher, hatte zu seiner Freude und Überraschung inzwischen festgestellt, daß es Zigaretten in einem zentralen Lager in jeder gewünschten Menge gab. Ebenso waren dort mehr Vorräte spezieller Erzeugnisse für die sowjetischen Kollegen angeliefert worden, als wir angenommen hatten. Die Vitamintabletten zum Beispiel, die wir in der Apotheke des Med.-Punktes sahen, reichten wahrscheinlich noch für die nächste Expedition.

Vieles hatte schon seinen Platz gefunden. Meine Schreibmaschine stand neben den Wörterbüchern und Nachschlagewerken, der Abreißkalender hing an der Wand, und nun war die Kaffeekochecke eingerichtet. Lothar stellte fest, daß der Raum und seine Ausstattung fast so gut wären wie seine Junggesellenbude in Dresden. Ja, auch mir stand während meiner Studienzeit oft erheblich weniger zur Verfügung. »Was fehlt uns eigentlich?« Diese Frage wurde plötzlich gestellt, und wir mußten darüber lachen. »Werden wir überhaupt merken, ob es neun, zehn oder elf Monate sind, die wir hier verbringen?« – »Ob wir sie brauchen, die anderen Menschen?« Eigentlich wohl nicht, denn alles, was sie uns geben konnten, hatten wir bereits im voraus bekommen und in die Kisten packen können. Aber es gab auch eine vorsichtige Stimme, der zurückhaltende Harry Prippernau meinte: »Laßt die Spekulationen! Besser, wir stellen uns die Frage später, wenn wir das Kaffeezeug wieder einpacken, oder noch besser, erst ein paar Stunden bevor wir das Schiff, das uns heimbringt, verlassen!«

Eine Überraschung war noch gefunden worden: das Riesenpaket der Briefmarkensammler mit den unzähligen Umschlägen, die wir stempeln sollten! Die Meinungen darüber gingen auseinander. Wir waren fast geneigt, die Stempelei zu unterlassen. »Das sind keine Sammler, die machen Geld mit unserer Arbeit, sonst würden nicht so oft die gleichen Namen auf den Umschlägen erscheinen!« Später stempelten wir doch, denn wir wurden uns einig, daß Briefmarkensammler die Expeditionen bekannt machen und nicht selten einen guten Überblick über die Aktivitäten aller Länder in der Antarktis haben, den sie nur durch Verbindungen zu anderen Sammlern und durch Tausch der Sonderstempel erzielen, wozu sie natürlich eine ganze Menge Briefumschläge benötigen. Nicht zuletzt haben auch berühmte Forscher wie Amundsen Zeit für die Philatelisten gehabt. Noch in den ersten Wochen nach der Ankunft stempelte ich und fabrizierte rein zufällig eine Rarität: Die schwarze Stempelfarbe war schon alt, so daß die Schriftzeichen nicht gut ausgedruckt wurden. Ich versuchte es mit der dünneren roten Farbe und hatte Erfolg. Etwa einhundert von den fast dreihundert Umschlägen erhielten aus diesem Grunde einen roten Stempel. Nach meiner Rückkehr habe ich dann von einem befreundeten Markensammler erfahren, daß ein ganz besonders wertvoller Stempel – ein roter – erstmals in der Antarktis verwendet worden sei.

Routine

Nein, ich bin nicht in erster Linie als Arzt, sondern als Wissenschaftler in Molodjoshnaja gewesen. Medizinische Forschungen in Polargebieten dienen einmal dem Gesundheitsschutz der Expeditionsteilnehmer, zum anderen sind sie aber auch für die Deutung bestimmter physiologischer und psychologischer Zustände eines Menschen in gemäßigten Breitengraden aufschlußreich. Forschungen solcher Art in der Antarktis lassen Ursachen für Normwert-Abweichungen besser erkennen, da man hier nur mit wenigen Umwelteinflüssen rechnen muß. Kennt man deren Auswirkungen, so sind auch Abweichungen von der üblichen Verhaltensnorm leichter erklärbar, und man kann geeignete therapeutische Maßnahmen einleiten. Ein Teil der Aufgaben unserer Gruppe betraf daher biorhythmische Forschungen unter polaren Bedingungen.

Wir wollten also unserer »inneren Uhr« und dem Mechanismus ihrer Triebkraft mit wissenschaftlichen Methoden etwas ablauschen. Vieles ist zwar schon über verschiedene Regelfunktionen der Organismen von Pflanzen und Tieren bekannt, aber es fehlt noch an Bausteinen zur umfassenden Kenntnis, die allerdings teilweise nur durch hohen Aufwand und mit großem persönlichen Einsatz zu erwerben sind. Das Meßprogramm sah vor, in einer praktisch ununterbrochenen Folge physiologische Daten an unserem eigenen Körper zu erfassen. Zur Bewertung des Herz-Kreislauf-Systems wurde neben der Messung der Pulsfrequenz und des Blutdrucks in Ruhe und nach Belastung ein Elektrokardiogramm aufgenommen. Biochemische Veränderungen des Hormonhaushaltes haben wir mittels Urin- und Blutbilduntersuchungen festgehalten; die nervale Erregbarkeit mit einer einfachen Reaktionszeitmessung, einer Zeitschätzung und indem wir die Flimmerverschmelzungsfrequenz registrierten. Die Thermoregulation auf die extremen Temperaturverhältnisse wurde mit kontinuierlichen Körpertemperaturmessungen, einer Dermographismusprobe, der Kälte-Erythembildung und der Messung der Wiedererwärmungszeit akraler Körperteile (das sind Nase, Ohrläppchen, Fingerspitzen, Zehen) geprüft. Später wurden noch Messungen des Sauerstoffverbrauchs in Ruhe und nach Belastung vorgenommen.

Die Untersuchungen, denen wir uns selbstverständlich freiwillig, sogar aus eigenem Antrieb, unterzogen, waren eine schwere Last. Doch nicht die Härte der Arbeit oder das antarktische Klima allein machten uns zu schaffen, nein, es war die Gleichförmigkeit, mit der wir täglich bis zu zwölfmal an uns selbst die gleichen, einfachen Meßdaten gewinnen mußten. Es gab Tage – Wochen – Monate kaum eine andere Beschäftigung. Manchmal habe ich damals mein Herz-Kreislauf-System gehaßt, denn dessen rhythmische Änderung wurde besonders genau und deshalb oft erfaßt. Und Du kannst Dir vorstellen, wenn Du jeden Tag zu ganz bestimmten Zeiten zum Wasserlassen gehen mußt, um den Urin aufzufangen, wie langsam, aber mit unerbittlicher Hartnäckigkeit der Gedanke aufkommt: Du bist ein Untersuchungstier – eine Maus – ein Kaninchen – ein Meerschweinchen, du dienst nur der Wissenschaft. Wie für diese Tiere gibt es für dich keine Verhaltensfreiheit, kaum Umwelterlebnisse, kein anderes Geschlecht, du darfst gar nicht daran denken, denn das könnte ja das Ergebnis der Untersuchungen beeinflussen. Und dann entwickelt sich ein Haß nicht nur gegen dich auf deinen Kreislauf, sondern gegen die Wissenschaft. Wie die Ratte im Käfig verzweifelt hochspringt und am begrenzenden Draht zerrt, so reißt du den Kasten, in dem der Lautsprecher steckt, herunter, wenn gerade wieder eine Erfolgsmeldung der Menschen und ihrer Wissenschaft angekündigt wurde. Aber du schämst dich auch sofort, weil du so sehr Ratte werden konntest. Abends, als du ein lange erwartetes Telegramm erhältst, worin dir ein Mensch sagt, wie sehr du fehlst, und daß du noch etwas durchhalten möchtest, reicht die Kraft wieder, die tägliche Routine zu überstehen. Jetzt greift man wieder zu einem Buch, und dann vergehen die Tage wie im Traum.

Viktor lernt Englisch

Von Viktor Ditschkow muß ich Dir erzählen, weil er uns sehr beeindruckt hat. Er ist Physiologe und kommt aus Nowosibirsk. Viktor fiel sofort auf, denn er hatte auf seine Wattejacke mit großen gelben, lateinischen Buchstaben seinen Namen geschrieben. In diesen Schriftzeichen lag auch schon das Geheimnis von Viktors erstaunlicher Lebensweise, er wollte um jeden Preis Englisch lernen. Wie er dem reservierten Meteorologieprofessor Frank Sechrist aus Wisconsin, USA, das begreiflich gemacht hat, ist uns ein Rätsel, aber wir sahen die beiden so oft zusammen, daß man glauben konnte, sie wohnten unter einem Dach, und doch wohnte Frank im Haus 1 und Viktor im Haus 9, dem Med.-Punkt.

Viktor hatte ein Zimmer allein, es war ein kleiner Schlauch zwischen dem physiologischen Labor und dem Raum, in dem die Apotheke untergebracht war. Es gab kein Zimmer in der ganzen Station, das dieses an eigenwilliger Innenausstattung übertraf: Das Originelle bestand keineswegs in einem besonderen Mobiliar, auch hatte er keine exklusiven Aktfotos, von denen viele als Zimmerdekoration dienten. Viktor gab seinem Zimmerchen durch die Absicht, darin Englisch zu lernen, das Gepräge. Auf dem Tisch, dem Radio, dem Fensterbrett und überall, wo man überhaupt etwas ablegen kann, lagen Kärtchen, denen eine Ecke fehlte, in Häufchen umher. Das war eines seiner Systeme, der englischen Sprache näherzukommen. Eine Seite der Karten gab die russische, die andere das zugehörige englische Wort mit der Aussprache an. Die fehlende Ecke war zum Sortieren nötig. Mit diesen Kärtchen in der Hand sah man ihn zu jeder Pause, die sonst so oft mit dösendem Warten vertan wird, die ihm unbekannten Vokabeln lesen. Den optischen Eindruck der Worte im Zusammenhang mit der konkreten Erscheinung verschaffte er sich in seinem Zimmer dadurch, daß er keine Mühe scheute, alles, was man nur irgend bezeichnen konnte: Tür, Türgriff, Schlüssel, Schlüsselloch, und alle Einzelheiten, mit Schildern zu versehen, die die englischen Benennungen wiedergaben. Diese vielen Schildchen, die den Besucher jedesmal wieder in Erstaunen versetzten, machten die bewundernswerte Originalität der Einrichtung aus. Kein anderer hätte in diesem Zimmer wohnen können als er, Viktor, der Englisch lernt.

Vielleicht wußte er gar nichts um die Schönheit seines Zimmers, in dem man immer Neues entdeckte. Frank Sechrist saß meist auf einem tiefen, aber immerhin mit einer Armlehne versehenen Flugzeugsessel, dem besten Stück der Ausstattung, und versuchte, Russisch zu lernen. Viktor, durch seinen athletischen Körperbau zu höherer Aktivität veranlaßt, lief meist im Raum umher. Oft kam er zu uns herüber, baute, nur noch mit einem Lachen in den Augen, unser Tonbandgerät ab und verschwand damit im Nachbarzimmer, um Englischbänder zu hören. Anfangs hatten wir nicht damit gerechnet, daß aus seiner Bitte, das Gerät hin und wieder zu leihen, eine so regelmäßige und lang andauernde Vereinbarung würde. Übrigens gehörte auch keins der Tonbänder ihm und keins der Bücher, nicht einmal ein Wörterbuch hatte er mitgebracht. Wo mag er den Entschluß gefaßt haben, Englisch zu lernen? Aber seine Wünsche wurden in der Station, wie die eines jeden anderen Expeditionsteilnehmers, wenn sie nur mit der nötigen Zielstrebigkeit verfolgt wurden, von allen unterstützt. So bekam Viktor sämtliche Materialien, die er brauchte. Und wir bewunderten ihn, wie eifrig er lernte.

Allein im Schnee
... Du fragst, ob es in antarktischen Stationen noch Polarhunde gäbe. Kaum, denn sie haben ihre Bedeutung als Zugtiere verloren. In Molodjoshnaja habe ich Muchtar kennengelernt, er lebte schon seit einigen Jahren dort, und man hatte ihm eine kleine Gefährtin mitgebracht; das war unser ganzer Hundebestand. Wenn es den beiden nicht gelungen war, am Abend in ein Haus zu schlüpfen, so konnte man sie morgens vor der Kajüt-Kompanija, ganz zugeweht, wie kleine Schneehäufchen liegen sehen. Wenn der erste Mensch vorbeikam, schlossen sie sich an, um sich ins Haus zu trollen.

Es konnte auch geschehen, daß Muchtar sich ohne äußere Veranlassung auf einen vorüberkommenden Menschen mit furchterregendem Gekläff stürzte. Wir hatten aber mit ihm große Nachsicht, denn immerhin hatte er einige Überwinterungen hinter sich, und wir schätzten seinen Geisteszustand entsprechend ein. Als ich von seiner Vorliebe für Zuckerstücke hörte, habe ich ihm öfter welche mitgebracht; er zerbiß sie geräuschvoll. Offenbar war ich ihm dadurch interessant geworden, denn eines Tages besuchte er mich.

Ins Haus war er vielleicht mit einem unserer russischen Zimmernachbarn gekommen. Auf dem Gang vernahm ich ein leises Rascheln und dann ein Bumsen an der Tür. Ich rief: »Da, da poschalysta!« (Ja, ja, bitte!) Und schon wurde die Schnapptür aufgeschoben, und der große Hundekopf von Muchtar schaute mich erwartungsvoll an. So sehr ich mich über diesen Besuch freute, dachte ich aber sofort, was es bedeuten kann, den ganzen Winter mit einem Hund das Zimmer zu teilen, und verabschiedete ihn diesmal ohne Zucker.

Im Gegensatz zu Muchtar, der das Stationsgelände kaum verließ, begleitete mich seine Kameradin oft auf Spaziergängen, die ich fast täglich ans Meer und zu den Seen machte. Bis zum nächsten Eisberg konnte man schon nicht mehr laufen, denn in diesen Tagen hatten wir oft Schneesturm, und der Rückweg bedeutete dann, gegen den Wind zu gehen; in Molodjoshnaja pfeifen die Stürme immer vom Kontinent zum Meer. Arbeit, schwere Arbeit ist das, gegen den Sturm anzukämpfen, trotz der Kälte von minus 20 Grad und weniger kommt man dabei ins Schwitzen.

Eines Tages war Muchtars kleine Kameradin nicht mehr da. Wir haben sie nie wieder gesehen. Eigentlich hatten sich schon alle darauf gefreut mitzuerleben, wie sie ein paar Junge bekommt. Sicherlich hatte sie allein einen zu weiten Ausflug gemacht und konnte im Schneesturm nicht zurückfinden.

Die Stürme sind so heftig, daß man weder unter, noch über, noch neben sich etwas anderes sehen kann als blendend hellen Schnee. Man tappt stolpernd über die vielen Schneewehen vorwärts, das Plexiglasschild vor das Gesicht gehalten, um nicht von den Schneeteilchen getroffen zu werden. Plötzlich, für ein, zwei Sekunden, bricht der Sturm ab. Jetzt ist alles klar zu erkennen; aber nur zu einer kurzen Orientierung, in welche Richtung man läuft, reicht die Pause. Dann scheint der Sturm noch heftiger zu toben.

Ich erinnere mich an eine Episode, die vielleicht auch Dir als Psychologen zu denken geben wird: »Heute ist es für alle Lagerangehörigen nicht erlaubt, allein die Häuser zu verlassen. Den Bewohnern der Häuser 28, 29, 32, 33, 38, 40 und 49 ist auch untersagt, zur Küche zu gehen!« Das sind die Anweisungen, die über Lautsprecher bei einem Schneesturm durchgegeben werden. Anfangs, als wir noch nicht wußten, daß diese Durchsage routinemäßig von einer bestimmten Windgeschwindigkeit an erfolgte, hielten wir uns genau daran. Aber auch an Gefahren, wie sie ein Schneesturm nun einmal mit sich bringt, scheint man sich zu gewöhnen. Vielleicht wird man gerade von solchen Gefahren herausgefordert? Eben ist die Durchsage verhallt, als ich mich auf den Weg mache, und eine halbe Stunde später, ganz allein, laufe ich in der »weißen Finsternis«. Warum ging ich dort entlang? Hatte ich vergessen, wie ich mir kurz nach der Ankunft, auf dem nur 300 m langen Weg zur Sauna, für den wir mehr als eine Viertelstunde brauchten, fast die Nase erfroren hätte? Erschöpft kam ich im Umkleideraum an, als mir jemand entgegensprang und meine Nase rieb. Kreideweiß war sie schon...

Eigentlich ist es sehr leichtsinnig, verantwortungslos, sich einer solchen Gefahr auszusetzen. Aber ich wollte mich bestätigen, wollte stärker sein als dieser grausame Sturm, und ich schrie ihm spottende Worte

119

entgegen, dann lachte ich ihn höhnisch an. Doch warum drehte ich mich um? Es wurde mir bewußt, daß ich »nicht ganz richtig« war, wie man so sagt. Ein Lachen allein im Schneesturm, ist das der Anfang einer »Polarmacke«?

Ich ging zurück, war jetzt ruhiger und nachdenklich, fürchtete mich, daß mir das noch einmal passieren könnte. Ob die anderen manchmal ähnliche Stimmungen hatten?

Von Festtag zu Festtag
Wir Menschen leben zwischen und von Höhepunkten. Familien werden oft von Geburtstag zu Geburtstag getragen, Verliebte fiebern von einer Verabredung zur anderen, und auch der Staat regelt Festlichkeiten nach für ihn und die gesellschaftliche Entwicklung bedeutenden Anlässen.

Wie Höhepunkte mit Gefühlen, Erlebnissen und Abrechnungen ausgefüllt werden, ist unterschiedlich. Auch unsere Expeditionszeit war in Intervalle eingeteilt, die wir aus allen Bereichen der Feiertagsereignisse nahmen. Das mag vielleicht bei Forschergruppen, die lange Zeit auf Schlittenzügen oder in Außenlagern zubringen, nicht so ausgeprägt sein; wir aber waren mit unserem doch recht monotonen biorhythmischen Untersuchungsprogramm an die Station gebunden. Da war uns etwa alle vier Wochen ein Festtag eine willkommene Abwechslung. Geburtstage wurden in den sowjetischen Antarktisstationen grundsätzlich gemeinsam mit allen Bewohnern des jeweiligen Hauses gefeiert. Und neben den offiziellen Festtagen der drei vertretenen Nationen gab es noch ein spezifisch antarktisches Fest, den Mittwinter am 20. Juni.

Es war nicht nur das festliche Beisammensein, das uns in gute Stimmung brachte, und die Möglichkeit, entgegen den sonstigen, recht spartanisch-abstinenten Tagen wieder mal an einem reichgedeckten Tisch fröhlich zu zechen. Es war mehr; es war ein wenig Zeit, daran zu denken, daß wieder ein Monat vergangen war. Und mir scheint, daß die Besinnung auf den eigentlichen Anlaß solcher Festtage in der Abgeschiedenheit der Forschungsstationen intensiver ist als zu Hause, wo mitunter vieles vom Alltagstrubel gedämpft wird.

Wie üblich weckte uns der zentral angeschlossene Lautsprecher mit den wichtigsten Meldungen zum Beispiel auch am 4. Juli, und das war der langersehnte Feiertag von Frank Sechrist. Der Ansager erläuterte den geschichtlichen Zusammenhang des Feiertages. Ausführlich ging er auf die Entstehung und den Inhalt der Unabhängigkeitserklärung der USA ein, die unter anderem von Franklin und dem späteren Präsidenten Jefferson erarbeitet wurde. Der Tag verging in Erwartung des festlichen Abends. Es war ein gut organisiertes Fest, und Frank hatte für jeden der 94 Gratulanten neben dem reichlich fließenden Johnnie Walker eine kleine Aufmerksamkeit mitgebracht. Die den Saal schmückenden Luftballons stammten von der American Exchange Bank of Madison; die Frage, wer den Whisky bezahlte, blieb offen.

Ähnlich begingen wir den Nationalfeiertag der DDR. Ja, man war schon ein bißchen stolz, als Angehöriger dieses kleinen und nicht einmal sehr gut bestallten Landes an der Erforschung der Antarktis teilzunehmen, und die Freude darüber teilt sich den anderen mit. Das gemeinsame Ziel, die friedliche Erforschung des antarktischen Kontinents, verbindet die Wissenschaftler vieler Nationen, und so wird der Nationalfeiertag der einen hier auch zum Festtag der anderen.

Die Krankenstation
Der Med.-Punkt war in einem der Stelzenhäuser untergebracht. Zwischen einer Reihe physiologischer Untersuchungsgerätschaften lebten hier zwei Ärzte und ein Physiologe. Und dann gab es eine Anzahl von Zimmern, deren Zweck man oftmals nur an einigen großen Geräten wie dem Röntgenapparat, dem Zahnarztstuhl oder einem Sterilisator erkennen konnte. Sonst wurde der meiste Raum von unzähligen Kisten und Schachteln ausgefüllt. Erst als es galt, ein gebrochenes Bein zu versorgen, erkannte ich den Vorteil dieses scheinbar chaotischen Krankenhauses. Im Bedarfsfalle wurden die nötigen Gipsbinden aus den Winkeln hervorgeholt, ausgepackt und standen zur Verfügung, ohne daß andere Gerätschaften die Arbeiten auf dem engen Raum gestört hätten.

Schwieriger waren allerdings die Vorbereitungen auf eine Blinddarmoperation. Zu Hause dauert eine Operation des Wurmfortsatzes etwa 20 Minuten. Dennoch waren wir froh, nach sechs Stunden mit der Arbeit fertig zu sein. In einer Klinik werden alle Gerätschaften von den Schwestern sterilisiert, griffbereit aufgebaut und warten nur noch auf den Operateur und seine Assistenten. Hier aber mußte jeder kleine Schritt vorher bedacht und von uns selbst vorbereitet werden. Eine große Sorge mußte uns der Patient abnehmen, es war das Fehlen eines Narkosearztes. In der Antarktis werden Appendektomien prinzipiell nur mit lokaler Betäubung ausgeführt. Als wir dann endlich operierten, wunderte ich mich manchmal, wenn sich der Patient mit einigen Worten an unserem

Gespräch über den Grad der entzündlichen Veränderungen beteiligte.

Weniger ruhig und sachlich wurde während der Weisheitszahnoperation bei meinem Kameraden Lothar Tharang diskutiert. Der Zahn war so schief gewachsen, daß ein Stück der Wurzel im Kiefer steckenblieb. Die Wurzelextraktionsversuche dauerten schon lange an. Lothar drängte immer öfter: Wie lange noch? Anfangs habe ich ihm etwas von fünf und zehn Minuten erzählt, dann versuchte ich ihm – seltsamerweise in Russisch – klarzumachen, daß ich es nicht weiß. Als wir später über diesen schweren Tag sprachen, sagte er mir, er habe geglaubt, wir beiden Ärzte seien vielleicht doch ein wenig konfus geworden bei der Arbeit.

Neben Stunden höchster Anspannung gab es auch fröhliche Tage in diesem Haus, zumeist, wenn die Genesung mit einigen Spezialitäten aus der Küche gefeiert werden konnte. Der Med.-Punkt war auch der Ort, wo am eifrigsten über einen Hauptmangel unserer Isolation gesprochen wurde; es war immer wieder das Fehlen der Frauen, das wir empfanden. Gerade wenn Krankheiten einen unserer Kameraden packten, fühlten wir, wie sehr uns doch die Liebe und Fürsorge unserer Lebensgefährtinnen fehlte. Kein noch so gut psychologisch geschulter Arzt kann wohl einen Ersatz bieten für den sanften Blick und die Hilfe einer mitfühlenden Frau.

Wie groß ist der Gewinn?

Schon in den letzten Tagen der Expedition fragten wir uns, ob es sich gelohnt habe, die Forschungsarbeiten unter diesen ungewöhnlichen Bedingungen durchzuführen. Wir beurteilten unsere Arbeit sehr kritisch. Von dem persönlichen Gewinn an Eindrücken, die uns alle verändert haben, erzähle ich Dir ein andermal. Der wissenschaftliche Ertrag ist es, worauf wir stolz sind, und eigentlich kann man nur ihn sichtbar machen.

Wir haben wertvolle Erfahrungen für den Einsatz medizinischer Untersuchungsverfahren in der Antarktis gesammelt. Die Ergebnisse der täglichen physiologischen Messungen erlauben eine Antwort auf verschiedene bioklimatologische und biorhythmische Fragen. Die Auswertung fand vor allem im Forschungsinstitut für Bioklimatologie in Berlin-Buch statt. Alle unsere Untersuchungen wurden mit Umweltparametern wie Temperatur, Feuchte, Windgeschwindigkeit, Luftdruck, elektromagnetischem Störungsgrad und den extrem verschobenen Lichtverhältnissen korreliert. Dabei zeigte sich übereinstimmend, daß sich zu Beginn der Überwinterung die physiologischen Parameter, am deutlichsten der Sauerstoffverbrauch, in Form einer Belastungsanpassung ändern. Der zeitliche Verlauf der Meßgrößen mit einem Minimum während des Sonnentiefstandes und dem nachfolgenden Wiederanstieg muß im wesentlichen auf die extremen Änderungen der Tag-Nacht-Verhältnisse zurückgeführt werden; denn die übrigen geophysikalischen Umweltfaktoren, zum Beispiel Temperatur und erdmagnetischer Störungsgrad, weisen ihr Minimum erst im September auf, also fast drei Monate später.

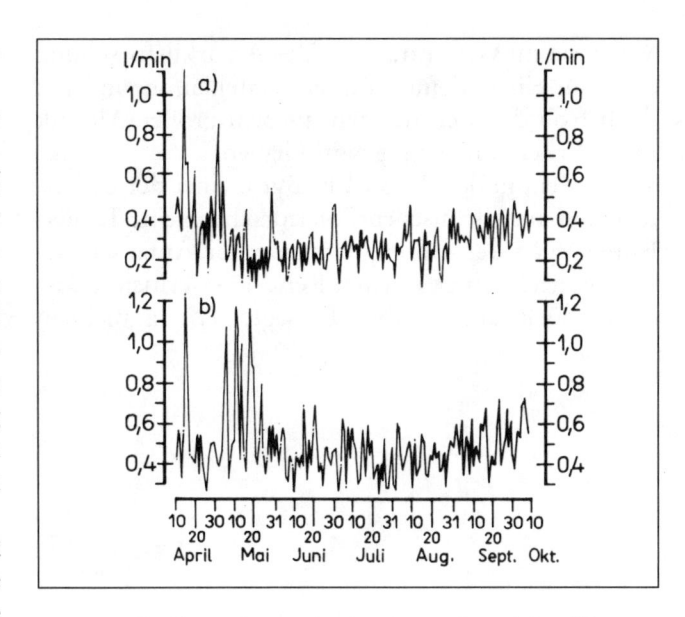

Sauerstoffverbrauch einer Testperson während der Überwinterung in Molodjoshnaja a) nach der Nachtruhe und b) um 12 Uhr. Die durchschnittlich tiefsten Werte wurden in der Zeit des ausbleibenden Sonnenlichts, vom 20. Mai bis 15. Juli, gemessen.

Auch diese Feststellung läßt sich am besten an der Veränderung des Sauerstoffverbrauches beweisen. Dem Sauerstoffverbrauch nach der Nachtruhe (Abb. a), um 12 Uhr (Abb. b) und nach einem etwa 30 Minuten dauernden Aufenthalt im Freien wurden die Umgebungstemperaturen im Freien und in Räumen sowie die Intensität der Sonneneinstrahlung gegenübergestellt. Als das Sonnenlicht ausblieb, also in der Zeit vom 20. Mai bis 15. Juli, konnten wir bei den Sauerstoffverbrauchskurven die tiefsten Werte besonders bei den Ruhe- und 12-Uhr-Messungen registrieren. Die Belastungswerte zeigen mit einer zeitlichen Verschiebung einen gleichen Verlauf. Einfluß werden solche Ergebnisse zum Beispiel auf arbeitsmedizinische Bereiche, im Kur- und Erholungswesen, aber auch auf schulhygienische Fragestellungen haben.

Wenn sie im Gesamtrahmen der Antarktisforschung auch nur einen kleinen Tupfer darstellen, so sind wir doch froh darüber, daß wir an dem großen Mosaik neuer Erkenntnisse mitgewirkt haben.

Die Zeit, in der Richard E. Byrd, einer der bedeutendsten amerikanischen Polarforscher, seine Landsleute wegen der Geringschätzung der Antarktisforschung nach seiner zweiten Reise 1936 kritisierte, ist zum Glück lange vorbei. Er sagte: »... in meinem gelobten und so aufgeklärten Heimatlande stoße ich auf erstaunlich viele gebildete Leute, die ganz harmlos fragen, was wir da unten eigentlich wollten. Sie bilden sich ein, der ganze Kram hätte doch schon auf der ersten Reise in einem Aufwasch erledigt werden können wie die Stadtbesorgungen einer Landfrau.« So ist es, auch wir konnten uns davon überzeugen, offensichtlich nicht.

1975–1977

21. Sowjetische Antarktisexpedition
Nowolasarewsakaja, Molodjoshnaja

Diese Expedition leitete mit ihrem umfangreichen ionosphärischen Beobachtungsprogramm und der Eröffnung einer eigenen Forschungsbasis in der Schirmacher-Oase eine neue Etappe der DDR-Polarforschung ein. Die Oase war von der deutschen SCHWABENLAND-*Expedition unter Leitung von Alfred Ritscher 1939 entdeckt worden. Benannt ist sie nach dem Flugkapitän Richard Schirmacher. Sie schien auf Grund der verhältnismäßig günstigen klimatischen Bedingungen und wegen ihrer Lage am äquatorialen Rand der südlichen Polarlichtzone für die geplanten Untersuchungen besonders geeignet. Vor allem aber bot die Nähe der Station Nowolasarewskaja und die enge Zusammenarbeit mit den sowjetischen Polarforschern Voraussetzungen für den Erfolg der Arbeiten.*

Hatten bereits während der 6. SAE erste ionosphärische Beobachtungen mit Hilfe von Langwellenempfängern stattgefunden und konnten während der 13. SAE die Variationen ionosphärischer Parameter insbesondere der Region zwischen 80 und 100 km Höhe kontinuierlich registriert werden, so umfaßte das Programm jetzt die Untersuchung physikalischer Prozesse der gesamten polaren Hochatmosphäre zwischen 70 und 150 km Höhe. Die im wesentlichen bis zum Jahre 1979 (23. SAE) ausgeführten Forschungsarbeiten wurden im Zentralinstitut für solar-terrestrische Physik der Berliner Akademie der Wissenschaften (Prof. Ernst-August Lauter) konzipiert und ausgewertet. Den Aufbau des Meßkomplexes und die erste Überwinterung in Nowolasarewskaja leitete der Atmosphärenphysiker Hartwig Gernandt.

Das wissenschaftliche Ziel bestand darin, die komplizierten Wechselwirkungen zwischen der Magnetosphäre, der Ionosphäre und der Dynamik der neutralen polaren Hochatmosphäre zu erfassen. Zu diesem Bereich der physikalischen Umwelt gibt es noch viele offene Fragen, die für die Energiebilanz der erdumhüllenden Schichten von entscheidender Bedeutung sind und zahlreiche globale Prozesse betreffen. Solcherart Untersuchungen sind zugleich Beiträge zu weltweiten Forschungsprogrammen, beispielsweise zur Internationalen Magnetosphärenstudie (IMS).

Ein Ergebnis am Rande: Gernandt konnte im Meteorologischen Dienst durchsetzen, daß in der Schirmacher-Oase einige Höhenballons mit Ozonsonden gestartet werden. Die Druckwerte der Ozonagramme fügten sich in die Kenntnisse ein, die man seinerzeit über die vertikale Verteilung des Ozons hatte. Wichtiger war, daß sich damit die in den akademischen Werkstätten entwickelte und produzierte Ozonsonde für Polareinsätze als geeignet erwies. Es sollten allerdings noch zehn Jahre verstreichen, bis daraus wissenschaftlicher Nutzen gezogen werden konnte.

Mit Beginn der Saisonarbeiten 1976 wurde eine weitere Wissenschaftsdisziplin in das antarktische Forschungsprogramm einbezogen – die Isotopenphysik. Auf Schlittenzügen über den Hays-Gletscher (der zweiten geodätischen Wiederholungsmessung) sowie in der Umgebung von Molodjoshnaja hat der Freiberger Isotopenphysiker Detlef Hebert die Relevanz dieser noch recht jungen Wissenschaft für polare Fragestellungen geprüft. Er sammelte Schnee- und Eisproben für Tritium-Messungen, Sedimente und Schmelzwässer aus Oasenseen für C-14-Messungen, aber auch Proben zur Bestimmung des Kieselsäuregehaltes im Niederschlag, des Kohlendioxidgehaltes in der Luft sowie Gesteine von den Bergen der Freundschaft für Argon-39-Messungen. Alles Material wurde in der Bergakademie Freiberg untersucht. Dabei konnten die isotopenphysikalischen Methoden im Sinne einer Grundlagenforschung weiterentwickelt und mit ihrer Hilfe glaziologische Aussagen zum Hays-Gletscher präzisiert werden. Die wertvollen Erfahrungen kamen der Arbeitsgruppe um Gerhard Strauch während der 23. SAE (s. S. 149 bis 155) sowie vielen weiteren Expeditionen zugute. Die isotopenphysikalische Forschung um Molodjoshanja setzte Dieter Tauchert 1978 fort.

Ein Observatorium entsteht

Hartwig Gernandt

Im September 1975 fährt das Motorschiff SATOW der Deutschen Seereederei von Rostock nach dem damaligen Leningrad, eine ungewöhnliche Fracht an Bord: 150 Tonnen Expeditionsausrüstung, für ein wissenschaftliches Observatorium bestimmt, das wir auf 70° 45' Süd und 11° 58' Ost im Bereich der Schirmacher-Oase errichten wollen. Die sich diese schwierige Aufgabe vorgenommen haben, sind der Elektroingenieur Wolfgang Teschner aus Dranske, der Feinmechanikermeister Wolfgang Probst aus Kühlungsborn, der Kfz-Handwerksmeister Hans-Jürgen Fischer aus Alt-Töplitz, der Ingenieurökonom Werner Passehl aus Potsdam, der Funkmechaniker Günter Stoof aus Trebbin und schließlich ich als Physiker, aus Lindenberg.

Wir wissen und haben es schon während der Vorbereitungen gespürt, daß wir uns in allen Phasen auf die Hilfe der sowjetischen Expeditionskameraden werden verlassen können. Auf dem eisgängigen Frachter KAPITÄN MARKOW aus Wladiwostok treffen wir mit ihnen zusammen. Die Reise beginnt am 20. Oktober 1975 – erstes Ziel: die Filchner-Schelfeis-Barriere im Weddellmeer.

Zwischen Tafeleisbergen und Packeis
Auf 53° südlicher Breite wird das erste Treibeisfeld passiert, und bereits am 23. November erreicht das Schiff den Südpolarkreis. Wenige Tage später liegen wir am festen Randeis vor der Prinzessin-Martha-Küste unweit von Kap Norwegia. Unübersichtliche Eisverhältnisse und schlechtes Wetter erschweren die Weiterfahrt. Mehrere Tage ist der Frachter im Packeis eingeschlossen, und die Schiffsführung versucht, mit allen möglichen Tricks die MARKOW wieder freizubekommen. Eine wichtige Hilfe sind die von unserer Gruppe empfangenen und ausgewerteten Satellitenbilder.

Es beginnen komplizierte Schiffsmanöver. Nur langsam geht es an der steil aufragenden Schelfeisbarriere weiter nach Süden. Oft finden sich nur enge Durchfahrten zwischen gewaltigen Tafeleisbergen. Auf 75° südlicher Breite liegt hier auf dem Schelfeis die britische Station Halley Bay. Gegenseitige Besuche und technische Unterstützung füllen einen ganzen Tag aus. Auf der Weiterfahrt folgen wir einer oft nur wenige Kilometer breiten Fahrrinne zwischen Barriere und dem auf dem Meer driftenden Packeis. Ständig besteht die Gefahr einer Eispressung. Mit seiner 7200 PS starken Maschine dringt das Dieselelektroschiff bis 77° 35' Süd und 40° 15' West vor. Hier an der Filchner-Schelfeis-Barriere beginnt an einer geeigneten Stelle die Landeoperation zum Aufbau der Basis Drushnaja. Hubschrauber setzen Wohnhütten, Maschinen und Verpflegung auf das Schelfeis ab. Ununterbrochen sind die Einsatzbrigaden beschäftigt. Die neugegründete Basis wird nur während der antarktischen Sommermonate, von Dezember bis Februar, besetzt sein. In den nächsten Jahren soll in diesem Gebiet der Westantarktis ein umfangreiches geologisches und glaziologisches Forschungsprogramm verwirklicht werden.

Nach zehn Tagen sind die Entladearbeiten abgeschlossen. Am 16. Dezember nimmt das Schiff Kurs auf Westaustralien. Im Hafen von Fremantle werden die Treibstoff-, Wasser- und Lebensmittelvorräte ergänzt, und schon am 6. Februar 1976 befindet sich die KAPITÄN MARKOW am Randeis vor der Küste des Königin-Maud-Landes, auf ungefähr 59° 50' Süd und 11° 40' Ost. Etwa drei Kilometer festes und bis zu 3,5 m starkes See-Eis trennen das Schiff von der Entladestelle für die Station Nowolasarewskaja am Kap Ostry. Die Maschinen laufen mit voller Kraft. Immer wieder rammt das Schiff mit rascher Fahrt das Eis. Größere und leider oft nur kleinere Schollen brechen ab. Langsam geht es vorwärts. Dazu tobt ein Schneesturm mit hoher Geschwindigkeit. Der ganze Schiffskörper zittert und bebt, wenn der mächtige Bug in den Eispanzer stößt. Unglaublich, welchen Belastungen die Schiffskonstruktion gewachsen ist. Mehrmals springen bei diesen Stößen in den Kajüten die Tassen von den Tischen.

Am 9. Februar 1976 beginnt das Entladen der Fracht auf die Eisbarriere. Von der sowjetischen Station Nowolasarewskaja, die etwa 100 km weiter südlich auf dem Festland der Schirmacher-Oase liegt, sind zehn Polarforscher mit schwerer Technik – vier ATT-Schlepper und einige Lastschlitten – über das Schelfeis gekommen, um gemeinsam mit uns die Ausrüstungen zur Station zu bringen. Die Schlitten, insgesamt elf, mit Containern und Kisten beladen, werden an die Schlepper verteilt, so daß vier Zugeinheiten entstehen. Jeder Schlepper hat etwa 60 t Last zu ziehen.

Einige der Traktoristen und Glaziologen kenne ich bereits von meiner Überwinterung während der 13. sowjetischen Expedition in Mirny. Sie sind jetzt Teilnehmer der zu Ende gehenden 20. Expedition, wir gehören schon zur 21. Für sie, die den Fahrweg über das Schelfeis laufend untersuchen und sichern, ist diese Reise vom Kap Ostry in die Schirmacher-Oase fast eine Routinesache, zumindest ein weitgehend bekanntes Wagnis, das sie nicht mehr aufregt. Wir, die Neulinge, haben, als sich die Fahrzeuge in Bewegung setzen, keine Ahnung, was uns auf dieser Strecke erwartet. Sicher wären wir ohne die Hilfe der sowjetischen Polarforscher gar nicht in die Oase gelangt. Sporadisch habe ich in den Marschpausen Notizen gemacht, die vielleicht am besten den unmittelbaren Eindruck wiedergeben.

»Die Fahrt ist entsetzlich«
Tagebuchaufzeichnungen

14. Februar 1976
12.35 Uhr Greenwich-Zeit. Start des Schlittenzuges. Viel Schnee. Die weiße Oberfläche erscheint wie ein erstarrter See. Wir sehen zum letzten Mal das offene Meer.

Von 12.35 Uhr bis 18.30 Uhr haben wir 55 km hinter uns gebracht. Gleich nach der Abfahrt mußten zwei Zugeinheiten zurückgelassen werden, da ein ATT-Schlepper allein die schweren Schlitten durch den tiefen Schnee nicht ziehen konnte. Nun ziehen jeweils zwei ATT drei Schlitten und das mit sehr viel Mühe. Das heißt, 900 PS Zugkraft schaffen es nur ganz langsam.

Am Kilometer 55 ist ein Zwischentanklager. Hier findet die erste Etappe ihr Ende. Die ATT fahren zurück, um die beiden Zugeinheiten von der Küste zu holen. Neben den schweren Schleppern verfügt unsere Expeditionsgruppe noch über zwei Kettentraktoren Typ T 100, die auch als Planierraupe dienen können und die wir für unsere Bauarbeiten in der Oase benötigen. Die beiden Traktoren sind noch unterwegs, mit ihnen der größere Teil unserer Mannschaft; sie werden wahrscheinlich viele Stunden später Kilometer 55 erreichen. Vor uns liegt das Wohlthat-Massiv. 200 km trennen uns von diesem Gebirge – trotzdem erkennen wir die Gipfel ganz deutlich am südlichen Horizont. Auch die Schirmacher-Oase können wir bereits sehen. Die Entfernungen lassen sich schwer schätzen. Es ist ungewöhnlich gutes Wetter. Die Sonne scheint grell, ein leichter, kalter Wind weht ein wenig Schnee ins Gesicht.

Wir sind zu dritt – Wolfgang Probst, Boris, der als Meteorologe arbeiten wird, und ich – und kochen uns Kaffee. Den Kaffee trinken wir aus leergegessenen Konservendosen, da wir unsere Tassen im Gepäck nicht so schnell finden können. Um uns Petroleumlampenschein. Wir essen Champignons und Bananenkompott. Es geht zünftig zu nach Polarforscherart. Ohne Boris' Taschenmesser hätten wir nicht einmal die Dosen aufbekommen.

Der Lärm der ATT-Motoren während der Fahrt war furchtbar. Nach dem Anhalten dröhnte es in Ohren. Jetzt, da wir auf die anderen warten, herrscht absolute Stille, aber auch sie ist schmerzhaft – merkwürdigerweise.

Ankunft der Traktoren gegen 23 Uhr. Sie hatten während der ganzen Fahrt keine Schwierigkeiten. Draußen herrscht Dämmerung. Zu dieser Zeit verschwindet die Sonne nur kurz um Mitternacht im Süden unter dem Horizont. Wir essen gemeinsam Abendbrot aus Dosen und legen uns schlafen.

15. Februar 1976
Über Nacht sind die Schlepper mit den restlichen Schlitten gekommen. Um 11 Uhr ist allgemeines Wecken. Die Fahrzeuge werden aufgetankt, der Ölstand wird geprüft. Wir haben glücklicherweise wieder windstilles und verhältnismäßig warmes Wetter. Ein herrlicher Blick auf die Berge. Gegen 15 Uhr fahren zwei Schlepper mit je drei Schlitten und unsere Traktoren los. 16 Uhr fährt der letzte ATT vom Zwischentanklager ab. Es geht wie am Tag vorher. Die bedenklichen Mienen und sorgenvollen Bemerkungen der russischen Kameraden wollen mich nicht recht beeindrucken.

Um 20 Uhr erreichen wir das Gebiet mit den Schmelzwasserflüssen und überfrorenen Spalten. Alles ist ganz anders. Die Schlepper tauchen tief in das Wasser ein. Unsere Schlitten schwanken und drohen umzukippen. Erhebliche Belastung. Die Traktoren eingebrochen. Abkoppeln. Herausziehen mit Hilfe der Schlepper. Dabei reißt ein Zughaken am Traktor. Es ist zum Verzweifeln. Der Weg ist schwierig und wird immer schlimmer.

22 Uhr. Wieder ein Traktor eingebrochen. Diesmal steht er völlig im Wasser. Der Graben etwa 1,20 m tief. Die Traktoren sind nicht mehr in der Lage, einen Lastschlitten mit Container zu ziehen. Nun werden die beiden Lastschlitten auch noch an die ATT-Schlitten

gehängt. Die Traktoren fahren allein weiter. Überall sehr gefährliche Spalten und immer wieder Spalten und überfrorenes Wasser. Die Schlitten tauchen tief ein. Das Wasser dringt in einen Container. Zum Teil haben sich unsere Meßgeräte aus den Verankerungen gelöst, alles purzelt durcheinander. Hoffentlich hält sich das Wetter. Immer wieder Aufenthalte, da Traktoren und Schlepper festsitzen.

23.30 Uhr. Eislöcher und Rinnen, die schwach zugefroren sind. Wieder und wieder müssen Umwege gesucht werden. Unsere Traktoren kommen kaum noch durch. Es sind noch 25 km bis zur Station.

16. Februar 1976
1.45 Uhr. Noch 20 km vor der Station. Die Fahrt ist entsetzlich. Die Traktoren brechen aller paar hundert Meter ein.

Günter Stoof, unser Jüngster, ist vollständig durchgeschwitzt und total erschöpft. Ein Traktor saß vollkommen im Wasser. Die Lüfterschraube spritzte das Wasser weit umher. Das Hebegeschirr für den Planierschild wird zum Herausziehen benutzt. Dabei reißt ein Halteseil, so daß der Schild auf dem Eis aufliegt. Wir wollten den Traktor schon aufgeben. Doch der russische Traktorist reparierte den Schaden an Ort und Stelle. Wir haben es dem bloßen Zufall zu danken, daß noch kein Schlitten umgekippt ist.

Zwei Stunden Teepause. Danach soll es weitergehen. Die Lichter der Station sind bereits zu sehen. Alle sehr erschöpft. Wir sitzen im kalten Container. Das Propangas heizt nicht. Der Schnee für das Teewasser schmilzt nur sehr langsam. Hoffentlich überstehen wir alles gut.

Nach der Pause übernehme ich einen der Traktoren. Wolfgang Probst übernimmt den anderen. Die Fahrerei ist grausam.

Lew Sawaljugin, ein Glaziologe, sucht zu Fuß vor uns den besten Weg. Die ATT, die nicht so leicht manövrieren können, fahren direkt auf die Wassergräben zu. Die Schlitten tauchen bis zur halben Containerhöhe ein. Manchmal hängen sie nur zwischen den Zuggabeln des Schleppers und des nachfolgenden Schlittens. Bange Minuten. Daß nur kein Schlitten kippt und wichtige Teile unserer Ausrüstung verlorengehen oder unbrauchbar werden! Weite Umwege, um Spalten, Flüssen, Wassertümpeln auszuweichen. Die Strecke scheint kein Ende zu nehmen.

Morgens, 15 km vor der Station bricht ein Bolzen an der Zuggabel. Alles steht still. Die Reparatur ist sehr schwierig, alles verbogen. Nässe und Kälte. Am Traktor reißt ein Haltezug für den Schiebeschild. Wieder sitzen wir fest. Nur mit vollem Gas kann man den Rand der Spalten erklimmen. Hinter uns bricht ständig das Eis. Manchmal denke ich, der Traktor kippt nach hinten über. Nur der Himmel und die Motorhaube sind zu sehen. Ich klammere mich an den Steuerknüppel. Immer wieder läßt man den Traktor langsam nach vorn abkippen und dann Gas, Gas! – es ist einfach furchtbar. Ich kann an nichts anderes mehr denken. Die Spalten werden immer schlimmer. Bei Wolfgang fliegt der Werkzeugkasten aus dem Fahrerhaus. Wir verlieren Werkzeug und können nicht alles wiederfinden.

Irgendwann sind wir dann da. Es soll 24 Uhr gewesen sein, erfahre ich am nächsten Tag. Wir sind total erschöpft und übermüdet. 36 Stunden, fast ohne Pause, haben wir für die letzten 40 km gebraucht.

Unser Domizil in der Oase

Die zunehmende Beschwerlichkeit unserer Fahrt auf dem Schelfeis war durch die Nähe der Oase bedingt. Solche schnee- und eisfreien Gebiete in der Antarktis sind nicht groß. Die Schirmacher-Oase ist nur etwa 20 km lang und 3 bis 4 km breit. Aber die Aufheizung des rotbraunen Gesteins durch die Sonneneinstrahlung führt dazu, daß sich in und um die Oase ein Mikroklima bildet. Die erwärmte Luft wirkt noch im Umkreis von 40 km auf die Schneeoberfläche ein. Mit Beginn des Sommers taut die weite Firnfläche auf, das Eis schmilzt; es entstehen Flüsse und Seen, die sich immer tiefer in das Eis eingraben. Will man in diesen Monaten die Oase erreichen – und das mußten wir, um vor Einbruch des Winters mit dem Aufbau unserer Wohn- und Arbeitsunterkünfte fertig zu werden –, ist man gezwungen, dieses Taugebiet zu durchqueren.

Am Südrand der Oase erhebt sich mit einer Steigung von etwa vier Prozent das Inlandeis und ist nach 25 km bereits 1000 m hoch; nur 180 km südlich der Schirmacher-Oase erreicht die Inlandeiskappe die beeindruckende Höhe von 3000 m. Dieser riesige Inlandgletscher fließt erstaunlicherweise, durch sein eigenes Gewicht bewegt, um die winzige Fels- und Geröllinsel der maximal 250 m hohen Schirmacher-Oase herum und schiebt sich etwa 100 km bis zum Kap Ostry auf das Meer hinaus. Inwieweit diese Eismasse noch auf dem Festlandsockel aufliegt oder bereits vollständig auf dem Polarmeer schwimmt, konnte noch nicht aufgeklärt werden. Im Winter 1976 brachte eine sowjetische Gruppe auf dem Schelfeis eine Thermobohrung nieder. Erst nachdem eine Tiefe von 447 m erreicht war, stieß man auf eine bis zum Meeresgrund noch 30 m messende Wasserschicht.

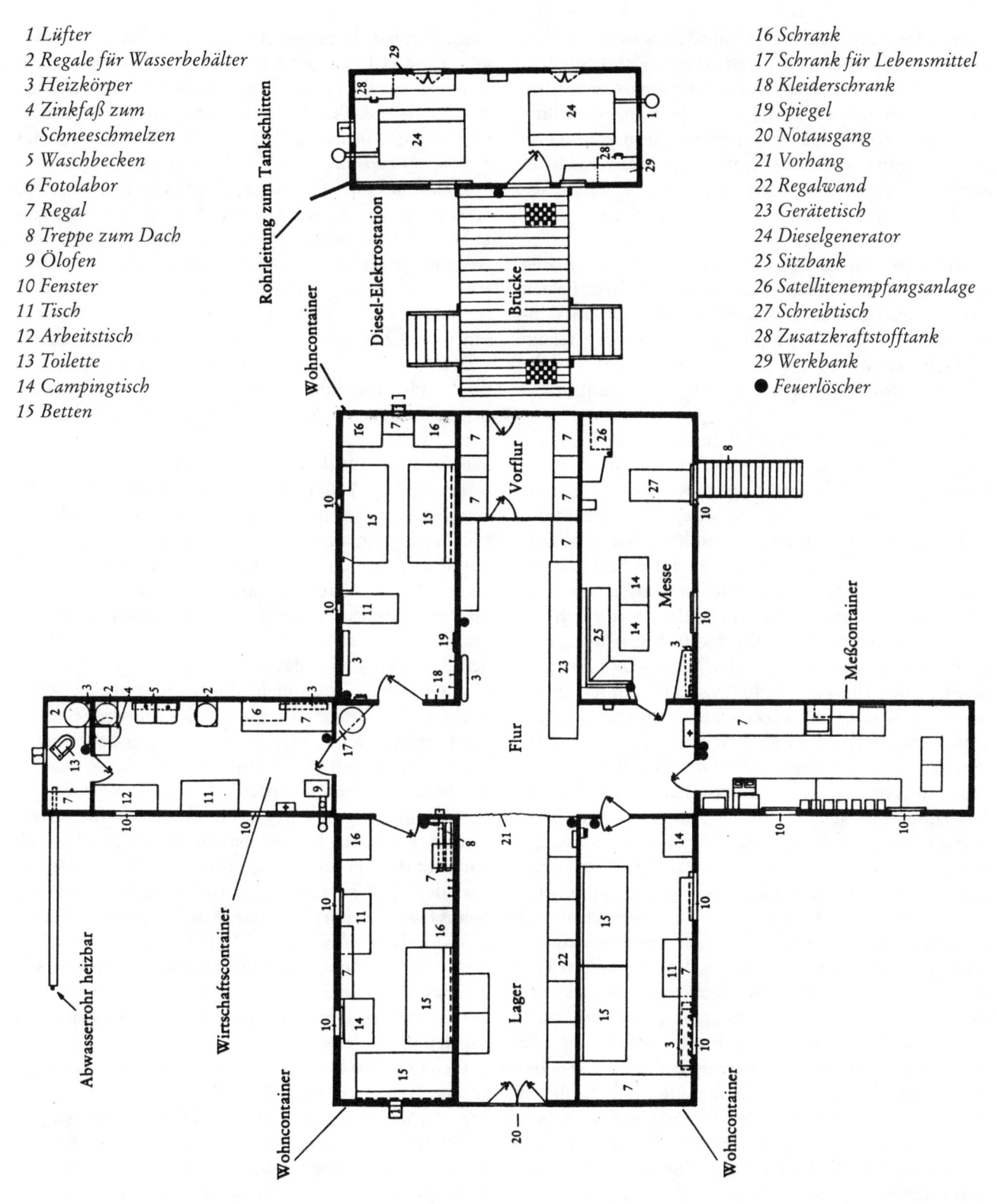

1 Lüfter
2 Regale für Wasserbehälter
3 Heizkörper
4 Zinkfaß zum Schneeschmelzen
5 Waschbecken
6 Fotolabor
7 Regal
8 Treppe zum Dach
9 Ölofen
10 Fenster
11 Tisch
12 Arbeitstisch
13 Toilette
14 Campingtisch
15 Betten
16 Schrank
17 Schrank für Lebensmittel
18 Kleiderschrank
19 Spiegel
20 Notausgang
21 Vorhang
22 Regalwand
23 Gerätetisch
24 Dieselgenerator
25 Sitzbank
26 Satellitenempfangsanlage
27 Schreibtisch
28 Zusatzkraftstofftank
29 Werkbank
● Feuerlöscher

Grundriß der von der Gernandt-Expedition 1975/76 erbauten Antarktisstation der DDR im Ostteil der Schirmacher-Oase. Sie hatte eine Nutzfläche von 120 m². Später wurde der Komplex durch Anbauten und separate Gebäude, wie die Funkstation und ein geomagnetisches Observatorium, erweitert. 1989 betrug die Nutzfläche der nach Georg Forster benannten Station 410 m².

Im Übergangsbereich des Inlandeises zum Schelfeis an der Festlandslinie entstehen zahlreiche Spalten. Dicht unter den steil aufragenden Felsen der Schirmacher-Oase mußten wir mit unserem Transportschlittenzug eine solche Spalte überqueren. Sie war 5 bis 6 m breit und von der Stationsbesatzung mit starken Holzbohlen überbrückt worden. Wir sahen in eine gähnende Tiefe und hörten nicht den Aufschlag eines hinabgeworfenen Fasses.

Die Oase selbst besteht aus zahlreichen mäßig hohen Bergen, Felshügeln und Geröllflächen. In den Tälern liegen größere und kleinere Seen, die im Winter zum Teil bis zum Grund gefroren sind. Erst im Frühjahr reicht die im Gestein gespeicherte Strahlungsenergie der Sonne aus, diese Eisbedeckung abzutauen.

Wir hatten uns für den Aufbau unserer kleinen Station eine verhältnismäßig günstige, trotzdem wüste Stein- und Felsfläche am östlichen Rand der Oase ausersehen. Die meßtechnischen Forderungen, die bei der Wahl des Aufstellungsortes ionosphärischer Beobachtungsgeräte zu beachten sind, machten eine 800 bis 1000 m weite Entfernung von der sowjetischen Station notwendig. Das hat in der Antarktis sofort zur Konsequenz, daß eine relativ selbständige Einrichtung entsteht. Deshalb mußte neben den Wohn- und Arbeitsräumen auch eine eigene Elektrostation mit leistungsfähigen Dieselaggregaten errichtet werden. In dieses Unternehmen flossen viele Erfahrungen ein, die Wissenschaftler und Techniker der DDR in den Südpolargebieten sammeln konnten. Wir hatten uns bei der Konzipierung des Forschungskomplexes eine neue Variante ausgedacht. Bereits während der Vorbereitungen zu Hause wurden normale Industriecontainer aus Metall und ebensolche aus Holz in geeigneter Weise isoliert, mit Fenstern und Türen versehen und als Wohn- bzw. Meßhütten eingerichtet. Heizkörper und elektrische Anlagen waren schon installiert. Dadurch wollten wir die Aufbauzeit unter den schwierigen antarktischen Bedingungen verkürzen. Nun wurden die Container, die auf stabilen Schlitten fest verankert waren, auf der planierten Geröllfläche zusammengezogen und aneinandergefügt. Die Schlitten dienten gleich als Fundament. Aus den etwa 6 m langen und 2,50 m hohen und breiten Containern entstanden so die einzelnen Zimmer für unser Haus, die durch einen Korridor verbunden wurden.

Eine solche Stationsvariante war in der Antarktis noch nie errichtet und erprobt worden. Deshalb beobachteten die sowjetischen Polarforscher interessiert den Verlauf der Arbeiten. Diese gingen zügig voran.

Natürlich hat die schwierige Aufgabe den sechs Männern unserer Gruppe alles abverlangt. Aber nach acht Wochen war die Beobachtungsstation funktionsfähig. Als der erste stark Schneesturm über die Schirmacher-Oase raste, wurden die letzten Nägel in das Dach des Korridors zwischen den Containern geschlagen.

Uns stand nun eine Innenraumfläche von ungefähr 120 m² zur Verfügung. Teile des Korridors wurden als Lagerraum genutzt. In jeweils einem Container wohnten zwei Mann. Die Meßgeräte und die Werkstatt waren in drei Containern untergebracht. Toiletten-, Wasch- und Wirtschaftsraum füllten einen weiteren Container aus. Zwei 16-kW-Dieselaggregate erzeugten in einem separat aufgestellten Container den für die Heizung und den Betrieb der Meßgeräte nötigen elektrischen Strom.

Weshalb wir in den Süden fuhren

Großangelegte internationale wissenschaftliche Beobachtungsprogramme wie das Internationale Geophysikalische Jahr, das Internationale Jahr der ruhigen Sonne und die Raumforschungsprogramme der sechziger Jahre erweiterten entscheidend die Kenntnisse über die Struktur und die Wechselwirkungen in den oberen Schichten der Atmosphäre. Ganz grundsätzlich hat sich dabei das Bild über den Aufbau der Magnetosphäre gewandelt, die so weit in den Weltraum reicht, wie sich der Einfluß des Erdmagnetfeldes nachweisen läßt. Durch Satellitenbeobachtungen konnte ein unaufhörlich von der Sonne ausgehender Partikelstrom, bestehend aus Protonen und Elektronen, nachgewiesen werden, der als sogenannter Sonnenwind auf das Erdmagnetfeld einwirkt. Dadurch wird auf der der Sonne zugewandten Seite das Dipolfeld der Erde zusammengedrückt, und gleichzeitig dehnt es sich auf der Nachtseite der Erde bis weit über die Mondumlaufbahn aus. Den Übergang zwischen den noch annähernd dipolförmig verlaufenden magnetischen Feldlinien und dem stark deformierten Feld markiert in der polaren Hochatmosphäre das sogenannte Polarlichtoval.

Genau in dieser Zone laufen physikalische Prozesse ab, die über die magnetischen Feldlinien in unmittelbarem Zusammenhang mit dynamischen Vorgängen im Plasma der Magnetosphäre zwischen der Plasmapause und der Magnetopause stehen. Bis heute sind insbesondere die dabei auftretenden Energieumsetzungen nicht vollständig klar. Zur Untersuchung dieser Zusammenhänge sind daher umfangreiche Beobachtungen in den Polargebieten erforderlich. Die räumliche und zeitliche Struktur fordert dabei gleichzeitig Beobachtungen an möglichst vielen Punkten in den Polargebieten mit bodengebundenen Meßtechniken, mit Satelliten, Höhenraketen und driftenden Höhenballonen, um die Gesamtheit der physikalischen Vorgänge unterschiedlicher Natur zu erfassen.

Noch immer weiß man sehr wenig über die Energieumsetzung der direkten solaren elektromagnetischen Strahlung im ultravioletten und Röntgenstrahlungsbereich und die über die Magnetosphäre laufende solare Partikelstrahlung in der polaren Hochatmosphäre. Ebenso sind die Wechselwirkungen zwischen den einzelnen Schichten der Erdatmosphäre, die sich wesentlich voneinander in ihrer aeronomischen Zusammensetzung, ihren elektrischen Eigenschaften (z. B. die Ionosphäre), im Temperaturprofil und ihrer Dynamik unterscheiden, nur teilweise bekannt.

Es kommt also darauf an, die Gesamtheit der physikalischen Erscheinungen in unserer Umwelt mit allen verfügbaren technischen Mitteln zu erfassen. Ein wichtiges Beobachtungsprogramm in diesem Sinne war die von 1976 bis 1978 durchgeführte »Internationale Magnetosphärenstudie«. Genau zu dieser internationalen Beobachtungsperiode lieferte das bis dahin umfangreichste ionosphärische Beobachtungsprogramm, das über einen Zeitraum von drei Jahren, beginnend mit der 21. SAE bis zur 23. SAE, von DDR-Wissenschaftlern in der Antarktis verwirklicht wurde, einen gezielter Beitrag zur Erforschung der polaren Hochatmosphäre.

Zum Programm gehörten wiederum Registrierungen der Feldstärkevariationen weit entfernter Längstwellen- (10 kHz bis 100 kHz) und Langwellensender im Frequenzbereich bis etwa 800 kHz, mit denen empfindliche Variationen des Ionisationszustandes der untersten Schichten in der Ionosphäre (D-Region) erfaßt werden können. Ein technisch verbessertes Spektralfotometer (vgl. Beitrag Driescher), mit dem Beobachtungen über den ganzen Himmel hinweg vom Südhorizont bis zum Nordhorizont möglich waren, registrierte neben der spektralen Helligkeitsverteilung auch wie die Polarlichter räumlich verteilt sind. Ein weiterer wichtiger Indikator für Veränderungen in der polaren Ionosphäre ist der jeweilige Ionisationszustand; ihn kann man durch Absorptionsmessungen mit elektromagnetischen Wellen in verschiedenen Frequenzbereichen vom Erdboden aus gut erfassen. Deshalb war das Kernstück unseres Meßprogrammes die aktive Sondierung der polaren Ionosphäre auf drei Kurzwellenfrequenzen (1,75 MHz; 2,00 MHz; 3,00 MHz).

Über einen leistungsfähigen Kurzwellensender strahlt man über eine für antarktische Bedingungen recht umfangreiche Delta-Antenne – der Mittelmast zum Aufspannen der Antennendrähte war 30 m hoch – Impulse senkrecht in die Ionosphäre ab. Diese Impulse werden in Abhängigkeit von ihrer Frequenz bei jeweils unterschiedlichen Elektronenkonzentrationen reflektiert. Aus der Amplitude des empfangenen Echoimpulses läßt sich dann die Absorption und aus der Laufzeit die Reflexionshöhe bestimmen.

Schließlich wurde noch ein international weitverbreitetes Absorptionsmeßverfahren angewendet, bei dem die Intensität der kosmischen Radiostrahlung kontinuierlich registriert wird. Bei dieser passiven Methode wird die Empfangsantenne zum Himmelspol ausgerichtet, damit man unabhängig von der Erdrotation immer die gleiche Strahlungsquelle erfaßt. Hierfür werden allgemein Frequenzen zwischen 20 MHz und 35 MHz genutzt. Die beobachteten Variationen des Meßsignals haben dann ihre Ursache allein in Ionisationsänderungen, insbesondere in der D-Region.

Zwischen der Magnetosphäre und den polaren Ionosphären sowohl der Nord- als auch der Südhalbkugel bilden sich vor allem während gestörter Verhältnisse, die ihre Ursache in der Sonnenaktivität haben, weiträumige Stromsysteme aus. Deren Magnetfelder überlagern das Erdmagnetfeld und können mit geeigneten Magnetometern am Erdboden registriert werden. Solche Geräte gehören selbstverständlich auch zur Ausrüstung eines ionosphärischen Observatoriums in der Antarktis.

Der Abschluß der Bauarbeiten am 21. April 1976 bedeutete natürlich noch nicht den Beginn der Beobachtungen. Es vergingen noch einige Wochen, bis wir sämtliche Geräte installiert hatten und sie auch wunschgemäß funktionierten. Jeder, der in der Antarktis gearbeitet hat, weiß, wie unendlich mühsam es sein kann, mit den technischen Schwierigkeiten fertig zu werden, die allein durch die ungewöhnlichen elektrischen Verhältnisse bedingt sind. Mitte Juni 1976 konnten wir dann mit dem geplanten Programm im vollen Umfang beginnen. Nun kam es darauf an, mit Sorgfalt und viel Kleinarbeit die Kontinuität der Messungen zu sichern. Neben technischen Arbeiten gehörte dazu die Primärauswertung der gewonnen Datenreihen.

Zugleich gibt es auch an unserer Containerstation noch viel zu tun. Allmählich versinken die Anlagen nun immer tiefer im Schnee, der durch fast ständig tobende Orkane herantransportiert wird. Die Düsternis während der Polarnacht, die Einsamkeit in der Schirmacher-Oase und die Eintönigkeit der Arbeit lasten auf allen. Nur der feste Wille, das Beobachtungsprogramm erfolgreich durchzuführen, motiviert uns alle während der langen Überwinterung mit ihren schönen und schweren Seiten.

Durch die kontinuierliche Beobachtung können die ruhigen oder ungestörten Bedingungen und auch die durch die Sonnenaktivität hervorgerufenen Störungen in der polaren Atmosphäre untersucht werden. Ganz bewußt haben wir die Messungen 1976, im Jahr der geringsten Sonnenaktivität begonnen, um zunächst einmal die stabilen, ungestörten Verhältnisse zu erfassen. Erst auf dieser Grundlage lassen sich die charakteristischen Störungen in der Magnetosphäre, die sogenannten magnetosphärischen Substorms, genauer analysieren. Ein magnetosphärischer Substorm äußert sich in der polaren Ionosphäre in einer Vielzahl physikalischer Erscheinungen, wie magnetischen Störungen, hervorgerufen durch ausgedehnte Stromsysteme, erhöhter Ionisation und stärkeren Polarlichtern durch Partikeleinfall sowie in einer Aufheizung der oberen Atmosphärenschichten durch die dabei zugeführte Energie. Man kann in diesem Zusammenhang die polaren Regionen der Hochatmosphäre als einen Empfänger und Verarbeiter der gesamten solaren Energieflüsse betrachten; wie auf einem gigantischen Display treten die damit verbundenen Phänomene auf.

Am 26. Juli 1976, kurz nach Beginn unserer Beobachtungen, konnte ein solcher magnetosphärischer Substorm registriert werden.

Die gemessenen Variationen des Magnetfeldes, die Helligkeitsverteilungen des Polarlichtes und der Verlauf der ionosphärischen Absorption in Abhängigkeit von der Meßfrequenz zeigten die Auswirkungen in der polaren Hochatmosphäre. Eine genaue zeitliche Analyse und bei Vergleich mit anderen Stationen auch eine räumliche Analyse ermöglichen Rückschlüsse auf die magnetosphärischen Quellen und damit auf die Feinstruktur der Magnetosphäre. Jede dieser Beobachtungen hat deshalb Bedeutung und ist ein Mosaikstein im Rahmen der global organisierten Untersuchungen.

Mit Hilfe der sehr empfindlichen Messung der ionosphärischen Absorption (mit dem Impuls-Sondierungsverfahren) konnten wir auf der Beobachtungsposition in der Schirmacher-Oase feststellen, daß regelmäßig in den Morgenstunden Partikelströme aus der Magnetosphäre in den Bereich der ionosphärischen E-Region in 100 km bis 140 km Höhe eindringen. Sie hatten eine entscheidende Veränderung der Reflexionsverhältnisse gegenüber dem Normalzustand zur Folge. Berücksichtigt man dabei die Struktur der Magnetosphäre, so zeigt sich, daß im Übergangsbereich zu den dipolförmig verlaufenden Feldlinien und damit im Bereich der äquatorseitigen Begrenzung des Polarlichtovals ein ständiger Partikelstrom die Ionosphäre erreicht. Mit dieser Beobachtung konnten wir zum ersten Mal einen Energiefluß in die polare Atmosphäre nachweisen, der *unabhängig* von der direkten Sonneneinstrahlung und *unabhängig* von den Effekten bei magnetosphärischen Störungen die Struktur und Dynamik dieses Höhenbereichs beeinflußt.

Die umfangreichen, auf vielen Stationen aufgezeichneten Datenreihen über physikalische Vorgänge der Hochatmosphäre werden gesammelt, ausgewertet und für Modellrechnungen verwendet. Aus dieser globalen Gesamtschau können dann neue theoretische und praktische Erkenntnisse gewonnen werden, die unser Wissen über physikalische Vorgänge in unserer Umwelt bereichern.

Radionuklide in Antarktika

Detlef Hebert

Sechs Tage, seit dem 11. Januar, waren wir bereits mit dem Schlittenzug unterwegs; Rolf Eger, der Leiter unserer Gruppe, Roland Mörseburg, Horst Böhme, Artur Zielke, der russische Traktorist Boris Aminow und ich. Rolf Eger sowie unser Fahrer und Mechaniker Artur Zielke hatten schon einmal in Molodjoshnaja überwintert und kannten den Hays-Gletscher, an dessen Flanken unser eigentümliches Gefährt im weichen Pulverschnee entlangschaukelte, aus eigenem Erleben. Boris war ein »alter Polarfuchs«, der außer in Antarktika auch mehrmals im Nordpolargebiet gewesen war. Von uns Neulingen hatte Roland Mörseburg, der so bedingungslos für die Sächsische Schweiz schwärmende Dresdner, dank seiner bergsteigerischen Fähigkeiten die besten Voraussetzungen, in einer kleinen Gruppe unter schwierigen Bedingungen zu leben und zu arbeiten.

Unsere Fahrtroute führte in Abschnitten von drei bis fünf Kilometern, die mit Visierzylindern von der Dreßler-Mannschaft im Jahre 1972 markiert worden waren, über das Eis des Gletschers. Die Winkel- und Streckenmessungen an den Signalen zur Bestimmung der Eisbewegung, die photogrammetrischen Aufnahmen, all die vielen kleinen Handgriffe, die ein Geodät in der Antarktis beherrschen muß, wurden nahezu routinemäßig ausgeführt. Auch Boris, der den mächtigen Breitkettenschlepper zu fahren hatte, verstand sein Handwerk: Sicher schleppte er den verhältnismäßig hohen Wohnschlitten mit dem angehängten Lastschlitten die Traverse entlang, die allerdings nur auf der Karte deutlich zu sehen war, von Signal zu Signal, eben diesen ein bis zwei Meter über die Schneefläche ragenden roten Visierzylindern. Artur fuhr gemeinsam mit Roland im schnellen Kettenfahrzeug GT-T voraus, um die schon stark im Firn eingeschneiten Signale mit Verlängerungsrohren aufzustocken.

So hatte jeder seine Arbeit. Selbstverständlich auch ich. Aber ich bin kein Geodät; ich habe nur als Hilfsarbeiter oder als Koch versucht, meinen Kameraden hilfreich zur Seite zu stehen. Auf Grund meiner wissenschaftlichen Zielstellung und Arbeitsmethodik war ich in unserer Gruppe eigentlich ein bißchen Außenseiter, eben – der Isotopenphysiker.

Was willst du in Antarktika?

Unserer Fahrtroute folgte ein sowjetischer Schlittenzug, den Genna Trepow leitete, jener, der einst mit Siegfried Meier über die Hays-Zunge geflogen war (s. S. 91). Die sowjetischen Spezialisten maßen mit Hilfe von Radartechnik die Eisdicke des Gletschers. Wir standen miteinander in Funkverbindung und vereinbarten einen Treff. Natürlich freuten wir uns darauf, nach einer Woche Abgeschiedenheit Menschen zu begegnen und im »Balok«, der Schlittenhütte unserer russischen Kollegen, Gast zu sein. Es wurde sehr eng: Zehn Mann in einer Holzhütte, in der außer Trepows Meßapparatur vier Schlafplätze, das Elektroaggregat, der Ofen und alle Nahrungsmittelvorräte für einige Wochen untergebracht waren. Schließlich fand jeder ein Eckchen, und die Feier konnte beginnen. Wir aßen Soljanka, Schaschlyk, Torte. Ja, unsere Freunde hatten eine richtige Torte gebacken! Ein der rauhen Umgebung angemessenes, hochprozentiges Getränk wurde aufgetischt und als Beilage getrockneter Salzhering. Es ging recht lustig zu, und das Ausfragen wollte kein Ende nehmen. Um Mitternacht verabschiedeten wir uns mit guten Wünschen und dem Versprechen, uns am Ziel der Fahrt, den Bergen der Freundschaft, wiederzubegegnen.

Die zwei-, dreihundert Meter bis zu unserem Wohnschlitten waren schnell zurückgelegt; kalt war es geworden und auch schon dunkel, der Polartag dauerte nicht mehr 24 Stunden. Wir mußten »schneller schlafen«: Dienstbeginn würde auch morgen acht Uhr sein; der für Frühstück und Ablesen meteorologischer Daten Verantwortliche mußte spätestens 7 Uhr aufstehen. Aber solch eine Feier braucht ihre Zeit zum Abklingen, und eben da fragt mich Boris Aminow: »Detlef, sag, was willst du in Antarktika?«

Selbstverständlich wußte ich, was ich hier wollte! Aber nun sollte ich Boris nicht nur erklären, was Isotopenphysik ist und wozu diese Wissenschaft für die Antarktisforschung nützlich sei, ich mußte mein Spezialgebiet und meinen Einsatz in russischer Sprache verteidigen! Etwa zwei Stunden lang habe ich versucht, die teils naiven, teils schlauen Fragen dieses selbstbewußten, erfahrenen Polarniks zu beantworten. Ich glaube nicht, daß ich Boris von der Notwendigkeit meiner Arbeit überzeugt habe. Rolf, der längst schlafen wollte, befreite mich mit der energischen Mahnung, endlich Ruhe zu geben, aus meiner schwierigen Lage.

Zwei Schlußfolgerungen aber habe ich aus jenem Streitgespräch gezogen: Meine Russischkenntnisse hätten besser sein müssen, und ich hätte auch meinen deutschen Kameraden, deren Unterstützung ich doch brauchte, die Aufgaben des isotopenphysikalischen Programms eindringlicher erklären sollen. Andererseits konnte ich damals noch gar nicht genau wissen, welche Arbeiten auf meinem Spezialgebiet erfolgversprechend wären. Das sollte ich ja erst herausfinden!

Untersuchungen mittels natürlicher radioaktiver und stabiler Isotope waren bereits mit Erfolg zur Altersbestimmung an Eis, zur Rekonstruktion des zeitlichen Verlaufs von Klimaänderungen und zur Erforschung globaler Massentransportprozesse angewandt worden. Unsere Freiberger Arbeitsgruppe hatte sich vorgenommen, insbesondere die natürlichen Radionuklide Tritium (Wasserstoff-3), Kohlenstoff-14, Silizium-32 und Argon-39 für glaziologische Untersuchungen zu nutzen. Zugleich wollten wir unsere Meßmethoden in einem mit Hilfe anderer Verfahren, zum Beispiel den geodätischen, gut erforschten Gebiet testen. Wir haben das von DDR-Gruppen in den Jahren 1972/73 und 1974/75 erkundete Terrain um Molodjoshnaja gewählt und wollten u. a. solche Fragen beantworten:

Wieviel Schnee ist seit 1950 im Einzugsgebiet des Hays-Gletschers gefallen?

Seit wann gibt es die eisfreien Gebiete um Molodjoshnaja?

In welchem Maße haben sich die in der Atmosphäre der Nordhalbkugel bis zum Teststoppabkommen 1963 durchgeführten Kernwaffenexperimente auf das Südpolargebiet ausgewirkt? Welche Aussagen können wir aus den vor allem durch Tritium-Messungen gewonnenen Analysen über die globalen atmosphärischen Transportvorgänge erhalten?

Wie ändert sich langfristig das Klima in der Region Molodjoshnaja? Kann von solchen Untersuchungen auf die Massebilanz der küstennahen Gletscher geschlossen werden?

Wir wollten also Beiträge zu Fragen der Gletscherforschung, der Umweltphysik, der Klimaforschung und eben auch zur Weiterentwicklung unserer Meßverfahren gewinnen. Das versuchte ich an jenem Abend Boris zu erklären.

Gletschereis als Isotopenkühlschrank

Der Planet Erde ist einem ständigen kosmischen »Bombardement« ausgesetzt. Eine Komponente der kosmischen Strahlung, die Protonen (Wasserstoffatomkerne), lösen in der Erdatmosphäre Kernreaktionen aus. Dabei werden Neutronen frei, die zur natürlichen Produktion von radioaktiven Isotopen, zum Beispiel Tritium, Kohlenstoff-14, Silizium-32, Argon 39, führen. Diese, auch Radionuklide genannten Isotope kann man aufgrund ihrer Atommasse und ihrer Radioaktivität von den stabilen Isotopen der gleichen Elemente unterscheiden. So, wie der Mensch mit Farbstoffen Wasserläufe markieren kann, um ihren Weg zu verfolgen, findet in der Natur ohne jedes Zutun etwas Ähnliches mit Radionukliden statt. Deshalb ist es möglich, geosphärische Massentransporte – Luft- oder Meeresströmungen, Eis- oder Grundwasserbewegungen – eben wegen der natürlichen Markierung durch radioaktive Isotope oder auch bestimmte stabile Isotope (Deuterium = H-2; O-18; C-13) zu beobachten.

Der antarktische Eispanzer ist für uns von besonderem Interesse, weil er die Isotopenzusammensetzungen konserviert, die in früheren Zeiten charakteristische waren. Wie ein großer Kühlschrank schließt das antarktische Eis Niederschläge, in der Atmosphäre herantransportierten Staub (zum Beispiel kosmischen Staub von Meteoriten oder den Staub gewaltiger Vulkanausbrüche) und auch die darin enthaltenen Radionuklide ein. Selbst das Klima längst vergangener Jahre und Jahrzehnte läßt sich aus Informationen rekonstruieren, die im Isotopenverhältnis der Wassermoleküle (ihrem Deuterium- und O-18-Gehalt) gespeichert sind. Schließlich können wir die radioaktive Umwandlung einiger Isotope (C-14; Si-32; Ar-39) zur Altersbestimmung ausnutzen.

Die für solche Untersuchungen erforderliche Meßtechnik ist sehr kompliziert. Es sind zumeist umfangreiche, wertvolle Anlagen, die man noch nicht in antarktischen Forschungsstationen aufbauen konnte. Deshalb ist der Isotopenspezialist in Antarktika bisher stets nur Probensammler gewesen. Aber auch dabei hat er seine Probleme: Er muß die Probenentnahmestelle richtig wählen und darauf achten, daß das Material möglichst wenig durch gegenwärtige Einflüsse isotopisch verändert wird. In Plasttüten verpackter Schnee kann auftauen; wassergefüllte Probeflaschen können bei Frost platzen. Schließlich muß er sich darüber Gedanken machen, daß eine Transportkiste beim Verladen auch einmal beschädigt werden könnte.

Roland steigt in die Gletscherspalte

Wir haben schon vieles gemeinsam erlebt: die Expeditionsvorbereitungen in Potsdam, sieben Wochen Schiffsreise, drei Wochen Stationsleben, und nun fahren wir schon über eine Woche auf engstem Raum – 15 m² Grundfläche hat unser Wohnschlitten – über antarktisches Eis. Dennoch, aus uns sechs Männern will kein »Bilderbuch-Kollektiv« werden. Wir haben uns immer noch nicht an die kleinen Fehler des anderen gewöhnt: Artur gebraucht gern Kraftausdrücke; Horst kann nicht kochen und bevorzugt auch sonst seine ausgesuchten »Spezialisten«-Arbeiten; Boris hält meine Tätigkeit für nutzlos und versteht die deutsche Sprache nicht – wir sprechen schlecht russisch. Boris kocht gut, aber nach Heimatsitte (viel Knoblauch) und wird böse, wenn wir ihm einen Rat geben wollen. Rolf hält wenig von kollektiver Beratung des Leiters. Ich schnarche leider, und tagsüber störe ich meine geodätisch tätigen Kameraden mit dauerndem Gerede von einer 10 m tiefen Eisgrube zur Entnahme von Probenmaterial. Natürlich bewertet man viele Situationen in einem antarktischen Wohnschlitten, 15 000 km von zu Hause entfernt, anders, als in der Heimat. Manche physische und psychische Belastung war zu ertragen: Wir alle hatten unsere Ehefrauen und Kinder zu Hause, an die wir in ruhigen Stunden dachten, und wir wünschten, daß sie gesund blieben und die Probleme des Alltags allein gut bewältigen möchten. Vielleicht haben uns solche Gedanken manchmal bekümmert. Und nach schwerer körperlicher Arbeit – einem Fußmarsch im Schnee oder Verladearbeiten – führte die Erschöpfung schnell zu harten Worten. Nur von Roland Mörseburg habe ich keinen ernsthaften Fluch gehört. Seine Bergsteiger-Kameradschaft, seine selbstverständliche Bescheidenheit, Hingabe und Einsatzbereitschaft waren für uns ein Beispiel guter charakterlicher Qualitäten. Das Leben in einer kleinen Gruppe kann in extremen Situationen zu Konflikten, aber auch zu besonderen Leistungen führen. Ich habe in Molodjoshnaja Senkewitschs Buch »Papyrusboot« gelesen und viel Beachtenswertes darüber erfahren.

Wie lebt und arbeitet man in einem Balok, in eben diesem »Wohnschlitten«? In meinem Tagebuch steht: Normales Programm von 8 Uhr bis 19.30 Uhr. Ich bin für Frühstück und Mittagessen verantwortlich (letzteres wird abends eingenommen, damit wir das gute Meßwetter ausnutzen können). 7 Uhr aufstehen; Dieselofen anzünden; Grießsuppe kochen; Temperatur, Windgeschwindigkeit, Bewölkungsverhältnisse ermitteln (es ist kalt und windig – 15 m/s); Tisch decken, Kaffee kochen, Brot und Schinken schneiden ... Boris gibt die meteorologischen Werte über Funk zur Station durch, und wir erhalten die Wetterprognose. 8 Uhr ist Frühstück. Anschließend abwaschen, aufräumen.

Während ich noch das Frühstück zubereite, bringen Artur und Boris die Motoren der Fahrzeuge in Gang. Danach wird gemeinsam kräftig gegessen, wobei jeder am Tisch seinen Stammplatz hat und auch jeder »sein« Getränk: Kaffee, Tee oder Kakao.

Wie an jedem Tag starten Roland Mörseburg und Artur Zielke mit dem GT-T zum nächsten Meßpunkt, um das vor vier Jahren aufgebaute Signal zu suchen und, wenn nötig, aufzustocken. Rolf Eger und Horst Böhme bereiten die Strecken- und Winkelmessung vor. Sind die Messungen »im Kasten«, wird zusammengepackt, der Dieselofen gelöscht, und die Fahrt des Schlittenzuges zum nächsten Meßpunkt kann beginnen. Das Anfahren muß ruckartig geschehen, weil der Schlitten über Nacht anfriert. Wehe, man hat etwas nicht ordentlich verstaut!

Unser Schlittenzug fuhr jetzt nach Osten; wir wollten den Gletscher überqueren. Die Lufterkundung hatte ergeben, daß längs der vorgesehenen Route keine Spaltengebiete sind. Das Wetter war gut, und die Arbeiten gingen flott von der Hand. Da teilte uns Roland über Funk lakonisch mit: »Leute, hier am Signal 16 sind Spalten! Ich wäre fast reingefallen.« Das änderte die Situation. Höchste Aufmerksamkeit war geboten! Sollte eine Gletschereisbrücke unter unserem schweren Gefährt zusammenbrechen, dann ... Hat man in solcher Situation Angst? Wir haben uns diese Frage nicht gestellt; die Antwort darauf hätte keinen Einfluß auf die Fortsetzung der Fahrt gehabt.

Wir erkannten schon von weitem das von der Bewegung des Eises deutlich geneigte Signal 16. Artur lotste uns zu einer sicheren Stelle nahe am Meßpunkt. Wir machten uns mit den Gegebenheiten vertraut. Zunächst bemerkte ich gar keine Spalte. Aber Artur, der während der 17. SAE gelernt hatte, Spalten zu erkennen, grub mit dem Spaten einige Meter eines zugewehten, zwar nur schrittbreiten, aber erschreckend tiefen Risses im Eis auf. Solche Gletscherspalten sind nur als scheinbar etwas dunkler gefärbte Schneestreifen oder schwach ausgebildete Mulden zu erkennen, wenn man weitflächig über das Gelände schaut.

Rolf Eger entschied, die Arbeiten fortzusetzen. Während meine Kameraden Geodäsie betrieben, hielt ich meine Chance für gekommen. Aus heutiger Sicht, da man mit moderner Eisbohrtechnik Hunderte Meter tief in die Eisschilde bohrt, mag die nun geschilderte Episode vielleicht unverständlich oder gar lächerlich erscheinen. Aber wir hatten seinerzeit nicht solche Technik – und hatten doch unsere Fragen an die Natur.

Also schaufelte ich an einer nahezu einen Meter breiten Gletscherspalte eine Grube. Ich warf den Schnee einfach in die Tiefe hinab. Vom Boden der Grube aus begann ich, mit einem Eiskernbohrer, den uns der sowjetische Geodät Aljochin geliehen hatte, zu bohren. Nach zwei Stunden hatte der Bohrer 5,50 m Tiefe erreicht. 10 m waren laut Programm gefordert. Aljochin hatte mir, listig lächelnd, gesagt, daß mit diesem Gerät 6 m tiefe Bohrungen vielleicht möglich seien. Um das Schneemehl aus dem Bohrloch zu bekommen, sollte ich hin und wieder etwas Wasser hineingießen. Aber bei 5,80 m drehte sich das Gestänge nicht mehr. Das Schneemehl war gefroren, und zu allem Übel saß auch die Bohrkrone fest. Ich verfluchte mich als Anfänger und verstand, warum Aljochin gesagt hatte, man »könne« 6 m Tiefe erreichen. Rolf Eger schimpfte obendrein, und nicht ganz zu Unrecht, weil ich entgegen seiner Planung gehandelt hatte.

Roland Mörseburg rettete die Situation. Er erbot sich, wenn wir die Sicherung übernähmen, in die Spalte zu klettern. Rolf und Horst packten mit zu. Roland seilte sich an. Seile zur Sicherung und zum Halten der Werkzeuge und Geräte sowie ein Stahlmaß wurden eingelassen. Roland gab uns präzise Anweisungen.

Dann stieg er hinab. Bis zu einer Tiefe von 11 m! Das muß man sich in den Maßen städtischen Lebens einmal vorstellen: elf Meter. Das ist eine Wand etwa vom Dach eines dreigeschossigen Gebäudes bis zu ebener Erde, glatt und eisig hier und ohne festen Halt. Roland hackte aller 50 cm eine Firnprobe aus dem Gletschereis. Schließlich gelang es ihm sogar, den Bohrer freizubekommen. Nach einer Stunde Schwerstarbeit in der gefährlichen Enge der Spalte tauchte er, völlig durchfroren, wieder auf. Roland war glücklich – wir alle waren glücklich, und ich am meisten.

Die spätere Analyse der Proben bestätigte: Die Entnahmestelle war günstig. Die Tritium-Methode erwies sich als geeignet zur Messung der Akkumulationsrate von Schnee in Antarktika.

Tritium wird auf natürliche Weise hauptsächlich in der Atmosphäre gebildet, und zwar infolge einer Kernreaktion energiearmer Neutronen der Höhenstrahlung mit Stickstoffkernen. Die Wasserstoff-Bombenexperimente Ende der fünfziger, Anfang der sechziger Jahre haben jedoch in der Atmosphäre der Nordhalbkugel der Erde so viel Tritium freigesetzt, daß im Niederschlag dieser Regionen um 1963 spezifische Tritiumaktivitäten gemessen wurden, die das natürliche Niveau um das Hundert- bis Tausendfache überstiegen! Nach dem auf Initiative östlicher Staaten zustande gekommenen Teststoppabkommen, das Kernwaffenexperimente in der Atmosphäre verbot, nahm der Tritiumgehalt im Niederschlag allmählich wieder ab. Er überstieg Ende der siebziger Jahre im europäischen Raum das natürliche Niveau nur noch um das Zehn- bis Zwanzigfache. Gegenwärtig ist nahezu kein Bomben-Tritium mehr in der Atmosphäre vorhanden.

Die deutlich nachweisbare und zudem jährlich und jahreszeitlich schwankende Markierung des Niederschlags durch Bomben-Tritium erreichte – zeitlich verzögert und abgeschwächt – auch die Südhalbkugel und die Antarktis. Wie unsere Messungen am Firn des Hays-Gletschers zeigen, befand sich der im Jahr 1966 (dem Jahr des höchsten Tritiumgehaltes im Niederschlag der Südhalbkugel) gefallene Schnee 1976, zur Zeit unserer Probennahme, in 6 m Tiefe. Das natürliche Niveau des Tritiumgehaltes im Schnee war erst in etwa 11 m Tiefe anzutreffen.

In zehn Jahren sind im Gebiet des Hays-Gletschers also etwa 6 m Firn akkumuliert worden; das sind durchschnittlich 60 cm im Jahr. Seit 1966 hat auch im antarktischen Raum der Tritiumgehalt im Niederschlag wieder abgenommen: etwa auf ein Fünftel des Spitzenwertes von 1966. Das herauszufinden habe ich an jenem 21. Januar 1976 am Signal 16 nur hoffen können.

Seit wann leben Pinguine vor Molodjoshnaja?

Am 1. Februar, einem Sonntag, verließen wir mit unserem Kettenfahrzeug die Station, um in der Nähe der Kalbungsfront des Hays-Gletschers photogrammetrische Aufnahmen anzufertigen. Es war ein herrlicher Tag: Blauer Himmel, Sonnenschein, kaum Wind. Wir nutzten die Gelegenheit, die in einer Bucht am Abendberg nistenden Adeliepinguine aufzusuchen. Von der Station aus konnten wir bis zur auch heute noch so genannten »Deutschen Hütte« unterhalb des Abendberges mit dem GT-T fahren. Dann folgten 2 km Fußmarsch durch felsiges Gelände, über Firnhänge, vorbei an Schmelzwassertümpeln, entlang an der 150 m steil aufragenden Nordwand des Abendberges. Schließlich sahen wir unsere kleinen gefiederten Freunde. Sie standen, weit verstreut zwischen Felsbrocken, in Grüppchen beisammen und betreuten ihre Jungtiere. Als wir im Dezember zum erstenmal hier waren, brüteten sie noch die Eier aus; jetzt sahen die jungen Pinguine kräftiger als die Alten aus. Sie trugen ein dickes, flaumiges, grau-braunes Federkleid und standen zu »Kindergärten« vereint, die von den Altvögeln bewacht wurden.

Unterwegs griffen uns mehrmals Raubmöwen an, flogen gefährlich dicht über unsere Köpfe hinweg und versuchten so, uns Eindringlinge aus der Nähe ihrer Nester zu vertreiben. Die Raubmöwen sind die Aasvertilger der Pinguinkolonien. Wir sahen, wie ein kümmernder Jungpinguin getötet wurde. Die Pinguineltern setzten sich gegen die Angreifer tapfer zur Wehr, verteidigten ihr schon verendetes Junges und verjagten schließlich die Raubmöwen. Es war eindrucksvoll, den erbitterten Kampf ums Dasein der kleinen Pinguine zu erleben.

Ich hatte mir vorgenommen, Proben aus der unter den Pinguinbrutstätten abgelagerten, bis zu 40 cm dicken, polsterartigen Guanoschicht zu entnehmen. Ich schaufelte mit dem Feldspaten ein kleines Loch und trug den Guano schichtweise ab. Die am nächsten sitzenden Pinguine schimpften aufgeregt und versuchten, mich durch Schnabelhiebe oder Flügelschläge zu vertreiben. Das Material wurde in unserem Freiberger Labor einer komplizierten chemischen Prozedur und kernphysikalischen Messungen unterzogen, um die spezifische Kohlenstoff-14-Aktivität zu ermitteln. Dieser Radiokohlenstoff ist aus dem Meer über die Nahrung der Pinguine in den Guano gelangt. Dort nimmt dessen spezifische Aktivität infolge radioaktiver Umwandlung mit zunehmender Lagerungsdauer entsprechend dem Gesetz des radioaktiven Zerfalls ab. Mißt man also die spezifische Kohlenstoff-14-Aktivität in den einzelnen, Lage für Lage bis zum Fels abgetragenen Guanoproben, so kann man daraus für jede Schicht ein Alter berechnen. Solche Untersuchungen an Pinguinguano wurden bisher nirgendwo vorgenommen. Wir wissen nun, daß seit etwa 1500 Jahren Pinguine am Abendberg siedeln, und zwar an ein und derselben Stelle! Wenigstens ebensolange muß dieses Gebiet eisfrei sein.

Einsam in der »Deutschen Hütte«
Der GT-T brachte uns mit donnerndem Motorengeräusch und Kettenrasseln, von Artur meisterhaft gesteuert, zur Station zurück. Ich weiß bis heute nicht, woran Artur den Weg immer so sicher erkannt hat. Am nächsten Tag brach er mit den Geodäten zum zweiten Schlittenzug auf, um die Traverse am Hays-Gletscher zu verlängern. Ich blieb für vier Wochen allein in unserer Hütte zurück, sollte Inventur machen, Kisten reparieren, meine Proben verpacken, die Hütte abdichten … Die von der Kappe des Inlandeises herabgeholte, dort während der 19. SAE von Georg Dittrich aufgebaute Hütte war beim Transport zur Station beschädigt worden.

Am 5. Februar schrieb ich ins Tagebuch: »Seit gestern Schneesturm. Windgeschwindigkeiten um 30 m/s. Keine Sicht. Unser Hüttenvorbau ist nicht dicht. Wir haben vergessen, die Dachplatte an der Ostseite festzunageln. Nun hebt sie der Sturm ab, Schnee fegt herein. Heute morgen lag er einen halben Meter hoch in der Hütte. Schöne Bescherung. Warm wird es auch nicht mehr (12 °C), obwohl ich vier elektrische Heizkörper eingeschaltet habe. Draußen heult und tobt der Sturm. Er läßt Kisten zusammenschlagen, Stahlseile singen und die Hütte so erzittern, daß ich um die Verankerung fürchte.«

Am nächsten Tag besserte sich das Wetter, so daß ich die Hütte reparieren und fest verankern konnte. Während ich hämmerte, erregte ein eigenartiges Rauschen meine Aufmerksamkeit. Es kam aus dem Tal zwischen Hütte und Station, vom Blauen See her. Er hatte seine Eisdecke gesprengt, und scheinbar harmlos floß sein Wasser zur nahen Meeresbucht.

Über die sonst mit Schnee und Eis gefüllte Schlucht führte eine kleine Brücke, die auch das Elektrokabel trug, das die Station mit dem Dieselkraftwerk verband. Als ich zum Mittagessen über die Brücke zur »Stolowaja« ging, hatte sich der Abfluß in die Firnschicht hineingegraben und zu einem reißenden Strom entwickelt, der in Kaskaden zum Meer hinabstürzte. Nachts wurde ich von einem der russischen Mechaniker geweckt. Er sollte im Auftrag der Stationsleitung nach mir schauen und mich warnen. Die Brücke drohte vom Strom fortgerissen zu werden. Mit Stahltrossen, die an Kettenschleppern verankert wurden, gelang es den Kameraden, die Brücke zu stabilisieren. Sie haben die ganze Nacht gearbeitet.

Am Morgen war die Landschaft kaum wiederzuerkennen: Die Eisdecke des etwa 1000 m langen und 500 m breiten Blauen Sees war eingebrochen. Der Wasserspiegel hatte sich um 7 m gesenkt, und ein großer Teil des Grundes war zu sehen. Drei Millionen Kubikmeter Wasser flossen binnen zweier Tage ins Meer! Schon vor Wochen hatten wir versucht, die Eisdecke des Sees zu durchbohren, um mit einem Greifer Sedimentproben vom Grund zu bergen. Das war uns mit dem nicht allzu kräftigen Gerät, das wir zur Verfügung hatten, nicht gelungen, weil, wie ich jetzt sah, das Eis in Ufernähe etwa fünf Meter und im mittleren Teil zwei Meter dick war. Nun konnte man zu Fuß den Grund des Sees nach interessantem Material absuchen! Die Sedimentproben sollten uns später Auskunft über die Geschichte des Sees geben. Ich packte Seil, Steigeisen, Folienbeutel, Schaufel und anderes Material zusammen und marschierte los. Die eingestürzte Eisdecke lag in großen Platten auf der Böschung. Hinunter ging es einfach und schnell – auf dem Hosenboden. Tatsächlich war der felsige Grund des Sees von einer dünnen organischen, braun-grünen, polsterartigen Sedimentschicht bedeckt. Ich hob den Belag vorsichtig ab. Er war überall, auf großen Steinen ebenso wie auf Geröllflächen. Nur – die kleinen Tierchen, von denen mir russische Kollegen erzählt hatten, habe ich nicht finden können.

1976–1978

22. Sowjetische Antarktisexpedition
Nowolasarewsakaja, Drushnaja, Shackleton Range

Im zweiten Jahr eines neugegründeten Meßkomplexes steht natürlich die Profilierung der Forschungsarbeiten im Vordergrund. So waren die inhaltlichen Aufgaben der deutschen Gruppe in Nowolasarewskaja im wesentlichen die gleichen wie zur vorangegangenen Expedition: Mit bodengebundenen radiotechnischen und optischen Methoden wurden geophysikalische Vorgänge in den verschiedenen Schichten der polaren Atmosphäre untersucht. Der Wert solcher Meßreihen nimmt mit dem Beobachtungszeitraum zu. Die spektralen Polarlichtanalysen, die Messungen der ionosphärischen Absorption mit einem Impulssondierungsverfahren, das Registrieren der Rauschintensität der kosmischen Radiostrahlung sowie der relativen Feldstärke weit entfernter Langwellensender wurden, wo es notwendig war, vervollkommnet.

Verbessern, erweitern, präzisieren, ausbauen – darauf liefen auch viele technische Arbeiten hinaus. So konnten in der Elektrostation zwei zusätzliche Dieselelektroaggregate mit einer Leistung von je 30 kW installiert werden, die nun als Havarieaggregate und zur Sicherheit bei extrem kalten Temperaturen dienten. Da sich der ursprüngliche Plan, sie im Freien aufzustellen, wegen der starken Schneeverwehungen als undurchführbar erwies, mußte der Aggregateraum um das Doppelte vergrößert werden. Diese aufwendigen und unvorhergesehenen Arbeiten führten Ingenieur Peter Stock und Mechanikermeister Kurt Röhrdanz aus. Peter Stock war vom Herstellerbetrieb, dem Finsterwalder Maschinen-, Aggregate- und Generatorenwerke (FIMAG), in die Forschersgruppe delegiert worden. Er konnte nach Beendigung der Expedition als Prüfingenieur eine gute Bilanz ziehen. Die beiden 16-kW-Dieselelektroaggregate, die seit Eröffnung der Containerstation bevorzugt genutzt wurden und starken Schwankungen der relativen Luftfeuchtigkeit und des Luftdrucks unterlagen, hatten je 8500 Betriebsstunden ohne nennenswerte Reparaturen überstanden.

An der 22. SAE nahm wieder ein Geologe aus der DDR teil. Hans-Jürgen Paech widmete sich – ähnlich wie Hofmann in den Prince Charles Mountains – strukturgeologischen Fragen in den Read Mountains. Kurioserweise hat er den Bericht über seinen Aufenthalt auf dem eisigen Kontinent bei Außentemperaturen um plus 30 Grad Celsius im Schatten geschrieben, in Maputo, Moçambique, wo er an der Erkundung von Lagerstätten teilnahm.

Während der 24. SAE hat dann Alexander Frischbutter analoge Arbeiten in den südlich anschließenden Pensacola Mountains übernommen, und im antarktischen Sommer 1979/80 weilte Wolfgang Weber, ein weiterer Vertreter der Strukturgeologie, in den Neptun Mountains. Damit erreichte auch die Geologie innerhalb des Antarktisforschungsprogramms der DDR eine bemerkenswerte Kontinuität.

Daß sich die ostdeutschen Geologen bevorzugt auf Fragen des Strukturbaus der Erdkruste konzentrierten, beruhte auf einer Absprache mit dem Forschungsinstitut für Geologie der Arktis und Antarktis (NIIGAA) im ehemaligen Leningrad. Die Aufgabe bestand in der weiteren Klärung der Stratigraphie, das heißt der ursprünglichen Schichtenfolge der Gesteine. Des weiteren sollten die Lagerungsformen (Tektonik) analysiert und jene Veränderungen beobachtet werden, die bei Deformationen der Ausgangsgesteine unter dem Einfluß erhöhter Temperaturen und des Gebirgsdrucks entstanden sind; es sollte also die Metamorphose erkannt werden.

Als Geologe in den Read Mountains

Hans-Jürgen Paech

Nach sechs Wochen Schiffsreise tauchte am 13. Dezember der antarktische Kontinent vor uns auf: als eine abweisende, etwa vierzig Meter hohe Eisbarriere. Das Ziel war so nahe! Aber auf der Fahrt durch das Weddellmeer ist höchste Vorsicht geboten. Nicht einmal bis zu dieser Barriere traute sich 1823 der Walfänger James Weddell, dessen Namen das Schelfmeer trägt. Hier wurde das Schiff des englischen Polarforschers Shackleton vom Packeis eingeschlossen und nach langer Drift zerdrückt. »Grab der Antarktis« hat man einst das südliche Weddellmeer genannt.

Hier, in der Vahselbucht, scheiterte im Jahre 1911 auch Wilhelm Filchner bei dem Versuch, dem antarktischen Kontinent einige seiner Geheimnisse zu entlocken. Der weiße Erdteil war damals von der Weddellsee aus noch nicht zu erobern. Aber von dieser zweiten deutschen Südpolarexpedition angeregte Namen, etwa der Penck-Gletscher, nach dem Geographen Albrecht Penck, erinnern an den Forscherdrang eines der kühnen Klassiker der Antarktisforschung. Für uns war das Anlanden in diesem schwer zugänglichen Sektor natürlich einfacher, wenn auch nicht ohne Risiko.

Drushnaja, das uns als Basisstation dienen sollte, zeigte sich vom Schiff aus nur durch ein einzelnes abseits stehendes Gebäude. Die Station war erst im vorangegangenen Jahr errichtet worden. Sie befindet sich knapp zwei Kilometer vom Rand des Filchner-Eisschelfes entfernt, in etwa 45 m Höhe. Drushnaja entstand als Sommerbasis, das heißt während der langen Polarnacht sind die Gebäude und Einrichtungen konserviert; erst mit Beginn des antarktischen Sommers (Januar, Februar) erwacht die Station zu pulsierendem Leben.

Die Häuser sind, der nur zeitweiligen Nutzung entsprechend, aus leicht montierbaren Holzplatten zusammengefügt. Sie bieten jeweils vier Personen ausreichend Platz, aber schon nicht mehr für deren gesamtes Gepäck. Während unserer, der 22. Sowjetischen Antarktisexpedition, mußten 130 Polarforscher untergebracht werden. Hierfür standen ungefähr 20 Holzhäuser und einige Polarzelte zur Verfügung. In den folgenden Jahren wurde die Station noch um einige Gebäude erweitert.

Natürlich hat eine auf dem Eis gegründete Saisonstation manche Eigenarten, die sie von anderen, auf fester Erdkruste erbauten Stationen unterscheidet. Als wir ankamen, waren die meisten Gebäude tief verschneit, manche bis zur Höhe des Daches. Das Freischaufeln der Unterkünfte ist uns jedoch weitgehend erspart geblieben, da die beiden, auf dem Schiff mitgeführten Hubschrauber, nachdem sie wieder komplett montiert waren, als »fliegende Krane« kräftig zu Werke gingen. Sie zogen die Holzhäuser aus dem Schnee und stellten sie auf leere Benzinfässer. Dadurch sollten die Schneeverwehungen wenigstens etwas hinausgezögert werden.

Am beschwerlichsten war nach der Ankunft das Entladen der Treibstoffvorräte. Drushnaja ist als Saisonstation die einzige sowjetische Forschungsbasis in der Antarktis, die mit Faßbenzin versorgt wird. Alle anderen Stationen haben Tanklager, die jährlich einmal aus einem Tanker gespeist werden. Wir mußten – neben anderen Versorgungsgütern – 5 500 Fässer Benzin, Kerosin, Dieselöl und Schmierstoffe entladen. Und das in Eile, denn die Schiffe fahren nach einem regelrechten Fahrplan, der für die Pengina, ein Frachtschiff mit Eisbrechereigenschaften, noch die Lebensmittelaufnahme in Australien vorsah. Wir arbeiteten rund um die Uhr in zwei Schichten und kamen dabei ordentlich ins Schwitzen. Die Fässer wurden mittels Ladebaum aus den Bunkern gehievt und auf dem Rand der Eisbarriere abgestellt. Von dort mußten sie aus dem durch mögliche Eisabbrüche gefährdeten Bereich etwa 30 m weggerollt, schließlich in Netzen aufgestellt werden. Dann der Hubschraubertransport in Richtung Station und Abwurf der Fässer auf weichem, unebenem Schnee. Besonders die letzten Handgriffe am Tankplatz waren mühevoll und nur mit großer Kraftanstrengung zu schaffen.

Mit Gründung der Station Drushnaja eröffnete sich für die Sowjetunion die Möglichkeit, wissenschaftliche Arbeiten in der Westantarktis zu beginnen. Nach einem auf mehrere Jahre befristeten Plan wurde ein komplexes geowissenschaftliches Forschungsprogramm für ein Gebiet in Angriff genommen, das von Drushnaja aus zu überfliegen ist. Wir hatten neben den beiden Großhubschraubern MI-8 zwei IL-14 und

*Das Untersuchungsgebiet der Geologen, das während der 22. SAE von der Station Drushnaja aus erkundet wurde.
1 eisfreie Gebiete,
2 aufgesuchte Gebiete bzw. Aufschlußpunkte,
3 Eisbarriere,
4 Küstenverlauf,
5 Flugrouten*

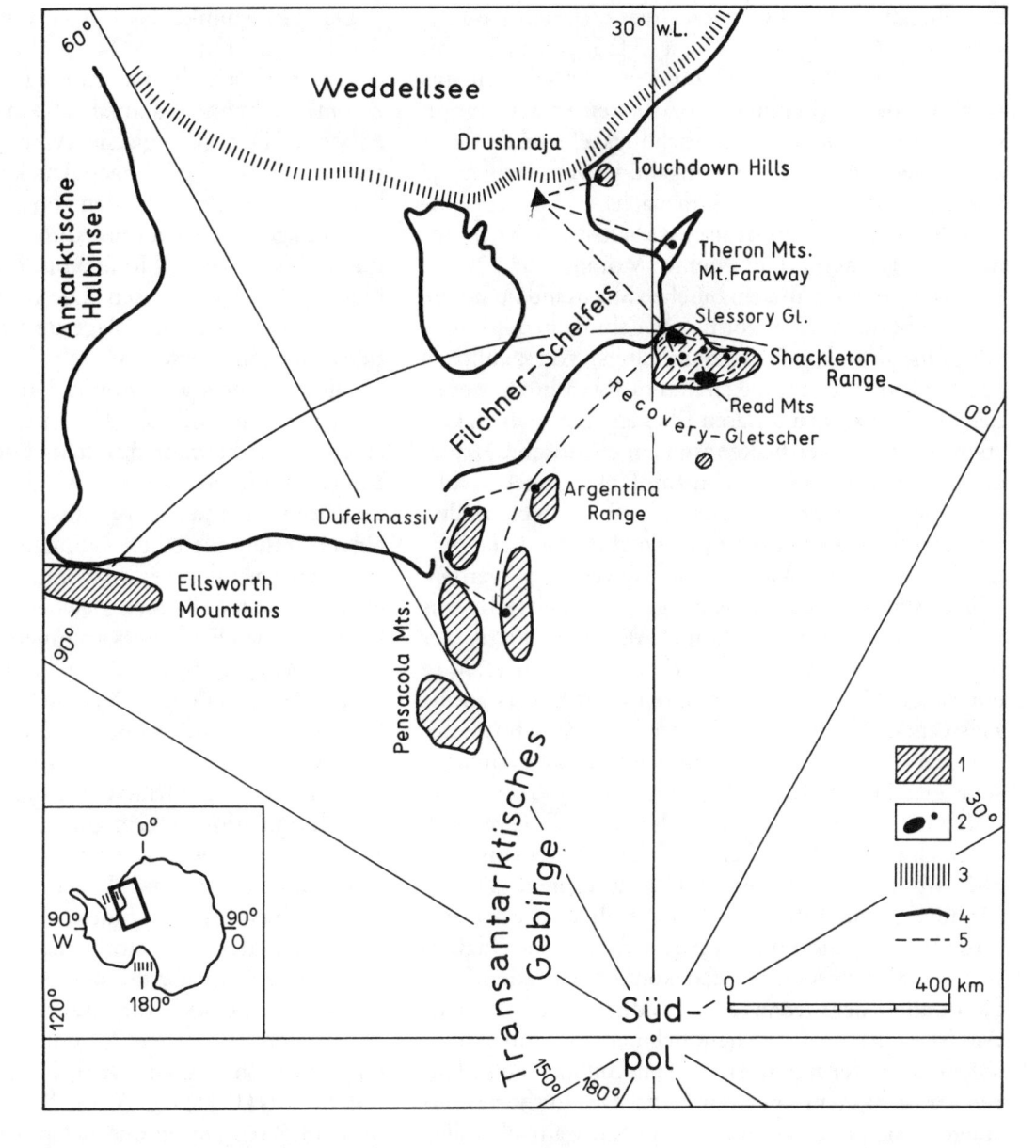

zwei AN-2 zur Verfügung. Da die Expeditionsleitung einige Zwischenlager einrichten ließ, ist somit ein etwa 500 km breiter Streifen, der bis zu 1000 km ins Innere des Kontinents reicht, der Forschung zugänglich. Geographisch handelt es sich um die Ausläufer des Transantarktischen Gebirges im Weddell-Sektor einschließlich der Flanke der flachen Inlandeiskappe und zahlreichen Gletschern (Slessor-, Recovery-Gletscher) sowie das Areal des Filchner-Schelfeises.

Hauptsächlich geht es dabei um die erste geophysikalische Erkundung der weiten Schnee- und Eisgebiete, über deren Untergrund kaum Angaben vorlagen. Die Vermessung erfolgte vorzugsweise vom Flugzeug aus. Sie umfaßte die Bestimmung der Eisdicke, des Magnet- und Schwerefeldes und die Klärung des Erdkrustenbaus mit seismischen Methoden. Gleichzeitig wurde die geodätische Aufnahme des Untersuchungsgebietes vorangebracht. Erste Auswertungen fanden bereits während der Expedition in Antarktika oder auf der Rückreise statt. Sie ergaben, daß das Filchner-Schelfeis, wo es sich über die Festlandsküste in den Meeresbereich schiebt, mehr als tausend Meter mächtig ist und daß die Station Drushnaja innerhalb eines Jahres auf dem schwimmenden Gletscher des Schelfeises etwa einen Kilometer in die Weddellsee gedriftet war.

Im Vergleich zu der großen Geophysiker- und Geodätengruppe, zu der noch die etwa 60 Mann starke Flugabteilung hinzugerechnet werden mußte, waren wir Geologen ein kleines Häuflein: insgesamt sieben Leute, davon zwei Funker. Wir sehnten uns während der vorbereitenden Arbeiten in der Station mit aller Macht in die Untersuchungsgebiete, denn für einen Geologen hat die Umgebung von Drushnaja und die Entfernung bis zum nächsten Gesteinsaufschluß etwas Unsympathisches. Selbst das Vorkommen von Lockergestein in einer Moräne war 100 km entfernt – zu weit, um ein bißchen Streusand zu holen, den wir in der Station gut hätten gebrauchen können. Ringsum nur das Filchner-Schelfeis, von zahllosen Spalten durchzogen, die sich zum Rand hin – wegen der Reibung an den unseren Blicken verborgenen Gesteinswänden – verdichten und ein chaotisches, kaum zu überwindendes Meer von Eisblöcken ergeben. Die Spalten waren auch der Grund für strenge Sicherheitsvorschriften. Die Station durfte nicht ohne Erlaubnis des Stationsleiters Waleri Masolow verlassen werden. Wir verstanden die Anweisung gut, dennoch fiel es uns schwer, sie einzuhalten. Unser Aktionsradius in der Station war auf eine Fläche von etwa 300 mal 200 m eingeengt. Um so mehr drängte es uns hinaus an die Felswände. Wir wollten doch möglichst schnell mit den Forschungsarbeiten beginnen und die phantastische antarktische Landschaft erleben.

Ich hatte besonderes Glück. Unvermutet ergab sich für mich am 30. Dezember die Gelegenheit, in die etwa 300 km südöstlich der Station gelegenen Theron Mountains mitzufliegen. Dort sollten geodätische Arbeiten vorgenommen werden. Es war klar, daß es nur ein Kurzbesuch werden konnte. Trotzdem entfachte allein der Gedanke, nun endlich feste Erdkruste Antarktikas in Augenschein nehmen zu können, eine solche Begeisterung, wie ich sie mir mit meinen 41 Jahren gar nicht mehr zugetraut hätte. Der Enthusiasmus steigerte sich noch beim Hinflug, und wahrscheinlich sahen mir die sowjetischen Polarniks die Hochstimmung an. Sie schufen mir in dem schwerbeladenen MI-8 durch Umpacken ein Eckchen, von dem aus ich die Landschaft in vollen Zügen genießen konnte.

Zunächst ging es über die flache Eisplatte. Da gab es schon genügend Interessantes zu beobachten: bizarre Eisspalten, die teilweise von Robben zum Aufstieg benutzt wurden, denn sie lagen neben diesen bläulich schimmernden Klüften und sonnten sich; dann Aufpressung des Eises infolge unterschiedlicher Bewegungsgeschwindigkeiten einzelner Eisplatten; herrlich die verschiedenen, vom Wind hingezauberten Sastrugi-Formen, wie Sicheln oder wie Speere gestreckt, Eisspalten heimtückisch verdeckend.

Der Höhepunkt des Fluges war aber der Anblick der Theron Mountains. Sie sind durch eine Steilstufe gekennzeichnet, die bis zum Horizont (nach Karte 70 km) reicht und maximal 1000 m Höhenunterschied aufweist. Der geologische Aufbau dieser Berge ist ebenso einfach wie beeindruckend. Flachliegende Sedimente des Perm werden von jüngeren subvulkanischen Lagergängen des Jura durchzogen. Das Profil ist unten bis in eine Höhe von fünfhundert Metern lückenlos aufgeschlossen. Die darüberliegenden, flacher angeschnittenen Ablagerungen kommen nur partienweise zum Vorschein.

Diese Stunde am Mount Faraway hat auf mich einen unauslöschlichen Eindruck gemacht. Ich war aus der Fachliteratur durchaus über den Aufbau der Schichtenfolge informiert. Aber der Augenschein ist doch einprägsamer. Bei minus 15 Grad stand ich vor einem Felsen mit einer Sedimentfolge, der in hinreichender Anzahl zum Teil abbauwürdige Kohlenflöze eingelagert sind. Kohlen gleicher geologischer Entstehung und gleichen Alters kommen in Afrika, zum Beispiel in Moçambique, aber auch in Indien, Australien und Südamerika vor. Drängt sich da nicht der Gedanke an eine Drift der Kontinente auf? Über eine Nord-Süd-Ausdehnung von mehr als 10 000 km konnte sich wohl keine gleiche Klimazone herausbilden, die Kohlenakkumulationen ermöglichte. Bestärkt wird die Vorstellung von der Kontinentaldrift noch durch das Vorkommen basischer Lagergänge, die am Mount Faraway fast bis zu hundert Meter mächtig sind. Sie zeugen von der Aufspaltung des ehemaligen Gondwana-Superkontinents, die den Aufstieg der basischen Magmen aus dem Erdmantel begünstigte. So brachte der Besuch der Theron Mountains für mich die endgültige Bekehrung zur Drift-Theorie der Kontinente, die ehemals (1914) von Alfred Wegener aufgestellt und in den letzten Jahren mit vielen neuen Forschungsergebnissen aus Ozeangebieten unter gewissen Modifikationen gestützt wurde.

Unsere eigentliche geologische Feldarbeit war im Gebirge der Shackleton Range zu absolvieren, die etwa 81° südlicher Breite liegt. Sie ist 200 km lang und fast 80 km breit. Während des Hinflugs mit der AN-2, die bis unter das Dach beladen war, sahen wir das Gebirge als flache Eiskuppel mit zahllosen Gletschern, aus der die Gebirgsrümpfe, zum Teil auch nur einzelne Nunatakker, herausragten. Von Norden beginnt der Anstieg ins Gebirge bei ca. 250 m über NN, der höchste Berg mißt etwa 2000 m. Der Südrand der Shackleton Range wird durch eine in sich gestaffelte

Steilstufe bis 400 m Höhe gebildet. Jedes der Teilgebirge hat seinen Namen. Wir schlugen am Südrand der Shackleton Range, in den Read Mountains, in 1300 m Höhe unser erstes Zeitlager auf.

Wir hatten meist schönes Wetter, also günstige Arbeitsbedingungen. Insgesamt konnte ich während der antarktischen Saison an 32 Tagen im Gelände arbeiten. Das ist selten. Ein klarer, antarktischer Himmel hat jedoch auch nachteilige Folgen: Wir mußten uns ständig vor der Sonne schützen. Trotzdem schälten sich meine Nase und die Ohrläppchen ununterbrochen. Dieser Sonnenbrand ergibt sich aus der Summierung begünstigender Umstände: extrem reine Luft, Höhenlage, ganz sauberer, stark reflektierender Schnee, sonnennahe Lage der Erdkugel während des australen Sommers und ganztägige Sonneneinstrahlung – während meines gesamten Antarktisaufenthaltes ging die Sonne nicht unter.

Ich hatte mich zu Hause ausführlich von meinem Freiberger Berufskollegen Joachim Hofmann über die Lebens- und Arbeitsbedingungen im Prinz-Charles-Gebirge (s. S. 106 ff.) beraten lassen. Sie stimmten im wesentlichen mit den hiesigen überein. Aber die Arbeitsmittel waren andere. Zum ersten Mal setzte die sowjetische Expeditionsleitung Motorschlitten – im englischen Sprachraum Ski-Doo genannt – für die Geologen ein. Das sind Fahrzeuge, die ihrer Größe und Verkleidung wegen einem Motorroller ähneln, aber statt kraftübertragender Räder breite Gummiketten und statt eines Vorderrades einen Lenkski haben. Der Motor ist mit 26 PS Leistung recht stark und verbraucht dementsprechend viel Kraftstoff. Doch er schleppt auch eine Menge ab, einen beladenen, breitkufigen Schlitten und dazu bis vier Personen auf Skiern. Bergauf allerdings mußten wir dann das Schleppfahrzeug doch entlasten. Da floß mancher Schweißtropfen. War die Höhe erstiegen und günstiges Gelände vor uns, konnten wir uns wieder ziehen lassen. Meist haben wir uns im Schlepp sehr wohl gefühlt. Mit 30 km/h glitten wir über den harschen, zu Sastrugi geformten Schnee. Um wie vieles schwerer hatten es die Polarforscher früherer Zeiten mit ihren Hundeschlitten, auf Ski oder bei endlosen Fußmärschen!

Nach den insgesamt 500 km Wegstrecke (maximale Tagesleistung 40 km) kamen wir uns routiniert vor. Unbesehen und wie von selbst glich man alle Unebenheiten aus. Ich habe während der Fahrt sogar einige Schnappschüsse gewagt, die allerdings ein wenig verkantete Bilder ergaben. Bei Spitzengeschwindigkeiten von 60 km/h war ans Fotografieren nicht zu denken.

Da mußte man sich auf das Skifahren konzentrieren, besonders auf den Blaueisflächen, wo vom Wind hergewehte Steinchen wie Bremsklötzer wirkten und sogar Stahlkanten von den Skiern rissen.

Geländearbeiten mit dem Motorschlitten als Zugmittel sind im Vergleich zu den sonst üblichen Hubschrauberflügen viel ökonomischer. Zum anderen können die geologischen Aufschlüsse in ihrer ganzen Länge profilmäßig erkundet werden. Das ist für das Erkennen geologischer Zusammenhänge äußerst wichtig. So konnten wir im Detail die Aufschlüsse am Mt. Wegener und seiner Umgebung untersuchen sowie am Rudjatschenka und an einer Gipfelgruppe, der wir den Namen Bubnoff-Nunatakker gaben. Mit diesem Vorschlag, der die lebhafte Zustimmung meiner sowjetischen Kollegen fand, wollte ich meinen Lehrer Serge von Bubnoff (1888–1957) ehren, der viele Jahre als Geologieprofessor an der Humboldt-Universität Berlin tätig war.

Hier konnte ich eine interessante Diskordanz beobachten: Auf tektonisch stark beanspruchten Graniten und Gneisen des älteren Präkambrium lagerten sich nach einer längeren Abtragungszeit jungproterozoische Sedimente ab. Die Folgen der vielleicht 800 Millionen Jahre alten Verwitterung waren an der Auflockerung und Rötung der altpräkambrischen Gesteine gut zu erkennen. Das Alter der aufliegenden Sedimente konnte anhand der Fossilien bestimmt werden, die sowjetische Kollegen gefunden hatten. Es waren Stromatolithen – so bezeichnet man Kalkabsonderungen, die unter Mitwirkung von Blaualgen als knollenförmige Einlagerungen beziehungsweise Kalklinsen entstanden sind. Die jungproterozoischen Sedimente wurden vor etwa 500 Millionen Jahren teilweise gefaltet. Nur an der Basis, über dem starren Widerlager des kristallinen Fundaments, sind sie mehr oder weniger undeformiert geblieben. Nach oben nimmt die Deformation zu; dort tritt sogar Zweifachfaltung auf.

Insgesamt lassen sich die neuen strukturgeologischen Ergebnisse zu einem paläotektonischen Entwicklungsschema der Shackleton Range zusammenfassen. Eine wichtige Stütze hierzu sind die physikalischen Altersbestimmungen, die an den mitgebrachten Gesteinsproben in einem Laboratorium der Bergakademie Freiberg vorgenommen wurden. Sie ergaben beispielsweise für die Granitoide im Liegenden der Diskordanz ein Alter von 1,5 Milliarden Jahren.

Eine großartige Kameradschaft im Kreise der Geowissenschaftler prägte das Arbeitsklima vom ersten bis

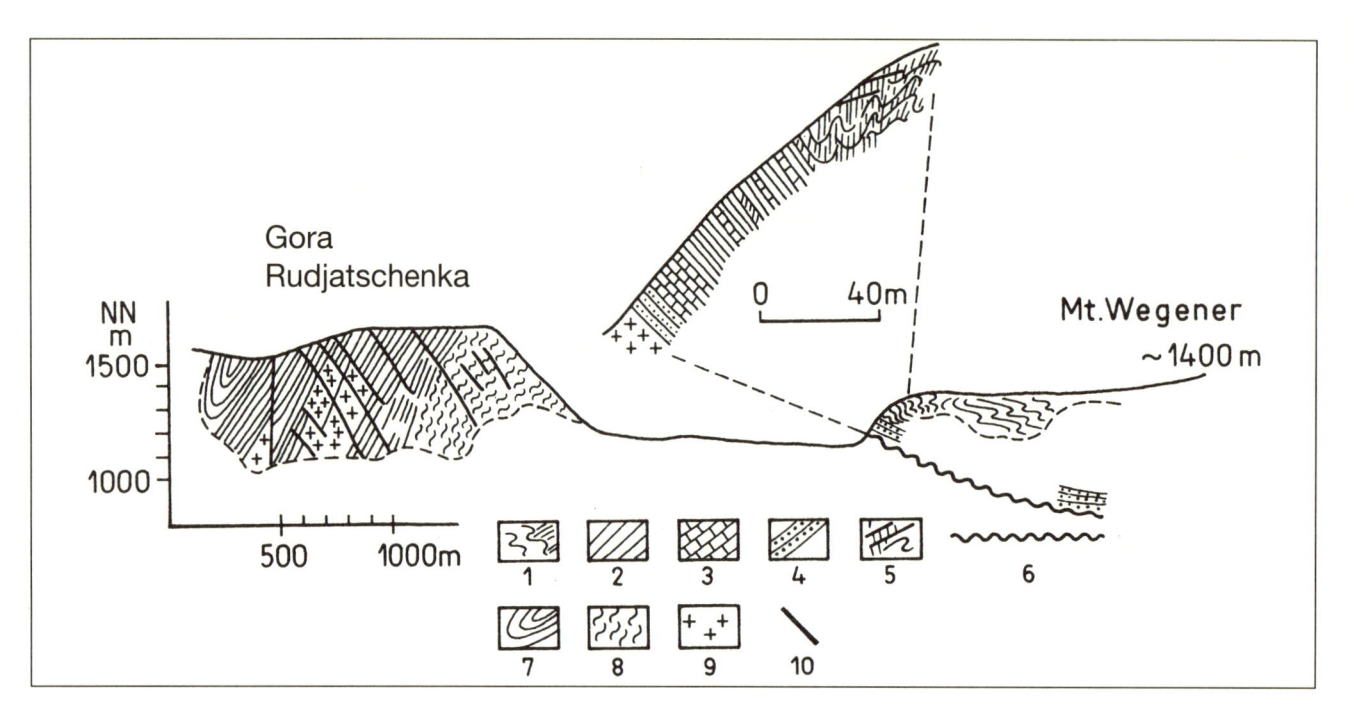

Geologisches Profil zwischen Mt. Wegener und den Rudjatschenka-Bergen der Shackleton Range, das Hans-Jürgen Paech mit sowjetischen Kollegen erarbeitet hat.
1 kleingefalteter Tonschiefer, 2 Tonschiefer, 3 Karbonat, 4 Quarzit, 5 Phyllit, 6 Diskordanz, 7 kristalline Schiefer, 8 Gneis, 9 Granitoid, 10 Störung

zum letzten Tag. Sie half auch psychische Tiefpunkte überwinden, die in der extremen Abgeschiedenheit aufkommen können. Auch ich war nicht frei davon. So erreichten mich die ohnehin knappen Weihnachtsgrüße aufgrund einer Fehlinformation erst nach Silvester, einige erst am 20. Januar. Das kann einen trübsinnig machen, und in solchen Situationen ist es gut, wenn man Freunde hat. Der Kontakt bricht auch nach Abschluß der Expedition nicht ab. Besonders herzlich gestaltete sich das Verhältnis zu Oleg Schuljatin, dem Leiter der Geologengruppe, und zu Wladimir Bardin, einem Geographen, der den ostdeutschen Lesern durch sein Buch »Königin-Maud-Land« bekannt geworden ist.

Eine sowjetische Antarktisexpedition gilt erst als erfolgreich beendet, wenn für die nächste Expedition gesorgt wurde. Deshalb unternahmen wir am 12. Februar von unserem zweiten Feldlager am Nordfuß der Shackleton Range aus einen Erkundungsflug in die weitere 400 km südlich gelegenen Pensacola Mountains. Diesmal waren wir nur drei Geologen, und als einziges Lastgut waren vier Treibstoffässer zugelassen. Eine technisch notwendige Zwischenlandung in der Argentina Range nutzten wir, um uns eine imposante Steilstufe anzusehen, die aus kambrischen Marmoren mit Fossilien (Archaeocyathiden) besteht. Der Höhepunkt des Tages aber war der Anblick des Dufekmassivs. Es hat ausgeprägten Hochgebirgscharakter, und besteht aus äußerst interessanten basischen Magmatiten. Es sind Magmatite ihrer Genese nach, aber infolge periodischer Kristallausscheidungen haben sich Strukturen gebildet, wie wir sie von Sedimenten kennen. Die Dufek-Intrusion ist auch wegen möglicher Erzlagerstätten von Interesse. In anderen Teilen der Welt sind ausgedehnte Nickelvorkommen aus ähnlichen Intrusivkörpern bekannt.

Mit diesem Übersichtsflug waren alle vorgesehenen Arbeiten der Geologengruppe verrichtet. Deshalb wurden wir am nächsten Tag aus der Shackleton Range nach Drushnaja zurückgerufen. Der zeitige Rückzug aus unserem Erkundungsgebiet mußte aus Sicherheitsgründen angeordnet werden; bei Schlechtwettereinbruch wäre die pünktliche Einschiffung am 25. Februar fraglich geworden. Und mit der Weddellsee ist nicht zu spaßen. Tatsächlich änderte sich am 16. Februar die Großwetterlage. Waleri Masolow war sicher erleichtert, als er zum geplanten Termin die gesamte Mannschaft ohne Verletzungen wieder auf der Pengina hatte.

1977–1979

23. Sowjetische Antarktisexpedition
Molodjoshnaja, Nowolasarewsakaja, Drushnaja

Als am 1. März 1978 der von einem schweren Breitkettentraktor geschleppte, durch den Einbruch in eine Gletscherspalte ziemlich ramponierte Wohnschlitten der DDR-Expeditionsgruppe von der Eiskappe herab in die Station Molodjoshnaja zurückkehrte, war der vierte geodätische Meßzug, den ostdeutsche Polarforscher über den Hays-Gletscher unternahmen, beendet. Es war eine der widrigsten Fahrten. Nebel und Stürme behinderten die Orientierung, machten mitunter jedes Fortkommen unmöglich. Gefährlich aufgerissene Eisgebiete zwangen zu weiten Umgehungsrouten. Die Männer um Rainer Hoyer und den Dresdner Geodäten Gunter Reppchen, der sich vor allem um Methoden der Punktbestimmung verdient machte, haben den ersten, 1972 angelegten Traversenabschnitt zum dritten Mal vermessen. Auf der 1976 vermarkten Südverlängerung erfolgte die erste Wiederholungsmessung. Sie wurde nur möglich, indem der Schlittentrupp eine völlig neue, 40 km lange Umgehungstraverse aufbaute. Mit diesen Arbeiten fand das geodätisch-glaziologische Forschungsprogramm am Hays-Gletscher seinen Abschluß.

Umfangreiches Probenmaterial für die isotopenphysikalische Altersdatierung von Eis brachte der Chemiker Dieter Tauchert vom Schlittenzug mit. Er konzentrierte sich – an Arbeiten Heberts anknüpfend – auf Schnee- und Eisproben zur Tritium-Bestimmung, sammelte aber auch Gesteine und organische Substanzen im Stationsgelände, am Abendberg und auf den Inselgruppen MacMahon und Majoll für Kohlenstoff-14-, Argon-39- und Silizium-32-Analysen.

Ausgehend von der Basis Drushnaja auf dem Filchner-Eisschelf setzte Joachim Hofmann in einer sowjetischen Geologengruppe seine strukturgeologischen Untersuchungen in den Herbert Mountains, den Pensacola Mountains und der Neptun Range (Transantarktisches Gebirge) fort.

Die Überwinterer hatten sich für zwölf Monate in der Schirmacher-Oase, Nowolasarewskaja, angesiedelt. Dort arbeiteten unter Leitung von Gerhard Strauch sechs Isotopenchemiker, Physiker und Techniker, um später, in den heimatliches Labors, mit Hilfe von Deuterium-Messungen Informationen über die Zirkulation der Luftmassen und über den Wasserkreislauf zu erhalten. In einem Container des Meßpunktes wurde ein chemisch-analytisches Labor für Untersuchungen mit Umweltnukliden eingerichtet. Die Gewinnung »prähistorischer« Luft aus Eiskernen sowie des im Schnee konservierten kosmischen Staubes gehört – neben anderem – zu den interessantesten Aktivitäten.

Mit der 23. SAE fand auch das Programm zur Erforschung der polaren Ionosphäre seinen Abschluß. Neben den von Gernandt, Glöde und Driescher aufgeführten Ergebnissen wurden viele weitere neue Einsichten in energetische Wechselwirkungen der Hochatmosphäre gewonnen. Das Phänomen der verstärkten Ionisation während und nach geomagnetischen Störungen konnte durch Beobachtungen auf unterschiedlichen Breiten – in der Antarktis, auf Schiffsreisen dorthin, im Observatorium Kühlungsborn – grundsätzlich aufgeklärt werden. Die Ionisationserhöhung wird verursacht durch das Abregnen hochenergetischer Teilchen aus der magnetosphärischen sogenannten Slot-Region auf beiden Hemisphären in einem Breitengürtel zwischen etwa 50° und der Aurorazone. Auch wurde nachgewiesen, daß die Intensität dieses Teilcheneinfalls stark vom interplanetaren Magnetfeld gesteuert wird. Wir wissen nun einmal mehr: Es ist ein Trugschluß, so zu tun, als existiere die Physik der Erde intern, in gleicher Weise auch wenn wir uns den gesamten Kosmos wegdenken. Mit der besonderen Art der Energieumsetzung solarer Partikelstrahlung wurde ein weiterer kosmischer Einfluß auf die Erdatmosphäre festgestellt.

Im Spaltennetz des Hays-Gletschers

Rainer Hoyer

Am 7. Januar 1978 hat unser Schlittenzug das Signal 12 erreicht. Vor uns, in östlicher Richtung, liegt das Tal des Hays-Gletschers, das wir ab morgen überqueren wollen mit dem Ziel, die Felskuppen auf der anderen Seite zu erreichen. Sie waren von unseren Vorgängern als Berge der Freundschaft benannt worden. Ich schaue auf die Karte (vgl. S. 147). Noch etwa achtzig Kilometer haben wir auf diesem Abschnitt unserer Außenarbeiten zu bewältigen.

Gegen 15.30 Uhr müssen wir die geodätischen Messungen abbrechen; dichte Nebelschwaden ziehen gletscheraufwärts und verhindern die Sicht zu den anderen Signalen. Das zweite Kettenfahrzeug erreicht, von der Gegenstation Signal 13 kommend, gerade noch unseren Schlittenzug, bevor im Nebel alle Konturen und Kontraste verschwinden.

Bald sitzen wir in der Wohnhütte beieinander. Der Küchendienst, heute unser Isotopenspezialist Dieter Tauchert, hat Kakao und Butterbrote zubereitet. Wir, das ist jener Teil der DDR-Gruppe zur 23. Sowjetischen Antarktisexpedition, der in der Station Molodjoshnaja sein Hauptquartier hat, sowie unser russischer Mechaniker Wanja Mitrakow. Dazu gehören die Geodäten Gunter Reppchen, Arno Hofmann und ich, der Chemiker Dieter Tauchert und der Mechaniker Detlef Hoffmann.

19.00 Uhr ist Funktermin mit der Station. Wir besprechen die Aufgaben des morgigen Tages. Am Signal 15 soll ein Treibstoffdepot angelegt werden. Wir konnten auf unserer Herfahrt nicht den gesamten Treibstoff, den wir brauchen würden, mitnehmen, so daß wir auf ein Zwischenlager angewiesen sind.

Pawel Smirnow, der Leiter der Technik- und Sicherheitsabteilung in Molodjoshnaja, wird uns mit einer starken Zugmaschine vom Typ ATT den Dieselkraftstoff bringen. Außerdem kündigt sich Expeditionsleiter Leonid Dubrowin an. Wir wollen noch einmal das Gebiet zwischen den Signalen 15 und 18 nach Gletscherspalten untersuchen. Ein Erkundungsflug Ende Dezember hatte keine endgültige Klarheit gebracht. Ich erinnere mich an die bisherigen Fakten. Bei der Anlage der Traverse 1972 wurde eine spaltenfreie Route zur Überquerung des Gletschers erkundet. Doch schon während des Frühjahrsschlittenzuges im Oktober 1972 bemerkte die Mannschaft um Klaus Dreßler am Signal 16 kleine Risse im Eis. Bei der Wiederholungsmessung 1976 hatten sich diese Risse so weit geöffnet, daß ein ungehindertes Fahren zwischen den Signalen nicht mehr möglich war. Im Zickzackkurs mußte die Spaltenstrecke überwunden werden. Die Signale waren seit 1972 einen knappen Kilometer weiter nach Norden gewandert. Wird dieser Abschnitt überhaupt noch passierbar sein?

Am nächsten Morgen, wie alle Tage, ist sieben Uhr Wecken. Draußen fegt der Schnee in dichten Wedeln über den Boden, aber Gunter Reppchen, den immer rastlosen Dresdner Vermessungsingenieur, und Wanja Mitrakow hält es nicht lange in der Wohnhütte. Sie brechen mit dem GT-T auf, um die durch den gestrigen Nebel verhinderte Streckenmessung nachzuholen. Als die Sicht klar wird, sehen wir auf der Eiskappe, etwa zwanzig Kilometer von uns entfernt, die Fahrzeuge der Expeditionsleitung. Während des Umsetzens unseres Schlittenzuges von Signal 12 nach 13 ist das schnelle Führungsfahrzeug Leonid Dubrowins heran. Nach herzlicher Begrüßung und kurzer Rast fährt er weiter. Dubrowin will sich den gefährdeten Abschnitt der Traverse ansehen.

Gegen dreizehn Uhr erreicht uns auch der ATT Pawel Smirnows. Ladefläche und Lastschlitten sind voller Dieselfässer. Detlef hat inzwischen das Mittagessen bereitet, Makkaroni mit Gulasch. Pawel meint lachend, Detlef solle seine Mechanikertätigkeit aufgeben und nach Molodjoshnaja in die Küche kommen. Während die anderen weiter die Entfernungen von Signal zu Signal und die Winkel messen, fahre ich mit Pawel nach Signal 15, um das Treibstoffdepot anzulegen. Mit kräftigem »Hauruck« werden die Fässer abgeladen und aufgestellt. Von Norden her ziehen wieder Nebelschwaden durch das Hays-Tal. Kurze Zeit später rattert Leonid Dubrowins Fahrzeug den Hang herauf, und wir kehren, von dichtem Grau umhüllt, bei Sichtweiten unter zwanzig Metern, zum Signal 14 zurück. Inzwischen hat auch der Wohnschlitten hierher umgesetzt. Vor dampfenden Teegläsern sitzen wir dann doch recht bedrückt mit dem Expeditionsleiter im Balok. Die Erkundung hat ergeben, daß die Anzahl und die Breite der Spalten zwischen Signal 16 und 17 ein Befahren dieses Abschnittes nicht mehr zuläßt. Leonid Iwanowitsch untersagt uns, über Signal 16 hinauszufahren.

Aber schon ist eine heftige Diskussion über mögliche Umgehungsvarianten im Gange. Nach einer Stunde wird festgelegt, den gefährdeten Abschnitt großräumig in südlicher Richtung zu umfahren, um am Signal 18 wieder auf die Trasse zu den Freundschaftsbergen zu gelangen. Unsere russischen Kollegen brechen zur Rückkehr auf, und wir bereiten uns auf die Nachtruhe vor. Es geht recht eng zu in unserer kleinen Behausung. Am Ende des Raumes stehen links und rechts je ein Doppelstockbett. In der Mitte ist der Tisch, an dem wir arbeiten und essen. Rechts sind in zwei übereinandergestellten Kisten einige persönliche Dinge untergebracht. Dann folgen Koch- und Waschgelegenheit sowie der Dieselofen. Im großen Regal an der linken Wand werden Meßgeräte und ein Teil der Verpflegung aufbewahrt. Abends bauen wir dann für zwei unseres Sextetts zwischen Regal und Heizung Campingliegen auf. Obwohl schon nach 22 Uhr, ist es draußen noch taghell. Die Fenster werden verdunkelt, und bald sind wir eingeschlafen.

Sturz ins Ungewisse

Am 12. Januar wollen wir auf der mit Dubrowin abgesprochenen Umgehungsroute den Gletscher überqueren. Nachdem sich das morgendliche Schneefegen gelegt hat, brechen wir auf. Etwa zwei Stunden später ist Signal 28, das schon zur 1976 angelegten Südverlängerung gehört, erreicht. Hier ändern wir die Richtung und nähern uns der tiefsten Stelle des Hays-Tales. Ich stehe an der Tür unseres Wohnschlittens. Äußerste Vorsicht ist geboten. Ein absolut sicherer Weg ist hier gar nicht zu erkunden, überall kann es verborgene Abgründe geben. Arno Hofmann hockt auf dem Dach und beobachtet die Umgebung. Plötzlich heult der Motor des Traktors auf. Ich seh nach vorn, bemerke, wie das Fahrzeug nach links abkippt. Wie von einem Katapult geschleudert schnellt Wanja Mitrakow aus der Fahrerkabine heraus. Auch ich springe aufs Eis. Ich höre Wanja fluchen, geh zwei Schritte auf ihn zu, auf einmal versinkt der Boden unter meinen Füßen. Ein tödlicher Schreck durchzuckt meinen Körper; während ich stürze, fasse ich das Drahtseil, das am Wohnschlitten befestigt ist. Was für Sekunden!

Als wir wieder auf den Beinen sind, schauen wir uns immer noch erschrocken und fassungslos an. Also auch hier Spalten! Aber nach einigen Minuten ist der Schock überwunden, und wir überlegen, was zu tun sei.

Unser anderes Fahrzeug befindet sich etwa zehn Kilometer entfernt, am Signal 16, eine Sprechfunkverbindung ist in zwei Stunden vereinbart. Die Station wird erst in fünf Stunden für uns empfangsbereit sein. Der Traktor hängt mit der linken Kette in der Spalte und steht etwa dreißig Grad geneigt zum Wohnschlitten. Der Motor tuckert noch. Ich frage Wanja, ob er mit Seilsicherung versuchen würde, den Motor abzustellen; wir befürchten, daß die Erschütterungen den Traktor weiter einbrechen lassen. Wanja nickt nur.

Wir binden uns in die Seile ein. Ganz langsam steigt Wanja auf die nicht eingebrochene Kette und beugt sich vorsichtig in die Fahrerkabine. Mit der linken Hand erreicht er gerade noch den Starter. Es ist plötzlich unheimlich still.

Schnell springt Wanja wieder auf das feste Eis. Wir klopfen ihm anerkennend auf die Schulter. Dann beginnen wir, sorgsam an Seilen gesichert, den Verlauf der Spalten zu erkunden. Sie sind völlig vom Schnee überdeckt, deshalb haben wir sie nicht gesehen. Mit einem Aluminiumrohr, für die Aufstockung der Signale gedacht, sondieren wir Meter für Meter. Bald ist der Spaltenverlauf in unmittelbarer Nähe durch Holzpfähle markiert, und wir wissen, in welchem Umkreis wir uns gefahrlos bewegen können.

Die späteren Auswertungen ergaben, daß in dieser Gegend Spalten auftreten müssen, und daß der Gletscher im Einzugsgebiet einen völlig anderen Verlauf nimmt, als wir aus allen bisher bekannten Daten annehmen konnten. Das war eine der wissenschaftlichen Überraschungen unserer Expedition.

»Sollten wir nicht das Nivelliergerät, das wir noch im Schlitten haben, in einiger Entfernung aufbauen, um festzustellen, ob der Traktor stabil steht oder weiter abrutscht?« schlägt Arno vor. Gesagt – getan. Nun ertönt aller Viertelstunden der Ruf: »Sieh mal schnell durchs Nivellier!« und die Antwort ist ständig die gleiche: »Alles in Ordnung. Keine Lageveränderung.« Nach zwei Stunden sind wir sicher, daß ein tieferes Einbrechen im Moment nicht zu befürchten ist.

Der GT-T ist inzwischen wieder bei uns. Die Gruppe um Gunter Reppchen hatte nur unter größten Mühen zu uns gefunden. Sie waren in die »Weiße Finsternis« geraten und im Kreis gefahren! Ihr Entsetzen, als sie dies feststellten, war vielleicht nicht geringer als unseres. Nun war die Zeit der alltäglichen Funkverbindung mit der Station heran. Der stellvertretende Stationsleiter Leonid Iwanowitsch gibt die Anweisung: »Mit dem GT-T sofort in die Station zurückkehren! Lebensmittel für zwei Tage und die bisherigen Meßergebnisse mitnehmen.«

Das Wetter hat sich inzwischen auch bei uns verschlechtert. Am Nachmittag ziehen Wolken auf. Es beginnt zu schneien. Um 21 Uhr fahren wir von der Einbruchstelle los. Die Sicht beträgt kaum fünfzig Meter. Der Wind ist zwar nicht stark, aber die Spuren von unserer Herfahrt sind schon fast zugeweht. Signal 28 erreichen wir noch recht gut. Aber für die fünf Kilometer von Signal 28 nach 27 brauchen wir fast zwei Stunden. Immer wieder müssen wir neu ansetzen, bis wir die Richtung gefunden haben und das andere Signal vor uns auftaucht. Gegen ein Uhr nachts (wenn es eine Nacht gäbe) sind wir am Signal 13. Dieses Stück haben wir ganz gut gepackt, da unsere Spuren von den vorhergehenden Tagen teilweise zu erkennen waren. Doch dann ist erst einmal Schluß. Schneefall und Nebel sind so stark, daß wir uns wie in einem weißen Nichts eingeschlossen vorkommen.

Nach drei Stunden Wartezeit dringen ein paar Sonnenstrahlen durch den Nebel. Der Schneefall läßt etwas nach. Die alte Spur ist zumindest zu ahnen. Also weiter! Doch schon am nächsten Signal sitzen wir wieder fest. Hier auf der Eiskappe von Molodjoshnaja ist der Neuschnee 30 bis 50 cm hoch. Da wir nun die Richtungen zu den nächsten Punkten aus den Meßergebnissen unserer Herfahrt entnehmen können, marschiert jetzt einer von uns mit dem Kompaß vor dem Kettenfahrzeug. Kurz bevor er im Nebel verschwindet, fahren wir hinterher. Dann springt der nächste heraus und übernimmt den Kompaß. Abgekämpft läßt sich der Vorgänger im Fahrzeug nieder. So tasten wir uns näher an die Station heran. Alle drei Stunden geben wir per Funk unseren Standort durch. Etwa 20 km vor der Station finden wir frische Kettenspuren im Neuschnee. Offenbar ist uns Pawel Smirnow entgegengefahren. Aber er hat uns verfehlt. Erst einige Kilometer südlich stößt er auf unsere Spuren.

Am Nachmittag 14 Uhr erreichen wir die Station. Endlich! Siebzehn Stunden ununterbrochener Marsch! Seit gestern Morgen sind wir 31 Stunden auf den Beinen. Nach einem kurzen Bericht an die Stationsleitung und ausgiebigem Essen fallen wir todmüde in die Betten.

Die Bergung des Schlittenzuges

Zwei Tage später sind wir wieder an der Einbruchstelle. Meter für Meter erweitern wir die Absteckung des Spaltenverlaufs. Stanislaw Ochrimenko, Alpinist und Spezialist für Wetterraketen, leitet das Unternehmen. Auch einige andere sowjetische Polarniks sind mit herausgekommen.

Die Lage unseres Traktors und des Wohnschlittens sowie Spaltenbreite, Eisbrücken und die Grenze zwischen angewehtem Schnee und festem Eis werden genau skizziert. Geht es doch auch um die günstigsten Stellplätze für die Bergungsfahrzeuge. Zum Glück ist das Wetter an diesem Tag gut. Nach drei Stunden haben wir einen detaillierten Überblick. Der Traktor steht mit der rechten Kette auf einer starken Eisbrücke. Hinten links hängt er frei über dem Abgrund. Vorn ist er nur an Preßschnee angelehnt!

Da etwas Zeit bis zur Rückkehr verbleibt, wollen wir die Traverse noch ein Stück nach Süden, in Richtung des Signals 29, erkunden. Weit kommen wir nicht. Schon nach etwa drei Kilometern zeichnen sich vor uns eindeutige Spaltenstrukturen ab. Davon war bei der Anlage dieses Traversenabschnittes 1976 nichts zu merken. Also werden wir auch hier mit unserem Schlittenzug nicht durchkommen.

Jetzt bleibt uns nur noch übrig, einige Punkte im Spaltengebiet auf einem Fußmarsch zu erreichen, um dort die Beobachtungen durchzuführen, sowie das gefährdete Terrain weiträumig auf der alten sowjetischen Schlittenzugroute zu umfahren, die 1967 vom Pol der relativen Unzugänglichkeit nach Molodjoshnaja führte. Auf diese Weise würden wir weiter südlich an die von Rolf Egers Mannschaft während der 21. SAE angelegte Traverse gelangen. Das war zwar aufwendig, aber es mußte versucht werden, wenn wir die Wiederholungsmessungen auf diesem so wichtigen Abschnitt der Hays-Traverse sichern und damit erstmals Angaben über Eisbewegungen in diesem Gebiet erhalten wollten. Unser Ziel, die Berge der Freundschaft zu erreichen, mußten wir aufgeben.

In den nächsten Tagen ist das Wetter sehr schlecht, so daß die Bergung des Schlittenzuges erst am 22. Januar erfolgen kann. Dazu wird die gesamte Technikabteilung der Station eingesetzt. Aus unserer Gruppe ist der Mechaniker Detlef Hoffmann mit dabei.

Die Operation soll folgendermaßen vonstatten gehen: Nachdem der Lastschlitten und der Wohnschlitten mit einem ATT weggezogen sind, soll mit Hilfe eines Stahlgerüstes und des ATT der 13 Tonnen schwere Traktor angehoben werden. Die Spalte wird dann mit Holzbohlen überbaut und der Traktor darauf abgesetzt. Anschließend wird er mit dem ATT aus dem Gefahrenbereich gezogen.

Unruhig laufen wir, die wir nicht mittun können, den ganzen Tag in der Station umher. 20.30 Uhr bin ich wieder in der Funkstation. Unsere Freunde draußen vom Bergungstrupp haben Sendetermin. Nach einigen Minuten hellt sich das Gesicht des Funkers auf: Es hat alles geklappt! Der Schlittenzug steht einsatzbereit am Signal 28.

Ein Uhr nachts rasseln die Kettenfahrzeuge von der Eiskappe herab. Zuerst sucht der Bergungstrupp natürlich die Sauna auf, die zu dieser ungewohnten Zeit extra angeheizt wurde. Alle sind sehr müde. Trotzdem wird noch lange über die gelungene Bergung gesprochen, und wir bedanken uns herzlich bei den Männern der Technikabteilung, die uns die Fortsetzung der wissenschaftlichen Arbeiten ermöglicht haben.

Nach einer größeren Reparatur am GT-T sind wir wieder draußen auf dem Gletscher. Die Wetterverhältnisse haben sich weiter verschlechtert. Täglich müssen wir die Messungen wegen Schneefegen oder Sturm unterbrechen. Am 1. Februar 1978 wollen wir zu Fuß ans Signal 29 gelangen und von dort aus mit Hilfe einer noch anzulegenden Meßbasis die Standorte der Signale 30, 31 und 32 bestimmen. Das muß durch Vorwärtseinschnitte geschehen, das heißt, von zwei Punkten, deren Koordinaten und deren Entfernung voneinander bekannt sind (das ist die Meßbasis), werden die Winkel zwischen der Basislinie und den unbekannten Punkten gemessen. Aus diesen Daten kann man anschließend die Koordinaten der unbekannten Punkte errechnen.

Gegen 9.15 Uhr brechen Gunter Reppchen, Arno Hofmann und Detlef Hoffmann auf. Sie haben sich angeseilt und ziehen den etwa 100 kg schweren Schlitten mit der Meßausrüstung hinter sich her. Ich werde die Anschlußmessungen vom Dach unseres Wohnschlittens aus durchführen. Das Wetter ist günstig, so daß wir ohne größere Beeinträchtigungen messen können. Aber es ist kälter als an den anderen Tagen, etwa minus 10 Grad. Dem Schlittentrupp macht der Gegenwind tüchtig zu schaffen. Ich beobachte die drei tapferen Männer, bis sie in der nächsten Talsenke verschwinden. 11 Uhr habe ich mit ihnen wieder Sprechfunkverbindung. Das Spaltengebiet wurde soeben überwunden. Sechs Spalten, einige bis zu 1,5 m breit! Nun liegt noch der Gegenhang hoch zum Signal vor ihnen. Alle zweihundert bis dreihundert Meter müssen sie ausruhen. Der Wind, die unwegsame, verharschte Oberfläche, das Gewicht des Schlittens machen sich bemerkbar. Gegen Mittag ist das Signal erreicht. Ich spreche wieder mit den Kameraden. Die Verpflegung – Konserven und Brot – ist tiefgefroren. Sie können kaum etwas zu sich nehmen; ich soll ausgiebig und gut kochen, sagen sie. Nach einer kurzen Pause beginnen sie mit den Messungen.

Am späten Nachmittag ist mir elendiglich kalt. Aber auch nachdem ich meine Messungen abgeschlos-

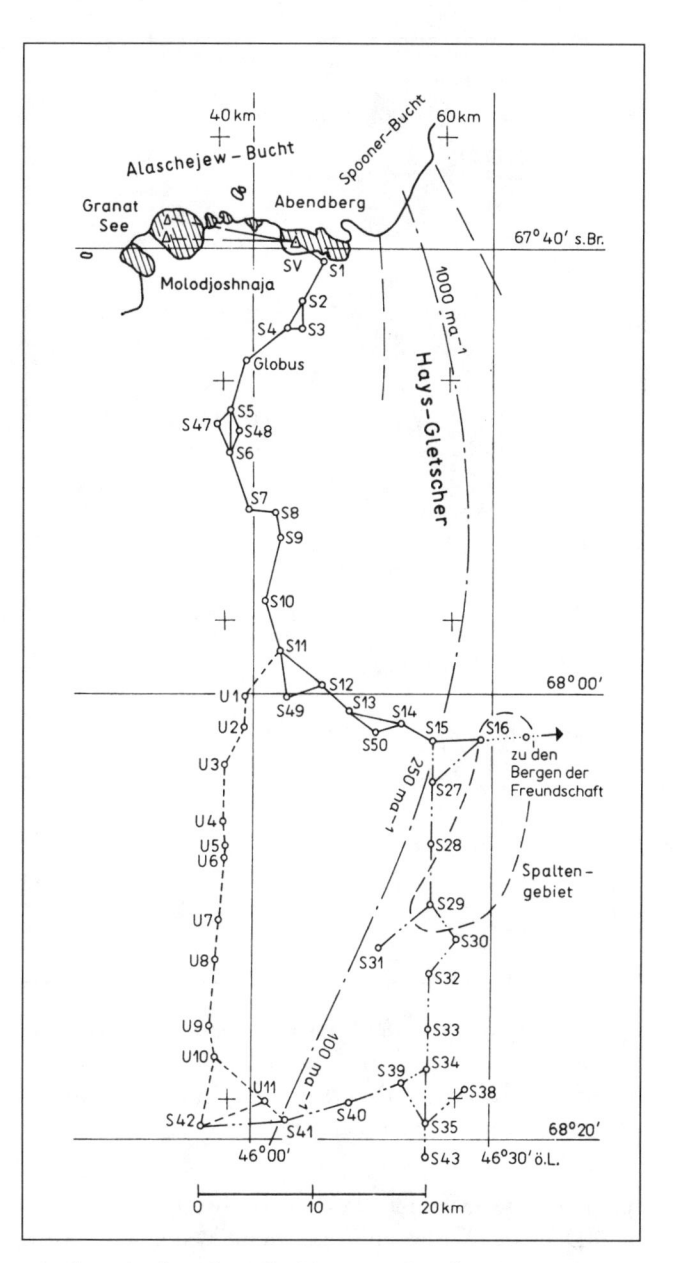

Geodätisch-glaziologische Traverse über den Hays-Gletscher.

Die Strecke vom Punkt Sturmvogel (SV) bis zum Signal 16 wurde während der 17. SAE 1972 aufgebaut und vermessen. Die östlich von S 16 gelegenen Berge der Freundschaft konnten wegen der zahlreichen Eisspalten später nicht mehr erreicht werden. S 27 bis S 42 bezeichnen die Signalpunkte des Schlittenzuges zur 21. SAE 1976. S 36 und S 37 liegen südlich des Signals 35, haben aber für die Eisbewegung des Hays-Gletschers wenig Aussagekraft. Die Punkte U 1 bis U 11 stellen die während der 23. SAE 1978 notwendig gewordene Umgehungstraverse dar.

°   *Festpunkte bzw. bewegliche Signale*
--   *Hauptfließlinie des Hays-Gletschers*

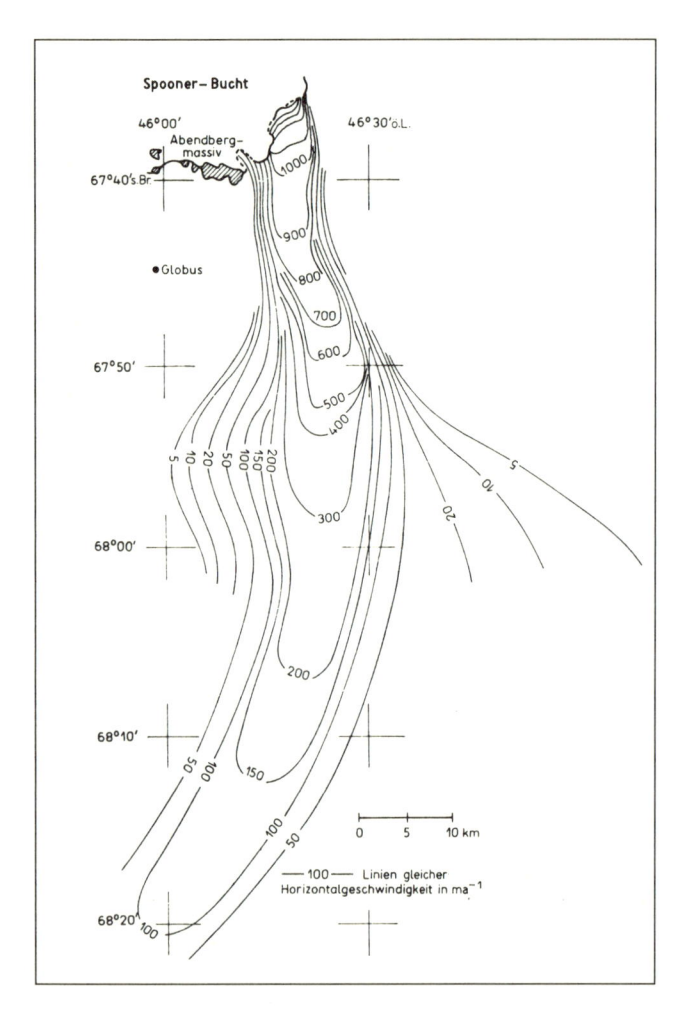

Geschwindigkeitsprofil des Hays-Gletschers, wie es sich aus den geodätischen Signalmessungen, phogrammetrischen Arbeiten und einzelnen Punktbestimmungen dreier Forschergruppen zum Zeitpunkt Februar 1978 ergab.

sen habe, verlasse ich den Beobachtungsposten auf dem Dach des Wohnschlittens nicht. Wanja Mitrakow bereitet unten inzwischen das Abendessen vor. Für 18 Uhr ist ein letzter Funktermin vereinbart. Der Trupp hat die Arbeiten beendet und wird in Kürze den Rückmarsch antreten. Nach Molodjoshnaja können wir funken, daß der heutige Tag erfolgreich war. Dann fahren wir mit dem GT-T unseren Kameraden bis zur ersten Spalte entgegen.

Wie der Gletscher fließt

Nach einem kurzen Aufenthalt in Molodjoshnaja sind wir auf der Umgehungsroute von Signal 11 nach Signal 42 unterwegs. Die Arbeiten gehen zügig voran, und nach einer Woche ist Signal 39 erreicht. Hier hält uns ein Schneesturm sechs Tage lang im Wohnschlit-

ten gefangen. Die erste Wetterbesserung wird genutzt, um die Anschlußmessungen zu den Signalen 29, 30 und 31 durchzuführen und unser Polygon zu schließen.

Mit den Ergebnissen unserer Messungen konnten die Kenntnisse über den Hays-Gletscher präzisiert und erweitert werden. Das trifft vor allem auf das Gebiet südlich des Signals 15 zu, das uns wegen der Spalten noch heute in wahrhaft zwiespältiger Erinnerung ist. Nach den ersten Wiederholungsmessungen 1972 und den beobachteten Oberflächenneigungen wurde der Verlauf der Strömungslinie in Süd-Nord-Richtung vermutet. Dementsprechend war 1976 die Erweiterung angelegt worden. Unsere Messungen ergaben jedoch, daß die Strömungslinie des Hays-Gletschers vom Kilometer 70 (Signale 42/41) bis zum Kilometer 40 (Signale 15/16) in nordöstlicher Richtung verläuft. Erst an dieser Stelle wendet sie sich nach Nord.

Auch die Beträge der Bewegungsvektoren sind größer als ursprünglich angenommen. Das Eis des Hays-Gletschers fließt bei Kilometer 70 jährlich etwa 100 m talwärts, bei Kilometer 40 hat es bereits eine Geschwindigkeit von 250 m und in der Höhe des Abendberges, also in Küstennähe, von 1000 m im Jahr. Der schwimmende Zungenteil erreicht an der Abbruchfront schließlich eine Ausflußgeschwindigkeit bis 1400 m im Jahr. Damit bewegt sich der Hays-Gletscher ebenso schnell, ja teils noch schneller als die großen Eisströme Antarktikas!

Zugleich konnten die Kenntnisse über die Größe des Gletschers und seines Einzugsgebietes präzisiert werden. Seine Längenausdehnung müssen wir gegenwärtig auf 200 bis 250 km schätzen. Die Fläche beträgt etwa 10 000 km².

Alle Wiederholungsmessungen zeigten bei den Bewegungsvektoren keine bedeutsamen Abweichungen. Die mittleren Fehler (Standardabweichungen) der Punktkoordinaten betragen bei den ungünstigsten Traversenpunkten höchstens ± 0,6 m. Daraus leiten sich für die Eisbewegungen relative Fehler von 0,01 bis 0,1 m pro Jahr ab. Aus den photogrammetrisch und geodätisch bestimmten Eisbewegungen wurde eine Karte von Linien gleicher Geschwindigkeiten des Hays-Gletschers abgeleitet.

Mit den beiden letzten Schlittenzügen über den Hays-Gletscher konnte auch geklärt werden, ob sich die Höhen ortsfester Oberflächenpunkte ändern. Sie sind im Mittel konstant geblieben – eine Aussage, die für die Massebilanz des Gletschers von Bedeutung ist. Das nach der ersten Wiederholungsmessung festgestellte Einsinken der Oberfläche um etwa einen Meter im Jahr wurde während der 21. und 23. SAE nicht beobachtet.

Die trigonometrischen Höhenübertragungen und die mit einem Barometer aufgenommenen Höhenprofile haben natürlich auch die Kenntnisse über das Oberflächenrelief des gesamten Gebietes sehr erweitert. Die barometrischen Nivellements haben wir im fahrenden GT-T durchgeführt, wobei jeweils nach hundert Metern die Instrumente abgelesen wurden. Die aus aerophotogrammetrischen Aufnahmen gewonnenen topographischen Karten des Gebietes können damit weiter verbessert werden.

Wir haben heute also recht genaue Vorstellungen vom Hays-Gletscher, über den man 1971 nicht viel mehr wußte, als daß es ihn gibt. Sie reichen noch nicht aus, um alle glaziologischen Zusammenhänge zu erklären. Aber wir dürfen sie als einen Fortschritt in der Erforschung antarktischer Ausflußgletscher ansehen.

Der Marsch durch die Oase

Gerhard Strauch

Antarktischer Spätsommer. In Nowolasarewskaja herrscht Aufbruchstimmung. Die Ablösung der Überwinterungsgruppe steht bevor. Auch wir in unserem etwa 800 m östlich der sowjetischen Station gelegenen Meßkomplex haben bereits viele Kisten mit Untersuchungsmaterial gepackt. Unsere Nachfolger, die das isotopenphysikalische Forschungsprogramm fortsetzen werden, sind unterwegs, irgendwo zwischen Montevideo und den Süd-Sandwich-Inseln. Gemeinsam mit meinen fünf Kameraden forciere ich die letzten Geländearbeiten auf den Seen und Gletschern der Schirmacher-Oase, die uns in den elf Monaten unseres Hierseins fast vertraut geworden ist.

Um mir über Stand und Umfang der Arbeiten einen besseren Überblick zu verschaffen, habe ich noch eine Exkursion durch die Oase vorbereitet. Diedrich Fritzsche, mein stets bei solchen Gelegenheiten tatendurstiger Kollege aus Leipzig, wird mich begleiten. Wir wollen Proben vor allem aus dem mittleren und westlichen Teil der Oase aufnehmen.

Die Kraxe steht bereit. Der Rucksack ist gepackt, angefüllt mit Jutesäcken, Plastbeuteln, drei Konservendosen Wurst, einem Benzinkocher, Streichhölzern, Signalmunition, Geologenhammer, Kartenmaterial – und was alles noch wichtig ist, um eine schätzungsweise zwanzigstündige Exkursion zu bewältigen. Rudi Kulp übernimmt bis zu unserer Rückkehr die Containerstation. Wir besprechen den Verständigungsablauf über die UKW-Funkbrücke. In bestimmten Zeitintervallen wollen wir uns melden.

»Macht's gut! Paßt auf, daß euch nichts passiert!« sagt Rudi zum Abschied. »Und grüßt die Leute im Nachbardorf!« Das ist so ein Ausdruck, der unsere Sehnsucht nach der Heimat bezeichnet. »Nachbardorf« – die nächste antarktische Siedlung liegt 700 km westlich von Nowolasarewskaja! Jetzt, gegen Ende der Überwinterung, Anfang Februar, klingt auch die Freude auf baldige Heimkehr in diesem Wort mit. Daß gerade Rudi gern das »Nachbardorf« zitiert, wundert mich nicht; er ist unser »Jägersmann« und mußte doch so lange Zeit auf eine Pirsch verzichten.

Das Ziel unserer Arbeiten ist zunächst, an den aufgenommenen Proben die Verhältnisse, in denen die stabilen Isotope bestimmter Elemente vorkommen, zu ermitteln, um daraus auf die physikochemischen Vorgänge schließen zu können, die zu diesen Isotopenverhältnissen geführt haben. Bekanntlich sind Isotope Atome eines chemischen Elements, die sich bei gleicher Anzahl positiv geladener Protonen in der Anzahl ihrer neutralen Kernbausteine, den Neutronen, unterscheiden. Sie sind also in ihrer Kernmasse verschieden. Aus diesem Grunde reagieren auch die Isotope eines Elements bei physikalischen und chemischen Prozessen unterschiedlich. Es treten im Verlauf der Reaktion neue, durch die Umgebungsbedingungen beeinflußte Isotopenverhältnisse auf. Der Wissenschaftler ist daher in der Lage, aus den Isotopenverhältnisse eines Elements in einer chemischen Verbindung auf deren Entstehung und Herkunft zu schließen.

Wasser ist naturgemäß die häufigste chemische Verbindung in der Antarktis und tritt in allen drei Aggregatzuständen auf. Die isotopische Zusammensetzung des Wassers ist folgendermaßen charakterisiert: 99,7 % der Moleküle liegen als $H_2^{16}O$ vor, 0,2 % als

$H_2^{18}O$ und 0,03 % als $HD^{16}O$, wobei D das Zeichen für das stabile Wasserstoffisotop Deuterium mit der Massezahl 2 ist.

An Wasser können somit zugleich die stabilen Isotope des Sauerstoffs (O-16 und O-18) und des Wasserstoffs (H und D) untersucht werden. Die isotopische Zusammensetzung ist bei solchen Angaben selbstverständlich gemittelt. Sie unterliegt durch die in der Natur auftretenden Prozesse Schwankungen, die gemessen werden können. Für alle Isotopenmessungen am Deuterium und am schweren Sauerstoffisotop O-18 verwendet man deshalb einen Bezugsstandard – es ist dies eine gemittelte Ozeanwasserprobe –, für die das Isotopenverhältnis D zu H mit $(158 \pm 2) \cdot 10^{-6}$ und O-18 zu O-16 mit $(1993{,}4 \pm 2{,}5) \cdot 10^{-6}$ bestimmt wurde. Relative Abweichungen von diesem sogenannten SMOW-Standard (Standard Mean Ocean Water) werden in der Isotopenchemie in plus oder minus Promille angegeben. Als Formelsymbol wird der griechische Buchstabe Delta (δ) gebraucht. Ähnliche Isotopenvariationen wie beim Wasserstoff und Sauerstoff finden wir in der Natur auch für Kohlenstoff und Stickstoff.

In der modernen Polarforschung hat sich die noch junge Isotopenphysik und -chemie neben den traditionellen Wissenschaften wie Meteorologie, Geophysik, Geodäsie, Geologie und Glaziologie einen festen Platz erworben. Warum soll es uns da nicht mit Stolz erfüllen, zu den ersten zu gehören, die unter dem Blickwinkel der Isotopenforschung ihren Fuß in die Schirmacher-Oase setzen?

Um 6.00 Uhr machen wir uns auf den Weg. Die Sonne funkelt im Südosten auf dem Inlandeis, die Luft ist klar, und ein schwacher Wind säuselt über den steinigen Boden. Ideales Wanderwetter. Die ersten Kilometer sind gewohntes Land, oftmals zu Probenahmen an den Seen westlich unserer »Schirmacherburg« begangen. Unterwegs, im Baugelände der neuen sowjetischen Station, begegnen uns Monteure, die während der Überwinterung eine neue Dieselektrostation und einen Kontroll- und Empfangskomplex für Radiosondenaufstiege errichtet haben. »Dobroje utro! Wieder auf Exkursion? – Viel Glück!« Sie geben uns gute Worte auf den Weg.

Der See Sub ist der größte der Oase. In seiner Nähe treten die zerklüfteten, bläulich schimmernden Wände des Inlandeises an die Oase heran. Die Barriere mißt zehn oder zwölf Meter. Horizontal durchziehen blau und weiß abgesetzte Schichten das Gletschereis, den Untergrund ausgleichend. Man hat den Eindruck, daß die Eisschichten wie Blätter eines Buches in zeitlicher Reihenfolge abgelagert wurden. In diesem Eisbuch sind gewissermaßen alle Prozesse, die sich einst in der Atmosphäre vollzogen haben, zum Beispiel Klimaschwankungen oder Staubaufkommen kosmischen und terrestrischen Ursprungs, registriert, und wer darin zu lesen versteht, dem erschließen sich viele, über Tausende Jahre nahezu unverändert erhalten gebliebene Informationen. Vergangene Epochen und Gegenwart – an einem Eisabbruch begegnen sie sich.

Für wissenschaftliche Zwecke gewinnt man solch alte Eishorizonte heutzutage aus Tiefbohrungen, die thermoelektrisch niedergebracht werden. Sie liefern Bohrkerne, deren Eis von gegenwärtigen Einflüssen unverfälscht ist. Im Labor ermittelt man dann die isotopische Zusammensetzung beispielsweise am Wasserstoff und Sauerstoff des Eises einzelner Horizonte. Da die Ausbildung eines bestimmten Isotopenverhältnisses von der Temperatur abhängt, sind deutlich Sommer- und Winterperioden, aus langen Versuchsreihen sogar Klimaänderungen früherer Jahrzehnte und Jahrhunderte erkennbar.

Die sowjetischen Glaziologen unternahmen seit langem Eisbohrungen in der Antarktis. Die zweifellos schwierigste Bohrung wird bei der Innerkontinentalstation Wostok, am Kältepol der Erde, abgeteuft. Sie war während unserer Expedition bei etwas über 1000 m angelangt (1993: 2700 m Tiefe). Eine weitere berühmte Bohrung haben amerikanische Spezialisten an der Station Byrd niedergebracht. Sie stießen nach 2 167 m auf Felsgrund. Das Alter der untersten Schichten wurde mit etwa 150 000 Jahren angegeben.

Südlich der Station Nowolasarewskaja hat ein Bohrtrupp während der 22. SAE (1976–1978) bis 800 m ins Inlandeis gebohrt. Zu diesem Unternehmen hat meine Arbeit direkten Bezug, und hier, vor der gebänderten Eiswand am See Sub, schweifen meine Gedanken zurück: Behutsam, anfangs auch etwas ehrfürchtig, füllten Dietrich Fritzsche und ich jahrtausendealtes Eis, Kerne der 800-m-Bohrung, in Plastsäcke. Das war im Mai 1978, vor fast einem Jahr. Eine halbe Tonne verpackten wir sorgfältig in Kisten. Dazu noch einmal die gleiche Menge Schnee für Spurenstoffanalysen. Nach fünf Tagen trafen wir, selbst schwer bepackt, wieder in der Station ein.

Danach war einen Monat lang das Labor im DDR-Meßkomplex mein Hauptarbeitsplatz. In mühevollem, aber gut vorbereitetem Einsatz hatten wir aus einem Transportcontainer ein mit allen Raffinessen ausgestattetes Feldlabor geschaffen. Gas und Wasser waren vorhanden, Vakuumanlagen und Pumpeinrich-

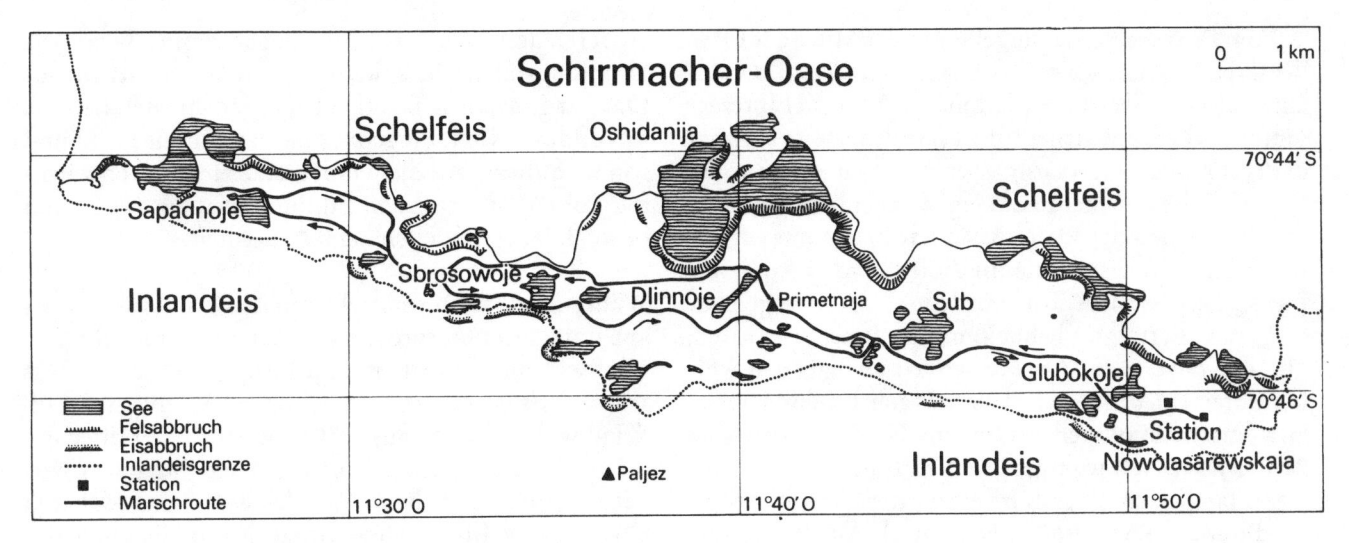

Die Schirmacher-Oase mit der Station Nowolasarewskaja und der von Gerhard Strauch beschriebenen Exkursionsroute.

tungen für die Luft nahmen den größten Teil des Labors in Anspruch, sogar für Glasbläserarbeiten stand ein spezieller Arbeitsplatz zur Verfügung. Ich kam von der Vakuumextraktionsanlage kaum fort. In ihr wurden die Eiskerne geschmolzen und alle Gaseinschlüsse – frei als Bläschen oder gelöst im Eis – abgezogen. Etwa 70 Meter Bohrkerne zerflossen zu Wasser. Durchschnittlich enthielt ein Kilogramm Eis 120 bis 130 ml Gas, das heißt Luft, wie sie zum Zeitpunkt der Schnee- und Firnbildung in der Atmosphäre vorlag und vom ausfallenden Niederschlag mitgerissen und eingeschlossen wurde.

Stammt doch die fossile Luft aus einem Zeitalter, wo selbst auf der Nordhalbkugel der Erde noch kein industrieller Einfluß die Atmosphäre beeinträchtigte! Das Eis war, glaziologischen Angaben zufolge, 1200 Jahre alt! Da mir bewußt war, daß ich hier eine Quelle vorindustriellen Kohlendioxids zur Verfügung hatte, legte ich besonderen Wert auf das im Eis enthaltene CO_2. Es kann sogar erwartet werden, daß das Verhältnis der stabilen Kohlenstoffisotope C-13 und C-12 in diesem CO_2 repräsentativ für das CO_2 der Atmosphäre der letzten tausend Jahre ist.

Der Wert des Isotopenverhältnisses C-13/C-12 hat als Ausgangsgröße für Modellberechnungen zum Zuwachs des menschlich verursachten (anthropogenen) Kohlendioxids Bedeutung. Die Auswertung einer langfristigen Meßreihe des CO_2-Anteils in der Atmosphäre, die an der amerikanischen Südpolarstation »Amundsen-Scott« unternommen wurde, zeigte eine bemerkenswerte Zunahme des CO_2, die möglicherweise durch globale Luftaustauschprozesse zwischen Nord- und Südhalbkugel der Erde verursacht ist. Die Frage, ob darin anthropogenes Kohlendioxid beigemischt ist, kann ziemlich genau aus Isotopenmessungen am Kohlenstoff beantwortet werden, denn der C-13-Gehalt in den fossilen Brennstoffen liegt um 1,8 Prozent niedriger als im atmosphärischen Kohlendioxid.

Nach diesem Monat Laborarbeit waren neun ansehnliche Eisproben gasfrei gemacht. In Gasampullen harrte nun prähistorische Luft der Analyse. Ja, die Mühe hat sich gelohnt. Auf die Ergebnisse, die wir erst an unseren Arbeitsplätzen daheim, in der Leipziger Permoserstraße, erhalten sollten, durften wir gespannt sein.

Wir wenden uns nach Nordwest, vorbei am See Sub mit seinen 146 000 m² Oberfläche und nur 6 m Tiefe. Weitere kleine Gewässer werden sichtbar, und als wir eine steinige Fläche queren, durchdringt ein gurgelndes Plätschern die wüstenhafte Stille: Zwischen Geröll und Felsbrocken bricht sich ein Schmelzwasserabfluß seine Bahn in Richtung Schelfeis. Das kristallklare Wasser erfrischt uns. Dann geht es über Felsen steil bergan. Wir keuchen nach Luft, schwitzen und schweigen vor Anstrengung. Noch ein paar Schritte, und der Gipfel des Primetnaja ist erreicht. Hier legen wir die erste Rast ein. Zweieinhalb Stunden sind wir unterwegs. Wie verabredet, wird der Funkkontakt versucht. Rudi meldet sich sofort. Wir geben an, wo wir uns befinden und legen den weiteren Ablauf fest (vgl. Karte).

Vom Primetnaja, der ungefähr in der Mitte der Oase liegt, reicht der Blick weit nach Ost und West über das antarktische Eiland ins Eis hinaus. Aber viel interessanter und erquicklicher für unsere Augen ist es, über die rotbraunen Gesteinsmassen zu schauen, über die Seen und die nur hier und da im Sonnenlicht glänzenden Firnlachen der Oase. Auch wir haben uns oft gefragt: Seit wann ist denn nun dieser etwa 20 km lange Flecken eisfrei? Darüber wurde in der Vergangenheit viel spekuliert. Möglichkeiten, das Rätsel zu lösen, gibt es einige. In der Oase sahen wir an manchen Stellen unterschiedlich stark bewachsene Flechtenareale. Sowjetische Biologen haben um Nowolasarewskaja 21 Flechtenarten wahrgenommen. Einer meiner Kollegen fand nach einer Kartierung der Flechten während des 24. SAE fast doppelt soviel. Aus der Größe des Standortes und der Flechtenspezies kann der Botaniker das Alter abschätzen. Dem Glubokoje, dem tiefsten See der Oase, entnahmen sowjetische Spezialisten Grundproben und analysierte sie. Dabei kamen sie zu dem Schluß, daß die Schirmacher-Oase mehr als 6000 Jahre bestehen muß.

Auch die Frage, wie sich in Antarktika solche Oasen bilden konnten, hat viele Hypothesen auf den Plan gerufen. Man hat vermutet, daß infolge eines erhöhten Wärmeflusses aus tiefen Schichten des Erdmantels lokale Wärmeanomalien auftreten, die sich bis auf des Oberflächengestein auswirken. Auch wurden radioaktive Zerfallsprozesse oder vulkanische Aktivitäten als Ursachen der Entstehung eisfreier Gebiete angeführt.

In den letzten Jahrzehnten hat sich eine Hypothese durchgesetzt, nach der globale Klimaveränderungen, begleitet von langperiodischen Temperaturschwankungen, die Dicke und flächenmäßige Ausdehnung der antarktischen Eiskappe entweder verringern oder vergrößern. Die Eiszeiten Europas, deren Relikte sich uns in Gestalt der schönen mecklenburgischen Seen- und Moränenlandschaft zeigen, sind letztlich auch die Folgen globaler Klimaveränderungen gewesen.

Diese Hypothese scheint mir von allen die wahrscheinlichste; sie wurde wesentlich durch Messungen der Sauerstoffisotope an Eisbohrkernen gestützt. So zeigten die O-18/O-16-Variationen schon der Camp-Century-Bohrung auf Grönland deutlich das Ende der letzten Eiszeit vor 15 000 bis 10 000 Jahren an. Sie gaben auch Auskunft darüber, daß zwischen 550 und 1150 u. Z. ein wärmeres Klima auf der Erde herrschte. Es war dies die Zeit der großen Wikinger-Fahrten!

Sind aber Gesteinsflächen einmal eisfrei geworden, können sie sich durch Aufnahme der Sonnenenergie eisfrei halten und als Oase sogar vergrößern. Die Strahlungsbilanz beispielsweise für die Schirmacher-Oase ist ganzjährig positiv. Am angenehmsten hat sich uns diese Tatsache eingeprägt, wenn wir uns nackt und sonnenhungrig auf die windgeschützten, durchwärmten Felsen ausstrecken. Fünfundzwanzig Grad sind in solch lauen Eckchen keine Seltenheit.

Während wir weitermarschieren, klicken unsere Fotoapparate ununterbrochen. Panoramaeinstellungen wechseln mit schmalwinkligen Teleausschnitten. Wir weisen uns gegenseitig auf lohnende Motive hin. Der Wind weht schwach aus OSO, und auch hier oben genieße ich die Stille der antarktischen Natur. Allzuleicht wollen sich beim Anblick der seenbedeckten Oase Bäume, Blumen und saftige, grüne Wiesen in das Bild schmuggeln. Die heimatliche Landschaft geht uns nicht aus dem Sinn.

Wir überqueren zwei Hügelketten, die sich nach Nordost erstrecken und die morphologische Struktur des mittleren Teils der Oase erkennen lassen, und gelangen an den Dlinnoje. Das Wasser dieses Sees ist nicht wie fast alle anderen Gewässer der Oase klar und durchsichtig, sondern es schimmert grünlich. Hier hat sich Phytoplankton angesiedelt. Für Hydrobiologen sind die Gewässer der Schirmacher-Oase ein Mekka. Immerhin erreicht die Unzahl kleiner Tümpel sommers Wassertemperaturen über +10 °C, und auch die größeren Seen bringen es auf passable +4 °C. Das Leben in den Oasenseen ist, wenn eben nicht üppig, so doch vielfältig. Phytoplankton und Algen sind die wesentlichen Vertreter, die der widrigen Witterung trotzen. Bei unseren Probenahmen aus den Seen Sub und Pomorika »ernteten« wir jedesmal einen Ruttner-Schöpfer – einen mechanisch verschließbaren, gläsernen Probenzylinder – voll Grün- und Blaualgen vom Seeboden. Gehässige Zungen witzelten über unsere Mitbringsel: Spinat hätten wir genug am Lager.

Einige besonders gut erhaltene Wassermoos- und Algenkulturen habe ich getrocknet. Bisher sind über den Isotopenbestand an Kohlenstoff, Stickstoff, Wasserstoff und Sauerstoff der Oasenpflanzen keine Angaben bekannt. Wir möchten diese Lücke schließen und gleichzeitig einen Zusammenhang zum Wasserhaushalt der Pflanzen finden. Beispielsweise liegen die Deuteriumwerte für Moose und Seepflanzen, wie wir aus ersten Analysen ermitteln konnten, um etwa –200 Promille. (Immer im Vergleich zum Ozeanwasser-Standard.) Das Schmelzwasser, das den Pflanzen zur Verfügung steht, hat einen δ D-Wert um –220 Promille; er liegt also in unmittelbarer Nähe des Pflanzenwertes. Die Flechten, für die ein anderer Stoffwechselmechanismus wirksam ist, weisen jedoch deutlich mehr Deuterium in ihren organischen Substanzen auf.

Den Dlinnoje umgehen wir an seinem Abfluß zum Schelfeis und gelangen über Geröllfelder an den Nordrand der Oase. Die Fußgelenke werden in solchem Gelände stark beansprucht. Auf den rollenden Kieseln, Felssplittern und -brocken muß jeder Tritt sitzen. Da bewähren sich die festen Bergschuhe, die wir in Potsdam erhalten haben. Eine Verstauchung wäre zwar nicht lebensgefährlich, aber sie verhinderte ein selbständiges Zurücklaufen in die Station. Ob wir zu Hause, unseren antarktischen Gewohnheiten folgend, auch so einherlaufen werden: Kopf nach unten und losgestiegen?

Der Blick zum Schelfeis wird frei. Eine große, halbkreisförmige Bucht mit steil abstürzenden Wänden, an dieser Stelle 150 m tief, gebietet uns Halt. Unten breitet sich eine ebene Eisfläche aus, durchbrochen von einer Felsinsel. Die rostbraunen Felswände um uns her durchziehen horizontale, hellere Gesteinsbänder: meist Feldspäte, auch Quarz. Senkrecht dazu schmale Gänge pegmatitischen Gesteins. Oberflächlich blättert verwitterter Fels ab – ein Achtungszeichen für uns, nicht zu nahe an die Felsabstürze zu treten!

Die ebene Eisfläche unter uns gehört zum Oshidanija, einem für die Schirmacher-Oase typischen Epischelfsee, – so nennt man Seen, die sich an der Grenze zwischen Oasenufer und Schelfeis befinden. Sie führen ausschließlich noch nicht mit dem Meer vermischtes Schmelzwasser. Der Oshidanija ist etwa 150 m tief. Weiter nördlich riegelt das dickere, ansteigende Schelfeis den Oshidanija vom Meer ab. Die Wasserlinie liegt etwa in Meereshöhe. Sechs solcher Seen sind an der Peripherie der Schirmacher-Oase bekannt. Sämtliche Schmelzwässer der Oase dringen durch die mobilen und aufgeworfenen Ränder des Schelfeises oder über die Epischelfseen in das unter dem Eis anstehende Meer.

Vor einigen Wochen gingen wir schon einmal mit Handbohrer und Ruttner-Schöpfer dem drittgrößten Epischelfsee, dem Karowoje, zuleibe. Die Seenproblematik, das ist aus der Vielzahl der Probenahmen zu ersehen, ist eine unserer wichtigsten Forschungsaufgaben in der Schirmacher-Oase. Mit dem beginnenden Tauprozeß suchten wir wöchentlich einige Oasenseen und kleinere Verdunstungsbecken auf, entnahmen Tiefenprofile, Zu- und Abflußproben sowie Oberflächenwasser. Die Dynamik des hydrologischen Systems – des Schmelzwasser- und Abflußmechanismus wie auch der Verdunstungsprozesse stehender Gewässer – kann mit isotopenphysikalischen Methoden, vor allem mit Hilfe der Isotopenmessung am Deuterium und am Sauerstoff-18 im Wasser, recht gut untersucht werden. Wir wollten ein Tiefenprofil des Sees Karowoje und damit Aussagen über die Vermischung des Meerwassers mit dem einfließenden Schmelzwasser erhalten. Unsere Bohrstelle war mit Bedacht gewählt. Sie lag am Anfang des Weges, den antarktisches Schmelzwasser bis zu seiner vollständigen Vermischung mit dem Ozean zurücklegt. Wie bemerkt, ist das Ozeanwasser als Isotopenstandard mit plus/minus null Promille definiert. Dagegen nimmt Antarktiseis als Endprodukt der meteorologischen Kette Luftfeuchte-Niederschlag-Firn-Eis einen Wertebereich für δD zwischen -150 und -400 Promille und für O-18 zwischen -20 und -50 Promille ein. Nach drei Stunden Arbeit hatten wir das Profil gewissermaßen in der Tasche. Anfänglich waren wir über eine fehlende Schichtung des Sees erstaunt. Die Temperatur blieb konstant bei $+0,2°C$. (Hier wirkt das kalte anstehende Schelfeis temperaturausgleichend.) Später fand ich in der Literatur unsere gemessenen Werte für diese Art Seen bestätigt. Dagegen zeigte sich an zwei tieferen Seen gut ausgebildete Schichtung, solange sie völlig eisbedeckt waren.

Eilig packen wir unsere Gerätschaften wieder zusammen, denn noch sind etwa neun Kilometer bis zum westlichen Punkt, einem astronomischen Markierungszeichen, zurückzulegen. Nach unserer Karte werden wir bald die schmalste Stelle der Oase erreichen. Ein etwa 200 m langer, steiler Geröllhang fällt zum See Sbrosowoje ab. Mannshohe Brocken und scharfkantige Felssplitter lagern hier sicher schon Hunderte von Jahren, von Eis, Wasser, Sturm aus dem festen Gestein gebrochen.

Schnell noch ein Rundblick. Ein wildgefaltetes und aufgeworfenes Eisfeld grenzt an den Nordrand der Oase und deutet auf starke Bewegung und Pressungen des Schelfeises hin. An dieser Stelle hätte keines der kräftigen Kettenfahrzeuge eine Chance. Eiswälle von vier bis acht Meter Höhe liegen parallel zu den Felsrändern. Der Sbrosowoje breitet sich in einer Senke aus. Seine Oberfläche, an diesem Tage sonnenüberflutet, von Wellen gekräuselt, glitzert und ist getränkt vom blauen Widerschein des Himmels. In Ufernähe kann man deutlich durch das klare Wasser den felsigen Grund erkennen.

Halb schreiten, halb rutschen wir den Hang hinab. Aber das Poltern des Gerölls wird noch übertönt von einem Rauschen, das zu uns heraufdringt. Tosend brechen sich Wasserfälle über den mächtigen Eisabbruch ihren Lauf. Aus fast 30 m Höhe stürzen sie in den See – ein faszinierender Anblick!

Der schmale Felsgrat beiderseits des Sbrosowoje-Abflusses ist stellenweise glatt poliert. Daneben durchziehen Schrammen und Rillen den Fels – Spuren einer Vergletscherung dieses Gebietes vor nicht allzu langer Zeit. An keinem anderen Ort der Oase ist die Wirkung der Gletscher so auffallend frisch erhalten geblieben wie hier am Sbrosowoje. Doch zeichnet sich schon eine Verwitterung ab. Gewaltige Felsplatten liegen abgesprengt umher, von der Kraft des in Ritzen eindringenden Wassers und dem Wechsel zwischen Gefrieren und Tauen ihres Untergrunds enthoben. Der Glaziologe nennt diesen Prozeß Desaquamation. Bald wird der Wind, mit Sand und Eiskörnern verschärft, Waben in die weicheren Teile der Felsen blasen. Uns plagt der Durst. Die Luft ist trocken, und das reine Wasser lockt zum Trunk. Diedrich wird verwegen und drängt mich: »Was meinst du zu einem Bad? Schätzungsweise drei Grad. Immerhin, ein Grad mehr als zu Neujahr.«

Damals badeten wir die Saison an, am 1. Januar 1979, in einem Schmelzwassersee bei +2 °C. Früher im Jahr und wesentlich kühler geht es wohl nicht.

»Wenn wir auf dem Rückweg wären ...«, lenke ich ein.

Also bleibt es bei einem kühlen Trunk. Neun Stunden nach unserem Aufbruch von der Station stehen wir am Astropunkt, dem Westende der Oase. Aus umherliegenden Holzstücken, Reste vom Bau des Markierungsgerüstes, machen wir ein kleines Feuer und brühen Tee – unser Benzinkocher war, wie wir nach einigem Probieren feststellen mußten, leider defekt.

Ein dritter Tischgenosse stellt sich ein und versucht, etwas Büchsenfleisch zu erhaschen: eine Raubmöwe. Zögernd äugt sie auf die Konservendose. Doch der Hunger ist stärker als die Angst, und emsig pickt sie alle Fettkrumen auf.

In der Oase lebten zur Zeit unserer Überwinterung 15 bis 20 Raubmöwenpärchen. Erbarmungslos und oft mit wilder Flugakrobatik verteidigt jedes Paar sein ziemlich genau abgegrenztes Revier. Den ergiebigsten Futternapf hatten unsere zwei Stationsfamilien. Die beiden Köche, Wolodja der Große und Wolodja der Kleine, aber auch Rudi und unser Funkmechaniker Hans-Georg Wetzel fütterten die Raubmöwen reichlich. Ihre Brut, meist ein oder zwei Junge, beschützen die Skuas, wie sie auch heißen, sehr entschlossen. Im Tiefflug ziehen sie, Schreie ausstoßend und flügelschlagend, über unsere Köpfe, wenn wir ihrem Nest zu nahe kommen. Mit reichlich einem Meter Spannweite kann man schon prahlen. So ist es auch diesmal. Wir respektieren ihre Drohungen und machen uns auf den Heimweg.

Wir wählen die kürzere Strecke, am Inlandeis entlang. Bald erreichen wir den Sbrosowoje am Südufer. Der Wasserfall ist fast verebbt, die Sonne steht schon sehr flach im Südwesten. In hellem, kräftigem Blau schimmern die Eisabbrüche; alles scheint wieder für Ewigkeiten eingefroren. Und doch bewegt sich das Kontinenteis unaufhörlich, millimeterweise. Verstreut liegende Eisbrocken deuten darauf hin, daß durch Spannungen im Eis eine Lawine aus der Wand gebrochen sein muß. Mit größter Vorsicht überwinden wir diese schwierige Passage.

Es ist 17.00 Uhr und noch recht licht. Anfang Februar bleibt es sogar zur Mitternachtszeit dämmrig genug, so daß man ohne Taschenlampe im Freien laufen kann. Wir legen nun öfter Pausen ein, sind ein wenig müde. Der Durst macht uns immer noch zu schaffen; wir haben Appetit auf frische Äpfel.

Endlich liegt der letzte Hang hinter uns. Wir hören das vertraute Tuckern der Dieselaggregate aus dem Kraftwerk. Die wöchentliche Banja ist vorbereitet. Wir sind diesmal die ersten Banjagäste. Der Diensthabende Mechaniker wünscht uns »S ljochkim parom!« – »Guten Dampf!« Rasch die Lederkombination und Unterkleidung abgestreift. Bei 120 °C bringen wir uns auf die nötige Ruhe, und dann geht's »nach Hause«, in die Betten.

Ich bin froh, mir noch einmal einen Überblick über die Oase verschafft zu haben. Solch ein letzter Gang durch das Aktionsgebiet erleichtert die Auswertung der Ergebnisse im Institut. Die wichtigsten Geländearbeiten sind nun beendet, die Proben in Plast eingeschweißt und verpackt. Die bis zur Abreise verbleibenden Tage widme ich nur noch den Luftfeuchte-Untersuchungen. Selbstverständlich haben sich die Meteorologen seit langem mit dem Feuchtegehalt der Luft beschäftigt, auch im Bereich der Schirmacher-Oase, also im antarktischen Zyklongürtel. Es gibt lange Meßreihen. Aber die Meteorologen haben keine genauen Angaben, aus welchen Regionen der Erde die Luftfeuchte in den antarktischen Küstengebieten stammt. Hier kann die Isotopenphysik klärend eingreifen. Meine Leipziger Kollegen von der Isotopenhydrologie verfolgen seit Jahren die atmosphärische Wasserzirkulation und haben ein Luftfeuchtemodell für den europäischen Raum erarbeitet. Diese Institutserfahrungen kommen uns zugute. Wir möchten die Aussagen über den Luftfeuchtekreislauf in der Antarktis präzisieren.

Wir wissen, daß sich die isotopische Zusammensetzung des atmosphärischen Wassers stark mit der Temperatur sowie mit der Anzahl und Intensität der Verdunstungs- und Kondensationsprozesse ändert. Man kann sich die Luftzirkulation so vorstellen: Eine Luftmasse über dem Südatlantik, angereichert mit ozeanischem Wasserdampf, gelangt in den antarktischen Zyklongürtel, kühlt aus und »regnet sich ab«, wie der Fachmann sagt. Die teilweise ausgetrocknete Luft kann bei weiterer Abkühlung – und das ist der Fall, wenn sie ihren Weg über das antarktische Inland nimmt – noch mehr Wasser verlieren. Die Restfeuchte enthält nun Wasser mit sehr wenig Deuterium. Das Wasser ist über dem Kontinent isotopisch leichter geworden. Die typischen, kontinentalen Fallwinde bringen sehr kalte, extrem trockene Luft, die nur etwa 0,3 bis 0,5 Gramm Wasser pro Kubikmeter enthält, heran. Diese geringe Luftfeuchte hat δ D-Werte um –300 Promille und noch darunter. Aus der Bestimmung des Deuteriumgehaltes kann also auf die Herkunft einer Luftmasse und auf ihren Weg geschlossen werden, wenn dazu meteorologische Randbedingungen bekannt sind. Eine derartige Identifizierung atmosphärischen Wassers mit Hilfe der Isotopentechnik ist eine sehr elegante Methode.

Das Datenmaterial, das wir schon im Labor unseres Meßkomplexes gewonnen haben, ist reichlich. Und dennoch stellte es nur einen Bruchteil dessen dar, was wir an Informationen nach den umfangreichen Auswertungen im Institut letztendlich zur Verfügung hatten. Und die vielen Anregungen, die wir von unserem Aufenthalt in der Schirmacher-Oase mitbrachten, halfen uns, das Forschungsprogramm »Isotope in der Natur«, das wir gemeinsam mit der Bergakademie Freiberg erarbeitet haben, mit prallem Leben zu erfüllen. Es wurde über Jahre zur Richtschnur der Aktivitäten Leipziger Isotopenforscher in Antarktika.

1978–1980

24. Sowjetische Antarktisexpedition
Nowolasarewskaja, Drushnaja, Pensacola Mts.

Seit 1978 fuhren auch Geomagnetiker aus der DDR nach Nowolasarewskaja. Das im Geomagnetischen Observatorium Niemegk ausgearbeitete Programm sah zunächst vor, einige in der DDR entwickelte und unter mitteleuropäischen Bedingungen bewährte Geräte für den Einsatz in Antarktika zu testen sowie erste Messungen ausgewählter geomagnetischer Größen, zum Beispiel der Mikropulsationen des Erdmagnetfeldes, vorzunehmen.

Die isotopenphysikalischen Forschungen erhielten diesmal durch die Mitarbeit von Wilfried Richter und Ralf Der eine hydrologische und floristische Akzentuierung. Die bisherige Probensammeltätigkeit (Luftfeuchte, Niederschlag, Wasser aus Schnee- und Eisprofilen zur Untersuchung der Luftmassendynamik und der Niederschlagsakkumulation) wurde fortgeführt, ebenso die Sammlung von Kohlendioxid und Stickstoff aus der Luft. Die Beprobung zweier Seen im Schelfeisbereich bis zu einer Tiefe von 100 m wies keinerlei marine Einflüsse auf die Wasserschichtung aus. Sie gehören demnach zum Typ der Epischelfseen, einem seltenen Phänomen: Es sind Süßwasserseen, die der Gezeitenwirkung des Meeres unterliegen, weil sie irgendwo am Eisgrund eine Verbindung zum Ozean haben.

Des weiteren wurden ein See auf dem Inlandgletscher, drei abflußlose Seen und drei Seen vom Durchflußtyp in der Schirmacher-Oase untersucht. Ziel der hydrologischen Arbeiten ist es, die polaren Seen in ihren unterschiedlichen Erscheinungsformen modellhaft zu erforschen, was auch heißt, zu differenzieren.

Nach diesen und anderen Beobachtungen sowie auf der Grundlage der Arbeiten von Strauch und Fritzsche (s. S. 149 ff.) wurde eine erste hydrologische Karte der Schirmacher-Oase im Maßstab 1 : 10 000 angefertigt. Damit kann das Zu- und Abflußregime dieser Oase zwischen Inlandeis im Süden und Schelfgletscher im Norden als erfaßt gelten. Die Karte ist ein Beitrag zur kleinflächigen Hydrographie einer antarktischen Oase und blieb bisher ohne Beispiel.

Ebenso wurde mit der Kartierung der Flechten, Moose und einiger Algenarten in der Schirmacher-Oase begonnen. Der wissenschaftliche Gehalt solcher Karten liegt vor allem im Erfassen der Besiedlungsgesetzmäßigkeiten, ihrer Beziehungen zur allgemeinen Schnee- und Eisfreiheit und im hydrographischen Zeigerwert der Arten. So konnten Schmelzwasserabflußbahnen nach markanten Flechten-Moos-Vergesellschaftungen erkannt und auf Grund der Ausbreitung von Flechtenpopulationen das Alter der Eisfreiheit bestimmter Gebiete abgeschätzt werden.

Ein medizinisches Beobachtungsprogramm, in das alle ostdeutschen Überwinterer einbezogen waren, setzte die bioklimatologische Datenerfassung der 20. SAE fort.

Als Geologe hatte Alexander Frischbutter seine Ausgangsbasis in der Station Drushnaja. Das Einsatzgebiet, die Pensacola Mountains, lag über 1000 km von dort entfernt, und wurde von einem Zeltlager am Fuße des Heiser Ridge (Neptun Range) strukturgeologisch erschlossen. Eine detaillierte tektonische Aufnahme des Zentralteils dieses bis zu 2000 m hohen Gebirgszuges hilft, die Deformations- und Metamorphoseerscheinungen an der Grenze zwischen Ost- und Westantarktischer Tafel besser zu verstehen.

Expeditionsglück, Expeditionsleid

Klaus Peukert

Vor allem gelte es festzustellen, wie unsere Geräte unter antarktischen Bedingungen arbeiten beziehungsweise wie sie den dort herrschenden Verhältnissen angepaßt werden können, so wies man mich in mein persönliches Arbeitsprogramm ein. Ich war erfreut und ich war enttäuscht. Einen simplen Gerätetest sollte ich durchführen? Ich, der auf große Reise gehen wollte, um noch die geheimsten Geheimnisse des Magnetfeldes unseres Planeten aufzuspüren? Der eine andere interessante Tätigkeit aufgegeben hatte, um sich auf neue Weise zu bestätigen: im möglichst dramatischen Kampf an der vordersten wissenschaftlichen Front in der Antarktis? Was wird es wohl an Geräten viel zu testen geben, die in Europa bereits ihre Leistungsfähigkeit bewiesen hatten? Dieses Prüfprogramm wird dich wenig belasten, dachte ich, dann wirst du um so mehr Zeit haben, über die Ursachen der erstaunlichen Mikropulsationen des Magnetfeldes nachzudenken, deren Auftreten nach wie vor in Fachkreisen Fragen aufwirft und deren Registrierung auch zu meinen Aufgaben gehörte.

Vor Ort haben mich die in der Schirmacher-Oase herrschenden Naturbedingungen von meinem hohen Roß schnell heruntergeholt. Dabei war es zunächst recht amüsant. Schon nach wenigen Minuten Aufenthalt in der Station lernten wir eine Erscheinung kennen, die uns in der Heimat zwar hin und wieder begegnet war, sich dort aber nie zu einer Alltäglichkeit auswuchs. Berührten wir elektrisch leitfähige Gegenstände, so bekamen wir einen sehr unangenehmen elektrischen Schlag. Dabei war es gleichgültig, ob der Gegenstand Kontakt mit dem auf Nullpotential liegenden Massesystem der Station hatte oder nicht. Die elektrischen Schläge waren begleitet von deutlich hörbarem Entladungsknacken. Noch nicht an dieses Phänomen gewöhnt, machten die Betroffenen sehr erschrockene Gesichter, was allgemeines Gelächter hervorrief.

Die meisten hatten sich bald mit dem ständigen »Geladensein« abgefunden, nur Heinz Armbruster, unser Experte für das bioklimatologische Untersuchungunsprogramm, konnte sich bis zum Schluß nicht recht daran gewöhnen. Offenbar gegen die physiologischen Erscheinungen des durch den Körper fließenden kleinen, ungefährlichen Entladungsstromes besonders empfindlich, waren für ihn so selbstverständliche Handgriffe wie das Öffnen und Schließen der Schiffstüren, die in einigen Räumen unserer Unterkunft eingebaut waren, ein Problem. Vorsichtig näherte er sich dem ladungsverdächtigen Objekt, unternahm mit der Hand zunächst einige Scheinangriffe, wobei er noch jeden direkten Kontakt vermied, vielleicht hoffend, die Überschußelektronen zu einem allmählichen Spannungsausgleich zu verleiten. Die Natur der elektrostatischen Aufladung läßt aber derartige Überrumpelungen nicht zu; jedenfalls wurde diese Zeremonie immer von einem Heinzschen, in seriösen Büchern nicht wiederzugebenden Fluch abgeschlossen, der uns meldete, daß die Elektrostatik wieder zugeschlagen hatte.

Männer mit ungewöhnlichen Freuden
Mit diesen und anderen Besonderheiten des antarktischen Lebens mußten wir uns schnell vertraut machen. Außer Harry Prippernau, der nun schon zum zweiten Mal in Nowolasarewskaja überwinterte, waren wir alle Neulinge in Antarktika. Harry, ein überall gern gesehener Kamerad und ausgezeichneter Koch, der seine Topf- und Tiegelkünste nie offiziell gelernt hatte, konnte uns also manchen Tip geben. Besonders geschätzt freilich waren seine liebevoll garnierten, auf Diesel- und Elektroofen mühsam gegarten Braten, denen ein Nase und Gaumen schmeichelnder Duft entströmte. Aber er war wochenlang auch zu Kartierungsarbeiten eingesetzt, und seinem Auge entging nicht das kleinste Detail im Gelände.

Zu unserer Gruppe gehörte Wilfried Richter, ein Biologe und Geowissenschaftler, der auf vielen Gebieten beschlagen ist und dennoch das naive Staunen noch nicht verlernt hat. Ein Mann, der in der Lage ist, Begeisterung und Elan auf andere zu übertragen, dessen nie ermüdende Aktivität manchmal überschäumt, aber keinen Schaum schlägt. Ein Wissenschaftler, der ausgezogen war, um gemeinsam mit Ralf Der, einem Physiker, unter anderem die Fragen nach dem Woher, dem Alter und den Veränderungen des antarktischen Eises mit isotopenphysikalischen Methoden beantworten zu helfen.

Sein Partner, Ralf Der: allen Freuden des Lebens zugetan, und dennoch von asketischer Genügsamkeit. Ein scharfsinniger Denker, der schnell in die verwickeltsten technischen und wissenschaftlichen Probleme Ordnung und System bringt, in nebensächlichen Alltäglichkeiten aber Ordnung nicht ausstehen kann. Ein Sprachgenie, das in Wochen dank seiner hervorragenden Merkfähigkeit die russische Sprache quasi im Vorbeigehen erlernte, aber oft ein Schmunzeln bei uns hervorrief, wenn er sich absolut nicht mehr erinnern konnte, wohin er einen wenige Minuten zuvor von ihm benutzten Gegenstand abgelegt hat.

Unserem Ingenieur für Kfz-Wesen Günther Herold ließ die Sorge um die Betriebssicherheit der ihm anvertrauten Dieselgeneratoren für die Stromversorgung nächtelang kein Auge zumachen. Dann gehörte noch Matthias Kelch zu unserer Mannschaft, der Meßtechniker, dessen köstlicher Mutterwitz so manche Lachsalve ausgelöst hat; der beim Anfertigen von Vorrichtungen handwerkliches Geschick bewies, um dessen Finger man aber bangen mußte, sobald er mit dem Küchenmesser hantierte, um Wurst zu schneiden. Seine Gabe, mit fünf bis zehn russischen Wörtern angeregte Gespräche mit sowjetischen Kollegen führen zu können, ist ein von uns nie verstandenes Phänomen geblieben. Schließlich unser Arzthelfer Heinz Armbruster. Selbst in der größten Hektik bei der Anlandung und Entladung der Schiffe oder in erregten Diskussionen war er ein wohltuender Pol der Ruhe und Besonnenheit – dem aber Unregelmäßigkeit im Tages- oder Arbeitsablauf die Ruhe stehlen konnte.

Das war die Runde, die sich den Ungewöhnlichkeiten einer Polarexpedition zu stellen hatte und mit großem persönlichen Einsatz an ihre Aufgaben ging. Aber auch der Humor sollte uns nie verlassen. Beispielsweise kreierte unser immer einfallsreicher Wilfried Richter eine neue Wettkampfart: Wer trägt die größte Ladung? Dazu mußte man einen spitzen Gegenstand, am besten einen Schraubenzieher, langsam einem mit der stählernen Außenwand des Hauses verbundenen Leiter nähern. Bei einer Entfernung von 10 bis 20 mm sprang dann von der Spitze zum Leiter ein deutlich sichtbarer bläulicher Funken über.

Natürlich hatten wir auch andere, verglichen mit dem »normalen Leben« ungewöhnliche Freuden. Wird jemals jemand zu Hause ermessen können, welches Hochgefühl der Anblick der Sonne entfachen kann, die nach neun Wochen langer Polarnacht sich für wenige Minuten um die Mittagszeit über dem Horizont zeigt? Oder wenn mit Ausgang des Winters, der das Meer bis zu tausend Kilometer vor der Küste zufriert, die erste Raubmöwe am Himmel erscheint und mit breiten Schwingen von der Einkehr tierischen Lebens kündet? Wird man verstehen können, warum nach monatelangem Abgeschnittensein von allen Informationen die alten Zeitungen, die von den ersten Ablösern mitgebracht wurden, Wort für Wort verschlungen werden?

Überzählige Impulse
Während die Wirkung der Elektrostatik bei uns im Spiel nur Lachen und Jubel hervorrief und ich gern bereit war, sie unter »sonstige Kuriositäten« abzubuchen, lehrte mich die Arbeit an den Geräten bald, sie als ernstzunehmende Schwierigkeit zu berücksichtigen.

Im Meßraum unserer Unterkunft war eine Zeitkontaktanlage installiert, die in den kontinuierlich betriebenen Registriergeräten für verschiedene geophysikalische Größen zur eindeutigen zeitlichen Zuordnung der Aufzeichnungen sogenannte Zeitmarken erzeugte. Die Exaktheit dieser Marken (das sind eindeutig von der sonstigen Registrierspur abgesetzte Spitzen auf dem Schrieb) beeinflußt den wissenschaftlichen Wert der Messungen, denn es läßt sich leicht denken, daß geophysikalische Aufzeichnungen ohne genaue Zeitangaben wenig Sinn haben. Deswegen gehörte es zu den Pflichten der Meßdiensthabenden, die ordnungsgemäße Arbeit der Zeitkontaktanlage zu kontrollieren. Wir mußten jedoch immer wieder feststellen, daß die Anlage aus dem Takt kam. Ralf Der überprüfte sie zum wiederholten Male, stets mit dem Ergebnis: alles in Ordnung. An kleine böse Kobolde, die uns fleißigen Leuten die Geräte durcheinander brachten, konnten wir ja schlecht glauben, dennoch, es war als hätte der Teufel die Hand im Spiel.

Während einer Nachtwache sollte sich alles aufklären. Um dies zu verstehen, sei kurz die Arbeitsweise des Zeitmarkengenerators erläutert. In einem Schiffschronometer wird im Minutenabstand für 0,5 s über einen mechanischen Kontakt ein zur Anlage gehörender Stromkreis geschlossen. Diese kurzen Stromimpulse werden einer elektronischen Zählschaltung zugeführt, die nach 60 derartigen Impulsen ihrerseits einen zweiten Stromkreis kurzzeitig schließt. Jene Impulse liegen auch gleichzeitig an den Registriergeräten an, so daß sie im Stundenabstand die Zeitmarken setzen. Ich beobachtete nun, daß das Chronometer gelegentlich anstelle von nur einem Impuls pro Minute zwei oder mehr abgab. Einen derartigen außerplanmäßigen Impuls konnte man auch erzeugen, wenn man die isolierte Zuleitung zu den Chronometerkontakten oder das Holzgehäuse des Chronometers berührte. Die Hand des Teufels war unsere eigene!

Diese zusätzlichen Peaks auf dem Schrieb lassen sich aber auch und vor allem dadurch erklären, daß die mit elektrostatischen Aufladungen verbundenen Potentialveränderungen im Gerät zu elektrischen Spannungssprüngen führen, die von der Zählschaltung der Anlage so verarbeitet werden wie die vom Chronometer gelieferten planmäßigen Impulse. Versuche, die Anlage abzuschirmen, blieben ergebnislos. Lediglich die von uns durch Berühren erzeugten Fehlschaltungen ließen sich dadurch reduzieren, daß wir vorher die auf unseren Körpern haftende elektrische Ladung geeignet ableiteten. Da an einen Neubau der Anlage, bei dem durch konstruktive Maßnahmen derartige Fehlschaltungen ausgeschlossen würden, aus Zeitgründen nicht zu denken war, konnten wir die annähernd richtige Arbeitsweise des Zeitmarkengenerators nur durch ständige Korrektur des Fehlganges gewährleisten.

Wodurch kommen diese außergewöhnlich hohen Aufladungen zustande? Warum reagieren in einer antarktischen Station einige Geräte anders als zu Hause? Selbstverständlich sind die physikalischen Gesetze unabhängig vom geographischen Ort gültig. So ist es klar, daß diese Merkwürdigkeiten nur durch Ursachen bedingt sein können, die man unter den vertrauten heimatlichen Verhältnissen als unwesentliche Nebeneinflüsse abtut, die aber anderswo dominant werden können. Einer dieser Umweltfaktoren ist die außerordentlich niedrige relative Luftfeuchtigkeit, der wir in Antarktika ausgesetzt waren. Es kam nicht selten vor, daß sie in unserer Unterkunft auf 20 bis 30 Prozent absank. Dadurch ist die Oberfläche von Gegenständen und auch die unseres Körpers sehr trocken, was wiederum die elektrische Oberflächenleitfähigkeit stark reduziert und zur Folge hat, daß die durch Reibungskontakt auf den Körper aufgebrachten elektrischen Ladungen einen sehr hohen Wert annehmen können.

Hinzu kommt jedoch noch etwas anderes. Wegen des fehlenden Grundwassers im felsigen Boden einer antarktischen Oase und der schlechten elektrischen Leitfähigkeit des Gesteins gibt es keinen guten Kontakt zur Erde. Dadurch können unter bestimmten Umständen von Gerät zu Gerät zeitlich nicht konstante Spannungsunterschiede der elektrischen Bezugspunkte entstehen, was die Funktionsweise beeinflußt. Außerdem erschwert die fehlende »Erde« das Abschirmen der Geräte vor störenden Einflüssen.

Welch schädliche Einwirkungen dies alles auf unsere hochempfindlichen elektronischen Geräte haben mußte, wurde mir mit der Erkenntnis klar, daß wir – infolge Reibungselektrizität stets hoch elektrisch geladen – sozusagen als lebende »Leidener Flaschen« durch die Station wandelten, elektrische Ladung transportierten, also physikalisch gesehen elektrischen Strom darstellten. In der Tat zeigten einige Geräte an manchen Tagen abnorme Veränderungen der Meßergebnisse, wenn wir nur an ihnen vorbeigingen. Das waren also die besonderen Bedingungen, denen ich die in der DDR entwickelten geomagnetischen Meßgeräte anzupassen hatte und unter denen ich verschiedene Variationen des geomagnetischen Feldes messen sollte.

Das Magnetfeld schwankt

Mein Untersuchungsprogramm untergliederte sich in drei Teile. Der erste war die Messung der bisher noch nicht in allem geklärten Mikropulsationen des geomagnetischen Feldes. Hierzu muß man wissen, daß sich das Magnetfeld der Erde ständig auf die unterschiedlichste Weise verändert. Es gibt keinen einzigen geomagnetischen Parameter, der zeitlich konstant wäre. Nicht nur, daß die Magnetpole »wandern«, das Magnetfeld in sich inhomogen und in dieser Inhomogenität variabel ist, die Intensitäten sowohl örtlich als auch zeitlich schwanken, so daß beispielsweise globale, kontinentale, regionale Verschiebungen sowie jahreszeitliche, sonnentägige und mondtägige Variationen zu beobachten sind, das Magnetfeld der Erde unterliegt auch sehr kurzzeitigen Pulsationen. Hier unterscheidet man wiederum viele Schwankungstypen, die sich nach Form, Periode und Amplitude charakterisieren lassen. Es gibt zur Zeit noch keine einheitliche Theorie, die in der Lage wäre, alle diese Phänomene zu erklären. Die Registrierung und Untersuchung der Mikropulsationen ist deshalb ein Beitrag zum Verständnis der Dynamik des geomagnetischen Feldes.

Diese Pulsationen sind sehr regelmäßige, über mehrere Minuten anhaltende Schwingungen des Erdmagnetfeldes mit Periodendauern von 1 bis 300 Sekunden. Sie werden verursacht durch Anhäufungen positiver und negativer Ladungsträger (Elektronen, Protonen), die insbesondere als Bestandteil des Sonnenwindes in die Magnetosphäre unseres Heimatplaneten gelangen. Dort bewirken sie komplizierte periodische Bewegungen, die das Magnetfeld zwischen Nord- und Südpol beeinflussen. Aus der Analyse der Pulsationen und durch Vergleich mit anderen

Aufzeichnungen geophysikalischer Größen hofft man, genaueren Aufschluß über die Entstehung dieser Schwingungen zu erhalten. In Mitteleuropa sind die Mikropulsationen des Erdmagnetfeldes oft von anderen Erscheinungen überlagert, so daß sie sehr selten in reiner Form registriert werden können. Aller Voraussicht nach waren in der Antarktis bessere Meßbedingungen zu erwarten.

Im Registrieren der Abweichungen der geomagnetischen Feldstärke von einem bestimmten Grundwert und einer Grundrichtung bestand meine zweite Aufgabe. Man bezeichnet die mit der Zeit sich ändernden Abweichungen des geomagnetischen Feldes als Variationen. Sie haben ihre Ursache in der Wechselwirkung aller von der Sonne ausgehenden Strahlungsarten (Licht, Ultraviolettstrahlung, Sonnenwind) mit der Magnetosphäre und den Höhenschichten der Atmosphäre. Die Analyse dieser Variationen gestattet deshalb Rückschlüsse auf den Mechanismus dieser Wechselwirkungen und, da sie im wesentlichen von unserem Zentralgestirn verursacht sind, auf die Sonnentätigkeit. In unserem Programm sollte ihre Aufzeichnung nur die Registrierung der Mikropulsationen ergänzen.

Zur eingehenden Analyse der geomagnetischen Aktivität ist natürlich auch der Augenblickswert der Gesamtintensität des Magnetfeldes erforderlich. Des weiteren muß man die örtlichen Variationen, das heißt die Abhängigkeit der Gesamtintensität vom Beobachtungsort, kennen. Die Ermittlung dieser Werte war Gegenstand der dritten Arbeitsaufgabe.

Für dieses Programm standen moderne elektronische Geräte zur Verfügung. Sie arbeiteten nach zwei unterschiedlichen Meßverfahren. Während in den Geräten für die Messungen der Mikropulsationen und der Variationen magnetische Eigenschaften bestimmter Metallegierungen ausgenutzt werden, lag dem Meßverfahren zur Bestimmung der Totalintensität das charakteristische magnetische Verhalten von Protonen (in diesem Fall der Wasserstoffatome des Alkohols) zugrunde; es war ein Kernresonanzmagnetometer.

Das Magnetfeld der Erde ist im Vergleich zu den in der Technik genutzten Magnetfeldern schwach. Hinzu kommt, daß die für viele wissenschaftlichen Fragestellungen interessanten zeitlichen Änderungen dieses Feldes, eben jene Mikropulsatianen und Variationen, im allgemeinen sehr klein sind. Bezogen auf die Gesamtintensität betragen die Abweichungen bei kräftiger magnetischer Aktivität höchstens bis zu vier Prozent. Zumeist machen sie jedoch nur 0,03 bis 0,3 Prozent der Gesamtfeldstärke aus. Daraus erwächst die Schwierigkeit der Meßaufgabe.

Die Sonde zeigt an, was sie will
In der Heimat arbeitete das Magnetometer mit einer hohen Genauigkeit und Stabilität über einen längeren Zeitraum. Ich hatte also allen Grund, zuversichtlich zu sein. Auch der Probebetrieb unmittelbar nach dem Auspacken zeigte keinerlei Abnormitäten. Also konnte die Apparatur sehr bald im Meßcontainer, einem für die wissenschaftlichen Geräte vorbehaltenen Raum, installiert werden. Jedoch nach wenigen Tagen fiel das Magnetometer aus, und das wiederholte sich in unregelmäßigen Abständen. Ursache war stets das Versagen von Halbleiterbauelementen an den Signalaus- und -eingängen. Auch die für die medizinischen Untersuchungen notwendigen transportablen und robusten EKG-Geräte versagten mit gleicher Ursache. Sowjetische Kollegen berichteten mir von gleichen Schwierigkeiten bei Geräten, die mit Halbleitern bestückt waren. Da diese Bauelemente gegen Überspannungen sehr empfindlich sind, haben wir die Vielzahl der Defekte auf die häufigen elektrostatischen Aufladungen, die unserem Freund Heinz so sehr mitspielten, zurückgeführt. Durch konstruktive Maßnahmen, zum Beispiel den Einbau von spannungsbegrenzenden Bauelementen und die Ausstattung der Geräte mit Sprühpinseln, die nach dem Blitzableiterprinzip arbeiten, können die defektauslösenden Einflüsse dieser Aufladungen gemindert werden, ganz auszuschließen sind sie wegen der schlechten Erdungsverhältnisse wahrscheinlich nicht.

Waren die Defekte beseitigt, arbeitete das Magnetometer für die Messung der Mikropulsationen sehr gut. Immer wieder wurden wir in Erstaunen versetzt, mit welcher Gleichmäßigkeit und Langlebigkeit derartige Feldschwingungen auftraten, plötzlich oder allmählich wieder verschwanden. Es kam auch vor, daß sie von einer Schwingungsklasse mit bestimmter Periode in eine andere mit anderer Periodendauer überwechselten. Bemerkenswert war außerdem, daß während sichtbaren Polarlichtes besonders langperiodische Pulsationen mit großer Intensitätsdynamik registriert wurden. Während sogenannter magnetischer Stürme waren vor allem kurzperiodische Pulsationen so langlebig und heftig, daß wir das Gerät nur zeitweise einschalten konnten.

Ich genoß also höchstes Forscherglück. Bis die kritische Durchsicht der anderen geophysikalischen Messungen, die ebenfalls mit sehr empfindlichen Apparaturen vorgenommen wurden, schädliche Störeinflüsse vermuten ließen. Ein langes Suchen der Störquellen begann, Hypothesen wurden aufgestellt und wieder verworfen, der Störer blieb aber zunächst unerkannt. Schließlich kamen wir ihm auf die Spur; diese Entdeckung war jedoch niederschmetternd. Das Magnetometer, dessen Registrierungen meine Brust voller Stolz schwellen ließen, war der Störenfried. Kein Zweifel, die Störquelle war entdeckt, denn das Ausschalten des Magnetometers bewirkte auch das Verschwinden der Störstrahlung auf andere Geräte.

Wie ist so etwas möglich? Wurde doch gerade dieser Gerätetyp in einem langjährigen anspruchsvollen Observatoriumsbetrieb hinsichtlich seines Einflusses auf andere Meßgeräte getestet! Wir erklärten es uns so: Die aus der Funktionsweise des Magnetometers folgende Eigenart sowohl der Erreger- als auch der Meßsignale, aus einem Gemisch von Wechselspannungen zu bestehen, begünstigt das Abstrahlen von Störungen. Zwar sind die Leitungen, die diese Spannungen führen, sehr sorgfältig abgeschirmt, doch wegen der schlechten Erdungsverhältnisse und auch wegen der erforderlichen Länge dieser Leitungen, sind diese Abschirmungen nicht perfekt. Ungünstig wirkte sich auch die geringe Bodenleitfähigkeit in der Umgebung unseres Meßpunktes aus, die gute Ausbreitungsbedingungen für elektromagnetische Wellen (die registrierten Störungen stellen solche dar) erwarten ließ.

Diese Vermutung wurde dadurch erhärtet, daß der von den elektrischen Maschinen erzeugte Störpegel, in dem die Frequenzen des elektrischen Versorgungsnetzes vorherrschten, noch in der weiteren Umgebung der Station außerordentlich hoch war. Das hatte zur Folge, daß unser zweites Magnetometer, die Kernresonanzsonde, mit dem wir die Totalintensität des Magnetfeldes messen wollten, in seiner Arbeitsweise sehr beeinträchtigt war und die mit ihm erhaltenen Magnetogramme für eine Auswertung nicht verwendet werden konnten. Ich bilde mir ein, ein von der Technik begeisterter Physiker zu sein, aber die Tücken der Technik und die in der Schirmacher-Oase obwaltenden Bedingungen drohten mir doch manchmal über den Kopf zu wachsen, und so mußte ich auch manche Enttäuschung hinnehmen.

Die geringe Bodenleitfähigkeit hatte jedoch auch eine für uns gute Seite. Damit Wilfried Richter und Ralf Der ihre Proben für das Isotopieprogramm in einem weiteren Geländeabschnitt aufnehmen konnten, entschlossen wir uns, ein Außenlager in 20 bis 25 km Entfernung vom DDR-Meßpunkt zu errichten. Das setzte aber einen ständigen sicheren Funkkontakt voraus. Mit unseren UKW-Handfunksprechgeräten vom Funkwerk Köpenick, die den Geräten ähnelten, mit denen zu Hause mitunter Streifenpolizisten ausgerüstet waren, konnten wir in bergigem Gelände jedoch nur über Entfernungen bis zu 15 km gute Verbindung halten. Entgegen der Meinung der Stationsfunker hofften wir nun, die Spannweite unserer Funkbrücke zu vergrößern, wenn wir anstelle der keine Richtung bevorzugenden Stabantenne – so wurden die Geräte serienmäßig bestückt – eine Antenne mit verbesserter Richtwirkung verwendeten. Entsprechend einem bewährten Vorbild baute schließlich Ralf eine Dipolantenne mit einem Richtverhältnis von etwa 2 : 1, das heißt in den vorwärtigen Halbraum strahlte diese Antenne das Doppelte der Energie ab wie in den rückwärtigen. Dank diesem Umbau konnten wir Reichweiten bis zu 30 km erzielen. Dieses Ergebnis führten wir auf die günstigen Ausbreitungsbedingungen der Ultrakurzwellen zurück, deren Energiegehalt eben aufgrund der geringen Bodenleitfähigkeit in der Schirmacher-Oase nicht durch die im Boden induzierten Ströme so schnell aufgezehrt wurde. Des öfteren hat die Stationsleitung den Funkkontakt zwischen den Kollegen im Außenlager und uns in der ständigen Unterkunft kontrolliert, so unglaubhaft erschien ihr die gesteigerte Leistungsfähigkeit unserer kleinen Funkgeräte. Stets konnten wir beweisen: Verbindung vorhanden.

Leben in der Felswüste

Wilfried Richter

Seit Tagen sind wir nun schon als Dreiergruppe im Gelände tätig, wenn auch mit wetterbedingten Unterbrechungen und durch notwendige Meß- und Kontrolldienste in der Station von unserem eigentlichen Feldarbeitsprogramm zeitweise abgehalten. Begonnen hat der große Geländeeinsatz am 8. November 1979, als die sowjetischen Expeditionsteilnehmer unsere für drei Monate zusammengestellte Ausrüstung in die Nähe des ersten Außenlagers brachten. Waleri Klokow, der Stationsleiter von Nowolasarewskaja, ließ die beiden mittelschweren Kettenfahrzeuge in einem weiten Bogen aus dem Ostteil der Oase heraus und in großem Abstand zu ihr über das nördlich vorgelagerte Schelfeis fahren. Das Abflußregime des Inlandeises bringt es mit sich, daß es zu beiden Seiten der etwa in Ost-West-Richtung gelegenen Oase vorbeiströmt. Die verdeckte Küstenlinie übergleitend und auf dem Meer aufschwimmend, bildet es den Schelfgletscher, über den wir nun unserem Ziel entgegenfuhren. Die Schirmacher-Oase wird von dem ausfließenden Inlandeis gewissermaßen in die Zange genommen, denn ein Teil des Eises drängt von Norden, vom Meer her, wieder gegen den Oasenrand und bildet dort wild zerfurchte Pressungswälle.

Unser erstes Außenlager sollte im äußersten Westen der Oase, oberhalb des Zickzacksees, entstehen. Die Fahrzeuge konnten an dieser Stelle fast bis an den Südrand der riesigen schwimmenden Schelfeistafel heranfahren, sich hier also wieder der Oase nähern. Nördlich von uns wurden Eisdicken bis tiefer als 400 m erbohrt, ehe man ins freie Meereswasser gelangte. Nur manchmal sorgen ausgedehnte Wasserbrecken für einen größeren Abstand zwischen Schelfeis und Oasenrand. Es sind schmelzwassergefüllte Seen, die wohl eigentümlichsten der Erde. Der geschlossene Schelfeisgürtel im Norden hindert das Süßwasser am oberflächlichen Abfluß in den Ozean. Aber an der Unterseite des Schelfeises sind diese sogenannten Epischelfseen mit dem Meer verbunden. Da jedoch Süßwasser spezifisch leichter als Salzwasser ist, schichtet es sich bis in mehr als einhundert Meter Tiefe auch über diesen Öffnungen des Eisgrundes, weshalb ein Wasseraustausch so gut wie völlig unterbleibt. Daß die Epischelfseen direkt mit dem Ozean verbunden sind, macht sich durch Ebbe und Flut im täglichen Wechsel bemerkbar. Obwohl man schon seit Ende der fünfziger Jahre davon weiß, schweigen sich die Lehr- und Fachbücher der Geographie und Limnologie immer noch über diesen Seentyp wie über das Phänomen von Meeresgezeiten in Süßwasserseen aus.

Nächte in der Schneehöhle und auf nacktem Fels
Mit Harry Prippernau, dem zu unserer Hilfe freigestellten Koch, und Ralf Der, meinem Leipziger Kollegen, wurde an einer leidlich geschützten Stelle auf einem terrassenartigen Absatz weit oberhalb des Sees das Außenlager errichtet. Wie wenig Schutz dieser Platz indessen vor dem Angriff der Naturgewalten bot, erlebten wir Tage später. Ralf war abgerufen worden und als Funker mit einem Versorgungsfahrzeug unterwegs, als unser Zelt im Sturm gebeutelt und vom First her zerrissen wurde. Sehr unerquicklich – es war um Mitternacht! Da half nur: das Zelt niederlegen und mit Steinen beschweren.

In einem nahen Schneefeld richteten wir unser Notquartier ein. Die in der Kindheit im heimatlichen Erzgebirge oft geübte Technik, Schneehöhlen zu bauen, verhalf uns zu einer sicheren Bleibe für den Rest der Nacht: Wir arbeiteten uns an einem steilen Firnflecken etwa drei Meter in den harten Schnee hinein, um am Ende jeweils nach links und rechts eine Art Röhre von 2 m Tiefe, 1,2 m Breite und kaum einen Meter Höhe anzulegen. Dort war Platz für Luftmatratzen und Schlafsäcke. Die Stäbe des Eisbohrers dienten uns als Kleiderstange, und gleich neben meinem Kopf war der Benzinkocher aufgestellt – eine anheimelnde Gemütlichkeit ergriff uns, wie sie in der schönsten Wohnung nicht zu finden ist. Und in der Tat verbrachten wir hier die ruhigste Nacht während unseres Geländeeinsatzes. Ein Kistendeckel diente als provisorischer Verschluß des Eingangs, hauptsächlich dazu bestimmt, das feine Schneepulver vom Inneren unseres »Fuchsbaus« abzuhalten. Das Lied des Sturms drang nur noch wie das weit entfernte Brausen eines Schnellzuges an unser Ohr.

Welch einen Unterschied bot dagegen später unser zweites Lager, in der Nähe des Sbrosowoje-Sees, an der schmalsten Stelle des mittleren Oasenteils. Massiger Granatgneis bildet dort eine nicht allzu hohe Felsschwelle, die das Seebecken gegen Norden vom Schelfeis abgrenzt. Die Landschaft ist an dieser Stelle fast vollkommen ohne Geröll, die Felsen sind glattgeschliffen. Bis auf die gebleichte Umgebung von Rissen tragen die rundlichen Formen in seltener Erhabenheit die »braune Witwentracht der Wüste«, wie es der Geologe Johannes Walter einmal formuliert hat. Es sind Eisenoxidschichten, die das Gestein mehr oder weniger vollkommen überziehen und bei intensiver Entwicklung eine glänzende Kruste bilden: den Wüstenlack. Hier befindet sich ohne Zweifel eine der schönsten Gegenden in der so überaus herben Landschaft dieser polaren Felswüste.

Von unserem Lager aus erlebten wir im Laufe des Januar, wie die Eisdecke des Sees allmählich verschwand und das herrliche Blau der Wasserfläche sich im Süden von einer Flanke des Inlandgletschers abhob. Die Eiswand schob sich fast bis an den See heran. Noch vor wenigen Jahrtausenden muß der Gletscher das Seebecken und die nördlich vorgelagerte Felsschwelle überströmt haben, denn alle Spuren des Eises sind ebenso jung und gut erhalten wie die eigentümlichen, bis zu mehr als zehn Meter langen Rillen im festen Fels. Manchmal ähneln sie den Gängen von Wühlmäusen unter heimatlichen Schneedecken, dann wieder sind sie mehrere Dezimeter breit und gelegentlich auch so tief, mitunter schwach mäandrierend oder sich verzweigend, aber immer folgen sie den Konturen der Felsoberfläche. Hier müssen am Grunde einer ehemals mächtigen Gletscherdecke Schmelzwässer unter hohem Druck mit ihrer Schuttfracht die Rillen in den Fels gegraben haben. In diesem Gebiet fanden wir auch wiederholt kaum einen Zentimeter dicke Gesteinsplatten, die sich blasenartig vom Fels abgehoben hatten, manchmal mehr als zehn Zentimeter hoch und über eine Fläche von fast einem Quadratmeter – eine beeindruckende Verwitterungserscheinung. Dieses Abschuppen von Felsschichten kann bis zum heutigen Tage noch nicht einleuchtend erklärt werden.

Hier erlebten wir auch, wie ein Raubmöwenpärchen in unserem Tagesablauf für Abwechslung sorgte. Ralf Der, mit gesundem Schlaf begabt, hatte sich seine Ruhestelle, die einem Kastengrab mit steinerner Einfassung nicht unähnlich sah, einige Meter entfernt von unserer Zeltplattform eingerichtet. Das erwies sich aber für Harry und mich als nachteilig, wenn er Kochdienst hatte und geweckt werden mußte. Wer verläßt deshalb schon gern seinen warmen Schlafsack? Eines Abends band Harry den Blechdeckel unseres Transportbehälters an eine Schnur und beschwerte ihn mit alten Konservendosen, in die er Steine füllte. Zogen wir nun den bepackten Deckel über den Fels, war das Rasseln und Scheppern durchaus geeignet, die Nachtruhe unseres »Kochs vom Dienst« zu beenden, ohne daß wir aufstehen mußten. Wir waren mit der Erfindung zufrieden. Im schönsten Schlaf wurde aber der Erfinder jäh aufgeschreckt. Alarm! Die Büchsen kollerten über den abschüssigen Fels, unter blechernem Lärm nach und nach die Steine verlierend. Ganz verstört fragte Harry, was los sei. Die Oase lag noch im tiefen Schatten des Inlandeises. Das hinderte aber das uns täglich besuchende Raubmöwenpärchen nicht, nach Speiseresten zu suchen. Die herrlichen grauen Vögel hatten sich schon nach kurzer Zeit angewöhnt, die Reste aus unseren Konservendosen in ihre Speisenfolge einzubeziehen, mit besonderer Vorliebe das Leberwurstfett. Und da stand nun in dieser Nacht verlockend eine ganze Sammlung solcher Dosen, nur die Steine waren beim Ausputzen hinderlich. Die Büchsen wurden umgeworfen, und die Weckanlage funktionierte anders als wir dachten.

Die Mumie im Zinksarg

Wochen waren wir nun schon in der Oase. Der Wind störte auch in diesem Sommer fast täglich, und das launische Wetter schickte uns mehr als einmal nassen Schnee auf unsere Schlafsäcke. An manchem Tag lastete der Himmel bleigrau über der Landschaft und die anstrengenden Kartierungsgänge führten uns lustlos im kalten Wind, der vom Inlandeises herunterwehte, über die steinbesäten Felsflächen. Um in der immer knapper werdenden Zeit möglichst flächendeckende Ergebnisse zu erhalten, gingen wir bestimmte Wegstrecken einzeln. So war es auch am 13. Januar 1980, Ralf Der hatte einige Kilometer westlich von unserem Aufenthaltsort in einem öden Kar unter dem Ryskalinberg nach Anzeichen von Uferterrassen gesucht. Nach langen Stunden zurückgekommen, überraschte er uns mit der spektakulären Nachricht, er habe eine Robbenmumie gefunden.

Der erste und bisher einzige Fund dieser Art in der Schirmacher-Oase war 1961 dem Geographen Wladimir Bardin geglückt, nicht weit von unserem Platz. Es ist nur zu verstehen, daß wir ziemlich aufgeregt waren. Stück für Stück hatte die Oase ihre Geheimnisse preisgegeben, manches harrte noch der Erforschung. Und nun dieser Fund!

Am nächsten Tag suchten wir gemeinsam den Liegeplatz der Mumie auf. Erst hier konnten wir richtig ermessen, was für ein Zufall uns den Fund in die

Hände gespielt hatte: Langgestreckt lagen die Reste des ausgetrockneten Körpers auf angewittertem Gestein, in Aussehen und Farbe schon selbst ein Stück der umgebenden Wüste geworden. Fell und Haut auf der Rückenseite waren völlig abgetragen und das ehemals reichlich vorhandene Fett in eine ausgezehrte, rissige, eigentümlich strukturierte braune Masse umgewandelt. Die Robbenmumie, nach dem Gebiß zur Art der Krabbenfresser zu zählen, lag etwa in nord-südlicher Richtung, mit dem Kopf hangauf. Der Kopf und die linke Vorderextremität waren deshalb bei den häufigen Stürmen aus Südost der schleifenden Wirkung der Eiskristalle und des Sandes, der bei der Gesteinsverwitterung entsteht, besonders ausgesetzt. Die schützende Körperhülle fehlte an diesen Stellen, und die weißen Knochen standen in einem seltsamen Kontrast zur braunen Umgebung. Völlig freigelegt und teilweise abgeschliffen zeigten sich die fünf Fingerknochen, die auf diese Weise selten deutlich erkennen ließen, daß der flossenartige Körperteil eine im Laufe der Evolution umgewandelte Säugetierhand ist. Die eingesunkenen Flanken ließen vermuten, daß das Tier völlig ausgehungert und abgezehrt verstorben war. Trotz der Länge von 1,55 m wog die Mumie nur 23 kg.

In der Station verbreitete sich die Nachricht über den ungewöhnlichen Fund wie ein Lauffeuer. Inmitten des abwechslungsarmen Expeditionsalltags gab es plötzlich Stoff genug für rege Diskussionen und Spekulationen. Keiner hatte eine rechte Erklärung für den Fundort, der bemerkenswert hoch lag, nämlich am Rande eines karähnlichen Tales, etwa 70 m über dem Meeresspiegel. Und fast 100 km vom natürlichen Lebensraum der Robben, den Pack- und Treibeisfeldern des südpolaren Ozeans, entfernt! Sollte das Tier vielleicht vor vielen tausend Jahren an einem ehemaligen Seeufer verendet sein? Oder auf einer Gletscherfläche, die später abtaute? Fehlte zu dieser Zeit unter Umständen der breite Gürtel des Schelfeises vor der Oase und das zeitweise offene Meer reichte bis zu den heutigen Felskuppen heran? Vielleicht lag auch das Oasenniveau einst tiefer als heute und entsprach mehr der Lebensweise der Robben?

Allein isotopenphysikalische Altersbestimmungen konnten uns bei der Beantwortung dieser Fragen weiterhelfen. Die Mumie mußte also mit uns die Heimreise antreten. Wir fertigten eine Art Zinksarg an, in den wir den Kadaver auf weiches Verpackungsmaterial betteten und luftdicht einlöteten. Im Kühlraum der PROFESSOR WIESE war dann das seltene Stück gut aufgehoben.

Die Altersbestimmung mit Hilfe der Radiokohlenstoffmethode ergab, daß die Mumie etwa 1200 Jahre an ihrem Platz gelegen hat. In den folgenden Jahren fanden unsere Kollegen noch vier Robbenmumien, zwei in der Oase und zwei auf dem Inlandeis bei nahe 600 m Höhe (ein weiterer Krabbenfresser sowie zwei Weddellrobben, eine Mumie war nicht bestimmbar). Stets waren es Jungtiere, die in der Fels- und Eiswüste den Tod fanden. Als uns am 5. März der Hubschrauber aus der Schirmacher-Oase flog, sah ich tief unter uns einen weiteren Todeskandidaten, der über das Schelfeis nach Süden kroch.

Die Mumienfunde weit südlich des offenen Meeres sind also kein Indiz für eine sich nach Norden verschiebende Küstenlinie, sondern eher für die bisher nicht für möglich gehaltene enorme Kriechleistung der Tiere und für eine falsche Orientierung. Bis zum heutigen Tage sind die Ursachen für das Fehlverhalten junger Robben, die gerade von ihren Müttern entwöhnt sind, unklar. Für die erheblichen Wegstrecken, die sie ohne Nahrungsaufnahme zurücklegen können, gibt es in Ostantarktika Beweise bis in 200 km Küstenentfernung und 1200 m Höhe! Dabei läßt sich die Fähigkeit der Robben zu anhaltender aktiver Fortbewegung ohne Zwang aus den Lebensbedingungen im antarktischen Meer- und Packkeis ableiten. Mumienfunde verbieten folglich auch Aussagen zur Hebungsgeschichte des antarktischen Kontinentalrandes.

Und die Oase hebt sich doch
Der Gedanke an eine Hebung des Oasengebietes im Verlauf kurzer geologischer Zeiträume, wie überhaupt der gesamten Küste (was dann am ehesten in Küstenoasen zu erkennen wäre), hat uns nie verlassen, wenn wir unterwegs waren. Verband er sich doch auch mit der Frage, wie solche eisfreien Flächen entstehen und sich morphologisch weiter ausprägen. Nur mußten wir nach sicheren Anhaltspunkten suchen.

Wie der übrige Erdenraum befindet sich auch Antarktika in einer nacheiszeitlichen Klimaperiode, die unter anderem durch einen massiven Rückgang des Inlandeises im Küstengebiete gekennzeichnet ist. Die Eisdecke ist dort seit mindestens 12 000 Jahren um viele hundert Meter geschwunden, und die ehemals »eingedrückte« Erdkruste reagiert seither auf die Entlastung mit einem allmählichen Aufstieg in den betroffenen Gebieten.

In der Schirmacher-Oase gibt es dafür eine Reihe eindrucksvoller Zeugen. Wir konnten sie vor allem von unserem dritten Lager aus untersuchen. Einen wichtigen Beweis lieferte das Seebecken des Dlinnoje mit der gegenwärtigen Höhe des Wasserspiegels bei 117 m. Der See wurde in der Frühphase der Hebung vor vielleicht 10 000 bis 12 000 Jahren, als die Schirmacher-Oase kaum vom Eis befreit war, aber noch nahezu ausschließlich im Meeresniveau lag, durch das Schelfeis im Norden am Abfluß gehindert. Mit der fortschreitenden Hebung der Krustenscholle verlor die etwa in Meereshöhe verbliebene Eisbarriere ihre Sperrwirkung, und das nach Norden offene Seebecken lief nun weitgehend leer. Lediglich eine alte Uferlinie an der westlichen Beckengrenze markiert den früher höheren Wasserstand. Zeugnisse dieser Art findet man selten in der Oase. Dafür begegneten wir am steil abfallenden Nordrand der Oase in Höhen um 120 m, 90 m und weiter abwärts bis zu den großen Epischelfseen eine Vielzahl langgezogener, gratartiger Schuttwälle oder Blockansammlungen. Das Schelfeis hat diesen Schutt wiederholt aufgepreßt. Es sind die ungewöhnlichsten Moränen im Gebiet. Sie stellen Marken für den anhaltenden Hebungsprozeß der Küste dar. Leider sind sie mit den heutigen Mitteln der Isotopenforschung noch nicht datierbar. Denn im Gegensatz zu vielen anderen Küstenabschnitten des Eiskontinents fehlen ihnen wegen des unmittelbar vorgelagerten, leblosen Schelfgletschers organische Reste aus der Tier- und Pflanzenwelt des Meeres, die einer Zeitbestimmung zugänglich wären.

Wie läßt sich das Problem der Hebungsgeschwindigkeit und des Oasenalters wissenschaftlich lösen? Der Schlüssel dazu sind die dicken Algenteppiche am Grund der größeren Seen. Es ist anzunehmen, daß die Algen, so wie es heutzutage geschieht, auch in der Vergangenheit an die Ufer getrieben wurden, wenn mit Beginn des Polarsommers der reichlich produzierte Sauerstoff sich in Blasen in den grünen Matten am Seegrund abschied und sie zum Aufschwimmen brachte. An den Ufern setzten sie sich in Schichten ab, die manchmal nicht völlig verrotteten, sondern unter Sand »konserviert« wurden. An ihnen kann man Altersbestimmungen vornehmen; wir haben beispielsweise Proben untersucht, die Wolfgang Krüger während einer späteren Expedition (s. S. 200) am Ufer eines gänzlich ausgetrockneten Sees gewann. Die organischen Rückstände versetzten uns in die Lage, Schlußfolgerungen über die Dynamik der Schnee- und Eisdecke in den letzten 3000 Jahren im Ostteil der Schirmacher-Oase zu ziehen. Es konnte nachgewiesen werden, daß die aus Schneeanwehungen entstandenen Firneisfelder seit dieser Zeit um viele Meter erniedrigt wurden.

Wie lange eine Fläche eisfrei ist, darüber können Flechten etwas aussagen, denn das Vorkommen dieser Pflanzen ist an Plätze gebunden, die jeden Sommer schneefrei werden oder bleiben. So kann man auch aus der Größe der Flechten auf deren Alter und deshalb auf die Mindestdauer der Eisfreiheit in der weiteren Umgebung schließen. Wir fanden zusammenhängende Felsflächen, die völlig vegetationsfrei waren, und daneben weite Bereiche mit fleckenhaften, jungen Flechtenansiedlungen. Daraus läßt sich schlußfolgern, daß sich an der Grenzlinie der Flechtenvorkommen einstmals eine stabile Randlage des Inlandeises befand. Auch die spärliche Verteilung von gesteinsbewohnenden, insbesondere langlebigen Krustenflechten in der Nähe der Firneisfelder unterstützt die Aussage über den anhaltenden Tauprozeß. Ganz im Gegensatz zum Südrand des Eises in Oasenmitte. Dort machen große Vorkommen von Krustenflechten, wie die bis 20 cm Durchmesser aufweisenden Lager der Art Buellia frigida – ihr geschätztes Alter dürfte 1500 Jahre weit übersteigen – sowie andere, bis in unmittelbare Nähe des Eisrandes verbreitete Arten ein stabiles Gleichgewicht in der Verteilung von Schnee, Eis und Fels über lange Zeiträume wahrscheinlich.

Eine farbenfrohe Welt der Flechten

Die Flechten sind wie die Moose und Algen als Organismen auf niederer Entwicklungsstufe hervorragend geeignet, die Grenzen, aber auch die Vielfalt der Lebens- und Umweltbedingungen in dieser kleinen Felswüste zu beschreiben. Deshalb habe ich mich mit besonderer Aufmerksamkeit der Verbreitung und Kartierung von Flechten zugewandt, jener botanisch interessanten Doppelwesen, die aus jeweils einer Pilz- und einer Algenart bestehen. Die mehr als 25 in der Schirmacher-Oase festgestellten Arten verteilen sich auf über 10 000 Fundpunkte. Dabei konnte ich wenigstens fünf Arten als Erstnachweise für das Gebiet registrieren. In diesen Funden sind die unterschiedlichen Ansprüche der Flechtenspezies an die Wasserversorgung, den Wärmehaushalt und die Nährstoffverhältnisse verschlüsselt.

Häufig werden die Moose, die zu ihrer Entwicklung flüssiges Wasser benötigen, von charakteristischen Flechtenarten begleitet, und vielfach markieren sie gemeinsam den Verlauf von Schmelzwasserbächen oder Sickerwasserstreifen. An anderen Stellen trifft man sie am Rande von Schneeflächen, die manchmal kaum einen halben Quadratmeter bedecken. Dabei bevorzugen Moose stets die überflutungsfreien Randgebiete, während verschiedene Flechten viele Tage unter Wasser verbringen können. Diese Arten beschränken sich fast ausnahmslos auf die Oase mit ihrem günstigen Lokalklima, das im Polarsommer fast drei Monate lang positive Temperaturen an der Oberfläche aufweisen kann. In den kälteren Höhenlagen fehlt ihnen die Lebensgrundlage.

Dort findet man überwiegend schwarze Flechten mit blättriger oder bartförmiger, nicht selten auch filziger Wuchsform, je nach Art, also meist Laub-, seltener Strauchflechten, oder krustige Wuchsformen. Die stärker differenzierten Flechten stellen gewöhnlich höhere Ansprüche an die Luftfeuchte, wie sie die Oase nicht befriedigen kann, weil sich das Gestein im Sommer zu sehr erwärmt. Diese Arten finden in Antarktika vor allem an der offenen Meeresküste günstige Lebensbedingungen. In unserem Arbeitsgebiet sind sie auf Standorte ausgewichen, an denen man eigentlich noch ungünstigere Lebensbedingungen als in der Oase erwarten sollte: auf die Felsen der Nunatakker, die südlich der Oase in größeren Höhenlagen das Inlandeis durchragen. Die dunkle Farbe ihrer Lager befähigt sie noch bei tiefen Lufttemperaturen zum Schmelzen des pulvrigen Treibschnees, der häufig über diese Regionen fegt und sich in den Flechten verfängt.

Andere Arten wiederum, überwiegend Krustenflechten, wachsen auf den wärmeren Gesteinsoberflächen der Oase, wobei interessanterweise die trockensten Abschnitte im Nordteil eine deutlich geringere Besiedlung aufweisen. Die Felswüste erreicht dort ihre größte Lebensfeindlichkeit, und selbst die mit Tausenden von Fundpunkten belegten zwei häufigsten Krustenflechten bleiben in diesem Raum deutlich zurück.

Eine ausgesprochen farbenfrohe Gesellschaft überwiegend erdbewohnender Laub- und Krustenflechten ist schließlich häufig im Windschatten kleiner, frei stehender Kuppen zu finden. Mit ihren dottergelben, leuchtend orangefarbenen, grauen, schwarzen, weißen, olivgrünen oder braunen Lagern wird ein relativer Artenreichtum angezeigt. Manche Arten sind sogar aus Mitteleuropa bekannt, und zwar wachsen sie hier wie in aller Welt meist an Standorten mit einer günstigen Stickstoffversorgung. In der freien Natur sind es gewöhnlich Plätze, die gern von Vögeln aufgesucht werden. Das muß man auch für die Verbreitung in der Schirmacher-Oase annehmen, denn nicht selten findet man inmitten dieser Flechtenvereine Knochenreste von Schneesturmvögeln, die die wichtigste Nahrung im Beutespektrum der Südpolaren Raubmöwe sind. In der Schirmacher-Oase konnten wir mehr als zehn Raubmöwenreviere ausmachen, etwa die Hälfte mit erfolgreich brütenden Altvögeln. Außerhalb des Nistbezirkes bevorzugen sie freie Ausblicke, um ihr Revier zu überwachen; dabei versorgen sie das Umfeld derartiger Felskuppen mit unverdaulichen Nahrungsresten und Ausscheidungen, also mit Stickstoff. Die bunten Erdflechten werden auf diese Weise zu Informanten über die Lebensgewohnheiten anderer Organismen.

Noch an der scheinbaren Grenze seiner Existenz offenbart das Leben in diesem Landstrich Antarktikas eine überraschende Fülle und vielseitige Anpassungsformen an die rauhen Umweltbedingungen. Sie sind durch Trockenheit und Schmelzwasserüberschuß, sommerliche bodennahe Wärme sowie eisige Kälte und Lichtmangel im Südwinter, dann wieder durch gleißende Helligkeit in den Monaten Dezember/Januar, durch Nährstoffarmut und mechanischen Streß an herausragenden Standorten gekennzeichnet. Und trotzdem funktionieren die Überlebensstrategien. Sie finden in Algen, die, geschützt in Rissen von Gesteinen oder Mineralen, etliche Millimeter unter der Oberfläche wachsen, ihren großartigsten Ausdruck. Die Bewältigung dieser Bedingungen ist dazu angetan, Möglichkeiten und Grenzen des Lebens außerhalb der Erde, etwa auf dem Mars, neu zu überdenken.

1979–1981

25. Sowjetische Antarktisexpedition
Nowolasarewskaja, Bellingshausen, Drushnaja, Larsemann-Hügel

Die sowjetische Jubiläumsexpedition in der Antarktis bedeutete auch für die Polarforschung der DDR ein abrundendes Ereignis: die zwanzigjährige Beteiligung an der wissenschaftlichen Erschließung des Südkontinents. Als herausragende Neuheit boten die ostdeutschen Wissenschaftler die Entsendung einer Biologengruppe auf. Sie leitete der Berliner Zoologe Professor Klaus Odening. Auch das Einsatzgebiet war »Neuland«: Mit Ausnahme der Geologen wurden alle bisherigen DDR-Gruppen in der Ostantarktis wirksam. Die ökologischen, populations-statistischen und parasitologischen Untersuchungen der Biologen fanden im Bereich der sowjetischen Station Bellingshausen auf den Süd-Shetland-Inseln statt, also in der Westantarktis.

Im Mittelpunkt des Interesses standen Robben und Vögel, vor allem Pinguine. Die Bestandsentwicklung dieser Tiere zu erfassen war eine wesentliche Aufgabe des internationalen BIOMASS-Programms. BIOMASS steht hier als Abkürzung für Biological Investigations of Marine Antarctic Systems and Stocks – Biologische Untersuchungen mariner antarktischer Systeme und Bestände. Das Programm wurde 1977 von den internationalen wissenschaftlichen Komitees für Antarktisforschung und für Meeresforschung (SCAR und SCOR) beschlossen. Die Abkürzung stellt zugleich ein ökologisches Schlüsselwort dar: Biomass = Biomasse.

Die Überwinterungsgruppe arbeitete in Nowolasarewskaja unter Leitung von Ulrich Wand. Zur Klärung glaziologischer, meteorologischer, hydrologischer, biologischer und geologisch-geochemischer Prozesse sowie der Einflüsse des Menschen auf die Umwelt wurden wiederum umfangreiche Proben aufgenommen. Eine spezielle Akzentuierung fand dabei die Isotopengeologie. So sollte die Altersdatierung an Gesteinen mit Hilfe der Kalium-Argon- und der Blei-Blei-Methode genauere Aussagen über die geologische Entwicklung dieses Gebietes erbringen. Darüber hinaus ermöglicht die Bestimmung des Gehalts verschiedener stabiler Isotope in Gesteinen und Mineralen Rückschlüsse über deren Bildungsbedingungen. Ulrich Wand konnte eine Reihe massiver Salzausblühungen untersuchen, wie sie auch aus den heißen Trockenwüsten der Erde bekannt sind.

Die analysierten sekundären Ausscheidungen, vor allem Sulfate, wiesen eine relativ große Streubreite der isotopischen Zusammensetzung auf. Wand führt das auf die chemische Verwitterung von primären Sulfiden mit unterschiedlichem Schwefel-34-Gehalt zurück.

Die Geomagnetiker konnten mit zum Teil neuentwickelten Geräten die drei Komponenten des Erdmagnetfeldes (Nord-, Ost-, Vertikalkomponente) in Nowolasarewskaja messen und die Aufzeichnung der Mikropulsationen fortsetzen. Mit einem transportablen Kernresonanzmagnetometer wurden die etwa 100 km lange Trasse des Schlittenzuges über das Schelfeis zur Station, eine ca. 35 km ins Inlandeis reichende Strecke sowie 40 Einzelpunkte geomagnetisch sondiert. Diese Feldarbeiten sind Voraussetzung für spätere geophysikalische Interpretationen des Untergrundes.

Der Freiberger Geologe Wolfgang Weber arbeitete mit sowjetischen Berufskollegen in den Pensacola-Mountains und auf dem Dufekmassiv.

Das sowjetische Koordinationsgremium für die Südpolaraktivitäten unterstützte eine Erkundungsexpedition, die Hartwig Gernandt und Werner Passehl in verschiedene Stationen und potentielle Einsatzgebiete des Kontinents führte. Der Hintergrund des Artikels über diese Reise, durfte seinerzeit nicht genannt werden, ja es war eigentlich schon Verrat, das wahre Ziel zu erwähnen: die Larsemann-Hügel. Verständlich, bei gewissen außerterritorialen Unternehmungen eines Landes ist Geheimniswahrung geboten. Auf den Larsemann-Hügeln, einer Küstenoase zwischen dem Amery-Schelfeis und der australischen Station Davis, hatte die DDR vor, eine selbständige Station zu bauen. Und zwar in den Jahren 1980/81. Die ersten Absprachen auf Regierungsebene hatten 1978 stattgefunden.

Die Vorbereitungen dafür waren weit gediehen. Teile der Überwinterungsstation, vom Metalleichtbaukombinat Leipzig gefertigt, standen bereits probeweise. Die als Expeditionsschiff vorgesehene KAPITÄN MARKOW *befand sich schon auf dem nördlichen Seeweg von Wladiwostok nach Murmansk, wo sie umgerüstet werden sollte. Die Hubschrauberbesatzungen übten ihren Einsatz. – Dann wurde alles abgeblasen.*

Die Gründe für diesen grandiosen Fehlstart werden unterschiedlich benannt. Der wichtigste dürfte gewesen sein, daß die Wirtschaftskraft der DDR zu schwach war, um solch ein Projekt in kurzer Zeit zu verwirklichen. Vor allem fehlten Devisen, ohne die eine Südpolarexpedition illusorisch ist. Der Eröffnungstermin 1. Januar 1981 war, offenbar aus politischen Erwägungen, von höchster Regierungsebene vorgegeben. Die unglaublich kurze Anlauf- und Aufbauphase trieb die Kosten – auf mitunter groteske Weise – in die Höhe. Viel zu spät wurden antarktiskundige Leute in die Planung einbezogen. Die Expedition war in nichts bilanziert, hatte aber andererseits auch kein gestaffeltes Konzept. Hinzu kam, daß man in kaum bekanntes Gebiet fahren wollte; neben dem Eisbrecher mußten Hubschrauber- und Amphibienlandung einkalkuliert werden. Das Projekt starb also auch an nicht situationsgerechten Entscheidungen der Politbürokratie.

Warum Robben und Pinguine gezählt werden

Klaus Odening

Ein Kapitel Tiergeographie
Wer die antarktische Wirbeltierwelt erforschen will, ist auf die Küsten, die Oasen in den Küstenzonen und die Inseln angewiesen. Im tiefen Inneren des Kontinents leben keine Vögel und Robben. Alles Wirbeltierleben hängt vom Meer ab, ernährt sich vom »nährstoffreichsten Ozean der Erde«, wie die Gewässer rings um Antarktika bezeichnet wurden.

Die biologisch-geographische Grenze der Antarktis ist für uns Ökologen – trotz vieler widersprüchlicher Auffassungen – ganz eindeutig die Konvergenz, jene Front im Südmeer, an der das kalte antarktische Oberflächenwasser wegen seiner größeren Dichte unter das wärmere subantarktische absinkt. Südlich dieser Grenzlinie, die sich etwa 50°, teilweise bei 60° südlicher Breite rund um den Kontinent zieht, ist für uns die Antarktis, tiergeographisch gesprochen die Antarktische Region. Nördlich schließt sich die Subantarktis an als eine Zone von etwa 1000 bis 2000 km Breite. Natürlich gibt es faunistische Übergangserscheinungen zwischen Antarktischer Region und subantarktischer Zone.

In der Antarktischen Region liegen zunächst einmal das Meer – wahrscheinlich wäre es sinnvoll, dieses als Antarktischen Ozean zu bezeichnen –, dann der riesige antarktische Kontinent und im Meer etliche Inseln. Die Macquarie-Inseln liegen bereits im Bereich der Konvergenz; die Prinz-Eduard-, die Marion-Insel sowie die Crozet-Inseln befinden sich noch in der subantarktischen Zone, nördlich der Konvergenz, ebenso wie Feuerland und die Falklandinseln (Malwinen).

Die Antarktische Region gliedert sich wiederum in drei tiergeographische Gebiete, nämlich die innerkontinental-antarktische Zone (ohne Wirbeltiere), die antarktische Küstenzone – dazu gehören beispielsweise auch die Pobeda-Insel, die Balleny-Inseln, der Palmer-Archipel – und die maritim-antarktische Zone. Diese Einteilung ist in erster Linie für die Verbreitung der Vögel und Robben wichtig, die ja unsere hauptsächlichen Untersuchungsobjekte waren. Zur maritim-antarktischen Zone – man könnte sie auch antarktische Inselzone nennen – gehören unter anderem der Nordteil der Antarktischen Halbinsel sowie die Inselgruppen des Scotia-Bogens oder Südantillenbogens mit Südgeorgien, den Südsandwichs, den Südorkneys und den Südshetlands, der Inselgruppe, auf der wir arbeiteten.

Die Süd-Shetland-Inseln sind für Zoologen sozusagen ein Leckerbissen, wie überhaupt die maritim-antarktische Zone zoogeographisch besonders interessant ist, weist sie doch Tiere dreier Zonen auf: die nur in diesen Gebieten einheimischen, zum Beispiel Zügelpinguin, Weißgesicht-Scheidenschnabel und Antarktischer Seebär, dann solche, die bis in die Subantarktis oder noch weiter nach Norden verbreitet sind, wie Eselspinguin, einige flugfähige Vogelarten (Dominikanermöwe, Antipoden-Seeschwalbe) und Südlicher See-Elefant, sowie solche, die auch oder überwiegend in der antarktischen Küstenzone vorkommen: Adeliepinguin, Kapsturmvogel, Buntfuß-Sturmschwalbe, Südlicher Riesensturmvogel, Weddellrobbe, Krabbenfresser und Seeleopard. Alle diese Vogel- und Robbenarten fanden wir in unserem Untersuchungsgebiet auf der Insel Waterloo (King George) vor, der größten Insel der Südshetlands, etwa 800 km südlich von Kap Hoorn und etwa 160 km nördlich der Spitze der Antarktischen Halbinsel.

Die Südshetlands bilden eine 450 km lange Kette von elf Hauptinseln und vielen Riffen.

Südshetlands, Waterloo und Bellingshausen

Hier muß zunächst etwas über die Namen der Inseln gesagt werden. Die meisten haben englische und russische und auch spanische; letztere von den Argentiniern und Chilenen. Sie sind dann entweder spanische Übersetzungen der englischen Namen oder aber auch Neubenennungen. Wobei die argentinischen und chilenischen Namen nicht immer übereinstimmen! Unsere Stationsinsel, die im mittleren Bereich der Südshetlands liegt, heißt englisch King George Island (König-Georg-Insel), russisch Waterloo, argentinisch Isla 25 de Mayo und chilenisch Rei Jorge. Und die Nachbarinsel englisch Nelson und russisch – Leipzig! Obwohl den russischen Namen die Priorität zukommt, sind gegenwärtig die englischen am weitesten verbreitet. Die russischen Bezeichnungen stammen von der ersten russischen Antarktisexpedition, die von 1819 bis 1821 unter dem Kommando des Seeoffiziers Fabian Gottlieb von Bellingshausen stattfand. Sie sollten an siegreiche Schlachten gegen Napoleon erinnern. »Leipzig« war uns natürlich sympathisch! Zu Ehren Bellingshausens trägt die sowjetische Station, in der wir zu Gast waren, seinen Namen.

Die größeren Süd-Shetland-Inseln sind zu etwa 90 Prozent ihrer Fläche von einer oder mehreren, voneinander getrennten Eiskappen bedeckt. Auf die wenigen eisfreien Gebiete, meist schmale Halbinseln, Landzungen, Felsblockstrände oder kleine Felsinseln, konzentriert sich das Fortpflanzungsgeschehen der Vögel und zum Teil auch der Robben (See-Elefanten und Seebären). Hier sind auch die wissenschaftlichen Stationen angesiedelt.

Das maritim-antarktische Klima der Südshetlands ist kalt, feucht und stürmisch. Die Inseln weisen die größte Häufigkeit von Sturmdepressionen in der Antarktis auf. In manchen Monaten ziehen bis zu 30 Zyklonen (wandernde Tiefdruckgebiete), also fast täglich eine, über die Inselgruppe. Während die kontinentalantarktischen Regionen als trockene Eiswüste erscheinen, herrscht in der Inselzone meist eine relative Luftfeuchtigkeit um 90 Prozent; 22 bis 30 Tage im Monat fällt Niederschlag, und 23 bis 28 Tage jeden Monats sind trübe.

Die Insel Waterloo ist etwa 78 km lang und zwischen 9 und 26 km breit. Am Südwestende befindet sich die knapp 12 km lange, 2 bis 4 km breite Halbinsel Fildes, die im Südsommer größtenteils eisfrei ist. Und dort liegt die Station Bellingshausen. Sie ist eine Überwinterungsstation mit kontinuierlichen Forschungsprogrammen für Meteorologie, Strahlungsmessungen, Aerologie, Astronomie. Biologische Untersuchungen gehören hier nicht zum ständigen sowjetischen Forschungsprogramm, obwohl fallweise einige hydrobiologische, robbenkundliche und botanische Arbeiten sowie sporadisch auch einige ornithologische Beobachtungen vorgenommen wurden. Wir sind daher dankbar, daß uns das umliegende Gebiet für zoologisch-ökologische Forschungen überlassen wird.

Mit den Südshetlands verknüpft sich die biologische Erforschung der Antarktis auf besonders enge Weise. Allerdings stand für die ersten Erkundungen dieser Region vorwiegend kommerzielles Interesse und Profitgier Pate. Nach der Entdeckung der Inseln im Jahre 1819 durch Kapitän William Smith waren sogleich die Robbenschläger auf dem Plan. Es ist sogar zu vermuten, daß einige Robbenjäger die Südshetlands schon vor der »offiziellen« Entdeckung kannten, daß sie die profitablen Jagdgründe aber geheimhielten. 1820 beutete unter anderen der amerikanische Robbenfänger Nathaniel Palmer die Südshetlands aus.

Zu dieser Zeit waren die Küsten der Inseln von schätzungsweise 60 000 bis 80 000 Antarktischen Seebären und vermutlich ebensovielen See-Elefanten bevölkert. Auf den Seebären – die »Pelzrobbe« – hatte man es wegen seines wertvollen Felles mit dem dichten, seidig weichen Unterhaar besonders abgesehen. Die über dem Unterhaar liegenden langen Grannenhaare werden bei der Pelzverarbeitung entfernt, so entsteht der »Seal«. Schon 1830 waren die Bärenrobben von den Südshetlands nahezu gänzlich verschwunden. Die Robbenjagd lohnte sich nicht mehr. Erst gegen 1870, nachdem der Bestand sich wieder erholt hatte, begann das Abschlachten der Pelzrobben aufs neue, und in kürzester Zeit waren sie diesmal auf der Insel ausgerottet. Gleichzeitig wurde hier auch dem reichen See-Elefanten-Bestand ein Ende gesetzt. Der deutsche Kapitän Eduard Dallmann, der sich 1873 an der Robbenjagd beteiligen wollte, traf die Strände bereits leer an. Nicht anders erging es den Seebären und See-Elefanten auf anderen Inseln. Auf Südgeorgien waren zwischen 1778 und 1926 etwa 1,2 Millionen Seebären getötet worden. Als man 1930 dort nur noch höchstens einige hundert dieser Tiere schätzte, wurden Schutzmaßnahmen getroffen, sozusagen in letzter Minute! Der Erfolg war eine »Bevölkerungsexplosion«: 1957 schätzte man wieder 15 000 Stück, 1976 etwa 350 000. So wurde Südgeorgien der Ausgangspunkt für die Wiedergeburt dieser Tierart in unseren Tagen.

Mit dem Zählbuch unterwegs

Unsere Zählungen auf Waterloo hatten den Sinn, diesen Vorgang zu verfolgen. Inzwischen dürfte die Pelzrobbe auf den Südshetlands wieder mit ungefähr 1000 Exemplaren heimisch geworden sein. Wir sahen in unserem Untersuchungsbereich im Dezember 1979 und im Januar und Februar 1980 insgesamt 50 dieser Tiere. Vor 200 Jahren mag es einige Millionen Antarktische Seebären im Inselgebiet zwischen Heard und den Südshetlands gegeben haben. Hält die »Bevölkerungsexplosion« der Bärenrobben an, so könnten sie diese Anzahl vielleicht in etwa 15 Jahren wieder erreichen. Auch der Bestand der See-Elefanten nimmt wieder zu.

Dies alles zeigt nur zu deutlich, daß der Schutz der antarktischen Tierwelt integrierter Bestandteil jeglicher Nutzung sein muß. So einfach sich jedoch Schutzmaßnahmen im Hoheitsbereich einzelner Staaten durchführen lassen, so schwierig ist es, von der Erhaltung der Bestände ausgehende Regelungen im internationalen Bereich, im »Niemandsland«, durchzusetzen. Die Geschichte der Hochseefischerei und des Walfangs bietet genügend Beispiele dafür, wie nationaler Egoismus die Nahrungsinteressen künftiger Generationen der gesamten Menschheit aufs Spiel gesetzt hat. Im Bereich der Antarktis, deren politische Grenze gegenwärtig der 60. Grad südlicher Breite ist, gibt es einen Hoffnungsschimmer. Er taucht mit dem Inkrafttreten des Antarktisvertrages 1961 auf, dessen Zusatzprotokoll III-VIII »Töten, Verwunden, Fangen oder Belästigen aller einheimischen Säugetiere und Vögel« (zu Lande und im Küstenbereich) untersagt. Eine weitere Frucht der friedlichen internationalen Zusammenarbeit auf der Grundlage des Antarktisvertrages ist die 1978 in Kraft getretene Londoner Konvention zum Schutz der Robben südlich des 60. Breitengrades. Antarktischer Seebär, Südlicher See-Elefant und Rossrobbe sind nach dieser Konvention auch im Meeresbereich absolut geschützt. Für die wirtschaftliche Nutzung sind jedes Jahr zu bestimmten Zeiten und in festgelegten Zonen begrenzte Stückzahlen der anderen drei Robbenarten freigegeben. 1977 und 1980 beschlossen die Mitgliedsländer des Antarktisvertrages, auch den Krillfang zu begrenzen.

Für mich als Ökologen war das faszinierendste wissenschaftliche Erlebnis die Einfachheit und Überschaubarkeit des antarktischen Ökosystems, das sich durch relativ geringe Artenzahlen (Krill im wesentlichen nur eine, Tintenfische 33, Fische 95 bis 150, Wale 11, Robben 6, Vögel 34) und kurze Nahrungsketten auszeichnet. Alle Nahrungsketten beginnen hier im Meer. Die Jahresproduktion ist viermal so groß wie die der gemäßigten, subtropischen und tropischen Meere. Sie beläuft sich schätzungsweise auf 6 bis 10 Milliarden Tonnen Phytoplankton und 1 bis 2,5 Milliarden Tonnen Zooplankton. Und vom Zooplankton beträgt der Krillanteil 20 bis 50 Prozent. Der Krill, jener etwa 5 cm lange garnelenförmige Leuchtkrebs (hauptsächlich der Art Euphausia superba), steht im Mittelpunkt des antarktischen Nahrungsnetzes. Er ist die Hauptnahrung oder doch wesentlicher Nahrungsbestandteil der zahlenmäßig und bezüglich ihrer Biomasse bedeutendsten Tiergruppen.

Dennoch ergibt sich zur Zeit offenbar ein »Krillüberschuß«, auf den der Mensch spekuliert. Man glaubt, jährlich 50 bis 80 Mio t Krill abschöpfen zu können. Das wäre das Äquivalent des heutigen Weltaufkommens der Fischerei oder mehr und stellt somit eine bedeutende Eiweißreserve für die Menschheit dar.

Wenn man in der Zukunft Krill, Tintenfische, Fische, Wale und Robben wirtschaftlich sinnvoll nutzen will, muß man die Auswirkungen auf das Ökosystem genau abschätzen können. Letztendlich sehen wir den Zweck biologischer Forschungen in der Antarktis darin, wissenschaftliche Grundlagen für eine vernünftige Nutzung der biologischen Ressourcen unter Bewahrung des natürlichen Gleichgewichts zu erarbeiten. Dazu ist eine intensive wissenschaftliche Kleinarbeit zur Erforschung von Ökologie und Lebensweise der Haupttiergruppen des antarktischen Nahrungsnetzes notwendig. In diese Richtung gingen die Bemühungen unserer Zoologengruppe auf der Insel Waterloo.

Wir wollten das Untersuchungsgebiet faunistisch erkunden, den Bestand vor allem der Vögel und Robben so genau wie möglich erfassen und erste ökologische, ethologische und parasitologische Untersuchungen vornehmen. Alle diese Arbeiten tragen zur Aufstellung eines Modells des Ökosystems im Bereich der Südshetlands bei. Unsere Tätigkeit bestand überwiegend in zoologischer Feldarbeit. Täglich – soweit es die Wetterbedingungen zuließen – waren wir mit dem Boot unterwegs zu den Vogelinseln, oder wir erkundeten auf Landmärschen den Bereich der großen Stationshalbinsel Fildes. Alle Vogelkolonien und Robbenansammlungen mußten statistisch erfaßt werden, die Tiere und Nester wurden gezählt oder geschätzt. Wir haben jedoch auch den Brutablauf und die Jungenaufzucht der Vögel studiert, typische Verhaltensweisen auf Film, Foto und Tonband dokumentiert, sowie fast 900 Vögel beringt.

Wie überall in der Antarktis waren auch in unserem

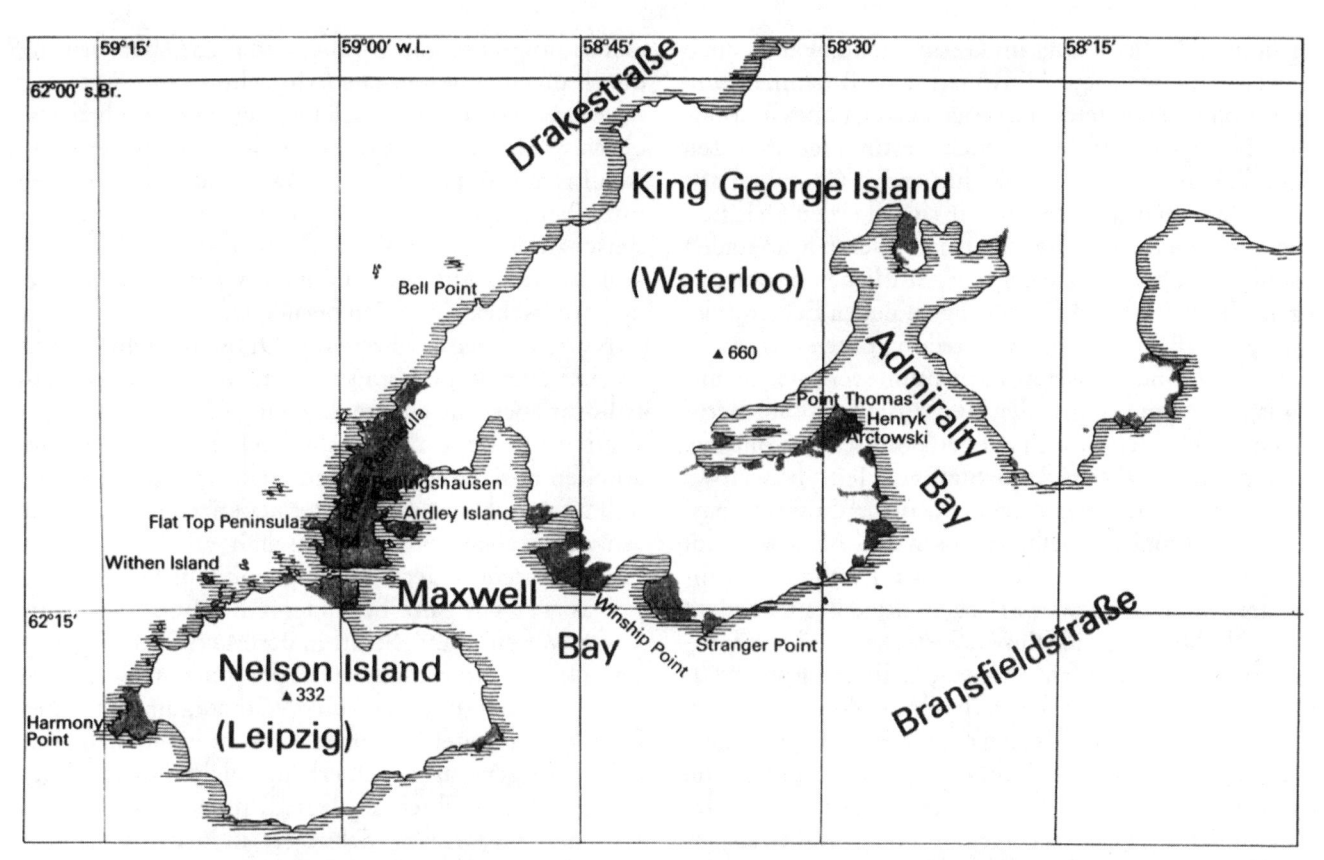

Südlicher Teil der Insel King George Island (Waterloo) mit der Insel Nelson (Leipzig). Das Untersuchungsgebiet der Biologengruppe aus der DDR erstreckte sich während der 25. SAE, ausgehend von der Station Bellingshausen auf der Halbinsel Fildes, zwischen Bell Point, Withen Island und Winship Point. Es wurde in folgenden Expeditionen erweitert bis Harmony Point im Westen und Stranger Point im Osten.

Gebiet die Pinguine unter den Vögeln am zahlreichsten. Drei Pinguinarten hatten sich auf einer größeren Insel in der Maxwell Bay, in Sichtweite der Station, angesiedelt: um die 2000 Adelies, über 8600 Eselspinguine und gegen 400 Zügelpinguine. Dazu kamen dort und im weiteren Bereich noch etwa 1500 flugfähige Vögel in neun Arten.

Die 12 500 erwachsenen Vögel und ihre heranwachsenden Jungen waren sozusagen unser täglicher Umgang. Diesen uns vertraut gewordenen Vogelbestand konnten wir nach zwei Monaten angestrengter Erkundungsarbeit einschätzen. Es war eine Präzisierung und Erweiterung der gelegentlichen Beobachtungen über die Vogelwelt, die seit Einrichtung der Station Bellingshausen im Jahre 1968 gemacht worden waren. Wir waren ein wenig stolz auf diese bisher umfassendste Bestandsaufnahme. Doch am 27. Januar 1980 mußten wir unsere Zahlenvorstellungen entschieden revidieren. Eine kühne Erkundungstour mit unserem nicht gerade seetüchtigen Boot vor die Drakestraßen-Küste der Nachbarinsel Leipzig (Nelson) hatte uns in die märchenhafte Landschaft etlicher vorgelagerter kleiner und kleinster Felseninseln geführt. Wir entdeckten auf einigen von ihnen Kolonien von zusammen über 100 000 Zügelpinguinen!

Das war die Krönung unserer Erkundungen. In der kontinental-antarktischen Küstenzone ist der Adeliepinguin mit einem Bestand von 50 Millionen Individuen die bedeutendste Indikatorart für Veränderungen im Ökosystem. In der westantarktischen Inselzone aber dient der Zügelpinguin den Ökologen als Indikator. Nach unserer Rückkehr lasen wir, daß von der Arbeitsgruppe Biologie im SCAR festgelegt wurde, besonderes Augenmerk auf die Bestandsentwicklung des Zügelpinguins gerade auch in dem Gebiet zu richten, in dem wir unsere Entdeckung machten. Hier glückte uns also ein interessanter Vorgriff.

Die Gemeinsamkeit der Enthusiasten

Manche Exkursionen unternahmen wir gemeinsam mit zwei Leningrader Botanikern oder zwei Moskauer Glaziologen. Oftmals gaben sich die Wissenschaftlergruppen, die bevorzugt im Gelände tätig waren, auch gegenseitig wichtige Hinweise: Die Botaniker und Glaziologen meldeten uns Vogelnester, und wir konnten bisweilen mit Fundstellen bestimmter Pflanzen nützlich sein. Es ist ein wohltuendes Charakteristikum der Antarktisforscher, daß sie bei vielen Gelegenheiten immer zugleich auch an die anderen Kameraden denken, wobei die schwierigen natürlichen Bedingungen, aber auch die Begeisterung an neuen Erkenntnissen ganz allgemein diese Einstellung unterstützen.

Gegen Ende unserer Expedition vermittelte uns Wladimir Spitschkin, der Stationsleiter, von Beruf Geograph, einen Besuch bei den polnischen Kollegen, deren junge, 1977 eröffnete Station »Henryk Arctowski« sich in der Nachbarbucht, der Admiralty Bay, befindet. Obgleich Bellingshausen und Arctowski auf derselben Insel und nur etwa 40 km Luftlinie voneinander entfernt liegen, sind gegenseitige Besuche nicht einfach. Der Weg führt über Gletscher, und wir müssen mit dem Kettenfahrzeug eine an ihrer engsten Stelle nur etwa 30 m breite spaltenfreie Zone passieren. Selbst der mit allen Wettern und Klippen vertraute Sascha Petrow, der das Fahrzeug steuert, zieht es vor, wegen des plötzlich aufkommenden Nebels auf der Höhe der Eiskappe mehrere Stunden zu warten, bis die Sicht wieder einigermaßen klar wird.

Die polnische Station ist vorwiegend biologisch orientiert, der Kontakt war deshalb für uns von großem Interesse. Die sowjetisch-deutsche Besuchergruppe wurde überaus gastfreundlich aufgenommen. In der Saison 1979/80 arbeiteten 63 Personen, darunter sieben Frauen, in der Station. Die Zahl der Überwinterer beträgt 20. Meine ausgiebigen Gespräche mit dem Stationsleiter, dem Physiologen Andrzej Myrcha, waren für die Planung unserer weiteren Vorhaben auf Waterloo besonders wichtig. Wir stellten übereinstimmend fest, daß unser zoologisch-ökologisches Programm im Bereich von Bellingshausen die Untersuchungen der polnischen Kollegen gut ergänzt. Eine natürliche Abgrenzung ergibt sich sehr klar territorial dadurch, daß von der polnischen Station aus in erster Linie das Gebiet der Admiralty Bay (daneben auch die noch weiter östlich gelegene King George Bay) erkundet wird. In Anbetracht bestimmter topographischer Unterschiede zwischen Admiralty Bay und Maxwell Bay ist der Vergleich biologischer Parameter von großem Wert. Vor allem aber ist den polnischen Kollegen die Küste der Drakestraße nicht zugänglich, deren ornithologische und robbenkundliche Bearbeitung durch uns die biologische Erforschung von Waterloo insgesamt sowie der Insel Leipzig wesentlich bereichern wird. Ich glaube das jedenfalls nach unseren ersten Ergebnissen und nach den klärenden Gesprächen mit »Pan Andrzej«, wie die älteren sowjetischen Wissenschaftler den polnischen Stationsleiter achtungsvoll anreden. Zufrieden können wir den Besuch bei den polnischen Freunden beenden.

Normalerweise fahren die DDR-Teilnehmer mit sowjetischen Expeditionsschiffen zurück. In unserem Fall war aber eine andere Regelung getroffen worden, damit die Gruppe möglichst schnell ihre Erkundungsarbeiten auswerten kann und weil mein Kollege Rudolf Bannasch im selben Jahr erneut nach Bellingshausen aufbrechen sollte. So geschah es, daß wir von Hochseefischern der DDR abgeholt wurden.

Das war ein ganz besonderes Erlebnis. Noch nie zuvor war ein DDR-Schiff in der Maxwell Bay gewesen. Unsere erwartungsvolle Spannung steigerte sich noch dadurch, daß die Funkverständigung über den genauen Abholtermin nicht so recht klappen wollte. Eines Morgens, als wir überhaupt nicht darauf vorbereitet waren, weckten uns laute Rufe der sowjetischen Kameraden: »Unser« Schiff sei in der Bucht! Wir stürzten aus dem Haus. Es stimmte! Der Trawler WERNER KUBE ankerte vor der Station.

Aber wir wurden noch nicht abgeholt, Kapitän Ronft wollte lediglich die Lage erkunden. So brauchten wir an diesem Tage nicht in Hast und Eile zu packen, sondern konnten unseren prächtigen Fischern einiges von der Tierwelt der Insel zeigen. Elf Tage später war es dann soweit. Wieder unangemeldet, doch freudig willkommen, erschien die WERNER KUBE abermals vor Bellingshausen. Wir wurden mit dem großen Amphibienfahrzeug der Station zum Schiff gebracht. Mit dem Besteigen des Trawlers fanden wir uns in heimatlicher Umgebung wieder: Sprache, Essen, Bier, ja sogar Fußbodenbelag, Tapeten, alles war schon Heimat. Auf der KUBE fuhren wir zum Fangplatz, der in der Nähe der Südorkneys lag. Vor Coronation Island stiegen wir mit Schlauchbooten auf das große Transport- und Verarbeitungsschiff JUNGE GARDE um und nach zwei Tagen von dort auf die zum Mannschaftsaustausch als »Bus« eingesetzte JOHANNES R. BECHER, die uns nach Montevideo brachte. Von da aus flogen wir mit einer Gruppe von Fischern nach Berlin zurück.

Auf in neue unbekannte Gebiete!

Werner Passehl

Oft wurde ich zu meinen Lichtbildervorträgen gefragt, ob ich noch einmal in die Antarktis fahren möchte; ich antwortete dann immer etwas selbstbewußt: Eine Stunde würde für die Verabschiedung genügen. Nun hatten wir zwar vierzehn Tage Zeit, uns darauf vorzubereiten und – das heikelste an allem – unsere lange Abwesenheit der Familie schonend beizubringen, aber es war eben doch schwierig, so auf die Schnelle alles zu ordnen und zu organisieren. Die Möglichkeit, an einer Erkundungsexpedition teilzunehmen, hatte sich sehr kurzfristig ergeben. Sie sollte den Polarexperten sowohl der DDR als auch der UdSSR Erkenntnisse für die weitere Intensivierung der Antarktisforschung vor allem in logistischer Hinsicht bringen. Daraus ergab sich ein geographisch ungewöhnlich weites Aufgabengebiet. Es reichte von der Station Mirny an der Prawdaküste bis nach Nowolasarewskaja im Enderbyland, das heißt über einen Entfernungshorizont von etwa 4000 km Küstenlinie.

Besonders gern erinnere ich mich eines Hubschraubereinsatzes von der Station Mirny aus. Eine MI-8 wurde startklar gemacht, mit Proviant beladen, Schlauchboot und Kletterausrüstung verschwanden im Bauch des Hubschraubers, dazu Flaschen und Behälter für verschiedene Proben, Luftbildkamera und was alles sonst gebraucht wurde. Dann frühstückten wir in der Kantine noch einmal ausgiebig, und ab ging es. Auf, in neues, uns unbekanntes Gelände!

Der Flug mit dem Hubschrauber ist immer ein ganz besonderes Erlebnis; zum einen fliegt er nicht so hoch wie ein Flugzeug, und man kann noch jede Kleinigkeit auf dem Erdboden oder auf den ausgedehnten Eisfeldern erkennen, zum anderen ist die Reisegeschwindigkeit mit 300 km/h auch nicht sehr groß. Man schaut sich in Ruhe alles von oben an. Gibt es etwas Besonderes zu sehen, bleibt der Hubschrauber in der Luft stehen oder hält sich knapp über dem Boden, damit wir die uns interessierenden Erscheinungen genau wahrnehmen können.

Auf der einen Seite konnten wir das endlos erscheinende Meer mit den Eisbergen sehen, auf der anderen die zerklüfteten Gletscher mit ihren Spalten und den Abbruchstellen. Nach gar nicht allzu langer Flugzeit tauchte am Horizont ein schwarzer Punkt auf, der zusehends größer wurde: der Gaußberg. Er war 1902 von der ersten deutschen Südpolarexpedition entdeckt worden, und Erich von Drygalski, ihr Leiter, hatte ihn nach seinem Expeditionsschiff GAUSS benannt. Ganz dicht flogen wir an dem 369 m hohen Berg vorbei. Wie eine mit Schokolade überzogene Kokosflocke ragte er aus dem Eis heraus, blieb noch einige Zeit im Blickfeld und verschwand dann wieder hinter uns.

Eine Stunde später erreichten wir das Zwischentanklager, das inmitten einer weiten, weißen Ebene auf der Sawadowski-Eiskappe einige Tage vorher angelegt worden war, damit wir diesen Langstreckenflug überhaupt durchführen konnten. Nach dem Tanken ging es weiter über das Westschelfeis. In der Ferne tauchten wieder Felsgruppen auf, an deren äußerster nördlicher Spitze die australische Station Davis liegt. Dieses Felsmassiv ist sehr eben, völlig eis- und schneefrei und mit zahlreichen Seen überzogen. Es hat eine weite Ausdehnung und ähnelt in vielem der Schirmacher-Oase, nur ist es eben viel größer. Jetzt erreichten wir auch die Küste wieder und nahmen Kurs auf Richtung Amery-Schelfeis.

Auf dem Weg dorthin überflogen wir die Larsemann-Hügel. Sie wollten wir uns genauer ansehen. Nach einigen Runden über dieser Felslandschaft suchten wir deshalb einen günstigen Landeplatz und setzten wenige Minuten später auf. Wir hatten wieder Land unter den Füßen und musterten erst einmal die nähere Umgebung. Sie war flach an dieser Stelle, der Boden kiesig. Dann begann die harte Arbeit, die wir gemeinsam mit zwei sowjetischen Experten und der Hubschrauberbesatzung ausführten. Von einer nahen Erhebung aus machten wir Panoramaaufnahmen. Ein anderer Trupp untersuchte die in der Nähe liegenden Seen auf ihre Zu- und Abflüsse und entnahm Wasserproben. Peinlich genau wurde jede Probe verpackt und beschriftet; ebenfalls die Steine, die den am häufigsten vorkommenden Gesteinsformationen entnommen wurden.

Eine weitere Gruppe erkundete den Übergang vom Felsmassiv zum Inlandeis am südlichen Rand der Larsemann-Hügel. Wie meist an solchen Gletscherabbrüchen bildet das Inlandeis hier eine ziemlich schroffe Barriere. Nach der Bodenerkundung wurde vom

Standort und von der Umgebung eine Kartenskizze angefertigt.

Im Hubschrauber bereitete ich inzwischen die Luftbildkamera für den Einsatz vor. Die Mechaniker öffneten die Bodenluke, in die ich die Kamera montierte. Neuer Start. – Von oben gesehen sind die Larsemann-Hügel ein etwa dreißig Kilometer langes Felsmassiv mit verhältnismäßig ausgeglichener Begrenzung im Süden und einigen, bis zu zehn Kilometer ins Meer hineinragenden Landzungen. Im Osten sahen wir von einem Gletscher ausgestoßene Eisberge, im Norden etliche vorgelagerte Felsinseln. Die höchste Erhebung mißt nicht viel mehr als hundert Meter.

Nach zwei Rundflügen über den Nordostteil der Larsemann-Hügel mit eingeschalteter Luftbildkamera ging es schließlich weiter zum Amery-Schelfeis und, nachdem wir die dortigen Arbeiten erledigt hatten, zurück zur australischen Station Davis. Wir flogen Davis verabredungsgemäß an, um noch einmal aufzutanken. Diese gegenseitige Hilfe bei der Erforschung des Kontinents wird überall gewährt; vor zwei Jahren waren die Australier auf einer Erkundungsexpedition in der sowjetischen Station zwischengelandet, um zu tanken, jetzt wurde uns diese Unterstützung zuteil. Die Australier empfingen uns, wie man eben Gäste in der Antarktis empfängt. Die gesamte Stationsbesatzung war am Landeplatz versammelt, und wir wurden lautstark und mit herzlichem Händeschütteln begrüßt. Mit einem Rundflug dankten wir den Gastgebern.

Wie in den sowjetischen Stationen, so wurde zu dieser Zeit auch in den beiden australischen (Davis und Mawson) rekonstruiert. Man kann sagen, daß sämtliche Überwinterungsstationen der Antarktis, dort wo es möglich ist, zu festen Wohnsiedlungen ausgebaut werden. In Davis entstanden zwei große Komplexe: eine geräumige Fahrzeug- und Reparaturhalle und ein Küchen- und Kulturtrakt, der schon fertiggestellt war. Die neuen Gebäude stehen auf Betonfundamenten und sind in Großplattenbauweise errichtet. Diese Bauart kann man sich in der Antarktis natürlich nur leisten, wenn man die meteorologischen Verhältnisse genau kennt, besonders jedoch die Hauptwindrichtungen, das Verhalten des Treibschnees, und wenn man weiß, wo sich die Schneewehen bilden.

Am Morgen des nächsten Tages starteten wir, um nach Mirny zurückzukehren. Wer Mirny von früheren Expeditionen kennt, ist erstaunt, welche Veränderungen dort in den letzten Jahren vor sich gegangen sind. Wir hatten schon zuvor von einem außergewöhnlichen Tauprozeß gehört, der gegenwärtig in der Ostantarktis beobachtet wird. In Mirny sind die Häuser, die in den sechziger Jahren aufgegeben werden mußten, weil die Schneelast, die sie mehr und mehr begrub, zu groß wurde, alle wieder herausgetaut. Hinter der Fahrzeugwerkstatt stand jetzt wie ein Denkmal ein Balok mit der Tischlerwerkstatt auf einem drei Meter hohen Eissockel. Wer diese Werkstatt betreten wollte, mußte über eine angelegte hohe Leiter steigen, und wenn sie einmal fehlte, kam keiner rein noch raus.

Die neue Station Mirny wurde bei der Rekonstruktion auf zwei etwa 800 m voneinander entfernten Felshügeln aufgebaut. Beide Hügel sind mit einer Versorgungsleitung verbunden, die auf Eisenpfählen ruht. Durch den starken Tauprozeß ragen diese Stützpfeiler nun schon zwischen vier und sechs Meter aus dem Schnee heraus.

Als sich das Wetter besserte, traten wir mit dem Flugzeug die Weiterreise nach Nowolasarewskaja an.

Unsere Gedanken eilten voraus zu dem einen Punkt, unserem Forschungskomplex, den wir 1976 dort errichtet hatten und in dem uns gute Bekannte und Polarniks aus der DDR erwarteten. War das eine Begrüßung! Außer dem Diensthabenden, der die Geräte und Messungen überwachen mußte, waren alle Teilnehmer der Winterexpedition auf dem Flugplatz erschienen. Und sie bestürmten uns mit Fragen über Fragen, waren wir doch die zuletzt aus der DDR Abgeflogenen und hatten nochmals Post und liebe Gaben von den Angehörigen im Gepäck. Unser alter Mitstreiter aus der Zeit der 21. Sowjetischen Antarktisexpedition, Hans Fischer, freute sich natürlich besonders, uns im Containerkomplex, den wir ja gemeinsam aufgebaut hatten, wiederzusehen.

Im kleinen »Salon« wurden wir dann nach bewährter Sitte mit Überraschungen empfangen. Wir trauten unseren Augen kaum: Es war alles wunderschön gedeckt, und auf dem Tisch stand ein herrlich duftender Kuchen. Nach dem ersten Verschnaufen wurde uns dann der Komplex gezeigt. Was hatte sich, auch hier, alles verändert! Jede Expeditionsgruppe hatte entsprechend ihren Möglichkeiten dazu beigetragen, das Leben in der Containerstation zu verbessern. Aber auch die Umgebung hatte sich seit unserem Abschied im Jahre 1977 gewandelt. Wie in Mirny, so war in der Schirmacher-Oase der Tauprozeß fortgeschritten. Mußten wir 1976 auf dem Weg zur sowjetischen Station noch über eine Gletscherzunge gehen, so war jetzt nichts mehr von ihr zu sehen; an ihrer Stelle erstreckte sich ein Geröllfeld aus großen Granitsteinen.

Die alte sowjetische Station wurde nur noch als Unterkunft für Bauarbeiter genutzt, und hinter den bekannten Gebäuden glänzte die rekonstruierte Station. Ein neuer Küchenkomplex war entstanden mit einem herrlichen Speise- und Klubraum, ein schmuckes Arbeits- und Signalempfangsgebäude für den Aufstieg von Wetterballons, ein weiteres für verschiedene andere Wissenschaftsbereiche, den Arzt und den Stationsleiter. Eine neue große Dieselelektrostation mit Fahrzeug- und Reparaturhalle gab es und eine neue Sauna.

An dem noch in Bau befindlichen Haus für die Geophysiker konnten wir uns mit der Konstruktion und der Bauweise dieser Gebäude vertraut machen. Das alles war für uns natürlich äußerst interessant, da wir auch auf diesem Gebiet Erfahrungen sammeln wollten. Bemerkenswert die Lösung der Transportprobleme: Früher konnten wir mit dem Schlittenzug bis zur Station heranfahren, heute haben sich die Schnee- und Eisfelder so weit zurückgezogen, daß man die Station nur noch mit Kettenfahrzeugen über eine regelrechte Straße erreicht. Ohne kettentragende Kfz-Technik ging hier wahrscheinlich nichts mehr.

In unserem Forschungskomplex konnten wir nun die bisher gesammelten Materialien sichten und einer ersten Auswertung unterziehen, die zahlreichen Filme entwickeln und bereits einige Bilder anfertigen. Die Zeit verging viel zu schnell, dann wurde schon der Ankunftstermin für das Schiff gemeldet, das die nächste Besatzung unseres Forschungskomplexes brachte, und unser Abfahrtstermin war somit herangerückt.

Zur Heimreise blieben wir nur bis Pointe Noire, einem Hafen in der Volksrepublik Kongo, auf dem Schiff. Von Brazzaville aus flogen wir nach Hause, denn unsere Arbeitsergebnisse wurden schon mit Interesse erwartet. Ohne größere Pause begannen wir mit der detaillierten Aufarbeitung des wissenschaftlichen Materials.

1980–1982

26. Sowjetische Antarktisexpedition
Nowolasarewskaja, Bellingshausen, Drushnaja, Geolog

Zu den bemerkenswerten Ergebnissen dieser Expedition gehören sicherlich der Nachweis von Resten jener Eisdecke, die das nördliche Königin-Maud-Land während der letzten Kaltzeit (120 000 bis 18 000 Jahre vor heute) unter sich begrub, durch Wolf-Dieter Hermichen sowie die Hubschrauber-Landung einer Wissenschaftlergruppe im Wohlthatgebirge.

Letzteres verdient eine historische Reminiszenz. Das Wohlthatmassiv war von der »Deutschen Antarktisexpedition« 1938/39 unter der Leitung Alfred Ritschers entdeckt worden. Diese Expedition, vom Flugzeugkatapultschiff SCHWABENLAND *aus im Königin-Maud-Land operierend, wurde rigoros in das Streben des deutschen Faschismus nach Weltherrschaft einbezogen. Ihr wissenschaftliches Verdienst beruht im wesentlichen auf den über 11 000 hervorragenden fotogrammetrischen Luftaufnahmen der Fotografen Bundermann und Sauer. Seitdem tragen, neben der Schirmacher-Oase, etliche Gebirge, viele Felsgipfel und Gletscher dieser Region deutsche Namen. Die von der* SCHWABENLAND*-Expedition benannten Gebiete sind von ihren Teilnehmern jedoch nicht betreten worden. Im Jahre 1982 hatten nun zum erstenmal Wissenschaftler aus der DDR Gelegenheit, sich im zentralen Wohlthatmassiv umzusehen, Eis-, Wasser- und Gesteinsproben zu sammeln, zu messen. Auch wenn der Aufenthalt nur auf einen Tag beschränkt blieb, begann sich damit der deutschen Polarforschung ein Wirkungsbereich zu erschließen, der in den folgenden Jahren immer mehr an Bedeutung gewann.*

Die geomagnetischen Arbeiten Volkmar Damms, der die Forschungsbasis in der Schirmacher-Oase leitete, hatten das Ziel, geophysikalische Fragen der Erdkruste, insbesondere an der Grenze Festland/Schelf, klären zu helfen sowie die Wechselwirkungen zwischen Sonnenwind und Magnetosphäre der Erde weiter zu erkunden. Das bisherige Meßpunktnetz in der Stationsumgebung wurde verdichtet und erweitert, die Aufzeichnung der drei Komponenten der Magnetfeld-Mikropulsationen und der Gesamtfeldstärke fortgesetzt. Der Betrieb der im Observatorium Niemegk entwickelten und gebauten Meßtechnik in der Antarktis lieferte auch Erkenntnisse, die unmittelbar in die Konstruktion derartiger Geräte einflossen.

Nachdem die erste Biologengruppe der DDR im antarktischen Sommer 1979/80 die Umgebung der Station Bellingshausen als ein für faunistische Forschungen ergiebiges Terrain ausgewiesen hatte, überwinterte dort die zweite Gruppe. Sie konnte das Untersuchungsgebiet auf den Inseln King George und Nelson erheblich ausdehnen. Stranger Point an der südlichen Küstenlinie von King George Island wurde erreicht, wo die kleine Mannschaft neue Pinguinkolonien entdeckte. Bemerkenswert daran ist, daß drei Pinguinarten – Adelie-, Esels- und Zügelpinguine – nebeneinander brüten. Die parasitologischen Untersuchungen, die unter anderem Aufschlüsse über die Nahrungsketten der Tiere zulassen, erbrachten wieder interessante Ergebnisse (Feiler, Odening). Um die Beobachtungen zu erleichtern, errichteten die Biologen auf der felsigen, über und über mit Pinguinen besiedelten Insel Ardley in der Bucht vor Bellingshausen eine Arbeitshütte, die auch als internationales Refugium registriert wurde.

Neu im Programm war die Erforschung der küstennahen Meeresbereiche, des Litoral (Lebensgemeinschaft der Strandregion) und des Benthos (Lebensgemeinschaft des Gewässergrundes). Die Taucheinsätze von Martin Rauschert und Rudolf Bannasch versprachen, eine weitere Lücke in der Bestandsaufnahme der antarktischen Fauna zu schließen; es war ja bis dahin nur wenigen Wissenschaftlern vergönnt, das Leben unter Wasser im Polarmeer zu studieren – eines Bereiches, der als Nahrungsgeber auch für landgängige und flugfähige Wirbeltiere existentiell ist.

Professor Rudolf Meier hat am Aufbau einer neuen geologischen Forschungsbasis der UdSSR, im Westen des Ronne-Schelfeises gelegen, mitgearbeitet. Widrige Wetterverhältnisse verhinderten jedoch die Konzentration der Ausrüstung, so daß etwa 520 km von Drushnaja entfernt die Basis »Schelf« und weitere 120 km westlich das Außenlager »Geolog« entstand. Aus der Basis »Schelf« ging 1982 »Drushnaja 2« hervor.

Erdgeschichte in Eis geschrieben

Wolf-Dieter Hermichen

Anfang Februar 1982 erreicht uns die Nachricht, daß die vor fünfzehn Monaten begonnene Bohrung an der sowjetischen Antarktisstation Wostok eine Tiefe von fast 2000 m erreicht habe. Der Eisbohrkern konnte komplett und in guter Qualität geborgen werden.

Warum diese aufwendigen Bemühungen, ins Innere des über 4000 m dicken Eispanzers einzudringen? Ist Eis denn nicht einfach kristallines Wasser, egal ob es sich an der Oberfläche oder in der Tiefe eines kontinentbedeckenden Eisschildes befindet? Und überhaupt, was geht uns Mitteleuropäer das 15 000 km entfernte Eis am Südpol an?!

Wer so denkt übersieht die Funktion der Eismassen Antarktikas im globalen Wasserkreislauf, weiß nicht, daß ein Schlüssel zur Aufklärung der jüngeren Klima- und Umweltentwicklung unseres Planeten im grönländischen und antarktischen Inlandeis liegt.

Mit einem Volumen von 30 Millionen Kubikkilometern speichert die Gletscherdecke Antarktikas mehr als 80 Prozent der auf der Erdoberfläche vorhandenen Süßwassermenge. Seine größte Mächtigkeit erreicht der antarktische Eisschild mit über 4700 m bei 70° südlicher Breite und 135° östlicher Länge. Ein Anwachsen oder ein auch nur teilweises Abschmelzen dieser Eismassen würde den Meeresspiegel spürbar senken oder erhöhen. Die Folge wäre, daß sich nicht nur Küstenlinien verlagerten (einiger Länder sogar ganz drastisch), sondern daß sich auch Klimazonen verschieben könnten. Für das 21. Jahrhundert erwarten viele Klimaforscher eine weltweite Erwärmung um einige Grad als Folge des zunehmenden Gehaltes von Spurengasen wie CO_2 in der Atmosphäre. Im Zusammenhang damit sind Beobachtungen zum Massenhaushalt der großen Eisdecken und deren Reaktion auf Klimaschwankungen wieder in das Blickfeld der interessierten Öffentlichkeit gerückt.

Salziger Tee

Als wir Anfang März 1981 vom Deck des sowjetischen Frachters KAPITÄN MARKOW aus die Küste des Königin-Maud-Landes vor uns auftauchen sehen, wissen wir von den Geschichten, die das Eis erzählt, noch ziemlich wenig. Zwar haben wir emsig gelesen, reichlich Papier beschrieben und aufmerksam den Belehrungen und Anregungen unserer Vorgänger gelauscht, doch grau ist alle Theorie ...

Meine ersten Schritte an »Land« führen, unter mißbilligenden Blicken des Aufsichtshabenden an der provisorischen Gangway, auf – Eis. Der Mann guckt streng, weil das Verlassen des Schiffes eigentlich nicht gestattet ist: Ein böiger Wind und kräftiger Seegang lassen den Zwölftausendtonner tanzen, werfen ihn immer wieder gegen die Eismole von Kap Ostry. An Entladen ist nicht zu denken, wahrscheinlich werden wir bald wieder ablegen müssen – mehrere Tafeleisberge driften in bedenklicher Nähe. Also warten wir auf günstiges Wetter.

Aber Warten so kurz vor dem Ziel einer 20 000 km langen Reise macht mürbe, zumal alle Reserven an Seelentröstern erschöpft sind. Nur ein Rest Kaffeepulver und allerhand Tee findet sich. Doch woher nehmen wir das nötige Wasser? Der Trinkwasserverbauch auf der MARKOW ist streng reglementiert, nach viermonatiger Kreuzfahrt im antarktischen Ozean sind die Vorräte nahezu verbraucht; früh und abends tröpfelt der Wasserhahn auf Wunsch für ein paar Minuten.

Aber haben wir nicht riesige Mengen Süßwasser in greifbarer Nähe? Antarktika ist doch die sauberste und wasserreichste Region der Erde! Also fix Eimer und Spaten beschafft und an »Land« geschlichen! Der Schelfgletscher in der Umgebung der Anlegestelle ist an vielen Stellen schneebedeckt. Man braucht, so scheint's, nur wenige hundert Meter zu gehen, aus der durch Brandungsspritzer und Expeditionstätigkeit beeinträchtigten Zone heraus, und kann dort seinen Eimer mit Reinstschnee füllen ... Die Aktion, zunächst mit viel Beifall bedacht, erweist sich doch nur als halber Erfolg: Kaffee und Tee schmecken leicht salzig. Ein nachdrücklicher Fingerzeig dafür, daß durch die häufig starken Stürme große Mengen Meerwasserspray weit ins Innere Antarktikas verfrachtet und in die Schnee- und Eisdecke eingelagert werden.

Tage später haben wir auf dem Flug in die Station Gelegenheit, unser künftiges Arbeitsgebiet in Augenschein zu nehmen. Wir fliegen direkt nach Süden. Etwa eine halbe Stunde braucht der Hubschrauber bis zur Schirmacher-Oase. Unter uns erstreckt sich der Nowolasarewskaja-Schelfgletscher. Es ist ein besonderes Charakteristikum des atlantischen Sektors, daß dort nahezu der gesamte Kontinentalschelf von schwimmenden Gletschern bedeckt ist. Diese Schelfgletscher sind die Wiege der etwa eine Million Tafeleisberge, die derzeit im Polarmeer treiben. Die eigentliche Küstenlinie liegt einige dutzend, stellenweise sogar einige hundert Kilometer weiter südlich. Sie ist meist gut erkennbar durch einen deutlichen Anstieg der Gletscheroberfläche. Bei 12° Ost wird die Grenze zwischen Schelf- und Inlandeis durch die Schirmacher-Oase eindeutig markiert.

Am Südrand der Oase endet das Inlandeis über weite Strecken mit einer imposanten, stellenweise 40 m hohen Steilstufe. Hier sind die untersten Teile der kontinentalen Gletscherdecke angeschnitten – um im Buch der regionalen Klima- und Vereisungsgeschichte zu lesen, ist ausnahmsweise keine Tiefbohrtechnik erforderlich. Allerdings will eine 40 m hohe Eiswand auch erst einmal bezwungen sein!

... wo du gewesen bist
Der antarktische Eisschild speichert eine Fülle von Informationen. Eis ist eben nicht gleich Eis. Zwar besteht es chemisch überall auf der Erde zum überwiegenden Teil aus gemeinem H_2O, darüber hinaus aber enthält es als Verunreinigungen eine Vielzahl unterschiedlicher Spurenstoffe, und eben deren Konzentration wird systematisch bestimmt durch die Umweltbedingungen, unter denen die Eiskristalle entstehen.

Solche natürlichen Indikatoren sind zum Beispiel Aerosole, Mikropartikel, Gaseinschlüsse sowie die schweren Isotope des Wasserstoffs ^2H und des Sauerstoffs ^{18}O; die Formel für isotopisch schweres Wasser ist dann $^1H^2H^{16}O$ bzw. $^1H_2^{18}O$. Über Einzelheiten der Isotopenanalyse am Wasser hat Gerhard Strauch geschrieben. Hier nur zur Erinnerung so viel, daß u. a. die Temperatur, bei der sich die Eiskristalle in der Atmosphäre bilden, die Häufigkeit der schweren Isotope bestimmt. Wenn man beispielsweise auf der antarktischen Eisdecke von der »milden« Küste in das sehr kalte Zentralgebiet geht, nimmt der Gehalt an schwerem Wasser ab, bis zur geringsten bisher gemessenen Konzentration am Pol der relativen Unzugänglichkeit. Dort, bei einer mittleren Jahrestemperatur um minus 60 °C, bestehen die Eiskristalle fast ausschließlich nur noch aus $^1H_2^{16}O$. So könnte der Isotopenchemiker sagen: Gib mir ein Stück Eis, und ich sage dir, wo du gewesen bist.

Die Gletscherdecke Ostantarktikas gilt als älteste und stabilste Eisdecke unseres Planeten. Ihre Entwicklung begann vor ca. 40 Millionen Jahren. Heute besteht sie aus den chronologisch abgelagerten Niederschlägen des jüngsten Quartärs, der letzten Periode in der geologischen Entwicklung der Erde, für die ein mehrfacher, weltweit auftretender Wechsel von Kalt- und Warmzeiten charakteristisch ist. In der Regel gilt: Je tiefer eine Eisschicht unter der jetzigen Oberfläche liegt, desto älter ist sie. Man schätzt, daß die tiefsten Schichten im Zentralteil der jetzigen Eisdecke etwa 500 000 Jahre alt sind.

Gelingt es uns, Proben des alten Eises aus der Tiefe zu gewinnen, können wir mit Hilfe von Isotopen- und Spurenstoffanalysen auf die Klima- und Vereisungsbedingungen zur jeweiligen Entstehungszeit der Proben schließen. Sie liefern unter anderem Daten über die einstige mittlere Temperatur am Boden, über den jährlichen Schneezutrag, die Ausdehnung des Meereises, die Höhenlage der Gletscheroberfläche, aber auch Hinweise zum Stofftransport der Atmosphäre und zur Strahlungsaktivität der Sonne. Wir erhalten also quantitative Angaben zu einer Vielzahl von Umweltfaktoren für nahezu den gesamten Zeitraum der historischen Entwicklung des Menschen. Das macht die Eisdecken Antarktikas und Grönlands für viele Naturwissenschaftler so interessant.

Vorrangig gilt dies natürlich für die Klimaforscher. Sie benötigen Datenreihen, die wesentlich weiter in die Vergangenheit zurückreichen als die längsten Wetteraufzeichnungen meteorologischer Observatorien. Sie wollen vor allem ergründen: Wie lange dauern Warm- bzw. Kaltzeiten? Wie schnell erfolgt der Umschlag von warm zu kalt und umgekehrt? Welche Extreme gab es? (Wir wissen zum Beispiel, daß die letzte Warmzeit in mittleren und höheren geographischen Breiten merklich höhere Temperaturen aufwies als die Warmzeit, in der wir gegenwärtig leben.) Eiskerndaten können solche Fragen beantworten helfen. Sie werden dabei ergänzt durch Informationen aus Sedimenten der Tiefsee und von bestimmten festländischen Bildungen wie Mooren, Sedimentschichten in Binnenseen, Moränenstaffeln usw. Eine Zusammenschau dieser natürlichen »Aufzeichnungen« von möglichst vielen Stellen der Erdoberfläche dürfte in nicht allzu ferner Zukunft dann den erhofften Überblick über Ausmaß und Geschwindigkeit von Klimaschwankungen gewähren sowie letztendlich erlauben, deren Ursachen aufzudecken und fundierte langfristige Prognosen zu geben.

Wahrhaftig Eiszeiteis
Ab August können Manfred Grelle und ich uns endlich der Eisproblematik widmen. Die sowjetische

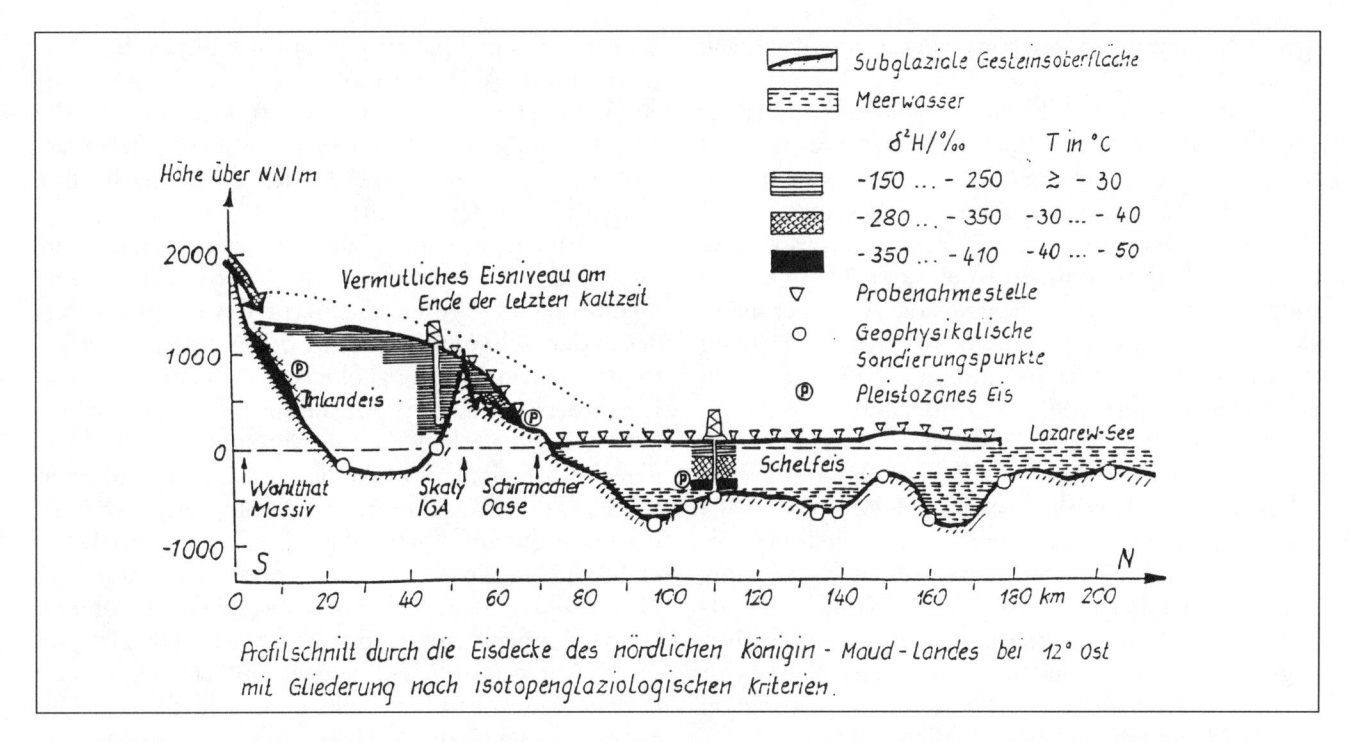

Eisprofil bei 12° Ost zwischen dem Wohlthatmassiv im Süden und der Barriere des Lasarew-Schelfeises. Die Eisalter sind nach isotopenphysikalischen Kriterien (δ^2H) gegliedert. T gibt die wahrscheinliche mittlere Jahrestemperatur an. Überraschend war die Entdeckung von Resten der pleistozänen Eiskappe am Rand der Schirmacher-Oase durch Wolf-Dieter Hermichen im Jahre 1981. Später wurden auch am Nordhang des Wohlthatmassivs Eislagen gefunden, die sich während der letzten Kaltzeit gebildet haben. Als vermutlich pleistozän bestimmten Gordienko/Savatjugin 1980 Schichten am Grund der Schelfeisbohrung.

Expeditionsleitung hatte bereits 1978 Gerhard Strauch eine große Menge von Eisproben aus einer 809 m tiefen Bohrung zur Verfügung gestellt. Diese Bohrung ist einzigartig im gesamten atlantischen Sektor Antarktikas. Ihr Standort – 40 km südlich der Schirmacher-Oase inmitten eines großen Schnee- und Eisakkumulationsgebietes mit schüsselförmigem Untergrund – verspricht eine gute Datierbarkeit der Schichten in allen Tiefen und paläoklimatische Informationen für die zurückliegenden Jahrtausende. Die Untersuchung eines solchen Kernes erfordert eine Vielzahl von Analysen. Die Mühe scheint sich aber zu lohnen; die von unseren Vorgängern erzielten Resultate sind vielversprechend.

Wir nehmen uns nun weiterer Kernsegmente an, die das vorläufige Bild der langzeitlichen Schwankungen von Temperatur und Niederschlagssumme präzisieren sollen. Die jeweils etwa einen Meter langen Eisstangen lagern wohlverpackt im Tiefkühlcontainer der sowjetischen Station. Bis Mitte Oktober haben wir sie in Scheiben zersägt und zu 320 Wasserproben verarbeitet. Die im Folgejahr in Leipzig durchgeführten Isotopenuntersuchungen sollten zeigen, daß sich – ähnlich den langjährigen Veränderungen des Klimas in Mitteleuropa, das während der zurückliegenden 10 000 Jahre zwischen mediterran und subpolar schwankte – auch im atlantischen Randgebiet Antarktikas deutlich wärmere bzw. kältere Zeitabschnitte und Jahrzehnte mit etwa den heutigen Durchschnittstemperaturen abgewechselt haben.

Lange Zeit lassen mir die Eiswand und der sich anschließende steile Anstieg der Eiskappe im Süden der Schirmacher-Oase keine Ruhe. Sollte es nicht möglich sein, dort mit einfachen Mitteln ein vollständiges Profil durch die Inlandeisdecke zu gewinnen? Ich kann den Geophysiker Witja Serow, der in mittelasiatischen Gletschergebirgen das Klettern im Eis erlernt hatte, zu einer gemeinsamen Probenahme begeistern. Auf dem etwa 20 Grad geneigten Inlandeisabhang genügt noch unsere Standardausrüstung: Pickel, Steigeisen und Handbohrer. Doch dann muß die Senkrechte bewältigt werden. Sorgsam gesichert, läßt sich Witja an der Gletscherwand hinunter und bohrt alle zwei Meter einen 50 cm langen Eiskern heraus, den er vorsichtig in einen nachgeführten Rucksack packt.

Wir staunten nicht schlecht, als wir bei der Analyse der Proben feststellten, daß eine mehrere dutzend Meter dicke Eisschicht an der Gletscherbasis eine isotopische Zusammensetzung aufwies, die eigentlich für Regionen mit einer mittleren Jahrestemperatur unter minus 35 °C typisch ist. Aus den extrem kalten Zentralgebieten Antarktikas konnte das Eis aber nicht stammen, weil die Fließverhältnisse in der Umgebung der Schirmacher-Oase dies ausschließen! Wir hatten einen Rest pleistozänen Eises entdeckt!

Es gab nach allen vernünftigen Überlegungen gar keine andere Möglichkeit, als daß es sich um Eis jener Gletscherdecke handelt, die während der letzten Kaltzeit in dieser Region entstanden ist und die im Gefolge der vor 18 000 Jahren einsetzenden Erwärmung zumindest in den Randgebieten des Königin-Maud-Landes abtaute oder in Form von Eisbergen ins Meer abgestoßen wurde. Südlich der Schirmacher-Oase ist dieser Gletscherrückzug offenbar nur unvollständig erfolgt. Heute sind die späteiszeitlichen Reste von jungem, holozänem Eis überschichtet und dadurch vor weiterer Erosion relativ gut geschützt. Eiskerne aus einer sowjetischen Bohrung durch den Nowolasarewskaja-Schelfgletscher ließen erkennen, daß auch an der Basis dieser schwimmenden Eisplatte ein auf wenige zehn Meter Dicke geschrumpfter Rest des ehemaligen kontinentalen Eisschildes liegt. So rundet sich langsam das Bild von der gegenwärtigen Struktur der ostantarktischen Eisdecke in ihrem atlantischen Randgebiet.

Wir suchen die Temperaturskala
Sommerzeit – Reisezeit. Für uns beginnt dieser abwechslungsreiche Abschnitt der Expedition Mitte Oktober 1981. Nach einem mehrtägigen Schneesturm hat sich ein großes, nahezu wolkenfreies Hochdruckgebiet in unseren Raum verlagert. Strahlende Sonne, wenig Wind und Temperaturen zwischen minus 15 und minus 30 Grad, das sind ideale Voraussetzungen für Arbeiten im Gelände. Am 14. Oktober starten wir mit zwei schweren Kettenfahrzeugen ins Innere des Königin-Maud-Landes. Arif Kazibekow steuert die legendäre Charkowtschanka-5, leistungsstärkste Zugmaschine der sowjetischen Station, die alle mehrtägigen Schlittenzüge von Nowolasarewskaja aus mitgefahren ist und uns als mobile Unterkunft dient. Willi Stecher, der Chef unserer Dieselelektrostation, sitzt an den Steuerknüppeln eines Kettenfahrzeugs vom Typ ATT, auf dessen Ladefläche wir sämtliche Geräte und Verpackungsmaterialien verstaut haben. Andrej Kotemko ist als Arzt und Hobbykoch für das körperliche Wohlbefinden zuständig. Viktor Rolenko wird die Funkverbindung mit Nowolasarewskaja aufrechterhalten und als bärenstarkes Mädchen für alles bei den wissenschaftlichen Arbeiten helfen.

Aber Initiatoren und Hauptnutznießer der aufwendigen Aktion sind wir DDR-Wissenschaftler. Die Geomagnetiker wollen die Stärke des Erdmagnetfeldes in der weiteren Umgebung der Schirmacher-Oase messen und damit die geologische Situation im vom Eis verdeckten Untergrund aufklären. Meine Mission besteht darin, entlang unserer Fahrstrecke in regelmäßigen Abständen Proben der 1981 akkumulierten Schneeschicht zu gewinnen sowie an geeigneten Stellen mit Hilfe von Spaten und Handbohrer möglichst mehrere Meter in die Tiefe einzudringen, damit ich die Niederschlagsmenge der letzten Jahre entnehmen kann. Temperaturmessungen und Isotopenanalysen sollen Antwort auf die Frage geben: Wie äußern sich in der Gegenwart klimatische Unterschiede zwischen verschiedenen Orten Antarktikas in den isotopengeochemischen Kennzahlen der abgelagerten Schnee- und Firnschichten? Kurz: Wir suchen die Skaleneinteilung unseres »Isotopenthermometers«, damit wir aus den im alten Eis gemessenen Isotopenvariationen die vorzeitlichen Klimaschwankungen ableiten können.

Der Marsch soll sechs Tage dauern. Unmittelbar südlich der Schirmacher-Oase haben die Fahrzeuge schwer zu arbeiten; die Trasse steigt innerhalb weniger Kilometer von 100 auf 500 m über NN an. Bei Kilometer 12 wird der Flugplatz erreicht und die dortige Besatzung begrüßt. Seit August sind Andrej Plawinski und seine zwei Mitstreiter dabei, ein mehrere Hektar großes Schneefeld als Piste für den im November beginnenden Flugbetrieb vorzubereiten. Wochenlange Einsamkeit, nur alle zwei Tage von einem kurzen Saunabesuch in der Station unterbrochen, läßt jede Stippvisite für die drei zur angenehmen Abwechslung werden. Der obligatorische Tee schmeckt vorzüglich, an Gesprächsstoff mangelt es nicht, und doch will bei keinem von uns Gästen die rechte Ruhe aufkommen. Vor uns liegen noch 40 km Fahrt durch unbekannte Gletschergebiete – fünf, sechs Stunden, wenn alles glattgeht.

Sie verlaufen ohne Zwischenfälle, was in erster Linie dem guten Gedächtnis von Arif zu danken ist. Er war 1977/78 schon einmal in diesem Gebiet und weiß, welche der in der Karte nur vage verzeichneten Spaltengebiete vorsichtshalber weiträumig zu umfahren sind und welche mit dem sieben Meter langen Kettenfahrzeug gefahrlos überquert werden können. Die Spalten dürfen nicht breiter als drei Meter sein und müssen senkrecht zur Streichrichtung passiert werden. Des öfteren zerbricht unter der Last aber doch die Schneebrücke, die in der Regel die Kluft überdeckt. Das Fahrzeug kippt dann nach vorn und beschert den Insassen jedesmal einen unangenehmen Nervenkitzel, einen Augenblick der Angst vor dem freien Fall. Das endet mit dem Aufprall der vordersten Kettenglieder auf die gegenüberliegende Eiskante – jeder Mitfahrer verspürt schmerzlich die Trägheit seiner Körpermasse und danach das beruhigende Gefühl, daß es wieder aufwärtsgeht.

Der erste Tag bringt uns gleich ins am weitesten südlich gelegene Arbeitsgebiet. Als gegen 16 Uhr die Fahrzeuge am Fuß des Nunataks »1272 m« abgestellt werden, sind wir 52 km durch die Region der »Skaly IGA« gefahren (Berge des Instituts für Geologie der Arktis), eines im Eis ertrunkenen kleinen Gebirgsstocks, von dem nur noch die höchsten Spitzen als Nunatakker herausragen. Nach dem ohrenbetäubenden Lärm während der Fahrt ist die Stille am Abend wohltuend. Wir stärken uns mit Tee und Dauergebäck und beginnen gegen 18 Uhr den Aufstieg zum Gipfel des »1272 m«, des mächtigsten Nunataks weit und breit. Oben, 300 m über dem Niveau der Umgebung, hat man einen phantastischen Ausblick. Der niedrige Sonnenstand sorgt für günstige Lichtverhältnisse. Richtung Norden blickend, können wir unsere Fahrspuren über viele Kilometer verfolgen. Wir sind oft lange Strecken über blankes Eis gefahren, obwohl gerade das zurückliegende Jahr ausgesprochen reich an Niederschlägen war. Wohin sind die Schneemassen verschwunden? Wie wir später mit Hilfe von Isotopenuntersuchungen feststellen, haben die häufigen Südoststürme den Schnee aus dieser Region 150 bis 200 km nach Norden verfrachtet. Dort fanden wir ihn wieder als dicke Schicht auf dem Nowolasarewskaja-Schelfgletscher. Das bedeutete: Aus dem Inland angewehter Schnee trägt zum Fortbestehen des Schelfgletschers bei.

Das Panorama im Süden ist überwältigend: Scheinbar zum Greifen nah und doch mindestens 50 km entfernt, erhebt sich das Wohlthatgebirge aus dem Inlandeis. Bis 3000 m hohe Gipfel, steile Felswände, schroffe Kämme und Grate, Felstürme, Hörner, dazwischen Gletscherströme und tief eingeschnittene Täler – eine überaus reich gegliederte Hochgebirgswelt. Sie zieht jeden, der sie erblickt, magisch an und ist doch zu diesem Zeitpunkt für uns tabu. Ganz abgesehen davon, daß Feldarbeiten in antarktischen Hochgebirgen eine besonders sorgfältige Planung und technische Absicherung erfordern; wir müssen uns der Schneedecke zu unseren Füßen widmen!

Plötzlich kommt Wind auf. Wir nutzen noch die Vogelperspektive, um das Probenahmeprogramm für die nächsten Tage festzulegen, dann geht es im Eiltempo hinunter ins geheizte Quartier, unsere vertraute Charkowtschanka. Das Außenthermometer steht jetzt nach Sonnenuntergang bei minus 34 °C, dazu pfeift der Wind. Bloß gut, daß sich seit Scotts Zeiten die technische Ausstattung der Expeditionen spürbar verbessert hat!

Ein Traum geht in Erfüllung
Diesem letztgenannten Umstand und der Kulanz der sowjetischen Expeditionsleitung ist es fünf Monate später auch zu danken, daß unsere Träume vom »1272er« doch noch Wirklichkeit werden: Zum erstenmal hat eine deutsche Forschergruppe Gelegenheit, im Wohlthatgebirge zu arbeiten. Ein Langstrecken-Hubschrauber Mi-8 bringt uns am frühen Morgen des 10. März 1982 sicher über alle, bisweilen 15 m breite Gletscherspalten hinweg zum zentralen Wohlthatmassiv, zum Untersee.

Er ist mit 12 km² Oberfläche der größte See im Inneren Antarktikas. Den Untersee haben Piloten der Expedition Alfred Ritschers 1939 erstmals gesichtet; nach Auswertung der Luftaufnahmen erhielt er seinen Namen. Es wurde aber lange Zeit bezweifelt, ob es sich wirklich um einen See oder nur um eine große ebene Eisfläche handelt: Umstritten war vor allem, ob bei den hier herrschenden ganzjährig negativen Temperaturen bis unter minus 40 °C Wasser in flüssiger Form überhaupt längere Zeit existieren kann. Der See müßte doch bis zum Grund zufrieren! Oder, so fragten manche Wissenschaftler, wird er durch Wärmezufuhr aus dem Erdinneren erhalten? Erst 1969 gelangte eine Expedition in dieses Gebiet: Sowjetische Polarforscher durchbohrten die rätselhafte Eisfläche, sie war etwa drei Meter dick; dann loteten sie eine Wassertiefe von 79 m.

Inzwischen wissen wir, daß der Untersee mindestens 147 m tief ist. 147 m Süßwasser unter einer drei Meter dicken Eisdecke 620 m über dem Meeresspiegel! Und unsere Untersuchungen belegen, daß bei den gegenwärtigen klimatischen Bedingungen die von der Sonne im Südsommer eingestrahlte Energie völlig ausreicht, um in Höhenlagen bis etwa 1000 m Seen im Kontakt mit dem sonnenerwärmten Gestein zu erhalten. Das dunkle Gestein heizt sich, besonders in niederen Höhenlagen, regelrecht auf und begünstigt die

Entstehung von Schmelzwasser auch bei negativen Lufttemperaturen. Ein einmal vorhandener, eisbedeckter See gleicht dann einem gut isolierten Glashaus. Im Sommer erwärmt die einfallende Strahlung das Wasser auf ein bis vier Grad. Ist der See ausreichend tief, genügt dieser Wärmevorrat unter der isolierenden Eisdecke, um ein Durchfrieren des Wasserkörpers bis zum Grund während der Polarnacht zu verhindern.

Wir haben für unsere Arbeiten am Untersee nur neun Stunden Zeit, und die Mühen beim Durchbohren der dicken, minus 15 Grad kalten Eisdecke lassen Manfred Grelle und mir wenig Muße, die bizarre Gebirgswelt um uns herum auch nur per Distanz zu genießen. Aber immerhin, als uns gegen 17 Uhr der Hubschrauber wieder abholt, sind mehr als zwanzig Wasser- und Eisproben im Gepäck.

Bei den späteren hydrochemischen Analysen überraschte der relativ hohe Mineralisationsgrad des Seewassers. Er liegt um ein Vielfaches über dem Salzgehalt des Gletschereises im Einzugsgebiet des Sees. Mit Hilfe von Modellrechnungen konnten wir daraus schließen, daß der jetzige Wasserkörper der Eindunstungsrest einer etwa fünfzigmal größeren Wassermenge ist. Der See entstand offenbar während einer im Vergleich zur Gegenwart milderen Periode nach der letzten Kaltzeit. Damals schmolz die Eisdecke im Umfeld der Gebirge durch höhere Sommertemperaturen teilweise ab. Die Schmelzwässer sammelten sich in der abflußlosen Senke des Untersee-kessels. Seitdem sorgt die See-Eisdecke mit ihrem Glashauseffekt dafür, daß der See als Gewässer erhalten bleibt. Durch Verdunstungsvorgänge an der Eisoberfläche (Sublimation) müßte der Spiegel des Untersees jährlich um etwa zwanzig Zentimeter sinken. Jedoch wird der Verlust gegenwärtig durch das Abschmelzen der Gletscherteile kompensiert, die in das »warme« Seewasser hineinragen. Die isotopenhydrochemischen Kennzahlen dokumentieren, daß dieser Vorgang schon seit Jahrtausenden unverändert abläuft, wodurch sich auch der relativ hohe Mineralisationsgrad des Wassers erklärt.

Vom Hubschrauber aus sind noch mehrere Moränenstaffeln gut zu erkennen. Sie erstrecken sich an den Flanken des Untersee-kessels bis in große Höhen und markieren frühere Gletscherhochstände. Vermutlich enthalten sie noch große Mengen an Toteis mit Informationen über die Umweltverhältnisse während des weit zurückliegenden Hochglazials.

Der Rückflug dauert eine knappe Stunde. Es ist unser vorletzter Tag im Königin-Maud-Land. In der Station steht schon alles bereit zur Abreise. Wir werden über tausend Proben mit nach Leipzig bringen. Um vieles sind wir klüger geworden. Und doch bleiben Fragezeichen, und man hat, jetzt am Ende der Expedition, das Gefühl, es müßte erst richtig losgehen.

Tauchen unter Eis

Martin Rauschert

Wie jeder Polarfahrer werde auch ich bei allen möglichen Gelegenheiten danach gefragt, warum ich denn immer wieder und überhaupt in diese unwirtliche Region fahre und dann auch noch bei der Kälte dort tauchen muß. Außerdem wären doch Pinguine wesentlich attraktiver als ausgerechnet Flohkrebse.

Dagegen ist überhaupt nichts einzuwenden. In Pinguinen sehe ich ebenfalls sympathische Geschöpfe. Ich nehme ihnen nicht einmal übel, daß meine Lieblinge, die Flohkrebse, auf dem Speisezettel der meisten Pinguinarten an dritter Stelle stehen – nach Krill und Fisch. Außerdem habe ich es ihnen zu danken, daß ich in die Antarktis fahren konnte. Um dorthin zu kommen, wäre ich wahrscheinlich sogar als Schlittenhund mitgefahren. Aber es waren eben die Pinguine. Mein Tauchkamerad, der Biologe Rudolf Bannasch, fragte mich eines Tages, ob ich Lust hätte, ihm einige Pinguine in der Antarktis unter Wasser zu fotografieren? Er kannte meine Vorliebe für das Eistauchen, wußte nur nicht, daß sie aus dem Wunsch resultierte, in heimischen Gewässern hin und wieder einmal einigermaßen gute Sichtweite zu haben.

Mit Freuden stimmte ich zu. Der Gedanke, einmal ins antarktische Polarmeer zu schauen, reichte bei mir schon damals weit zurück. Ende der sechziger Jahre hatte ich ein russisches Buch mit herrlichen Unterwasserfotos aus diesen Gewässern gekauft, aber nicht im Traum daran gedacht, dort einmal selbst tauchen zu dürfen. Speziell die auf dem Meeresgrund lebende Tierwelt interessierte mich unter faunistischen und ökologischen Gesichtspunkten. Sie spielt ja – neben dem planktonisch lebenden Krill als Hauptglied in den Nahrungsketten – ebenfalls eine große Rolle sowohl bei der Ernährung der Fische als auch der warmblütigen Wirbeltiere. Im Gegensatz zu der Artenarmut letzterer, findet sich bei den meisten wirbellosen Tiergruppen neben einer hohen Individuenzahl auch ein recht umfangreiches Artenspektrum. Viele Arten sind endemisch, das heißt sie leben nur im antarktischen Polarmeer und sind dann oft noch auf bestimmte Gebiete beschränkt. Außerdem haben sie im Laufe der langandauernden und sehr stabilen ökologischen Verhältnisse verschiedene Nischen besetzt, die ihnen eine spezifische Nahrung bieten. Die Anpassung der Organismen ist so hoch entwickelt, daß Arten mit unterschiedlichen Ansprüchen dicht nebeneinander leben können. Beim Aufsammeln mit Handnetzen während des Tauchens, mit Dredgen (speziellen Schleppnetzen) und Greifern fängt man ständig neue, der Wissenschaft noch unbekannte Tierarten. Gegenwärtig ist das erfreulicherweise noch fast überall rings um den antarktischen Kontinent der Fall.

Viermal war ich auf Expedition im Südpolarmeer, zuletzt 1994 mit dem spanischen Forschungsschiff HESPERIDES vor Livingston Island. Doch verständlicherweise erlebte ich die antarktische Unterwasserwelt am eindrucksvollsten während meiner ersten Taucheinstiege im Jahre 1981. Deshalb beschränke ich mich in meinen Darstellungen auf Arbeiten in diesem Zeitraum an der sowjetischen Station Bellingshausen.

Mein erster Tauchgang im Polarmeer

Erwartungsvoll lasse ich mich in die Tiefe gleiten. In dem klaren Wasser erkenne ich gut die Einzelheiten auf dem Meeresboden. Dabei bemerke ich, daß unser Boot trotz der Treibanker vor dem Wind driftet, mir somit die Richtung vorgibt. Leider bestimmt es auch die Geschwindigkeit. Alles was ein Stückchen querab von meiner Schlepprichtung liegt, erreiche ich kaum. Ein kleiner Seestern rutscht mir gleich wieder aus der Hand, und ich kann nicht zurückschwimmen, ihn erneut zu ergreifen. Langsam, aber stetig zieht mich das Schlauchboot über den Grund.

In einer Tiefe von vier bis fünf Metern ist der Anblick des Meeresbodens enttäuschend. Unter mir breitet sich eine eintönige Geröllandschaft aus. Dürftig sind die Steine mit winzigen weißen Kringeln, den Kalkgehäusen kleiner Röhrenwürmer, und dem feinen Netzwerk von Moostierchenkolonien besetzt, häufig auch mit gelblichweißen bis violetten Kalkkrusten bewachsen. Die flachovalen, kegelförmigen Gehäuse von Napfschnecken sind sehr verbreitet. Ihre ringsum unter der Schale hervorragenden, fransenähnlichen Kiemen wirken wie ein Kranz von Füßchen. Napfschnecken ernähren sich von Algen, die sie mit ihrer Raspelzunge von den Steinen schaben, fressen Detritus und alle kleinen Tiere, die sie erbeuten und bewältigen können.

Unverhofft umgaukelt mich ein Trupp von Zügelpinguinen. Es ist ein erstaunliches Bild, sie flügelschlagend durch mein Blickfeld jagen zu sehen. Abrupt ändern sie ihre Schwimmrichtung, springen zum Atmen nach oben durch die spiegelnde Luftunterfläche aus dem Wasser hinaus und erscheinen sofort wieder unter Wasser. Die Stellen, an denen ich den Bodengrund aufgewühlt hatte, erwecken das Interesse dieser Vögel. Dort schnappen sie einzelne Tierchen aus dem Wasser.

Mir fällt nun die große Zahl von Flohkrebsen auf, die überall auf dem Grund sitzen. Verschiedene Arten haben sich in den Boden eingewühlt, andere hängen in gewaltigen Massen zwischen den Algenbüscheln. Offensichtlich stellen die Flohkrebse hier die Beute der Pinguine dar. Tausende dieser Krebse (*Cheirimedon femoratus*), die mich später, im Zusammenhang mit Eutrophierungserscheinungen noch sehr beschäftigen sollten, entdecke ich unter einem lose dem Grund aufliegenden Brett. In Klumpen scharen sie sich um abgesunkene Kotreste von Vögeln, fressen auch an den abgestreiften Häuten der südpolaren Riesenwasserassel (*Glyptonotus antarcticus*). Auch Räuber gibt es unter ihnen. Im Vorbeigleiten fällt mir immer wieder eine Art *(Pariphimedia integricauda)* mit einer ganz charakteristischen Zeichnung auf, die andere Flohkrebse frißt.

Kaum erkennbare, farblose, glasartig durchsichtige Seeanemonen stecken im Grund. Auch verschiedene kleine Fische kann ich erkennen. Eine Art erinnert stark an den Seeskorpion in der Ostsee. Es ist *Harpagifera bispinis*, deutlich an den Kiemenstacheln erkennbar. Winzige, orange Seesterne sammle ich ein.

Allmählich fällt der Grund tiefer ab, er wird schlammig. Auf großen Flächen stecken leere, klaffmuschelähnliche, weiße Schalen der Muschel *Laternula elliptica* teilweise freigespült im Boden. Wahrscheinlich hat die Tiere ein vor Zeiten hier gestrandeter Eisberg zum Absterben gebracht. Einige der Schalen bieten den großen Asseln ein willkommenes Versteck. Die Muscheln leben normalerweise tief im Grund. Man sieht nur die sternförmigen Enden ihrer Siphonen, die sie zum Atmen und zum Herbeistrudeln der Nahrung über dem Boden ins Wasser strecken.

Neben der langsamen südpolaren Riesenassel laufen und schwimmen immer wieder kleine, flache Asseln der Gattung *Serolis* in ganzen Scharen, einzeln oder paarweise in Präkopula über den Grund. Schon vor mehr als hundert Jahren wurden sie entdeckt und mit den ausgestorbenen Dreilappkrebsen (Trilobiten) verglichen, die als Versteinerungen aus dem Kambrium gut bekannt sind. Der Name einer Art, *Serolis trilobitoides*, kündet noch heute davon.

Die verblüffendsten Tiere sind hier unten die ein bis zwei Meter langen Schnurwürmer, die einzeln oder in kleinen Ansammlungen frei auf dem Grund liegen. Bis kleinfingerstark werden die fleischfarbenen, weißlichen bis bräunlichvioletten Tiere. Wir müssen aufpassen, wenn wir sie mit in unsere Aufsammlung nehmen, denn durch die zähen Schleimabsonderungen dieser Würmer könnte die Bearbeitung der gesamten Probe in Frage gestellt werden. Beine von Krebsen und Borsten von Ringelwürmern werden hoffnungslos verklebt. Der Schleim ist möglicherweise ein guter Schutz gegen Freßfeinde, sonst könnten die Würmer nicht so offen auf dem Grund liegen.

Über den Boden kriechen große Schnecken. Die größte Art erinnert an die europäische Wellhornschnecke. Hin und wieder erkenne ich ihren Standort am aus dem Grund ragenden Sipho, der die Tiere wie durch einen Schnorchel mit frischem Wasser, somit auch mit Sauerstoff versorgt. Vielerorts verraten nur Schlammspuren ihren Weg. Offensichtlich suchen sie im Schlamm versteckte Seeigel. In deren Stachelhaut bohren sie dann ein Loch und saugen den Inhalt aus.

Erstaunt entdecke ich auch eine Schnecke mit einer Seerose auf dem Gehäuse. Echte Symbiose ist von diesen aufsitzenden Nesseltieren mit Krebsen bekannt. Einsiedlerkrebse und Seeanemonen gelten als Schulbeispiel für derartige Lebensgemeinschaften. In unserem leben eine Walzenschnecke und eine Aktinie obligatorisch zusammen, niemals findet man diese Schneckenart ohne ihr Blumentier. Für die Schnecke hat das den Vorteil, im Schutz der nesselnden Fangarme der Anemone zu stehen, während jene eine feste Unterlage für ihre Fußscheibe findet und außerdem den Vorteil ständigen Ortswechsels genießt. Möglicherweise erhöht sich so auch die Wahrscheinlichkeit, daß die Aktinie Beute findet. Wenn sich die Schnecke fortbewegt, streift die Anemone mit ihren Armen leicht über den Boden und fängt kleine Tiere, die sie mit ihren Armen festhalten, lähmen und schließlich fressen kann.

Die für das Gebiet typische Seeanemone, *Urticinopsis antarctica*, wird größer als eine Kokosnuß und steht auf Schlickgrund auch vor Siedlungsproblemen. Viele leere Muschelschalen liegen im weichen Mud, auf denen kleinere Exemplare dieser Aktinienart sitzen. Was machen die Tiere, wenn sie größer werden? Ich gleite über regelrechte Felder dieser gelblichorange gefärbten Seerosen hin. Offensichtlich liegt hier nur eine relativ dünne Schlammschicht über festerem Boden, auf dem sie sich halten können.

Große, glatte, weißliche, im Gegenlicht opak durchscheinende Seescheiden ragen aus dem Schlick. Sie besitzen einen langen Stiel, der es ihnen ermöglicht, auch stärkere Schlammschichten zu ertragen, ohne darin völlig versinken zu müssen. Andere Seescheiden, orange gefärbt und mit knorpelig runzliger Oberfläche, pflücke ich von den Steinen. Wieder andere sammle ich als vermeintliche Schwämme auf und erkenne meinen Irrtum erst später.

Alle diese sessilen Tiere sind irgendwie an eine feste Unterlage gebunden, auch wenn sie mehr oder weniger stark von Schlamm überdeckt sein kann. Geröll oder Felsen gibt es nur vereinzelt in diesem Teil der Bucht. Das mag der Grund dafür sein, daß die Tiere nicht sehr zahlreich vertreten sind.

Fast wagenradgroße Sonnensterne werden mit dem lockeren Schlamm auf ihre Weise fertig. Um das Einsinken zu verhindern, haben sie Ihre Oberfläche vergrößert. Im Gegensatz zu den normalerweise fünfarmigen Seesternen bilden sie eine Vielzahl von Armen aus. Schlangensterne hingegen haben ihre fünf dünnen Arme so verlängert, daß sie wie Peitschen wirken und durch ihre lange Auflagefläche ebenfalls kaum in den Schlick einsinken. Die Tiere heben ihre zentrale Körperscheibe vom Boden ab. Die Arme als Gehwerkzeuge benutzend flüchten sie vor mir.

Ein Blick auf das Manometer läßt mich beruhigt feststellen, daß mein Atemluftvorrat in den Druckflaschen noch für eine halbe Stunde reicht. Endlich weicht der Schlamm felsigem Grund. Die Eigenfarbe des Gesteins läßt sich kaum deuten. Violette, rötliche und weißliche Kalklagen überwuchern es.

Besonders an der lichtabgewandten Seite ist das Gestein mit einem bunten Teppich verschiedenfarbiger Schwämme überzogen. In Mengen kriechen bräunlichrote, faustgroße Seeigel darauf herum. Zwischen Algenbüscheln sitzen unterschiedlich gefärbte und geformte Seesterne.

Eine sehr häufige Art erinnert in Form und Größe an den Roten Seestern unserer Ostsee, ist jedoch gelblichbraun. Besonders auffällig sind die für das Gebiet typischen Kissenseesterne gefärbt: *Odontaster validus*, zinnober bis karminrot, und *Odontaster meridionalis* leuchten mir knallgelb entgegen. Etwa handtellergroße Exemplare sollen 80 bis 100 Jahre alt sein.

Unter den rauhen antarktischen Verhältnissen und bei den niedrigen Temperaturen wachsen die Wirbellosen langsam. Trotzdem werden einzelne riesengroß. In vielen systematischen Einheiten fallen bestimmte Tier- oder Pflanzenarten durch Gigantismus auf. Es gibt hier 10 bis 20 m lange Braunalgen. Der Schwamm *Scolymastra joubini* wird über 2 m hoch bei einem Durchmesser von etwa 1,50 m. Seeanemonen messen bis 30 cm. Rippenquallen segeln wie 30 bis 40 cm große Ballons durch das Wasser. Die schon erwähnte, mit unserer Kellerassel verwandte südpolare Riesenwasserassel erreicht eine Körperlänge von über zehn Zentimeter. Den ebenfalls etwa zehn Zentimeter großen kosmopoliten Flohkrebs *Eurythenes gryllus* spuckten uns beim Beringen die Küken von Skuas und Riesensturmvögeln entgegen. Ein bis zwei Meter lange Schnurwürmer liegen manchmal in regelrechten Knäueln auf dem Grund umher. Borstenwürmer sortiert man normalerweise mit der Pinzette aus der Fangprobe. Hier gibt es Arten, die haben nicht auf zwei nebeneinandergelegten Händen Platz. Manche Asselspinnenarten erreichen fast 20 cm Spannweite. Seescheiden werden über fußballgroß. Gartenschlauchähnliche, weißliche Seescheidenkolonien erreichen viele Meter Länge. Sie gehören zu den marinen Tieren, die dem Polarfahrer meist schon bei seiner Ankunft in der Antarktis vom Schiff her auffallen. Zwischen den Eisbrocken driften die langen, vom Boden gelösten Kolonien an der Oberfläche.

Ich gleite immer schneller über den Grund. Das Schlauchboot zieht mich kräftig hinter sich her. Eine Seewalze mit besonders schön ausgestreckten Tentakeln liegt etwas querab von meiner Route. Ich versuche sie trotzdem zu erreichen, muß mich dazu gegen den Zug der Leine stemmen und nach links schwimmen. Ich verfehle das Tier nur um wenige Millimeter, wende mich zurück, erreiche die Seegurke nicht mehr. Mein Sammelbeutel gerät dabei in die verkehrte Strömungsrichtung, stülpt sich fast völlig um, dabei einen Teil seines Inhalts entleerend. Verzweifelt bemühe ich mich, ihn wieder in die richtige Lage zu manövrieren. Von oben erreicht mich schon zum zweiten Mal das Signal »Sofort auftauchen«. Ich habe immer noch keine Hand frei, es über die Signalleine zu erwidern. Der Zug der Leine wird immer stärker, meine Fahrt über den Grund immer rasanter. Noch während meiner Antwort werde ich schon nach oben gezogen.

Der Wetterumschwung hat der Bootsmannschaft keine Wahl gelassen. Der Taucheinsatz mußte abgebrochen werden. Gemeinsam hieven mich Klaus Feiler und Rudolf Bannasch ins Boot. Während Klaus mir die Ausrüstung abnimmt, fahren wir schon im heftigen Wind zum Ufer.

Weit lecken die Wellen den grauschwarzen Strand hinauf. Trotz der langschäftigen Gummistiefel werden Klaus und unser russischer Helfer, der Meteorologe Jura Senezkij, bis zu den Hüften durchnäßt. In fliegender Hast zerren wir das Schlauchboot über den Strand. Mit jeder überschwappenden Welle wird es schwerer. Am Heck gischten die Wassermassen hoch auf. Zur Hälfte ist das Boot schon vollgeschlagen. Unsere Utensilien triefen vor Nässe. Wo die immer höher anlaufenden Wellenspitzen nicht mehr hinreichen, lenzen wir das Boot und ziehen es sicherheitshalber mit Hilfe der herbeigeeilten Freunde weit aus dem Bereich der tosenden See.

Die beiden Kameraden müssen sofort in trockene Sachen. Wassertemperaturen um null Grad Celsius bei stürmisch bewegter Luft, deren Temperatur nur wenig über dem Gefrierpunkt liegt, sind nicht gerade erquicklich. Als wir nach dem Abendbrot die Sammlungsproben sortieren, beträgt die Windgeschwindigkeit bereits über 30 m/s und nimmt weiter zu. Die Stationsgebäude dürfen nun nicht mehr verlassen werden.

Der Seeleopard

Ungeduldig habe ich das Ende unseres Hüttenbaus auf der Insel Ardley und der unplanmäßigen Pinguinstudien erwartet. Unbedingt möchte ich noch einen Tauchgang absolvieren, bevor sich das Meereseis schließt: Ein etwa hundert Meter breiter Treibeisgürtel liegt schon vor dem Ufer der Stationsbucht. Tauchen können wir nun nur vom Ufer aus an einer langen Leine.

Ich schwimme weit unter den Eisschollen hinaus. Zwischen ihnen kann ich ohne große Mühe meinen Kopf an die frische Luft stecken. Es besteht also keine Gefahr. Ich sammle am Boden lebende Tiere und fotografiere. Bald ist der Film verschossen und der Sammelbeutel gefüllt.

Am Rand meines begrenzten Gesichtsfeldes erkenne ich flüchtig eine dunkle Gestalt, denke überrascht an einen anderen Taucher, identifiziere dann aber den kaum erkennbaren Schemen als Robbe. Leider würde die Robbe kaum wieder erscheinen, Robben scheuen unter Wasser die Nähe des Menschen. Außerdem hätte ich mit der Nahkamera höchstens die Nase oder ein

Auge von ihr auf den Film bekommen und der war sowieso schon abgeknipst. Etwa zweihundert Meter sind es noch bis zum Ufer. Ich trödle über den Grund zurück.

Da! Plötzlich taucht die Robbe wieder auf, viel dichter als beim ersten Mal. In zunächst weiten, doch zunehmend engeren Kreisen umschwimmt sie mich. Ein herrlich geflecktes Fell besitzt sie und einen mächtigen Kopf. Mich durchzuckt der Schreck: ein riesiger Seeleopard interessiert sich für mich. Aus der Literatur weiß ich, daß bisherige Begegnungen zwischen Leopardrobbe und Tauchern harmlos verlaufen sind. Nur, hält sich dieses Tier daran?

Verschiedene Beschreibungen kommen mir in den Sinn: Ein amerikanischer Pinguinspezialist schilderte den Angriff eines dieser Meeresraubtiere. Er stand neben einer breiten Spalte auf dem See-Eis, als plötzlich neben ihm eine Leopardenrobbe aus dem Wasser tauchte und nach seinem Bein schnappte. Mehrere Revolverschüsse vertrieben den Angreifer. Möglicherweise hatte der Seeleopard in dem Menschen einen überdimensionalen Pinguin gesehen? Pinguine gehören zu seiner Vorzugsbeute. Hier unter Wasser ist es sicherlich seine ganz normale Neugier, die ihn treibt, ein unbekanntes Lebewesen näher zu betrachten, das in sein Revier eindringt.

In den sechziger Jahren arbeiteten sowjetische Wissenschaftler in der Nähe der Station Mirny unter Wasser. Ein Mitglied der Gruppe hatte das besondere »Glück«, fast regelmäßig bei seinen Einstiegen dem Seeleoparden zu begegnen. Obwohl sich die Robbe keinesfalls aggressiv zeigte, zog es der Taucher vor, das Wasser schnellstens wieder zu verlassen.

Da ist aber auch der Bericht eines Engländers. Er beschrieb mir recht anschaulich, wie er mit seinem Kameraden unter Wasser arbeitete, als plötzlich ein Seeleopard erschien und seinem Kollegen einen so heftigen Rammstoß gegen den Kopf versetzte, daß er die Besinnung verlor und aus dem Wasser transportiert werden mußte. Ein anderer Taucher berichtete von einem Seeleoparden, der sich ihm genähert hatte und vorsichtig seinen durch den Taucheranzug nur unzulänglich geschützten Arm, wie zum Abschmecken, zwischen die mächtigen Kiefer nahm. Offensichtlich war die Geschmacksprobe negativ ausgefallen.

Ich weiß jedoch auch, daß Seeleoparden andere Robben anfallen. Schon Filchner beschrieb die Funde großer Stücke Robbenfleisches in den Mägen dieser Räuber. Ein von uns für parasitologische Untersuchungen zerlegtes, etwa dreieinhalb Meter langes Exemplar zeigte ähnliche, nicht gerade beruhigende Befunde, und die vom Seeleoparden erbeuteten Robben sind wesentlich größer als ich …

Der Seeleopard ist auf Tuchfühlung herangeschwommen. Große runde Augen fixieren mich aus unmittelbarer Nähe. Es liegt mir fern, die Abgründe der Seele dieses Tieres im Selbstexperiment zu erkunden. Ich reiße mein Tauchermesser aus der Scheide und strecke es ihm entgegen, damit meine Reichweite demonstrierend.

Dem Messer ausweichend zuckt der Seeleopard mit dem Kopf zurück und kneift blinzelnd ein Auge zu. Es scheint fast, er amüsiere sich über den Salondolch.

Ich fürchte den Moment, da sein Maul aufklappt. Doch nur seine großen Augen schauen mich wieder unverwandt an. Neugier spricht aus ihnen. Längst habe ich meinem Signalgast Gefahr gemeldet. Für meine Begriffe viel zu gemächlich holt er die Leine ein. Ich tauche auf, ihn zur Eile mahnend.

Zwei bis drei Meter neben mir hebt sich ein riesenhafter dunkler Kopf wie der eines reptilienartigen Ungeheuers zwischen den Eisschollen aus dem Wasser und fixiert mich in der klaren Luft. Auch über Wasser wirkt er furchteinflößend. Und ich bin noch längst nicht am Ufer! Es fällt mir schwer, mit Kamera und Sammelnetz behängt und im steifen, dicken Tauchanzug auch in der Beweglichkeit eingeschränkt, durch das Treibeis wieder nach unten zu stoßen. Doch die Leine läuft unter dem Eis entlang! Meine Flossen peitschen die Wasseroberfläche, schlagen auf das Eis, um mich hindurchzuschieben. Klaus packt Entsetzen. Er vermutet, der gerade abgetauchte Seeleopard hat den flossenstrampelnden Taucher bereits am Kragen. Über der Stelle des vermeintlichen Dramas kreischen schon zahlreiche Möwen, auf eine ergiebige Mahlzeit hoffend. Klaus ruft um Hilfe. Rudolf und zwei Funker springen herbei, helfen beim Ziehen.

Mein Atemgerät ist leer! Ich reiße die Maske vom Gesicht, halte die Luft an und werde unter den Eisschollen durch das Wasser gezerrt. Ohne Maske kann ich unter Wasser nichts sehen, stoße gegen Eiskanten. Noch einmal breche ich mit dem Kopf durch das lose Treibeis, atme mehr Wasser als Luft ein. Mir schießt durch den Sinn, daß Seewasser in der Lunge physiologisch doch wohl so verträglich ist, daß mich der Arzt wieder auf die Beine bringen wird, sollte ich zuviel davon schlucken. Zu allem Unglück löst sich eine Flosse. Als ich nach ihr greife, rutscht mir die Kamera vom Arm. Manövrierunfähig und ohne Sicht muß ich die Rettungsaktion durchstehen, bis ich keuchend und hustend, halb benommen, endlich zwischen den Eisschollen am Ufer liege.

Erst Tage später gelingt es uns, die verlorenen Ausrüstungsgegenstände zu bergen. Auch der Film in der Kamera hat den ungeplant langen Unterwasseraufenthalt sicher überstanden und ergibt nach dem Entwickeln prachtvolle Nahaufnahmen. Für »Leo« war ja leider kein Platz mehr darauf geblieben.

Unter dem Eis
Durch einen kristallglitzernden Schacht zwänge ich mich abwärts. Er ist so eng, daß ich Kamera und Kescher über den Kopf nehmen muß. Unter mir scheint die Tiefe schwarz und bodenlos. Mein Bergseil weist den Weg nach oben. Durch das Eisloch erkenne ich unwahrscheinlich klar und hell die in der Sonne stehenden Kameraden. Neben Klaus, dem Signalgast, beugen sich der Boris Senezkij und der Stationsarzt Jura Gorejew über den Eisrand und schauen zu mir herab. Jetzt verzerrt sich das Bild. Zwei riesige Flossen erscheinen und ein roter Tauchanzug kommt hinterher. Rudolf steigt ein. Während er durch den Schacht herabgleitet, erblicke ich dicht neben unserem Einstiegsloch eine helle Wand. Sie reicht senkrecht etwa einen Meter weiter herab als das umgebende Eis. Glück gehabt! Unser Eisloch haben wir dicht neben einem eingefrorenen Treibeisblock angelegt. Nur ein bis zwei Meter daneben wären wir mit unserem Werkzeug nie bis zum Wasser vorgedrungen.

Wir lassen uns auf den Grund sinken. Langsam gewöhnen sich die Augen an die Dämmerung. Durch das dicke, schneebedeckte Eis dringt nur wenig Licht. Als helle, wolkige Fläche ist die Eisdecke selbst in weitem Umkreis gut und scharf zu sehen. Durch zwei kleine Stellen fällt starkes Licht. Ich erkenne die beiden anderen Eislöcher, die vierzig und achtzig Meter von hier entfernt sind. Die Sicht ist unglaublich gut. Ich schätze, trotz des Dämmerlichtes hundert Meter weit sehen zu können. Der Lichtmangel ließ das Phytoplankton absterben, und da unter der Eis- und Schneebedeckung seit längerer Zeit jede Turbulenz im Wasser fehlt, sanken die Schwebeteilchen ab. Um Einzelheiten auf dem schlammigen Grund zu erkennen, schalten wir die Handscheinwerfer ein. Asseln flüchten ins Dunkel. Eine flache, 10 bis 15 mm große Art vermag ausgezeichnet zu schwimmen. Kümmerlich und verstaubt erscheinen mir die sonst so prächtigen Algenbestände. Abgesunkene Schwebeteilchen lagern auf ihnen.

Die schleimigen, meterlangen Schnurwürmer haben sich zu Ansammlungen zusammengefunden, die quadratmetergroße Flächen bedecken. Ineinander verschlungen, zum Teil auch in Algen verstrickt liegen die Würmer offen auf dem Grund. Als hätte ein Koch Töpfe mit riesigen Bandnudeln ausgekippt. Werden hier Massenhochzeiten gefeiert? Noch wissen wir es nicht. Untersuchungen der aufgesammelten Tiere werden das Problem vielleicht klären helfen.

Nicht alle Schnurwürmer folgen dem Geselligkeitstrieb. Einen überrasche ich beim Futterstreit mit einem Seestern. Beide versuchen, eine Napfschnecke zu verzehren. Der Wurm hat seine Mundöffnung so weit aufgerissen, daß sie scheinbar einzureißen droht. Sein Vorderende ist völlig überdehnt und deformiert. Er hat das Opfer schon halb verschlungen. Über beiden sitzt der Seestern mit zum Teil ausgestülptem Magen und versucht auf seine Weise, der Beute Herr zu werden. Seesterne sind Tiere mit Außenverdauung. Es ist erstaunlich, was den Seesternen hier alles zur Beute wird. Sie verschmähen kein Tier, das sie zu überwältigen vermögen. Mehrere haben sich übereinander sitzend auf eine Schnecke gestürzt. Seesterne greifen auch die Riesenwasserasseln an, fressen Seescheiden oder Schwämme und überwältigen selbst kleine Seeigel. Sogar an Aas gehen einige Arten, laben sich an Fischresten der Robbenmahlzeiten und wagen sich in fleischbeköderte Fallen, die wir ins Wasser hängen. Die Seesternart *Diplasterias brucei* scheint besonders hungrig zu sein. Viele Exemplare sitzen mit hochgewölbtem Körper auf dem Grund. Als ich mich für die Beute interessiere und einen Seestern umdrehe, bin ich verblüfft. Zwischen den Fangarmen hält er Eier. In der gleichen Stellung, in der diese Seesterne Nahrung aufnehmen, bewachen sie auch ihren Laich. Viele halten sogar schon geschlüpfte kleine Junge unter sich fest.

Im Scheinwerferlicht leuchten die allgegenwärtigen zinnober-, karminroten und gelben Kissensterne besonders prächtig. Dazwischen sitzen nicht anders als im Sommer die rötlichbraunen Seeigel mit ihren schmutzigweißen Stachelspitzen. Häufig sind sie als Seeigel gar nicht kenntlich, da sie sich ausgezeichnet mit Pflanzenstücken, gelegentlich auch Molluskenresten, ja sogar Skeletten der eigenen Art tarnen.

Nach kurzem Signalaustausch über die Leine lasse ich mich von Klaus gemächlich zum Eisloch ziehen. Ohne den Kopf aus den Wasser zu stecken, bekomme ich eine neue Kamera und einen Sammelbeutel in die erhobenen Hände gedrückt. Das erspart die minutenlange Gewöhnung an das Dämmerlicht.

Rudolf, der sich ebenfalls am Eisloch eingefunden hat, zeigt auf ein eigenartiges Phänomen: Eiszapfen unter Wasser. An verschiedenen Stellen hängen sie an der Eisdecke. Zu Beginn des Winters muß noch Tau- oder Regenwasser durch die Spalten und Risse gesickert sein. Da es kein Salz enthält, gefriert es in dem umgebenden Meerwasser, dessen Temperatur ja unter null Grad Celsius liegt. Wir finden es faszinierend, daß dabei solche Zapfen entstehen. Bei genauerer Untersuchung stellen wir fest, daß sie alle hohl sind – röhrenförmige Stalaktiten an der Eisdecke des Südpolarmeeres.

Zwischen zwei Eiszapfen entdecke ich zwei orangefarbene, kleine tanzende Wesen. Ein Pärchen Flügelschnecken hüpft und segelt mit völlig synchronen Bewegungen durch das eisige Wasser. Ungeachtet der Kälte vollführt es seinen Hochzeitstanz. Im Vergleich zu den großen am Grund kriechenden Schnecken sind sie winzig. Sie messen nur etwa einen Zentimeter und gehören wie auch der Krill zur Nahrung der Bartenwale.

Dann kreuzt eine melonengroße, opake Rippenqualle meinen Weg. Im Schein der Pilotleuchte schimmern ihre auf Längsrippen angelegten, der Fortbewegung dienenden winzigen Schwimmplättchen in allen Regenbogenfarben. Die Farben laufen entgegengesetzt der Fortbewegungsrichtung in gleichmäßigen Wellen hintereinander und auf allen Rippen über das ganze Tier.

Dicht mit Flohkrebsen ist die Unterseite der Eisdecke besetzt. Die schon häufig gefundene Art *Gondogoneia antarctica* beweidet in der am stärksten belichteten Zone dieses ideale Siedlungssubstrat für Kieselalgen. Im Sommer leben die pflanzenfressenden Flohkrebse im Flachwasser und ernähren sich von den auf jeder Unterlage wachsenden mikroskopisch kleinen Algen. Im Winter steigen sie in großer Zahl zum Eis auf. Deutlich kann man an der verschieden verteilten Menge der Flohkrebse das Alteis vom Jungeis unterscheiden. Frisch zugefrorene Spalten sind kaum von Kieselalgen besiedelt. Entsprechend spärlich treten dort auch die kleinen Krebse auf. Große, eingefrorene Alteisblöcke schimmern aufgrund des Algenbewuchses schon gelblich. Sie bieten gute Weidegründe für die Flohkrebse.

Plötzlich bekomme ich kaum noch Luft! Als wäre mein Atemschlauch abgeklemmt. Ich haste zum Einstieg zurück. Gleichzeitig gebe ich mein Notsignal. Es wird prompt erwidert, und Klaus zieht mich aus dem Wasser. Schnaufend sitze ich am Eisloch. Was war das wieder für eine Bescherung? Trotz der Schutzkappe war der Atemregler eingefroren. In dem unterkühlten Meerwasser hatte sich soviel Eis um die Kappe gesetzt, daß der Regler nicht mehr auf den Umgebungsdruck reagierte. Durch die beim Atmen entspannte Luft war der Regler stark unter die Wassertemperatur abge-

kühlt und Eis hatte ihn völlig umschlossen.

Da heute Sonntag ist, hat sich eine ganze Schar anderer Expeditionsteilnehmer aus der Station eingefunden, die uns an ihrem dienstfreien Tag gern beim Tauchen zusehen. Im Handumdrehen nehmen sie uns die Geräte ab und beladen die Schlitten. Der Treck geht so schnell über die holprige Piste »nach Hause«, daß wir in den Tauchanzügen mit noch weichen Knien kaum folgen können. Die anstrengende Unterwasserarbeit hat uns regelrecht ausgelaugt. Der Koch winkt uns in die Kajut Kompanija. Die Mittagszeit ist längst vorbei, und er kann das Essen nicht ewig warm halten. So stapfen wir gleich in den triefenden Tauchanzügen in die Mannschaftsmesse. Verstohlen schiebt uns der Diensthabende einen Scheuerlappen unter die Stühle, als wir uns über den Borschtsch hermachen. Kotletti (Buletten) und Buchweizen bilden den Hauptgang. Dazu gibt es das von Viktor vorzüglich gebackene Schwarzbrot. Natürlich schließt die Mahlzeit mit Kompott.

Solchermaßen gestärkt ziehen wir zur Diesel-Elektrostation, die Gerätschaften und Tauchanzüge mit Süßwasser zu spülen. Dann rekeln wir uns in der Sauna. Der Stationselektriker steckt den Kopf herein: »Na, warm genug?« Das Thermometer zeigt »nur« 110 Grad. Die Außenkälte setzt seinem »teuflischen« Eifer Grenzen. Bald haben wir genügend Wärme getankt und rücken ab. Unsere Schlitten mit den Tauchutensilien und Proben sind von irgendwelchen Heinzelmännchen schon zu unserem Wohnhaus gezogen worden. An solchen Details spüren wir immer wieder, wie sehr uns drei deutsche Biologen die russischen Kameraden in ihr Herz geschlossen haben.

Für uns bleibt heute noch ein sattsames Stück Arbeit. Die Tauchgeräte sind durchzusehen und mit Preßluft zu füllen, Kameras und Blitzakkus nachzuladen. Ganz besonders wichtig aber ist, die biologischen Proben sofort zu fixieren. Wir werden sie dann an den Schlechtwettertagen weiter bearbeiten

Nachteinstieg
Der folgende Tag vergeht mit technischen Vorbereitungen. Nach dem Abendbrot bleiben noch die letzten Handgriffe, und schon sind die beiden Schlitten mit unseren Tauchutensilien beladen. Im unsicher flackernden Licht einiger Windlaternen bewegt sich ein Trupp dunkler Gestalten über den knirschenden Schnee. Spärlich erhellt der Neumond die selten ruhige Nacht. Hell glitzern die uns schon vertrauten Sterne des Südhimmels über unseren Köpfen. Allerdings brachte des klare Wetter auch den Frost. Die Tempe-

ratur ist auf unter minus 20 Grad Celsius gesunken. Bis zur Unkenntlichkeit vermummt streben die unförmigen Gestalten einem fernen Licht zu, ein geisterhaftes Bild. Am Eisloch hängt zur Orientierung eine Petroleumlampe. Dort angelangt, beginnen wir, das am Tage geschlagene Einstiegsloch vom starken Neueis zu befreien. Die Gerätschaften werden zurecht gelegt. Heute sind viele Helfer mitgezogen. Allzuleicht könnte jemand im Übereifer in das Eisloch rutschen. Vorsichtshalber sichern wir das Viereck mit Skistöcken ab und hängen noch weitere Laternen daran auf.

Mit schnell verklammenden Händen mache ich mich zum Tauchen fertig. Auf der im Wasser abgespülten Maskenscheibe entstehen sofort Eisblumen. Ich beeile mich, aus der Kälte in das relativ wärmere Wasser zu kommen. Trotz der minus 1,9 Grad Celsius ist der Auskühlungseffekt dort nicht so spürbar, wie in dem eisigen Nachtwind.

Rudolf Bannasch ist schon vor mir eingestiegen. Seine Sicherheitsleine gleitet gleichmäßig durch die Hände von Alexander Waldemarowitsch Janes. In Anbetracht des ungewöhnlichen Taucheinsatzes hat der Stationsleiter beschlossen, selbst mitzukommen, und als ausgebildetem Taucher liegen ihm die Handgriffe des Signalgastes gewissermaßen im Blut.

Eine Unterwasser-Handlampe hängt dicht unter dem Eisloch. Sie soll uns die nötige Orientierung geben und außerdem auch psychologisch Sicherheit vermitteln.

Endlich tauche auch ich durch den schlotartigen Schacht. Im Pilotlicht flimmern Eiskristalle. Dann umgibt mich Finsternis. Der Lampenschein verliert sich in der bodenlosen Schwärze. Dort entschwindet auch Rudolfs Sicherungsleine. In weiter Ferne irrlichtert seine Leuchte über den Grund. Das Wasser ist so klar, daß ich vor meinem Scheinwerfer nicht die geringste Lichtstreuung feststellen kann. Erst als ich auf dem Grund aufsetze, wirbeln Schlammwolken empor. Vom Licht angelockt umschwärmen mich gleich unzählige Flohkrebse. Mich umwendend sehe ich weit über mir blaß die Orientierungsleuchte im Eisloch schimmern. Die beiden straff nach oben im Eisloch verschwindenden Enden angestrahlter Signalleinen sind ein beruhigender Anblick. Mein »*Alles Wohl, Taucher auf Grund*« wird von Klaus sofort deutlich beantwortet.

Wie sieht es nachts hier unten am Meeresboden aus?

Die Riesenwasserasseln klettern auf Steinen und den spärlichen Algenbüscheln umher. Tagsüber hielten sie sich meist versteckt. Einige Asseln schwimmen sogar. In beachtlichem Tempo gleiten sie wie ein Kielboot mit dem Rücken nach unten an mir vorbei. Deutlich kann ich ihre rhythmisch schlagenden Schwimmbeine erkennen.

Im freien Wasser treffe ich auffällig viele Flohkrebse an. Aber auch auf dem Grund erscheinen sie mir zahlreicher als am Tage. Viele sonst versteckte und im Grund vergrabene Arten laufen und schwimmen mir über den Weg.

Vom Nachttauchen versprach ich mir vor allem, viele Fische zu sehen, denen man am Tage möglicherweise nicht begegnet. Doch diese Erwartung erfüllt sich nicht. Ich sehe nicht mehr als sonst. Bewegungsunlustig, wie auch am Tage, liegen sie auf dem Boden umher.

Allgemein finde ich das vom Tage gewohnte Bild: gigantische Ansammlungen der Schnurwürmer, Anemonen, Stachelhäuter, Seescheiden und viele andere Wirbellose, deren Verhalten dem der Tagbeobachtungen entspricht. Es sei denn, daß es ein ungewohntes Bild ist, sie geisterhaft auftauchen und wieder verschwinden zu sehen, von der Handlampe für Sekunden aus dem Dunkel gerissen.

Rudolf taucht aus dem Nichts neben mir auf. Er läßt ein verzweigtes Gebilde aus seiner Hand gleiten und strahlt es mit seiner Lampe an. Ein fragiles schwarzbräunliches Tier schwingt seine zahlreichen filigranartigen Körperfortsätze in anmutig tänzerischen Bewegungen durchs Wasser. Ich erkenne einen Haarstern. Dieser Bewohner größerer Tiefen kommt nur in Stillwassergebieten vor. Wahrscheinlich war er bei jetzt fehlender Strömung im Schutz der Eisbedeckung in dieses seichtere Gebiet aufgestiegen. Das zerbrechliche Tier würde mit beginnender Wasserturbulenz beim Eisaufbruch im Frühjahr sofort zerstört werden. Ich weide mich an dem harmonischen Anblick und fotografiere es wieder und wieder. Rudolf stößt mich an, verabschiedet sich von mir und nimmt den gefüllten Sammelbeutel mit. Er taucht auf, während ich mich noch eine Weile mit dem Haarstern beschäftige.

Dann inspiziere ich die Eisunterseite. Auch hier finde ich das gewohnte Bild. Doch halt! An der Grenze der Reichweite meiner Pilotleuchte blinken an verschiedenen Stellen helle Striche auf. Beim Näherschwimmen erkenne ich Fische. Eine *Trematomus*-Art ist zur Eisdecke aufgestiegen und jagt hier offensichtlich Flohkrebse. Kopfunter sitzen die Fische am Eis, stecken zum Teil in den Höhlungen der mürben unteren Schicht. Zu meiner Verwunderung zeigen sie sich allerdings sehr scheu. Reagieren die Fische sonst kaum auf Taucher und Handleuchte, so flüchten sie jetzt sofort bei meiner Annäherung. Möglicherweise fühlen sie sich in der ungewohnten Umgebung fremd und empfinden den Taucher als Feind. Es gelingt mir kaum, sie bei ihrer Beschäftigung zu fotografieren. Mit Mühe fange ich einige, um sie später bestimmen zu können.

Plötzlich ruckt es an meiner Sicherheitsleine. Ich versuche, die mir unverständlichen Signale zu beantworten, spüre aber an der Leine harten Widerstand. Von der Rolle abgelaufen kann sie nicht sein; Klaus hätte mir das signalisiert. Um mich blickend erkenne ich nichts. Rudolf ist längst weitergeschwommen, wahrscheinlich aufgetaucht und sitzt schon auf dem Eis. Plötzlich wirkt die Dunkelheit bedrückend. Die im Eisloch hängende Lampe ist verschwunden! Was ist passiert? Selbst wenn ich die Leine locker lasse, holt sie Klaus nicht wie gewohnt ein. Aber auf dem Grund gibt es hier nichts, worin sich die Leine verheddern könnte. Und warum sehe ich die Orientierungsleuchte nicht? Auf hundert Meter Entfernung müßte ich sie noch deutlich erkennen. Meine Sicherheitsleine gibt mir jedoch nur für einen Radius von knapp vierzig Meter Raum, länger ist sie nicht. Ich schwimme an der schlaffen Leine im Bogen zurück und steige dabei auf.

Plötzlich schimmert grünlichweiß aus der Dämmerung eine wandartige Fläche. Eine gezackte Kontur erhebt sich vor mir. In den glitzernden Flanken eines eingefrorenen kleinen Eisberges spiegelt sich mein Scheinwerfer. Löcher und Höhlungen tun sich auf, so daß man bequem hineinschwimmen könnte wie durch Tore.

Aus der Ferne war dieser Eisklotz nicht zu erkennen. Ich muß ihn unbemerkt umschwommen haben, wobei sich meine Leine an den scharfen, weit ins freie Wasser vorspringenden Kanten verklemmt hat. Es gelingt mir, sie zu lösen. Klaus holt sofort das nun durchhängende Stück ein und fragt per Leine nach meinem Befinden. Erleichtert bleibe ich ihm die Antwort nicht schuldig. Ich umschwimme das Eispaket und sehe endlich das langersehnte, vertraute Licht der Signallampe. Doch was ist das? Ihr Schein liegt tief unter mir und ist viel heller geworden. Das Licht wird vom Bodengrund reflektiert. Offensichtlich haben die Kameraden bemerkt, daß irgend etwas nicht stimmt und die Lampe hinabgelassen, um mir besser »heimzuleuchten«.

Als ich im Eisloch auftauchen will, muß ich zunächst mit Rudolfs Flossen kämpfen, die er mir entgegenstreckt. Er hatte das Reservegerät angelegt und wollte mich suchen kommen. Nach dem Auftauchen normalisiert sich mein Puls langsam wieder. Eine Überwinterung unter Wasser wäre nicht ganz in meinem Sinn gewesen.

Im Gezeitenstrom der Fildesstraße

Die der Fischerei durch Grundschleppnetze zugänglichen Gebiete sind uns für die Taucherei verschlossen. Sie liegen zu tief. Wir können den Reichtum des Meeres in diesen Regionen z. B. an Hand von Fotos ermessen, die wir mit fernausgelösten Kameras heraufholen. Auch die Fänge mit unserer Dredge, dem kleinen Grundschleppnetz, überraschen uns immer wieder durch die Artenvielfalt und die Menge der Tiere in den eingebrachten Hols. Doch auch in unserem direkt erreichbaren Arbeitsgebiet finden sich Stellen, die besonders dicht besiedelt sind.

Wo starke Wasserturbulenzen und heftige Strömungen nährstoffreiches Wasser heranführen, entwickelt sich eine besonders üppige Fauna und Flora. Derartige Verhältnisse finden wir in der Meerenge zwischen den Inseln King George und Nelson, der Fildesstraße. Während der Gezeiten läuft ein ungestümer Strom mit einer Geschwindigkeit bis zu fünf Knoten in wechselnder Richtung durch die schroffe, wassergefüllte Schlucht. Obwohl unser Motor mit Vollgas läuft, bewegt sich das Schlauchboot nur langsam vorwärts. Eine Gruppe unter uns schwimmender Krabbenfresserrobben scheint trotz starker Flossenbewegungen auf der Stelle zu stehen. Es gelingt uns, den Strömungsschatten eines Felsens inmitten der flutenden Wogen zu erreichen und das Boot festzumachen. Die Flut müßte gleich ihren Höchststand erreicht haben und damit die Strömung schwächer werden. Diesen Moment wollen wir für einen Taucheinstieg nutzen.

Als ich ins Wasser gleite, erfaßt mich sofort die immer noch beachtliche Strömung. Mühsam kämpfe ich dagegen an.

Die Felsen sausen an mir vorüber. Unter mir wogt ein dichter Wald von großen Algen, in dessen schützendes Dickicht ich gelangen möchte. In der Gezeitenströmung der Fildesstraße bilden Braunalgen ab etwa 8 m Tiefe meterhohe Bestände. An bis zu oberschenkelstarken Strünken, die sich mit kräftigen Haftorganen an die Felsen klammern, sitzen 15 bis 20 m lange Sprosse. Auf einer Alge (*Cystosphaera jaquinotii*) bemerke ich beerenartige rundliche Gebilde – Schwimmkörper wie beim Blasentang, den wir von heimischen Küsten kennen. Andere Arten sind fein verzweigt. Wieder andere erwecken den Eindruck, aus großen Bahnen gelbbräunlichen Kunststoffs gestanzt zu sein.

Aus den Meeren der gemäßigten Zone sind wir Tange mit Aufwuchs gewöhnt. Zum Beispiel siedeln häufig Hydrozoen und Bryozoen auf Blasentang. Miesmuscheln haben sich angeheftet und Schnecken kriechen darauf umher, die am Tang wachsende Algenarten beweidend. Hier ist das anders. Nackte und glatte Algensprosse wirbeln im Wasser. Ganz vereinzelt sitzen helle, perlmuttglänzende Schnecken darauf, seltener Napfschnecken und an strömungsarmen Stellen auch hin und wieder ein Seestern. Um nicht zu stark abzudriften, versuche ich, möglichst schnell zwischen den im flutenden Wasser peitschenden Riesenalgen auf den Grund zu tauchen. Im Pflanzendickicht am Grund umgibt mich endlich ruhigeres Wasser.

Der Strahl meines Pilotscheinwerfers bohrt sich in die Dämmerung. Von den steil abfallenden Felswänden ist nichts zu erkennen. In geradezu verschwenderischer Fülle hat sich ein dichter Bewuchs angesiedelt. Ein dicker Teppich unterschiedlicher Organismen sitzt auf dem Gestein. Es sind hauptsächlich Tiere. Sie wachsen nicht neben-, sondern über- und aufeinander. Die Hauptmasse wird von Schwämmen gebildet. Farbige Aktinien stecken dazwischen, buntgeringelte Tentakelrosetten von Röhrenwürmern fallen mir auf. In wärmeren Meeren habe ich sie kennengelernt und weiß, daß sie sich bei jeder Annäherung blitzschnell in Ihre Röhren zurückziehen. Auch das ist hier anders. Als wären sie steif vor Kälte, verschwinden sie nach einer Berührung geradezu gemächlich in ihren Behausungen. Überall liegen Seegurken in verschiedenen Größen. Ihre Fangapparate haben sie nicht vollends ausgestreckt. Wahrscheinlich leben sie – durch die heftige Strömung gut versorgt – hier in einem Überangebot an Nahrung. Sie haben es nicht nötig, sich zum Fang besonders anzustrengen. Ihre Verwandten auf den Schlammgebieten müssen dagegen ihre verästelten Tentakeln weit ins Wasser strecken, um die spärlich herabrieselnden genießbaren Partikel einzufangen.

An Stielen hängen in Nischen die muschelähnlichen, zweischaligen Gehäuse der Armfüßer. Riesige, über spannenlange, rötlichbraune Asselspinnen bewegen sich mit ihren Hangelbeinen durch das Gewirr von Tieren und Pflanzenstengeln, klettern über faustgroße rote Seeigel hinweg, die winzig gegen sie erscheinen. Trotz ihres sperrigen Körperbaus bleiben die Asselspinnen nicht in den großen, verzweigten Hydrozoenkolonien und dichten Moostierchenwäldern oder zwischen den Hornkorallen hängen. Besonders häufig sitzen sie an Seescheiden und Schwämmen, von denen sie sich als Spezialisten auch ernähren. Ihr Rumpf läßt sich kaum von den Extremitäten unterscheiden. Er bildet augenscheinlich nur eine Ansatzstelle der 8 bis 10 langen Laufbeine, die hier, dicht hinter dem rüsselförmigen Kopf zusammentreffen. Diese Tiere verfügen über so wenig Platz in ihrem Körper, daß lebenswichtige Organe, zum Beispiel die Ovarien, in den ersten Beingliedern untergebracht sind. Bei frisch gehäuteten Exemplaren oder auch kleineren Arten kann man die Eier durch die dünne Haut schimmern sehen.

Viel zu wenig Platz ist auch auf meinem Film. Im Handumdrehen ist er verschossen. Ich tauche auf, um die Kamera zu wechseln. – Will auftauchen! – Auf mein Signal hin reagiert die Leine zwar, aber sie zieht mich nach unten! Das Gewirr der zähen, quirligen Pflanzen von plasteartiger Konsistenz hatte sich in der turbulenten Strömung mit der Sicherheitsleine verfitzt. Ich krieche ihr in den Makroalgendschungel hinterher, um auftauchen zu können. Hier bleibe ich mit der Maske hängen, dort mit der Kamera oder dem Tauchermesser. Selbst die Flossen verheddern sich beim Schwimmen im Gestrüpp. Wiederholt kommt mir der Gedanke, zum Messer zu greifen und die Leine einfach abzuschneiden. Endlich steige ich ungehindert zur Oberfläche auf und Klaus und Rudolf ziehen mich ins Trockene.

Fauliger Schlick

Meist war es eine ungetrübte Freude, vor der Küste von King George Island zu tauchen. Doch es gab bereits 1981 in unmittelbarer Nähe der Stationen Gebiete, die Schlimmes befürchten ließen. Damals konnte ich die Einflüsse der Stationsabwässer auf die Fauna nur erahnen. Während dieser und verstärkt während der Expedition 1984 bis 1986 vermutete ich aufgrund von Zählungen, daß der Amphipode *Cheirimedon femoratus* (Pfeffer, 1888) – also ein bestimmter Flohkrebs, zur Familie Lysianassidae gehörig – eine Indikatorart für Eutrophierung sein könnte. Weitere vier Jahre später fand ich diesen Verdacht dicht vor der chilenischen Station in der Maxwell Bay bestätigt. Gemeinsam mit meinem Kollegen Michael Stiller vom Alfred-Wegener-Institut in Bremerhaven zogen wir mit unseren Fanggeräten schwarzen, stinkenden, fauligen Schlick aus dem Wasser. Nur ein einziger lebender Vertreter der Makrofauna war in riesigen Mengen in diesen Proben vertreten: *Cheirimedon femoratus*! Wie Unterwasserfotos bestätigten, lebt er auf dem Bodengrund und ernährt sich vermutlich von den an der Umsetzung der toten organischen Substanz beteiligten kleinen Organismen.

Rein visuell bemerkt man schon bei geringem Wel-

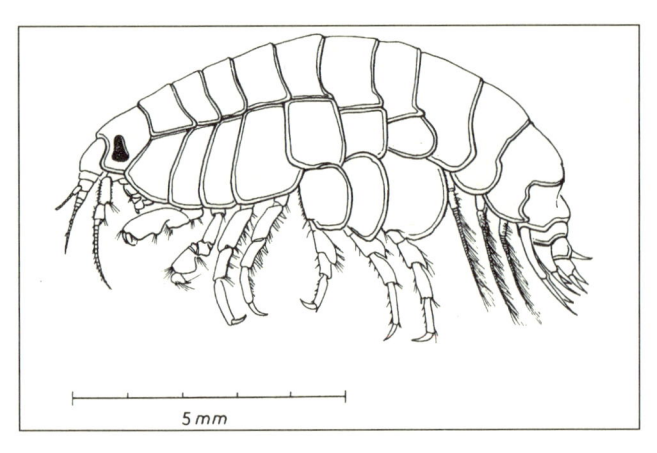

*Der Flohkrebs Cheirimedon femoratus wurde in ufernahen Bereichen der Fildes-Halbinsel als Indikator für die Eutrophierung antarktischer Gewässer identifiziert.
Zeichnung Martin Rauschert*

lengang an der auffallenden Trübung, daß das Flachwasser verunreinigt ist. Als Ursachen können mit Sicherheit die eingeleiteten Abwässer und Fäkalien der Stationen Teniente Marsh und Bellingshausen sowie der chilenischen Wohnsiedlung angenommen werden.

Der leeseitig der Insel Albatros in einer bis 23 m tiefen Bodensenke vor der chilenischen Station vorgefundene Faulschlick riecht stark nach Schwefelwasserstoff. Er ist mit abgestorbenen Algenresten durchsetzt und beherbergt so gut wie keine im oder auf dem Boden lebende Fauna. Der Amphipode *Cheirimedon femoratus* zeigt das Sauerstoffdefizit (bzw. die Schwefelwasserstoff-Anreicherung) im Bodengrund an. Er kommt als einzige Art massenhaft vor. Nur sporadisch konnte ich an dieser Stelle wenige mit Makroalgenresten eingedriftete pflanzenfressende Amphipodenarten ausmachen, die an den noch frischen, abgerissenen Algen saßen.

Das gleiche, bisher nicht bekannte Phänomen der ausschließlichen Besiedlung durch *Cheirimedon* findet sich allerdings auch vor dem Collins-Gletscher – weit vom Einflußgebiet jeglicher Stationen entfernt. Dort lagert in etwa fünfzig Meter Tiefe fauliger Schlick mit teilweise schon zersetzten Schalenresten (dem sogenannten Schill) einiger Molluskenarten. Die Molluskenreste deuten auf ehedem normal besiedelten Boden. In einem engeren Gebiet haben wir zwei Dredgen-Züge in einer Tiefe von 50 bis 60 m durchgeführt, die den typischen Faulschlick mit Detritus und Molluskenschill sowie massenhaft die Indikatorart *Cheirimedon femoratus* erbrachten. Möglicherweise waren an der in dieser Tiefe beginnenden Bodenschwelle Eisberge gestrandet und hatten die gesamte Makrofauna vernichtet. Die vor dem Gletscher zu jeder Jahreszeit dicht in Gefrierpunktsnähe liegenden Temperaturen lassen eine schnelle Mineralisierung der abgestorbenen organischen Reste nicht zu. Die Bakterienrasen und Nachfolge-Organismen, zum Beispiel Protozoen, werden von *Cheirimedon* beweidet. Daß es sich bei diesem auffälligen Befund um die Folge einer regional begrenzten Katastrophe handeln muß, wird deutlich, weil sich an das Gebiet mit der vermutlich durch Eisberge zerstörten Makrofauna Areale mit äußerst reich entwickeltem Zoobenthos in offensichtlich ungestörten Biotopen anschließen.

Während der spanischen Antarktisexpedition »BENTART 94« im Februar 1994 konnte ich von Bord des Forschungsschiffs HESPERIDES ähnliche Beobachtungen natürlich entstandenen Faulschlicks machen. Mit Kastendredgen und Greifern geförderter Schlick zeigte in einem eng begrenzten Gebiet starken Schwefelwasserstoffgeruch, sehr viel Detritus und keine im Boden lebende Fauna. An dieser Stelle handelt es sich aber offenbar um ein sehr lange zurückliegendes Ereignis, das die Benthosfauna zerstörte. Zwar waren die organischen Reste noch längst nicht völlig mineralisiert, doch auch *Cheirimedon* nicht mehr in auffällig hoher Individuenzahl vertreten. Das Areal schien sich im Anfangsstadium einer Neubesiedelung zu befinden.

Das antarktische Ökosystem reagiert sehr sensibel auf Veränderungen – wer wüßte das nicht; darüber ist tausendmal geschrieben worden. Aber wenn man die Folgen einer natürlichen oder durch Unachtsamkeit des Menschen verursachten Katastrophe vor Augen hat, spürt man beinahe körperlich die tödliche Gefahr.

Die innerkontinentale Station Wostok. Temperaturen zwischen minus 60 und minus 85 Grad Celsius im Winter sind hier normal. (Foto: Schneider)

Einstieg in die gravimetrischen Meßräume Dr. Manfred M. Schneiders in Wostok. (Foto: Schneider)

Wenn sich sogenanntes Pfannkucheneis bildet – ein Anzeichen für den beginnenden Winter –, wird es für die Expeditionsschiffe Zeit, die antarktischen Gewässer zu verlassen. (Foto: Dietrich)

Die gefürchteten »Sastrugi«. Sie können die Polarforscher auf langen Fußmärschen zur Verzweiflung bringen. (Foto: Klemm)

Der Schrecken aller Antarktisfahrer: abgrundtiefe Gletscherspalten. (Foto: Zielke)

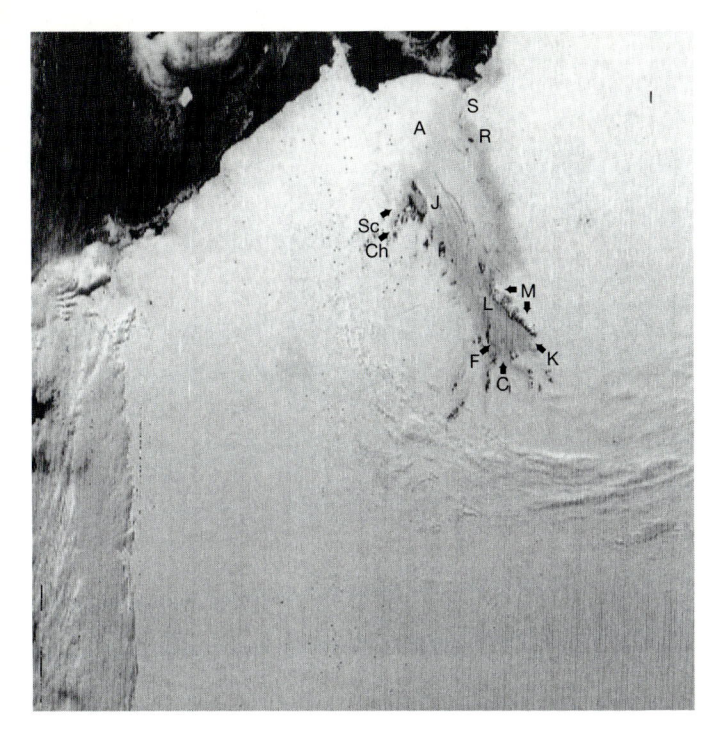

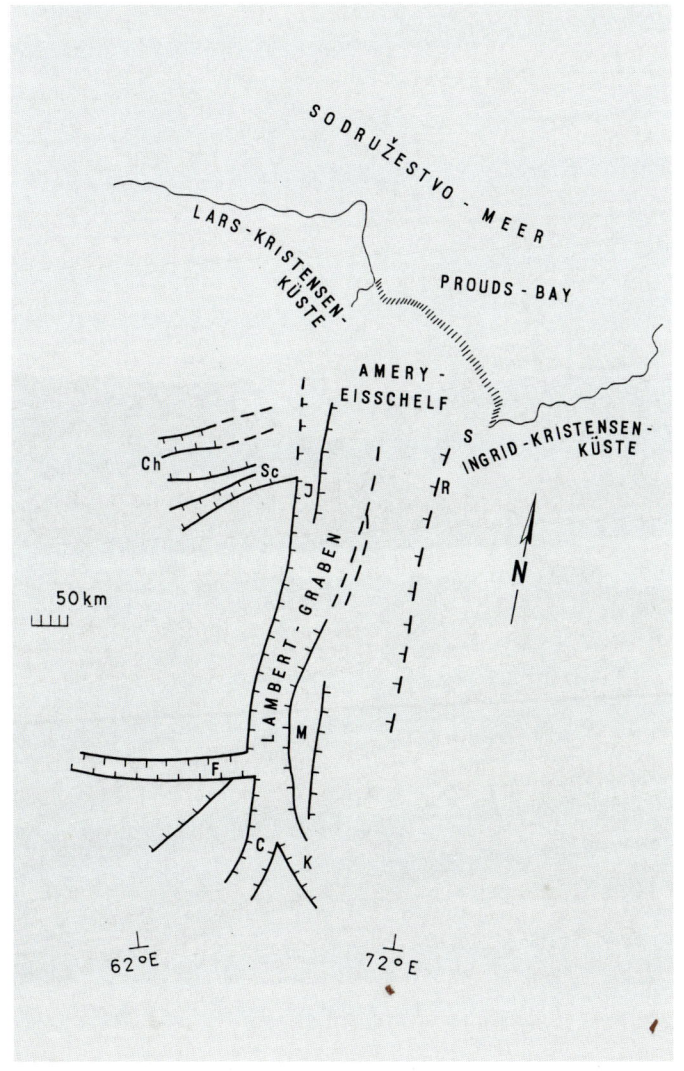

Ausschnitt einer Aufnahme des sowjetischen Satelliten METEOR vom Lambert-Gletscher aus dem Jahre 1977. Trotz der damals noch mangelhaften Qualität der Bilder ließen sich neue Erkenntnisse ableiten, die später durch geophysikalische Untersuchungen gestützt wurden.

Die fast geradlinige Ostgrenze der Prince Charles Mountains markiert den westlichen Grabenrandbruch des Lambert-Riftes. Zwei aus westlicher Richtung in den Lambert-Gletscher mündende Tributärgletscher, Scylla und Charybdis (Sc und Ch), lassen ein zweites, etwa Ost-West orientiertes Störungssystem im Untergrund erkennen. Am Nordende das westlichen Randbruches ist im Gebiet der Jetty-Oase (J) eine östlich abgesetzte Parallelstörung sichtbar. Sie läßt auf ein staffelförmiges Absinken des Felsuntergrundes schließen.

Der Ostrand des Lambertgletschers wird in seinem südlichen Teil durch die gleichfalls bruchtektonisch bedingte 800 bis 1000 m hohe Steilstufe des Mawson-Abbruchs (M) markiert; sie ist etwa 170 km lang.

Der mit S und R (Statler Hills, Reinboldt Hills) gekennzeichnete graue Streifen entspricht der Ostgrenze des Ameryschelfeises (A). Sie kann nach Süden bis in das Gebiet östlich des Mawson-Abbruchs verfolgt werden. Hier zeichnet sich eine weitere Steilstufe im Untergrund ab. Das bedeutet, daß der Lambert-Gletscher vermutlich nur der westliche, morphologisch markant ausgeprägte Teil einer sehr viel breiteren Grabenstruktur ist. Demzufolge dürfte der Mawson-Abbruch nicht als westliche Randscholle des Grabens angesehen werden, sondern als ein in der Mitte liegender Horst, der zwei Teilgräben einer weitaus größeren Grabenstruktur voneinander trennt.

Geologencamp vor der Westflanke des Mt. Stinear am oberen Lambert-Gletscher. (Foto: Hofmann)

XXXV

Vor der etwa 400 m hohen Wand des Mt. Maguire im südlichen Einzugsgebiet des Lambert-Gletschers, in dem Prof. Joachim Hofmann 1974 arbeitete. Die dunklen Gesteinsbänke sind Quarzite. Auf der linken Bildseite (heller vertikaler Streifen) ein senkrechter Mineralgang mit Zinkblende, Bleiglanz und Flußspat. (Foto: Hofmann)

Die – hier mit besonders schön ausgeprägtem »Wüstenlack« überzogenen – Felsplatten werden durch den Wechsel von Gefrier- und Tauprozessen aufgesprengt. Schirmacher-Oase. (Foto: Krüger)

Transportschlittenzug für den Aufbau der DDR-Forschungsbasis vor der Abfahrt am Kap Ostry. (Foto: Gernandt)

Im Umfeld der Schirmacher-Oase müssen im Sommer tiefe Schmelzwassergräben durchquert werden. (Foto: Frey)

Die Container-Station der Akademie der Wissenschaften der DDR im Ostteil der Schirmacher-Oase 1977 mit dem 30 m hohen Mast der Ionosphärenforscher. (Foto: Gernandt)

Montagearbeiten am Sendemast zur Erforschung der Elektronenkonzentration in unterschiedlichen Höhenbereichen. (Foto: Archiv AWI)

Dr. Gernandt und Feinmechanikermeister Wolfgang Probst bereiten eine im Aerologischen Observatorium Lindenberg entwickelte Ozonsonde zum Einsatz vor. (Foto: Passehl)

Zu Beginn des Winters, wenn die Schmelzwässer gefroren sind, können die Grotten betreten werden. (Foto: Richter)

Harry Prippernau, Koch, Allround-Expeditionist und mit fünf Überwinterungen Rekordhalter der deutschen Antarktisfahrer. (Foto: Richter)

Zwölfstundendienst im Registrierraum der Forschungsstation. (Foto: Archiv AWI)

Geodätischer Signalpunkt auf dem Abendberg bei Molodjoshnaja. (Foto: Dreßler)

Solche Tage sind selten. Der Geodätentrupp der Hays-Traverse vor der Sommerhütte am Abendberg. (Foto: Dreßler)

So schneeverweht sehen die Motoren trotz sorgfältiger Abdichtung nach einem Schneesturm aus. Sie müssen mühsam aufgetaut werden. (Foto: Passehl)

Führungsfahrzeuge, sogenannte Charkowtschankas, der großen russischen Schlittenzüge. (Foto: Strauch)

Die Nawarin *hat, sich nach den Scheinwerfern eines Kettenfahrzeuges als »Leuchtturm« richtend, an der Eiskante festgemacht. (Foto: Dreßler)*

Umschlagplatz für alle Expeditionen in die Schirmacher-Oase ist die Eisbarriere Kap Ostry. Von hier muß der größte Teil der Fracht entlang einer fast hundert Kilometer langen Traverse über das Schelfeis transportiert werden. (Foto: Gronak)

Ein unentbehrliches Transportmittel der Antarktisexpeditionen. Oft ist der dicke Packeisgürtel zwischen Expeditionsschiff und Station bzw. der vorgesehenen Entladestelle nur mit Hubschraubern zu überwinden. (Foto: Gronak)

Wochenlang wurde die Schneepiste verfestigt. Landung einer IL 76, scherzhaft als »fliegende Scheune« bezeichnet, in Molodjoshnaja. (Foto: Gronak)

Die Station »Georg Forster« im beginnenden Schneesturm. (Foto: Peukert)

Die Geomagnetiker legten ein dichtes Netz von Meßpunkten der Totalintensität der geomagnetischen Feldstärke über die Schirmacher-Oase. (Foto: Kopsch)

Von polaren Algen rotgefärbter Schnee ist auf dem antarktischen Festland selten. Hier entnimmt Dr. Dietmar Haendel eine Probe für algologische Untersuchungen. (Foto: Richter)

Der Leipziger Isotopenchemiker Dr. Wilfried Richter, ein leidenschaftlicher Expeditionist und Fanatiker des Details, sucht nach Flechten. (Foto: Strauch)

Die Gletscherwand im Süden der Schirmacher-Oase, wo Dr. Wolf-Dieter Hermichen Eisschichten entdeckte, die noch aus der Eiszeit stammen. (Foto: Hermichen)

Mittagsstunde an einem stillen Polarwintertag mit Vollmond über der Station Nowolasarewskaja. (Foto: Hermichen)

Nach alter Tradition nageln die Expeditionsteilnehmer Richtungsweiser mit Entfernungsangaben zu ihren Heimatorten an Pfosten. (Foto: Schumann)

Einbruch in einen Schneesumpf. (Foto: Kopsch)

XLIX

Heftige Stürme graben an Nunatakkern mitunter tiefe Schluchten zwischen Fels und Eisplateau, hier am Paljez (dt. Finger), einem besonders markanten Gipfel. (Foto: Schumann)

Schmale, kilometerlange Moränen trennen im Vorfeld der Gebirge verschiedene Eisströme. (Foto: Rötzler)

Umsetzen eines Iglus auf der Else-Plattform am Südrand des Amery-Schelfeises. (Foto: Rötzler)

Der Freiberger Geologe Dr. Jochen Rötzler im sowjetischen Sommercamp »Sojus«, 1989. (Foto: Rötzler)

Das »Geomobil«, unentbehrliche Unterkunft der deutschen Geologen auf ihren Fahrten zu den Nunatakkern und zum Wohlthatmassiv. (Foto: Hahne)

Das große Eckhorn, aufgenommen von der »Schüssel«, einem riesigen Moränenfeld, das in Auswertung von Flugaufnahmen der Ritscher-Expedition 1938/39 so benannt wurde. (Foto: Hahne)

Blumen, manchmal ein wenig Gemüse, mit unsäglicher Mühe großgezogen, erinnern an die heimatliche Natur und erfreuen im Polarwinter die Gemüter. Mechanikermeister Willi Stecher hatte während der 23. SAE ein provisorisches Gewächshaus errichtet, das später erweitert wurde. Die Blüten müssen künstlich bestäubt werden. (Foto: Strauch)

Dieser düsteren Stimmung unterliegen die Polarforscher an den meisten Tagen ihres Aufenthaltes in Antarktika. (Foto: Rößler)

Kaiserpinguin mit Jungen. (Foto: Dietrich)

Seltene Vögel auf King George Island: Antarktische Kormorane. (Foto: Odening)

Pärchen der Braunen Skuas (Raubmöwen). (Foto: Odening)

Dr. Rudolf Bannasch bei Verhaltensbeobachtungen an Südlichen See-Elefanten. (Foto: Rauschert)

Antarktischer Seebär. Die Seebären wurden wegen des begehrten »Seal« einst erbarmungslos gejagt. (Foto: Odening)

Blitzschnell tauchen die Robben aus den Eisspalten auf. (Foto: Dietrich)

Eine überaus empfindliche Pflanzengemeinschaft, die im feuchten Klima der maritimen Südpolarzone gedeiht: Die Antarktische Schmiele, ein stachelig-sternförmig wachsendes Gras, zwischen Flechten (rot) und Moos. (Foto: Odening)

Nur an wenigen Stellen in eisfreien Gebieten wachsen Flechten in solcher Pracht. (Foto: Odening)

Dichte Moosteppiche sind nur im Sommer im Bereich der Antarktischen Halbinsel anzutreffen. (Foto: Odening)

Oasenpoesie. (Foto: Strauch)

Sommer in der Schirmacher-Oase. (Foto: Archiv AWI)

Der Meteorologe Andreas Raeke mit einem Spektralfotometer zur Bestimmung der Aerosoldichte auf dem Dach der Forster-Station. (Foto: Raeke)

Die Mannschaft der See-Sedimentologen am Dreibock, mit dem unterschiedliche Kerngeräte (hier ein eingehängtes Kolben-Rammlot) durch ein Loch in der Eisdecke zum Seeboden gebracht werden, 1992. Von links nach rechts: Gerd Bening, Martin Melles sitzend, Leonid Tarasow, Wolf-Dieter Hermichen, Ulrich Wand. (Foto: Wand)

Mobiles Feldlager auf dem Untersee. (Foto: Hermichen)

Erste Landung deutscher Wissenschaftler mit einem sowjetischen Hubschraubers MI-8 auf dem Eis des Untersees, Wohlthatmassiv, 1982. (Foto: Hermichen)

Eine Gruppe indischer Geologen zu Besuch bei den »Forsteranern«. Rechts sitzend der Leiter der indischen Station »Dakshin Gangotri«, Harsh Gupta. Neben ihm der Bodenkundler Wolfgang Krüger. Zweiter von links Mechanikermeister Gerald Müller, hinter ihm Klaus Peukert. (Foto: Gronak)

Das Forschungsschiff POLARSTERN des Alfred-Wegener-Instituts, hier am Ekström-Eisschelf, fuhr am 21. Februar 1991 zum ersten Mal in die Bucht vor Kap Ostry ein. (Foto: Hempel)

Untersee-Oase im beginnenden Schneesturm. (Foto: Wand)

Martin Rauschert, Spezialist für faunistische Untersuchungen des Benthos, am Ufer der Maxwell Bay, King George Island. (Foto: Rauschert)

Kissenseestern Porania antarctica *zwischen Kalkalgen (violett) und grünen Makroalgen. (Foto: Rauschert)*

Auf einem künstlichen Siedlungsboden in etwa 30 m Tiefe hat sich nach drei Jahren üppiges Leben eingefunden. Hier u. a. Seescheiden (Ascidien), an ihren Körperöffnungen erkennbar. Rechts ein roter Seeigel (Sterechinus). *(Foto: Rauschert)*

Eine Aktinie oder Seeanemone mit besonders schön ausgeprägten Tentakeln. Die Leine diente den Tauchern als Wegführung auf dem Meeresboden, damit sie den jahreszeitlichen Wechsel der Fauna beobachten können. (Foto: Rauschert)

Die häufigste Aktinienart (Urticinopsis antarctica) *vor King George Island. (Foto: Rauschert)*

Ein Roter Kissenseestern (Odontaster validus) *auf Schwämmen in der Fildesstraße, etwa 25 m Wassertiefe. (Foto: Rauschert)*

Joachim Ulbricht und Bernd Simon beringen einen Sturmvogel. (Foto: Rauschert)

Dr. Klaus Feiler bei Tonaufnahmen vor einem kleinen Harem von See-Elefanten am Ufer der Drakestraße. (Foto: Rauschert)

See-Elefantenbulle. Bei starker Erregung ist der »Rüssel«, ein aufblähbarer Nasensack, angeschwollen. (Foto: Rauschert)

Die Forschungsstation »Georg Forster« im Jahre 1991. (Foto: Stoof)

Von dieser Arbeitsplattform aus konnten Potsdamer Geowissenschaftler den bisher längsten Sedimentkern (13,8 m) aus einem antarktischen Süßwassersee – der Bunger-Oase – gewinnen. (Foto: Melles)

Das Forschungsschiff Akademik Fjodorow *am Schelfeis vor der Bunger-Oase. Die erste deutsche Wissenschaftlergruppe, die in diesem Gebiet arbeitete, wurde im Januar 1994 über eine Entfernung von 250 km zur Geographeninsel im Nordteil der Oase geflogen.* (Foto: Melles)

Das Zeltlager der Geogruppe auf einer Insel in der Kakoponbucht, Bunger-Oase. Im Mittelgrund die Probenahme-Plattform. Hinten frisch abgekippte Eisberge des Edistogletschers. (Foto: Melles)

Polarnacht im Juni beim Schein der Mittagssonne. (Foto: Hermichen)

1981–1983

27. Sowjetische Antarktisexpedition
Nowolasarewskaja, Drushnaja II, Rare Range

Was in den Erlebnisberichten der Expeditionsteilnehmer meist unerwähnt bleibt: Die wissenschaftlichen Arbeiten beginnen nicht erst auf dem sechsten Kontinent, und sie enden nicht mit dem Abschied an der Eisbarriere. Auch während der Schiffsreisen wird gemessen, werden Proben genommen, ozeanographische und ornithologische Beobachtungen notiert ... Auf diese Weise ist über die Jahre eine Fülle von Ergebnissen zusammengetragen worden. Zur 27. SAE war Rainer Höfling für die isotopenphysikalischen Untersuchungen verantwortlich und sammelte schon auf der Überfahrt Luft-, Niederschlags- und Feuchtigkeitsproben. Conrad Kopsch nutzte die Rückfahrt auf dem Forschungsschiff Professor Subow *für eine geomagnetische Seevermessung mit einer Meßpunktfolge von fünf Minuten. Dazu war es notwendig, die Einflüsse des Schiffsmagnetismus zu bestimmen, was an vier entscheidenden Positionen bedeutete, sogenannte Drehkreise zu fahren. Die Experimente sollten zeigen, daß und wie auch auf eisernen Schiffen geomagnetische Profile gewonnen werden können.*

Im Basislaboratorium führte die Mannschaft unter Wieland Bürgers Leitung die bisherigen Standardprogramme weiter: Probenahmen für isotopenphysikalische und -chemische Analysen, Registrierung des kosmischen Rauschens, Wetterbildempfang für Eisbeobachtungen. Die detaillierte magnetische Kartierung der Schirmacher-Oase und der vorgelagerten Schelfeisregion wurde im wesentlichen abgeschlossen. Eine im Adolf-Schmidt-Observatorium für Erdmagnetismus Niemegk gefertigte geomagnetische Meßstation baute Conrad Kopsch etwa 300 m außerhalb des bestehenden Forschungskomplexes auf. Ihm gelang es auch, zum erstenmal in der Antarktis die Pulsationen des Erdmagnetfeldes in längeren Meßreihen auswertbar aufzuzeichnen.

Zusätzlich zum Programm wurden (insgesamt 60) orientierte Gesteinsproben aus der Schirmacher-Oase für geomagnetische Texturanalysen entnommen. In den Gesteinen ist das vor Jahrmillionen auf der Erde vorherrschende Magnetfeld quasi eingefroren. Vergleicht man die Orientierung der magnetischen Partikel mit ihrer heutigen Lagerichtung zum Nordpol, ergibt sich oft eine Abweichung. Auch auf diese Weise erfahren wir etwas darüber, wie sich die Krustenschollen nach dem Auseinanderbrechen des Superkontinents Gondwana bewegt haben.

Selten genug, daß eine Antarktisexpedition einen diplomierten Koch hat – in solchem Falle wird der normale Küchendienst zum Forschungsfeld. Der Lebensmitteltechniker Bernd Möller betrieb ernährungsanalytische Studien und bemühte sich, mit ungeteiltem Zuspruch, um neue Technologien des Brotbackens unter den Bedingungen einer antarktischen Forschungsstation.

Ungewöhnlich günstige Eisverhältnisse im südlichen Weddellmeer ermöglichten es der Wassili Fedossejew *1981, als wahrscheinlich erstem Schiff, die Lassiterküste an der Wurzel der Antarktischen Halbinsel zu erreichen. Klaus Stanek, damals noch Forschungsstudent und mit der* Fedossejew *angereist, arbeitete in einer Geologengruppe, die, gestützt auf die sowjetische Sommerbasis Drushnaja II, Gebirgszüge der Rare Range und der Guettard Range erkundete. Für die Rekonstruktion des ehemaligen Superkontinents Gondwana ist die einstige Lage der Antarktischen Halbinsel sowie anderer Teilgebiete Westantarktikas bis heute noch nicht geklärt. Die Arbeiten werden in dieser Region durch das Fehlen durchgängiger geologischer Aufschlüsse erschwert.*

Viele interessante Aktivitäten der 27. SAE zwischen Lassiterküste und Schirmacher-Oase haben die Dokumentaristen Joachim Roth und Hartmut Müller in dem dreiteiligen Fernsehfilm »Eine Saison im ewigen Eis« festgehalten.

Im Zeitraum dieser Expedition – es ist bereits die 17. Beteiligung ostdeutscher Wissenschaftlergruppen an den Überwinterungen in der Antarktis – bewegte sich auch einiges auf der »quasi-diplomatischen« Ebene, bei den nichtstaatlichen internationalen Organisationen. 1981 gehörte die DDR zu den Gründungsmitgliedern der Konvention zum Schutz der antarktischen marinen lebenden Ressourcen (CCAMLR). Im gleichen Jahr nahm das Wissenschaftliche Komitee für

Antarktisforschung (SCAR) die DDR als Mitglied auf. Es wurde ein »SCAR-Nationalkomitee« gebildet, dem der Geowissenschaftler Professor Peter Bormann vorstand und in dem alle Verantwortlichen der einzelnen Forschungsprogramme (Biologie, Geologie, Isotopenforschung usw.) vereint waren. Mit der Aufnahme in das SCAR, das wissenschaftlich beratende Gremium der Konsultativstaaten des Antarktisvertrages, verband sich eine Intensivierung der ostdeutschen Polarforschung.

Mit den Augen des Magnetikers

Conrad Kopsch

Magnetische Untersuchungen waren schon in frühen Jahren Bestandteil jeder Expedition, die halbwegs auf wissenschaftlichen Ruf Wert legte und nicht nur die eine oder andere Länderflagge auf irgendein Territorium setzen wollte. Sie erfreuten sich auch stets eines gewissen populären Interesses, obwohl es schwierig ist, Erdmagnetismus zu erklären: kann man ihn doch weder sehen noch anfassen. Wir stellen nur seine Auswirkungen fest. Andererseits gab er ebenso viele Rätsel auf wie er geeignet war, manches Rätselhafte an unserem Planeten Erde zu ergründen.

Dem Magnetiker bereitet das Erklären, die Interpretation seiner Meßergebnisse zwar auch manches Kopfzerbrechen, aber die erste Schwierigkeit, mit der er zu tun hat, ist, wie er überhaupt zuverlässige Daten erhält. Er braucht zum Beispiel eine völlig eisenfreie Umgebung für seine Meßgeräte, damit die Ergebnisse nicht verfälscht werden. Aus diesem Grunde werden, nebenbei bemerkt, auch heute noch für geomagnetische Untersuchungen auf See Schiffe aus Holz genutzt. Des weiteren dürfen keine elektromagnetischen Störeinflüsse vorhanden sein, wie sie von Stromleitungen, Funkstationen, Motoren usw. ausgehen. Das macht vielleicht den Aufwand und auch die Penibilität verständlich, mit der ein Magnetiker eine Messung vorbereitet und mit der auch wir zu Werke gehen mußten, wenn wir die magnetischen Phänomene in der und um die Schirmacher-Oase erkunden wollten.

Volkmar Damm hatte während der 26. SAE beste Vorarbeit geleistet, indem er einen geeigneten Standort für unsere magnetische Basisstation auswählte. Die Meßhütte ließ sich nicht in den Containerkomplex eingliedern, da dieser Standort magnetisch »verseucht« ist. Allein die Kabelführung des Stromversorgungsnetzes und die vielen Eisenteile der Wohncontainer machten eine korrekte Messung unmöglich. Deshalb unternahmen Volkmar Damm und Harry Marth eine mikromagnetische Vermessung und Interpretation der näheren Umgebung. Die Größe des zu untersuchenden Gebietes wurde durch die vorgesehene Kabellänge von 500 m für die Stromversorgung der künftigen Meßhütte und die örtlichen Gegebenheiten bestimmt. Flächen, in deren unmittelbarer Nähe Fahrzeugtrassen vorüberführten, Gletscherzonen, extrem unzugängliche Bereiche und solche mit ständigen Schneewehen mußten von vornherein ausgeschlossen werden. Es kam darauf an, ein größeres Terrain zu finden, das in geologischer und geophysikalischer Hinsicht homogen und demzufolge auch magnetisch repräsentativ ist.

Wie sah es aber konkret aus? Nördlich der Forschungsbasis befindet sich ein 200 m breiter Gletscher, der in den Sommermonaten und vor allem bei Schneesturm schwierig zu überqueren ist. In westlicher Richtung wurde das Kabel für die Energielieferung an die sowjetische Station verlegt. Den sich daran anschließenden Sektor von West bis Süd-Südwest nimmt ebenfalls ein Gletscher ein. 250 m südlich der Station verläuft die Trasse zur sowjetischen Station, die regelmäßig mit Kettenfahrzeugen befahren wird. Trotz der riesigen freien Fläche rings um uns her war es also gar nicht so einfach, für die Magnetikhütte einen geeigneten Standort zu finden.

Das für geomagnetische Messungen in Frage kommende Terrain wurde zunächst mit einem weitmaschigen Netz von Meßpunkten belegt. Für zwei ausgewählte Gebiete betrug der Punktabstand nur zehn Meter. Alle diese Arbeiten waren abgeschlossen, bevor wir, aus Molodjoshnaja kommend, auf dem Eisfeld von Nowolasarewskaja landeten. Der Standort, auf dem wir in den nächsten Wochen unsere magnetische Basisstation errichten sollten, war bestimmt.

Unser Miniatur-Observatorium

Ich traf zweieinhalb Monate früher als die Überwinterungsmannschaft der 27. SAE ein. Bis auf den diensthabenden Koch waren alle Jungs der 26. zum Empfang an die ziemlich weit südlich der Oase angelegte Eispiste gekommen. Großes Hallo und Umarmungen! Mir standen wahrhaftig Tränen in den Augen, soviel Herzlichkeit! Volkmar Damm erkannte ich fast nicht wieder mit seinem Bart. Alle anderen trugen auch lange Bärte. Harry Prippernau hatte ausnahmsweise in der DDR-Station gekocht und sich etwas Besonderes einfallen lassen: Es gab Zunge mit Gemüse und Gurkensalat aus eigener (!) Ernte. Also ein Festtag für alle. Ich hatte die Postkiste mitgebracht. Natürlich wurde sofort ausgeteilt. Ich war von der Station und von der Truppe begeistert.

Meine Hauptsorge galt in den ersten Wochen der Errichtung unserer magnetischen Meßbasis. Wie wohl jeder Antarktisfahrer, schrieb ich wichtige oder auch nur beeindruckende Ereignisse in einem Tagebuch nieder, und so will ich ein wenig daraus zitieren – das gibt vielleicht am besten einen unmittelbaren Eindruck wieder, trotz oder gerade wegen der Knappheit der Notizen.

2. 2. 82

Mit dem Zement aus der sowjetischen Station haben wir – Alfons Schindler, Harry Prippernau, Volkmar und ich – das Fundament für die Magnetikhütte errichtet. Der Zement hat gerade so gereicht.

3. 2. 82

Seit vier Tagen keine Funkverbindung durch ungewöhnlichen Magnetsturm, der unvermindert anhält. Magnetfeldmessungen sind daher unmöglich. In F 800 nT/h Änderung. (Das bedeutet: Die Totalintensität F des Magnetfeldes schwankt um 800 Nanotesla in der Stunde. Der normale Tagesgang betrug nur maximal 200 Nanotesla.)

5. 2. 82

Netzkabel für die neue Meßhütte verlegt. Es war unglaublich anstrengend. Meine Lederjacke ist total ramponiert. Das Kabel war obendrein 60 m zu kurz!

17. 2. 82

Das Loch für den Meßpfeiler ausgeschaufelt, hauptsächlich Arbeit mit der Hacke. Es ist über einen Meter tief geworden, ehe ich auf das anstehende Gestein kam. Ich werde sehr viel Zement brauchen. Gemeinsam mit Harry baue ich noch ein Zusatzfundament aus Holzbalken um den Zementsockel herum. Nur aus Sicherheitsgründen, falls beim Aufsetzen der Hütte etwas schiefgeht. (Wir trauten dem Zementsockel, der starken Frosteinwirkungen ausgesetzt ist, nicht recht und wollten die Hütte mittels Querbalken auf beiden Fundamenten aufsetzen.)

19. 2. 82

Heute erlebte ich meinen ersten antarktischen Sturm. 30 m/s, und Spitzen 35 m/s, da ist eine Kraft dahinter! Nach dem Frühstück wollte ich das Fundament mit einer Plane abdecken. Die Plane blies sich wie ein Segel auf, und ich habe mich nicht mehr halten können. Außenarbeiten sind fast unmöglich.

12. 3. 82

Um 7.15 Uhr kam die Magnethütte mit dem Hubschrauber von der FEDOSSEJEW, die an der Eisbarriere liegt. Der Pilot kreiste mit seinem Helikopter ratlos über uns; er kam ohne Vorankündigung! Ich stürzte aus dem Bett, nur eine Jacke über, und Wieland Bürger und ich rannten zum vorgesehenen Standort. So schnell bin ich noch nie gelaufen. Zu zweit bugsierten wir die Hütte mit Ach und Krach auf die Betonpfeiler. Frank Habendorf, unser Mann für das Ionosphärenprogramm, ist auch mit dem Hubschrauber gekommen. Nachmittags schoben wir dann die Hütte Zentimeter um Zentimeter in die endgültige Lage. Ihr Zustand ist sehr gut. Die Kisten mit den Geräten sind auch schon drin. Abends legt die FEDOSSEJEW ab.

Spätestens hier taucht wohl die Frage auf: Wozu das Ganze? Warum werden geomagnetische Messungen in Antarktika vorgenommen?

Daß sich das Magnetfeld der Erde ständig und in vielfältiger Weise verändert, ist bereits erklärt worden (s. S. 159). Daraus ergibt sich die Notwendigkeit, es immer neu zu bestimmen. Das beginnt mit den »Grundgrößen«, deren Einfluß auf eine normale Kompaßnadel offensichtlich wird: Sie strebt stets danach, sich parallel zu den Kraftlinien des Erdmagnetfeldes auszurichten. Die Kompaßnadel zeigt, das dürfte jedem geläufig sein, nicht auf den geographischen, sondern auf den magnetischen Pol. Der Winkel, den sie zwischen der Nordrichtung des geographischen Meridians und der magnetisch »wahren« Nordrichtung bildet, wird als Deklination bezeichnet. Die Deklination ist positiv, wenn die Kompaßnadel nach geographisch Osten abweicht, sie ist negativ bei Abweichung nach Westen. Für die Schiffs- und Flugzeugnavigation werden Karten der magnetischen Deklination zusammengestellt, andernfalls würden ja Piloten und Kapitäne ihre Passagiere bzw. Fracht immer am geographischen Ziel vorbeiführen.

Aber die magnetische Deklination eines Ortes ist

nicht konstant, sondern sie ändert sich im Laufe der Jahre. Deshalb werden in gewissen Zeitabständen neue Karten angefertigt. Selbstverständlich gilt das auch für die Navigation in Polargebieten, ja dort um so mehr, da man sich auch bei guter Sicht auf den eintönigen Eisflächen selten am Boden orientieren kann.

Hängt man eine Kompaßnadel an einer horizontalen Achse auf, die senkrecht zum magnetischen Meridian verläuft, so stellt sie sich nicht waagerecht, sondern unter einem gewissen Winkel gegen die Horizontalebene ein. Der Winkel, den die Kompaßnadel mit der horizontalen Ebene bildet, heißt Inklination. Sie wird positiv, wenn sich das Nordende der Kompaßnadel nach unten richtet. Die Beobachtungen zeigen, daß die Inklination auf der Nordhalbkugel positiv und auf der Südhalbkugel negativ ist. Die Punkte, in denen die Inklination 90° beträgt, d. h. wo die Magnetnadel genau in vertikaler Richtung steht, werden als Magnetpole der Erde bezeichnet. Auch die Magnetpole sind nicht ortsbeständig, die »wandern« im Laufe der Zeit.

Bei geomagnetischen Messungen wird neben der magnetischen Deklination D und der Inklination I auch die Totalintensität F gemessen, das heißt die Gesamtheit des magnetischen Feldes an einem bestimmten Punkt.

Alle diese Werte unterliegen den erwähnten zeitlichen Änderungen, die als Variationen bezeichnet werden und die wir in der Schirmacher-Oase erforschen wollten. Doch das Spektrum der Variationen ist sehr breit, es umfaßt Schwingungsperioden von 10^{-2} bis 10^{10} Sekunden. Das macht unterschiedliche Meß- und Registriermethoden erforderlich. Um einen Teil dieses Variationsspektrums meßtechnisch zu erfassen, sprach ich mich mit den sowjetischen Kollegen ab. Deren Station besitzt einen Komplex mit klassischer erdmagnetischer Meßtechnik zur Beobachtung der langperiodischen Variationen. Wir beschränkten uns auf die Absolutmessung der Totalintensität des Erdmagnetfeldes, auf die Registrierung der kurzperiodischen Variationsbereiche von 10 bis 600 Sekunden (Pulsationen), sowie auf zeitlich begrenzte Geländearbeiten, um eine geomagnetische Karte der Schirmacher-Oase und ihrer Umgebung anzufertigen. Dabei soll uns die über einen langen Zeitraum betriebene Messung der Totalintensität Auskunft über langsame Feldveränderungen geben, die über Jahrhunderte hindurch einseitig verlaufen können: über die Säkularvariationen. Sie sind derzeit durch eine Westdrift ihrer Anomaliefelder charakterisiert.

Die Registrierung spielt verrückt

Bereits Anfang des 20. Jahrhunderts war festgestellt worden, daß Polarlichter und magnetische Stürme Auswirkungen der Teilchenstrahlung der Sonne auf das Magnetfeld der Erde sind. Heute ist über die Gesamtheit der Beziehungen zwischen Sonne, Magnetosphäre und geomagnetischen Störungen weitaus mehr bekannt als noch vor zwanzig Jahren. Wir wissen, daß die magnetischen Störungen auf der Erdoberfläche nichts anderes sind als die Reflexion von Umgestaltungsprozessen, die in der Magnetosphäre in großen Höhen vor sich gehen. Ausgefüllt mit sich bewegendem dünnen Plasma, fließen in der Magnetosphäre wie im gesamten kosmischen Raum ständig elektrische Ströme, die das Erdmagnetfeld beeinträchtigen. Folglich sind geomagnetische Daten eine wichtige Informationsquelle für das Verständnis der Prozesse, die im erdnahen kosmischen Raum ablaufen; mit ihrer Hilfe kann auf den Zustand der Magnetosphäre geschlossen werden.

7. 6. 82

Drei Tage lang beschäftigt mich nun schon der Fotoschreiber für die Pulsationsregistrierung. Mit dem Entwickeln des Registrierstreifens komme ich auch noch nicht so richtig klar. Stunden- und Minutenmarken fehlen, d. h. es muß erst noch gebaut werden.

9. 6. 82

Minuten- und Stundengeber für den Fotoschreiber gebaut. Der Anschluß des Fotoschreibers macht mir zu schaffen. Drei Wochen sind schon vergangen; eine halbe Woche hatte ich nur eingeplant. Leitungen legen, Schreiber justieren, etliche Probestreifen, dann Umbau auf anderes Fotopapier mit 120 mm Breite, wieder Probestreifen, nochmaliges Justieren ist fällig. Jetzt zeichnen auch noch alle drei Komponenten das gleiche auf, das kann doch nicht stimmen. Morgen beginnt für mich wieder die Nachtschicht, somit ergeben sich nun schon zwei Monate Ausfall. Zur Zeit bin ich ständig müde, das kommt bestimmt durch die Polarnacht.

27. 6. 82

Endlich läuft die Registrierung der Pulsationen. Fotoschreiber neu justiert, alle Komponenten zeichnen jetzt scharf.

13. 7. 82

Die Pulsationsregistrierung spielt total verrückt und fliegt von Anschlag zu Anschlag. Ich renne sofort hinaus und erlebe ein außergewöhnlich schönes Polarlicht. Eine rote Korona mit grünen strahlenförmigen Linien. Einmalig! Ich fotografiere wie

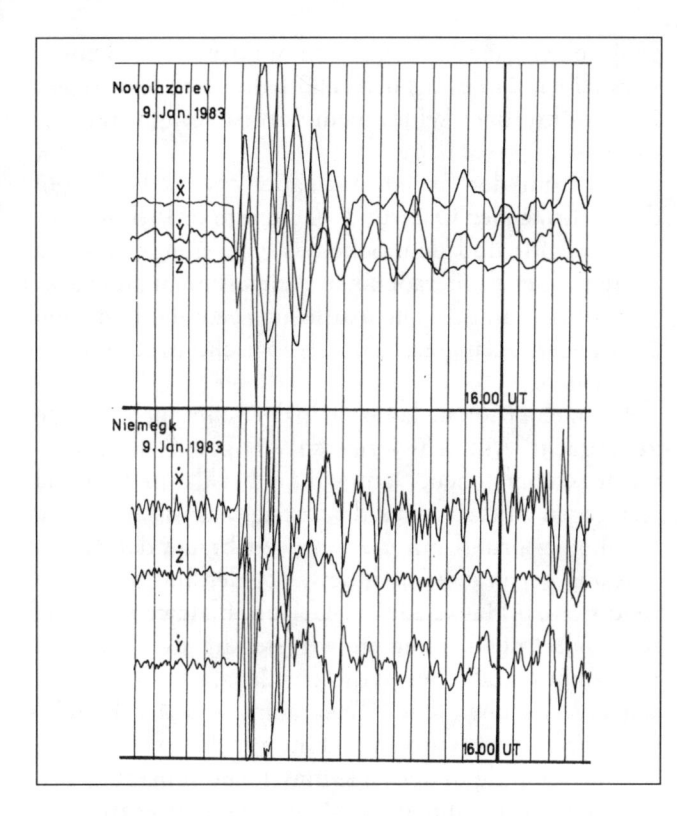

An der Georg-Forster-Station, Schirmacher-Oase, und im Observatorium für Erdmagnetismus, Niemegk, gleichzeitig registrierter Magnetsturm, der auf eine ungewöhnlich starke Sonnenaktivität schließen ließ und ausgeprägte Polarlichter zur Folge hatte.

besessen. Man glaubt, der Himmel brennt und droht einzustürzen.

Mir waren an diesem Tag wirklich selten gute Aufnahmen geglückt. Die kräftigsten Polarlichter entstehen nach starken Sonneneruptionen. Eine »Stoßwelle« elektrisch geladener Teilchen trifft dann mit dem Sonnenwind die Erde und löst einen Magnetsturm aus. Wie sich das auf dem Magnetschreiber bemerkbar macht, zeigt die Abbildung, auf der die gleichzeitige Registrierung eines plötzlichen Sturmeinsatzes im Observatorium Niemegk und an unserer Meßbasis in der Schirmacher-Oase gegenübergestellt ist.

Was die Oberfläche verbirgt

Die Feldmessungen in der Schirmacher-Oase waren der schwierigste Teil unseres Arbeitsprogramms. Die Geomagnetik ist in der Lage, dem ewigen Wunsch des Menschen, in die Erde hineinzuschauen, wenigstens in einer Hinsicht zu entsprechen: Auch in wenig erkundeten und schwer zugänglichen Gebieten – deren überwiegender Teil noch dazu mit gewaltigen Gletschern bedeckt ist, so daß selbst die Oberfläche unserem Auge verborgen bleibt – kann man mit modernen geomagnetischen Geräten Aussagen über Struktur und Aufbau der Erdkruste erhalten.

Das liegt daran, daß die Gesteine unterschiedliche magnetische Eigenschaften haben, je nachdem, ob und wieviel eisenhaltige Minerale eingelagert sind. So können sie lokale Anomalien, also Unregelmäßigkeiten des magnetischen Feldes verursachen. Am auffälligsten und bekanntesten sind die großen Eisenerzanomalien, zum Beispiel in der Nähe von Kursk in Rußland, die so stark sind, daß sie eine Kompaßnadel im Flugzeug zum Tanzen bringen. Gesteinstypen mit geringerer »Anziehungskraft« bedürfen natürlich eines »feinfühligen« Magnetometers, will man ihnen auf die Spur kommen. Dabei wird eigentlich nur ein einziger magnetischer Wert registriert, der abhängig ist von der Art, der Menge und der Lagertiefe des magnetischen Gesteins. Aber immerhin lassen sich auf diese Weise Abweichungen vom »normalen« Feldverlauf feststellen, und die betreffende Region kann dann mit komplexen geophysikalischen Verfahren genauer untersucht werden.

Um solche Anomalie-Effekte zu erfassen und zu kartieren, zogen wir im antarktischen Sommer meist zu zweit mit den Rucksäcken los, in denen sich das Meßgerät, die schweren Batterien, ein bißchen Verpflegung und Zusatzbekleidung befanden. Jeder trug außerdem noch eine 1,5 m lange Aluminiumstange. Wir hatten uns vorgenommen, mit der Sonde des Protonenmagnetometers in zwei Niveaus zu messen, einmal in 1,5 m und einmal in 3 m Höhe. So konnten wir feststellen, ob wir nicht auf einer sehr kleinflächigen magnetischen Anomalie, beispielsweise durch einen versteckten Basaltgang verursacht, stehen, und ob der Meßpunkt als repräsentativ für die nähere Umgebung angesehen werden konnte. Wenn der Wind ordentlich blies, war es für den, der die 3 m lange Stange mit dem Meßgerät hielt, gar nicht so einfach, die Sonde ruhig aufzustellen, denn sie wiegt immerhin drei Kilogramm.

Unsere Vorgänger hatten in der Mitte der Oase eine Übernachtungshütte gebaut. Ihre Entfernung von der Station beträgt zehn Kilometer Luftlinie, aber um sie zu erreichen, muß man einen weiten Umweg über das südliche Gletschereis fahren. Mannshohe Quaderwälle und Steinblöcke, auch für die stärksten Kettenfahrzeuge unüberwindbar, versperrten den direkten Weg. Die »Datsche«, wie wir unser Minicamp nannten, ist herrlich gelegen. Wassergrundstück mit Gletscherwand, wo hat man das schon? Zu dritt erlebten wir dort Weihnachten. Aber Schönwetterperioden, die Geländearbeiten erlauben, sind so rar, daß an Feiern nicht zu denken war. Richtige Weihnachtsstimmung kam sowieso nicht auf, trotz zugezogener Vorhänge an den Fenstern, Kerzenbeleuchtung am Plastweihnachtsbaum und echter antarktischer Stolle. Die Sonne stand unausgesetzt über dem Horizont. Wir begaben uns nach einer besinnlichen Stunde doch wieder hinaus ins Gelände.

18. 1. 83
Diesmal mit Harry Prippernau, Physiker Manfred Grelle und Professor Ftjurin unterwegs. Letzterer ist Glaziologe und war schon bei der ersten sowjetischen Antarktisexpedition in Mirny dabei. Wie er sagte, sind sie damals mit 50 Hunden losgezogen.

Nach den ersten Steigungen fällt das Laufen recht schwer. Viele Unebenheiten, ich stolpere mehr als daß ich laufe. Hat man eine Höhe erklommen, wird man meist durch einen herrlichen Ausblick belohnt. Der Abstieg ist schlimmer als der Aufstieg, weil man mit der Last des Rucksacks leicht ins Rutschen kommt.

Wir haben neun Meßpunkte geschafft. Ich komme ziemlich erschöpft in unserer Übernachtungshütte an. Hier sind Verpflegung und ein kleines Stromaggregat vorhanden, auch ein Propangaskocher und genügend viele Schlafsäcke. Bei gutem Wetter alles recht romantisch. Gegessen habe ich am Abend für zwei, und müde war ich! Ein anstrengender, schöner Tag.

30. 1. 83
Die Meßfahrt auf dem Inlandeis mit meinem Freund und tapferen Mitstreiter Frank Habendorf beginnt. Beeindruckend, wie das Kettenfahrzeug den Gletscher hinauffährt. Alle zweieinhalb Kilometer werden Punkte vermessen. Der Nunatak Nummer 2 ist stark vereist. Wir besteigen ihn lieber ohne Gepäck. Zum ersten Mal sehe ich im Süden das Wohlthatgebirge in seiner ganzen Pracht. Ich bin begeistert. Schwer vorstellbar, daß es bis dahin 80 Kilometer sein sollen. Es weht kräftiger Wind, mein Bart ist völlig vereist ...

Am Ende der Expedition hatten wir 80 Punkte in der Schirmacher-Oase und 70 Punkte in Profilen auf dem Inland- und dem Schelfeis gemessen. Ohne die Hilfe meiner Kameraden hätte ich das nicht geschafft. Aus diesen mit hoher Auflösung vorgenommenen Messungen gelang es, neue geologische Erkenntnisse abzuleiten.

Sechzehn Monate habe ich in der Schirmacher-Oase zugebracht. Am schwierigsten war gewiß die Polarnacht zu überstehen. Dann wird es bei klarem Himmel nur gegen Mittag etwas dämmerig, ansonsten – tiefe Dunkelheit, rund um die Uhr. Oft braust der Sturm tagelang gegen die Gebäudewände der Station. Während sich zu Hause alle auf Urlaub, Badewetter, Gartenarbeit freuen, nehmen wir ständig die Taschenlampe zur Hand. Dies ist die Zeit der stärksten psychischen Belastung. Jedes Telegramm von der Familie oder Freunden wurde nicht nur mehrmals gelesen, sondern ständig in der Jackentasche herumgetragen.

Doch die Unannehmlichkeiten vergißt man bald. Ein alter »Polarfuchs« warnte mich gleich zu Beginn meines Aufenthalts in der Antarktis vor der »Weißen Krankheit«. Er meinte die Sehnsucht nach dem Eiskontinent, die einen unweigerlich packt, nachdem man das reichliche Jahr voller Anstrengungen, Kälte, Wind, Dunkelheit längst hinter sich hat, wenn man wieder zu Hause ist. Ich habe sowjetische Freunde, die fünf und mehr Überwinterungen für sich verbuchen können. Trotzdem – ich glaubte an diese Krankheit nicht. Heute muß ich bestätigen: Wer die Antarktis einmal erlebt hat, wünscht sich nichts sehnlicher, als wieder dorthin zu kommen.

1982–1984

28. Sowjetische Antarktisexpedition
Nowolasarewskaja, Wohlthatmassiv, Bellingshausen, Drushnaja II, Latady und Skaife Mts.

Dreimal unternahmen sowjetische und ostdeutsche Polarforscher auf verschiedenen Routen Vorstöße mit Kettenfahrzeugen nach Süden, um einen Zugang ins etwa 80 km von Nowolasarewskaja entfernte Wohlthatgebirge zu finden. Dreimal mußten sie umkehren. Erst beim vierten Versuch gelang es, auf einer zunächst in weitem Bogen nach Osten führenden, die gefährlichen Gletscherspalten meidenden Trasse in die Untersee-Oase einzufahren und auf der Eisdecke des Sees ein Lager zu errichten. Diese gemeinsame Expedition der UdSSR und der DDR vom 2. bis 16. Dezember 1983 ins zentrale Wohlthatmassiv wurde vom Leiter der sowjetischen Station, Igor Simonow, geführt. Es kam zu einer hervorragenden Zusammenarbeit zwischen dem Leipziger Geochemiker Dietmar Haendel, der trotz überstandener Blinddarmoperation an dieser Expedition teilnahm, den beiden Geologen Horst Kämpf und Werner Stackebrandt (bereits der Sommergruppe der 29. SAE zugehörig) und den estnischen Hydrologen Enn Kaup und August Loopmann. In ihren Publikationen konnte eine umfassende Charakterisierung des Unter- und des Obersees und eine geologische Bestandsaufnahme der Gesteinsformationen vorgenommen werden, die den Talkessel begrenzen.

Überraschend an dem seit seiner Entdeckung durch die Schwabenland-*Expedition rätselhaften Untersee war, daß am Boden des ständig zugefrorenen Wasserkörpers (am Lagerort 3,32 m Eisdicke) eine dünne, mit organischen Substanzen versetzte Sedimentschicht vorgefunden wurde. Der See muß also, wenn auch spärlich, mit niederen Algen besiedelt sein. Die Mineralisation des Wassers ist für antarktische Verhältnisse ungewöhnlich hoch (s. Hermichen S. 182). Eine Tiefenlotung ergab 146,8 m.*

In der Basisstation setzte Klaus Peukert die Registrierung magnetischer Komponenten (Deklination, Horizontal- und Vertikalintensität) sowie der Gesamtfeldstärke fort. Mit ersten Prozessen der Bodenbildung in einer periglazialen Landschaft befaßte sich der Potsdamer Geograph Wolfgang Krüger. Und natürlich wurde wieder eine Vielzahl von Proben aus unterschiedlichen Medien für das antarktische Forschungsprogramm des Zentralinstituts für Isotopen- und Strahlenforschung, Leipzig, gesammelt, darunter diesmal auch für die isotopische Stickstoff- und Schwefelanalyse, für die Analyse von Mikronährstoffen in Schnee, Eis und Gewässern sowie für Untersuchungen der Mineralisation und der Verunreinigung durch Schwermetalle.

Die dritte Biologengruppe begann in Bellingshausen mit der Kartierung von Brutpopulationen und widmete sich, neben anderen Hauptvertretern der antarktischen Küstenfauna, den in überraschend großer Zahl registrierten Riesensturmvögeln. Die biologischen Studien nahmen allmählich die Form eines Langzeitprogramms an, das sich in seinen Hauptpunkten auf die im internationalen BIOMASS-Programm und im Biologieprogramm des SCAR festgelegten Grundlinien stützte. Sie wurden von der Forschungsstelle für Wirbeltierforschung (im Tierpark Berlin) der Akademie der Wissenschaften betreut und organisatorisch sowie logistisch in der kleinen Abteilung Polarforschung auf dem Potsdamer Telegrafenberg vorbereitet.

Als Geologe war Klaus Stanek nach einer kurzen Sommerpause bereits wieder in der Basis Drushnaja II, in deren Reichweite auch die südlichen Gebirge der Antarktischen Halbinsel liegen. Zwei Feldlager ermöglichten die Erkundung der Latady Mts. und der Skaife Mts. Per Hubschrauber konnten weitere, abgelegene Gipfel angeflogen werden.

Was geschieht, wenn das Eis geschmolzen ist?

Wolfgang Krüger

Als wir Mitte März endlich die Schirmacher-Oase erreichten, erinnerte die Landschaft kaum noch an den Polarsommer; alles war bereits wieder in Eis und Frost erstarrt. Nur die tiefen Erosionsrinnen am Abhang des Inlandeises, in denen das Schmelzwasser in reißenden Bächen herabgeströmt war, wiesen auf intensive Tauprozesse hin, die drei Monate lang die Oase tagsüber mit Rauschen, Plätschern und Glucksen belegt hatten.

Mein Interesse galt jedoch in erster Linie den Landschaftsformen der Oase selbst, besonders den Lockergesteinsdecken. Und so seltsam es klingen mag, mich führten Fragen nach Antarktika, die sich angesichts der Hügel und sanften Senken Mecklenburgs oder der brandenburgischen Höhenrücken stellen. Diese Landschaft ist glazial und periglazial geprägt, das heißt, sie bildete sich in unmittelbarer Nachbarschaft des zurückweichenden nördlichen Gletschergebietes heraus. Schwer vorstellbar, wie im Detail sich diese Landschaft gewandelt hat. Was geschieht, wenn das Eis geschmolzen ist? Wie entsteht, in allerersten Anfängen, das was wir »Boden« nennen, das Reservoir Boden, von dem wir alle leben? Die primären Prozesse der Verwitterung können nur dort beobachtet werden, wo quasi nacheiszeitliche Bedingungen herrschen. In Antarktika, speziell in den aus dem Inlandgletscher heraustauenden Oasen, ist eine solche Situation gegeben – eine einmalige Ausgangsbasis für bodenkundliche Untersuchungen.

Das ist Grundlagenforschung; sie hat, wie alle grundsätzlichen Fragestellungen, auch praktische Bezüge. Schon seit längerer Zeit wird von Bodenkundlern diskutiert, unter welchen Bedingungen sich bestimmte Merkmale mitteleuropäischer Böden gebildet haben. Es gibt zum Beispiel bei uns den Braunerde-Bodentyp, der sich durch sogenannte Verbraunungshorizonte auszeichnet: mehr oder weniger mächtige Schichten, die sich zwischen Humusschicht und Ausgangsgestein befinden. Die braune Färbung entsteht durch Freisetzung und Oxidation von Eisen, das in diesem Horizont verbleibt. Man hat festgestellt, daß die Verbraunung offenbar in Bereichen des Auftauens von ehemaligen Dauerfrostböden stattfindet. Daraus wurde geschlossen: erste Prozesse der Bodenbildung setzten bereits ein, kurz nachdem sich das Inlandeis zurückzog, also noch unter periglazialen Verhältnissen. Dazu zählen die Gesteinsverwitterung, wobei eben jenes später bräunende Eisen und andere Metallionen freigelegt werden, sowie das Verlagern dieser Verwitterungsprodukte mit dem Bodenwasser in das Profil des Lockergesteins.

Ich wollte nun erkunden, ob und in welchem Umfang ähnliche Vorgänge in einem aktuellen Periglazialgebiet wie der Schirmacher-Oase ablaufen. Damit ließen sich nicht nur unsere Kenntnisse über diese Küstenoase erweitern, sondern gleichzeitig könnten Schlußfolgerungen zu Prozessen gezogen werden, die einst zur Landschaftsstruktur im norddeutschen Tiefland geführt haben.

Gesteinsschuttdecken findet man in der Oase vor allem in den Tälern, teilweise auch in den unteren Hangbereichen der Felskuppen. Der erste Eindruck suggeriert die Vorstellung von einer sehr geringen Differenzierung dieses Materials, alles erscheint ungeordnet, chaotisch. Gibt es hier überhaupt Möglichkeiten, bestimmte regelhafte Vorgänge zu erkennen und die dafür wirksamen Ursachen zu erfassen? Welche Veränderungen sind hier seit Beginn des Eisrückganges vor etwa 10 000 Jahren vor sich gegangen? An welchen Strukturen sind sie nachzuweisen? Kann ich hier Ansätze von Bodenbildung wahrnehmen?

Die gefrorene Landschaft, der bevorstehende Polarwinter ließen mich zunächst zweifeln, ob ich mein Arbeitsprogramm überhaupt schaffen würde. Zum Beispiel brauchte ich für chemische Analysen Bodenproben aus unterschiedlichen Tiefen, die in sachgerecht mit Hacke und Spaten angelegten Schürfen gewonnen werden mußten. Daß ich es in der Oase mit Dauerfrostboden zu tun bekäme, war mir klar. Bevor ich den ersten Versuch unternahm, eine Bodengrube auszuheben, hatte ich gehofft, vor Einbruch des Polarwinters soviel wie möglich Probenmaterial gewinnen zu können. Diese Vorstellung mußte ich bald aufgeben; es gelang mir einfach nicht, in das vom Eis zementierte Lockergestein tief genug einzudringen. Alle im vergangenen Sommer vom Schmelzwasser stark durchfeuchteten Schuttdecken waren bis an ihre Oberfläche hart wie Beton gefroren und entzogen sich bis zum nächsten Polarsommer der Untersuchung.

Demgegenüber konnte ich an den sehr trockenen Moränenhügeln und auch im trockenen Schuttbereich der Hänge die Arbeiten kurz nach unserer Ankunft aufnehmen. Hier gab es jedoch andere Schwierigkeiten. Viel Mühe bereitet mir jedesmal die Präparierung einer Wand der Bodengrube für die fotografische Aufnahme. Kaum hatte ich mit Hilfe des Spachtels die Strukturen sichtbar gemacht, überdeckte angewehtes Feinmaterial die sauber hergerichtete Fläche. Auch die tiefstehende Sonne machte mir Sorgen, weil sie den Schatten der gegenüberliegenden Wand auf die zu untersuchende Seite warf.

Vielfach war ich auf die Unterstützung anderer Kollegen angewiesen. Insgesamt arbeiteten in unserer Überwinterungsgruppe sechs Wissenschaftler und Techniker. Klaus Peukert, unser Leiter, überwinterte das zweite Mal. Er war für das Magnetikprogramm verantwortlich und in starkem Maße an die Station gebunden. Ebenso Lothar Dießner, der sich als Elektronikfachmann vor allem um die Geräte zu kümmern hatte. Frank Schneider betreute die Fahrzeuge und die Dieselelektrostation. Als Koch arbeitete Reinhard Schulz. Dietmar Haendel führte das Forschungsprojekt »Isotope in der Natur« weiter. Er hatte, wie ich, viel im Gelände zu tun. Oft zogen wir gemeinsam los, das war wichtig, weil die Sicherheitsbestimmungen eingehalten werden mußten. Dietmar war ein sehr zuverlässiger Weggefährte und arbeitete sehr genau, fast penibel an der Entnahme verschiedener Proben aus Eis- und Schneelagen sowie Wasserläufen.

Eine Operation sorgt für Aufregung

Leider mußte ich bald auf Dietmars Begleitung verzichten. Nach einem Geländeeinsatz, den er mit mir und dem sowjetischen Stationsleiter Igor Simonow in den westlichen Teil der Oase unternahm, klagte Dietmar über Leibschmerzen. In der Nacht verstärkten sich die Schmerzen. Die Diagnose des sowjetischen Arztes Eduard Lenkjewitsch lautete: Blinddarmentzündung. Nach einer Konsultation mit dem medizinischen Zentrum in Molodjoshnaja wurde entschieden: Operieren.

Unter den Bedingungen einer Antarktisexpedition ist solch ein Eingriff mit erhöhtem Risiko verbunden. Es fehlt ja die ganze medizinische Peripherie, die sonst zur Behandlung unvorhergesehener Komplikationen zur Verfügung steht. Für Eduard, einen erfahrenen Chirurgen, hätte eine Blinddarmoperation vielleicht zum Leningrader Klinikalltag gehört, aber hier? Ohne Hilfe des zweiten Arztes, des Internisten Valentin, wollte er nicht operieren. Der befand sich jedoch hundert Kilometer entfernt an der Eisbarriere bei Kap Ostry. Vor Eintritt der Polarnacht war noch einmal ein Schlittenzug zusammengestellt worden, um Dieselkraftstoff und Ausrüstungsgegenstände, die an der Barriere lagerten, zur Station zu bringen, und Valentin begleitete die Mannschaft.

Wir waren alle in Unruhe. Simonow agierte wie ein Stabschef. Er befahl, den zweiten Arzt sofort zurückzuholen. Das sollte die DDR-Gruppe mit ihrem schnellfahrenden Kettenfahrzeug MTLB übernehmen. Über Funk wurde vereinbart, daß Valentin mit dem schweren Schlepper, der Charkowtschanka, die bei Schlittenzügen als Leitfahrzeug eingesetzt wird, entgegenkommt. Der MTLB konnte die knapp 100 km bis zur Barriere unter günstigsten Umständen in fünf Stunden schaffen. Doch war diese Rechnung jetzt, im beginnenden Polarwinter, reell? Die Lichtverhältnisse sind zu dieser Zeit schlecht. Der größte Teil des Weges müßte im Dunkeln zurückgelegt werden. Für ein einzelnes Fahrzeug ein gewagtes Unternahmen. Trotzdem blieb Simonow keine andere Wahl. Klaus Peukert und Frank Schneider brauchten nur wenige Minuten zur Vorbereitung. Für alle Fälle packten sie noch Notverpflegung und Signalmittel ein.

Wie uns Klaus und Frank später berichteten, war diese Vorsichtsmaßnahme unbedingt gerechtfertigt. Die Strecke ist zwar mit Stangen in Abständen von drei bis fünf Kilometern markiert, und bei guter Sicht sind diese Orientierungspunkte auch aus größerer Entfernung zu sehen. In der Dunkelheit und bei Schneesturm geben jedoch nur die alten Fahrspuren Hinweise, wie man zu fahren hat – soweit man sich nicht gerade auf blankem Eis befindet, wo ein ungeübtes Auge keine Kettenabdrücke zu erkennen vermag. Diese Spuren waren auch die wichtigsten Orientierungshilfen für Frank Schneider. Frank und Klaus erwarteten ungeduldig die Begegnung mit der Charkowtschanka. Sie hatten angenommen, vorausgesetzt, die beiden Fahrzeuge bewegten sich direkt aufeinander zu, daß das Licht der Scheinwerfer bzw. Signallampen aus größerer Entfernung sichtbar sein müßte. Bisher zeigte sich nichts davon. Hatten sie den Weg verfehlt? Die Markierungen waren seit einiger Zeit nicht mehr beobachtet worden. Fahrzeugspuren glaubten sie noch zu erkennen. Frank und Klaus wurden unsicher, ob sie den richtigen Weg gewählt hatten, als sich vor einigen Kilometern die Spuren gabelten. Sollten sie umkehren? Doch was, wenn sie sich doch nicht geirrt hatten?

Vielleicht halfen jetzt Signalraketen? Ja! Die Antwortsignale stiegen in nicht allzu großer Entfernung auf. Später erwies sich, daß Frank nur der Abkürzung einer früheren Schlittenzugroute gefolgt war. Der Arzt stieg in den schnelleren MTLB, eilig traten sie den Rückmarsch an. In der sowjetischen Station war inzwischen alles für die Operation vorbereitet. Natürlich fanden wir in dieser Nacht keine Ruhe. Morgens halb vier Uhr wurde der Erfolg der Operation vermeldet.

Arbeit an Testflächen

Im Gelände wurde mir Reinhard Schulz ein unentbehrlicher Helfer. Reinhard arbeitete jeweils eine Woche in der sowjetischen Station, die uns ja mit den Hauptmahlzeiten versorgte, als Koch; in den folgenden Tagen beschäftigte er sich in unserer Forschungsbasis. Wir wohnten im selben Zimmer, und durch die vielen Gespräche war er mit meinen Arbeiten bestens vertraut. Doch für Überwinterer mit einem Feldprogramm fällt die Arbeitsspitze ins letzte Drittel des Expeditionszeitraumes. Bevor es soweit war, stand vor uns allen die Polarnacht. In den Wochen der Dunkelheit konnten wir kaum in die Oase. Die wissenschaftliche Tätigkeit im Gelände beschränkte sich auf Probenahmen von einigen Seen in unmittelbarer Stationsnähe. Das Warten war zeitweise doch recht belastend; man mußte sich in Geduld üben. Die dem Menschen in der Polarnacht wenig zuträglichen Naturbedingungen bestimmten den Arbeitsrhythmus. Wir nutzten die Zeit, um das Sommerprogramm vorzubereiten. Oft saßen wir auch in der kleinen Funkkabine neben unserem Elektroniker Lothar Dießner. Er betrieb eine Amateurfunkstation – willkommene Abwechslung in der anhaltenden Finsternis, die Funkkontakte mit Partnern aus aller Herren Länder zu verfolgen. Besonders interessierten uns natürlich die Gespräche mit Funkfreunden unserer Republik, erhielten wir doch auf diese Weise zusätzliche Informationen aus der Heimat.

Sobald die Tage wieder etwas länger wurden, zwei, drei, dann vier Stunden dauerten, suchte ich mir an einem süd- und einem nordexponierten Hang je eine Testfläche festen Gesteins (Biotitgneis) mit einer Hangneigung von 30 Grad aus und steckte Thermometer (Thermistoren) in kleine, 0,5 cm tief gebohrte Löcher. Es war völlig klar: Um die Verwitterungsprozesse an Gesteinsoberflächen zu erkunden, mußte ich sehr viel messen, und zwar systematisch. Sporadische Messungen hätten wenig Sinn gehabt, weil die Schwankungsbreite der registrierten Werte sowohl bei den Temperaturen als auch beim Feuchtegehalt – zwei entscheidenden Einflußfaktoren auf die Verwitte-

rung – sehr groß sein kann. So registrierte ich von August 1983 bis Februar 1984 stündlich die Temperaturen an der Oberfläche des Gesteins mit dem Ziel, die täglichen Temperaturunterschiede und die Häufigkeit des Frostwechsels zu ermitteln. Diese Werte gestatten Aussagen über die Insolations- (d. h. über die durch Sonnenstrahlung bedingte) Verwitterung und über die Frostverwitterung.

Zusätzlich wurden in Bereichen des Lockergesteins die Bodentemperaturen in unterschiedlichen Tiefen (bis 0,50 m) bestimmt sowie drei- bis sechsmal wöchentlich der Wassergehalt. Und natürlich waren der Witterungsablauf, vor allem die Strahlungswerte, Art und Lage des Bodenmaterials, Lufttemperatur, Windrichtung und -geschwindigkeit zu erfassen, denn alles dies beeinflußt die Temperaturverhältnisse am und im Gestein.

Die Ergebnisse unserer Erkundungen bestätigten die erheblichen Unterschiede zwischen dem makroklimatischen Kennwerten und den Bedingungen, die am Boden bzw. an den Grenzflächen herrschen: Würde man die in zwei Meter Höhe gemessenen Lufttemperaturen zur Grundlage nehmen, um die Wirksamkeit von Witterungsprozessen einzuschätzen, käme man zu völlig falschen Schlußfolgerungen. Auch in den Sommermonaten erreichen die Lufttemperaturen in der Schirmacher-Oase nur an wenigen Tagen den positiven Bereich. Die höchsten Werte liegen dabei um 7 °C. Die Felsoberfläche jedoch erwärmt sich infolge der intensiven Sonneneinstrahlung nicht selten auf mehr als 30 °C! Bei einer nächtlichen Abkühlung bis in die Nähe des Gefrierpunktes kann also im Maximum eine tägliche Temperaturdifferenz von etwas über 30 °C registriert werden. (Dieser Extremwert liegt übrigens beträchtlich unter den maximalen täglichen Temperaturunterschieden, die in subtropischen Wüsten gemessen werden.)

Als wirksame Temperaturdifferenz für die Insolationsverwitterung werden in der Literatur mindestens 50 °C angegeben. Aufgrund technischer Modellversuche wurde vielfach die Meinung vertreten, daß Temperaturunterschiede als alleinige Ursache für die Gesteinszerstörung nicht in Frage kämen. Unsere Ergebnisse zeigen jedoch, daß eine Temperaturverwitterung im Zusammenhang mit anderen Verwitterungsformen selbst dann nicht auszuschließen ist, wenn die angegebenen 50 °C Differenz nicht erreicht werden.

Auch das Lockergestein erwärmt sich im Polarsommer relativ stark, so daß in diesen Schuttdecken mit ausreichender Feuchtigkeit durchaus die Bedingungen für chemische Umsätze gegeben sind. Bodenbildung setzt, wie wir wissen, bestimmte chemische Reaktionen (neben dem Vorhandensein von organischen Ausgangssubstanzen) notwendig voraus. Ich stellte einen teilweise recht hohen Gehalt an freien Eisenoxiden in den Lockergesteinsproben fest, aber auch gewisse Salzanreicherungen in den ersten Zentimetern von Moränenschutt und vor allem in den lockeren Ablagerungen der Täler. Das sind Indizien für Teilprozesse, die für die Entstehung einiger Bodentypen charakteristisch sind. Ausgeprägte Bodenhorizonte konnte ich jedoch an den Schürfen kaum erkennen. Auch fehlte, erwartungsgemäß, ein Humushorizont. Pflanzliches Leben – Algen, Flechten und Moose – ist nur sehr spärlich in der Oase verbreitet, so daß ich nur fleckenhaft in den stärker durchfeuchteten Partien der Täler Ansätze von primitiven antarktischen Rohböden finden konnte.

Von diesen Stellen habe ich etliche Proben organischen Krustenmaterials mitgenommen, das sich auf Sand oder Schutt abgesetzt hatte. Die etwa zwei Zentimeter dicken, dunkel, fast schwarz aussehenden Krusten ließen sich im trockenen Zustand mit dem Taschenmesser leicht abheben. Sie bestehen zumeist aus abgestorbenem pflanzlichen Material. Als die Proben später untersucht wurden, zeigte sich, daß diese organischen Auflagen bereits in gewisser Weise umgewandelt und dabei bodeneigene Bildungen entstanden waren. Zum Beispiel konnten wir Huminsäuren nachweisen; der Prozeß der Humusbildung hatte schon begonnen. Zu den bemerkenswerten Veränderungen gehören auf jeden Fall die Freisetzung von Eisen und anderen Metallionen aus dem Kristallgitter der Gesteine; dazu gehören deren teilweise vertikale Verlagerung mit dem Bodenwasser und die partielle Anreicherung von organischem Material. Somit stützen unsere Ergebnisse jene Auffassungen, die davon ausgehen, daß bestimmte Prozesse der Bodenbildung bereits unmittelbar nach dem Eisrückgang einsetzen können.

1983–1985

29. Sowjetische Antarktisexpedition
Nowolasarewskaja, Wohlthatmassiv, Bellingshausen, Drushnaja II, Palmerland

Anders als bei der Raumfahrt oder beim Sport, wo eigene medizinische Spezialdisziplinen befragt werden können, steht eine Medizin, die sich mit dem Gesundheitszustand und der Leistungsfähigkeit des Menschen unter polaren Bedingungen beschäftigt, die Polarmedizin, erst am Anfang. Daß die ungewohnten Temperaturen, die anderen Lichtverhältnisse in polaren Breiten wesentliche Funktionen des Organismus beeinflussen, ist eine Binsenweisheit. Aber wie, in welchem Maße verändern sich welche physiologischen und biochemischen Vorgänge? Wo liegen die Ansatzpunkte, um negativen Folgen entgegenwirken zu können? Diesen Fragen gingen biomedizinische Stoffwechseluntersuchungen nach, die neu ins antarktische Arbeitsprogramm des Zentralinstituts für Isotopen- und Strahlenforschung, Leipzig, aufgenommen wurden.

Expeditionsleiter Peter Junghans konzentrierte sich insbesondere auf den Protein- und Energiestoffwechsel, den unter polaren Bedingungen noch niemand untersucht hatte. Auch daß Methoden der Isotopentechnik für solche Zwecke während einer Polarexpedition angewendet wurden, war neu. Dabei entsteht keinerlei Gefährdung für Mensch und Umwelt, denn es kommen ausschließlich stabile, d. h. nicht radioaktive Isotope zum Einsatz, im speziellen Fall Stickstoff-15, das mit Hilfe einer Trägersubstanz oral verabreicht wurde. Probanden waren Wissenschaftler und Techniker der Expedition.

Mit den Untersuchungen gelang es, den bisher nur vermuteten Einfluß der polaren Umweltfaktoren bzw. Lebensbedingungen auf den Proteinstoffwechsel nachzuweisen. So lag bei den Probanden die Proteinsynthese in der Polarnacht bis zu 20 Prozent höher als am Polartag. Dagegen sank der Sauerstoffverbrauch in den Wintermonaten um fast 30 Prozent. Sehr deutlich zeigte sich der Zusammenhang zwischen Lichtintensität und Körperfunktion in der veränderten Hormonkonzentration (Serum-Cortisol), die während der Polarnacht um fast die Hälfte geringer war als zu Beginn der Expedition. Die Unterschiede in den genannten Stoffwechselgrößen werden vor allem mit der verminderten Mobilität der Probanden in der anhaltend dunklen Jahreszeit erklärt. Demgegenüber hatten extreme körperliche Belastungen und Streß während der Schlittenzüge eine stark erniedrigte Proteinsynthese zur Folge. Diese und andere Ergebnisse lassen Schlußfolgerungen für Ernährungs- und Trainingskonzepte bei langfristigen Antarktisaufenthalten zu; sie sind für die Ernährungswissenschaft und die Sportmedizin von Interesse.

Die Geologen Horst Kämpf und Werner Stackebrandt begannen mit der detaillierten geologischen Kartierung der Schirmacher-Oase (Maßstab 1 : 10 000) und stießen mit einer gemeinsamen Expedition UdSSR/DDR ins südlich gelegene Zentrale Wohlthatmassiv vor. In dieser Region wurden sehr alte Gesteine angetroffen, 2,5 Milliarden Jahre alte Anorthosite, die man zu den ersten krustenbildenden Gesteinen der Erde zählt. Über die Erforschung der Anorthosite versucht man, generell die Entstehung planetarer Krusten besser zu verstehen. Wolfgang Weber nahm im Palmerland (Antarktische Halbinsel) an der großräumigen Erkundung des etwa 900 km² umfassenden Gebietes der Hutton Mountains und an der Kartierung der Guettard Range teil.

Die Biologen setzten ihre Populationszählungen im Bereich südliche King-George-Insel und Maxwell Bay fort. Dazu war es notwendig, das gesamte Untersuchungsgebiet auf der Halbinsel Fildes und der Insel Ardley in 150 bis 200 m breite Streifen einzuteilen und mehrmals abzulaufen. Auf diese Weise konnten Hans-Ulrich Peter, Martin Kaiser und Axel Gebauer die meisten Brutvogelarten flächendeckend kartieren, gleichzeitig die Gelege- und Brutgrößen ermitteln sowie den Bruterfolg darstellen.

Darüber hinaus befaßten sie sich mit Verhaltensstudien der selten beschriebenen Antarktis-Seeschwalbe sowie mit eingehenden Untersuchungen eines Wurfplatzes der Weddellrobbe in der Hydrographenbucht (u. a. mit Kennmarken für die Tiere) und eines nach

1966 wiederbesiedelten Wurfplatzes der Seebären am Stignant Point. Diese Robbenart galt in den fünfziger Jahren auf King George Island als fast ausgestorben; da darf ein Pulk von 360 Seebären als ein hoffnungsvolles Anzeichen der Wirksamkeit internationaler Schutzmaßnahmen angesehen werden. Es wurde auch wieder fleißig beringt, mit Kennmarken der Vogelschutzwarte Hiddensee. Die bis 1985 von DDR-Biologen auf den Südshetlands vorgenommenen ca. 4000 Beringungen stellten einen sehr großen Anteil am Weltbestand der in der Antarktis beringten Vögel dar.

Erlebnisse eines Technikers

Gerald Müller

Mit den Jahren hat sich manches im Ablauf der Antarktisexpeditionen verändert. Die lange Anfahrt mit dem Schiff beispielsweise entfällt für viele Beteiligte. Sie fliegen in die Antarktis. Dabei erlebt man zwar weniger als auf einer Schiffsreise durch die Tropen, aber ein Zeitgewinn von etwa einem Monat fällt für den Erfolg der Expedition doch ins Gewicht. Besonders die Teilnehmer, die nur im kurzen südpolaren Sommer arbeiten können, wie die Geologen, wissen das zu schätzen. Aber auch für den Techniker, der die Dieselelektrostation übernehmen und die Forschungsbasis mit Energie versorgen soll – dies sowie die Betreuung des Fuhrparks sollte mich in den nächsten anderthalb Jahren beschäftigen – ist die frühe Anreise per Flugzeug von Nutzen: Er kann sich lange vor Beginn des Winters mit den Anlagen vertraut machen und vom Vorgänger gründlich eingewiesen werden.

Als wir auf dem Flughafen Berlin-Schönefeld standen, war unsere Expeditionsausrüstung längst unterwegs. Wir hatten sie in Rostock auf die KAPITÄN GOTSKI verladen. Dazu gehörten neben den üblichen 10-Fuß-Containern zwölf Fässer mit je 200 Liter Motorenöl, ein Dieselmotor, den ich mit Hilfe meiner Kameraden gegen einen weitgehend verschlissenen austauschen sollte, Ersatzteile und vier neue Tankschlitten. Uns belastete auf dem Flug nach Leningrad also nur der Seesack und etwas Handgepäck. Mit von der Partie waren Hans-Joachim Heldt aus Demmin, der ein Projekt für die Rekonstruktion des Elektronetzes der Station erstellen und mit ersten Erneuerungsarbeiten beginnen wird, und die beiden Potsdamer Geologen Horst Kämpf und Werner Stackebrandt. Im Leningrader Arktischen und Antarktischen Forschungsinstitut erhielt unsere kleine Vorausabteilung, wie alle Expeditionsteilnehmer, eine spezielle Polarbekleidung: die »Kajeschka«, einen dicken Watteanzug, die »Sturmowka«, einen Sturmanzug, des weiteren einen gefütterten Lederanzug, Fellhandschuhe, Pelzmütze. Während der Gespräche und der Bekleidungsaktion im Institut lernt man schon viele sowjetische Polarniks kennen, knüpft erste Freundschaften, frischt seine Russischkenntnisse auf.

Die eigentliche Reise nach Antarktika beginnt dann in Moskau mit einer TU 154, und erstes Ziel ist jedesmal Maputo, die Hauptstadt Moçambiques, mit Zwischenaufenthalten in Simferopol, Kairo, Djibouti, Daressalam. Von dort geht es diesmal mit einer IL-18 zur größten sowjetischen Antarktisstation Molodjoshnaja im Enderbyland. Das ist ein gewaltiger Klimaumschwung: von 40 Grad auf polare Temperaturen innerhalb von acht Stunden. Einer nach dem anderen ziehen wir unsere dicken Wintersachen an.

Molodjoshnaja ist für antarktische Verhältnisse eine sehr weiträumige Forschungsbasis. Da wegen des schlechten Wetters keine Starts erlaubt waren, konnten wir uns einige Tage hier aufhalten. Mein Zimmergefährte Wolodja war Meteorologe und hatte seinen dreijährigen Armeedienst in der DDR geleistet, noch dazu in meiner Kreisstadt Jüterbog! Es gab also kaum Sprachprobleme zwischen uns. Manchmal nutzte ich die halbe Nacht, um von Wolodja Vokabeln und ihre Aussprache zu lernen. Werner und Joachim waren bei kubanischen Wissenschaftlern untergebracht. Wir erlebten auf kurzen Märschen die Umgebung der Station, die ersten Schneestürme, sahen viele Adeliepinguine, Weddellrobben und Raubmöwen. Natürlich leisteten wir auch einen Tag Küchendienst. Jeder, der auf dem »Umsteigebahnhof« der sowjetischen Antarktisexpeditionen längeren Zwischenaufenthalt hat, muß sich an diesen notwendigen Arbeiten beteiligen.

Schließlich kam der Tag, an dem eine IL-14 aufstieg, um uns vier Deutsche und einen Russen zur 1400 km entfernten Station Nowolasarewskaja in der Schirmacher-Oase zu bringen. Der Innenraum des Flugzeuges ist nicht sehr groß. Alles steht voller Kisten, auf denen wir uns niederlassen. Den meisten Platz im Rumpf beanspruchen die zusätzlichen Treibstofftanks. Die Besatzung hat uns in die Pilotenkanzel gebeten, so daß wir die unendlichen Eisfelder und nach einiger Zeit in der Ferne das Sör-Rondane-Gebirge und schließlich das Wohlthatgebirge sehen können. Nach sechs Stunden setzt die Maschine zur Landung an. Schon durch Fenster erkennen wir die Überwinterer, die zur Piste gekommen sind. In etwa 45 Minuten zügiger Fahrt über Eiskuppen und durch Senken geht es in die Oase hinein direkt zu unserem Basislaboratorium.

Januar ist Sommer

Die Zeit der Mannschaftsablösung ist die belebteste in den Antarktisstationen. Deshalb heißt sie ja »Saison«. In diesen wärmeren Sommermonaten finden auch die meisten Geländearbeiten statt. Man gewöhnt sich schnell an das Stationsleben. Jeder weiß, wann er seinen einwöchigen 12-Stunden-Dienst im Basislabor hat, wann Küchendienst in der sowjetischen Station, wo wir Mittag- und Abendessen einnehmen. Unsere beiden Geologen gehen jeden Tag in die Oase, um Kartierungsarbeiten vorzunehmen und Gesteinsproben zu sammeln. Mein Mitstreiter Joachim Heldt verschafft sich einen Überblick über die Elektroanlage; er kann nur, wenn nicht zu tiefe Temperaturen herrschen, draußen Kabel verlegen. Die Überwinterer wollen ihre noch unerledigten Arbeiten zu einem guten Abschluß bringen. Eine zielgerichtete, aber nicht hektische Betriebsamkeit. Zum Frühstück kann jeder seine Anliegen vortragen, und es wird gleich festgelegt, wer wem helfen müßte.

Ich sehe mich natürlich zuerst in der Dieselelektrostation um. Sie wird überall in der Antarktis als »Herz« der Forschungsstationen bezeichnet, denn ohne elektrischen Strom blieben nicht nur die wissenschaftlichen Geräte nutzlos, auch die Wohnunterkünfte würden sehr schnell auskühlen. Die zuverlässige Versorgung mit Energie ist für die Expeditionsteilnehmer entscheidend. Die Dieselelektrostation (von allen DES genannt) unserer Forschungsbasis befindet sich in einem fünf Meter vom Hauptgebäude separat aufgestellten Container, ergänzt durch eine kleine Werkstatt und ein Ersatzteillager. In ihrem Windschatten wird auch das Gewächshaus betrieben. Verbunden ist dieser technische Komplex mit dem Wohn- und Labortrakt durch eine etwa meterhohe Holzbrücke.

In dem verhältnismäßig kleinen Raum der DES standen während unserer Expedition
– zwei Aggregate vom Motortyp S 4000, 4 Zylinder-Diesel, 55 PS, wassergekühlt, mit einer Generatorleistung von 38 kW
– zwei Aggregate vom Motortyp Robur, 4 Zylinder-Diesel, 27,5 PS, luftgekühlt, mit einer Generatorleistung von 20 kW.

Damit konnte die Stromversorgung der Basis gesichert werden. Aber die Aggregate sind jahreszeitlich sehr unterschiedlich belastet. In den Sommermonaten Dezember und Januar genügt es, die kleineren zu betreiben. Bei sinkenden Temperaturen reichen die damit erzielten Stromstärken von 20 und 25 Ampere pro Phase nicht aus. Dann wird auf die 38-kW-Aggregate umgeschaltet. Die erhöhte Abkühlungswirkung des Windes, die den Bioklimatologen gut bekannt ist und die jeder am eigenen Leibe spüren kann, macht sich auch im Betreiben der Energieanlagen bemerkbar. Beispielsweise mußte ich bei minus 35 Grad das große Aggregat mit 50 Ampere pro Phase fahren, um den Energiebedarf zu decken. Die gleiche Phasenlast brauchte ich bei nur minus 7 Grad, wenn draußen Sturm (20 m/s) war! An sehr kalten, windigen Tagen arbeiteten die großen Anlagen an der oberen Lastgrenze, ohne daß in allen Räumen die gewünschte Temperatur erreicht werden konnte.

Ich hatte mich zuerst um den Ersatz des einen Motors und eines Generators der 38-KW-Anlage zu kümmern. Wie sollten wir den schweren Motor und den Generator ohne Hebezeug, wofür an der flachen Dachkonstruktion kein Platz war, auswechseln? Die Maschine in ihre Einzelteile zerlegen und an Ort und Stelle wieder montieren, danach war uns nicht sehr zumute. Deshalb bauten wir in die Rückwand des Gebäudes eine Luke und davor eine Plattform, von der eine Spur aus Kanthölzern direkt bis vor das Aggregat führte. Auf diese Weise hatten wir mit Hilfe des Flaschenzuges und einiger Tricks eine »Fahrbahn« zwischen Transportcontainer und dem Stahlfundament, auf das der neue Motor nun gesetzt werden konnte. Man muß nur erfinderisch sein.

Die normalen Wartungsarbeiten erfolgten in regelmäßigen Abständen entsprechend den Normen, zum Beispiel alle hundert Betriebsstunden Ölwechsel an den Dieselmotoren; Ventile, Kraftstoffzufuhr, Kühlanlagen usw. mußten überprüft werden. Am Generator waren die Kohlebürsten zu kontrollieren, die Lager zu fetten. Manchmal fielen kleine Reparaturen an. Auch das tägliche Betanken und das Umschalten der Aggregate im zweitägigen Rhythmus habe ich meist selbst vorgenommen. Wenn ich mit dem Kettenfahrzeug unterwegs war, besorgte das – ebenso wie die stündlichen Kontrollen der Betriebswerte – der jeweilige Diensthabende.

Das Mittag- und Abendessen mit den sowjetischen Kollegen, vor allem die Abende, wenn Zeit war, Tischtennis, Schach oder Mandaroschka zu spielen, das unserem »Mensch-ärgere-dich-nicht« ähnlich ist, nutzen wir, um Erfahrungen über alles mögliche auszutauschen. Ich brauchte gar nicht viele Worte zu machen – die sowjetischen Techniker verstanden auch ohne meine schwachen Kenntnisse der russischen Sprache die Probleme, die ich mit dem dickflüssigen und mitunter sehr verschmutzten Dieselkraftstoff hatte. Wir bauten danach zusätzliche Filtertöpfe ein, und bei sehr tiefen Temperaturen gab ich etwas Hubschrauber-Treibstoff Kerosin zu. Andererseits bemerkten meine sowjetischen Freunde sehr bald, daß ich mich im Schweißen gut auskannte. Sie brachten mir die unterschiedlichsten Teile, darunter vieles, von dem man zu Hause gesagt hätte, das geht nun wirklich nicht mehr zu reparieren. Sogar der Koch hatte etliches an seinem Fleischwolf auszubessern. Als alles funktionierte, fiel dem Stationschef noch ein, daß ich gleich alle defekten Stühle im Speiseraum schweißen könnte. In der Antarktis muß man eben mit dem auskommen, was einmal mitgebracht wurde. Vor und nach den strapaziösen Schlittenzügen zur Eisbarriere sind es vor allem große Teile der Schlepper, Schlitten und Zugmaschinen, die in oft stundenlanger Arbeit elektrisch geschweißt werden müssen.

Während einer Nachmittagspause, die wir im »Herrensalon«, unserem eher bescheiden ausgestatteten Aufenthaltsraum, bei Kaffee und Tee und unter den Klängen einer vom jeweiligen Diensthabenden ausgewählten musikalischen Überraschung verbrachten, äußerten die Geologen Werner Stackebrandt und Horst Kämpf, daß sie mit viel Gepäck in die Westoase fahren möchten. Am nächsten Morgen bereite ich eines der beiden kleinen Kettenfahrzeuge vor, mit denen die Forschungsbasis ausgestattet ist. Es sind
mittelschwere Kettenfahrzeuge vom Typ MTLB
Länge: 6,45 m   Breite: 2,85 m   Höhe: 1,87 m
Gewicht: 11 t   Erkundungsfahrzeug
Motor: Diesel, 8 Zylinder V, 240 PS
Kraftstoffverbrauch: 110 l/100 km
Max. Geschwindigkeit: 65 km/h

Diese Fahrzeuge sind für Wasserdurchfahrten geeignet.

Für das Schleppen großer Lasten auf meist zwei angehängten Stahlschlitten, zum Beispiel für die Transporte vom und zum Kap Ostry, wird eine stärkere Technik gebraucht. Auch diese Zugmaschine, mit der die sowjetischen Stationen ausgestattet sind, sollte ich kennenlernen:
das schwer Kettenfahrzeug ATT
Länge: 8 m   Breite: 3,40 m   Höhe: 3,48 m
Gewicht: 25 t   Nutzlast: 3 t   Zuglast: 60 t
Motor: Diesel, 12 Zylinder V, 450 PS
24-V-Startanlage, zusätzlich Druckluftanlasser, Vorwärmanlage
Kraftstoffverbrauch: je nach Boden und Last 300 – 600 l/100 km
Tankinhalt: 1700 l, Ölreservetank: 200 l
Ölverbrauch: 5–10 l/100 km
Max. Geschwindigkeit ohne Last: 25 km/h

Aber für unsere Geologenfahrt genügte der schnellere MTLB. Um in die westliche Schirmacher-Oase zu gelangen, muß man im Osten aus der Oase herausfahren und in einer weiten Schleife über das Inlandeis auf den Mittelteil zusteuern. Über diese Route ist schon viel geschrieben worden. Deshalb hier nur eine Episode. Die Einfahrt in die Mitteloase liegt voller Geröll und Steinbrocken. Ich fahre mit möglichst kleinen Lenkeinschlägen, um das Laufwerk nicht noch mehr zu belasten, denn dann brechen die Kettenbolzen wie Glas. Nach einigen Hindernissen bemerke ich ein metallenes Schrapen und Poltern. Sofort Halt. Die Kette ist von der hinteren Umlenkrolle zum inneren Teil des Fahrzeugs abgesprungen. Das hatten wir auf dem Panzerlehrgang, den jeder Techniker, der in die Antarktis fahren will, absolvieren muß, weder erlebt noch gelehrt bekommen. Und gerade an solch unwegsamem Abschnitt muß uns das Passieren! Also erst einmal die Kette entspannen; mit Brechstange und Hartholzkeilen versuchen wir, sie wieder auf die Rolle und in die richtige Lage zu bringen. Da wird einem bald sehr warm unterm Hemd.

Ganz andere Schwierigkeiten erwarten den Fahrer eines Kettenschleppers auf dem Inlandeis. Da gibt es im Sommermonat Januar die tückischen Schneesümpfe. Sie sind nicht immer leicht zu erkennen. Die Konsistenz des Untergrundes ist an diesen Stellen sozusagen wassergesättigter Schnee, und es läßt sich denken, daß einem die 450 PS Motorleistung eines ATT wenig nützen, wenn das Fahrzeug mit 25 Tonnen Eigengewicht und angehängten Lastschlitten darin festsitzt. Ich mußte anfangs auch viel Lehrgeld zahlen, bis ich wußte, wie man sich in solch einer Situation verhält.

Am Tage, bei etwas Sonnenlicht, erscheinen manche

Flächen der Schnee- und Eisdecke in dunkelblauer Färbung, und man ahnt, daß es sich um sehr weiche Passagen handeln könne. Solche Schneesümpfe bilden sich besonders in der Nähe von Oasen, vor Hochgebirgen und Nunatakkern. In manchmal kilometerlangen Senken sammelt sich in den Sommermonaten viel Schmelzwasser. Sie zu durchfahren ist für Mensch und Maschine der Untergang. Deshalb unterscheidet man in Antarktika Sommertrassen und Wintertrassen. Die Sommertrassen verlaufen auf Kammspitzen und höheren Lagen des Inlandeises. Wenn wir diese Strecken fahren, ist die Frontscheibe hochgeklappt, Fahrer und Beifahrer beobachten jedes Detail der Oberfläche. Dennoch kommt es vor, man weicht einer gefährlichen Stelle aus und sackt an einer anderen bis über die (auf das Doppelte verbreiterten) Ketten ein. Dann nur nicht den Fehler machen, sofort anzuhalten! Sondern den Schwung oder besser gesagt die Schubkraft des Schlittenzuges ausnutzen und mit Vollgas, ohne die Richtung zu ändern, durch! Bis der komplette Zug, Maschine und Schlitten, auf festem Grund stehen. Das nachfolgende Fahrzeug hält einen großen Abstand zum vorderen, damit der Fahrer rechtzeitig ausweichen kann. Es besteht ja auch Funkkontakt, so daß immer noch eine Warnung möglich ist.

Sollte man trotzdem einmal in einem Schneesumpf steckenbleiben, dürfen Fahrer und Beifahrer nicht abspringen, etwa um Hilfe zu holen (anders als bei Spaltengefahr, da müssen sie springen). Es könnte sein, sie versinken bis zum Hals im Schneematsch. Grundsätzlich auf dem Fahrzeug bleiben! Einige Drahtseile unterschiedlicher Länge (50 bis 100 m) hat jeder Fahrer für solche Situationen auf der Ladefläche liegen. Er muß nun am Fahrzeug entlang und über die Schlittenladungen klettern und versuchen, am letzten Schlitten das Seil anzuhängen. Auf irgendeine Weise packt es die nachfolgende Truppe, und mit deren Maschine wird der komplette Zug rückwärts aus dem Sumpf gezogen: Auf keinen Fall die Schlitten abkuppeln! Sie erweitern ja die Auflagefläche und verhindern dadurch ein noch tieferes Einsinken. Diese Methode hat sich bei meinen Schlittenzügen über oft gefahrvolle Strecken immer bewährt.

Die Inder kommen

Wir wußten vom sowjetischen Funker Slawa Melin, daß ein indisches Versorgungsschiff an der Barriere von Kap Ostry festgemacht hatte, die in Finnland gecharterte FINNPOLARIS. Indien war, neben der UdSSR und der DDR, das dritte Land, das im Bereich der Schirmacher-Oase forschte. Die 1. Indische Antarktisexpedition begann im Jahre 1981, etwa 20 km südlich der Schiffsanlegestelle die Station »Dakshin Gangotri« zu errichten.

Eines Tages kündigten die Inder ihren Besuch in Nowolasarewskaja und unserer Forschungsbasis an. Alles geriet aus dem Häuschen; man hat in der Antarktis nicht allzu viel Abwechslung dieser Art. Wir brachten Labor und Wohnräume in Ordnung. In der Küche wurden mehrere Kuchen gebacken. Auf dem Tisch stand ein Blumenstrauß aus unserem kleinen Gewächshaus. An einem Sonntag kamen sechs Personen von der sowjetischen Station herüber, sogar eine junge Frau war dabei, eine indische Geologin. Gleich wurde mit den letzten Blüten, die wir fanden, noch ein Sträußchen zusammengestellt.

Nach herzlicher Begrüßung und ausgedehntem Rundgang versammeln wir uns zu einem Plauderstündchen. Klaus Peukert, der Leiter der »alten« Truppe, und die anderen erklären ihre wissenschaftlichen Aufgaben. Der Chef der indischen Station, Harsh Gupta, stellt viele Fragen. Vor allem interessieren sich die Gäste für die Konstruktion des Gebäudekomplexes. Von verschiedenen Details wird eine Fotodokumentation angefertigt. Aus den Gesprächen können wir entnehmen, daß Indien eine zweite beziehungsweise eine neue Station in der Schirmacher-Oase gründen will, denn der jetzige Standort auf dem Schelfeis hat nur den Vorteil des kurzen Transportweges, aber viel mehr Nachteile. Im Sommer werden die Inder kaum noch mit dem Schmelzwasser fertig, das in die Gebäude eindringt. Nur schade um die Investitionen, meinten die Gäste, denn »Dakshin Gangotri« wird im Eis versinken und sterben.

In die angeregte Runde platzen unsere Geologen Werner und Horst herein. Schwer mit Steinen bepackt, kommen sie vom Feldeinsatz in der Oase zurück. Nun können sie gleich ihre Englischkenntnisse anwenden und vertiefen sich ins Geologenlatein. Der Kontakt zu den Indern brach auch in den folgenden Monaten nicht ab. Ein indischer Mikrobiologe arbeitete einige Wochen bei uns im Chemielabor und machte sich mit den isotopenchemischen Analysemethoden vertraut. An den Nationalfeiertagen besuchten wir uns gegenseitig, manchmal traf man in der Oase zufällig aufeinander. Unsere Wissenschaftler unterstützten die Inder bei der Auswahl eines geeigneten Standortes für ihr Sommerlager in der Schirmacher-Oase, etwa drei Kilometer westlich von Nowolasarewskaja. Peter Junghans, der Leiter unserer Mannschaft, erarbeitete später ein Tiefenprofil des angrenzenden Sees, der für die Wasserversorgung genutzt werden sollte. Ich glaube, die Inder waren uns dafür sehr dankbar. In der Nähe des Sees Sub entstand dann in den Jahren 1987/88 die neue indische Station »Maitri«, zu deutsch Freundschaft.

Aufbruchsstimmung

So langsam merkt man doch unter den Überwinterern der zu Ende gehenden Expedition, aber auch unter den Saisonteilnehmern Aufbruchsstimmung. Es müssen viele wissenschaftliche Sammlungen unterschiedlicher Art und andere Gegenstände ordentlich verpackt werden. Unsere beiden Geologen beschriften ihre Proben und wertvollen Gesteine. Man denkt, sie verpacken Eier, alles sehr solide in Schaumgummi, damit beim Transport nichts zersplittert. Mit einem Autokran, der uns bei der unumgänglichen Durchfahrt eines flachen Sees noch umkippt und vom Fahrer sowie dem sowjetischen Mechaniker Wolodja Rupzow bis weit in die Nacht hinein repariert wird, verladen wir jeden Tag Kisten der Heimfahrer auf Schlitten. Alles wird sorgsam befestigt und gesichert. Wir fertigen noch zusätzliche Seilabspannungen für die Container an, denn die Trasse zur Schiffsanlegestelle am Kap Ostry ist unvergleichlich schwieriger als die anspruchsvollste Cross-Strecke zu Hause.

Für mich beginnt nun bald der erste Schlittenzug über das Schelfeis mit fünf sowjetischen Technikern. Beim Anblick der kräftigen, in der Form etwas gedrungenen Zugmaschine ATT, die ich fahren soll, fällt mir der Vergleich mit einem Büffel ein. Das ist ein Gefühl, mit 450 PS durch Schnee und Eis zu fahren! Joachim Heldt hatte ich bereits in unsere Dieselelektrostation eingewiesen. Am Vorabend der Abreise versammeln sich alle noch einmal am Tisch. Es sind die letzten gemeinsamen Stunden mit dem Team der vorherigen Expedition. Auch die Geologen verlassen uns bei Ankunft des Schiffes. Mit ihm kommen die vier Expeditionsteilnehmer an, die mit Joachim und mir ein Jahr lang hierbleiben werden.

Am nächsten Tag Sicherheitsbelehrung, dann werden die Schlitten angekuppelt. Kurze Verabschiedung, man sieht sich noch einmal an der Barriere. Langsam setzt sich der Zug in Bewegung. Etwa hundert Kilometer liegen vor uns. Was sind schon hundert Kilometer in heimatlichen Gefilden? Nicht viel mehr als eine Autostunde. Aber in der Antarktis, mit solchen Lasten über Gletscherspaltengebiete voller unangenehmer Überraschungen? Wir brauchten, für diese hundert Kilometer, vierzehn Tage. Drei Tage hielt uns ein Schneesturm auf.

Am Kap Ostry angelangt, muß der Liegeplatz fürs Schiff vorbereitet werden. Uns sitzt die Zeit im Nacken. Am 13. März sehen wir die KAPITÄN GOTSKI und freuen uns wie kleine Jungen. Das Herz schlägt einem unwillkürlich schneller, je näher das Schiff herankommt. Vorsichtig dreht der Zwölftausendtonner an der Eiskante bei, und bald kann ich unsere neuen Kollegen umarmen: Peter Junghans, den Isotopenchemiker aus Leipzig, den Dresdner Meteorologen Lothar Tharang, Wolfgang Teschner, der sonst als Hochfrequenzingenieur an der Ionosondenstation Juliusruh arbeitet, und unseren Koch aus Schwerin, Harry Prippernau; er erlebte schon seine dritte Polarexpedition!

Sie fliegen mit dem Hubschrauber in die Oase. Nur Harry bleibt noch an der Barriere, wir helfen beim Entladen der Öl- und Benzinfässer – es sind einige hundert. An einer anderen Stelle werden halbe Rinder, Schweine und Schafe auf Schlitten gestapelt. Hier hat man keine Probleme mit Fliegen und Insekten, die das Fleisch verderben könnten. Kartoffeln, Obst, Gemüse, vor allem Äpfel und Zwiebeln, Glaskonserven, werden sofort mit dem Hubschrauber abgeflogen. Sie vertragen keine Kälte. Die Temperaturen liegen zwischen minus 19 und 24 Grad. Der Wind vom Meer erschwert manchmal die Arbeiten, aber jeder weiß, wie wichtig sie sind, denn alles soll und muß für ein Jahr ausreichen.

Auch von unserem Schlittenzugkollektiv fahren vier Freunde nach Hause. Nur der Transportleiter Sascha Matjuschkin und ich bleiben zurück. Mit den vier neuen Fahrern machen wir uns schnell bekannt; an ihre andere Aussprache muß ich mich erst gewöhnen. Mit dem letzten Hubschrauber aus Nowolasarewskaja kommen Horst, Werner und unsere Vorgänger der 28. SAE an. Sie helfen mir noch beim Verladen der restlichen Fracht.

Die kurze Zeit, die bis zur Abreise verbleibt, verbringe ich abends bei den Heimkehrern an Bord des Schiffes. In der Kajüte erinnern wir uns noch einmal an die gemeinsamen Erlebnisse. Es wird erzählt und mancherlei miteinander ausgetauscht. Aber trotzdem werde ich von Stunde zu Stunde trauriger. Mit vielen Kameraden hatte ich ein halbes Jahr zusammengearbeitet, und die meisten meiner sowjetischen Freunde werde ich wahrscheinlich nicht wiedersehen.

Es ist der 18. März 1984. Gegen 21 Uhr tönt es durch die Lautsprecher: Alle Passagiere fertigmachen zum Ablegen, die Männer vom Schlittenzug bitte das Schiff verlassen! Ich verabschiede mich mit etwas gemischten Gefühlen. Zum Glück geht alles sehr schnell; man hat kaum Zeit, nachzudenken, und plötzlich stehe ich mit fünf anderen Polarniks ganz einsam und verlassen draußen auf dem Eis. Es ist dunkel um uns her, und wir schauen zu dem sehr hell erleuchteten Schiff hinüber. Die Matrosen ziehen die Taue ein. Laute Signale der Schiffssirene durchdringen die Stille. Leuchtkugeln werden von uns und von Bord aus abgeschossen, der Himmel ist ganz bunt davon. Auf dem Schiff werden russische und deutsche Abschiedslieder auf einer Gitarre gespielt. Viele Meter laufen wir neben dem Schiff her. Doch bald werden die letzten Zurufe durch die größer werdende Entfernung nicht mehr vernommen. Das Schiff steuert zwischen großen Eisbergen aufs offene Meer hinaus. Dort wendet die hell erleuchtete KAPITÄN GOTSKI und fährt parallel zur Anlegestelle noch einmal an uns vorüber. Wir stehen wie versteinert. Dann schießen wir für unsere Heimfahrer mit Leuchtpistolen den letzten Salut.

Diesen Abschied am Eisrand des sechsten Kontinents werde ich für mein Leben nicht vergessen. Wir gehen langsam zu unseren Fahrzeugen. Nun beginnt die Überwinterung.

1984–1986

30. Sowjetische Antarktisexpedition
Nowolasarewskaja, Bellingshausen, Sojus, Jetty-Oase, Mirny, Wostok

In die Zeit dieser Expedition fällt die spektakuläre Veröffentlichung Joe C. Farmans vom British Antarctic Survey im Mai 1985 über das »Ozonloch«. Der unglücklich gewählte, weil ungenaue Begriff bezeichnet die Verminderung der Ozonkonzentration im Frühjahr über der Antarktis. Als die KAPITÄN MYSCHEWSKI ein halbes Jahr zuvor, am 4. Oktober 1984, die Rostocker Reede verließ, befanden sich auch hundert Spezialballone und ebenso viele Ozonsonden im Expeditionsgepäck der ostdeutschen Polarforscher. Damit sollte über Antarktika zielgerichtet und in zuvor nicht erreichter dichter Startfolge die vertikale Verteilung des Ozons und seines Jahresminimums untersucht werden. Ein aufwendiges Programm, das der Meteorologische Dienst Potsdam betreute und dessen Premiere Peter Plessing, gestützt auf Erfahrungen des Aerologischen Observatoriums Lindenberg (Ostbrandenburg), erfolgreich inszenierte.

Mit dem atmosphärischen Ozon über Antarktika hatten sich bereits die beiden ersten Expeditionsgruppen (1959 bis 1962) in Mirny beschäftigt. 1976 startete Hartwig Gernandt versuchsweise zwei ballongetragene Ozonsonden in Nowolasarewskaja; damals bestand die im Zentrum für Wissenschaftlichen Gerätebau der Akademie der Wissenschaften entwickelte Ozonsonde OSE 2 ihre Bewährungsprobe unter südpolaren Bedingungen. Die ostdeutschen Atmosphärenforscher haben die Ozonproblematik nie aus dem Blickfeld verloren.

Das neue, über mehrere Jahre geplante Sondierungsprogramm wurde von der internationalen Fachwelt mit großen Erwartungen verfolgt. Farman hatte nachträglich die auf Argentine Island und Halley Bay gewonnenen Daten für das Gesamtozon analysiert und eine Abnahme mit Beginn der achtziger Jahre festgestellt. Damit wußte man aber noch nicht, in welchen Höhen die Reduktion stattfindet. Als Plessing in die Antarktis fuhr, starteten an keiner anderen Antarktisstation ballongetragene Ozonsonden. Farmans Artikel rückte plötzlich die Meßreihe der vertikalen Ozonverteilung ins Zentrum der Aufmerksamkeit. Bereits ein Jahr nach dem britischen Paukenschlag, auf der San-Diego-Konferenz 1986, konnte Gernandt als der ostdeutsche Vertreter in der Arbeitsgruppe Physik der oberen Atmosphäre des SCAR erstmals detailliert die vertikale Struktur einer Frühjahrsanomalie des Ozons über die gesamte Dauer ihres Bestehens darstellen.

Zu einem Strahlungsexperiment mit dem Ziel, die Aerosoldicke zu messen oder anders gesagt: die Lufttrübung, die letztlich ein Maß für die Sauberkeit der Luft ist, brachen Ullrich Leiterer und Karl-Heinz Schulz nach Molodjoshnaja, Mirny und Wostok auf. Überraschend war, daß an der 3500 m hoch gelegenen Inlandstation Wostok die gleichen (sehr geringen) Werte gemessen wurden wie an der Küste. Offenbar muß die Lufttrübung in Antarktika als ein globales Grundnormal, sozusagen als »Backround-Pegel« angesehen werden – eine für die Klimamodellierung wichtige Erkenntnis.

Zum biologischen Langzeitprogramm, dem Studium der Lebensumstände von Indikatorarten in der Umgebung der Station Bellingshausen, kamen Probensammlungen von Algen, Flechten und parasitologischem Untersuchungsmaterial hinzu. Die biologische Bestandsaufnahme im Umfeld der Halbinsel Fildes ist relativ weit fortgeschritten, so daß es nun auch möglich war, die Veränderungen zu erfassen. Dabei erwies sich das Gebiet mehr und mehr als Testfall einer durch Stationskonzentration und Tourismus zunehmend gestörten antarktischen Landschaft. Wieder wurde die Lebenswelt am Meeresboden und in der Uferzone zwischen den Inseln King George und Nelson durch Taucheinsätze (Rauschert, Zippel) erforscht. Nach Auswertung der Proben konnte Martin Rauschert eine Reihe bisher unbekannter Arten und Gattungen von Flohkrebsen taxonomisch beschreiben, die sich dort durch Anpassung an ökologische Nischen herausgebildet haben.

Der Freiberger Geologe Professor Joachim Hofmann, zum dritten Mal in der Antarktis, arbeitete mit sowjetischen Geologen in der Jetty-Oase am Nordwestrand des Lambert-Gletschers (Ostantarktis). Im Ergebnis dieser sowie vorangegangener Expeditionen von der Sommerbasis »Sojus« aus konnten die Entwicklung des Lambert-Riftes geklärt sowie geologische Befunde zur Abspaltung des indischen Subkontinents von Antarktika im Verlauf des Gondwana-Zerfalls erkannt werden. Aufregend war die Entdeckung zweier Pipes, vulkanischer Schlote, mit kimberlitähnlichen Gesteinen wie sie, in etwas anderer Modifikation, aus Südafrika bekannt sind. Diamanten hat man darin nicht gefunden, aber solche Magmadurchbrüche – hier der Kreidezeit – sind faszinierende Zeugnisse der Ausbildung von Störungszonen und der gewaltigen Krustendynamik, die unsere Erdoberfläche geprägt haben.

Dem antarktischen Ozon auf der Spur

Peter Plessing

15. Mai 1985. Ein Tag in Nowolasarewskaja wie jeder andere? Nicht für uns, die wir mit der Untersuchung des atmosphärischen Ozons über Antarktika beauftragt worden sind. Die Bedeutung des Ozons, des dreiatomigen Sauerstoffs (O_3), als eines wichtigen Spurenbestandteiles der Luft ist bereits seit dem vorigen Jahrhundert bekannt und erlangte, je mehr wir über seine vielfältigen Wirkungen auf biologische und Klimavorgänge erfuhren, immer größere Aufmerksamkeit. Hier soll nur der Schutzschildeffekt des Ozons für alles irdische Leben erwähnt sein; durch ihn wird ein Teil der schädlichen ultravioletten Sonnenstrahlung absorbiert. Seit Mitte der 60er Jahre begannen sich für den Schutz der Ozonschicht gegen mögliche anthropogene Einflüsse zunächst die Wissenschaftler, dann aber auch Politiker und alle umweltbewußten Menschen zu interessieren. Nun sollte die erste Ozonsonde unseres Langzeitprogramms über der Schirmacher-Oase aufsteigen. Mit wieviel Hoffnung, geradezu Spannung sah unsere Expeditionsgruppe diesem Ereignis entgegen! Auch zu Hause wartete man auf die Nachricht, daß die erste Sonde gut gestartet sei und Daten der Vertikalverteilung des atmosphärischen Ozons über einem Gebiet registriert habe, wo bisher nur wenige Ozonsondierungen vorgenommen wurden.

Ich war in erheblichen Zeitdruck geraten. Sehr spät, erst Anfang April, war die KAPITÄN MYSCHEWSKI an der Barriere bei Kap Ostry gelandet. Aber bereits am 20. Mai beginnt in der Schirmacher-Oase die Polarnacht! Da aus Kapazitätsgründen nur wenige Güter mit dem Hubschrauber geflogen werden konnten, mußte das Gros der Ausrüstung dem Schlittenzug über die hundert Kilometer Schelfeis anvertraut werden. Wegen eines Schneesturms traf der Zug erst am 18. April an der Station ein. Dann begann das Auspacken und weitere Einrichten, wobei viele wichtige Dinge – nicht nur die Ozonsondierung – zu bedenken waren, welche das Leben unserer fünfköpfigen deutschen Gruppe und einer etwa dreißigköpfigen sowjetischen Mannschaft entscheidender beeinflussen können als zum Beispiel ein nicht rechtzeitig begonnenes wissenschaftliches Programm.

Aus mitgebrachten Fertigteilen montierten wir auf einer Schleppe, einem starken Stahlblech, das an Kettenfahrzeuge angehängt werden kann, unsere »Ozonhütte«; ein kleines Labor, in dem die Ozonsonden für den Start vorbereitet werden sollten. Als nächstes galt es, die Hütte in unmittelbare Nähe der sowjetischen aerologischen Station zu bringen, denn unser Sondierungsprogramm setzte eine umfassende Kooperation zwischen sowjetischen Aerologen und uns Ozonforschern voraus – für mich ein Musterbeispiel sinnvoller und freundschaftlicher Arbeitsteilung während der ganzen Zeit meines Antarktiseinsatzes. In abenteuerlicher Weise überstand die Hütte alle Widrigkeiten des Weges zur zwei Kilometer entfernten sowjetischen Station und fand auf einem ebenen Geländestück direkt neben dem Gebäude der Aerologie Platz, das durch seinen kugelförmigen, rotweiß gestrichenen Dachaufsatz für die Radaranlage weithin auffiel. Die Elektroinstallation und der Aufbau der Gerätetechnik für die Startvorbereitung unserer nach einem elektrochemischen Prinzip arbeitenden Ozonsonden gingen zügig voran. Ein glücklicher Umstand war, daß Kurt Tück, unser Koch, nicht in seiner eigentlich vorgesehenen Funktion in der sowjetischen Küche, die uns mitversorgte, tätig zu sein brauchte, so daß er als zweiter Mann für das Ozon- und Strahlungsmeßprogramm zur Verfügung stand. Kurt interessierte sich für jede wissenschaftliche Arbeit, hatte handwerkliches Geschick und engagierte sich für die Gesamtaufgabe der Expedition – ein Polarenthusiast, wie man ihn sich als Gruppenleiter und Verantwortlicher für mehrere umfangreiche Meßprogramme nur wünschen konnte.

Ballonstart im Schneesturm
Der 15. Mai zeigt sich von einer grimmigen Seite: minus 14 °C Lufttemperatur, starker Wind aus Ostsüdost, Schneetreiben mit zunehmender Intensität. Auf dem Weg zur sowjetischen Station denke ich an die vergleichsweise beruhigenden Startbedingungen in unserem heimischen Observatorium in Lindenberg, und auch während meiner Teilnahme an der Monsun-Expedition 1977 im Indischen Ozean, wo ich auf einem sowjetischen Forschungsschiff Ozonsonden startete, ging es nicht so stürmisch zu.

In der Ozonhütte sind Kurt und ich damit beschäftigt, die Sonde zu »trainieren«. Das braucht ungefähr zwei Stunden. Die Aktivierung der Meßzelle, das Eichen und Überprüfen erfordern volle Konzentration, auch kommt ein wenig Premierenfieber hinzu: Noch haben wir keine spezifischen Antarkiserfahrungen mit unserer Ozonsonde, vor allem nicht für die Starttechnik sowie die Vorbehandlung der Ballone, die möglichst bis in Höhen um 30 km steigen sollen. Ich bin zwar Optimist genug, um immer wieder von der Lösbarkeit aller Probleme überzeugt zu sein, doch an diesem Tag denke ich, ob wir nicht den Erststart verschieben sollten?

Draußen nimmt der Schneesturm mit Windspitzen über 25 m/s zu, die Hütte vibriert in den anprallenden Böen, und die Sicht ist faktisch Null. Gestartet werden soll um 11 Uhr. Noch wäre es Zeit, den Aufstieg abzusagen; solange der Ballon nicht mit Wasserstoff gefüllt ist, entstünde eigentlich kein Schaden, da die vorbereitete Ozonsonde wieder reaktiviert werden kann, wogegen der teure japanische Höhenballon nach einmaliger Füllung nicht mehr verwendbar ist. Für den Start spricht, daß es jetzt mittags noch einigermaßen hell ist. In wenigen Tagen wird die Sonne mehr als zwei Monate lang nicht über den Horizont steigen. Eine letzte Beratung mit den beiden jungen, aber schon routinierten Aerologen Albert Almajew und Wolodja Trjufanow. Starten wir oder blasen wir ab? Meine risikofreudigeren Partner überzeugen mich, daß wir trotz wenig wahrscheinlicher Wetterbesserung starten sollten.

Die weiteren Vorbereitungen des Sondengespanns – die Ozonsonde muß mit der sowjetischen Radiosonde RKS-5 gekoppelt werden – verlaufen zunächst normal. Der Ballon liegt noch im Vorwärmofen, der aus Sicherheitsgründen in einer separat aufgestellten Polarhütte neben dem Startpavillon untergebracht ist, in welchem sich der Generator zur Herstellung des Wasserstoffgases befindet. Kurz vor dem geplanten Start wird die Funktionsweise des Sondengespanns getestet. Dazu bringen wir die gekoppelten Sonden in eine Wetterhütte, und die sowjetische Bodenempfangsanlage (Typ Meteorit 2) muß nun alle gemessenen aerologischen Standardwerte, wie Temperatur, Luftfeuchte, und den Ozonwert in zyklischer Reihenfolge korrekt empfangen. Aber wie das bei Premieren manchmal der Fall ist, scheint auch bei unserem ersten Sondenstart der Teufel die Hand im Spiel zu haben; erst zeigt der Feuchtegeber keinen Kontakt, dann muß an der Meteoritanlage gebaut werden. Die sowjetische Dieselelektrostation speist in das Netz der Aerologie eine zu hohe Spannung von 240 V ein. Nervös wird hin und her telefoniert, und die Hektik nimmt zu, es ist nun schon 12 Uhr.

Die Ozonsonde mit ihren bereits aktivierten Batterien, deren Funktionsweise auf etwa drei Stunden begrenzt ist, arbeitet einwandfrei. Nun geht alles weitere wie geplant vor sich: Während der Ballon mit etwa 6,3 m³ Wasserstoffgas gefüllt wird, verschnüre ich das Sondengespann endgültig. Der Test der Bodenwerte fällt jetzt gut aus. Der Weg vom Aerologiegebäude zum Startpavillon beträgt zwar nur gute vierzig Meter und ist mit einem Handlauf versehen, doch bei diesem Wetter ist es schon ein kleines Kunststück, das Sondenpaar unversehrt zum Startplatz zu bringen. An der Holztreppe zum Startpavillon wirft mich ein heftiger Sturm nach vorn, weil ich einen Moment das Geländer loslassen mußte. Ich stoße mir schmerzhaft das Schienbein, kann aber die Sonde so halten, daß keine Flüssigkeit aus der Meßzelle läuft. Das hätte bereits das Ende des »Aufstiegs« sein können!

Im Füllschuppen liegen zwei Mann auf den Gummibehältern mit dem gespeicherten Wasserstoffgas, das sieht immer recht lustig aus; mit dem Druck ihrer Körper wird das Gas über Hartgummirohre in das darüber befindliche Stockwerk gepreßt, wo sich der Ballon allmählich aufbläst. Noch heißt es einige Minuten warten, dann wird der Füllstutzen des Ballons fest verschnürt und am anderen Ende der Ballonschnur das Sondengespann angeknotet. Ein letztes

Telefonat mit Wolodja in der Empfangsstation: Wsjo okay! Kurt öffnet die Tore des Füllraumes. Obwohl der Austritt auf die Startbalustrade im Windschatten liegt, wird der Ballon bereits jetzt hin und her gebeutelt; eine Berührung mit dem kleinsten Holzspänchen an der Wand könnte ihn sofort zum Platzen bringen. Zwei Mann stützen ihn an den Seiten, Albert Almajew hält in einer Hand das zappelnde Ungetüm einschließlich der aufgewickelten Startschnur und in der anderen Hand das Sondenpaar. Ich stütze den Ballon von hinten und habe in der anderen Hand das Ansaugfilter der Ozonsonde, das erst in letzter Sekunde vom Ansaugschlauch abgezogen werden darf, damit die Meßzelle nicht verunreinigt wird.

Auf Alberts Kommando »Pusk!« bewegen wir uns alle schnell durch das Tor auf die Balustrade. Der Sturm erfaßt den Ballon sofort mit ganzer Kraft, Albert läßt ihn gottlob rechtzeitig los, und das 2,5 kg schwere Sondenpaar wird uns förmlich aus den Händen gerissen.

Der Ballon fliegt zunächst ein Stück horizontal weg, kommt dann aber durch irgendeine Turbulenz plötzlich zurück! Die Sonden kreisen wie in einer Zentrifuge, nähern sich gefährlich der Balustrade, so daß wir schnell die Köpfe einziehen müssen. Dann verschwinden Ballon und Sonden im Flockenwirbel.

Ob das Gespann nach diesem Startruck und den anschließenden Kapriolen überhaupt noch arbeitet? Bange Minuten auf dem eiligen Rückweg zur Aerologie. Es wirkt auf mich wie ein Wunder: Wolodja hat mit der nachgeführten Parabolantenne fast sofort die Sondensignale einfangen können; sie kommen ganz korrekt. Nach zehn Minuten fällt jedoch die Meteoritanlage aus, und die Antennennachführung bleibt stehen. In der nächsten halben Stunde werden mehrere Röhren ersetzt, und als die Anlage wieder arbeitet, können die Sondensignale noch einmal eingefangen werden, weil der Ballon, aus der Bodenschicht mit Starkwind heraus, nur mit geringer Abdrift steigt. Er platzt dann aber leider bereits in 18 km Höhe, ein Problem, das uns in den nächsten Wochen noch vor manches Rätsel stellen wird.

War dieser Start nun ein Erfolg oder ein Mißerfolg? Wir werten ihn als Erfolg, da zumindest die Ozonsonde einwandfrei funktioniert hat. Aller Anfang ist halt schwer!

Viel Kleinarbeit

Ob ein Ozonaufstieg gelingt, hängt ganz entscheidend von zwei technischen Faktoren ab, nämlich von einer optimalen Starttechnik und von der Art der verwendeten Ballone sowie ihrer Vorbehandlung. Ein Aufstieg kann nur als erfolgreich gelten, wenn das Ozonmaximum in der unteren Stratosphäre, im Polarwinter bei 18 bis 19 km, sicher registriert wird. Ein Abbrechen der Aufstiege bei 19 bis 20 km Höhe mußte uns nachdenklich stimmen. Ob da oben wohl die grünen Marsmännchen mit spitzen Nadeln in unsere Ballone stechen? In der Polarnacht sind die Aufstiegshöhen zwar generell niedriger als in anderen Monaten, da der Ballon während des Fluges in der bis minus 90 °C kalten Stratosphäre nicht von der Sonnenstrahlung erwärmt wird, aber befriedigend waren die erreichten Höhen trotzdem nicht.

In den nächsten Wochen habe ich gemeinsam mit den Aerologen viel experimentiert, um herauszufinden wie die sowjetischen und die japanischen Ballone am günstigsten zu präparieren seien, damit sie auch unter antarktischen Bedingungen möglichst lange elastisch bleiben, und um die optimale Füllmenge des Wasserstoffgases zu bestimmen, damit die Ballone die vorteilhafte Aufstiegsgeschwindigkeit von etwa 400 m/min erhalten. Nach wiederholten Rückschlägen beherrschten wir dieses Problem endlich Anfang Juli und erreichten nahezu konstante Aufstiegshöhen zwischen 25 und 30 km. Wir griffen bei unseren Versuchen zu Methoden, die zu Hause unbekannt und von der japanischen Herstellerfirma Totex strikt abgelehnt wurden: Wir tauchten die Ballone aus Naturkautschuk in warmes Kerosin, Benzin oder Dieselöl, wobei Temperaturen und Dauer des Tauchbades variiert wurden.

Und welche Starttechnik sollten wir bei den meist widrigen Windbedingungen wählen? Ursprünglich hatte ich vor, die Aufstiege an immer denselben Wochentagen zu den üblichen aerologischen Standardterminen null und zwölf Uhr Weltzeit durchzuführen. Das wäre ökonomisch gewesen, denn Ballone, Batterien und Wasserstoffgas hätten gleichzeitig für die aerologische Standardsonde und die Ozonsonde verwendet werden können. Doch sehr schnell mußte ich erkennen, daß mein Anhalt nicht ein feststehender Wochentag, sondern vielmehr das aktuelle Wettergeschehen sein muß, damit die großen Ballone mit dem schweren Sondengespann sicher vom Boden wegkommen.

Erstes Kriterium wurde, daß die Windgeschwindigkeit beim Start von Totex-Ballonen nicht größer als 20 m/s und beim Start von Gespannen mit zwei sowjetischen S-150-Ballonen maximal 7 m/s sein darf. (Die größeren S-200-Ballone konnten wir nicht einsetzen, weil der Ballonfüllraum für derartige Dimensionen nicht gebaut war.) Erschwerend kam hinzu, daß der Startpavillon in Nowolasarewskaja neben einem Hügel am Hang zum See Glubokoje steht; starke Abwinde drückten die Ballone bei entsprechenden Windgeschwindigkeiten und -richtungen bis zur vereisten Seeoberfläche herab, ließen das Sondenpaar aufprallen und zerschellen. So mußte auch je nach Windgeschwindigkeit die Länge der Schnur, mit der die Sonden am Ballon befestigt sind, verändert werden. Davon hängt aber die Stärke des Startruckes für das Sondengespann ab, denn eine längere Schnur dämpft infolge ihrer elastischen Dehnbarkeit diesen Ruck natürlich besser als eine kurze. Alle diese Erfahrungen zu den vielen, für das Gelingen der Aufstiege aber entscheidenden technischen Details ergaben sich erst nach und nach.

Das Ozonproblem

Der Gleichgewichtszustand zwischen ständiger Neubildung und Zerstörung des atmosphärischen Ozons, dessen Hauptanteile sich in der unteren und mittleren Stratosphäre, das heißt zwischen 10 und 40 km Höhe, befinden, kann durch eine Anzahl chemischer Verbindungen und Spurengase, die vor allem durch menschliche Tätigkeit in die Atmosphäre gelangen, nachhaltig gestört werden. Die direkte Folge wäre eine Verminderung des Gesamtozongehaltes, was wiederum eine überproportionale Zunahme der schädlichen UV-Strahlung am Erdboden nach sich ziehen würde. Auch mögliche Klimaänderungen müssen in Betracht gezogen werden, weil durch die Reduzierung des atmosphärischen Ozons weniger ultraviolette und langwellige Strahlung absorbiert würde; das beeinflußt nicht unerheblich den Strahlungs- und Wärmehaushalt der Atmosphäre und wirkt sich auf atmosphärische Zirkulationsvorgänge aus.

Es ist heute eine allgemein anerkannte Tatsache, daß durch menschliche Tätigkeit, insbesondere durch die Emission von Stickoxiden, Kohlenwasserstoffen und Chlorverbindungen, eine Störung des natürlichen Ozonhaushaltes der Atmosphäre im großräumigen oder globalen Maßstab möglich ist. Seit den siebziger Jahren ist bekannt, daß einige Spurengase, unter anderem die Fluorchlorkohlenwasserstoff-Verbindungen, die als Treibmittel für Sprays und Schaumstoffe sowie als Kühlmittel eingesetzt werden, das Ozon angreifen. Da die Verweildauer dieser Spurengase in der Atmosphäre mehrere zehn bis über hundert Jahre beträgt, wären frühzeitig Maßnahmen erforderlich, ehe nur sehr langsam rückgängig zu machende schädliche Wirkungen auf die Ozonschicht überhaupt erkennbar werden. So dachten wir damals. Heute sind bekanntlich die befürchteten Auswirkungen meßbar. Wenn beispielsweise Fluorchlorkohlenwasserstoffe in höhere Schichten der Atmosphäre gelangen, werden durch die dort vorhandene intensive UV-Strahlung Chlormoleküle freigesetzt, die atomaren Sauerstoff binden und dadurch die Ozonmoleküle auflösen. Dabei verlaufen die chemischen Reaktionen katalytisch, das heißt ein Chlormolekül kann Zehntausende von Ozonmolekülen zerstören, ehe es selbst aus der Reaktionskette ausscheidet.

Zur Überwachung des globalen Ozonhaushaltes hat die Weltorganisation für Meteorologie internationale Programme wie das Globale Ozonforschungs- und -überwachungsprojekt (1976) ins Leben gerufen und systematisch ausgebaut. Unsere Messungen der vertikalen Verteilung des Ozons mit ballongetragenen Sonden sind Bestandteil dieser Projekte.

Die Veränderungen des Ozonhaushaltes global zu erfassen, macht zur Zeit Schwierigkeiten, unter anderem deshalb, weil die Ozonmeßstationen unregelmäßig über die Erde verteilt sind. Ein hoher Bedarf an Ozondaten besteht auf der Südhemisphäre und insbesondere in der Antarktis, wo langzeitige Messungen des Gesamtozongehaltes vom Boden aus mittels Dobson-Spektrophotometern nur an wenigen Stationen (Argentine Island, Halley Bay, Amundsen-Scott und Syowa) vorgenommen wurden, regelmäßige Ozonsondenaufstiege nur an der japanischen Station Syowa. Das war für uns Anlaß, das über mehrere Jahre konzipierte Ozonsondierungsprogramm in Nowolasarewskaja durchzuführen, wobei erstmalig die Aufstiege über das ganze Jahr in möglichst gleichen Zeitabständen stattfinden sollten. Darüber hinaus wollten wir im südpolaren Frühjahr, von September bis Dezember, durch zusätzliche Aufstiege (möglichst alle zwei Tage) eine noch dichtere Startfolge erreichen, um das Verhalten des Ozons in jenem Zeitraum intensiv untersuchen zu können, in dem sich die Zirkulation vom Winter- auf das Sommerregime umstellt.

Hat sich die Sonde verschluckt?

Die Ozonsondierungen haben wir in der ersten Phase, von Juli bis September, bei einer Startfrequenz von meist einem Aufstieg pro Woche fortgesetzt. Hinzu kamen einige Sonderaufstiege, die zeitgleich mit Beobachtungen an der Station Syowa sowie auf dem sowjetischen Forschungsschiff AKADEMIK SHIRSHOW, das in mittleren Breiten des Indischen Ozeans operierte, stattfanden. Sie ergaben im wesentlichen die bekannten Ozonprofile mit einem kräftigen Hauptmaximum bei etwa 19 km Höhe und einer kontinuierlichen Abnahme des Ozonpartialdrucks darüber.

Ab Mitte September stellten wir eine zunehmende Veränderung der gemessenen Ozonprofile fest. Beim erstmaligen Registrieren zweifelte ich, ob unsere Sonde überhaupt noch richtig mißt. Hatte sie sich während des Fluges durch das Ansaugen verunreinigter Luft »verschluckt« und ihren Geist aufgegeben? Als sich dieser Effekt bei den folgenden Aufstiegen regelmäßig wiederholte, wurde mir zur Gewißheit, daß ich das derzeit gerade diskutierte Ozonminimum im antarktischen Frühjahr registrierte, jedoch in einem Maß, sowohl was die zeitliche Dauer als auch die Intensität betraf, das mir zunächst völlig unverständlich erschien. Ich war ja damals nicht im Besitz der jüngsten wissenschaftlichen Veröffentlichungen und Tagungsberichte des gleichen Jahres, die auf das antarktische »Ozonloch« aufmerksam machten. Somit hatte uns die schnelle Entwicklung auf diesem Forschungsgebiet zu dem Vorteil verholfen, daß unsere Aufstiegsergebnisse wegen ihrer dichten Zeitfolge ein international besonders starkes Interesse fanden, nicht zuletzt auch aufgrund spektakulärer Nachrichten und Berichte der Massenmedien über das »bedrohliche Ozonloch«. Das konnte ich in meiner Abgeschiedenheit nicht ahnen. Es rechtfertigt jedoch im nachhinein unsere richtige konzeptionelle Planung für dieses auch materiell aufwendige Sondierungsprogramm. Von Oktober bis Mitte Dezember wurde jeden zweiten Tag und darauf bis März 1986 in viertägigem Abstand eine Ozonsonde gestartet.

Dieses sogenannte antarktische »Ozonloch« stellt sich hinsichtlich der Vertikalverteilung des Ozons so dar, daß das Hauptmaximum in der unteren Stratosphäre völlig verschwunden ist und dafür zwei kleinere relative Maxima bei ca. 13 km und 24 km auftreten, wobei der Gesamtozongehalt auf Werte unter 0,200 atm-cm (Atmosphärenzentimeter, früher Dobson-Einheit) absinkt. Das bedeutet: Wenn man das gesamte in der Atmosphäre vorhandene Ozon unter Normaldruck konzentrieren würde, entstünde ein Schicht von nur 0,2 cm Dicke. Diese Maßeinheit macht gut deutlich, daß wir es bei Ozon tatsächlich mit einem Spurengas zu tun haben, denn auch im ozonreichen Sommer werden in der Antarktis niemals 0,500 atm-cm überschritten.

Der Begriff Ozonloch ist eigentlich unpassend, denn es ist nicht so, daß sich über Antarktika ein Atmosphärensektor herausbildete, in dem es gar kein Ozon gäbe. Aber die von uns im Südfrühjahr 1985 gemessene Ozonverminderung betrug immerhin etwa 30 Prozent im Vergleich zu den langjährigen Mittelwerten des Zeitraumes 1957 bis 1978 für diese Jahreszeit.

Als ich bis Anfang Dezember immer noch die gleichen niedrigen Ozonwerte registrierte, stimmt mich das abermals sehr nachdenklich, denn wie man mir aus Potsdam mitteilte, verschwand in den jüngsten, von dem Engländer Joe Farman ausgewerteten Meßreihen das relative Ozonminimum bereits zwischen Mitte Oktober und Mitte November. Daher fühlte ich mich geradezu erleichtert, als am 9. Dezember das Ozonprofil plötzlich wieder die »normale« Form mit einem kräftigen Hauptmaximum in 20 bis 21 km Höhe zeigte. Diese totale Umstellung der Ozonverteilung innerhalb weniger Tage war für mich ein sensationelles Ereignis.

Hypothesen, Hypothesen
Im Oktober/November 1987 betrug die Ozonabnahme über der Schirmacher-Oase bereits mehr als ein Drittel gegenüber den für das antarktische Frühjahr noch in den siebziger Jahren üblichen Werten. (Um einmal vorzugreifen: Unsere an der bundesdeutschen Antarktisstation »Neumayer« fortgesetzte Meßreihe ergab, daß sich im Höhenbereich der Frühjahrsminima an einzelnen Tagen der Jahre 1992 und 1993 der Ozongehalt auf null reduzierte.) Alle Hypothesen zur Erklärung dieser extremen Ozonminima gehen von großräumigen Zirkulations- oder chemischen Prozessen in der Atmosphäre aus, oder sie kombinieren diese beiden Arten von Einflußfaktoren.

Wenn wir die möglichen Ursachen der südpolaren Ozonreduzierung im Frühjahr verstehen wollen, müssen wir in jedem Fall von der Existenz des Polarwirbels ausgehen, den es in dieser Form auf der Nordhemisphäre nicht gibt (unter anderem deshalb ist die Entstehung eines »Ozonlochs« im Norden weniger wahrscheinlich). Der Polarwirbel, eine großräumige Luftzirkulation in höheren Schichten der Atmosphäre, kreist annähernd ringförmig um das Südpolargebiet und stellt sich im Winter als zirkumpolare Westwindströmung dar.

Eine Hypothese erklärt nun die Ozonreduzierung im Frühjahr mit Wolkenbildungen, die man in der polaren Stratosphäre festgestellt hat. Diese bestehen aus Salpetersäure und Wassertröpfchen bzw. Eiskristallen. Sie reichern sich in dem kalten, relativ abgeschlossenen antarktischen Polarwirbel im Höhenbereich von 10 bis 25 km an, verschwinden aber, vermutlich durch raschen Ausfall der schwereren Eisteilchen, mit zunehmender Sonneneinstrahlung im

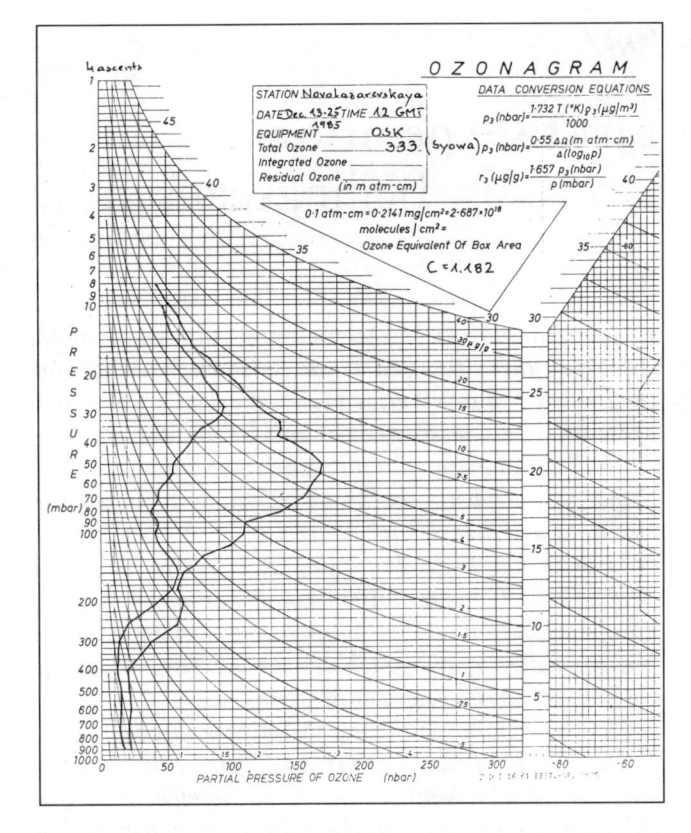

Die erste kontinuierliche vertikale Sondierung des »Ozonlochs« in der Antarktis, vom Potsdamer Meteorologen Peter Plessing durchgeführt.
Die linke Kurve zeigt die Monatsmittelwerte des Ozonpartialdrucks für Oktober 1985; deutlich erkennbar der Rückgang der Ozonkonzentration im Vergleich zum Jahresmittel zwischen 13 und 24 km Höhe.
Im Dezember 1985 (rechts) hat sich das »normale« Ozonmaximum wieder aufgebaut. Die Differenz der Linien in den Ozonagrammen führte zur Bezeichnung »Ozonloch«.

Frühjahr. Dadurch entfallen die Reservoiresubstanzen für Chlorverbindungen, so daß durch die nun einsetzende Photolyse Chlor aus diesen Verbindungen frei wird, das katalytisch Ozon zerstört. Spezielle Spektrometermessungen haben gezeigt, daß die Konzentration von bestimmten Chlorverbindungen um 20 km Höhe im Bereich des antarktischen Polarwirbels um das Hundertfache größer ist als außerhalb desselben. Um den Beitrag verschiedener chemischer Reaktionsketten am jahreszeitlichen Ozonminimum detailliert aufklären zu können, sind jedoch mehr Messungen verschiedener Spurengase erforderlich.

Eine weitere Hypothese führt die Reduzierung des Ozongehalts auf Änderungen in der allgemeinen Zirkulation über der Antarktis zurück. In jedem Jahr findet der plötzliche Anstieg der Ozonkonzentration nach dem Frühjahrsminimum stets statt, wenn der Polarwirbel zusammenbricht, das heißt während der Umstellung vom Winter- auf das Sommerregime. Ereignet sich dies bereits im zeitigen Frühjahr, dann beginnt der Transport ozonreicher Luft aus mittleren Breiten zu einem Zeitpunkt, wo dort das jahreszeitliche Ozonmaximum herrscht. Daher sind in solchen Jahren nicht nur die Ozonwerte für Oktober und November, sondern auch das jährliche Maximum höher als in Jahren, wenn der Polarwirbel bis Mitte oder Ende November intakt bleibt. In letzteren Fällen hat in den mittleren Breiten schon wieder eine Ozonabnahme stattgefunden, so daß der Nord-Süd-Transport Luft mit geringerem Ozongehalt zur Antarktis führt.

Bricht der Polarwirbel spät zusammen, so erhalten sich über der Antarktis etwa vier Wochen länger als üblich isolierte Zirkulationsbedingungen, und das bedeutet: Die Solarstrahlung dringt tiefer in die Atmosphäre ein. Durch Erwärmung der ganzen Schicht oberhalb 18 km entstehen, nach dieser Hypothese, aufwärts gerichtete Luftbewegungen von mehr als 0,2 cm/s, was eine stärkere Ozonzerstörung im Vergleich zur geringeren photochemischen Neubildung bewirkt. Die noch zu lösende Frage hierbei wäre, warum in den letzten Jahre hintereinander der Polarwirbel so spät zusammengebrochen ist.

Andere Hypothesen gehen von Zirkulationsveränderungen als Folge von Temperaturveränderungen in der Stratosphäre nach Vulkanausbrüchen aus, oder sie beziehen die Zyklizität der solaren Teilchenstrahlung – des Sonnenwindes – in ihre Erwägungen ein. Wieder andere sehen in einer Kombination von dynamischen Faktoren und Strahlungsprozessen die entscheidende Ursache.

Alle diese Hypothesen bedürfen noch der experimentellen Bestätigung – oder müssen widerlegt werden. Die Ergebnisse unserer über einen langen Zeitraum weiterzuführenden Ozonsondierungen könnten dazu einen wertvollen Beitrag leisten.

1985–1987

31. Sowjetische Antarktisexpedition
Nowolasarewskaja, Wohlthatmassiv, Bellingshausen

Das Abdriften eines etwa 100 mal 200 Kilometer großen Eismassivs aus dem Filchner-Schelfeis hielt die polarforschende Welt in Atem: Darauf befand sich die sowjetische Geologenbasis Drushnaja I. Die riesige Scholle zerbrach in drei Teile und verklemmte sich zwischen Barriere und Packeis des Weddellmeeres. Zum Glück war die Station zu diesem Zeitpunkt unbesetzt; als typische (seit 1976 bestehende) Sommerbasis wurde sie erst mit Beginn der wärmeren Jahreszeit im November/Dezember für die jeweilige Saison entkonserviert. Im Forschungslabor der DDR fielen dem Meteorologie-Ingenieur Jürgen Schmechel die sich ausbreitenden Risse im Filchner-Schelfeis bereits bei der Durchsicht von Satellitenbildern Anfang Mai 1986 auf, so daß die sowjetische Expeditionsleitung informiert werden konnte. Die seit Jahren fortlaufend betriebene Aufnahme und Auswertung von Wetterbildern der sowjetischen METEOR-Satelliten und, bei bedecktem Himmel, der Infrarotaufnahmen der US-amerikanischen NOAA-Satelliten diente u. a. der Analyse der See-Eisverhältnisse in Abhängigkeit von meteorologischen Faktoren und der Meeresströmung. Jürgen Schmechel brachte es im Laufe seiner Ozonmeßkampagne – sie war das Hauptprogramm – auf 60 Ballonaufstiege mit einer durchschnittlichen Steighöhe von 26,5 km. Damit wurde nach fast jedem Start die Ozonschicht (zwischen 12 und 24 km Höhe) durchmessen.

Wenn auch weniger gravierend in ihren Folgen als die Ereignisse im Weddellmeer, so führten doch Wetterunbilden in der Schirmacher-Oase immer wieder zu Korrekturen im Expeditionsablauf. Sogar die Feier zum zehnjährigen Bestehen des DDR-Forschungskomplexes mußte deswegen verschoben werden. Indische Wissenschaftler der Station Dakshin Gangotri waren neben sowjetischen Expeditionsteilnehmern zu einem Besuch eingeladen worden, hatten sich jedoch im Schneesturm verfahren. Alle Suchmaßnahmen blieben erfolglos. Sie mußten sechzig Stunden in ihrem Fahrzeug aushalten und fanden erst zu ihrer Station zurück, als sich das Wetter besserte.

Mit den Felsmassiven, die südlich der Schirmacher-Oase den Eispanzer durchbrechen – es gibt dort drei Nunatak-Gruppen –, befaßten sich die Geologen Knut Hahne und Hans-Ulrich Wetzel vom Zentralinstitut für Physik der Erde, Potsdam, (Kartierung im Maßstab 1:5000). Genauer untersucht wurde auch eine Sulfidmineralisation (Molybdänit) von regionaler Verbreitung, die sowohl am Nunatak Aerodromnaja als auch in der Oase offen zutage tritt.

Die Probenahmen für isotopenphysikalische Analysen, wofür der Leiter der Gruppe, Peter Kowski, verantwortlich war, konnten bis in die Bereiche der vom Inlandeis umgebenen Berge Basisny und Kit ausgedehnt werden. Zwei Nunatakker-Expeditionen brachten wertvolle Informationen über den isotopischen Charakter der Niederschläge und Gletscherströme in diesem küstenfernen Gebiet. Kowski leitete auch, gemeinsam mit Stackebrandt (s. S. 226 bis 232), die erste selbständige deutsche Expedition zum Untersee im Wohlthatgebirge. Mit den seit 1978 kontinuierlich vorgenommenen Probenahmen und -analysen zur Untersuchung der Deuteriumkonzentration sowie der Zusammenhänge zwischen ihren zeitlichen Variationen und den Zirkulationsvorgängen der Luftfeuchte und des Niederschlags verfügen die Leipziger Isotopenforscher über die längste Meßreihe dieser Art an einer Antarktisstation.

Die durch Störeinflüsse auf die hochempfindlichen Geräte zeitweilig zum Erliegen gekommenen geomagnetischen Messungen konnten wiederaufgenommen werden. Des weiteren vermaß Günter Stoof geomagnetische Profile auf den Nunatakkern und im zentralen Wohlthatmassiv. Der folgende Bericht befaßt sich mit den faunistisch-ökologischen Studien in der Umgebung der Station Bellingshausen.

Mit dem Schlauchboot durch die Maxwell Bay

Rainer Mönke

Es ist Ende Februar, ruhiges und sonniges Wetter. Solche Tage sind selten im antarktischen Spätsommer. Deshalb entschließen wir uns, am nächsten Morgen zu einer Exkursion mit unserem seetüchtigen Schlauchboot aufzubrechen. Solange das Meer eisfrei ist, stellt dieses Boot ein unentbehrliches Hilfsmittel dar, wenn wir von Land aus nicht zugängliche Gebiete auf der Insel King George und anderen Inseln erreichen wollen. Das Untersuchungsgebiet der Maxwell Bay umfaßt rund 130 km² mit der etwa 30 km² großen Kernzone, der eisfreien Halbinsel Fildes und den davor liegenden Inseln.

Bis Duthoit Point, einer Landspitze an der Ostseite der Insel Nelson ist noch keiner unserer Vorgänger vorgedrungen. Duthoit Point interessiert uns deshalb, weil die Besiedlung dieses im Sommer eisfreien Gebietes an der Westseite der Maxwell Bay nicht bekannt ist. Welche Tierarten werden wir dort vorfinden?

In der meteorologischen Station informieren wir uns über Temperatur, Windgeschwindigkeit und Luftdruck. Der Synoptiker zeigt uns die neuesten Aufnahmen von Wettersatelliten: keine Spur eines heranziehenden Tiefdruckwirbels. Wir bringen mit dem Bootswagen eines der beiden Schlauchboote zu Wasser und laden alles Notwendige ein: Reservemotor, Werkzeug, Schwimmwesten, Anker, Leinen, Paddel, Verpflegung, Funkgerät ...

An der Pinne sitzt Detlef Zippel. Er hat bereits überwintert und wird in wenigen Wochen nach Hause fahren. Andreas Bick, ein Meeresbiologe aus Rostock, und ich sitzen auf dem seitlichen Randwulst des Bootes, mit Segleranzügen gegen Spritzwasser geschützt. Außerdem begleitet uns noch ein sowjetischer Freund, Iwan Spiridonow, der Stationsleiter.

Als wir auf der Höhe der Pinguinkolonien von Ardley Island sind, dringen laues Geschnatter und Guanogerüche herüber. Gegen den Wind riecht man Pinguinkolonien kilometerweit. Im Wasser tummeln sich zahlreiche Eselspinguine. In der glasklaren Maxwell Bay können wir ihren »Unterwasserflug« gut beobachten. Sie rudern bekanntlich nicht wie andere Vögel mit den Füßen, sondern erzeugen den Vortrieb mit ihren verhältnismäßig kleinen Flügeln, die als »Schlagflügelpropeller« funktionieren. Immer wieder tauchen sie unter unserem Boot hindurch. Vielleicht halten sie es für eine Eisscholle. Vor einiger Zeit sprang uns ein Pinguin sogar ins Boot, genau in den Eimer mit den Proben vom Meeresgrund.

Nach fast einer Stunde passieren wir O'Cain Point, ebenfalls eine kleine eisfreie Landspitze von Nelson. Grell leuchtet die Eiskappe der Insel im Sonnenlicht. Nur die stark zerfurchten Abbruchkanten der Gletscher schimmern bläulich, doch ändert sich ihre Farbe mit dem Einfallswinkel des Lichtes. Die Farbskala reicht vom dunklen Blau bis zum warmen Purpur. Ab und zu wird die Stille von lautem Donner zerrissen; die Gletscher »arbeiten«, gelegentlich brechen Stücke groß wie dreistöckige Häuser ab. Wehe, wenn man dann mit dem Boot zu nahe ist!

Fahrten in unbekannten Gewässern der Maxwell Bay, ebenso wie in der nördlich gelegenen Drakestraße, sind ohnehin wegen der vielen Unterwasserfelsen nicht ungefährlich. Ständig halten wir angestrengt Ausschau. Doch die Riffe sind schwer auszumachen; die Wasseroberfläche spiegelt sehr stark.

Nach zwei Stunden Fahrzeit nähern wir uns Duthoit Point und suchen die Küste nach einem günstigen Landeplatz ab. Wir fahren vorsichtig, nur mit halber Kraft. Plötzlich knallt es, der Motor wird aus der Halterung gerissen, die Schraube dreht sich laut aufheulend in der Luft. Sofort Gas weg und den Motor wieder ins Wasser gedrückt! Wir waren sehr erschrocken, hatten wir also doch ein Riff gerammt! Nichts wäre unangenehmer als eine Havarie fernab der Station. Zum Glück blieb der Motor unbeschädigt. Vorsichtshalber paddeln wir die letzten Meter bis zum Ufer. Schnell ist das Boot in der kleinen Bucht mit Anker und Leinen verspannt. Über Sprechfunk melden wir unsere Ankunft nach Bellingshausen.

In uns spüren wir Entdeckerfreude, betreten wir doch einen Boden, auf den, wenn überhaupt, bisher nur sehr wenige Menschen ihren Fuß gesetzt haben. Der Strand besteht aus schwarzem Sand, mitunter von Geröllflächen durchbrochen. An einigen Stellen reichen stark zerklüftete Felsen bis ans Ufer, hügelige Erhebungen wechseln mit flacheren Bereichen. Zahlreiche Klippen sind der Küstenlinie vorgelagert. In einiger Entfernung ragen bis 45 m hohe Felstürme aus dem Wasser, in der Karte sind sie als Pig Rock verzeichnet.

In allen Strandabschnitten und an den leicht ansteigenden Hängen halten sich Eselspinguine auf. Wir zählen eine Gruppe von hundert Exemplaren aus und schätzen dann den Gesamtbestand auf etwa 5000 Vögel, die sich größtenteils in der Mauser befinden. Die Brutzeit ist bereits vorüber, und so können wir nur vermuten, daß sich hier im antarktischen Hochsommer eine große Kolonie der Eselspinguine befindet.

Im Vergleich zur Insel Ardley fällt uns das wesentlich vertrautere Verhalten der Pinguine am Duthoit Point auf. Hier ist wirklich noch völlig unbeeinflußte antarktische Tierwelt anzutreffen. Ich lege mich auf den Boden, um einige Fotos aus der Froschperspektive zu machen. Die Eselspinguine bilden einen Halbkreis und schauen mich an, als würden sie einen Redner umringen. Vorsichtig kommen einige sehr nahe. Unbeweglich bleibe ich liegen, blicke gespannt durch den Sucher. Ein besonders Neugieriger interessiert sich offenbar für das in der Sonne spiegelnde Objektiv. Mehrmals pickt er mit dem Schnabel dagegen.

Andreas Bick beschäftigt sich unterdessen mit den zahlreichen Seebären. Überall liegen diese agilen Ohrenrobben in Gruppen herum. Sobald wir eine bestimmt Distanz unterschreiten, setzen sie zu Scheinangriffen an. Wir weichen stets rechtzeitig aus, denn in dem zerklüfteten Gelände, zumal in Gummistiefeln und mit schwerem Rucksack sind wir ihnen an Geschwindigkeit deutlich unterlegen. Insgesamt zählen wir über 350 Seebären. So viele haben wir noch nie an einem Ort gesehen. Auch viele See-Elefanten sehen wir. Sie halten sich um diese Zeit zum Fellwechsel an Land auf und bewegen sich möglichst wenig, um Energie zu sparen. Nur selten hebt einer dieser Riesen träge den Kopf, wenn wir ganz nahe vorübergehen.

Was gibt es nicht alles auf dieser Landspitze zu entdecken! Jede Beobachtung wird genau notiert, immer wieder betätigen wir die Auslöser der Fotoapparate. Eine gute Fotodokumentation ist für den Beleg unserer Beobachtungsergebnisse sehr wichtig. Doch es geht bereits auf 16 Uhr, wir schaffen es nicht mehr, das gesamte Terrain abzulaufen; wir müssen an die Rückfahrt denken.

Noch immer regt sich kein Lüftchen. Das Meer schwappt, glänzend wie flüssiges Quecksilber, in einer sanften Dünung. Mehrmals müssen wir 10 bis 15 m breite Treibeisfelder passieren. Sie bestehen zwar nur aus kleinen Eisstücken, doch wie leicht können Bootshaut oder Schraube beschädigt werden. So heißt es Motor abschalten, hochklappen und mit leichtem Schwung hindurchgleiten. Als wir uns der Geologeninsel nähern, entdecken wir auf größeren Eisschollen schlafende Seeleoparden, insgesamt vier Exemplare. Vorsichtig fahren wir heran und genießen den herrlichen Anblick dieser Raubtiere des Südpolarmeeres. Einen besseren Abschluß unserer Exkursion konnte es nicht geben.

Es dauert elf Monate, bis wir Duthoit Point noch einmal besuchen können. Diesmal begleiten uns Tilo Nadler und Henry Mix, die mit der neuen Expedition überwintern werden. Da wir bereits ortskundig sind, konzentrieren wir uns auf die Zählung der Brutvogelbestände. Unsere Vermutung vom ersten Aufenthalt, daß wir es auf Duthoit Point mit einem Brutvorkommen der Eselspinguine zu tun haben, finden wir bestätigt. Hier siedeln mindestens 1700 bis 1800 Brutpaare. Die Kolonie hat damit eine respektable Größe, wird aber von der auf der Insel Ardley noch übertroffen. Dort brüteten im Südsommer 1986/87 über 3400 Paare des Eselspinguins. Wir benutzen unsere Notizen vom vorigen Jahr über die Duthoit-Point-Exkursion, um zu vergleichen. In diesem Sommer 1700 bis 1800 Brutpaare, das sind 3400 bis 3600 Altvögel. Damals kamen wir auf mindestens 5000 mausernde Tiere. Das entspräche zusätzlich 1400 bis 1600 Jungvögeln. Pro Brutpaar wären also im Vorjahr 0,78 bis 0,94 Junge flügge geworden, vorausgesetzt, die Zahl der Brutpaare ist gleichgeblieben. Das wäre ein sehr gutes Ergebnis, denn im Durchschnitt sind Verluste an Jungvögeln höher. Vielleicht haben wir beim ersten Besuch doch zu optimistisch geschätzt? Für die Erfassung der Brutvogelbestände ist die Zahl der nachgewiesenen Nester die wichtigste Größe, und die Fahrt nach Duthoit Point hat die Datensammlung über die Bestände der Hauptverbraucher des Krill im Gebiet der Maxwell Bay vervollständigt.

Außerdem ermitteln wir 54 Nester des Riesensturmvogels, wenige Brutpaare der Braunen Skua sowie zwei besetzte Bruthöhlen des Weißgesicht-Scheidenschnabels. Zu unserer großen Überraschung entdecken wir auf einigen, leicht vorspringenen Uferfelsen zwischen den Eselspinguinen zahlreiche Nester des Antarktis-Kormorans, wegen seiner blauen Augenringe auch Blauaugenscharbe genannt. Während einige Paare noch brüten, haben andere bereits ausgewachsene Jungvögel. Eine solch große, etwa 129 Brutpaare umfassende Kolonie dieser Vogelart kannten wir im Untersuchungsgebiet noch nicht. Lediglich auf einer abgelegenen Felsklippe vor der Insel Ardley hatten wir bislang zwei besetzte Nester entdeckt. Duthoit

Point ist also ein bisher unbekannter, nun registrierter Massenbrutplatz des Antarktis-Kormorans.

Seebären sehen wir diesmal, im Gegensatz zum ersten Besuch, nur wenige. Möglicherweise ist Duthoit Point für sie nur ein Zwischenrastplatz während der Abwanderung von den Wurfplätzen. Aber Andreas Bick registriert die Überreste einiger verendeter junger See-Elefanten, ein Hinweis darauf, daß sich hier sicher ein Geburtsplatz dieser größten Robbenart befindet.

Das Refugium auf der Insel Ardley
Wieder sind wir unterwegs. Allerdings dauert diesmal unsere Schlauchbootfahrt nur einige Minuten. Wir besuchen Ardley Island, die größte Insel in der Maxwell Bay. Drei Pinguinarten (Esels-, Adelie- und Zügelpinguine) brüten hier sowohl auf kleinen, schroffen, ufernahen Felspartien und Strandwällen als auch auf leicht ansteigenden Hängen und Bergrücken. Die Eselspinguinkolonie ist die größte bekannte Kolonie dieser Art auf den Südshetlandinseln überhaupt.

Seit Beginn ihrer Forschungstätigkeit im Jahre 1979 haben DDR-Biologen die Pinguinkolonien auf der Insel Ardley beobachtet. Jährlich wird zur Brutzeit eine Totalzählung aller Brutpaare vorgenommen, jedes besetzte Nest wird registriert. So kennen wir nun bereits seit acht Jahren die Brutbestände und Bestandsentwicklung dieser wichtigen Indikatorarten. Darunter versteht man Arten, an deren Bestandsgröße und Fortpflanzungserfolg der Zustand des Ökosystems beziehungsweise Veränderungen in ihm relativ gut erkennbar werden. Nur durch solche Langzeituntersuchungen an Brutpopulationen kann man, natürlich im Zusammenhang mit der weitgehenden Erfassung der abiotischen Umweltparameter, Aussagen darüber machen, ob und wie sich das ökologische Gefüge der Artengemeinschaft eines Biotops wandelt.

Die günstigen Untersuchungsmöglichkeiten auf der Insel Ardley führten frühzeitig zu dem Entschluß, hier eine Schutzhütte zu errichten. Sie sollte Unterkunft für zwei bis vier Personen bieten, aber auch Beobachtungen sowie vorbereitenden Feldarbeiten dienen. Nach eingehender Prüfung der Windverhältnisse und eventuell störenden Einflüsse auf die brütenden Pinguine wurde die Hütte unter der Leitung von Rudolf Bannasch im Jahre 1981 nahe Braillard Point errichtet. Der Standort ist hervorragend gewählt, befindet er sich doch unmittelbar bei den Pinguinkolonien. Es handelt sich um einen normalen Bungalowtyp, der für den Einsatz unter maritim-antarktischen Bedingungen etwas verändert wurde. Zusätzliche Isolierungen der Wände und des Fußbodens und solide Sicherungen gegen die starken Stürme waren unbedingt notwendig. Die Schutzhütte ist in einen größeren Wohn- und Arbeitsraum sowie einen kleineren Vorraum unterteilt. Fenster ermöglichen die Sicht in alle vier Himmelsrichtungen. Die Ausstattung besteht aus handelsüblichen Campingmöbeln. Mit Propangas betriebene Heizer und Lampen schaffen angenehme Temperaturen. Arbeitsmaterialien, Trinkwasser und Lebensmittel lagern im Vorraum, wo sich auch der Propangaskocher befindet. So können wir uns zur Brutzeit länger auf der Insel Ardley aufhalten.

Einige verhältnismäßig warme Tage nutzen wir für einen neuen Farbanstrich. Frisch lackiert, braun, die Balken und Fensterrahmen weiß abgesetzt, macht das Häuschen nun auch wieder äußerlich einen guten Eindruck. Die zahlreichen Besucher, Angehörige von Stationen anderer Nationalität, kurzzeitig auf der Fildes-Halbinsel arbeitende Wissenschaftler und öfter auch Touristen, beneiden uns um diese zweckmäßige Wohn- und Arbeitsstätte. Als offiziell registriertes Refugium steht die Hütte gemäß den Bestimmungen des Antarktisvertrages jedermann offen. Auch während unserer Abwesenheit halten sich dort gelegentlich Gäste auf. Doch legen selbst in der Abgeschiedenheit der Antarktis manche Menschen den Begriff »Gastfreundschaft« sehr weit aus. Wir sind wenig erfreut, wenn wir nach unserer Ankunft als erstes schmutziges und zerschlagenes Geschirr, diverse Abfälle und andere Spuren von Besuchern beseitigen müssen.

Da es unmöglich ist, alle Pinguinnester mehrmals zu kontrollieren – wir ermittelten im Dezember 1986 insgesamt 3430 Brutpaare von Eselspinguinen, 1215 von Adelie- und 63 von Zügelpinguinen –, haben wir für spezielle Untersuchungen zur Brutbiologie bei Esels- und Adeliepinguinen repräsentative Teilkolonien ausgewählt. Die wenigen Paare des Zügelpinguins, die keine eigene Kolonie bilden, sondern verstreut zwischen den Adelies brüten, werden von uns vollständig überwacht. In den Testkolonien notieren wir wichtige brutphänologische Daten wie Beginn und Ende der Eiablage, Anzahl der Eier und Jungvögel pro Brutpaar, Verlustraten. Des weiteren gehören detaillierte meßtechnische Aufgaben zum jeweiligen Expeditionsprogramm. So wurden in den letzten Jahren mikroklimatische Parameter sowie die Einflüsse der Thermostrahlung ermittelt, um eine Wärmebilanz des Bodens während des Brutverlaufs aufzustellen. Auch mit Herzschallmikrophonen und in Eiern implantierten Thermofühlern wurde bereits gearbeitet.

Ab Ende September, wenn die Esels- und Adeliepinguine ihre Brutplätze wieder zu besiedeln beginnen, müssen wir alle paar Tage durch die Kolonie gehen, immer wieder beobachten und neuerlich zählen. Kein wichtiges Ereignis im Brutverlauf darf verpaßt werden. Die Zügelpinguine erscheinen erst Ende Oktober. Dementsprechend spät, am 26. Dezember, finden wir bei ihnen die ersten Küken, während dies bei den beiden anderen Arten bereits Ende November beziehungsweise Anfang Dezember der Fall ist.

Vor allem den stets streitlustigen Adeliepinguinen gefallen unsere Kontrollgänge nicht besonders. Sehr energisch hacken sie mit ihren kräftigen Schnäbeln und bearbeiten Beine und Hände mit blitzschnellen, schmerzhaften Flügelschlägen. Dabei sträuben sie das Nackengefieder, verdrehen die weißumrandeten Augen und stoßen knurrende Laute aus. Der von weitem eher koboldhaft wirkende Adelie nötigt uns durch sein Kampfverhalten Respekt ab, und wir tragen dem Rechnung, indem wir uns nur mit derber Kleidung und langen Schaftstiefeln in die Kolonie wagen. Aktive Abwehr der Pinguinattacken vermeiden wir, um die Tiere nicht mehr als nötig zu behelligen. Aber unabhängig von unseren Zählgängen herrscht auch sonst kaum einmal Ruhe in der Kolonie. Stets gibt es irgendwo Auseinandersetzungen zwischen den Nachbarn. Zu regelrechten Kampfszenen und Verfolgungsjagden kommt es besonders zu Beginn der Brutzeit, wenn sich einige Vögel ihre Brutplätze streitig machen oder gegenseitig die Steine zum Nestbau stehlen. Begleitet werden solche Aktionen von ohrenbetäubendem Lärm. Die Eselspinguine sind etwas scheuer und verteidigen ihr Nest nicht so intensiv. Meist verlassen sie kurz das Nest, wenn wir uns ihnen nähern, kehren jedoch anschließend sofort zurück.

Neben Tausenden Pinguinen brüten auf der Insel Ardley noch einige Paare Riesensturmvögel, Kaptauben, Dominikanermöwen, Skuas und Antipoden-Seeschwalben. In den unzähligen Nischen und Spalten zwischen Felsblöcken, unter Gesteinstrümmern sowie an Geröllhängen haben Buntfuß-Sturmschwalben und Schwarzbauch-Meerläufer ihre Bruthöhlen. Die interessante Brutbiologie dieser vorwiegend dämmerungs- und nachtaktiven Sturmvogelart wird in den Sommermonaten von chilenischen Biologen untersucht.

Studienobjekt Riesensturmvogel
Es ist Ende Juli und noch tiefer Winter im Südpolargebiet. Der Sturm fegt über das zugefrorene Meer. Die Nistplätze der Pinguine auf Ardley Island liegen verödet unter der Schneedecke. Doch der kommende Frühling kündigt sich schon über der unwirtlichen Landschaft an: Segelflieger, mit weiten Schwingen, die den Aufwind an den Kliffs und Gletscherhängen nutzen und für die der heftige Wind gerade das richtige ist. Es sind Riesensturmvögel, die größten Vertreter einer Vogelfamilie, eben der »Sturmvögel«, von denen es eine beträchtliche Zahl auch kleinerer Arten auf der Erde gibt, deren imposantestes Glied aber *Macronectes giganteus* mit einer Flügelspanne über zwei Meter ist. Wir können ihn durchaus mit dem Albatros vergleichen; Albatrosse und Strumvögel sind auch nahe miteinander verwandt. Diese Charakterart der maritim-antarktischen und subantarktischen Zonen brütet in unserem Expeditionsgebiet und wird ebenso wie Pinguine, Raubmöwen und Robben systematisch beobachtet. Der gewaltige Meeressegler hat eine andere Stellung im »Verbrauchergefüge« der antarktischen Tierwelt als zum Beispiel die Pinguine. Er frißt nur wenig Krill, erbeutet auch andere Krebse und weitere wirbellose Meerestiere, aber er ist vor allem ein Aasvertilger, Eier- und Jungvogelräuber. Somit ist er nur indirekt, aber eben auch, vom Krill abhängig, welcher die Existenzgrundlage seiner Nahrungstiere bildet.

Die aus kleinen Steinen bestehenden Nester befinden sich an windexponierten Standorten, wie Felsplateaus, schroffen einzelnen Klippen, Kliffkanten oder vorgelagerten Inseln. Der stete Wind gestattet hier dem Riesensturmvogel einen raschen Start, und er kann sofort zu dem von ihm meisterhaft beherrschten Segelflug übergehen. Fliegen die Tiere von der Wasseroberfläche oder einem flachen Strand auf, müssen sie erst eine geraume Strecke gegen den Wind laufen, bis sie die zum Abheben erforderliche Geschwindigkeit erreicht haben. Erste Anzeichen der Flugbalz bemerken wir Ende September. Das erste Ei der Brutsaison entdecken wir am 4. November. Wir stellen fest, daß überwiegend alte Nester zum Brüten benutzt werden. Während der etwa 60 Tage dauernden Brutzeit wechseln sich beide Partner ab.

Normalerweise legen Riesensturmvögel, wie alle Sturmvogelarten, nur ein einziges Ei. Deshalb sind wir erstaunt, als wir Anfang Dezember auf einem schmalen Felsgrat an der Fildesstraße ein Nest mit zwei Eiern finden. Haben wir es in diesem Fall mit einer Brutgemeinschaft von zwei Weibchen und einem Männchen zu tun, wie es unsere Kollegen in den vergangenen Jahren beobachteten, oder hat ein Weibchen ausnahmsweise einmal zwei Eier gelegt, wie es von ähnlichen Funden auf Macquarie Island vermutet wird? Leider muß die Frage unbeantwortet bleiben, denn bei unserem nächsten Besuch finden wir das Nest leer vor. Die Verlustraten an Eiern und kleinen Jungvögeln sind beim Riesensturmvogel hoch. Wir ermitteln 30 Prozent und mehr. Ein Moment Unaufmerksamkeit der Altvögel genügt, um Eiräubern, vor allem Skuas und Dominikanermöwen, den Zugriff zu ermöglichen. Damit durch unsere Aktivitäten nicht solche Gelegeverluste zusätzlich verursacht werden, geschehen alle Kontrollen am Nest äußerst vorsichtig. Aus diesen Gründen verzichten wir auch auf die Beringung brütender Altvögel.

Wir stehen auf Nebles Point, einer eisfreien Landspitze am Collinsgletscher. Dieser Punkt ist nur mit dem Boot zu erreichen. Die hiesige Riesensturmvogel-Kolonie, etwa hundert Brutpaare, lebt also völlig ungestört. Seit 1979 wird sie regelmäßig von unseren Biologen beobachtet. Wir wollen diesmal die jungen Riesensturmvögel beringen. Jetzt, Mitte Februar, sind sie groß genug, um sich gegen eventuelle Attacken von Skuas und Möwen erfolgreich verteidigen zu können. Wie die übrigen Sturmvogelarten spucken auch die Riesensturmvögel Angreifern und Störenfrieden ihr rötliches, tranig riechendes Magenöl gezielt entgegen. Bereits die Jungen beherrschen diese Verteidigungstechnik perfekt. Nachdem wir einige Male damit Bekanntschaft gemacht haben, finden wir die richtige Methode. Ich lenke den Vogel mit einer Hand ab und schwupp, schon hat ihn Andreas, von der Seite kommend, gepackt. Vorsichtig können wir nun den Ring am Fuß befestigen und biometrische Messungen vornehmen. Danach setzen wir den Vogel wieder in sein Nest und ziehen uns schnell zurück. Manchmal gelingt es den Jungvögeln, unter lautem Gekrächze noch einen übelriechenden Treffer hinterherzuschicken.

Noch bevor Ende April, Anfang Mai die jungen Riesensturmvögel flügge werden, verlassen die meisten Altvögel das Brutgebiet. Sie kehren nur noch zum Füttern ans Nest zurück. Riesensturmvögel werden spät geschlechtsreif, den ersten Nachkommen ziehen sie im Alter von zehn Jahren auf. Bis dahin unternehmen sie weite Wanderungen und umrunden mit der Westwinddrift mehrmals das riesige Meeresgebiet um Antarktika. Ein auf der Insel King George beringter Vogel wurde nach 278 Tagen in Australien gefunden. Dennoch sind Riesensturmvögel in hohem Maße ihrem Geburtsort treu. Geschlechtsreif geworden, pflanzen sie sich an der Stelle fort, wo sie selbst aus dem Ei geschlüpft sind. Solche Eigenschaften – in ähnlicher Form ist dies bei den Pinguinen der Fall – erleichtern die Erforschung der Populationsstruktur.

Menschliche Auswirkungen

Von den sieben Antarktisstationen auf der Insel King George befinden sich vier – Bellingshausen, Marsh (Chile), Große Mauer (China) und Artigas (Uruguay) – auf der Fildes-Halbinsel. Sie alle liegen an der flachen und für Schiffe gut zugänglichen Küste der Maxwell Bay. Zur chilenischen Station gehört seit einigen Jahren die Siedlung Las Estrellas Polar. Offenbar als Ausdruck chilenischer Gebietsansprüche, die nach dem Antarktisvertrag aber ruhen, wohnen hier Stationsangehörige mit ihren Frauen und Kindern. Während unseres Aufenthaltes überwinterten zwölf Familien mit etwa zwanzig Kindern.

Versorgt wird diese Siedlung vom nahe gelegenen, von Chile erbauten Flugplatz. Er ist mit modernen Navigationsgeräten ausgestattet und wird ganzjährig von Flugzeugen des Typs Herkules C-130 angeflogen. Auch andere Antarktisstationen der Insel King George und der Antarktischen Halbinsel nutzen mitunter diese Luftbrücke nach Südamerika. Am Flugplatz befinden sich ein großer Hangar für Hubschrauber und Kleinflugzeuge sowie ein Hotel, in dem Touristen und zeitweilig auch Wissenschaftler wohnen.

Im Südsommer, der in dieser Region von November bis März dauert, bringen Flugzeuge und Kreuzfahrtschiffe Hunderte von Touristen zur Insel King George. Diese Touristengruppen, meist von erfahrenen und mit den Bestimmungen des Antarktisvertrages vertrauten Reiseleitern geführt, unternehmen Exkursionen auf Fildes, Bootsfahrten zu den Pinguinen der Insel Ardley oder Hubschrauberflüge. Eine Gruppe »Abenteuertouristen« errichtete sogar ein Zeltlager an der Drakeküste, doch trieb sie ein heranziehender Orkan nach zwei Tagen wieder ins Hotel zurück. Mehrmals registrieren wir tieffliegende Düsenflugzeuge, die für Rundflüge über der Antarktischen Halbinsel und vorgelagerte Inselgruppen in Südamerika gechartert werden.

Die Existenz mehrerer Antarktisstationen mit allen dazu gehörenden Aktivitäten auf einer relativ kleinen Fläche sowie die zahlreichen Besucher lassen die Fildes-Halbinsel zu einem Modellfall für das Studium menschlicher Einwirkungen auf die bislang unberührte antarktische Lebewelt werden. Es ist anzunehmen, daß der kommerzielle Antarktis-Tourismus (einschließlich des Alpinismus) ausgebaut wird, auch in ganz wörtlichem Sinne durch den Bau weiterer Unterkünfte und Dienstleistungseinrichtungen. Da die Insel King George über den Flugplatz gut erreichbar ist, besitzt sie für Reisegesellschaften große Attraktivität. Sicher wird sich auch der Zustrom hier tätiger Wissenschaftler erhöhen.

Noch konnten wir kaum etwa Konkretes über mögliche negative Auswirkungen menschlicher Aktivität auf die Tierbestände sagen. Der bisherige Beobachtungszeitraum ist dazu noch zu kurz. Die Brutbestände der Pinguine auf der Insel Ardley sind insgesamt stabil geblieben, geringfügige jährliche Schwankungen können natürliche Ursachen haben. Entferntere Kolonien werden gar nicht oder nur selten von wenigen Wissenschaftlern aufgesucht. Es hat allerdings den Anschein, als ob der Riesensturmvogel, vor allem in kleineren Brutkolonien, empfindlich auf häufige Störungen reagiert und sich aus den oft von Menschen besuchten Regionen der Fildes-Halbinsel zurückzieht. Hingegen locken die Müllplätze und Abfallhaufen immer stärker die großen Raubmöwen (Skuas) und auch Dominikanermöwen an, die somit gewissermaßen »Kulturfolger« werden.

Vielerorts bemerkt man die Spuren menschlicher Aktivitäten. In den Stationen erhöht sich die Abfallmenge. Ausgediente Fahrzeuge, Schrott, Bauschutt und vieles andere verbleiben bisher in der Antarktis. Soweit wir feststellten, erfolgt die Lagerung auf zentralen Deponien. Die Abwässer sämtlicher Stationen fließen aber ungeklärt in die Maxwell Bay. (Über entsprechende Folgen schreibt M. Rauschert auf Seite 192.) An Treibstoff- und Öllagern haben wir mehrmals undichte Behälter bemerkt. Nach unseren Hinweisen wurden sie sofort ausgewechselt, doch zeigten bunt schillernde Lachen und stellenweise Ölfilme, daß bereits beträchtliche Mengen in die Umgebung gelangt waren. Vor allem an den Stränden finden wir zahlreiche Hinterlassenschaften menschlicher Zivilisation: Plastgefäße, Blechbüchsen, Flaschen, Scherben, Verpackungsfolien und Papier; mir wird wieder einmal deutlich, daß Umweltschutz mit dem verantwortungsbewußten Verhalten des einzelnen beginnt.

Als Biologen sind wir mit den oft negativen Folgen der Anwesenheit des Menschen für die ursprüngliche oder zumindest noch naturnahe Landschaft besonders vertraut. Bei jedem Besuch einer anderen Station, in Gesprächen mit ausländischen Wissenschaftlern und Touristen, weisen wir immer wieder auf die Einmaligkeit, aber auch die Anfälligkeit des antarktischen Ökosystems hin. Diese Seite unserer eineinhalbjährigen Tätigkeit im »Eisschrank der Erde« ist manchmal nicht erfreulich, aber desto wichtiger, dient sie doch dem Anliegen des Umweltprogramms der Vereinten Nationen und der Arbeitsgruppe für Naturschutz des Wissenschaftlichen Komitees für Antarktisforschung. Wissenschaftler, aber auch Politiker, alle, die mit der Antarktis zu tun haben, tragen für die Erhaltung des antarktischen Ökosystems eine große Verantwortung.

1986–1988

32. Sowjetische Antarktisexpedition
Nowolasarewskaja, Wohlthatmassiv, Bellingshausen

Die Sommeraktivitäten in der Schirmacher-Oase um die Jahreswende 1986/87 waren vor allem durch die zweite Nunatakker-Expedition (Nunex II) und die erste selbständige Expedition einer deutschen Forschergruppe ins Wohlthatgebirge geprägt. Wesentlich geologisch orientiert, stellten sie vorbildlich integrierte Gemeinschaftsunternehmen der Überwinterer noch der 31. SAE und der Saisonteilnehmer der 32. SAE dar – anders wären die schwierigen Schlittenzüge mit je zwei Kettenfahrzeugen in weitgehend unbekanntes Gebiet, bei gleichzeitiger Aufrechterhaltung des Stationsbetriebes, gar nicht möglich gewesen. Zuvor hatten Werner Stackebrandt und Knut Hahne noch Lücken in der Bestandsaufnahme des Gesteinsinventars der Schirmacher-Oase geschlossen, deren geologische Kartierung damit als abgeschlossen betrachtet werden kann.

Die vertikale Ozonsondierung lag in Händen des bereits antarktiserfahrenen Überwinterers Kurt Tück und des sowjetischen Ingenieurs Wassili Nesterow, der als Gast mit in der »Schirmacherburg« wohnte. Es kam zu 72 Ballonaufstiegen, wobei während der Frühjahrsanomalie jeweils montags, mittwochs und freitags 12.00 Uhr Weltzeit gestartet wurde. Auswertungen der nunmehr dreijährigen Meßreihe ergaben, daß sich die Frühjahrsanomalie der Ozonkonzentration über der Antarktis verstärkt hat und in Höhen zwischen 18 und 20 km am deutlichsten ausgeprägt ist. 1987 wurde mit einem Rückgang des Ozonpartialdrucks um 88 Prozent im Vergleich zum Polarwinter der bisher geringste Ozongehalt in diesen Höhen über der Schirmacher-Oase gemessen.

Zum isotopenphysikalischen Programm gehörte wiederum (seit 1978) das Sammeln von Luftproben zur Analyse des Kohlendioxidanteils. Bekanntlich nimmt der CO_2-Gehalt der Luft in den letzten Jahren ständig zu, was seinen Grund vor allem in Emissionen der Industrie hat. Auch biologische Prozesse oder Vulkanausbrüche setzen Kohlendioxid frei. Jedoch weist dieses CO_2 einen größeren Anteil des Isotops C-13 auf als das aus Verbrennungsprozessen stammende, das mehr C-12 enthält. Die kontinuierlichen Kohlendioxid-Untersuchungen dienen einerseits der globalen Überwachung des CO_2-Pegels der Atmosphäre, andererseits kann aus Veränderungen des Isotopenverhältnisses C-13 zu C-12 auf die Herkunft geschlossen werden. Die Bestimmung des gegenwärtigen C-14-Pegels als eines Grundwertes für Altersdatierungen an organischen Substanzen ergänzte diese Luftanalysen.

Die beiden Elektroniker Eckehard Grass und Robby Rochlitzer installierten ein digitales Meßwert-Erfassungssystem (Computer mit gekoppeltem Mikrorechner) und erarbeiteten die dazu erforderlichen Programme. Es ging im März 1988 in Betrieb. Das bedeutete vor allem: Abschied von der analogen Datenaufzeichnung der Geomagnetiker mittels Foto- und Tintenschreiber, volles Ausschöpfen der hohen Meßempfindlichkeit des Kernresonanzmagnetometers und der Ferrosonden bei gleichzeitig leichterer Auswertung. Auch die Ozondaten wurden nunmehr über Rechner und Diskette gespeichert.

Auf King George Island fanden die regelmäßigen Zähltouren der Biologen (Tilo Nadler und der Veterinärmediziner Henry Mix) nach bewährtem Muster statt, d. h. in jeweils vierzehntägigem Abstand waren drei Marschrouten abzulaufen. Darüber hinaus galt es, in fünf weiteren Gebieten die Vogelkolonien zu erfassen. Mehrmals wurde ein Wurfplatz der Weddellrobbe auf der Insel Nelson beobachtet. Ein längerer Aufenthalt an der argentinischen Station Jubany hinter Stranger Point (Bransfieldstraße) ermöglichte es, den wahrscheinlich größten Wurfplatz der See-Elefanten auf den Südshetlands in Augenschein zu nehmen. Dort versammeln sich etwa 500 Tiere zur Paarungszeit in einer sandigen Bucht.

Im Verlauf ihrer Expedition haben die Biologen sämtliche tot aufgefundenen Wirbeltiere seziert, darunter auch zehn Robben. Bemerkenswert, an welchen Krankheiten oder deren Folgen Robben sterben können: Pneumonie (Lungenentzündung), blutige Darmentzündung, Leberruptur mit inneren Blutungen, extremer Wurmbefall des Magens und anderer Organe, Muskel- und Lungenabszesse, vermutlich krebsartige Lymphknotenerweiterungen wurden festgestellt.

Ein junger See-Elefant war von einem Nachbarn erdrückt worden – bei Größe und Gewicht der ausgewachsenen Tiere keine Seltenheit. Der über einen kleinen Liegeplatz herrschende Haremsbulle maß 3,70 m. In Einzelfällen können die Männchen der See-Elefanten sogar 6 m lang und bis zu vier Tonnen schwer werden. Ein Vergleich dreier Jahre deutete einen Bestandsrückgang im Beobachtungsgebiet an.

Mit eigener Kraft ins Wohlthatgebirge

Werner Stackebrandt

Am Vormittag des 6. Januar 1987 saßen wir in der Hütte unseres Wohnschlittens um die herabgeklappte Tischplatte und löffelten eine dampfende Suppe, die unser Funker und Hobbykoch Ingenieur Günter Stoof zubereitet hatte. Der heiße Eintopf tat wohl; wir waren schon früh aufgestanden und durch den eisigen Morgen zum Basisny gefahren, einem massiven Bergrücken etwa zwanzig Kilometer südlich der Schirmacher-Oase, der den Inlandgletscher wie eine Bastion überragt.

Zu Füßen seiner weit ausstreichenden Schotterflächen stand unser »Büffel«, die schwere Zugmaschine ATT, daneben das wendigere, schnellere Kettenfahrzeug MTLB und auf breiten Kufen der Lastschlitten mit der Wohnhütte darauf. Diesem etwas romantisch aussehenden Gefährt hatten wir in einem Anflug von Euphorie während einer Sturmnacht den Namen »geomobile« gegeben. Damals, im November 1986, erkundeten wir die im Gestein verschlüsselten Indizien der Hunderte von Millionen Jahren zählenden Geschichte des Basisny. Auch der nicht weitab von ihm gelegene, durch seine schmalen Felsgrate fast grazil wirkende Kit wurde geologisch erforscht. Das war eine mühsame Angelegenheit, denn vom Kit gab es keine topographische Karte, in die wir die Gesteinsgrenzen, Probenstellen usw. hätten eintragen können. Wir mußten uns durch Längenmessungen, Peilungen, barometrische Höhenbestimmungen erst einmal eine entsprechende Vorlage schaffen.

Aber jetzt interessierten uns die beiden Nunatakker wenig. Nicht einmal die am Hang verstreut liegenden wunderschönen Rosenquarze lockten. Wir saßen auf unseren Hockern zur letzten Rast vor dem großen, langersehnten Aufbruch nach Süden. Fünf Männer hatten sich zusammengefunden, um das Wohlthatgebirge zu erreichen: Der Leipziger Chemiker Peter Kowski, Leiter der Überwinterungsgruppe, wollte mit seinem isotopenchemischen Programm Aussagen zum Alter und Bewegungsregime der verschiedenen Eisströme des Königin-Maud-Landes treffen. Fahrer des schweren ATT, an dem unser »Geomobil« hing, war Günter Stoof, von allen nur Molo genannt; der Spitzname ging auf die Begegnung mit einem russischen Kameraden zurück, der Günter mehrmals als »molodeu tschelowjek«, als »jungen Menschen«, ansprach. Mit goldenen Händen begabt, soeben noch an den Steuerknüppeln der Zugmaschine sitzend, baute er schon an der Funkanlage und schickte sein »do dit dit da« in den wolkenverhangenen Himmel, um unsere Ankunft der Basisstation in der Oase zu melden. Das Aufklärungsfahrzeug steuerte Gerald Müller, ein versierter, ausgeglichener, unternehmungsfreudiger Techniker. Seit unserer Expeditionsbeteiligung 1983/84 waren wir befreundet und haben schon viele Kilometer gemeinsam auf dem Eis zurückgelegt. Schließlich gehörte noch mein Geologenkollege Knut Hahne zur Mannschaft, der erst im vergangenen Sommer mit Hans-Ulrich Wetzel einen Großteil der Nunatakker südlich der Schirmacher-Oase geologisch kartiert hatte. Als er während eines Treffens der Antarktisfahrer in der Potsdamer Gaststätte »Froschkasten« von meinem Plan erfuhr, erneut zum Wohlthatmassiv aufzubrechen, war er sofort Feuer und Flamme und hatte sich nach seinem Urlaub gleich für die nächste Expedition beworben.

Zum wiederholten Male besprechen wir Signalvarianten, Funkverbindung, die Abstände der Routenmarkierung, wofür wir eine Reihe leerer Fässer mitführen, und viele andere Details. Alle sind von einer betriebsamen Unruhe ergriffen, obwohl uns der bevorstehende Streckenabschnitt eigentlich bekannt ist. Heutzutage fährt man nicht, wie in den Pionierjahren der Antarktisforschung, mehr oder weniger aufs Geratewohl los. Vorher wird die Route so weit wie möglich erkundet. Mit dem MTLB hatten Gerald, Günter und ich am Vortag eine sichere Strecke entlang der südlich gelegenen Nunatakker gesucht und bei weiterer Fahrt Richtung Osten gehofft, auf die von der sowjetisch-deutschen Expedition zur Untersee-Oase vor drei Jahren genutzte und mit Fässern weiträumig markierte Simonow-Trasse zu stoßen. Doch das war schwieriger als erwartet. Zum einen hinderten uns ausgedehnte Schneefelder und Spaltenzonen an einem schnellen Vorwärtskommen, zum anderen warfen die kantigen Sastrugi – vom Wind geformte, spitz auslaufende Schneewellen – so scharfe Schatten, daß wir uns immer wieder täuschen ließen und sie aus der Ferne für Fässer hielten. Endlich erwies sich einer der dunklen Flecke auf dem Eis doch als ein Faß. Die alte Simonow-Trasse war gefunden. Schnell peilten wir den neuen Abschnitt mit dem Kompaß ein und setzten eine Stange mit blauem Fähnchen auf das Spuntloch, damit wir das Faß bei der Anfahrt mit dem Wohnschlitten besser finden.

Wir konnten also, was den ersten Streckenabschnitt betraf, zuversichtlich sein. Aus unserer Schlittenhütte tretend, trauten wir unseren Augen nicht, als ein Pinguin auftauchte. Er war auf seinen kräftigen Beinchen schon über 120 km von der Küste bis hierher ins Niemandsland gelaufen! Obwohl wir den kleinen Kerl auf seinem Irrweg bedauerten, denn er ging dem sicheren Tod entgegen, betrachteten wir sein plötzliches Erscheinen an unserem Lager doch als ein gutes Omen für unser Vorhaben, mit eigenen Kräften zum Untersee zu gelangen.

Der schwere Weg nach Süden

Die Vorerkundung kommt uns sehr zugute. Schon kurz nach zwei Uhr sind wir am »blauen Faß« und 50,5 km gefahren. Aber welch ein Unterschied zur Untersee-Expedition im Jahre 1983! Damals haben wir Geologen uns in die Maschine setzen können und wurden von Petja Podchaljusin die hart erkämpfte Trasse bis zum Wohlthatmassiv gefahren. Diesmal sind wir es, die nach jeder Veränderung der Eisstruktur Ausschau halten müssen. Unübersichtliche, wegen ihrer verdeckten Gletscherspalten unberechenbare Schneefelder zwingen uns immer wieder zu Ausweichmanövern; Gerald und Günter an den Steuerknüppeln leisten Schwerarbeit. Auch uns anderen ist die Anspannung anzusehen. Vom Sitzen im Ausguck sind Beine und Hände steif, die Augen vom gleißenden Schnee gereizt. An einem Eisrücken tauchen plötzlich ernst zu nehmende Spalten auf. Obwohl wir die Fahrzeuge rechtwinklig zu ihnen ausrichten, kommt insbesondere der Wohnschlitten arg ins Holpern.

Am frühen Abend müssen wir uns entscheiden: Entweder wir folgen der bisherigen Peilrichtung und riskieren, sehr ausgedehnte Schneeflächen zu überqueren, oder wir bahnen uns den Weg über nur dünn beschneites Blaueis, müssen dann aber nach Südwesten ausweichen. Wir entscheiden uns für die zweite Variante und kommen zunächst auch gut voran. Mehrere Moränen strecken ihre Finger weit nach Norden aus, als wollten sie erste Grüße vom Wohlthatmassiv bestellen. Gerald fährt mit dem MTLB in großem Abstand dem Schlittengespann voran. Ein Hang, nicht steiler als andere, die wir schon problemlos befahren haben, bietet uns Paroli. Im Nu sind wir mitten in einem Scherspaltenfeld, deren Tücke es ist, daß sich die Spalten nach unten domartig verbreitern. Über Funk geben wir durch, daß Günter mit dem ATT und dem Wohnschlitten stehenbleiben soll, wo er sich befindet. Wir können nur noch vorwärts. Jedes schiefwinklige Schneiden der Spalten kann unseren Absturz bedeuten. Über Mikrophon schreie ich Gerald Hinweise zur günstigsten Fahrtroute zu. Gerald fordert dem Motor das Letzte ab. Wir springen von Eisrippe zu Eisrippe wie ein Motorboot in der Brandung. Dumpf schlägt jedesmal das Hinterteil des Fahrzeugs auf die Eiswände. Nach etwa 200 Metern läßt die Spaltenintensität endlich nach.

Jenseits der Eiskuppe sehen wir in wenigen Kilometern Entfernung den Nunatak Otradnaja, der als einsamer Wächter den Zugang zu unserem Ziel, dem zentralen Wohlthatmassiv, markiert. Doch für die Faszination der steil aufragenden Gipfel im Süden bleibt jetzt wenig Zeit. Aus funktechnischen Gründen müssen wir das weiträumige Umfahren der Eiskuppe abbrechen und das Spaltenfeld erneut überqueren, um zu unserem zweiten Fahrzeug zurückzukehren. Uns sitzt der Schreck noch in allen Gliedern, doch es gelingt. Wir und auch Peter Kowski und Günter Stoof, die ungeduldig gewartet haben, sind froh, als wir wieder neben dem »Büffel« stehen.

Aber nun muß der Schlittenzug gewendet werden. Wegen des hohen Gewichts, der geringen Geschwindigkeit und dem angekoppelten »Geomobil« ist an ein Überqueren des Spaltenfeldes nicht zu denken. Obwohl wir mit Metallstangen eine möglichst spaltenarme Wendeschleife abstecken, haben wir in den nächsten Tagen an unserer Wohnhütte doch umfangreiche Reparaturarbeiten vorzunehmen. Eine hinter dem ATT einstürzende Spalte erwies sich als zu groß; der Wohnschlitten schlug hart auf, und die hinten erhöht angebrachte Toilette ging zu Bruch. Den Rest des Abends verbringen wir recht wortkarg, müde und in uns gekehrt, nahe der Moräne.

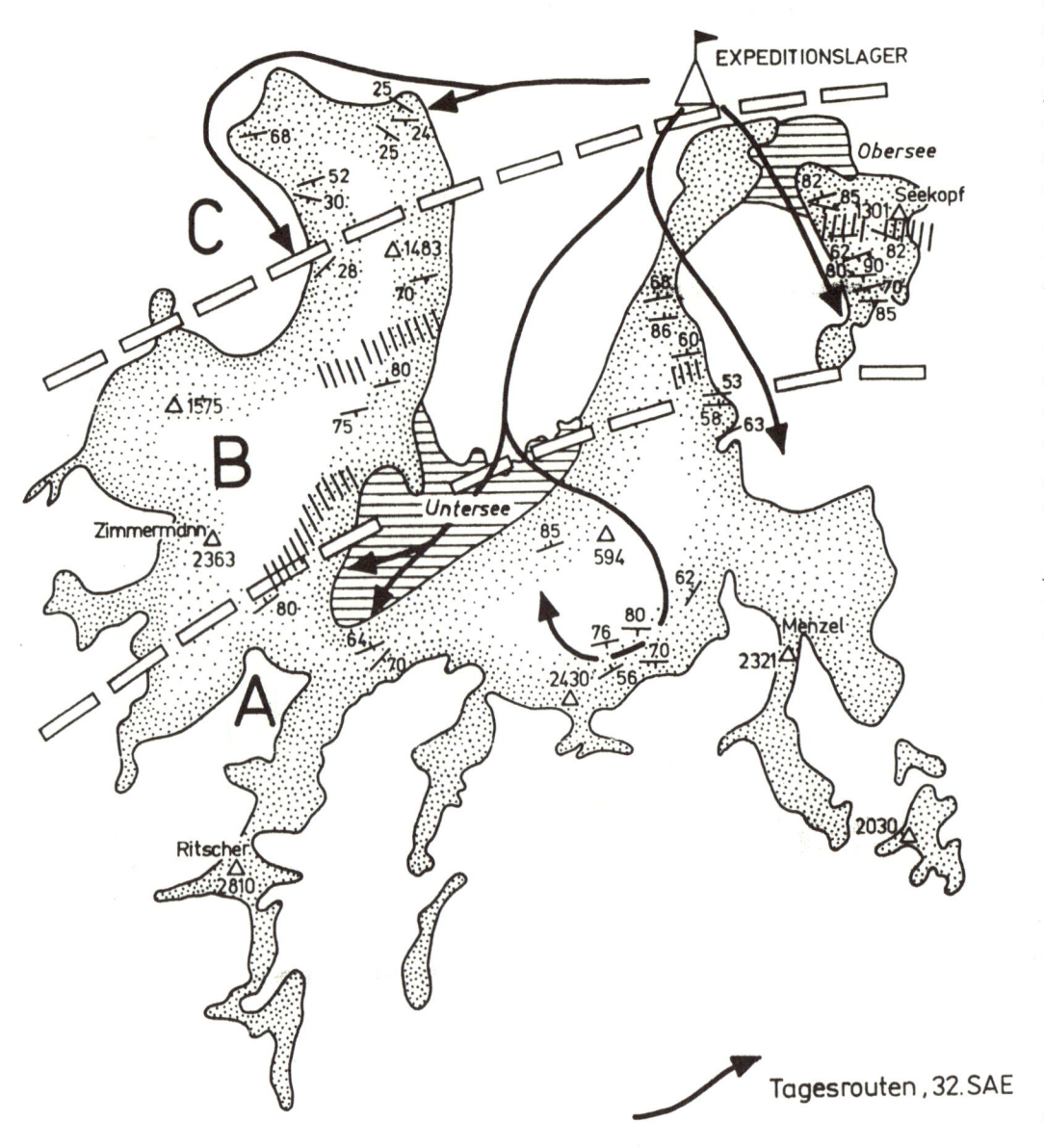

Untersuchungsgebiet der Geologen im östlichen Wohlthatmassiv. Das ovale, im Süden gänzlich eisbedeckte Gebirge gliedert sich in drei unterschiedliche petrologische Einheiten.
Der zentrale Bereich A mit dem höchsten Gipfel Mt. Ritscher besteht vorwiegend aus monotonen, blaugrauen, manchmal ocker bis braun gefärbten, sehr alten Anorthositen.
Die Serie B variiert farblich stärker; hier enthalten die Anorthosite, isoliert oder in Wechselfolgen, Norite mit zum Teil hohen Titananreicherungen.
In der Serie C dominieren massige, wie Gneis aussehende Norite, in die schlierenförmige hellgraue Anorthosite eingelagert sind. Sie kennzeichnen den Randbereich des Magmatitkomplexes.

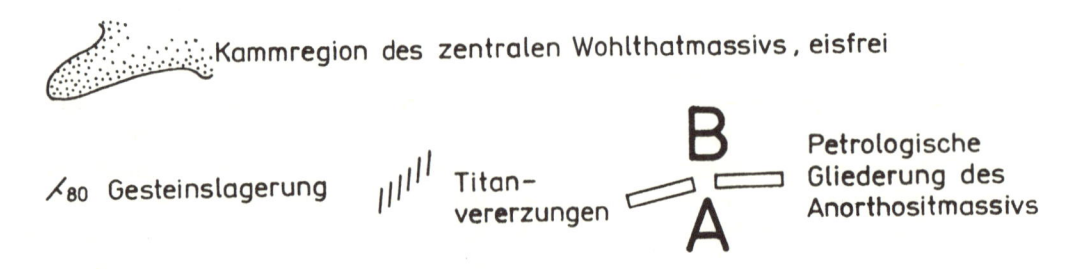

Am Morgen des 7. Januar fahren wir erst einmal bis zum letzten von uns abgesetzten Markierungsfaß zurück. Die Freude ist riesengroß, als ich in etwa 1,5 km Entfernung in Richtung Osten ein altes Routenfaß entdecke. Nur diesen kleinen Betrag waren wir von der Trasse abgewichen, und die Gefahren des Eises hatten sich uns überdeutlich offenbart.

Bei sonnigem Wetter nähern wir uns kontinuierlich dem Otradnaja. Am Fuße einer Moräne richten wir gegen 21 Uhr unser zweites Lager ein, und am nächsten Morgen beginnen wir mit der Arbeit an diesem bereits den Nordhang des Wohlthatmassivs kennzeichnenden Gipfel. Knut Hahne untersucht die Zusammensetzung der großen Moräne, um Hinweise zu den Gesteinstypen in den vom Eis bedeckten Gebieten zu erhalten, und ich besteige den Otradnaja.

Milliarden Jahre altes Gestein

Hier erscheint es mir unumgänglich, ein paar Worte zum geologischen Aufbau des Gebietes vorauszuschicken. Im Wohlthatmassiv dominieren Gesteinsvarietäten der Anorthosite. Diese fast aus einem Mineral (Plagioklas) zusammengesetzten, meist grauen, graublauen oder rötlichen Gesteine sind sehr alt. Die physikalische Datierung unserer Anorthositproben ergab ein Gesteinsalter von 2,4 Milliarden Jahren. Es sind jedoch noch ältere Formationen bekannt, das heißt, Anorthosite gehören zu jenen Gesteinen, die in geologisch früher Zeit die Erdkruste gebildet haben. Deshalb versucht man, durch Aussagen über Anorthositkomplexe zu Schlußfolgerungen über die Krustenbildung nicht nur der Erde, sondern auch anderer Himmelskörper zu gelangen. Beispielsweise gibt es auch auf dem Mond Anorthosite. Hinzu kommt, daß diese Gesteinstypen mitunter Apatit- und Ilmenit-(Titanmagnetit-)Erze führen. Während unserer ersten Expedition ins Wohlthatgebirge 1983 fanden wir eine etwa hundert Meter mächtige Zone mit Ilmenitvererzungen. Das alles macht es sicher verständlich, weshalb es uns Geologen so sehr ins Wohlthatgebirge zog.

Die Lagerung der Gesteine kann ich schnell mit dem Geologenkompaß einmessen, auch die Orientierung von jüngeren Ganggesteinen, die einst in Spalten und anderen Hohlräumen als Magma aufstiegen und das Anorthositmassiv durchschlagen haben. Schwieriger ist es, die Hauptgesteinstypen zu bestimmen. Sie enthalten Anzeichen für saure Magmatite, und das paßt ganz und gar nicht zum basischen Charakter des Anorthosits. Folglich muß das Massiv nachträglich durch granitähnliche Magmen beeinflußt worden sein. Diese Beobachtung bestätigt sich später an weiteren Aufschlußpunkten entlang der Nordflanke des Wohlthatmassivs. Sie erweist sich für die Ableitung der geologischen Geschichte des Gebietes als sehr wertvoll.

Während wir Geologen uns dem Gesteinsinventar zuwenden, bohrt Peter Kowski mit einem Spezialbohrer Kerne aus den verschiedenen Gletscherströmen, die am Otradnaja, durch Moränen getrennt, zusammentreffen und vermutlich ein unterschiedliches Alter haben – was im Labor zu Hause genauer untersucht werden soll. So vergeht die kostbare Zeit wie im Fluge. An den Felsrippen des Nunataks spüre ich deutlich, wie der Wind auffrischt. Leichtes Schneefegen setzt ein, und auch die Sonne verschwindet ab und an hinter den Wolken. Kein gutes Zeichen für die nächsten Tage.

Gegen 18.30 Uhr setzen wir die Fahrt fort. Hinter dem Otradnaja geht es auf dem immer weiter ansteigenden Anutschingletscher entlang nun in Richtung Süd-Südwest. Welch phantastisches Panorama eröffnet sich uns von dem etwa 800 Meter hohen, leicht geschwungenen, waschbrettartig genoppten Gletschereis: Nach Süden steigen erst allmählich, dann immer steiler werdend die Nord-Süd verlaufenden Gebirgsketten aus dem Eis hervor. Der Gebirgsfuß ist mit Verwitterungsschutt und Moränenmaterial bedeckt. Um so steiler und scharfgratiger erheben sich daraus die Felswände. Höhepunkt und Abschluß bildet der Ost-West gerichtete Hauptkamm, der sich bis in beinahe 3 000 Meter Höhe erhebt. Da es schon später Abend ist, taucht die Sonne, durch aufreißende Wolkenlöcher strahlend, dieses Panorama in eine gespenstisch phosphoreszierende Atmosphäre. Silbrigglänzende, weit ausschwingende Schneefahnen hängen an den Felsgraten des Gebirges und zeugen von der elementaren Kraft des in dieser Höhe tobenden Schneesturmes.

Wir stehen, am Ziel unserer Fahrt angelangt, ergriffen vor einem Zauberwerk der Natur. Auch ein wenig stolz sind wir, haben wir es doch geschafft, mit einer nur fünfköpfigen Gruppe unter ungünstigen Bedingungen ins Wohlthatgebirge zu gelangen. Aber es wird Zeit, die Antennendrähte zu spannen. Für täglich 22.30 Uhr haben wir Funkkontakt mit der Schirmacher-Oase vereinbart. Die guten atmosphärischen Verhältnisse lassen sogar Sprechfunk zu. Eine kräftige Mahlzeit wollen wir auch noch zubereiten, und zur Feier unserer Ankunft wird das Sonderkontingent »Für spezielle Anlässe« geschmälert. Die endgültige Einrichtung des Lagers verschieben wir auf den nächsten Tag.

Lagerleben

Die Wahl des Standortes überließen wir natürlich nicht dem Zufall. Schon im Potsdamer Zentralinstitut für Physik der Erde erfolgten dafür die entscheidenden Vorbereitungen. Anhand von geologischen Luftbildinterpretationen, die unter Leitung von Professor Peter Bankwitz standen, konnte die Existenz einer internen Kuppelstruktur an der Ostflanke des Wohlthatmassivs, in der östlich gelegenen Menzelkette, wahrscheinlich gemacht werden. Die Luftbilder ließen jedoch auch erkennen, daß die Anfahrt mit Schwierigkeiten verbunden sein könnte. Von dem zu errichtenden Lager sollten auch die anderen nordorientierten Flanken des Gebirges möglichst leicht zugänglich sein. So bot sich ein Platz in der Nähe des Obersees an, eines ganzjährig eisbedeckten Gewässers in einer Senke vor dem gewaltig aufsteigenden Gipfel des Seekopfes. Für den Wohnschlitten und die schwere Zugmaschine erwies sich jedoch die Neigung der Gletscheroberfläche zum Seeniveau in 756 m Höhe als zu steil. Wir kämen zwar ohne größere Probleme unten an, aber säßen dann mit rutschenden Ketten in der Falle. So blieb uns nur übrig, einen entfernteren Platz auf dem gewölbten Eisstrom des Anutschingletschers auszuwählen, der uns dafür aber mit einem Rundblick entschädigte, wie er besser auf keiner Postkarte gedruckt sein könnte.

Zentrum des Lagerlebens ist das »Geomobil«. Auf engem Raum sind zwei Doppelstockbetten, ein Kerosinofen und ein kleiner Küchenschrank mit Abwaschgelegenheit untergebracht. Platz finden ebenfalls noch ein Propangasherd mit zwei Gasflaschen, der Wandklapptisch und mehrere Hocker. Für den Havariefall existiert ein kleines Stromaggregat, das auch die Energie für das Funkgerät liefert. Leider gestatten die atmosphärischen Bedingungen meist nur Tastfunk, so daß uns Günter Stoof das aufgefangene Gezwitscher übersetzen muß. Ist der Tisch hochgeklappt, können wir das fünfte Bett aufschlagen. Zwei eingebaute Schränke neben der Tür nehmen unsere voluminöse Kleidung und einen Teil der Lebensmittel auf. Weitere Reserven befinden sich auf der Ladefläche des ATT. Eng wird es im Fahrzeug bei Sturm, zum Beispiel als wir am 11. Januar die Geländearbeiten unterbrechen mußten, weil die Windgeschwindigkeit auf über 30 m/s anstieg.

Das unmittelbar angrenzende Eisareal haben wir in Bezirke eingeteilt. Parallel zum ATT steht unsere mobile Einsatzmaschine MTLB. Eine ins Eis gehackte Kühlzelle wurde mit Fähnchen markiert; darin verwahren wir die Fleischvorräte. Einen besonderen Bereich nimmt unsere Trinkwasserschutzzone ein. Betreten und Befahren verboten! Die kleinen, mit dem Beil abgeschlagenen Eisstücke benötigen am Ofen erstaunlich lange Zeit zum Auftauen. Für das Abwaschwasser haben wir eine Grube direkt unter dem Auslauf ins Eis gehackt. Eine flache Mulde, die wir mit Eisgrus füllen, ersetzt das Badezimmer. Die Eisbröckchen gefrieren nicht aneinander, weil die Luft so außerordentlich trocken ist. Wir brauchen also nur eine Handvoll Eisgrus zu ergreifen und reiben uns damit schnell, um nicht auszukühlen, den Körper ab.

Freie Flächen am Schlitten sind schon nach wenigen Tagen mit unseren Gesteins- und Peter Kowskis Wasser- bzw. Eisproben belegt. Jeweils abends erfolgt eine kurze Tagesauswertung. Die Absprachen zum Ablauf des nächsten Tages betreffen vor allem Marschrouten und die Nutzung des Fahrzeuges. Meist versuchen wir, die Geländearbeit in einer Region gemeinsam durchzuführen. Wir Geologen lassen uns an besonders aufschlußreichen Abschnitten der Gebirgsflanke absetzen, während Peter mit Unterstützung von Günter und Gerald wieder Kerne aus dem Gletschereis bohrt und an allen möglichen Orten Schnee-, Firn- und Wasserproben sammelt. Natürlich verlangt auch die Technik einen hohen Wartungsaufwand.

Das erste Profil

Als Einstieg haben Knut Hahne und ich die geologische Bearbeitung einer Felsrippe gewählt, die sich von der Ostseite des Obersees bis zum Gipfel des Seekopfes in 1301 m Höhe erhebt. Schon von fern ist an rhythmischen Farbänderungen zu erkennen, daß wir eine Vielzahl von Gesteinsvarietäten antreffen werden. Den abschüssigen Weg zum Obersee erleichtern uns wellenartige Eintiefungen der Gletscheroberfläche, die uns das Anlegen der Steigeisen ersparen. Diese Wellen sind das Ergebnis der sonnenbedingten Ablation des Eises – eines durch Wärmeeinstrahlung und Verdunstung bedingten Abschmelzens. Trotz der »hochsommerlichen« Temperaturen ist der See mit einer dicken Eisschicht versehen. Nur im sehr flachen nordwestlichen Ausläufer kann die Sonne den steinigen Grund so weit erwärmen, daß an den Rändern kleine Wasserflächen entstehen.

Doch jetzt interessiert uns das gegenüberliegende Ufer. Der erste Abschnitt des Grates ist durch Moränenmaterial verhüllt. Wir entdecken darin eine Vielzahl unterschiedlicher Anorthosite, die vom Gletscher aus der näheren Umgebung aufgenommen und gemeinsam mit basischen (dunklen) und sauren (hellen) Ganggesteinen hier abgelagert wurden. Vereinzelt finden wir Erzbröckchen, die unsere Ungeduld, endlich an das ortsständige Gestein zu gelangen, noch steigern.

Wir haben die Obergrenze der Moräne erreicht. Vor uns rötlich gefärbter Anorthosit, dessen grobkristalline Augen ein bis zwei, manchmal vier Zentimeter Länge erreichen. Am Aufbau des Gesteins ist fast ausschließlich der basische Feldspat Anorthit beteiligt. Dünne Säume aus feinkörnigem, leuchtendrotem Granat um die Anorthitaugen weisen auf nachträgliche Deformationsereignisse mit Stoffzufuhr hin. Und da sind mit silbrig-grauem Glanz, in winzigen Zwickeln zwischen den Feldspäten verborgen, auch die ersten Anzeichen von Erzführung zu erkennen.

Wenige zehn Meter höher treffen wir auf einen etwa einen Meter mächtigen Horizont aus Titanerz. Wir haben die Fortsetzung der vor drei Jahren an der Westflanke des Untersees entdeckten Ilmenitzone gefunden. Doch die Standardaufgaben dürfen wir darüber nicht vergessen: das Beschreiben der Hauptbestandteile des Gesteinskomplexes nach Farbe, relativer Häufigkeit zueinander und räumlicher Anordnung. Besonders suchen wir nach Kriterien, aus denen wir die Deformationsgeschichte ableiten können. Typische Gesteinsproben werden mit dem Kompaß eingemessen, ihre Lagewerte, das heißt Neigungswinkel und Schnittwinkel gegen geographisch Nord, mit Spezialstiften auf dem Gestein markiert. Nach Vergabe einer Nummer verschwinden die Proben im Rucksack. Die wichtigsten Grenzen zwischen den Varietäten müssen in Karten eingezeichnet werden. So arbeiten wir uns Stück für Stück den Grat hinauf. Dabei wechseln grobe mit feinkörnigen Partien in bräunlich roter, hellgrauer und graublauer Farbe. Titanerz (Ilmenit) finden wir noch mehrfach, jedoch ist das Erz meist sehr fein im Gestein verteilt oder die Horizonte weisen nur eine geringe Mächtigkeit auf.

Wir notieren uns auch alle am Fels erkennbaren Bruchzonen und andere Deformationen, wie Schieferung, sowie die Orientierung der Ganggesteine. Auf den windzugewandten Seiten des Gipfels und hinter Gesteinskanten haben die Stürme deutliche Spuren hinterlassen: Windgeschliffene Flächen heben sich mattglänzend von der Umgebung ab, und es bilden sich bizarre Wabenstrukturen, die durch das enge Nebeneinander von eingesenkten Löchern auf einer Gesteinswand entstehen. Einige Löcher sind so groß, daß sich eine Person hineinstellen kann.

Oben auf dem Seekopf angelangt, sehen wir, daß der Hauptkamm auf seiner Ostflanke jäh in die Tiefe abfällt. Wir suchen das Gelände nach Trassen ab, auf denen wir in den nächsten Tagen die Arbeit fortsetzen könnten. Aber an einen Einsatz unseres wendigen Fahrzeugs in der Menzelkette, die sich östlich anschließt, ist nicht zu denken; Schwellen, steile Hänge und Schneefelder verwehren die Zufahrt. Wir sind deshalb gezwungen, unsere Pläne zu ändern. Auf zwei Tagesmärschen gelingt es wenigstens, aus dem Randbereich dieses Gebietes Proben und Daten zu beschaffen, mehr können wir hier nicht verrichten. Vielleicht sind wir oder andere bei späteren Expeditionen in der Lage, mit einem Hubschrauber diese Barrieren zu überwinden.

Sommergäste

Wir sind nicht die einzigen Lebewesen, die sich in dieser Gebirgsregion aufhalten. Schon vor drei Jahren haben wir auf unseren Streifzügen in der Umgebung des Untersees im groben Blockschutt oder in Gesteinsspalten Nistplätze der leuchtendweißen Schneesturmvögel entdeckt; wir haben sie kartiert und einen Gesamtbestand von etwa 1000 Brutpaaren dieser in Kolonien lebenden hervorragenden Flieger ermittelt. Die Flugleistungen der taubengroßen Vögel sind erstaunlich, denn die Schneesturmvögel müssen zur Nahrungssuche mehr als 180 km zum offenen Meer zurücklegen. Zahlreiche tote Jungvögel bezeugen auch, unter welchen Opfern sich die Tiere gegen die Härte der Existenzbedingungen in dieser südlichen Felswüste behaupten müssen.

Als weiterer Feind tritt die wesentlich größere Südpolare Raubmöwe auf, deren Einzelnester schon von fern an einem Ringwall aus gebleichten Vogelknochen zu erkennen sind. Unerschrocken greifen sie uns beim Betreten ihrer Nistbezirke an, die sich stets nahe den Schneesturmvogelkolonien befinden. An unserem Lager streiten sich manchmal bis zu sieben dieser braunen Räuber um die Wurstzipfel, die wir ihnen hinwerfen. Die eleganten Schneesturmvögel sehen wir dagegen meist in kleinen Gruppen dem Meer zustreben.

In so fernab gelegenen Regionen muß die wenig bekannte Natur möglichst vielseitig beobachtet werden. Deshalb notieren wir auch alles Bemerkenswerte zur Biologie. Beispielsweise sind wir überrascht, in dieser polaren Hochgebirgswelt an geschützten und feuchten Standorten leuchtende rote, gelbe, grüne und graue Flechten anzutreffen. Sie künden von der Anpassungsfähigkeit des Lebens selbst an sehr extreme Umweltbedingungen. Auch Peter Kowski hat sein Arbeitsprogramm erweitert und registriert meteorologische Daten – zum erstenmal kontinuierlich in dieser südlichen Region des Königin-Maud-Landes. Günter Stoof und Gerald Müller, unsere Techniker, vermessen Profile mit einer geomagnetischen Sonde. Jeder versucht, so viel Informationen wie nur möglich zusammenzutragen.

Noch aus einem anderen Grund interessieren uns die Schneesturmvögel. Sie produzieren ein orangefarbenes Magenöl, das sie auch als Schutzsekret vermeintlichen Feinden oder arteigenen Störenfrieden entgegenschleudern. Im Laufe der Zeit bilden sich daraus rings um die Nistplätze feste, braune, Mumijo genannte Krusten, die beweisen, daß die Gebirgsregion schon längere Zeit besiedelt ist. Isotopenchemische Analysen an den vom Westufer des Untersees mitgebrachten Proben ergaben ein Alter zwischen 1000 und 7000 Jahren. Nahezu sensationelle Altersdaten brachten Proben vom oberen Hangbereich mit Werten bis zu 32 000 Jahren! Durch diese Analysen, die freundlicherweise von Achim Hiller und Ulrich Wand in Leipzig vorgenommen wurden, ist die Besiedlung des Gebietes durch Schneesturmvögel bis weit in die letzte Eiszeit rückdatierbar. Das bedeutet, daß die Kammlagen des Wohlthatgebirges bereits zu dieser Zeit eisfrei gewesen sein müssen.

Die auf solche Weise erhaltenen Alterswerte können wir auch unterschiedlichen Moränentypen zuordnen. Daraus ergeben sich Fingerzeige auf das tatsächliche Alter, was uns wiederum ermöglicht, Veränderungen im Bewegungsverhalten des zur Küste abfließenden Inlandeises zu erfassen.

Kurios und nicht gerade angenehm war, wie ich den Geschmack dieses frischen Magenöls kennenlernte. Knut Hahne wollte mich mit einem Schneesturmvogel fotografieren, dem der Schutzabstand offensichtlich zu gering erschien. Er drehte sich blitzschnell um und spuckte mir einen warmen, roten Strahl mit intensivem Fischtrangeschmack ins Gesicht. Knut kam vor lauter Vergnügen kaum zu seinen Fotos.

Bilanz
Der Rückkehrtermin zur Oase ist auf den 16. Januar festgelegt. So gilt es, jeden Tag optimal zu nutzen. Zu schade, daß uns der fast während der gesamten Expedition blasende Sturm einen vollen Geländetag gestohlen hat. Die Zahl der bearbeiteten Profile wäre sonst noch um mindestens eine Marschroute günstiger ausgefallen. Aber wir sind in Antarktika und müssen uns mit den klimatischen Bedingungen arrangieren. Die Bilanz ist dennoch gut. Von weiten Abschnitten des Anorthositmassivs haben wir neue Lagerungsdaten und können so den schalenartigen Aufbau dieses basischen Feldsteinkörpers und die Abfolge der Ereignisse, die zu seiner Deformation geführt haben, besser verstehen. Zahlreiche Gesteinsproben belegen die Typenvielfalt des Anorthosits in dieser Region. Den Bereich mit nachgewiesenen Titanerzen haben wir wesentlich erweitern können.

Störungszonen, an denen die Gesteinskomplexe gegeneinander verschoben wurden und die durch intensive Gesteinszerlegung charakterisiert sind, künden von der wechselhaften Geschichte des etwa zwei Milliarden Jahre alten Massivs. Nicht zu vergessen der Nachweis von nachträglichen Beeinflussungen des Anorthosits durch den Aufstieg jüngerer saurer magmatischer Gesteine im Nordwesten. Der direkten Beobachtung ist dieses vermutlich jüngere Massiv wegen des Eispanzers, unter dem es liegt, nicht zugänglich. Wir konnten jedoch in den Moränen hohe Anteile entsprechender Gesteine feststellen. Der Nachweis gelang damit auf indirektem Wege durch Gesteinsproben, die der Gletscher vom Untergrund abgehobelt hat.

Schweren Herzens treten wir die Rückfahrt an. Tunlichst meiden wir die als gefährlich erkannten Abschnitte. Unser Blick geht häufig zurück in Richtung Südwesten, wo weitere Gebirgsketten auch »des Nachts« in der grellen Südsonne locken. Dann sind wir wieder im Reich des bläulich schimmernden Eises. Gerastet wird nach Erreichen des Fasses mit der Signalfahne. Ein starker Kaffee treibt uns die Müdigkeit aus den strapazierten Gliedern. Doch nach einem langen Aufenthalt ist uns nicht zumute, und so setzen wir die Fahrt schon bald in Richtung unseres November-Lagers am Nunatak Basisny fort. Morgens gegen sieben Uhr, erschöpft und durchfroren und doch glücklich, treffen wir wieder in der Station ein.

1987–1989

1. Antarktisexpedition (AE) der DDR
Station Georg Forster, Bellingshausen, Drushnaja III, Coatsland

Im Juli 1987 hatte die als Annex der sowjetischen Antarktisstation Nowolasarewskaja unterhaltene Forschungsbasis der Akademie der Wissenschaften der DDR den Namen »Georg Forster« erhalten. Am 25. Oktober weihte Professor Heinz Kauzleben, Leiter des Forschungsbereiches Geo- und Kosmoswissenschaften der Akademie und Direktor des Zentralinstituts für Physik der Erde, die selbständige DDR-Antarktisstation ein.

Damit ging ein lange gehegter, durch hohen persönlichen Einsatz und ausgewiesene Leistungen immer wieder bestärkter Wunsch der ostdeutschen Antarktisforscher in Erfüllung. Die Polarwissenschaftler anderer Nationalität konnten schon lange nicht verstehen, weshalb die DDR nach fast drei Jahrzehnten aktiver Forschung auf dem Südkontinent keine auch im völkerrechtlichen Sinne eigene Station unterhielt. Dieser Status war mit der Anerkennung der DDR als Konsultativstaat des Antarktisvertrages verbunden, die 1987 erfolgte – wie umgekehrt das Recht der Konsultation mit dem Betreiben einer autarken Station erworben wurde. Endlich brauchte nun das, was in der Schirmacher-Oase bestand, nicht mehr verlegen als Meßpunkt, Laboratorium oder Forschungskomplex umschrieben zu werden. Und mit Georg Forster, als überragende Persönlichkeit der Mainzer Jakobinerrepublik bekannt, war ein beziehungsreicher Namenspatron gefunden worden: Er hatte 1772 bis 1774 an der Weltumseglung James Cooks teilgenommen, als erster Deutscher (an der Seite seines Vaters Reinhold) die Antarktis gesehen und in seinem Werk »Voyage round the World« die insgesamt sechs Vorstöße der Resolution *in Richtung Südpol beschrieben.*

Drei Gruppen brachen, teils per Flugzeug, teils per Schiff, zum Südpolarkontinent auf. Als Beginn der ersten eigenständigen Antarktisexpedition (AE) der DDR dürfen wir den Start einer Forschergruppe auf dem Flughafen Berlin-Schönefeld am 12. Oktober 1987 ansehen. Ein Teil des Personals fuhr, wie bisher, auf russischen Schiffen ins Südpolargebiet. Expeditionsleiter war der Vermessungsingenieur Reiner Frey,

der in den Sommermonaten Dopplermessungen zur Bestimmung geodätischer Festpunkte vornahm. Mit dem Aufbau der Sende- und Empfangsanlagen betraut, übernahm Diplomingenieur Günther Peters während der Überwinterung die Station.

Die im Vergleich zu den bisherigen Aktivitäten größere Dimension der ersten eigenen Südpolexpedition setzte einen erhöhten Transportaufwand voraus. Mehrere Schlittenzüge zwischen Schiffsentladestelle Kap Ostry und der Schirmacher-Oase waren erforderlich, um die umfangreichen Ausrüstungen vor Ort zu bringen, darunter die Funkstation, neue Meßgeräte, Kettenfahrzeuge, Autokran und vieles andere.

Trotz der Bau- und Installationsarbeiten gab es keine Abstriche an den wissenschaftlichen Programmen. Wieder mit der Hydrochemie der Seen sowie mit verhältnismäßig tiefen Eiskernbohrungen befaßt war der Isotopenchemiker Dietmar Haendel. Der Physiker Andreas Herber knüpfte an die Ergebnisse des Strahlungsexperiments von Leiterer und Schulz an, die im Sommer 1984/85 für die Aerosoldicke der Inland- und der Küstenregion gleiche Werte erhalten hatten; jetzt sollte geprüft werden, ob sich die Aerosolkonzentration innerhalb eines Jahres verändert.

Der geomagnetische Meßpunkt wurde gerätetechnisch von Steffen Wagner modernisiert – eine Voraussetzung für eine geplante Magnetometerkette in meridionaler Richtung. Um störenden Einflüssen der Funkstation zu entgehen, entschloß man sich, die geomagnetischen Registrierungen in einem separaten Gebäude samt Arbeits-, Wohn- und Laborraum für den Magnetiker unterzubringen. So entstand 200 m außerhalb der Station ein kleines geomagnetisches Observatorium, »Teslabar« genannt, zu dem der weitere 100 m abliegende, von Kopsch gebaute Fundamentalpunkt gehört. Die bisherige Kartierungsdaten ergänzenden Feldmessungen der Totalintensität erfolgten in ausgewählten magnetischen und tektonischen Störungszonen.

Der Elektroniker Volker Strecke widmete sich dem Ausbau des automatischen Meßwert-Erfassungssy-

stems. Das Betreiben einer Amateurfunkstation fand große Resonanz. Auch der technische Bereich – Uwe Mattern, Fritz Grosch, Dieselelektroanlagen; Günther Stoof, Fuhrpark, Klaus Mantel, Koch – hatte wesentlichen Anteil am Erfolg dieser Expedition.

Als Teilnehmer der 1. AE der DDR zu Gast in der sowjetischen Station Bellingshausen waren wieder zwei Biologen. Seinen dritten Antarktiseinsatz bestand Professor Hans-Jürgen Paech im Coatsland (westliches Königin-Maud-Land). Mit sowjetischen Geologen von der neuen Sommerbasis Druschnaja III aus (71° 06' Süd, 10° 49' West) mit Hubschraubern operierend, wurden die Kraulberge etwa 350 km südwestlich sowie Ahlmannrücken, Burgmassiv und andere geologische Aufschlüsse etwa 300 km östlich der Basis untersucht.

Y3G – »Georg Forster« sendet

Günther Peters, Reiner Frey

Es wird sehr selten sein, daß Polarfahrer, kaum an ihrem Einsatzort angelangt, ein Fest vorzubereiten beginnen. Am 25. Oktober 1987 sollte die antarktische Forschungsstation »Georg Forster« der DDR eingeweiht werden. Wir von der ersten selbständigen Antarktisexpedition unseres Landes wurden sofort in die Arbeiten einbezogen, die zu einem wesentlichen Teil noch in Händen der Überwinterer unter Leitung des Elektronikingenieurs Eckhard Graß (32. SAE) lagen. Keine feierliche »Erwartung« also, es gab übermäßig viel zu tun. Von unserer kleinen, fünfköpfigen Vorausabteilung, die mit dem Flugzeug über Molodjoshnaja anreiste, hatten nur der Ingenieur Günter Stoof, der zu seiner dritten Expedition in die Schirmacher-Oase aufgebrochen war, Antarktiserfahrung und der Geodät Reiner Frey, der die Sommerkampagne 1981/82 hier verbrachte. Vielleicht erlebten jene, die zum ersten Mal ihren Fuß auf antarktisches Eis setzten, alles mit ein wenig mehr Neugier auf den Gesichtern, aber die Vorfreude war ungeteilt. Wußte doch jeder, daß mit der Stationseröffnung eine Ehre auf uns kam, die den jahrelangen intensiven Bemühungen zahlreicher Wissenschaftler und Techniker aus fast allen Teilen des Landes erwachsen war, und daß wir ein gutes, international anerkanntes, oft schwer errungenes Erbe weiterführen sollten.

In der Nacht vor der Einweihung setzte ein heftiger Sturm ein, so daß wir den ganzen Vormittag Schnee schippen mußten. Der Haupteingang der Station war völlig verweht. Auch am Nachmittag ließ der Sturm kaum nach. Trotzdem trafen die Gäste der 6. Indischen Antarktisexpedition unter ihrem Leiter Colonel Iyer pünktlich ein. Da die indische Station Dakshin Gangotri 85 km entfernt auf dem Schelfgletscher liegt, hatten sie sich mit einem Schlittenzug herbegeben. In den nächsten Tagen wollten sie ein Fahrtrasse ins Wohlthatgebirge finden. (Sie kamen jedoch unverrichteter Dinge zurück; ausgedehnte Spaltengebiete zwangen sie zur Umkehr.) Der sowjetischen Abordnung stand der Stationschef von Nowolasarewskaja, Georgi Chochlow, vor.

Gegen 16 Uhr zogen wir unter den Klängen der Nationalhymne die Staatsflagge der DDR an dem mächtig im Sturm vibrierenden Stahlmast auf. Das Präsidiumsmitglied der Akademie der Wissenschaften, Professor Heinz Kauzleben, würdigte in einer kurzen Ansprache die Leistungen der Polarforscher unseres Landes und umriß die mit der Stationsgründung verbundenen neuen Aufgaben. Dann wurde das Schild mit dem Namen »Georg Forster« enthüllt. Als der sowjetische und der indische Delegationsleiter sich mit ihren Grußansprachen an uns wandten, hatten wir uns bereits vor dem Sturm ins Innere der Gebäude geflüchtet. Im weitaus gemütlicheren »Herrencontainer« wurde ein kleines Buffet eröffnet. Nach anfangs noch ein wenig förmlich gestellten Fragen begann ein angeregtes Fachsimpeln. In Englisch, Russisch, Deutsch verständigten wir uns über die Forschungsprogramme, über Pläne und die Möglichkeiten künftiger Zusammenarbeit. Am nächsten Tag fand noch eine Nachfeier mit dem gesamten Kollektiv der sowjetischen Polarniks in Nowolasarewskaja statt, und dann hieß es wieder, zum Alltag überzugehen.

Eines unserer wichtigsten Vorhaben bestand darin, die eigene Funkstation aufzubauen. Den Funkcontainer selbst, mit einem etwas modifizierten, handelsüblichen Kurzwellensender KSS 1300 aus dem Funkwerk Köpenick, wie er auch für die Fischereiflotte eingesetzt wurde, brachte das sowjetische Forschungsschiff MICHAIL SOMOW erst im März 1988 zur Schelfeisbarriere. Bis dahin galt es, alle Arbeiten am Antennenfeld und den Gebäuden abzuschließen. Da der Funkcontainer für die extremen klimatischen Bedingungen Antarktikas nicht konstruiert war, mußten wir eine gut isolierende Schutzhütte bauen. Funkraum, Wohnunterkunft für den Funker und ein kleines Techniklager wurden zu einem in sich geschlossenen Komplex vereint.

Am aufwendigsten gestaltete sich der Aufbau des Antennenfeldes. Wir begannen mit der großen V-Antenne, die von einem aus 14 Stahlgitter-Segmenten bestehenden 33 m hohen Mast getragen wird. Sie sollte uns über die Küstenfunkstelle »Rügen Radio« mit der Heimat verbinden. Die Segmente befanden sich bereits an der Station, denn der Mast hatte schon einmal gestanden; es ist derselbe, der während der 21. SAE unter Leitung von Hartwig Gernandt errichtet und die Antenne für ionosphärische Untersuchungen getragen hatte. Allerdings mußten wir ihn um ein Mastglied erhöhen. Nachdem alle Zubehörteile an die oberen Gittersegmente angepaßt und befestigt waren, konnten wir mit der Montage beginnen. Sie verlief unproblematisch, hatten wir doch mit Günter Stoof auch einen Mann unter uns, der den Aufbau des »Himmelsstachels« von der Gernandt-Expedition her kannte.

Wir konnten nur an Tagen mit geringen Windgeschwindigkeiten arbeiten, denn der Mast steht unbefestigt auf dem Boden und wird mit Stahlseilen in drei verschiedenen Höhen verspannt. Aber solche Tage sind in Antarktika selten. Als wir fast fertig waren, stockte uns doch noch der Atem vor Schreck. Vielleicht durch einen Windstoß verursacht, der unvermittelt in die Oase einfiel – plötzlich kippte der Mast! Eine Halterung des Segmentaufzuges wurde herausgerissen. Wir sprangen zu den Winden, zogen die Seile straffer und konnten das wankende Bauwerk wieder in die Senkrechte bringen.

Lange mußten wir dann auf günstige Temperaturen warten, um die ausnahmslos an Tragseilen aufgehängten Koaxialkabel, womit die Antenne gespeist wird, montieren zu können. Wie oft ist Günther Peters auf den langen Mast hinaufgestiegen! Die beiden Antennenkabel (Dipole) sind 80 m lang. Sie hängen in einem nach Norden offenen Winkel von 45 Grad zueinander zwischen dem Hauptmast und je einem wesentlich niedrigeren Stahlmast. Der Hauptmast ist nun das höchste Bauwerk in der Schirmacher-Oase und Wahrzeichen unserer Station. Eine rote und sechs weiße Schiffslaternen beleuchten die Stahlkonstruktion – weithin ein attraktiver Orientierungspunkt und, nebenbei, ein beliebtes Fotomotiv.

Da die gegenwärtige Dieselelektrostation einen Einbau größerer Aggregate nicht gestattet (sie war bereits im Jahre 1978 mit stärkeren Generatoren bestückt worden), wird unsere Funkstation mit einer Sendeleistung von 1 kW eine der schwächsten Funkstellen in Antarktika sein. Um so sorgsamer mußten die geeigneten Antennen ausgewählt und installiert werden. Vielleicht kann sich der Laie schwer vorstellen, was alles zu solch einem Antennenfeld gehört – um die Funkverbindung sowohl nach Europa als auch zu den anderen Antarktisstationen, zu den im südlichen Atlantik operierenden Schiffen und den in der Schirmacher-Oase oder deren Umgebung arbeitenden Wissenschaftlern aufrechtzuerhalten, bedarf es sehr unterschiedlicher Antennen.

Als *Sendeantennen* hatten wir neben der großen V-Antenne aufzubauen:
- eine Vertikalreusenantenne KAV (Funkwerk Köpenick)
- eine 10 m lange Stabantenne KAS (Funkwerk Köpenick)
- je eine nach Norden, Osten und Westen ausgerichtete Langdrahtantenne.

Als *Empfangsantennen* waren zu errichten:
- eine Polarisationsantenne PAS (Funkwerk Köpenick)
- zwei aktive Empfangsantennen KAA (Funkwerk Köpenick)
- eine Langdrahtantenne
- eine geneigte V-Antenne
- ein abgeschlossener, geneigter Faltdipol
- eine geerdete Groundplanantenne.

Des weiteren wird die bereits in der Nähe der Station vorhandene Winkelreflektorantenne genutzt.

Die Empfangsantennen haben wir weit genug von den Sendeantennen entfernt aufgestellt. Sie ermöglichen den Empfang mehrerer Übertragungen zu gleicher Zeit. Die Ausstattung der Station gewährleistet den Funkverkehr in sechs verschiedenen Sendearten. Selbstverständlich waren die Rufzeichen entsprechend den internationalen Vereinbarungen bereits zu Hause festgelegt worden. Demnach arbeitet die Antarktisstation »Georg Forster« im festen Funkdienst, das heißt zwischen bestimmten festgelegten Punkten, mit dem Rufzeichen Y3ZA und im beweglichen Landfunkdienst unter Y3G für Telegrafie und FORSTER 1 für Telefonie. Es wird also öfter möglich sein, günstige atmosphärische Bedingungen vorausgesetzt, Funktelefongespräche mit den Angehörigen daheim zu führen.

Aber noch war es nicht so weit. Zunächst behalfen wir uns mit einem kleineren Sende- und Empfangsgerät (Typ SEG 100, ebenfalls Funkwerk Köpenick), mit dem wir am 30. Oktober 1987 einen provisorischen Funkverkehr eröffneten. Von besonderem Nutzen war der tägliche Austausch meteorologischer Daten mit der indischen Station Dakshin Gangotri – für die Inder vor allem dann, wenn sie auf Expedition in die Oase oder zu Schlittenzügen aufbrechen wollten, und für unsere Versorgungsschlittenzüge zum Kap Ostry war es gut zu wissen, wie das Wetter dort an der Eisbarriere ist. In den Monaten Januar/Februar standen wir auch mit dem von Indien gecharterten schwedischen Schiff THULELAND in Verbindung, um Wetterinformationen für Hubschraubereinsätze zu übermitteln. Die Helikopter flogen meist in den Mittelteil der Oase, an den See Sub, wo die neue indische Überwinterungsstation Maitri errichtet wurde.

Indessen gingen auch bei uns die Bauarbeiten voran. Die von Conrad Kopsch aufgestellte geomagnetische Meßhütte steht 300 m von unserer Station entfernt, aber die Aufzeichnungsgeräte befanden sich bisher in einem an die Wohnräume angrenzenden Container, und es war zu erwarten, daß die empfindlichen Registrierungen der geomagnetischen Meßwerte durch die Funkstation gestört werden. Unser Magnetiker Steffen Wagner vom Observatorium Niemegk suchte deshalb nach einem geeigneten Standort, an dem wir einen separaten geomagnetischen Registrierkomplex bauen konnten, und fand ihn auf einer nur wenig geneigten Geröllfläche hinter einem kleinen Felshuckel, 200 m von der Station und 100 m von der Meßhütte entfernt. Auch in diesem Fall setzten wir gleich einen kompletten Wohncontainer hinzu, fügten einen Lagerraum an, ummantelten alles mit Holz und einer Metallaußenhaut und erhielten einen sehr soliden Registrierkomplex von etwa 60 m² Innenfläche. Darin fand auch das von den beiden Elektronikern Eckehard Graß und Robby Rochlitzer entwickelte automatische digitale Meßwerterfassungssystem Platz. Und schließlich setzten wir noch die Empfangsantenne für das kosmische Rauschen unmittelbar neben das Gebäude, so daß nun auch diese Messungen dort stattfinden. Daß dem Ganzen ein besonderer Name gegeben wurde – »Teslabar«, abgeleitet von Tesla, der Maßeinheit für die magnetische Flußdichte –, bringt einen gewissen Stolz auf den mit viel Intuition und Improvisation errichteten Bau zum Ausdruck.

Obwohl diese rein handwerklichen Arbeiten Steffen Wagner sehr in Anspruch nahmen, konnte er doch mit einem transportablen Magnetometer bereits in den Sommermonaten ins Gelände ziehen. Er brannte ja darauf, nun endlich Wissenschaft betreiben zu können. Steffen und Reiner Frey fahren jeweils mehrere Tage auf dem schweren Kettenschlepper ATT mit dem angehängten »Geomobil«, das den Lesern noch von der Wohlthatgebirgsexpedition in Erinnerung sein wird, zu den südlich der Schirmacher-Oase gelegenen Nunatakkern »Basisny« und »870 m«. Reiner hatte trigonometrische Punkte zu bestimmen. Am Steuerknüppel saß Hans Griffel, und als Allroundtechniker war Günter Stoof, unser »Molo«, dabei. Molo konnte alles, Molo machte alles. Es war ein Glück für die Expedition, daß wir solch einen versierten Techniker bei uns hatten.

Für die Punktmessungen in Oasenmitte brauchten Reiner Frey und Steffen Wagner nur an unserer Außenhütte am Priednikowoje, dem »Gletschersee«, abgesetzt zu werden. Übrigens haben wir am benachbarten See Podprudnoje, der uns für künftige Arbeiten interessant erscheint, eine weitere kleine Außenstelle eröffnet.

Neben vielen ingenieurgeodätischen Messungen, die für das Antennenfeld beziehungsweise den Bau von Stationseinrichtungen notwendig waren, oblag es Reiner Frey, für einen trigonometrischen Punkt höchster Genauigkeit, einen sogenannten Fundamentalpunkt, die Koordinaten, d. h. die geographische Länge und Breite, sowie die Höhe zu bestimmen. Vor gar nicht langer Zeit machte man das, indem man Sterndurchgänge beobachtete und daraus die Koordinaten ableitete. Wir hatten eine moderne Doppler-Meßapparatur zur Verfügung, die mit einem Minicomputer ausgestattet ist und die Koordinaten automatisch nach Satellitendurchgängen berechnet. Die Auswertung der auf 40 speziellen Magnetbandkassetten aufgezeichneten, durch den Doppler-Effekt gewandelten Frequenzwerte von über 1300 Satellitendurchgängen wurde in der Abteilung Satellitengeodäsie des Zentralinstituts für Physik der Erde in Potsdam vorgenommen. Der Fundamentalpunkt ist jetzt der genaueste geodätische Punkt in der Schirmacher-Oase. Alle trigonometrischen Messungen und Karten werden auf ihn bezogen. Dadurch konnte auch die Ortsangabe für die Station »Georg Forster« präzisiert werden. Die bisherige Längen- und Breitenangabe hat sich um jeweils etwa eine Minute verändert. Die neuen Koordinaten von »Georg Forster«:

70° 46' 39" südlicher Breite
11° 51' 03" östlicher Länge.

Was uns sehr mißfiel, war die verstreute Lagerhaltung der hunderterlei Dinge, die eine Forschungsstation verfügbar oder in Reserve haben muß. Besonders unser »Kraftwerker« Uwe Mattern konnte sich nicht beruhigen, daß die Bestände an sechs verschiedenen Plätzen aufbewahrt wurden, teilweise in Kisten im Freien, die oft unter Schneewehen begraben lagen. Das sieht nicht nur unschön aus, es behindert auch den Zugriff und dient sicher nicht der Haltbarkeit der Materialien. Wir müßten ein Lagerhaus haben, war unsere Meinung. Von den nun bald abreisenden Überwinterern erfuhren wir, daß in der alten sowjetischen Station des ehemalige Gebäude der Aerologie leerstand; durch den Neubau von Nowolasarewskaja wurde dort kaum noch etwas genutzt. Wir verhandelten mit Stationsleiter Chochlow, der uns nach Rückfrage in Leningrad das etwas ungewöhnlich gebaute Haus mit der Ballonstartrampe zum Abriß freigab.

Anfangs hatten wir vor, nur das Baumaterial zu gewinnen. Aber das Gebäude war stabil, und so kamen wir auf den Einfall, es komplett umzusetzen und auf unserem Gelände zu reparieren. Das war einen Versuch wert. Also los! Mit Wagenhebern und einer Winde wurde das Bauwerk nach und nach angehoben und aufgebockt. Uwe Mattern und Günter Stoof hatten inzwischen die beiden Raupen flottgemacht, die früheren Expeditionsteilnehmern noch unter dem Namen »Ernst-August« und »Bodo« bekannt sind. (Wir wunderten uns nur darüber, mit wieviel Nacharbeiten wir an den für teures Geld in Cottbus generalüberholten Raupen zu tun bekamen.) Sie bugsierten den schweren Lastschlitten unter das erhobene Gebäude. Nachdem es darauf abgesetzt war, kam der spannende Moment. Hält es den Erschütterungen des Transports stand? Der Koloß schaukelte etwas, aber das war ja in diesem Fall nicht so beängstigend wie einst beim Antennenmast, und überhaupt wurde die ganze Aktion mit viel Humor getragen. Wir freuten uns an dem einmaligen Anblick: Ein Haus fuhr langsam durch die hügelige Felsoase.

Am 11. März kam die MICHAIL SOMOW an der Eisbarriere von Kap Ostry an. Aber nach einem Schönwettertag setzte wieder ein Sturm mit Windgeschwindigkeiten bis 42 m/s ein, und dieser fürchterliche Sturm dauerte zehn Tage. Die SOMOW mußte ablegen und ins freie Wasser fahren, um nicht an der Barriere beschädigt zu werden. Wir konnten unsere Unterkünfte kaum verlassen. Dadurch verzögerte sich das Entladen des Expeditionsgutes, und dann drängte natürlich die Zeit. Überhaupt war das Wetter in dieser Sommersaison nicht sehr günstig. Schneestürme schon zu Märzbeginn hat von unseren Vorgängern wohl kaum einer erlebt. Reiner Frey und Günter Stoof waren mit dem ersten Hubschrauber zur Anlegestelle geflogen, um das Löschen der Fracht zu organisieren und danach mit dem Schiff in die Heimat zurückzufahren. Sie mußten sich genauso gedulden wie die Männer unserer zweiten Überwinterergruppe, die in den Kajüten ausharrten und so schnell wie möglich in die Oase wollten: Dietmar Haendel, der bereits antarktiskundige Leipziger Isotopenchemiker, der Elektroniker Volker Strecke, Andreas Herber, der sich mit Aerosolmessungen und dem Wetterbildempfang beschäftigen wird, unser Koch Claus Mantel und der Techniker Fritz Grosch.

Doch einmal geht jeder Sturm zu Ende. Der Funkcontainer und alles andere konnte ohne Zwischenfälle in die Schirmacher-Oase gebracht werden. Wir beeilten uns, das Funksystem zu komplettieren. Am 18. April 1988 nahmen wir den Probebetrieb mit »Rügen Radio« auf.

1988–1990

2. Antarktisexpedition (24. Beteiligung) der DDR
Station Georg Forster, Humboldtgebirge, Bellingshausen, Sojus

Das offiziell als Zweite Antarktisexpedition der DDR bezeichnete Unternehmen war die bis dahin umfangreichste deutsche Präsenz in der Schirmacher-Oase. An ihr beteiligten sich fünfzehn Wissenschaftler und Techniker. Als die erste, elfköpfige Gruppe im Oktober 1988 mit dem Flugzeug anreiste, stand die vorherige Überwinterungsmannschaft noch in voller Aktion, so daß es in den Räumen von »Georg Forster« höchst eng und unbequem zuging.

Der Grund für die Überbelegung war die Station selbst. Ein Teil der Gebäude, vor allem der Generatortrakt für die Energieversorgung, befand sich mittlerweile nicht mehr im besten Zustand. Der Forschungskomplex war seit Jahren immer wieder erweitert und nur im Notwendigsten aufgefrischt worden. In Potsdam diskutierte man einen Neubau, der auf dem Reißbrett schon entworfen wurde. Denkt man an die fehlgeschlagenen Bemühungen in den Jahren 1980/81, so war dies der zweite Versuch einer im Vergleich zu den bisherigen Ad-hoc-Lösungen großzügigeren Antarktisstation.

Einer Erkundungsmannschaft, vom damaligen Chef der Abteilung Polarforschung im Zentralinstitut für Physik der Erde, Professor Rudolf Meier, geleitet, oblag es, die Bestandsaufnahme durchzuführen und Vorschläge für die Erneuerung zu unterbreiten. Die Gruppe erarbeitete drei Alternativen: Teilrekonstruktion des Ist-Zustandes mit Neubau der Dieselelektrostation; neuer Gebäudekomplex anstelle des oder neben dem alten; neue Station an einem anderen Ort der Schirmacher-Oase. Die in Frage kommenden Bauflächen wurden detailliert aufgemessen. Für eine eigene Wasserversorgung erwies sich in der näheren Umgebung der Topographensee als geeignet. Mit der sowjetischen Expeditionsleitung wurde vereinbart, eine Fahrtrasse zu verlegen, damit der See sauber bleibt. Die indische Expeditionsleitung, die mit Sprengungen für einen Versorgungsweg zwischen ihrer Station Maitri und dem Ostausgang der Oase begonnen hatte, erklärte sich bereit, solch krassen Eingriff in die Natur zu unterlassen und statt dessen eine von der DDR-Gruppe gut markierte Zufahrt über das Inlandeis zu wählen.

Unbeanspruchte Flächen, die mit landgestützter Technik angefahren werden können und ein zuverlässiges Wasserreservoire haben, gibt es in der Schirmacher-Oase nur noch wenige. Die besten naturräumlichen Bedingungen bot ein Platz am Nordufer des Sees Podprudnoje, wo ein Jahr zuvor ein Wohncontainer abgestellt worden war – etwa 9 km Luftlinie von der Forster-Station entfernt, 15 km bei Fahrt über den Inlandgletscher. Die am benachbarten See Prilednikowoje als Refugium errichtete Holzhütte wurde dorthin umgesetzt. Mit dem Bau des Außenlagers am Podprudnoje wollte die Expedition den für eine neue Forschungsbasis vielleicht noch günstigsten Ort in der Schirmacher-Oase sichern.

Während der Sommerkampagne 1988/89 gelang das Wagnis, einen Landweg zu den nördlichen Ausläufern des Humboldtgebirges zu erschließen. Etwa 85 km südlich der Schirmacher-Oase, am Rand der »Nordwestinsel« des Humboldtgebirges, wurde eine automatische Magnetometerstation errichtet. Ein ebensolches Instrument installierte Conrad Kopsch an der indischen Schelfeisstation Dakshin Gangotri, so daß mit dem Basisgerät in der Oase eine Magnetometerkette auf einem meridionalen Profil von 170 km Länge in Betrieb genommen werden konnte. Sie sollte Aussagen über zeitliche Variationen des geomagnetischen Außenfeldes in Abhängigkeit vom Untergrund erbringen.

Die Trasse zum Humboldtgebirge haben die Leipziger Isotopenchemiker Wolf-Dieter Hermichen und, auf einem zweiten Schlittenzug, Werner Kurze für isotopenglaziologische Untersuchungen genutzt. Besonderes Interesse galt den auf dieser Expedition entdeckten Jahrtausende alten Resten der spätpleistozänen Gletscherdecke des Königin-Maud-Landes, die in einigen, heute unvergletscherten Gebieten des Humboldtgebirges erhalten sind. Mit den algologischen Untersuchungen von Professor Helmut Pankow etablierte sich auch wieder eine neue Wissenschaftsdisziplin.

In den Expeditionszeitraum fiel der Herbst 1989 und damit der große politische Umbruch in der DDR.

Es ist verständlich, daß sich die Insassen der Forster-Station nur schwer ein Bild von den Ereignissen zu Hause machen konnten, allein auf Funk und die knappen Informationen der ebenfalls über Funk vermittelten Schiffspresse angewiesen. Auf diese Situation geht Uwe Bauerschäfer im nächsten Kapitel ein. Die sich vehement anbahnende Annäherung und später Vereinigung der beiden deutschen Staaten brach auch psychisches Eis in Antarktika. Der Kontakt zur bundesdeutschen Station »Georg von Neumayer« auf dem Ekströmschelfeis (Ostküste des Weddellmeeres) hatte sich seit Jahren auf die Übermittlung von Ozondaten beschränkt. Jetzt nahmen die »Forster«-Leute persönliche Funkverbindung zur Neumayer-Station auf. Damals überwinterte dort gerade das erste deutsche Frauenteam in der Antarktis. Es kam zu sehr phantasievollen Gesprächen.

Von »Tintenstrichen« und Algenteppichen

Helmut Pankow

Es zog mich schon immer mit Leidenschaft in andere Länder, um fremde Floren kennenzulernen. Ich hatte an der Universität Rostock Botanik studiert, mich dann u. a. algologischen und geobotanischen Untersuchungen zugewandt. Privatreisen und studentische Exkursionen führten mich in die mittel- und südeuropäischen Hochgebirge, die baltischen Länder und die Tundren Nordeuropas. Sich mit der heimischen und der fremdländischen Pflanzenwelt zu beschäftigen war für mich etwas Wunderbares. Später schlossen sich Reisen in den Kaukasus und nach Mittelasien an. Sogar Korea, den Irak, die Mongolei, Kuba und den Sudan konnte ich besuchen.

Aber viele Vorhaben blieben unerfüllte Wünsche. Besonders wenn es sich ums »kapitalistische Ausland« handelte, gab es Schwierigkeiten, und seit 1981 erhielt ich nur selten die Genehmigung zu Studienaufenthalten im Ausland. Gerade war wieder einmal die Beteiligung an einem wissenschaftlichen Erfahrungsaustausch in Norwegen geplatzt. Entsprechend war die Stimmung.

Kurz danach geschah etwas, das meine Tätigkeit als Wissenschaftler, mein weiteres Leben in besonderer Weise bereichern sollte. Im Juli 1982 erschien in unserem Institut Dietmar Haendel, Mitarbeiter im Zentralinstitut für Isotopen- und Strahlenforschung, Leipzig, das zur Akademie der Wissenschaften der DDR gehörte. Er wollte an einer Antarktisexpedition teilnehmen. Von seinen Kollegen Wilfried Richter und Ulrich Wand wußte er, daß in der Schirmacher-Oase Algenvorkommen zu beobachten sind. Es lagen sogar einige Proben vor. Die hatten es ihm irgendwie angetan; Haendel war geradezu darauf erpicht, weiteres Material mitzubringen und fragte, ob wir Interesse hätten, die Proben zu untersuchen.

Interesse hatten wir, jedoch nicht die erforderliche Zeit. Die Arbeitsgruppe war mit der Lehre und Forschung voll ausgelastet. Aber Haendel blieb hartnäckig. Er versuchte mit einem beeindruckenden Enthusiasmus mich zu bewegen, dem Vorhaben zuzustimmen. Bei dem Gespräch war unsere langjährige Technische Mitarbeiterin Brunhilde Zander zugegen, eine hervorragende Algentaxonomin. Sie bearbeitete seit vielen Jahren Algenproben verschiedenster Biotope aus mehreren Ländern. Frau Zander war entschieden angetan von dem Vorschlag, nicht zuletzt in der Hoffnung, vielleicht auch die eine oder andere bisher nicht gesehene Art zu entdecken.

Was sollte ich dazu sagen? Ich wurde unsicher und gab nach. »Gut, sehen wir mal rein, neben den laufenden Arbeiten! Aber nicht mehr!«

Dann lieferte Dietmar Haendel eine beträchtliche Anzahl Proben, die er während eines Antarktisjahres gesammelt hatte. Natürlich weckte das unsere Neugier. Nun wollten wir sie auch untersuchen. Frau Zander nahm sich ihrer an. Eines Tages legte sie mir eine Artenliste vor, nachdem sie zwischenzeitlich meine Hilfe bei der Bestimmung schwieriger Arten – der Taxa, sagen die Botaniker – angefordert hatte. Was machte uns allein die Gattung Stigonema zu schaffen! Sie zeichnet sich durch ihre morphologische Variabilität aus. Ich hatte gestaunt: »Da sind ja tolle Blaualgen drin!« Ja, nun war Zeit in die Sache gesteckt worden. Die Leipziger waren begeistert und drängten auf Veröffentlichung der Ergebnisse. »Nun mal langsam«, meinte ich. »Was bedeutet schon eine Artenanzahl von

61. Die hole ich mit nur einer Tasse aus jedem mecklenburgischen Gewässer! Und dann ist auf der Liste manche gut bekannte, weltweit verbreitete Art dazwischen. Was soll das?«

Bei einem weiteren Besuch zeigte sich Dietmar Haendel, nah am Ziel, noch unnachgiebiger und leidenschaftlicher. Es war ein besonderes Erlebnis, zu sehen, wie sich ein Mensch für eine Idee einsetzen kann. Für Mecklenburg wäre die Artenliste sicher nichts Ungewöhnliches, hielt er mir entgegen, aber für Antarktika?! Da sei fast noch nichts gemacht und erst recht nichts publiziert!

Es begann der zweite Teil der Arbeit: Das Zusammentragen der Literatur über antarktische Süßwasseralgen – so gut es von unserem Standort Rostock aus unter den damaligen Bedingungen in der DDR möglich war. Nach Monaten des Suchens und Sichtens zeichnete sich klarer ab, daß tatsächlich sehr wenig über den antarktischen Florenbereich publiziert wurde. Meist lagen nur fragmentarische Angaben vor, und was wohl das wichtigste war: Über die Schirmacher-Oase und das gesamte Königin-Maud-Land gab es nur lückenhafte Mitteilungen.

Wir stellten zunächst fest, daß schon auf den zwischen 1897 und 1909 unternommenen Südpolarexpeditionen Algenproben gesammelt worden sind. Ende der fünfziger Jahre erfuhr die Algenforschung auf Antarktika einen Aufschwung. Besonders aktiv waren die Japaner. 1965 nennt M. Hirano für das antarktische Festland 236 Algentaxa (einschließlich der Blaualgen, d. h. Cyanobakterien).

Informationen über Algen in der Schirmacher-Oase, manchmal nur aus sporadischen Beobachtungen erwachsen, fanden wir bei Bardin (1965), Lawrenko (1966), Komarek und Ruzicka (1966), Simonow (1971), Saag (1970) und Kaup (ab 1975). Diese Autoren erwähnen zusammengenommen 64 Blaualgen- und Algenarten. Wir konnten aber schon zu diesem Zeitpunkt, also 1984, für die Schirmacher- und Untersee-Oase 72 Taxa nachweisen; davon waren 60 neu für das Untersuchungsgebiet. Das bewog uns nun doch zu einer ersten Publikation (1987), die von den Spezialisten dankbar aufgenommen wurde.

Als wir unsere Ergebnisse auf dem jährlichen Treffen der ostdeutschen »Polargemeinde« in Garwitz an der Elde (Mecklenburg/Vorpommern) vorstellten, lernte ich Polarforscher vieler Fachrichtungen kennen, ich hörte von deren Erlebnissen und Erfahrungen, die sie auf den Expeditionen gewonnen hatten, man kam sich auch menschlich näher. Ich erhielt unmittelbaren Einblick in einen Lebens- und Forschungsbereich, den ich bestenfalls in irgendwelchen Büchern gestreift hatte. Ein tiefgreifender Einschnitt bahnte sich in meinem Denken und Fühlen, in meinen bisher eher flüchtigen Beziehungen zur Polarforschung an, als Haendel und Richter den verwegenen Einfall hatten, mich in eine Expedition einzubeziehen. Sie garantierten aus Hunderten von Kartierungskilometern eine weitreichende Ortskenntnis in der Polarwüste der Schirmacher-Oase, die eine verzögerungsfreie Geländearbeit ermöglichen würde.

Herrlich! Indianerhäuptling wollte ich früher werden oder Großwildjäger oder so etwas Ähnliches. Reiseschilderungen hatte ich viele gelesen. Das Fernweh steckte wohl immer in mir. Die Aussicht, in die Antarktis zu gelangen, bohrte sich in meine Gedanken wie ein Stachel, während der Alltag weiterzulaufen schien. Ich gab schließlich mein Einverständnis unter der Bedingung, daß die Reise nur kürzere Zeit dauern dürfe, da ich mich nicht lange von den Lehrverpflichtungen freimachen konnte. Durch die Benutzung von Flugzeugen ließen sich glücklicherweise die ausgedehnten Reisezeiten, die das Schiff erforderte, abkürzen.

Bis zum Start am 12. Oktober 1988 verstrichen noch einige nervenaufreibende kurze Wochen. Noch so viele Dinge mußten in Rostock geordnet und geregelt werden. Kaum blieb Zeit zum Kofferpacken. Dann kam für unsere zahlenmäßig starke Saisongruppe die Stunde des Abflugs nach Leningrad. Der Gruppe gehörten Wilfried Richter, Professor Rudolf Meier, der Konstrukteur Günter Rux und andere an, die eine Expertise über den Zustand der Station »Georg Forster« und einen eventuellen Neubau erstellen sollten. Da nahm jeder seine, vielleicht sorgenvollen, Gedanken mit auf die Reise.

Auch mich bewegten teils neugierige, teils bange Fragen. Wie wird man mit den Strapazen eines Antarktisaufenthaltes fertig? Läßt sich der wissenschaftliche Auftrag erfüllen? Wie wird sich das Wetter auf die Realisierung des Auftrages auswirken? Wie lange werde ich auf dem Eiskontinent ausharren müssen? Werden dadurch die dienstlichen Belange in Rostock beeinträchtigt? Wie viele Fragen! Aber sie traten in den Hintergrund, als das Flugzeug am späten Abend des 15. Oktober von der Piste in Leningrad zum Transkontinentalflug abhob.

Die Atmosphäre in der »fliegenden Feldscheune«, einer vierstrahligen sowjetischen Iljuschin 76 TD, die Zwischenlandungen im tropenschwülen Aden und in

Maputo (Moçambique) sorgten für die wünschenswerte und willkommene Ablenkung. Und als die Maschine am 18. Oktober in 11 000 m Höhe eine einsame Kondensspur zum Südpolarkontinent zog, wuchs die Spannung von Minute zu Minute. Endlich tauchte Antarktika im gedämpften Schneelicht am Horizont auf. Ein unbeschreibliches Gefühl! Ein großartiges Abenteuer lag vor mir!

Starker Wind blies uns in Molodjoshnaja ins Gesicht. Hinter einem Kettenfahrzeug suchte ich Schutz. Nachdem uns ein solches Vehikel, vollgestopft mit dem Gepäck, zur Station gebracht und die sowjetischen Kollegen uns in die Unterkünfte eingewiesen hatten, ging es ohne unnötige Verzögerung ins Freie. Die Alaschejewbucht lag in der Abendsonne vor uns. Gestrandete Eisberge ragten aus der dicken Meereisdecke heraus. Ihre Farben veränderten sich in Abhängigkeit vom Stand der Sonne in den nun folgenden Stunden. Nicht satt sehen konnte ich mich an diesem Naturschauspiel. Ein Gang durch das Stationsgelände fesselte den Blick stets aufs neue. Es gab so viel für mich Unbekanntes zu erkunden!

Die Nacht wurde bitter kalt im Quartier. Ich fand es gar nicht so witzig, wenn sich die Mitreisenden, die größtenteils die Bedingungen auf Antarktika schon kannten, über meine Vermummungen und Verschanzungen auf der Liege amüsierten.

Der Flug von Molodjoshnaja über 1400 km entlang der Küstenlinie war das nächste großartige Erlebnis. Die Weiten des Inlandeishanges, die Felsoasen im Küstenbereich, die Ausflußletscher, die Gebirgsketten im Süden konnte ich zeitweise aus der Navigationskanzel des Flugzeuges vorüberziehen sehen. Auf dem Eisflughafen der Schirmacher-Oase empfingen uns einige Teilnehmer der bald zu Ende gehenden vorjährigen Expedition. Ich war froh, Dietmar Haendel wiederzusehen, der ein sehr vielseitiges Programm zur isotopischen und chemischen Untersuchung verschiedener Reservoire absolvierte. Herzlich umarmten wir uns.

Der erste Tag verging mit dem Kennenlernen der Station, mit Einweisungen, Erklärungen, Belehrungen. Nicht ohne Respekt begegneten wir den Kollegen, die hier in langer Überwinterung ausgeharrt und ihre Arbeit versehen hatten. Schon am nächsten Tag zog es mich hinaus ins Gelände, und da zeigte sich der Vorteil, orts- und sachkundige Kollegen zur Seite zu haben. Ausflüge in die unmittelbare Nachbarschaft der Station erlaubten erste Probenahmen. Die Uferzonen flacher Seen, die Randbereiche kleiner Fließgewässer, die Steinnetze der Frostmusterböden, die schlickigen Gesteinsbeläge an den Seerändern, eingefrorene Algenfladen in der Eisdecke der Seen – überall in der Oase boten sich Möglichkeiten, algenhaltige Proben zu nehmen. An steilen Felswänden waren die typischen, blau- bis schwarzgrünen »Tintenstriche« zu sehen, die aus Blaualgen bestehen und sich bilden, wenn periodisch Wasser darüber rinnt. Manche Seen schwemmten sogar einen spärlichen, aber dem aufmerksamen Beobachter auffallenden Algenteppich aus. Auch Flechtenlager und Moospolster gab es, in denen sich gern Cyanobakterien und Algen ansiedeln.

Im Labor durchmusterte ich die Proben erst einmal überblicksweise unter dem Mikroskop. Dann wurden sie vorsichtig in Plastetüten oder Flaschen getan und etikettiert. Aus Gewässern, zum Beispiel mit dem Planktonnetz, gewonnene Proben mußten mit Lugolscher Lösung versehen werden, die eine konservierende Wirkung hat. Schon nach wenigen Tagen war erkennbar, daß eine umfangreiche Artenliste das Resultat unserer Suche sein würde.

Das günstige Wetter erlaubte es, der überbelegten Station wenigstens am Tage zu entweichen. Mit unseren Kettenfahrzeugen ließen sich auch fernere Ziele erschließen. Die Zeit der Ruhe war vorüber. Exkursionen in die mittlere und westliche Schirmacher-Oase lieferten ständig neues Material. Nach und nach konnten alle Lebensräume der Algen beprobt werden. Mit vorbildlichem Einsatz unterstützen mich Dietmar Haendel und Wilfried Richter. Sie begleiteten mich bei den Sammelaktionen, soweit es ihre Zeit zuließ. Und auch andere Expeditionsteilnehmer schärften ihre Augen und suchten nach grünen, blaugrünen, braunen und schwarzen Anflügen im gesamten Gelände und überreichten mir manch interessanten, oft in abgelegenen Gebieten aufgespürten Fund. So entpuppten sich Techniker, Physiker, Chemiker als potentielle Biologen. Sie hatten ihre Freude daran, mir zu helfen.

An fast allen Tagen meines Aufenthaltes in der Schirmacher-Oase konnte ich die Station bei »bestem Wetter« verlassen. Ein bißchen schade war nur, daß ich durch diesen gütigen Umstand den wahren Charakter der Antarktis nicht kennenlernen konnte. Wind bis zu 20 m/s und Temperaturen bis minus 20 Grad störten uns kaum. Und wenn der Wind einmal zu unangenehm wurde und Stärken um 30 m/s erreichte, wie am Revolutionsfeiertag, den damals noch die sowjetischen Stationsmitgliedern am 7. November begingen, dann wurde ich zum Innendienst eingeteilt. Rücksicht nahm man auf mich also auch noch, auf mich, der seinen 59. Geburtstag in der Station »Georg Forster« feierte.

Inmitten der ergebnisreichen Sammelarbeit mußte ich mich entscheiden, nach wenigen Wochen, das heißt vor Beginn des eigentlichen Polarsommers, den Rückflug anzutreten oder zu überwintern. Über viele Tage bestimmte das die Gespräche mit den übrigen Expeditionsteilnehmern. Da wollte ich auf der einen Seite sehr gern länger bleiben, auf der anderen Seite standen mir die Verpflichtungen an der Universität vor Augen. Letzten Endes brachte mich wohl der Blick auf die vielen gefüllten Probengläser dazu, das letzte Flugzeug in der Vorsaison zu besteigen. Der Abschied von den Kollegen war dann der schwerste Augenblick, den ich auf Antarktika erlebte. Es war der 13. November. Doch ich wußte, daß meine tapferen Leipziger Helfer, die in der Station zurückblieben, mit viel Geschick weiter nach Proben suchen würden. Das haben sie auch getan, und nach Monaten kam reichhaltiges Material, in Kisten gut verpackt, mit dem Schiff in Rostock an.

Hier nun trat wieder Frau Zander in Aktion und untersuchte das Material in ungezählten Stunden. Das Resultat konnte sich sehen lassen. Ergänzend zu unseren Arbeiten im Jahre 1983 und 1984 konnten 91 weitere Algenarten in den untersuchten Arealen entdeckt werden. Darunter waren 30 Neufunde für den antarktischen Kontinent. Insgesamt ließen sich 217 Algentaxa in der Schirmacher-Oase, in der Untersee-Oase und von den umliegenden Nunatakkern nachweisen.

Von besonderer ökologischer Bedeutung sind die Besiedlungen der sogenannten »Tintenstriche« und der Moosrasen dieser Felswüste. In diesen Lagern kommt es zur Stickstoffbindung durch heterocystenführende Blaualgen, so daß eine Symbiose zwischen den Blaualgen und den Moospflanzen angenommen werden kann.

Wir waren überrascht, wie reichhaltig die Vegetation der antarktischen Cyanobakterien und Algen ist. Merkwürdig nur, daß eine auffällig anders zusammengesetzte endemische, das heißt allein auf Antarktika verbreitete Algenflora, fehlte. Sie hatte sich nicht ausgebildet. Uns war es nur gelungen, eine einzige noch unbekannte Spezies, eine Goldalge, zu entdecken. Wir nannten sie Bicosoeca antarctica.

Einen krönenden Abschluß unserer Bemühungen stellt die Entdeckung von Schnee- und Eisalgen durch Haendel und Richter dar. Allerdings ist der »rote Schnee« in den beiden durchquerten Gebieten im antarktischen Bereich nirgends so auffällig wie zum Beispiel auf Spitzbergen, wo ich diese rötlich schimmernden Flächen im August 1992 in Augenschein nehmen konnte.

Auf dem Rückflug brachte mir der Zwischenaufenthalt in der Station Molodjoshnaja noch eine sehr erfreuliche Begegnung. Ich lernte dort den estnischen Kollegen Enn Kaup kennen, einen bekannten Limnologen, der zu meiner Erleichterung ein recht gutes Deutsch sprach. Er war im Botanischen Garten von Tallin angestellt und hatte vor Jahren in der Schirmacher-Oase mit großer Akribie Seenforschung betrieben. Jetzt wartete er auf seinen Weiterflug in die Bunger-Oase. Viele Stunden plauderten wir über unsere Erlebnisse auf Antarktika und unsere algologischen Erfahrungen. Sorgenvoll sprachen wir auch über die politischen Verhältnisse in unseren Heimatländern. Und wir wußten nicht, was werden sollte, was werden könnte … Die so verbrachten Stunden, gleiche Erlebnisse und die gemeinsamen wissenschaftlichen Ziele verbinden uns noch heute in freundschaftlicher Weise.

1989–1991

3. Antarktisexpedition (25. Beteiligung) der DDR
Station Georg Forster, Wohlthatmassiv, Humboldtgebirge, Bellingshausen, Sojus, Prince Charles Mts.

Die eigentlichen Pioniere der exakten Polarwissenschaften sind allemal die Vermessungsingenieure. Ohne ihr Wirken wäre nichts, keine naturkundliche Beobachtung, keine physikalische Messung, ja nicht einmal der Aufenthaltsort richtig einzuordnen. Die 3. AE war die hohe Zeit der Geodäten. Da die ostdeutschen Antarktisforscher mehr und mehr die Gletscherfelder und das Wohlthatgebirge südlich der Schirmacher-Oase in ihre Aktivitäten einbezogen hatten, konnten sie sich mit den vorhandenen lückenhaften, teils ungenauen Ortsangaben nicht begnügen. Wichtigste Aufgabe der Expedition war es deshalb, ein weiträumiges geodätisches Festpunktnetz zu schaffen.

Das bedeutete, alle geeigneten Felsgipfel – Nunatakker auf dem Inlandeis, Anschlußpunkte in der Schirmacher-Oase und im Wohlthatmassiv – zentimetergenau zu vermessen. Dieses umfangreiche, mit langen Schlittenzügen verbundene Programm leitete Gerhard Schlosser. Dazu waren allein in der Sommersaison 1989/90 zwei motorisierte Märsche zum Humboldtgebirge notwendig. Letzteren (den insgesamt vierten Schlittenzug zur »Nordwestinsel«) beschreibt Ulf Bauerschäfer, der als Geomagnetiker mitfuhr.

Um die Genauigkeit des Festpunktnetzes zu erhöhen, wurden einige Punkte in und in Nähe der Oase mit satellitengeodätischen Methoden bestimmt und auf manchen Nunatakkern von Andreas Reinhold, einem Spezialisten für sehr weite Strecken, besonders viele Richtungsmessungen durchgeführt. Daß dabei auch die Höhen mittels Vertikalwinkelmessungen errechnet wurden, versteht sich beinahe von selbst.

Kaum war der Polarwinter vorüber, ratterten die Kettenschlepper wieder über das Eis: noch einmal zum Humboldtgebirge und zur Untersee-Oase. Der bisherige Weg zum Untersee erwies sich infolge von Eisaufbrüchen und Tauprozessen als nicht mehr befahrbar. Es mußte eine andere Trasse gefunden werden. Sie führt jetzt von der Schirmacher-Oase 40 km über das Gletschereis nach Osten und wendet sich erst dann nach Süden.

Sobald Teile des Festpunktnetzes geknüpft waren, konnten die Geodäten auch präzise messen, wie sich die Koordinaten der auf dem Eis aufgestellten Signalstangen verändern, mithin wie sich das Gletscherplateau bewegt. Des weiteren wurden die Schneeakkumulation sowie die Deformation bestimmter Eisflächen ermittelt. Es ergab sich ein sehr unterschiedliches Bild: Auf manchen Strecken waren die Pegelstangen, die während eines früheren Schlittenzuges gesetzt worden waren, unter den Niederschlagsmengen verschwunden, auf anderen (bis 20 km südlich der Oase) waren sie ausgetaut und mußten neu gesetzt werden.

An allen Fahrten beteiligten sich Wissenschaftler unterschiedlicher Sparten. Das Magnetikprofil von der Schelfeisbarriere bis zum Humboldtgebirge einerseits und zur Untersee-Oase andererseits wurde mit einem Punktabstand von kleiner als 5 km zum wiederholten Mal aufgezeichnet. Andreas Raeke bestimmte den Ozon- und Aerosolgehalt der Luft. Reinhard Zierath sammelte Schnee und Eis von der Oberfläche, aus kleinen Bohrkernen und bis zu 4 m tiefen Schürfen sowie Luftproben für isotopenphysikalische Analysen.

Zu den Extras gehörten photogrammetrische Aufnahmen des Anschingletschers vom Untersee aus, Refraktionsuntersuchungen, Azimutbestimmungen und der Aufbau einer (Askania-)Gravimeterstation im ehemaligen Seismologenhaus der alten Station Nowolasarewskaja. Der Versuch, einen Gezeitenpegel am Epischelfsee Cholodnoje funktionsfähig zu halten, mußte vorerst aufgegeben werden. (Es gab zum damaligen Zeitpunkt nur vier Meeresspegel an der Küste Antarktikas, zwei davon auf der Antarktischen Halbinsel.)

Eine kleine Biologengruppe setzte im Verlauf ihrer Überwinterung das populationsökologische Standardprogramm fort. Die Strukturgeologie der Else-Plattform und des Loewemassivs in den nördlichen Prinz-Charles-Bergen untersuchte gemeinsam mit sowjetischen Kollegen der Potsdamer Geologe Jochen Rötzler von der Basis Sojus auf dem Amery-Schelfeis aus.

Inzwischen bereiteten sich zu Hause große Veränderungen vor. Nach bewährter Tradition fand im Juni 1990 in Garwitz, einem stillen mecklenburgischen Dorf, zwischen Parchim und Ludwigslust gelegen, das alljährliche Kolloquium der ostdeutschen Polarforscher statt, auf dem sie Rechenschaft über ihre Arbeit ablegten und neue Vorhaben besprachen. Diesmal beteiligten sich Professor Gotthilf Hempel, Direktor des Alfred-Wegener-Instituts für Polar- und Meeresforschung (AWI), Bremerhaven, sowie die Professoren Dieter Fütterer (marine Geologie) und Gunter Krause (Meeresphysik und Meßwesen). Sie machten sich mit den Programmen der DDR-Wissenschaftler vertraut, und es kam zu konkreten Absprachen über die inhaltliche Zusammenarbeit und finanzielle Hilfen.

Erfreulich schnell unterstützte das AWI die Rückreise der DDR-Wissenschaftler aus der Antarktis. Zum erstenmal fuhr der moderne Forschungseisbrecher POLARSTERN in die Bucht vor Bellingshausen, um den Biologen Detlef Zippel abzuholen. Auf ihrer weiteren Fahrt nahm die POLARSTERN am Kap Ostry die Überwinterer der 3. AE auf und brachte sie nach Kapstadt. Das Aufeinanderzugehen der Verantwortlichen in der zweimal deutschen Polarforschung wie überhaupt der beteiligten Wissenschaftler deutete bereits eine neue Situation an.

Unterwegs in ein anderes Land

Ulf Bauerschäfer

Der Schlittenzug zum Humboldtgebirge
Der Motor dröhnt monoton. Blechtüren und Fensterscheiben klappern im Takt der ratternden Ketten. Ich sitze als Beifahrer auf der weichen Lederbank in der ungeheizten Kabine eines Kettenfahrzeugs ATT sowjetischer Bauart. Die linke Kette rollt etwas langsamer als die rechte; das Fahrzeug bricht immer wieder seitlich aus. Durch sanftes Ziehen am Lenkhebel bringt Jörg Schrötter das störrische Vehikel zurück in die Spur. Die Kupplung ist leicht defekt, und es bedarf beider Hände am Schalthebel und des Stemmens mit dem Fuß gegen das Armaturenbrett, um dem Getriebe ein neues Übersetzungsverhältnis aufzuzwingen. Solche Kraftübung ist aber nur nach längeren Zeitabschnitten nötig. Die beiden Frontfenster sind aufgeklappt, ein kalter, nicht unangenehmer Luftzug durchstreift die Kabine. Wir sind warm angezogen, frieren nicht und können uns auf den Weg und die Maschine konzentrieren.

Wir befinden uns auf dem Marsch zum Humboldtgebirge, der westlichen Begrenzung des Wohlthatmassivs. Gelegentlich bedecken dünne Schneewehen das Eis, auf dem wir fahren. Es ist leicht gewellt, wie die Wasserfläche eines Sees bei schwachem Wind. Wir rollen über die Blankeisfelder südlich der Schirmacher-Oase. Ab und an taucht das Kettenfahrzeug, das vor uns fährt, auf, kriecht über einen flachen Hügel und verschwindet wieder in den Mulden.

Unser erstes Ziel ist der Nunatak 1272; er wird in der Sprache der Geodäten nach seiner Höhe benannt. Am Fuße des Berges und auf dem Gipfel sollen geodätische Festpunkte eingemessen werden. Langsam aber stetig, acht Kilometern in der Stunde, nähern wir uns dem markanten Felsrücken. Die Luft ist klar und die Sonne blendet. Ohne Sonnenbrille schmerzen die Augen von der Helligkeit des Lichtes. Dann ragt steil vor uns die Felswand auf. Mehr als 700 m sind es vom Eis bis zur Spitze. Andreas Reinhold, einer unserer Geodäten, und ich steigen hinauf. Ich trage im Rucksack einen großen Reflektor, der aus drei Spiegeln von zirka 30 cm Durchmesser zusammengebaut ist. Andreas schleppt die geodätischen Meßgeräte und das Stativ. An den unteren Hängen liegen gewaltige Felsbrocken herum. Etwas höher treffen wir nur noch vereinzelt große Steine an und schließlich erschwert ein Geröllfeld den Aufstieg. Wir sinken knöcheltief in die losen Steine ein und rutschen mit jedem Schritt wieder ein Stück zurück. Dann finden wir endlich am anstehenden Fels festen Halt.

Auf dem Gipfel fegt ein eisiger Wind, aber die Aussicht entschädigt uns für die Mühe des Aufstiegs. Im Norden sehen wir den Ausgangspunkt unseres Schlittenzuges. Die kleine braune Insel im Eismeer, fast versinkend hinter dem Abbruch des Festlandeises, ist die Schirmacher-Oase. Noch weiter nördlich schließt sich das Schelfeis an. Unten auf dem Eis können wir deutlich schwache graue Streifen erkennen. Es ist ein ausgedehntes Spaltenfeld, vor dem uns Gerald Müller, unser Mechaniker, der mit Stackebrandt schon einmal in diesem Gebiet war, gewarnt hat.

Am südlichen Horizont erheben sich bizarre Gebirgsformen. Eine großartige Kulisse. Die Berge scheinen nah, sie sind jedoch noch 60 km entfernt. Diese riesige Weite, die schier unfaßbare Klarheit der Luft, der ungetrübte, scharfe Horizont, die unendlichen Weißtöne des Eises – ein Raum- und Farberlebnis, das auf anderen Kontinenten unvorstellbar ist. Wir stehen da und schauen, und ein Glücksgefühl durchströmt den Körper. Inmitten dieser lebensfeindlichen Umgebung taucht ein kleiner weißer Vogel auf. Ein Schneesturmvogel. Das einzige Lebewesen in unserer Nähe. Ich bewundere seinen akrobatischen Flug.

Andreas mahnt zur Eile. Wir müssen Steine sammeln und das Stativ (1,6 m hoch) fest verankern. Nach schlechten Erfahrungen begraben wir es fast vollständig unter Steinen. Dann beginnt das zeitraubende Einmessen. Mit dem Theodolit werden die Horizontal- und Vertikalwinkel aufgenommen. Andreas bestimmt mehrere Berge im Wohlthatmassiv, die Nunatakker der Skaly IGA und die Punkte in der Schirmacher-Oase. Die Messungen in den verschiedenen Fernrohrlagen dauern über eine Stunde. Andreas tränen die Augen vom eisigen Wind. Mit bloßen Fingern berührt er den Theodoliten. Er arbeitet konzentriert und zügig.

Der Nunatak 1272 gehört zu einem Festpunktnetz, das die Geodäten während unseres Schlittenzuges von der Schirmacher-Oase bis zum Humboldtgebirge anlegen. Genau eingemessene Punkte auf festem Untergrund sind notwendig, damit die Koordinaten jener Signale bestimmt werden können, die auf dem Inlandeis stehen und sich langsam mit dem Gletscherstrom bewegen. Durch eine spätere Messung am Ende unserer Expedition könnte aus der Verschiebung der Signale die Fließgeschwindigkeit und Fließrichtung des Eises berechnet werden. Aber niemand kann sagen, ob die Meßgenauigkeit ausreichen wird, um schon nach so kurzer Zeit Ortsveränderungen nachzuweisen.

Wir müssen auch aus einem meßtechnischen Grund schnell arbeiten. Die Meßwerte selbst, bei gleichen Strecken und Winkeln, verändern sich geringfügig durch den Wind, die Temperatur und andere Umwelteinflüsse. Je weniger Zeit zwischen der Aufnahme der Punkte an einem Ort verstreicht, um so genauer werden die Meßwerte. Eine Pause zum Erwärmen oder Aufrichten aus der unbequemen Haltung müssen wir uns versagen. Meine Finger sind schon nach einer halben Stunde gefühllos. Ich versuche es mit Fingergymnastik, damit die Zahlen leserlich bleiben, denn mir als Meßgehilfen steht die Aufgabe zu, die Werte aufs Papier zu bringen. Zum Schluß nehmen wir den Theodoliten ab und befestigen den Reflektor auf dem Stativ. Seine Spiegel reflektieren den Laserstrahl, der für die Entfernungsmessungen ausgesandt wird. Doch dann müssen wir erst einmal die Arbeiten abbrechen. Die Sonne nähert sich langsam ihrem tiefsten Punkt im Süden. Es ist fast Mitternacht, und wir beginnen, nach einem kritischen Blick auf das hoffentlich standfeste Stativ, mit dem Abstieg.

Am nächsten Tag begibt sich Gerhard Schlosser, sozusagen unser Chefgeodät und nicht ganz nebenbei Expeditionsleiter, auf einen anderen Berg, um von dort den Spiegel auf dem 1272 anzupeilen. Nachdem die beiden Basispunkte festgelegt sind, können die Signale auf dem Eis vermessen werden. Auf den Dächern der Wohnschlitten hat Gerald Müller Vorrichtungen für die Stative montiert. Dort oben, am Entfernungsmeßgerät, steht nun Gerhard Schlosser, eine nicht zu übersehende Erscheinung: Groß, mit langem rotbraunem Bart, eingehüllt in eine Wolke winziger Eiskristalle, gibt er über Funk Anweisungen zum Aufstellen und Bewegen der Fahrzeuge.

Die Messungen verlaufen zügig, wie es schon andere Autoren beschrieben haben; von Signal zu Signal arbeiten sich die Geodäten vorwärts. Daneben werden weitere Programme erfüllt. Unsere Meteorologen, anfangs Norbert Flaake, auf einer späteren Tour Andreas Raeke, ermitteln zum Beispiel den Aerosolgehalt der Luft und die Ozonkonzentration. Auf einer vorangegangenen Fahrt wurde bereits eine Menge Schnee- und Eisproben für Isotopenanalysen gesammelt. Ich habe geomagnetische Feldmessungen auszuführen.

Das geomagnetische Profil vom Gebirge zur Oase haben das erste Mal Steffen Wagner und Conrad Kopsch gemessen. Während unseres Schlittenzuges werden die Meßpunkte geographisch genau bestimmt, so daß bei wiederholten Messungen an (durch die Eisbewegung nur relativ) gleichen Orten aus den Daten errechnet werden kann, wie sich das innere Magnetfeld der Erde langsam verändert. Jörg Schrötter hilft mir, das Kernresonanzmagnetometer aufzubauen und an jedem Signal fünf Messungen vorzunehmen. Die Kettenfahrzeuge stehen etwa hundert Meter entfernt, damit wir keine Störfelder aufnehmen.

Das Tempo, mit dem die Arbeitsgruppen ihre Aufgaben erfüllen, wird von der Technik diktiert. Wir schwärmen manchmal: Wie schnell könnten wir mit einem Hubschrauber einzelne Punkte anfliegen! Die Einsicht, daß das sehr viel mehr Geld kosten würde, bringt uns auf den Boden der Tatsachen zurück. Die indischen Wissenschaftler der Station Maitri sind in dieser Hinsicht besser ausgerüstet. In den Sommermonaten liegt für sie ein Schiff mit drei Hubschraubern an der Schelfeisküste bereit.

Die auf Antarktisexpeditionen eingesetzte Technik wird immer komplexer. Trotzdem ist das Risiko, bei Arbeiten in der Eiswüste zu scheitern, nie ganz auszuschließen. An einem besonders ruhigen Tag, gerade als ich mit Jörg wieder das Magnetometer aufbauen will, bemerke ich am Horizont, vom Wohlthatmassiv kommend, die große MI-8 der Inder. Der Hubschrauber schwebt, wie sonst nie, sehr langsam heran. Er umkreist den Nunatak und gleitet fast im Schrittempo zur Oase. Das kam uns sonderbar vor; wollten die Inder das Gelände fotografieren? Doch kurze Zeit später hören wir über Funk eine schreckliche Nachricht. Vier indische Kollegen sind in ihrem Sommercamp an den Petermann-Ketten tödlich verunglückt. Der Hubschrauber hat die Leichen zur Station geflogen.

Wir sind alle betroffen, traurig. Gerhard übermittelt dem indischen Expeditionsleiter unser Beileid, und in unseren Gesichtern ist wenig vom »Enthusiasmus der Polarstürmer« zu erkennen.

Die Probleme in der Antarktis entstehen meist nicht durch die Kälte, sondern durch das Versagen der Technik, Brände, Stromunfälle, Rauchvergiftungen wie im Fall der indischen Geologen. Solche Gefahren machen auch vor uns nicht halt. Wir sind eine kleine Mannschaft, und jeder muß auch ungewohnte Arbeiten verrichten. Wo normalerweise nur Spezialisten etwas reparieren dürfen, muß in der Antarktis oft improvisiert werden, von Leuten, die natürlich nicht zugleich Wissenschaftler, Kranfahrer und Starkstromelektriker sein können.

Wir ziehen an diesem Tag nur langsam weiter. Gemessen wird, bis die Inversion gegen 21 Uhr das Erkennen der Ziele unmöglich macht. Durch die starken Temperaturunterschiede kommt es, ähnlich wie in Wüstengebieten, zum Aufbau von Luftschichten mit unterschiedlicher Dichte. An den Grenzflächen dieser Schichten kann es zur Totalreflexion kommen. In solchen Situationen sehen wir die Berge dreimal übereinander, oder ein Nunatak verschwindet für einige Zeit völlig von der Oberfläche. Auch die näher stehenden Signale auf dem Eis beginnen zu flimmern, und die Messung muß abgebrochen werden.

Spätabends fahren wir zu einem kleinen Camp zusammen und treffen Vorbereitungen für das Essen. Andreas hackt Eis für das Wasserfaß. Der Kerosinofen wird angeheizt. Jörg klettert auf die Ladefläche des ATT, gräbt unter dem Schnee Holzkisten frei, fischt einige Fleischbüchsen, Butterstücke und Spaghetti hervor. Wir sitzen zu acht im Schlittenraum. Es ist etwas eng; die Teller stehen auf den Knien, aber das Essen schmeckt vorzüglich. Bei schlechtem Wetter und Schneesturm finden wir es richtig gemütlich in unserer fahrbaren Behausung. Wir trinken Grog, und die Erzählungen kreisen um die Kinder, Frauen und Eltern zu Hause oder die Pläne, die jeder nach der Expedition verwirklichen möchte.

Mit dem Nähern an das Wohlthatmassiv wachsen die Berge zu einer nicht geahnten Höhe auf. Wir erreichen das so lange vor unseren Augen liegende Ziel, die Nordwest-Insel, einen weit ins Inlandeis gestreckten Ausläufer des Humboldtgebirges. Im Osten dieses langen Gebirgszuges fließt der Humboldtgletscher. Er sieht trügerisch eben aus. Beim Annähern an ein Gebirge oder einen Nunatak ist jedoch höchste Aufmerksamkeit geboten. Die Eisströme sind durch die Hindernisse starken Verwerfungen und Spannungen ausgesetzt. Sie reißen regelrecht auf zu meterbreiten, abgrundtiefen Spalten. Vor zwei Jahren war ein Kettenfahrzeug in solch eine Spalte am Gletscherrand eingebrochen. Wir sind gewarnt.

Den sanften Abfall des Eises zum Moränenfeld überwinden Jörg und Thomas Gerloff, unser zweiter Fahrer, ohne Probleme. Wir brauchen nur kleine Spalten zu überqueren. Nach dem Abstellen der Fahrzeuge beginnt leichtes Schneefegen. Ganz in der Nähe unseres Lagers muß sich die automatische Magnetometerstation befinden, die Wagner und Kopsch auf dem ersten deutschen Schlittenzug zum Humboldtgebirge im Januar 1989 hierhergebracht hatten.

Herzstück solch einer autark arbeitenden Station ist

Rechts:
Dynamik der Eisströme in der Umgebung der Schirmacher-Oase nach Diedrich Fritzsche. Die Vektoren verdeutlichen die Fließgeschwindigkeit und Fließrichtung des Eises auf den drei Forschungstrassen der deutschen Antarktisstation »Georg Forster«.
Aus der Darstellung ist u. a. an Traverse II ablesbar, in welchem Maße unterschiedliche Fließgeschwindigkeiten und Fließrichtungen des Eises zwei verschiedene Eisströme charakterisieren. Radarmessungen der Eisdicke zeigten, daß die Abflüsse offenbar durch subglaziale Strukturen getrennt werden. Aus den deutlich voneinander abweichenden ^{18}O-Werten der oberflächennahen Schichten konnte geschlossen werden, woher die Eismassen stammen: Der westliche Strom auf Traverse II nährt sich von Niederschlägen südlich der Schirmacher-Oase, der östliche erhält Schneezutrag aus dem Gebiet südöstlich der Gruberberge.

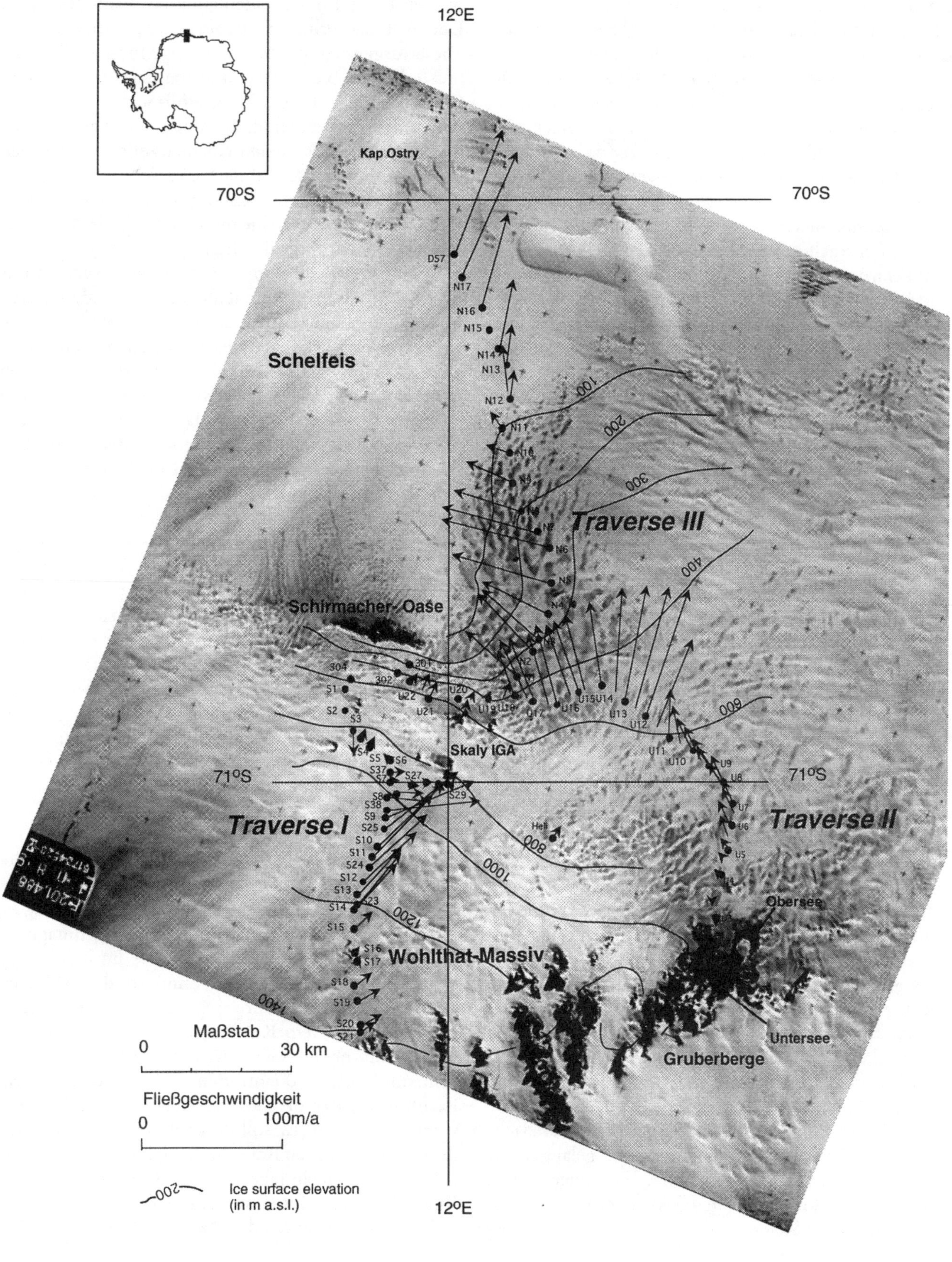

12°E
70°S
70°S
71°S
71°S
Kap Ostry
Schelfeis
Traverse III
Traverse I
Traverse II
Schirmacher-Oase
Skaly IGA
Wohlthat-Massiv
Obersee
Untersee
Gruberberge
100
200
300
400
600
800
1000
1200
1400
Maßstab
0
30 km
Fließgeschwindigkeit
0
100m/a
Ice surface elevation
(in m a.s.l.)
12°E

ein Dreikomponenten-Saturationskernmagnetometer. Aus dem Vergleich der Daten mehrerer Stationen kann die Bewegung von Stromfeldern in der Ionosphäre berechnet werden. Der Meßwert wird jede Minute aufgenommen und in einem elektronischen Speicher abgelegt. Doch der Speicher muß nach vier Wochen ausgelesen werden. Das war ja einer der Gründe, weswegen wir zur Nordwest-Insel gefahren sind.

Wir beeilen uns in dem schlechter werdenden Wetter mit der Suche. Nach kurzer Zeit sehen wir einen orangefarbenen Container. Durch Sonnenstrahlung und Wind ist er schief in den Schnee eingesunken. An diese Möglichkeit hatten die Konstrukteure im Geomagnetischen Observatorium Niemegk gedacht und das Magnetometer beweglich in einer ölgefüllten Kapsel aufgehängt. Ob die Meßwerte fehlerfrei sind, werden wir erst nach dem Auslesen der Daten am Computer der Forster-Station sehen.

Wir schleppen das Magnetometer und die Batterien zu unserer Zugmaschine. Nach der Eichung der Meßstation in der Schirmacher-Oase wollen wir sie wieder am Fuß der Inselberge aufstellen. Kaum sind wir fertig, setzt heftiges Schneetreiben ein. Die Sicht wird immer schlechter. Wir können nur noch drei Meter weit durch den stürmischen grauen Eisstaub blicken. Den Nachmittag und Abend müssen wir im Wohnschlitten verbringen.

Am nächsten Morgen lacht die Sonne als sei nichts gewesen. Jörg und ich packen unser kleines, transportables Magnetometer, Ersatzbatterien und Proviant in den Rucksack und ziehen los. Den östlichen Rand der Nordwest-Insel bildet eine steil abfallende Felswand. Hier finden wir eine schöne, dreißig Zentimeter breite Quarzader. Ein paar große farbige Kristalle nehmen wir mit. Die Felswand ist mit Kavernen übersät. Die in das Gestein gefressenen Löcher erinnern an einen aufgeschnittenen Schwamm. Diese Hohlräume zwischen zehn Zentimeter und drei Meter Durchmesser geben der Umgebung ein außerirdisches Gepräge. Sie entstehen durch das Schleifen feiner Gesteinspartikel, die der Wind gegen die Oberfläche schlägt. Unterstützt wird diese Schleifarbeit wahrscheinlich dadurch, daß gefrierendes Wasser die oberen Gesteinsschichten aufsprengt.

Wir nehmen mehrere Meßpunkte auf, zeichnen sie in die Karte ein und marschieren in westlicher Richtung weiter. Nach etwa zwei Kilometern gelangen wir an ein weitflächiges Moränenfeld. Von einem etwas erhöhten Standort erkennen wir Muster in der Bodenstruktur. Große Steine sind entlang von Linien angeordnet. Diese Linien bilden ein Netz aus Sechsecken. Der Anblick erinnert an eine riesige Bienenwabe. Diese ausgeprägten hexagonale Strukturen sind Frostmusterböden. Sie entstehen durch das Auftauen und Gefrieren der oberen Eis-Geröll-Schichten; es bewirkt, daß große Steine allmählich an den Rand gedrückt werden. Da in den Nachbarzellen die gleichen Vorgänge stattfinden, bilden sich solche Sechsecke.

Am Nachmittag erreichen wir den südwestlichen Rand der Inselberge. Eine markante Felsnadel ragt vor uns auf. Sie ist ungefähr dreißig Meter hoch und hat die Form von Felsen im Elbsandsteingebirge. Dahinter öffnet sich eine märchenhafte Kulisse. Die Berge im Vordergrund haben scharfe Gipfelhörner. Sie ähneln den unwirklichen Bergformen in manchen Zeichen-Comics. Weiter südlich, am Horizont, können wir den steilen Eisabfall des Humboldtgletschers vom Wegener-Inlandeis erkennen. Die mit einem Höhenunterschied von mehr als tausend Metern gewaltige Eiswoge sieht trotz der großen Entfernung unheimlich aus. Falls jemand das Gebirge durchqueren möchte, so ist dieser Übergang zum Eisplateau wahrscheinlich eine sehr gefährliche Stelle.

Nach einer kleinen Mahlzeit aus Zwieback, getrockneten Pflaumen und Aprikosen beginnen wir den Rückmarsch. Die Batterien gehen zu Ende, und im letzten Drittel des Weges können wir keine Meßpunkte mehr aufnehmen. Die Füße werden schwer, und der Rücken schmerzt von der Last der Meßgeräte. Die Moränenfelder mit den fußballgroßen Steinen sind am beschwerlichsten zu überwinden. Die Füße knicken häufig um. Gegen 20 Uhr kommen wir erschöpft, aber zufrieden in unserem Feldlager an.

In der Forschungsstation
Die Schlittenzüge sind die Höhepunkte im Leben der Expedition. Ein wesentlicher Teil der Arbeit wird jedoch in der Forschungsstation geleistet. Mir oblag es, die Beobachtungen in unserem kleinen geomagnetischen Observatorium fortzuführen, im »Teslabar« genannten Registriergebäude und in der »Magnetikhütte«, wo das Kernresonanzmagnetometer steht. Das Schiff mit dem Rest der Überwinterungsmannschaft, mit neuen Geräten und Versorgungsgütern sollte im März 1990 eintreffen. Dann wird auch mein Fachkollege, der promovierte Elektroniker Manfred Gronak, hiersein. Er soll unter anderem die Absorption des kosmischen Rauschens registrieren, eine Aufgabe, die seit vielen Jahren für das Observatorium für Ionosphärenforschung in Kühlungsborn erfüllt wird.

Noch in den Luken der AKADEMIK FJODOROW befand sich eine All-Sky-Kamera für Polarlichtaufnahmen. Ich wollte alles tun, damit nach dem Entladen des Schiffes die Registrierung so schnell wie möglich beginnen kann, da im Südfrühling und im Herbst die meisten Polarlichter beobachtet werden. Diese Zeit galt es zu nutzen. Der Aufbau eines solchen Gerätes erwies sich jedoch nicht allein wegen der üblichen ungewöhnlichen Bedingungen in der Antarktis, sondern noch in anderer Hinsicht als schwierig. Ein zwei Meter hohes Holzpodest, auf dem die Kamera zu montieren war, mußte auf einer Felskuppe verankert und mit 220 V Spannung versorgt werden. Mir war gesagt worden, dafür liege allerhand Material in der Oase. Was genau, wußte niemand. Gerald Müller gab mir den Tip, alte Stahlbolzen von den Panzerketten als Anker zu verwenden. Wir hatten keine. In der Schirmacher-Oase gibt es jedoch mehrere Schrottplätze der sowjetischen Station Nowolasarewskaja. Nach einem kurzen Gespräch mit den stets sehr hilfsbereiten sowjetischen Polarniks darf ich mir dort Teile holen. Es beginnt ein mehrtägiges Suchen, bis ich endlich Kettenbolzen finde. Auch eine große Rolle Stahlseil entdecke ich. Leider liegt sie weitab von unserer Station. Jörg hilft mir, die 30 Meter Stahlseil über das Eis zu schleppen. Wir brechen einmal in einen Bach ein. Nach einem Tag Schinderei kommen wir mit dem Seil in der Station an. Schekel finde ich bei einer alten, halb zugeschneiten Antenne, und auch die dreihundert Meter Stromkabel lassen sich auftreiben. Als Aufstellungsort für die Kamera wähle ich einen Hügel hinter der Magnetikhütte; dort ist ein großer Teil des Horizontes einsehbar und der Streulichteinfluß durch die Station gering.

Im März ist alles fertig. Doch das Schiff kommt nicht. Die AKADEMIK FJODOROW hat noch andere Stationen zu versorgen. Dann ereilt ein Hilferuf aus der Ross-See das Schiff. Die MICHAIL SOMOW ist eingefroren. Die FJODOROW fährt hin. Mittlerweile friert das Meer vor der Schelfeisküste zu. Ab Eisstärke von zwei Metern wird es nicht mehr möglich sein, die Barriere zu erreichen. Entweder die Container werden auf dem Meereis entladen – oder nicht, dann ist die Expedition gescheitert, und wir werden mit dem Hubschrauber ausgeflogen, da nicht mehr genügend Nahrungsmittel und Treibstoffe für die Überwinterung vorhanden sind. Doch eine Meereisentladung ist unerhört riskant, weil die Kettenfahrzeuge unversehens einbrechen können.

Wir sind erleichtert, als wir am 14. April hören, die FJODOROW habe trotz der Eisdecke am Kap Ostry festgemacht. Entladen wird in höchster Eile, damit das Schiff nicht einfriert. Hinzu kommen, wie meist, wenn Not am Mann ist, noch andere Schwierigkeiten. Ein Container paßt nicht auf den Schlitten. Gerald muß an der Eisbarriere neue Halterungen anschweißen. Bei minus 25 Grad und 20 m/s Wind kein Vergnügen. Der Transport der Container und Tankschlitten über 120 km Schelfgletscher kommt trotz Unterbrechungen wegen einer gebrochenen Zuggabel und eines defekten Motors wohlbehalten in der Oase an. Wir beginnen sofort, unsere Station zu versorgen, damit wir in den Wintermonaten nicht so viel fahren müssen.

Nach diesen wirklich existenziellen Tätigkeiten hilft mir die gesamte Mannschaft, die All-sky-Kamera aufzubauen. Am 23. Mai können die Registrierungen beginnen. Die in Finnland entwickelte Kamera nimmt jede Minute ein Farbbild des Nachthimmels auf. Parallel zu unseren Aufnahmen werden analoge Registrierungen in Finnland, nördlich des Polarkreises, vorgenommen.

Für Manfred Gronak und mich beginnen nun intensive Arbeiten in der Magnetikhütte und bei den Registrierungen im »Teslabar«. Wir messen die Totalintensität des Erdmagnetfeldes mit Hilfe eines Protonenmagnetometers sowie die Variation seiner Komponenten, die kurzperiodischen Schwankungen und Pulsationen (s. S. 159). Nach der Instandsetzung des Riometers durch einen sowjetischen Spezialisten können wir auch die Absorption des kosmischen Rauschens, die sog. CNA-Daten (Cosmic Noise Absorption) aufzeichnen. Manfred Gronak hat die Elektronik komplett im Griff; angefangen von den Rechnern über die Meßgeräte bis zu den Funkgeräten hat er jeden Fehler gefunden. Er baute sogar einen zusätzlichen Analog-Digital-Wandler und speiste das digitale Signal in den Rechner ein, so daß wir neben den digitalen Werten der Variation und der Totalintensität des Magnetfeldes auch die CNA-Daten auf Disketten speichern konnten. Zum Glück hatte er als interessierter Amateurfunker ausreichend Material aus altem Elektronikschrott mitgebracht. Die geophysikalischen Messungen wären ohne Manfred Gronaks Fähigkeiten nichts geworden.

Wozu dient dieser ganze Aufwand?

Die Wechselwirkung des Sonnenwindes mit dem äußeren Magnetfeld der Erde war bereits das Untersuchungsziel mehrerer Expeditionen. Neu war die All-sky-Kamera, mit der nicht nur die Formen der Polarlichter erfaßt werden können, sondern auch die Farben, was für deren Einstufung wichtig ist. Aus den Farben lassen sich die angeregten Energieniveaus der Atome in einer Höhe zwischen 100 bis 500 km ableiten. Daraus wiederum kann die Energie der einfallenden Elektronen ermittelt werden.

Ein Vergleich der Polarlichter auf der Süd- und Nordhemisphäre zeigt neben Gemeinsamkeiten auch Unterschiede. Bei zeitgleichem Auftreten und gleichen Formen der Polarlichter kann man davon ausgehen, daß diese Erscheinungen im Magnetschweif der Erde verursacht werden. Unterschiedliche Formen dagegen geben Aufschluß über lokale Stromsysteme auf der jeweiligen Hemisphäre. Die Absorption des kosmischen Rauschens, die mein Freund Gronak mißt und die über derlei physikalische Vorgänge Aussagen zuläßt, wird durch die Elektronenkonzentration der Ionosphäre, hauptsächlich der D-Schicht (60 bis 90 km Höhe), bestimmt. In diese Untersuchungen ordnet sich auch unsere Magnetometerkette ein. Mit ihrer Hilfe kann indirekt, über die induzierten Magnetfelder, der Ort und die Dynamik von elektrischen Strömen in der Ionosphäre berechnet werden. Ausgeprägt ist zum Beispiel ein West- und ein Ost-Elektrojet in Höhen von 105 bzw. 120 km. Ihre Stromstärke beträgt jeweils bis zu einer Milliarde Ampere.

Wie entstehen nun die Polarlichter?

Etwas vereinfacht formuliert, erklärt man sich diese imposante Naturerscheinung heute folgendermaßen: Elektronen und Protonen des Sonnenwindplasmas treffen auf das Erdmagnetfeld. Durch die Lorentzkraft werden die Elektronen und Protonen im Schweif des Erdmagnetfeldes getrennt. Diese Ladungstrennung verursacht eine Spannung, die zum größten Teil durch einen Strom ausgeglichen wird, der quer durch den Schweif fließt. Ein kleiner Teil wird durch feldgerichtete Ströme ausgeglichen. Das ganze funktioniert wie ein magnetohydrodynamischer Generator. Die feldgerichteten Ströme treten an den Rändern des Polarlichtovals in die Ionosphäre ein und werden durch die leitfähigen Schichten der Ionosphäre geschlossen. Mittels dieser feldgerichteten Ströme werden Teilchen transportiert, die mit Gasatomen in den oberen Schichten der Erdatmosphäre wechselwirken. Bei hinreichend großer Energie werden Atome zum Leuchten angeregt, vergleichbar mit den Leuchterscheinungen einer Neonröhre. Aber die Energie der Teilchen im Schweif ist so gering, daß sie weit oberhalb der Ionosphäre reflektiert werden müßten. Da dies nicht geschieht, muß eine Beschleunigung der Teilchen stattfinden. Tatsächlich wird in einer Höhe zwischen 10 000 bis 20 000 km eine über mehrere hundert Kilometer lange und nur wenige Kilometer breite Potentialstruktur aufgebaut. Deshalb erscheinen Polarlichter als langer, sich langsam bewegender Vorhang.

Die Potentialstruktur wiederum wird durch Doppelschichten gebildet, die durch die unterschiedlichen Geschwindigkeiten der Elektronen und Protonen entstehen. Die Doppelschichten beschleunigen die Teilchen. Der genaue Ablauf der Entstehung solcher Doppelschichten wird noch nicht verstanden. Die von uns gewonnenen Daten und Bilder dienen dazu, im weltweiten Verbund mit anderen Wissenschaftlern diese Erscheinungen zu erforschen.

Nach der Expedition sollte eine umfangreiche Auswertung unserer Messungen beginnen. Durch die sich überstürzenden politischen Ereignisse zu Hause konnten die Arbeiten von uns leider nicht mehr zu Ende geführt werden. Die Akademie der Wissenschaften wurde aufgelöst. Das Schicksal der Institute war in Frage gestellt. Die Polarlichtaufnahmen hat Armin Grafe aus Niemegk, der die Stromsysteme in der Ionosphäre untersucht, den finnischen Wissenschaftlern, wie vereinbart, zur Verfügung gestellt. Wir haben erfahren, daß sie von sehr guter Qualität seien, und ich hoffe, daß über diesen Umweg ein Teil unserer Arbeit für die weitere Forschung von Nutzen ist.

Mauerfall und Vereinigung
Unsere Mannschaft erlebte die politische Wende in der DDR und die Vereinigung der beiden deutschen Staaten nur vermittelt über Funknachrichten, Radio, wenn der Empfang gut war, und über die ebenfalls per Funk gesendete sogenannte Schiffspresse. Als wir nach Hause fuhren, kehrten wir in ein anderes Land zurück. Natürlich haben uns die Ereignisse, jeden auf seine Weise, neben den wissenschaftlichen und technischen Arbeiten sehr beschäftigt. Sie haben das Klima der Expedition mitgeprägt. Da ich oft gefragt werde, wie wir den Wandel verkraftet haben, abgeschieden von der Heimat und in vielen Deutungen auf uns selbst angewiesen, will ich einiges davon berichten.

Am 10. November 1989 kam unser Funker aufgeregt, mit großen Augen, in den »Herrensalon« und verkündete: Auf der Berliner Mauer sitzen Menschen – die Grenze ist offen! Ich bin fassungslos. Auch alle anderen konnten es nicht glauben. Einer meinte, halb im Scherz: Die machen mit uns einen Psychotest! Am kleinen Funkgerät im Meßcontainer konnten wir Kurzwelle empfangen, also auch die »Deutsche Welle«, und erfuhren nun, daß tatsächlich hunderttausende Menschen die Grenzübergänge in Richtung Westberlin passierten. Ich hatte den Eindruck, daß selbst der Nachrichtensprecher, sonst neutral berichtend, an diesem Tag freudig erregt die Meldungen las. Norbert stellte sofort seine letzte Flasche auf den

Tisch. Sie war eigentlich für den Abschied von der Antarktis gedacht. Alle empfanden den Tag als außergewöhnlich. Es herrschte aber noch keine ausgelassene Stimmung. Die ersten Gespräche drehten sich um Westberlin. Und in der Phantasie reisten wir schon durch die Welt. Hartmut Müller, der als Filmdokumentarist in der Schirmacher-Oase weilte und viel herumgekommen war, ein brillanter Unterhalter, erzählte von seinen Reiseerlebnissen. Spanien und Sri Lanka, Kapstadt und Hongkong – Ziele, die jetzt vielleicht auch für mich erreichbar wurden.

Unklar war, wie es zum Mauerfall kam. Jemand gab zu bedenken, daß großen Ereignissen in der Geschichte stets Geheimverhandlungen vorausgingen. Aber daß es so plötzlich passierte ... Der nächste Tag war der 11. 11., Faschingsbeginn, und nun feierten wir aus zweierlei Anlaß, ausgelassen und lange.

In den Wochen danach kamen die möglichen Folgen der offenen Grenze zur Sprache. Das Spektrum der Ansichten war breit. Es wird sich nichts ändern im Leben der DDR-Bürger, sie können jetzt nur ungehindert reisen, war eine Meinung. Andere vertraten die Ansicht, daß die DDR ein Teil der Bundesrepublik werden wird und danach wahrscheinlich manche Konsequenzen des Zweiten Weltkrieges in Frage gestellt würden.

Im April 1990 reiste der Hauptteil unserer Überwinterungsmannschaft an. Wir erhielten neue Informationen, lauschten den Augenzeugenberichten. Die mitgebrachten Zeitungen aus der DDR wurden von uns verschlungen. Währungsunion und die deutsche Einheit lagen noch in weiter Ferne. Die Meinungen liefen nicht mehr in allen Fragen total auseinander. Wieder kontrovers beurteilt wurden jedoch die einzelnen Vergehen der Politprominenz. Fast jede denkbare Wertung war zu hören: »das war nicht anders zu erwarten« – »so außergewöhnlich sind die Verbrechen im internationalen Vergleich nun auch nicht« – bis zum fassungslosen Erstaunen über das jahrelange Belügen der Bevölkerung.

In den weiteren Diskussionen tauchte auch die Frage auf, was mit unserem Gehalt geschieht, das sich, für uns unerreichbar, ansammelte. Es sollte im Verhältnis 1:2 umgetauscht werden. Das fanden einige ungerecht, weil sie ja in der Zeit ihrer Expedition nichts ausgeben konnten. Die DDR braucht nur ihre Währung konvertierbar zu machen und alle Probleme sind gelöst, war ein Standpunkt. Das andere Extrem: Die DDR-Mark wird auf Grund der Wirtschaft ins Bodenlose sinken, und analog dem Zloty wird eine hohe Inflationsrate sämtliche Ersparnisse vernichten.

Die Wirtschaft der DDR ist leistungsfähig, nach einer kurzen Umstellungszeit schafft sie den Anschluß, wurde eingeworfen. Andere waren der Auffassung, daß fast alle Betriebe keine weltmarktfähigen Güter produzieren, sie könnten nur mit Dumpingpreisen überleben. Aus den Lebenserfahrungen und Informationsmöglichkeiten jedes einzelnen ergab sich ein jeweils anderes Bild und eine andere Prognose der Verhältnisse nach dem Mauerfall.

In der Polarnacht trafen dann die ersten Nachrichten über Betriebsschließungen und Entlassungen ein. Wenn Verwandte oder Bekannte die Arbeit verloren, drückte das die Stimmung. Skeptische Töne wurden laut. Die Währungsunion war jedoch ein Fest für alle. Wir übertrafen uns gegenseitig mit lustigen Einfällen. Ein Container wurde als DDR-Kaufhalle eingerichtet, und wir spielten das alte Spiel zwischen Käufer und Verkäufer: »Haben Sie ...« – »Nein, haben wir nicht ...« Jeder stellte sich noch einmal in die improvisierte Warteschlange an. Über diesen Spaß haben wir sehr gelacht. Daß die Schlangen möglicherweise bleiben werden, nicht vor den Kaufhallen, sondern vor den Arbeitsämtern, wurde an diesem Abend nicht reflektiert.

Bereits nach Öffnung der Grenze und dann verstärkt in den Wintermonaten hatten wir private Funkkontakte mit der bundesdeutschen Forschungsstation »Georg von Neumayer« auf dem Ekström-Schelfeis aufgenommen. Es gab zwar zuvor, wie mit der japanischen Station Syowa und der englischen Basis Halley Bay, einen Austausch von Ozondaten und anderen Sachinformationen, aber jetzt wurde zwischen »Neumayer« und »Forster« munter hin und her geplaudert. Während unserer Expeditionszeit überwinterte dort zum ersten Mal ein Frauenteam. Zunächst kamen natürlich Funker und Funkerin miteinander ins auch persönliche Gespräch. Nach dem Ausfall eines Funkgerätes an der Neumayer-Station lief der Funkkontakt der Frauen mit der Bundesrepublik etliche Tage über die Forster-Station, und Frank Heimann hatte allerhand zu tun. In den folgenden Wochen unterhielten sich vor allem die jeweiligen Fachspezialisten miteinander.

Das geschah nach abgesprochenen Funkterminen, etwa so: 17 Uhr ist meine Zeit. Ich taste am Funkgerät die Frequenz ein. Die Relais klackern, die Abstimmung der Antenne beginnt. Leises Rauschen und Knacken im Kopfhörer. Ich spreche ins Mikrofon. Nach einigen Sekunden höre ich kaum vernehmbar: »Georg Forster, Georg Forster für Georg von Neumayer bitte kommen!« Ich antworte. Eine leise, warme Frauenstimme mit schwäbischem Akzent ist zu hören. Das ist Estella Weigelt, eine der beiden Geophysikerinnen auf »Georg von Neumayer«. Ich freue mich, daß die Frequenz und die Zeit stimmen. Aber das Gespräch geht im Rauschen unter. Die Registriergeräte in der Magnetikhütte zeigen einen beginnenden Magnetsturm an. Wir probieren es auf einer anderen Frequenz. Nach dem Wechsel ist die Stimme klar. Wir geben Geophysik-Daten durch. Mich interessieren natürlich vor allem die geomagnetischen Werte. Der russische Geophysiker in Nowolasarewskaja möchte Seismikdaten von der Neumayer-Station haben. Die seltene Gelegenheit, sich mit einem anderen Menschen zu unterhalten, nutzen wir noch ein wenig. Kindheitserlebnisse und Literatur sind Themen, die uns verbinden. Oft reden wir über Dinge, die in der Antarktis fehlen: Wälder, Wiesen und bunte Städte.

Ein Höhepunkt war der 3. Oktober 1990, der Tag der Vereinigung oder, wie andere sogleich unter Hinweis auf den Einigungsvertrag geltend machten, des Anschlusses. Im Vorfeld sprachen wir lange über diesen Tag. Wie sollten wir ihn begehen? In der Schirmacher-Oase befinden sich außer der unseren die sowjetische Station Nowolasarewskaja und die indische Station Maitri. An Nationalfeiertagen war es üblich, sich gegenseitig einzuladen. Die Russen und Inder erklärten, sie hätten bereits Geschenke vorbereitet. Es war klar, daß eine große Feier stattfinden mußte. Wir begannen zu planen. Das Ereignis warf mehr Probleme auf als vermutet.

Das Festessen mit gutem Bier, Wein, Fisch, Fleisch und Ananas war schnell zusammengestellt. Doch wie sollten wir den Flaggenwechsel vollziehen? Wo drei Länder eng beieinander arbeiten, ist Flaggehissen eine fast heilige Übung. Ein Vorschlag war: Wir zerreißen die DDR-Flagge; ein anderer: wir hissen von Anfang an nur die bundesdeutsche Flagge; oder wir lassen beide Flaggen wehen. Es war nicht der simple Flaggenwechsel, der zu vollziehen war und uns Kopfzerbrechen bereitete, sondern: Wie sollten wir den Indern und Russen darstellen, was hier ablief? War die DDR nun ein Unrechtsstaat, und die Flagge sollte vernichtet werden, wie nach anderen Etappen deutscher Geschichte? Sollte die DDR-Flagge überhaupt nicht erscheinen, als ob das Land nicht existiert hätte? Sollten beide Flaggen als Symbol der Gleichberechtigung ihrer Bürger wehen? Ist dieser Tag als eine Angliederung oder Vereinigung darzustellen? Es war unklar. Aus den Presseberichten wurden wir nicht klüger. Potsdam konnte uns auch nicht weiterhelfen; auch dort war man ratlos. Macht, was ihr wollt, war die Antwort auf unsere Fragen. Über Funk riefen wir die Frauen der Georg-von-Neumayer-Station. Sie hätten keine große Feier geplant, eine Flagge würden sie nicht hissen. – Für wen auch? Dorthin verirrt sich an einem 3. Oktober niemand.

Herausgekommen ist eine Zeremonie, die ergreifend und komisch zugleich war. Wir saßen im Flur der Station und hatten große Tafeln aufgebaut. Reinhard Zierath und Harry Prippernau hatten schon eine halbe Woche im voraus Kuchen gebacken, Salate bereitet und Fleisch gekocht. Wir empfingen die Stationsleiter Rawindra und Budretzki mit ihren Delegationen. Nach einem ausgiebigen Essen begann der »offizielle Akt«. Die gesamte Überwinterungsmannschaft stieg auf das Dach des Containers, wo die Fahnenstange stand. Es war nachts 24 Uhr, und es pfiff ein eisiger Wind. Unter dem Gesang und den Trompetenklängen der DDR-Nationalhymne wurde die DDR-Flagge langsam eingeholt. Nach einer kurzen Pause sangen wir beim Aufziehen der schwarzrotgoldenen Flagge ohne Emblem das Deutschlandlied, das wir vorher eingeübt hatten, und Andreas blies auch dazu die Melodie auf der Trompete. Der gemeinsame Abschuß von zehn Leuchtkugeln und Raketen war das Salut an die verstorbene und die Begrüßung der neuen Zeit. Anschließend zogen wir uns schnell in die warmen Räume zurück. Gerhard Schlosser, unser Expeditionsleiter, brachte einen Toast aus. Reinhard hielt einen knappen historischen Vortrag. In Russisch und Englisch erzählten wir unseren Gästen die wechselvolle Geschichte Deutschlands. Nach dem offiziellen Teil, wie meist bei ähnlichen Anlässen, wurde es dann recht fröhlich.

Es gab in den nächsten Monaten noch viele Fragen, die wahrscheinlich manchen Expeditionsteilnehmer zusätzlich psychisch belastet haben. Wird die Station »Georg Forster« geschlossen? Was werden wir vorfinden, wenn wir nach Hause kommen – es hieß, die Institute werden »abgewickelt«. Wie werden wir überhaupt zurückkommen? Das Alfred-Wegener-Institut Bremerhaven übernahm schließlich die Forschungsstation. Die konkreten Zuständigkeiten wurden aber bis zum Ende der Expedition nicht geklärt. Die Rückreise organisierten die Bremerhavener mit der POLARSTERN über Südafrika. Aber wir hatten keinen Taler gültigen Geldes für den Aufenthalt in der Tasche. Da war es eine für mich besonders glückliche Lösung, daß meine Frau Monika mit einem Bündel Reiseschecks für die ganze Truppe nach Kapstadt kam.

Trotz der vielfältigen und anstrengenden Arbeit, des extremen Klimas und der Isolation, der Ungewißheiten in politischer und finanzieller Hinsicht, der persönlichen Belastung jedes einzelnen durch die Probleme der Frauen und Kinder zu Hause waren die Mitglieder unserer Mannschaft ungewöhnlich tolerant und verständnisvoll zueinander – auch bei weit auseinanderlaufenden Meinungen. Die Diskussionen blieben sachlich. Stets wurde nach einem Streit der gemeinsame Punkt gesucht und gefunden. Nur ein so gutes Zusammenspiel ermöglichte es, das umfangreiche Technik- und Forschungsprogramm in dieser bewegten Zeit zu erfüllen.

In der Untersee-Oase
Bevor der antarktische Hochsommer 1990/91 beginnt, wollten wir noch einmal zu einem Schlittenzug aufbrechen. Gerhard Schlosser nahm nach einer gründlichen Planung und Absprachen mit den Kollegen diese vorher nicht geplante Fahrt zusätzlich in unser Programm auf. Nach zwei Schlittenzügen zum Humboldtgebirge, vier Versorgungsschlittenzügen zur Schelfeiskante und nach der überstanden Polarnacht mit all den emotionalen Turbulenzen, die durch die Ereignisse in der Heimat auf jedem lasten, ist es noch einmal nötig, alle Kräfte zu sammeln, um dieses Vorhaben mit Erfolg zu bewältigen.

Am 15. Dezember 1990 setzt sich der Zug in Bewegung. Wir haben wieder zwei Wohnschlitten, die von zwei ATT gezogen werden, und im Schlepp des einen Zuges einen Lastschlitten. Die Ladeflächen sind randvoll bepackt mit Signalstangen und -zylindern, mit Dieselfässern, Verpflegungskisten; Rainer Zierath hat Kisten für die Eiskerne und Wasserproben verstaut, Gerhard Schlosser und Gerold Noack geodätische Meßgeräte, eine Meßbildkamera, Andreas Raeke Spektrometer und Ozonometer; geomagnetische Meßgeräte stehen für mich bereit, Fahrzeugersatzteile, Schweißgerät und Stromaggregat für Gerald Müller und Dieter Ponke. Alles ist vorhanden, was wir auf einer mehrwöchigen Gletscherfahrt zu brauchen glauben.

Auf der halben Strecke des Weges tauchen kleine schwarze Risse im Eis auf, dann breitere; sie werden immer dichter. Die Kettenfahrzeuge können sie noch leicht passieren. Ein unbedachter Sprung aufs Eis ist aber nicht mehr ratsam. Während wir im ersten ATT einen großen Bogen fahren, verlieren wir die zweite Maschine mit Dieter, Gerold und Andreas aus den Augen. Nachdem sie aus einem kleinen Tal heraus sind, erkennen sie uns auf dem nächsten Hügel und fahren direkt auf uns zu. Beim quietschenden Halt schauen sie blaß zu uns herüber. Nach einer kurzen Zeit des Schweigens, sprudelt es aus ihnen heraus. Wenige Meter neben ihnen war durch die Erschütterung des Fahrzeuges eine Spalte aufgebrochen, in die der ATT gut hineingepaßt hätte. Sie konnten nicht einmal den Grund der Spalte im tiefen Dunkel erkennen. Dies hätte das Ende bedeuten können. Wir sind danach alle hellwach. Jeder beobachtet aufmerksam das Eis.

Am Fuße des Nunatak Otradnaja errichten wir unser erstes Lager. Gerald Müller stellt die Fahrzeuge nach jahrelanger Antarktiserfahrung in ganz bestimmter Weise auf. Wichtig ist die Richtung des Wohnschlittens. An seiner Außenseite befindet sich das Plumpsklosett. Bei Schneesturm weht es dort kräftig hinein. Deshalb wird zuerst die Windrichtung bestimmt, damit wir bei einem nächtlichen Bedürfnis nicht der Kraft des Windes ausgesetzt sind. Der zweite ATT soll so stehen, daß im Notfall die Stromkabel zum Starten des Vorwärmmotors bis zum anderen Fahrzeug reichen.

Am Otradnaja wird auf der Spitze ein Steinmann errichtet und eingemessen. Nach Abschluß der geodätischen und geomagnetischen Messungen, der Absorptionsbestimmungen, Probenahmen und nachdem unsere Techniker die Lager der Fahrzeuge geschmiert und neue Kettenbolzen eingeschlagen haben, starten wir zum schwierigsten Abschnitt dieser Route. Der Gletscher fällt jetzt bis zur zugefrorenen Fläche des Untersees steil ab. Es ist ganz unmöglich, mit den Kettenfahrzeugen auf geradem Wege zum See zu gelangen. Gerald steuert den ATT quer zum Eishang. Das ist auch nicht ungefährlich. Die Ketten sind mit Stahlschienen verbreitert, damit sie nicht zu tief in den Schnee einsinken. Dadurch rutschen aber die Fahrzeuge wie Schlitten auf Schienen, sobald sie an einem Eishang senkrecht zur Fallinie fahren. Immer wenn der ATT ausbrechen will, steuert Gerald sehr sensibel gegen.

Schließlich rollen wir, müde und abgespannt von den Anstrengungen des Tages, auf das Eis des Untersees. Die Berge, majestätische Gipfel, lassen uns winzig erscheinen. Es ist still in diesem Talkessel. Plötzlich hören wir ein dumpfes Grollen. Eine Lawine rutscht an der Südwand herunter. Wir schauen gebannt auf das Schauspiel. Es hätte in einem mystischen Film ablaufen können; kaum stören wir die große Stille des gewaltigen Tales, geben die Götter ein Zeichen.

Der Aufbau des Lagers geht flott vor sich. Ich montiere die Funkantenne, wie es mir Manfred Gronak als routinierter Amateurfunker empfohlen hat, und nehme Kontakt mit der Station auf. Harry Prippernau kocht Essen. Er hat von uns allen das innigste Verhältnis zu Antarktika gefunden. Mit dieser Expedition erlebte Harry bereits seinen fünften Polarwinter. Er ist sozusagen deutscher Rekordhalter in der Anzahl der Antarktistage, und ganz so sind einige seiner Gewohnheiten: Wenn es das Wetter irgend zuläßt, schläft er im Schlafsack draußen im Freien. Andreas Raeke kümmert sich um den Wasservorrat. Die Techniker warten wieder die Fahrzeuge ...

Am folgenden Tag beginnen wir mit den wissenschaftlichen Arbeiten. Reinhard Zierath ist ganz ausgelassen. Für einen Chemiker ist dieser zugefrorene See ein Juwel von Forschungsobjekt. Um Wasserproben entnehmen zu können, muß er jedoch erst einmal drei Meter dickes Eis mit dem Handbohrer durchbohren. Dann zieht er mit Seilwinde und Wasserheber Proben gewissermaßen aus einer hydrologischen Black Box. Gerald Schlosser und Gerold Noack messen inzwischen nach allen Regeln der Kunst die Seeoberfläche ein. Ich möchte mit der automatischen Magnetikstation die geomagnetischen Pulsationen registrieren. Mit Manfred Gronak, der den Basismeßpunkt in der Schirmacher-Oase betreut, bespreche ich über Funk den Starttermin. Wir hoffen auf starke Pulsationen des Magnetfeldes während unseres kurzen Aufenthaltes auf dem Untersee. Aus der zeitgleichen Registrierung solcher Pulsationen können Aussagen über die Leitfähigkeit von Schichten unter dem Eis gewonnen werden.

Während ich auf dem See messe, bemerke ich auf einer Strecke von nur einem Kilometer einen Abfall der geomagnetischen Feldstärke um 700 Nanotesla. Diese Differenz ist ungewöhnlich groß. Zunächst vermute ich eine Störung des geomagnetischen Innenfeldes durch einen einsetzenden Magnetsturm. Wieder im Lager, rufe ich über Funk sofort Manfred in der Basisstation; er kann mit Hilfe der kontinuierlichen Registrierung schnell erkennen, ob ein »magnetisches Unwetter« aufzieht. Doch es ist ein magnetisch ruhiger Tag. Die Differenzen müssen also durch die unter dem See liegenden Gesteinsschichten hervorgerufen werden!

Das ist interessant, ja geradezu aufregend! Ich beschließe, unser ursprüngliches Pulsationsvorhaben zurückzustellen, zumal die Schwankungen des äußeren Erdmagnetfeldes sehr gering sind. Dagegen ist das ruhige Magnetwetter ideal für Feldmessungen auf dem See. Um möglichst viele Punkte aufzunehmen, baue ich mir in aller Eile und so gut es meine improvisatorischen Fähigkeiten zulassen zwei leichte Schlitten, auf denen ich die Meßgeräte befestigen kann. Nach einer Vergleichsmessung zwischen der alten und der neuen Meßanordnung ziehe ich los. An mehreren Tagen lege ich über den 6 km langen und bis zu 2 km breiten See ein Netz von Meßpunkten. Mich treibt eine frische Begeisterung voran; es ist ja doch recht selten, daß man etwas so Ungewöhnliches vorfindet. Stackebrandt und Kämpf haben in diesem Gebiet ilmenithaltiges Gestein entdeckt (s. S. 229 und S. 231). Ilmenit enthält unter anderem Titan. Ich hoffe, mit den Meßwerten Aussagen über den Verlauf von Brüchen und Inhomogenitäten in den oberen Gesteinsschichten der Erdkruste gewinnen zu können.

Nach drei Tagen setzt das Meßgerät aus. Ich weiß nicht, woran es liegen könnte. Über Funk versuche ich Manfred zu erreichen. Nach seinen Anweisungen teste ich die Baugruppen, und er findet per Ferndiagnose den Fehler! Es ist nicht das erste Mal, daß wir ein elektronisches Gerät ohne Schaltplan reparieren müssen. Diesmal bin ich besonders froh. Am Ende hatte ich allein auf dem Untersee 330 Meßpunkte aufgenommen. Die geologische Interpretation der Magnetfeldanomalie, von Werner Stackebrandt vorgenommen, scheint sowohl eine präkambrische Intrusion der Gesteinskomplexe zu bestätigen, mit der die Bildung von Ilmeniterzen verbunden ist, als auch ein im Zusammenhang mit dem Gondwana-Zerfall zu sehendes Aufströmen basaltischer Massen.

Nach diesen Messungen widme ich mich wieder den weiträumigeren geomagnetischen Feldarbeiten. Es ist der 24. Dezember. Am Vormittag messe ich am Südhang der Gebirgsumrandung. Da fällt mir ein ca. 30 m großer Moränensee auf. Er ist nicht zugefroren und schimmert stark grünlich. Warum hat der See diese grüne Farbe? Am Ufer stehend, erkenne ich einen dichten Algenteppich auf dem Grund. Das ist überraschend, weil die großen Seen, wie der Ober- und Untersee, gefroren sind und die kleinen offenen Moränenseen in diesem Gebiet keine sichtbaren Spuren von Pflanzenbewuchs zeigen. Wieso gedeiht gerade hier eine anscheinend üppige Algenflora? Am nächsten Tag pilgern wir alle zu diesem kleinen Naturwunder. Rainer Zierath nimmt Wasser- und Algenproben. Wieder sind wir in Entdeckerlaune, und da an diesem Tag Weihnachten ist, taufen wir den Tümpel Weihnachtssee.

Am zweiten Feiertag versuchen Gerold Noack und ich, einen Weg zum höchsten Gipfel des Wohlthatmassivs zu finden, zum 2810 m hohen Ritscher. Wir brechen schon um vier Uhr morgens auf und gehen südwestlich vom »Ziegenkopf« den Einschnitt zwischen dem Berg Ritscher und dem Zimmermann das Tal hinauf. Gegen zehn Uhr sind wir am Gletscher, der zur Steilwand in den Untersee fließt. Er ist jedoch so stark zerklüftet, daß es zu gewagt wäre, ihn zu überqueren. Wir umgehen ihn deshalb weiter westlich. Am Ende des Tals erhebt sich ein imposantes Felsmassiv mit einer höhlenartigen Vertiefung von über vierzig Meter Durchmesser. Der Berg hat auf der runden Kuppe eine kleine Spitze. Wir bezeichnen ihn zur Orientierung als Pagode. Südlich der Pagode steigen wir auf den Kamm. Leider ist dahinter ein steiler Felsabfall, auf dem wir keinen gangbaren Weg finden. Wir müssen unser ehrgeiziges Vorhaben abbrechen. Dafür ist die Aussicht um so beeindruckender. Wir können die Petermann-Ketten unter uns liegen sehen, und ganz am Horizont sind die Inselberge zu erkennen, an die uns unser erster Schlittenzug gebracht hatte.

Die Rückfahrt vom Untersee zur Forster-Station dauert länger als die Hinfahrt. Gerald und Gerold messen wieder Signale ein. Ich möchte den Abstand der Meßpunkte auf der Trasse verringern, um eine höhere Auflösung der räumlichen Änderungen des geomagnetischen Feldes zu erhalten. Deshalb ziehe ich meinen bewährten Schlitten zu Fuß von Signal zu Signal. Die Zeit, die ich zum Messen und Laufen zwischen zwei Signalen benötige, brauchen auch die Geodäten zum Messen, und Reinhard zum Ziehen eines Eiskernes. So bin ich an mehreren Tagen von der Untersee-Oase bis in die Nähe des Nunataks Kit gelaufen.

Dann geht es erst einmal nicht weiter. Vor uns breitet sich ein mehrere Kilometer langer See auf dem Eis aus. Er ist zwar nur ein bis zwei Meter tief, aber ob die Kettenfahrzeuge durchkommen, wissen wir nicht. Gerald Müller hatte recht, als er sagte, im Hochsommer wird es wegen der Schmelzwässer riskant, auf dem Eis zu fahren.

Wir stehen ratlos am Ufer. Dieter Ponke macht den ersten Versuch, das Hindernis zu überwinden. Doch das Fahrzeug sinkt im Schneesumpf ein. Wasser spritzt an den Ketten hoch. Die Bodenwanne liegt auf und das Fahrzeug sitzt fest. Gerald holt die Stahltrossen, und mit viel Gefühl gelingt es ihm, das tonnenschwere Gefährt rückwärts auf das harte Eis zu ziehen.

Wir versuchen das Gebiet zu umfahren, können aber keine Umgehung finden. Weiter südwestlich sind Spalten. Es wird deshalb noch einmal eine Durchfahrt beschlossen. Gerald fährt zuerst. Mit Vollgas und dem hüpfenden Wohnschlitten am Schlepphaken stampft er durch das Wasser. Es sieht fast so aus, als liefe Wasser in das Fahrerhaus. Er schafft es! Danach Dieter. Auch er bringt das Fahrzeug und die Schlitten heil zum anderen Ufer. Nach dieser Wegstrecke ist der schwierigste Teil geschafft. Und wir fahren und messen das letzte Stück der Traverse vom Untersee zur Schirmacher-Oase.

Auftakt im Ausklang

Gert Lange

1990–1992

Als sich die ostdeutschen Polarforscher im Sommer 1990 auf die nächste Expedition vorbereiteten, zeichnete sich bereits ab, daß der bisherige Geldgeber, die Akademie der Wissenschaften, seine Zuwendungen reduzieren muß und daß sie möglicherweise bald ganz ausfallen werden. Das zwang die Koordinatoren auf dem Potsdamer Telegrafenberg zu Einschränkungen. Aber die in den Forschungsprogrammen angestrebten wissenschaftlichen Ziele wurden beibehalten. So kam doch noch eine 4. Antarktisexpedition der DDR zustande, die freilich nicht mehr als solche auf die Reise ging. Am 3. Oktober erfolgte, wie im Einigungsvertrag festgelegt, der Beitritt der DDR zur Bundesrepublik Deutschland.

Trotz der organisatorischen Schwierigkeiten überwinterten 1991 wieder vier Männer in der Station »Georg Forster«. (Der Mechaniker blieb nur während des Sommers.) Volker Strecke, kurz zuvor erst mit der 3. AE heimgekehrt, kümmerte sich um die geomagnetischen Messungen und die Meßwerterfassung der Observatoriumsprogramme. Er und sein Vorgänger Manfred Gronak bauten die Registrierung zu einem zentralen Datenverarbeitungssystem aus, das nun die meteorologischen Daten einbezog. Da Strecke ein entsprechendes Zertifikat besaß, konnte er auch die Funkstation betreiben.

Die bisherigen geodätischen Arbeiten ergänzte Gerold Noack durch kontinuierliche Gravimetermessungen, und – was ein Jahr zuvor mißlang – er brachte einen (neu gelieferten) automatisch registrierenden Gezeitenpegel, zehn Meter tief im Epischelfsee Cholodnoje gegründet, in Gang. Günter Schwarz sammelte Proben von Luftfeuchte, Niederschlag und atmosphärischem Kohlendioxid für die isotopenphysikalischen Analysen. Ein Novum: Seine Untersuchungen zum Jahresgang des Kohlendioxidhaushaltes ausgewählter Seen der Schirmacher-Oase. Sie stellen eine Vorarbeit für die auf den nächsten Seiten beschriebenen paläoklimatologischen Sedimentforschungen dar. Um Proben der Luftfeuchte zur Deuteriumbestimmung aus großen Höhen zu erhalten, wurde ein funkgesteuertes Gerät auf dem Nunatak 1272 etwa 30 km südlich der Station installiert.

Die Ballonaufstiege zur Sondierung der vertikalen Ozonverteilung sollten bereits an der bundesdeutschen Station »Neumayer« auf dem Ekström-Schelfeis stattfinden. (Sie war 1991/92 anstelle der etwa acht Kilometer entfernt gelegenen, im Eis versunkenen Station »Georg von Neumayer« erbaut worden. Das Ekström-Schelfeis ist nach dem während der Giæver-Expedition ums Leben gekommenen Schweden Bertil Ekström benannt.) Doch in der kurzen Zeitspanne gelang die technische Umstellung nicht mehr. Im letzten Moment konnte der Meteorologe Thomas Schumann nach Kapstadt fliegen und mit der POLARSTERN zum Kap Ostry gebracht werden. Er ermittelte den Aerosolgehalt der Luft, das Gesamtozon mittels UV-Spektrometer und ließ noch einmal an der Forster-Station Ozonsonden aufsteigen. Nebenbei vermerkt, registrierte Schumann mit 39,2 km den Höhenrekord der gesamten Serie. Die letzten Ballone zur Ozonsondierung auf »Georg Forster« starteten im Januar 1992, die ersten an der Neumayer-Station im März des gleichen Jahres. Für die Beschreibung der vertikalen Ozonverteilung in der Stratosphäre ist der Wechsel des Startplatzes in diesem Fall unerheblich; »Neumayer« liegt auf der gleichen geographischen Breite wie »Georg Forster« und weniger als 20 Grad geographischer Länge weiter westlich. Die Lage beider Stationen zum Polarwirbel und den mittleren Zirkulationsströmen oberhalb der bodennahen Schichten ist ähnlich. Daher können die jetzt an der Neumayer-Station gewonnenen Ozondaten als Fortsetzung der »Forster«-Meßreihe angesehen werden.

In voller Besetzung fuhren die Biologen nach Bellingshausen. Allerdings blieben sie nur die Saison über, bis 16. März 1991. Unter ihnen war wieder der durch seine Benthosforschungen bekannt gewordene Martin Rauschert (s. S. 182 bis 192), und mit Michael Stiller aus Bremerhaven arbeitete zum erstenmal ein Angehöriger des Alfred-Wegener-Instituts für Polar- und Meeresforschung mit Wissenschaftlern aus den neuen Bundesländern zusammen. Überhaupt war dies die erste Kooperation des AWI mit einem ostdeutschen Institut, der Forschungsstelle für Wirbeltierforschung im Tierpark Berlin. Eines der wichtigsten Ergebnisse der biologischen Expedition bestand darin, daß der Flohkrebs *Cheirimedon femoratus* als Indikatorart für die Eutrophierung antarktischer Gewässer bestätigt werden konnte. Die Ornithologen (Ulbricht, Simon) untersuchten u. a. die Adeliepinguinkolonie auf der Insel Ardley nach einem internationalen Monitoring-Programm, das in der Endkonsequenz Aussagen über die Größe und Verteilung von Krillbeständen erbringen soll. Beispielsweise registrierten sie den Brutbestand und Bruterfolg der Adelies, das Gewicht der Altvögel zum Zeitpunkt der Ankunft nach der Nahrungsaufnahme im Meer und der Jungvögel zum Zeitpunkt des Flüggewerdens sowie die Dauer der Nahrungsausflüge.

Die Expedition konnte erfolgreich abgeschlossen werden, jedoch nicht ohne weitgehende Unterstützung des Alfred-Wegener-Instituts. Es war die neunte Antarktisexpedition (ANT IX) der POLARSTERN, auf der die Fäden für eine künftig gemeinsame deutsche Polarforschung geknüpft wurden; jener unvorhergesehene Abstecher des Forschungseisbrechers im November 1990 nach Bellingshausen, wodurch ein Überwinterer an Bord und die neue Biologengruppe samt ihrer acht Tonnen schweren Ausrüstung an den Einsatzort gebracht werden konnte. Auf einer späteren Passage setzte die POLARSTERN Thomas Schumann und zwei Mitarbeiter des AWI am Kap Ostry ab. Von dort gelangten sie mit einem indischen Hubschrauber über Maitri in die Schirmacher-Oase.

Ebenso wie die ost- und westdeutschen Biologen nun daran gingen, Forschungsaufgaben gemeinsam zu lösen, wurden während der GANOVEX-Expedition der Bundesrepublik neue Akzente der Zusammenarbeit gesetzt. Der Potsdamer Geologe Werner Stackebrandt beispielsweise bearbeitete auf GANOVEX VI (1990/91) – und darauf, GANOVEX VII, noch einmal – Fragen der neotektonischen Entwicklung von Nord-Viktoria-Land.

Die 4. AE endete am 16. März 1992 in Kapstadt.

Gründung der Potsdamer Forschungsstelle
Inzwischen waren in deutschen Landen entscheidende Dinge geschehen. Eine Expertenkommission des Deutschen Wissenschaftsrates unter Leitung von Professor Gotthilf Hempel hatte das Zentralinstitut für Physik der Erde begutachtet. Die Ergebnisse der Evaluation lagen im Juli 1991 vor. Die ostdeutsche Polarforschung bekam hervorragende Noten ausgestellt.

Der Wissenschaftsrat hielt es für wichtig, »die Mehrzahl der Langfristprogramme fortzuführen sowie das unter schwierigen Bedingungen gewachsene Erfahrungspotential für die deutsche Polarforschung zu erhalten.« Als günstig erwies sich, daß es bei den Forschungsthemen keine Doppelungen gegeben hatte. Das Alfred-Wegener-Institut war mehr auf die maritime Polarforschung orientiert, die Potsdamer hatten bevorzugt auf dem Kontinent gearbeitet. Da dies so war, empfahl der Wissenschaftsrat, die bisher verstreuten Potentiale der ostdeutschen Polarforschung zusammenzufassen und in Potsdam eine Forschungsstelle des AWI zu gründen.

Genauere Absprachen zur Koordinierung fanden im Januar 1991 in Bremerhaven statt. An ihnen nahmen Professor Hans-Jürgen Paech teil, der nach der Wende Stellvertretender Direktor des Zentralinstituts für Physik der Erde geworden war und seit 1989 die Abteilung Polarforschung leitete, sowie Dietrich Fritzsche, der »Bastionshalter« am Ort, und die Verantwortlichen der wissenschaftlichen Programme. Seitens Bremerhaven berieten Professor Gotthilf Hempel, die Leiter der Sektionen, der Cheflogistiker Heinz Kohnen und andere Mitarbeiter.

Die Hilfe der Bremerhavener Kollegen im Wissenschaftsmanagement rettete die Potsdamer Polarforschung über die ungewisse Zeit des Übergangs in gesamtdeutsche Strukturen. Die bisherigen Forschungsprogramme waren bereits 1990 in Forschungsprojekte umgeschrieben worden, um schnellstmöglich materielle Mittel einwerben zu können. Die Deutsche Forschungsgemeinschaft (DFG) genehmigte alle Projekte in einer Weise, die auch technische Mitarbeiter einzustellen erlaubte. Personalkosten für die (nur noch aus drei Mitarbeitern bestehende) Abteilung Polarforschung trug bis zum 31. Dezember 1991 die Koordinierungs- und Abwicklungsstelle für die Institute der Akademie der Wissenschaften der DDR (KAI e. V.). Zum Jahresende wurde die Akademie – mithin der Träger der ostdeutschen Antarktisforschung – formaljuristisch aufgelöst. Die Gründung der Forschungsstelle Potsdam des Alfred-Wegener-Instituts erfolgte de facto am 1. Januar 1992. Zum Leiter berufen wurde der Mineraloge und Isotopengeochemiker Hans-Wolfgang Hubberten.

1991–1993
Die folgende Expedition vereinte vier Teilprogramme unter dem Akronym GEOMAUD. Dahinter verbirgt sich nichts anderes als die komplexe geowissenschaftliche Untersuchung der Krustenentwicklung im zen-

tralen Königin-Maud-Land, genauer: im Sektor zwischen 70° bis 71°40' Süd und 10°20' bis 14° Ost. Seit dem Ausbau der Forster-Station waren die ostdeutschen Polarforscher auch in der Antarktis-Geologie eigene Wege gegangen, zunächst mit der Kartierung der Schirmacher-Oase, dann der südlich gelegenen Nunatakker, und mit der Erschließung der Landwege zu den Gruberbergen (Untersee-Oase) und zum Humboldtgebirge war das Wohlthatmassiv für sie zugänglich geworden. Es hatte also Vorarbeiten gegeben. Insgesamt ist diese Region jedoch im Vergleich zu den Zielgebieten der großen internationalen Lithosphärenprojekte wenig untersucht.

Nach Gründung der AWI-Forschungsstelle änderte sich das Konzept. Die polare »Hardrock«-Geologie ist an der Bundesanstalt für Geowissenschaften und Rohstoffe (BGR), Hannover, angesiedelt, wo sie besser ins Profil paßt. Die Bundesanstalt übernahm die Aufgaben der GEOMAUD-Expeditionen. Hiermit war auch die Anstellung von ostdeutschen Fachkollegen verbunden. Sie bereitete für die Saison 1995/96 eine geologisch-geophysikalische Expedition in die östlichen Gebirge des Königin-Maud-Landes und den atlantischen Sektor des Südpolarmeeres vor. Professor Karl Hinz von der BGR leitete dieses Unternehmen. Hans-Jürgen Peach (s. S. 138 bis 142) war Chef der Landgruppe, die in Gebäuden der von den Russen aufgegebenen Station Alt-Nowolasarewskaja und in einigen Scott-Zelten ihr Hauptquartier hatte. Aus Potsdam nahmen daran Hermichen und Wand teil. Sie suchten, zum Teil mit Hubschraubern und von entlegenen Gebirgscamps aus, nach Anzeichen für die klimatologische und glaziologische Entwicklung der letzten Jahrzehntausende. Dank der im Verhältnis zu den früheren DDR-Unternehmungen weitaus besseren logistischen Basis erbrachte GEOMAUD 95/96 wichtige Ergebnisse zur Entwicklung der Erdkruste.

1991 mußten sich die Wissenschaftler der neuen Bundesländer noch ohne solch vorteilhafte Logistik behelfen. Am 29. Oktober startete in St. Petersburg ein gecharterter russischer Großtransporter vom Typ IL-76, womit die Expeditionsmannschaft (neun Wissenschaftler und drei Techniker plus ein Überwinterer) im Direktflug nach Molodjoshnaja gebracht wurde. Mit den Überwinterern der 4. AE wohnten nun 17 Personen in der Forster-Station.

GEOMAUD 91/92 war eine der erfolgreichsten geologischen Expeditionen. Als wollten die ostdeutschen Polarforscher noch einmal zeigen, was sie können, haben sie in der Sommerkampagne jede Möglichkeit für Feldarbeiten genutzt. Unter anderem gelangten sie auf vier Schlittenzügen zum Wohlthatmassiv. Diese strapaziösen Märsche mit russischen Kettenfahrzeugen ATT und angehängten Wohn- und Lastschlitten wurden noch dadurch erschwert, daß sich die Gletscheroberfläche im Laufe der Jahre wieder verändert hatte, weshalb im Vergleich zu früheren Vorstößen mitunter erheblich längere Strecken zurückgelegt werden mußten, 140 km statt etwa 90 km auf der Trasse zum Untersee. Sie führten teilweise über völlig unbekanntes Terrain. Oft war die Sicht schlecht, Schneefelder und Spaltengebiete, Stürme bis zu 40 m/s Spitzengeschwindigkeit behinderten das Vorankommen. Aber auch Fahrten über markierte Routen sorgen für unerwünschte Abwechslung: Mitunter irritiert ein Gesteinsbrocken, ein Faß oder auch nur der Schattenriß einer Oberflächenform und wird aufgrund seiner Ähnlichkeit mit dem vermuteten Signal zur Orientierung angepeilt. So war der zweite Schlittenzug vom Weg abgekommen und das Führungsfahrzeug in eine verdeckte Gletscherspalte eingebrochen. Der Kettenschlepper konnte nur mit Hilfe einer aus der Station herbeigerufenen Rettungsmannschaft wieder flottgemacht werden.

Mit Ausnahme der bodenkundlichen Untersuchungen (Krüger und Tschochner von der Universität Potsdam) basierten alle anderen Arbeitsprogramme auf diesen Schlittenmärschen. Es ging beispielsweise darum, die Dicke des Inlandgletschers und des Schelfeises auf den drei bekannten Routen mittels Tiefenradars zu bestimmen sowie die Fließbewegung des Eises zu erfassen. Ziel dieses EISMAUD genannten Projektes war es, mit allen zur Verfügung stehenden Methoden einen Überblick über die Eisdynamik zwischen dem Wohlthatmassiv und dem offenen Meer zu bekommen. Während der 1. bis 4. Antarktisexpedition der DDR war das übergeordneten geodätische Festpunktnetz bestimmt worden; die Schlosser-Mannschaft hatte ein zweites Mal vermessen – wichtige Voraussetzungen für eine glaziologische Bestandsaufnahme. Jetzt begab sich Diedrich Fritzsche, von Haus aus Isotopenchemiker, in die Spur; mit einem Ski-Doo und angehängtem Nansenschlitten fuhr er gewissermaßen als messender Trabant immer neben dem Schlittenzug her, riskierte gelegentlich auch weite Abstecher in unvermarktes Gelände. So kamen 426 gutsondierte Profilkilometer zusammen.

Es zeigte sich, daß das Eis bereits im Kuppelrandbereich südlich der Schirmacher-Oase 360 m mächtig ist. Am Fuß des Humboldtgebirges, nur 80 km Luftlinie von »Georg Forster« entfernt, lastet eine über 1500 m hohe Eisdecke auf dem Untergrund. Zwischen der Schirmacher-Oase und dem Wohlthatmassiv gibt es zwei tiefe Taleinschnitte, deren Sohlen weit unter Meeresniveau liegen. Dächte man sich das Inlandeis abgetaut, schlügen die Wellen des Atlantik bis an den Rand des Unterseetales. Der Otradnaja, der den Zugang dorthin markiert, die Schirmacher-Oase und die anderen heute aus dem Eis herausragenden Gipfel wären Inseln. Dieses geomorphologische Tiefenprofil war vorher nicht bekannt. Der Gletscher, der es überdeckt, erst in nordöstlicher, dann nördlicher Richtung fließend (s. S. 247), hat ein wesentlich größeres Volumen als nach allen bisherigen Messungen zu erwarten war. Seine Fließgeschwindigkeit beträgt im zentralen Bereich 70 bis 100 m im Jahr. (Mit einem weiteren Einsatz Fritzsches 1994/95 gelang es der Forschungsstelle Potsdam des AWI, die Eisregion um die Schirmacher-Oase modellhaft darzustellen.)

Nicht weniger ergiebig waren die »Schlammstecher«, wie sich die Sedimentologen manchmal scherzhafterweise bezeichnen. Sie brachten insgesamt 57 Meter Sedimentkerne aus Seen der Schirmacher-Oase sowie aus Unter- und Obersee im Wohlthatmassiv nach Hause.

Die Binnenseen Antarktikas sind ja kontinentale Sedimentfallen. Über Jahrtausende ungestört, speichern sich in den Sedimenten klima- und andere umweltrelevante Informationen, und zwar vollständiger und, wie man hoffte, zeitlich besser auflösbar als dies bei Sedimenten aus dem Meeresraum der Fall ist. Dabei versprach gerade der Umstand neue Erkenntnisse zur Klimageschichte Antarktikas, daß die Untersuchungen in einem Randgebiet des eisbedeckten Kontinents vorgenommen wurden; solche periphere Bereiche reagieren sensibler auf Klimaschwankungen als die durch Grönland- und Wostok-Bohrung bereits gutdokumentierten zentralen Eiskappen.

Die Idee, mit Hilfe der in den Sedimenten gespeicherten Informationen die Entwicklungsgeschichte einer antarktischen Küstenregion zu entschlüsseln, war seit langem gereift; vor allem die Isotopenspezialisten Ulrich Wand, der die Expeditionsgruppe leitete, und Wolf-Dieter Hermichen, beide seinerzeit noch in Leipzig tätig, hatten sich dafür eingesetzt. Mit Martin Melles aus Bremerhaven kam ein Mann hinzu, der im Umgang mit marinen Ablagerungen erfahren war. Die für die Gewinnung von Sedimentkernen erforderliche Technik stellte das Institut für Ostseeforschung Warnemünde, teilweise wurde sie auch in Leipzig und Potsdam angefertigt.

Die Forscher stießen auf überraschend dicke Sedimentschichten. Sie enthielten oft erhebliche Mengen an Resten niederer Wasserpflanzen (Algen, Moose). In einigen der am tiefsten gelegenen Schichten war allerdings das organische Material so spärlich vorhanden, daß deren Alter nur mit Hilfe eines Beschleuniger-Massenspektrometers (AMS) der Universität Oxford, England, bestimmt werden konnte; in Deutschland gab es kein solches Gerät. Das Resultat dieser speziellen C-14-Datierungsmethode war verblüffend: Die organische Substanz wies ein unerwartet hohes scheinbares Alter von 35 000 Jahren vor heute auf. Selbst wenn sich die Annahme bestätigen sollte, daß die gemessenen Alter der untersuchten Sedimente auf Grund eines sogenannten Reservoireffektes um einige Jahrtausende über dem tatsächlichen Alter lägen, bliebe der überraschende Befund, daß es am Rande des Eiskontinentes Antarktika Gebiete gibt, die auch während der letzten globalen Kaltzeit zumindest zeitweilig nicht völlig vergletschert waren, wobei das Lokalklima dann auch die Existenz von Schmelzwasserseen ermöglichte.

Die Geologen (Wetzel und Hahne, in Kooperation mit zwei russischen Kollegen) arbeiteten vom 25. 11. 1991 bis 28. 2. 1993 im Humboldtgebirge. Die bisher bekannte Fahrtrasse wurde von den Inselbergen über ein Spaltengebiet nach Südwesten verlängert. Von ihrem ersten Feldlager an den Eckhörnern (1540 m über NN) und dem zweiten an der sogenannten Schüssel – mit etwa 72 km² Ausdehnung eines der größten Moränensysteme im zentralen Königin-Maud-Land – begannen sie mit der geologischen Bestandsaufnahme dieses kaum betretenen Gebietes.

Die Karten haben zumeist einen Maßstab von 1 : 25 000, wobei die jeweiligen Hauptprofile im Maßstab 1 : 5000 aufgenommen wurden. Besonderen Wert legten die Geologen auf die Beprobung der Magmatite und der Marmore. An den Eckhörnern, einer steilaufragenden markanten Gipfelgruppe, entdeckten sie bis zu zehn Meter mächtige, reichhaltige Titanvererzungen, darunter wunderschöne große Zwillingskristalle des Titanminerals Rutil. Die antarktischen Gebirge sind für Geologen wahrlich noch ein Paradies.

Gewissermaßen als wissenschaftliche Dienstleistung für alle anderen Aktivitäten erweiterten die Geodäten das Festpunktnetz, sicherten die Trassenführung; sie bestimmten wieder die Fließdynamik des Eises, und was im Vorjahr abgebrochen werden mußte, glückte im Januar 1992: Im Rahmen von Erkundungsarbeiten erklommen Gerold Noack und Wieland Adler erstmals den mit 2905 m höchsten Berg im Wohlthatmassiv, den Pik Ritscher.

Am 10. März 1992 bestiegen die Saisongruppe und

die Überwinterungsmannschaft der 4. AE die POLARSTERN, die sämtliche Forster-Leute nach Kapstadt brachte. Mit Ausnahme von Günter Stoof. Er allein blieb in der Polarnacht – die letzte Überwinterung auf »Georg Forster« in achtzehnjähriger Folge. Über das Schicksal der Station war zum damaligen Zeitpunkt noch nicht entschieden. Der Betrieb sollte provisorisch aufrechterhalten werden, und dazu bedurfte es eines der russischen Sprache mächtigen Allround-Technikers wie »Molo«, des »jungen Menschen«, der nun freilich um einiges mehr als tausend Tage Antarktisaufenthaltes kundiger geworden war. Er führte einen Teil der magnetischen Messungen und, solange die Sonne am Horizont stand, die Aerosolbestimmungen fort. Stoof sollte zwar in der nahen russischen Station Nowolasarewskaja übernachten, zog es aber doch vor, sich in den gemütlicheren Räumen von »Georg Forster« einzurichten, deren Grundstock er ja 1976 mit aufgebaut hatte. Damit enden die letzten Schweifspuren einer eigenständigen ostdeutschen Polarforschung.

Neue Horizonte
In den Jahren 1993/94 unternahm das Alfred-Wegener-Institut Entrümpelungsarbeiten, um sich auch gemäß den strengen Bestimmungen des Madrider Umweltprotokolls der Antarktis-Vertragsstaaten die Option für den Betrieb von »Georg Forster« als Sommerbasis zeitweilig offenzuhalten. Es war der Beginn eines großangelegten Ökologieprogramms, das von russischen und deutschen Technikern gemeinsam verwirklicht wurde (siehe nachfolgenden Beitrag). Leider mußten zwanzig voll beladene Müllcontainer an der Eisbarriere stehenbleiben, weil es wegen der späten Ankunft des russischen Transportschiffes und der starken Eisdeckung nicht möglich war, diese Alstlasten aus der Antarktis zu entfernen. Sie wurden ein Jahr später nach Deutschland beziehungsweise nach Südafrika gebracht.
Auf dem Telegrafenberg in Potsdam indes stabilisierten sich die Arbeitsbedingungen. Die Dependance des Alfred-Wegener-Instituts für Polar- und Meeresforschung (AWI) auf dem Potsdamer Telegrafenberg hatte Mitte 1994 über fünfzig Beschäftigte (31 wissenschaftliche, 25 wissenschaftlich-technische und andere Mitarbeiter) und verfügte über einen Jahresetat von etwa 5,8 Millionen DM. Sie stützt sich auf zwei interdisziplinäre Säulen: Geowissenschaften, sowie Physik und Chemie der Atmosphäre. Der nach dem Ausscheiden Gotthilf Hempels im Jahre 1992 zum neuen Direktor des AWI berufene Limnologe Max Tilzer gab die gesamte atmosphärische Sondierung (Ozon u. a. Spurenstoffe, Aerosole) von Bremerhaven nach Potsdam, damit ein klares Zeichen setzend, daß die Forschungsstelle in der brandenburgischen Landeshauptstadt ein integraler Bestandteil der deutschen Polar- und Umweltforschung ist. Seitdem werden in Potsdam nicht nur die deutschen Aktivitäten zur Erforschung der südpolaren Atmosphäre koordiniert, sondern auch der Arktis; insbesondere obliegt die Leitung der Arktisstation »Carl Koldewey« auf Spitzbergen der Forschungsstelle Potsdam.
Auch die Geowissenschaftler erschlossen sich neue Einsatzfelder. Im Osten ermöglichte die politische Öffnung Rußlands den Zugang zu den Permafrostgebieten Sibiriens; ihnen wird bei einem globalen Klimawandel eine Schaltfunktion zugesprochen. Viele gegenwärtige Naturerscheinungen sind dort unaufgeklärt geblieben, weil den russischen Wissenschaftlern bisher das moderne analytische Instrumentarium fehlte. Ihre unverzichtbaren Erfahrungen liegen in der mehr empirischen Forschung. Die deutsch-russische Norilsk-Taimyr-Expedition 1993 hat Voraussetzungen für ein langfristiges umwelt- und klimageschichtliches Forschungsprogramm geschaffen.
Zum ersten Mal reisten deutsche Forscher im Dezember 1993 in die Bunger-Oase (Ostantarktika).
Auch dies war ein deutsch-russisches Gemeinschaftsprojekt, wobei die Russen vorrangig für den An- und Abtransport mit dem Forschungsschiff AKADEMIK FJODOROW sowie die Unterbringung in ihrer Sommerstation »Oasis« sorgten, während die Deutschen mit einer modernen Rammbohrtechnik sowie besseren analytischen Möglichkeiten mehr die methodische Seite abdeckten. Von »Oasis« und drei Zeltlagern aus bargen die Wissenschaftler insgesamt etwa hundert Kernmeter Sediment für paläoklimatologische Untersuchungen.
Sie gelangten auch zu den weit ausgedehnten, ständig mit einer bis zu 4,60 m dicken Eisschicht überfrorenen Seen im Norden der Oase, wo bislang noch niemand gearbeitet hatte. Von dort brachten sie ihr »Highlight« mit: den mit 13,80 Metern längsten See-Sedimentkern, der auf dem antarktischen Kontinent gezogen wurde.
Eine speziell für diese Arbeiten nach Vorgaben des AWI in Österreich entwickelte und während der Taimyr-Expedition in Sibirien erprobte Bohranlage hatte sich glänzend bewährt. Schon jetzt kann anhand der Untersuchungen des von Gletschern bewegten und abgelagerten Gesteinsschuttes (Melles und Wand) gesagt werden, daß die durch den Vorstoß des Inland-

eispanzers während der letzten Kaltzeit verursachte Moräne nur eine schmale Zone im Süden vor der heutigen Eisbarriere überdeckt. Demnach war auch die heutige Bunger-Oase zur letzten Eiszeit nicht von einem massiven, sich in Süd-Nord-Richtung ausbreitenden Eisschild bedeckt, wie alle bisherige Theorie zu wissen meinte, sondern sie wurde von sehr dynamischen Gletschern aus westlicher Richtung geprägt.

Die sibirischen Aktivitäten setzten sich 1994, 1995 und 1996 mit Feldlagern auf der Taimyr-Halbinsel fort (Levinson-Lessing-See, Labas-See, Taimyr-Tiefebene, Byrranga-Gebirge). 1996 wurde das erste deutsche Camp auf Sewernaja Semlja errichtet. Wie schon bei der Expedition zur Bunger-Oase oder gar bei der Besetzung der Koldewey-Station auf Spitzbergen war jetzt nicht mehr zwischen ostdeutschen und westdeutschen Wissenschaftlern zu unterscheiden. Es gab nur noch *eine*, vom gemeinsamen Anliegen der Erkenntnissuche getragenen Gemeinschaft.

Der große Gewinn der »Vereinigung beider Ströme der deutschen Polarforschung«, um auf ein Wort von Gotthilf Hempel zurückzukommen, liegt darin, daß sie sich vorteilhaft ergänzen. Die in den schlimmen Zeiten der Abgrenzung geschürten Ressentiments, die Mauermentalitäten sind überwunden.

Auch die ostdeutschen Polarforscher haben auf einen kleinen Teil der bisher weißen Flecken auf der geographischen und der wissenschaftlichen Landkarte Antarktikas Farbe aufgebracht. Das ist nicht wenig. Jetzt stehen neue Aufgaben bevor. Fridtjof Nansen sagte einmal: »Wer ans Ziel kommen will, muß die Schiffe hinter sich verbrennen und Brücken abbrechen. Dann verliert er keine Zeit mit Umsehen.« So zugespitzt formuliert ist das sicher kein Rat für einen durch Schnee und Eis stapfenden Polarforscher, wohl aber für die Wissenschaften insgesamt und vielleicht auch für Institutionen und Strukturen, die zu ihrer Zeit Gutes geleistet haben.

Das große Reinemachen
1994–1996

Gert Lange

So wie bisher konnte es in der Schirmacher-Oase nicht weitergehen. Ganz offensichtlich belasteten die vielen Provisorien des Stationsbetriebes die natürliche Umwelt. Das war ja auch ein Grund dafür, weshalb im Jahre 1988 eine technische Expedition in die Oase geschickt wurde, um sich für Konzeption und Bau einer neuen Forschungsbasis der DDR sachkundig zu machen. Die Beteiligten waren sich von vornherein im klaren, daß prinzipiell andere – und in mancher Hinsicht überhaupt erst einmal – Lösungen für einen nachhaltigen Umweltschutz in der Schirmacher-Oase gefunden werden mußten. Das galt für die Entsorgung des Mülls, der Schwarzwässer, für die allgemeine Hygiene ebenso wie für die energetischen Belange. Die im damaligen Metalleichtbaukombinat Leipzig entwickelte neue Station (Konstrukteur Günter Rux) sollte internationalen Standards entsprechen. Ob jedoch eine gründliche Bereinigung des beanspruchten Geländes, wie sie das Alfred-Wegener-Institut ab 1994 in aufwendigen Aktionen voranbrachte, unter Verhältnissen und mit den Möglichkeiten einer DDR-Verantwortung zustande gekommen wäre, muß bezweifelt werden.

Die ostdeutschen Polarfahrer bemühten sich in den letzten Jahren zum Beispiel, den Hausmüll sortiert aufzubewahren, Konservendosen zu pressen, auf die weitgehend von der Nowolasarewsker Stationsleitung vorgegeben Praktiken der Deponierung Einfluß zu nehmen, aber es wurde fast nichts mit dem Schiff zurückgeführt. In ökologischen Fragen war ihnen die sowjetische bzw. russische Seite kein Partner – und schlechte Sitten verderben bekanntlich auch die eigenen Gewohnheiten. Die Sowjetischen Antarktisexpeditionen, auf deren Logistik die DDR angewiesen war, beluden ihre heimkehrenden Schiffe nicht mit Schrott und Müll. Alles blieb in der Antarktis, vom Kochtopf bis zum Flugzeugwrack, Bauschutt, Altöl, sogar Chemikalien. Mit der Zeit hatten sich in der Umgebung von Nowolasarewskaja und der Forster-Station zahlreiche Müllhalden angehäuft.

Das Alfred-Wegener-Institut für Polar- und Meeresforschung (AWI), in dessen Zuständigkeit nach dem Beitritt der DDR zur Bundesrepublik Deutschland die Forschungsstation »Georg Forster« gefallen war, schätzte in einer Studie ein, daß die Station »in keiner Weise den heutigen Maßstäben und Auflagen, insbesondere dem Protokoll zum Antarktisvertrag von 1991, entspricht.« Die Grenznutzungsdauer des ursprünglichen Gebäudekomplexes war ja auch längst erreicht. Ein auf drei Jahre bedachtes »Ökologie-Projekt« zur Entsorgung der Georg-Forster-Station sowie der Mülldeponien in der Schirmacher-Oase sah deshalb den Abriß der meisten Gebäude vor; nur die Kerngebäude sollten erhalten bleiben, damit für einen begrenzten Zeitraum in den Sommermonaten wissenschaftlich gearbeitet werden kann.

Vor allem aber mußten die riesigen Mengen Müll und Schrott entsorgt werden – und zwar gemeinsam mit den russischen Polarniks, denn der ganze Unrat war fast zwei Jahrzehnte lang auf gemeinsamen Deponien abgelagert worden. Nach Berechnungen von Logistikern des AWI galt es, einschließlich des Bauschutts, der Fahrzeuge und Containerlasten, etwa 800 Tonnen Entsorgungsmasse zu verladen, über das Schelfeis zu transportieren und mit Schiffen vom Kontinent zu schaffen.

Nach langen, manchmal hartnäckigen Verhandlungen des AWI (Dr. Heinz Kohnen) mit der Russischen Antarktisexpedition, einem Strukturbereich des Arktischen und Antarktischen Forschungsinstituts in St. Petersburg, kam ein Vertrag zustande, der die im Ökologie-Programm zu erbringenen Leistungen beider Seiten festlegte. Das Bundesministerium für Bildung, Wissenschaft, Forschung und Technologie unterstützt das Ökologie-Projekt mit rund 2,5 Millionen Mark. Für die finale Entsorgung (mit Ausnahme der Gefahrengüter) wurden Partner in Südafrika gewonnen.

Sommerkampagne 1994
Die Ablaufpläne für das Großreinemachen waren detailliert ausgearbeitet worden. Doch die folgenden Aktivitäten in der Schirmacher-Oase standen nicht immer unter einem glücklichen Stern. Jeweils ein Ent-

sorgungsteam und eine, 1995 zwei Wissenschaftlergruppen, fuhren von Kapstadt mit russischen Schiffen in die Antarktis. Allerdings verließen die Schiffe der SAE und der RAE, der Russischen Antarktisexpedition, bereits in zurückliegenden Jahren ihre Ausgangshäfen meist viel zu spät. So gerieten die Expeditionen regelmäßig in einen hektischen Wettlauf mit dem hereinbrechenden Polarwinter, und den Wissenschaftlern gingen wertvolle Wochen verloren.

Die MICHAIL SOMOW beispielsweise läuft 1994 erst am 2. März in Kapstadt aus (vorgesehen war für die deutschen Teilnehmer der 27. Januar und die AKADEMIK FJODOROW), zu einem Zeitpunkt, da Südfrühjahr und Südsommer, die beste Saison für Antarktika, schon verstrichen sind. Die Fahrt wird etwa 80 Seemeilen nördlich der Schelfeiskante vor Nowolasarewskaja für drei Tage unterbrochen, um der STEFAN KRASCHENINNIKOW zu helfen, die einen schweren Ruderschaden erlitten hatte. Die KRASCHENINNIKOW ist ein russischer, eisbrechender Frachter aus Wladiwostok; sie wurde von der Indischen Antarktisexpedition gechartert. Auch auf der SOMOW ist ein Schaden zu beheben, den sich das Schiff auf der ersten Versorgungsfahrt der Saison zugezogen hatte. Bei schwerer Eisfahrt war der Rumpf am Vorderschiff eingedrückt und ein Stück aufgerissen worden. Wasser war eingedrungen. Um den Rumpf zu stabilisieren, werden Stahlrohre zwischen den Backbord- und Steuerbordspanten in Höhe der Wasserlinie eingeschweißt. Endlich geht es weiter. Bei schlechter werdenden Eisverhältnissen im folgenden Tag erneuter Stopp. Das Vorschiff hat wieder Wasser genommen, abermals wird geschweißt. Auf den letzten 50 Seemeilen muß die SOMOW streckenweise ins Eis rammen, um voranzukommen. Am 15. März ist die Schelfeiskante erreicht.

Sechs Tage später gelangt die deutsche Mannschaft mit einem Schlittenzug, bestehend aus sechs Kettenfahrzeugen und neun auf Stahlschlitten montierten Containern, in die Schirmacher-Oase. Entsorgungsarbeitet und Forschung laufen von nun an parallel. Die Geographen Dieter Knothe und Werner Krause von der Universität Potsdam beginnen mit bodenkundlichen Untersuchungen. Die antarktischen Oasen gehören zu den ganz wenigen Gebieten der Erde, in denen Initialprozesse erster Bodenbildung nach der Eiszeit studiert werden können. Die verschiedenen Formen und Faktoren der Verwitterung spielen dabei eine maßgebliche Rolle. Krause und Knothe interessierte unter anderem, wann die ersten Verwitterungsprozesse in der Schirmacher-Oase eingesetzt haben. Eine Zeitbestimmung, jedoch an Trockensegmenten, zum Beispiel Gebirgsschutt, der so gut wie keine organische Substanz enthält; deshalb kommt hierfür die C-14-Methode nicht in Betracht. Sie nutzten die Radiolumineszenz, ein sehr sensibles Verfahren, welches voraussetzt, daß die Materialproben nicht heutigen Licht- und Lufteinflüssen ausgesetzt werden; die Probenahmestellen werden vorher abgedeckt. Der Anzeiger (Marker) sind vor allem äolische Sedimente, die zum Zeitpunkt der Sedimentation eingeweht wurden. Man muß sich das so vorstellen: Mehr oder weniger feines Material wird abgetragen und sedimentiert, Licht und Luft verändern das Material, bleichen es, beeinflussen das Kristallgitter; dann lagert sich anderes Sediment darauf und schließt die Informationen wie in einem Speicher ab. Es obliegt nun den Spezialisten, sie zu entschlüsseln, um physikochemische Gesetzmäßigkeiten der periglazialen, d. h. in diesem Fall der wirklich urspünglichen Verwitterung ablesen zu können.

Die Radiolumineszenz-Analysen hat Werner Krause an der Bergakademie Freiberg vorgenommen. Danach liegen die ältesten Sedimente im Hangschutt; sie sind zwischen 20 000 und 30 000 Jahre alt. Der Extremwert lag bei 38 000 Jahren (mit einer gewissen Unsicherheit behaftet, weil die Erstsedimentation offenbar sehr schnell vonstatten ging). Das bedeutet, daß die Schirmacher-Oase auch während der letzten Kaltzeit eisfrei gewesen ist. Bisher hatte man angenommen, die Oase sei vor zehn- bis elftausend Jahren, also mit Beginn des letzten globalen Klimaumschwungs, entstanden. Die Ergebnisse der Untersuchungen an Trockenmaterial stimmen hervorragend überein mit den jüngsten Datierungen an Seesedimenten, deren tiefste Schichten ein ähnliches Alter aufweisen.

Wieland Adler bringt ein hochempfindliches Gravimeter in Gang, sammelt auch Proben für isotopenphysikalische Analysen. Das Hauptaugenmerk der Sommerkampagne gilt jedoch den Entsorgungsarbeiten. Sie werden vom AWI-Logistiker Cord Drücker geleitet. Zu seiner Crew gehören der letzte »Forster«-Überwinterer Günter Stoof, Kfz-Mechaniker Jürgen Lubs und Andreas Sanders, der im AWI für die Abläufe des Entsorgungsprojektes verantwortlich ist. Nowolasarewskaja stellt eine Räummannschaft, der Wjatscheslaw Martjanov, ein engagierter Techniker, vorsteht und die, durch einen finanziellen Anreiz in DM sicher zusätzlich stimuliert, fleißig zu Werke geht.

Die Kommunikation nach Bremerhaven und Potsdam erfolgt über das Satellitensystem Inmarsat. Die von ionosphärischen Störungen im wesentlichen unbehelligte Nachrichtenübermittlung via Satellit löste die für die ostdeutschen Polarfahrer bisher üblichen Informationen über Moskau oder Rügen Radio ab. Die neue Form der Berichterstattung sind »Wochenbriefe«. Sie sollen (neben anderen Verbindungen wie Sprechfunk, Telex, Modem) die verantwortlichen Leiter und die Kollegen in den Instituten über den Verlauf der Expeditionen informieren. Am 4. April 1994 beispielsweise heißt es im zweiten Wochenbrief aus der Schirmacher-Oase:

Pünktlich zum Osterfest wurde uns ein Schneesturm mittlerer Stärke beschert, der die Außenarbeiten auf ein Minimum reduzierte und uns einige Stunden der Besinnung zukommen ließ.
An die Teslabar [Gebäude für Geomagnetik] erinnern nur noch alte Bilder. Der Vorbau des Chemielabors wurde umgelagert und zur Verpackung bereitgestellt. Inzwischen hat der erste Schlittenzug fünf beladene Container zur Küste gebracht ... Bei teilweise recht guten Witterungsbedingungen gingen die Arbeiten zügig voran, und des Abends konnten wir an mehr oder weniger schmerzenden Knochen den Umfang des geleisteten Pensums abschätzen. Der Kran ist uns eine große Hilfe. Den Jungs vom Hafenlager [in Bremerhaven] herzlichen Dank für ein Gerät, das uns so gut wie nie im Stich ließ ...
Alles Leben, bis auf das der hier tätigen Polarniks, ist in der Oase erloschen. Die zu unserer Ankunft noch vereinzelt vorkommenden Skuas haben sich in wärmere Gefilde zurückgezogen. Die Tauphase ist schon etwas länger zu Ende, alle Bäche sind erstarrt. Die Seen können wieder mit schwerem Gerät befahren werden, ohne daß man sich Gedanken über die Tragfähigkeit des Eises machen müßte. Bevor wir uns an dem von Andreas Sanders zelebrierten Festmahl laben können, herzliche Grüße von der Forster-Crew, die in ihrer Gesamtheit wohlauf ist.

Günter Stoof

Hier der Wochenbrief Nr. 3 vom 10. April 1994:

Der Stationsbereich ist seinem Soll-Zustand wieder ein kleines bißchen nähergekommen, so daß wir mit den Fortschritten der Ökologie-Arbeit zufrieden sein können ... So füllt sich beispielsweise auch der Chemiecontainer, der zum Saisonende mit nach Hause genommen wird, von Woche zu Woche mehr.

Zur Zeit ist der zweite Schlittenzug mit fünf weiteren mit Schrott beladenen Containern zur Schelfeiskante unterwegs. Die russischen Fahrer haben also dem Anschein nach das von flüssigen Geistern hervorgerufene Koma unbeschadet (?) überstanden.
Es stürmt erneut, bisher mit Windgeschwindigkeiten bis 37 m/s, und wechselnde Mengen Schnee driften durch die Oase. Eine Tendenz zu »herbstlichem« Wetter ist unverkennbar. Im Vergleich zur Zeit unserer Ankunft ist auch der helle Teil der Tage schon merklich kürzer.
Am Mittwoch abend waren wir zur Geburtstagsfeier von Olek, einem Mitstreiter aus der alten russischen Überwinterungsmannschaft eingeladen. Wieder in der Forster-Station angekommen, konnten wir sehr schöne Polarlichter beobachten. Allerdings kam die richtige Faszination nur bei mir als Jung-Polarnik auf. Die erfahreneren Polarniks waren weniger beeindruckt und recht schnell in der Station verschwunden. Ich habe diesem wunderschönen Naturschauspiel eine ganze Weile staunend zugesehen, und dabei fast alles um mich herum vergessen. Erst als die 15 Minusgrade und der Wind durch meine dicken Klamotten drangen, wurde ich langsam aus meiner Faszination zurückgeholt. Vom augenblicklichen Wetter sind wir allerdings alle gleichermaßen beeindruckt, so daß draußen nur die nötigsten Arbeiten erledigt werden.

Andreas Sanders

Die Anspielung auf das »Koma« der russischen Fahrer betrifft die Transportbrigade der Station Nowolasarewskaja, deren Arbeitsmoral – im Unterschied zu den in das Ökoprogramm einbezogenen russischen Kollegen – Anlaß zu mancherlei Ärger gab.

Anfang April verunglückt Cord Drücker bei Aufräumarbeiten in der Oase. Ein Fußknochen ist gesplittert, der russische Arzt legt den Fuß in Gips. Für den Rest der Saison kann Drücker nur noch in der Station mit zupacken. Dennoch sieht die Bilanz dieser ersten Phase des Entsorgungsprogramms gut aus. Sämtliche Chemikalien und Schwermetalle aus dem Bereich der Forster-Station wurden sachgerecht in Containern verstaut und zur Schelfeiskante gebracht. Ebenso der größte Teil der nicht mehr verwendbaren Schmier- und Treibstoffe. Das Chemielabor wurde demontiert, Magnetikgebäude und Wäschelager zerlegt und rückstandslos verladen.
Am Ende der Saison stehen 20 Transporteinheiten an der Schelfeiskante zum Verladen auf Schiffe bereit. Aber das Wetter ist denkbar schlecht. Die letzten

Informationen über die Sommerkampagne 1994 sendet Cord Drücker von der POLARSTERN:

23. 4. 94: Einpacken und um 14.00 Uhr Abfahrt zur Schelfeiskante zusammen mit einem russischen Fahrzeug. Forster-ATT zieht den Wohnschlitten und einen Container, das russische Kettenfahrzeug vom Typ MTT nimmt zunächst zwei Schrottcontainer. Nach ca. 50 km erleidet der MTT einen Getriebeschaden; es ist nur noch ein einziger Gang schaltbar. Ein Schrottcontainer muß zurückgelassen werden.
24. 4. 94: Um Mitternacht reißt die linke Stahlkette (Eigengewicht 3 bis 4 Tonnen!) der ATT. Das wiederholt sich im Laufe der recht kalten Nacht, ebenso die schwierige Reparatur, und am folgenden Morgen. Gegen 11.00 Uhr lassen wir das Fahrzeug ca. 20 km vor der Küste zurück. Das russische Fahrzeug zieht alle Schlitten einzeln zur Schelfeiskante. Um 15.00 Uhr kommen dort die Forster-Crew, zwei russische Kollegen und ein Wohnschlitten an. 16.00 Uhr Funkkontakt mit der POLARSTERN. Sie kann nicht an die Schelfeiskante heran, da der Weg durch Meereis blockiert ist. Sie befindet sich ca. 2 Meilen vom indischen Anleger und 11 Meilen von uns entfernt. Russischer Fahrer lehnt es ab, die mehr als 40 km lange Fahrstrecke zum indischen Anleger mit dem defekten ATT zu fahren. Der Weg zu Fuß über das Meereis wird als zu gefährlich erachtet.
25.–28. 4. 94: Wir warten auf die Ankunft der POLARSTERN und/oder auf die Hubschrauber der SOMOW an der Schelfeiskante.
29. 4. 94: Transport der Forster-Crew und der beiden uns begleitenden Russen durch russische Hubschrauber auf die ca. 90 Meilen vor der Küste liegende SOMOW. Abends geht die POLARSTERN längsseits, übergibt Frischwasser und übernimmt die vier Mann der Forster-Station. Keines der beiden Schiffe ist in der Lage, die Schelfeiskante zu erreichen. Die Container müssen zurückgelassen werden.
Wir sind glücklich, auf der POLARSTERN zu sein.

Sommerkampagne 1995

Die Hafenpolizei von Kapstadt war gewiß schon in viele Coups verwickelt. Daß sie ein Forschungsschiff beschlagnahmt gehört zu den selteneren Übungen. Anfang Januar 1995 wurde die AKADEMIK FJODOROW konfisziert, sozusagen als Pfand einbehalten, weil der Eigner eines anderen russischen Schiffes einen Vertrag mit einem kanadischen Touristikunternehmen nicht erfüllt hatte. Bis die juristischen Fragen geklärt waren, vergingen vierzehn Tage. Das brachte den Zeitplan der gesamten komplizierten Logistik der Russischen Antarktisexpedition durcheinander, die ja mit ihren Schiffen mehrere Forschungsstationen um den halben Kontinent herum zu bedienen hat. So beginnt auch für die deutschen Polarfahrer, die mit der FJODOROW zur Entladestelle vor Nowolasarewskaja gebracht werden, die Sommerkampagne 1995 mit Schwierigkeiten. Erst am 23. Januar kann die FJODOROW Kapstadt verlassen. Nach zügiger Fahrt macht sie am Morgen des 30. Januar an der Eisbarriere nahe Kap Ostry fest.

Über diesen und den folgenden Tag berichtet Cord Drücker an den Projektleiter im AWI, Dr. Heinz Kohnen:

… Es wird sofort mit dem Laden und Löschen von Containern begonnen. Um 18.00 sind bereits die beiden Potsdamer Ausrüstungscontainer gelöscht, fünf neue Muldenschlitten montiert und mit Leercontainern bestückt. Am Abend und in der Nacht wird die Arbeit aufgrund zunehmendes Swells [Dünung], der auch noch ein Rollen des Schiffes verursacht, schwieriger und vor allem gefährlicher. Trotz mehrerer Versuche mit verschiedenen, z. T. wegen Ausrüstungsmangels provisorisch angefertigter Ladegeschirre, kommt die Beladung mit den schweren Schrottcontainern nicht entscheidend voran.
31. 1. 95: Laden der vollen Container äußerst gefährlich bzw. unmöglich. Container schlagen im Unterraum abwechselnd mit voller Wucht an Backbord- und Steuerbord-Lukenwand …

Seinen Arbeitsinformationen fügt Drücker einen Kommentar zur Situation an:

Während des Winters ist hier wirklich gearbeitet worden. Alle bereits in den Monatsberichten von Nowo[lasarewskaja] beschriebenen Arbeiten sind durchgeführt worden. Selbst größte Probleme ([Bereinigung der] Schluchten am Wasserfall und an der Forster-Hausmüllkippe, Bergung des im See versunkenen Fahrzeuges) sind gelöst worden. Nach Vorstellung der diesjährigen Ziele und Diskussion darüber in der Nowo-Messe am heutigen Abend haben wir das Gefühl, daß die überwiegende Mehrheit der russischen Überwinterer auch im Sommer so fortfahren will. Eine große Ausnahme ist allerdings, wie schon im vergangenen Jahr, die Transportgruppe von Nowo, die aus 5 Personen besteht. Statt bei der Entladung der FJODOROW auf der

Landseite zu helfen, wurde vier Tage durchgehend dem frisch angelieferten Alkohol gefrönt. Auch schriftliche Anweisungen von Martianow konnten das Koma nicht unterbrechen. Ohne die drei ausschließlich im Projekt arbeitenden Russen wären wir hier aufgelaufen. Sie sind eine große Hilfe, und wir sind sehr sicher, daß sich daran bis zum Ende der Saison nichts ändern wird.

Das wissenschaftliche Personal teilt sich diesmal in zwei Gruppen auf: »die Dresdner« und »die Potsdamer«, die selbstverständlich, wo es sich irgend anbietet, die vorhandene Transporttechnik gemeinsam nutzen und auch sonst behilflich sind. Das Institut für Planetare Geodäsie der TU Dresden führt hochpräzise, d. h. auf Zentimeter genaue Positionsbestimmungen von Festpunkten mit Hilfe des GPS-Verfahrens aus. Damit soll (was Wiederholungsmessungen bedingt) die Frage beantwortet werden, ob und wie sich die antarktische tektonische Platte gegenwärtig bewegt. Zum anderen sollen regionale Deformationen der Erdkruste ermittelt werden: sowohl horizontale Verschiebungen als auch vertikale Bewegungen. Die vier Dresdner Geodäten (Leitung Dr. Wilfried Korth), die nun im östlichen Königin-Maud-Land ausschwärmen, knüpfen sozusagen in dem ihnen zugedachten Bereich mit der Satellitennadel die Knotenpunkte eines globalen Meßnetzes. Ein Stück davon, das sogenannte »Reverenznetz Antarktis«, ist ein Verbundvorhaben des Bundesforschungsministeriums, an dem sich sechs Institutionen beteiligen. Wissenschaftlicher Koordinator ist Prof. Reinhard Dietrich, der sich einst in der polaren Geodäsie am Hays-Gletscher seine Sporen verdiente (s. S. 76 ff.). Die Logistik koordiniert Dr. Hans-Werner Schenke vom AWI Bremerhaven. International sind die Messungen Bestandteil der GPS-Kampagne 1995 des Wissenschaftlichen Komitees für Antarktisforschung (SCAR).

Zum Teil nutzen die Geodäten von der 3. Antarktisexpedition der DDR angelegte Festpunkte, zum Teil werden auf Hubschrauberflügen und Schlittenzügen bis in die Gruberberge neue Punkte eingemessen. Pegelregistrierungen des Meeresspiegels mit einem neuen Unterwasser-Druckpegel, der über ein Jahr lang automatisch arbeitete, ergänzten die Beobachtungen der Krustendynamik.

Die Geowissenschaftler vom AWI Potsdam konzentrieren sich darauf, die jüngere Erd- und Klimageschichte zu erforschen, etwa bis zum Jahre 15 000 vor heute; darüber wissen wir noch nicht sehr viel. Wie bereits dargelegt, enthalten die Ablagerungen in den ungestörten, hochpolaren Binnenseen viele klimarelevante Informationen. Im Sommer 1995 sollte eine kleine Gruppe um Ulrich Wand die Probenahme von Sedimentkernen aus Seen der Schirmacher-Oase sowie aus dem Untersee im Wohlthatgebirge vervollständigen. Vor allem war es bisher nicht gelungen, bis zur Grundmoräne vorzustoßen. Erst wenn der Beginn der Sedimentation erfaßt ist, wäre die dann vorliegende, hochaufgelöste Klima-Datenreihe ein wirklicher Glanzpunkt für die Polarwissenschaften.

In einem separaten Projekt setzte Diedrich Fritzsche seinen Ehrgeiz daran, die Bilanz der Eismengen und der Eisflüsse zwischen dem Wohlthatgebirge und der Küste abzuschließen. Fritzsche hatte bei einer Expedition vor drei Jahren nicht in allen Regionen mit dem Radar das Grundgebirge erfaßt. Jetzt sollten zusätzlich geoseismische Verfahren angewendet werden.

Die Wochenbriefe geben wieder einen recht guten Überblick über den Verlauf der Arbeiten. Hier das erste Telefax aus der Forster-Station vom 4. Februar 1995:

… Bei [vorerst] windstillem, bildschönem Wetter erfolgte die Entladung unserer Container und die Vorbereitung der drei an Bord befindlichen MI-8-Hubschrauber. Am Abend bzw. in der Nacht zum 31. 1. wurden alle notwendigen Ausrüstungsgegenstände in zwei Flügen zum Untersee transportiert (Entfernung etwa 150 km). Dort haben Uli Wand, Wolodja Samarkin, Markus Schwab und Dirk Schachtmeister vom AWI-Potsdam sowie James Perlt, Geodät aus Dresden, auf der Moräne am See an gut geschützter Stelle ihr Feldlager bezogen. Die Arbeit am Untersee wird zunächst auf die Hydrochemie konzentriert, da die schwere Bohrausrüstung für die Seesedimente nur mit dem Schlittenzug dorthin zu bringen ist. Das Wetter dort ist so warm, daß noch Tauprozesse im Gang sind …
Die drei anderen Geodäten Wilfried Korth, Jan Polzin und Rolf Dach sowie Diedrich Fritzsche flogen am 31. 1. mit ihrem Gepäck zunächst zum Untersee, um noch Proviant zu liefern, und dann zurück in die Schirmacher-Oase. Die Georg-Forster-Station fanden wir beheizt (wofür der russische Stationsleiter gesorgt hatte) und vollständig betriebsbereit vor. Um das Ökologieprogramm nicht zu stören, wohnen wir aber in der russischen Station Nowolasarewskaja. Inzwischen sind alle Registrierungen angeworfen worden.
Unsere beiden Mechaniker Gerald Müller und Jür-

gen Lubs blieben zunächst an der Barriere, um die Container für den Schlittenzug einzustauen. Das Wetter wurde am Meer aber schlechter, so daß das Schiff ablegen mußte und die Entladearbeiten erst am 2. 2. beendet werden konnten. Am selben Abend wurden die Öko-Leute mit ihrem Gepäck und unsere Techniker hier eingeflogen. Dadurch konnte auch die Satellitenverbindung aufgebaut werden, und wir sind ab jetzt erreichbar.

Gerald und Jürgen sind in der russischen Werkstatt fleißig dabei, eines unserer schweren Kettenfahrzeuge zum Leben zu erwecken. Die Kupplung ist kaputt und der Wechsel ist mühsam ... Sobald wie möglich wollen wir zum Untersee aufbrechen. In Absprache mit den Russen soll dieser Schlittenzug aus Sicherheitsgründen mit zwei Kettenschleppern gefahren werden. Jürgen und Gerald sind die Trasse abgeflogen und halten sie für gut befahrbar. Als Abfahrtstermin ist der 23. April im Gespräch. Alle sind bei guter Stimmung und hoffen darauf, daß das Wetter schön bleibt. Wir grüßen Euch alle herzlich. Helga bitten wir um Weiterleitung des Briefes an unsere Angehörigen. Herzliche Grüße auch an Ingeborg Sass [Bibliothekarin der Potsdamer Forschungsstelle des AWI], von deren Hilfe beim Beschaffen von Literatur wir auf dem Schiff schon profitierten.

Diedrich Fritzsche

Zweiter Wochenbrief der Georg-Forster-Station, etwas gekürzt, vom 18. 2. 1995:

Die wichtigste Nachricht voraus: Aus der Werkstatt erfuhren wir letzte Woche, daß unsere ATT (dies ist der schwere Kettenschlepper, mit dem wir große Schlitten und Container übers Eis ziehen können) einsatzbereit ist. Neben dem bekannten Defekt an der Kupplung stellten sich noch Probleme am Kühler heraus ...

Wilfried Korth, Rolf Dach und Diedrich Fritzsche hielt es in der letzten Woche nicht mehr in der Oase. Wir steckten den Kopf über den Rand der Eiskuppel und fuhren zum russischen Flugplatz. Dort waren mangels Flugverkehr – die letzte Maschine flog im November 1991 – Zimmer im Hauptgebäude frei, so daß wir alle Vorzüge dieses gastlichen Hotels am Ende der Welt voll auskosten konnten, die da sind: festes Haus (insbesondere bei Schneesturm nicht zu verachten), warmes Zimmer, dank eines urtümlichen Kerosinofens (bei minus 20 Grad draußen auch nicht schlecht), elektrischer Strom (Spannung stark wechselnd, 80 bis 300 V, gespeist von einer ca. 5 m hohen Windmühle), der unsere Rechner und Meßgeräte am Laufen hielt.

Von hier aus unternahmen wir mit den Ski-Doos Meßfahrten im Bereich der Nunatakker südlich der Schirmacher-Oase, bestimmten mit Hilfe der Navigationssatelliten (GPS) die Koordinaten von Signalen und Bergspitzen auf Zentimeter genau, gingen dem Gletscher mittels Eisradar auf den Grund und lauschten dem Magnetfeld. Übrigens ein tolles Gefühl, wenn man auf dem Eis »alte Bekannte« in Form von Signalen zur Bestimmung der Eisbewegung und des Schneezutrages trifft, die noch genau so wie vor vier Jahren im Eis stehen und Wind und Schmelzprozessen widerstanden haben.

Heute kehren wir nach »Forster« zurück und besuchen erst einmal die Sauna der russischen Station. Morgen werden die am Untersee benötigten Kisten im Container verstaut, und wir verabschieden uns von Euch für voraussichtlich drei, ev. vier Wochen. Während die Geologen endlich an ihre Sedimentkerne des Untersees kommen, werden Geodäsie und Geophysik den offenen Fragen der Gletscherhöhe, -dicke und -bewegung und des Gesteinsuntergrundes nachgehen ...

Von der Beräumung kann vermeldet werden, daß unsere Forster-Station seit zwei Tagen ohne Mast dasteht. Dieser geht nach Mirny, wo ihn die Ionosphärenphysiker nutzen wollen.

Die Stimmung ist gut, der Tatendrang ungebrochen. Im Nachtrag noch eine Bitte unseres Meteorologen Wolodja Wolkow und seiner Frau Natalja (der ersten Russin, die in der Antarktis überwintert hat), Andreas Raeke herzliche Grüße zu bestellen mit Dank für seinen Brief.

Diedrich Fritzsche

Zwei Tage später stellt der russische Stationsarzt bei einem Kollegen der Dresdner Geodätengruppe eine Diagnose, die es geraten erscheinen läßt, ihn auf schnellstmöglichem Wege in ein Krankenhaus zu überführen. In einer turbulenten Aktion, die vier Tage dauert, gelingt es, den Transport zu gewährleisten. Cord Drücker berichtet darüber in einem Telefax:

20. 2. 95: ... Die Information wurde nach Bremerhaven gegeben. Dort wurde entschieden, daß der Patient mit dem Flugzeug ausgeflogen wird. Die Polar 4 [eines der beiden Polarflugzeuge des AWI] mußte dafür vom Filchner-Schelfeis anreisen. Besichtigung des Flugplatzes auf dem Inlandeis. Er ist

in diesem Zustand nicht nutzbar. Der Radio Beacon arbeitet nicht, es existiert keinerlei Markierung, und auf der Blaueisfläche sind bis zu 40 cm hohe, teilweise sehr harte Sastrugi [windschliffige Firnkegel] mit einer Bedeckung von ca. 75 Prozent.
Nach der Rückkehr vom Flugplatz erhält die Forster-Station die Nachricht, daß die Polar 4 soeben von [der britischen Station] Halley gestartet ist und sich auf dem Weg nach »Forster« befindet. Es ist keine Zwischenlandung bei »Neumayer« geplant. Halley und Neumayer, die mit dem Flugzeug Kontakt auf KW haben, werden von der Forster-Station informiert, daß eine Landung hier z. Z. unmöglich ist. Polar 4 plant daraufhin, bei Neumayer zu landen, dies ist aber wegen der dortigen Wetterlage nicht möglich. Polar 4 geht zurück nach Halley.
21. 2. 95: Übermittlung aller notwendigen Informationen via Neumayer an Halley, die für eine Landung der Polar 4 und Aufnahme des Patienten notwendig sind (Koordinaten, Kommunikationsfrequenz, Lage des Flugplatzes, Treibstoffvorräte, Betankungsgeräte, Wetter etc.). Polar 4 verlegt von Halley nach Neumayer.
Zehn Fässer mit Flugtreibstoff, die im Jahre 1992 von Adventure Network hier deponiert worden sind, werden zum Flugplatz transportiert.
Die Russen beginnen mit der Planierung und Markierung der Piste gemäß den Wünschen des Piloten der Polar 4, die uns via Satellit mitgeteilt wurden. Am Nachmittag müssen die Arbeiten wegen schlechter Sicht und Wind mit 25 m/sec eingestellt werden. Fünf russische Kollegen bleiben in einer Holzhütte am Flugplatz.
22. 2. 95: Nach leichter Wetterbesserung beginnen die Russen um 1.00 Uhr in der Nacht erneut mit der Präparierung und Markierung der Landebahn. Nowolasarewskaja übermittelt im vierstündigen Abstand das Wetter. Die Wetterberichte werden nach Neumayer weitergegeben.
Um 10.00 Uhr ist die Landebahn fertig. Allerdings unterscheiden sich die Wetterbedingungen zwischen der Station und dem 10 km entfernten Flugplatz erheblich. Die Windgeschwindigkeit ist nur noch 5 m/sec, es setzt aber Schneefall ein, so daß keinerlei Bodenkontrast vorhanden ist.
Um 15.15 Uhr startet die Polar 4 bei Neumayer und landet hier um 18.10 Uhr bei einer Wolkenuntergrenze von 100 m, ca. 1 km Horizontalsicht und leichtem Schneefall. Das Flugzeug nimmt 1100 Liter Treibstoff und startet mit dem Patienten 19.25 Uhr.

Von der deutschen Schelfeisstation »Filchner« gelangt der Patient ohne Verzögerung in ein Krankenhaus nach Dresden. Die Befürchtungen, die der russische Arzt hegte, haben sich glücklicherweise nicht bestätigt. Aber die Sicherheit der Expeditionsteilnehmer hat allemal den Vorrang vor anderen Aktivitäten, und es ist besser, dem Verdacht einer Lebensgefährdung sofort nachzugehen, als sich nach Wochen vielleicht sagen zu müssen, daß es zu spät ist.
In den folgenden Passagen seines Arbeitsjournals resümiert Cord Drücker wieder den Verlauf der Räumarbeiten:

Container CATU 245 890 8 wird auf dem Scraphill [Schrotthügel] mit Metallschrott beladen. Der dritte Schlittenzug in diesem Jahr verläßt mit vier vollen Containern und ca. 280 leeren, gepreßten Fässern auf der Ladefläche des Ischimbaji die Oase.
Die Verbrennungstoilette wird in der Dieselelektrostation demontiert und in einer separaten ca. 2 m² großen Holzhütte an der Station wieder montiert.
24. 2. 95: Container GBEU 212 410 8 und Container GBEU 213 307 5 werden auf dem Scraphill mit Metallschrott beladen. Beide Container sind voll. Wegen einer größeren Reparatur am Kühlsystem der ATT können die drei Container noch nicht auf das Eis transportiert werden. Für die Belange in der Oase stehen zunächst keine weiteren Leercontainer zur Verfügung …
Martjanov teilt mit, daß der Fahrtleiter der AKADEMIK FJODOROW den Fahrplan dahingehend ändern will, daß die FJODOROW nicht Ende April/Anfang Mai, sondern bereits Anfang April die Station Nowolasarewskaja zum dritten und letzten Mal in diesem Jahr anläuft. Erst danach werden Molodjoshnaja, Mirny und Prudz Bay bedient. [Nach energischem Einspruch Dr. Kohnens und der Forschungsstelle Potsdam unter Hinweis auf die Einhaltung des Vertrages wird das Vorziehen des Abreisetermins der FJODOROW vermieden.]
25. 2. 95: Zwei LKW-Aufbauten (Teile der ehemaligen Funkstation) und einen Schlitten mit Holzmüll aus dem Bereich der Funkstation mit dem MTLB zum Fahrzeugpark der Forster-Station geschleppt. Die dafür notwendige Unterbrechung des Energieversorgungskabels von Nowo legte auch die Inmarsat-Kommunikation von 9.00 bis 13.00 still. Elektro- und Elektronikschrott aus Elektronikcontainer aussortiert. Nutzbare Elektro- und Elektronikersatzteile in das Hauptgebäude verlagert …

So oder ähnlich lauten die Berichte seitenweise. Die Ökos bleiben hart am Gerät, am Müll, an den Terminen. Die Wissenschaftlergruppe kann ihren nächsten Wochenbrief (20. März) erst absenden, nachdem sie aus dem etwa 140 Streckenkilometer südlich der Station »Georg Forster« gelegenen Gebirgskessel der Untersee-Oase zurückgekehrt ist; deshalb fällt er etwas länger aus:

Kurz vor der für den 14.3. geplanten Abreise des Schlittenzuges vom Untersee setzte uns als Vorbote des herannahenden antarktischen Winters ein drei Tage anhaltender Sturm mit Windgeschwindigkeiten von über 120 km/h so arg zu, daß die Abfahrt unmöglich war. Den ersten Sturmtag mußten wir im Transportcontainer an der Bohrstelle 2 auf dem Untersee zubringen. Als wir danach ins Zeltlager zurückkehrten und das Gruppenzelt (dient zum Aufhalten, Aufwärmen, Arbeiten, Kochen, Waschen etc.) in Augenschein nahmen, hätte der alte Pytagoras an der Geometrie des Zeltes seine helle Freude gehabt. Aber es war glücklicherweise intakt. Einiges zu den Arbeiten am Untersee. Dem nicht so sachkundigen Wochenbriefleser sei hier mitgeteilt, daß der rund 11 km² große, ca. 6 km lange und maximal 3 km breite Untersee der größte innerantarktische Süßwassersee der Ostantarktis ist. Er liegt etwa 200 km von der Küste entfernt in den bis fast 3000 m hohen Gruberbergen. Eine zwei bis fünf Meter dicke ständige Eisdecke liegt über einem wohlschmeckenden, stark alkalischen Wasser. Über die Entstehung und Entwicklungsgeschichte dieses Sees, die eng mit der Klimaentwicklung der Region zusammenhängt, ist bisher so gut wie nichts bekannt. Diese aufzuklären, ist ein Ziel unserer Expedition. Dazu wollen wir die Informationen nutzen, die in den Ablagerungen des Untersees gleichsam gespeichert sind. Da uns bis zum Eintreffen des Schlittenzuges am Untersee allerdings nicht die vollständige Ausrüstung zur Verfügung stand (Treibstoffmangel für die Hubschrauber an Bord der Akademik Fjodorow, daher nur zwei Flüge möglich, die zunächst für das Lebensnotwendige benötigt wurden!), mußten wir unser Untersuchungsprogramm den Gegebenheiten anpassen. So haben wir uns zunächst auf Wassertiefenmessungen (Bathymetrie) konzentriert, um eine genaue Karte zu erstellen. Dazu wurde die Eisdecke wie ein Stück Schweizer Käse an 118 Stellen mit einem Motorbohrer aufgebohrt und die Wassertiefe mit Hilfe eines Echolotes gemessen. Mit 169 m erhielten wir für den Untersee einen neuen Tiefenrekord.
Wissenschaftlich aufregend waren unsere wasserchemischen Untersuchungen in einem im Südteil des Untersees gelegenen Becken mit einer sauerstoffreien Tiefenwasserschicht. Ab etwa 90 m Wassertiefe roch das entnommene Wasser alles andere als angenehm, da ihm der Duft fauler Eier entströmte, zurückzuführen auf den im Wasser gelösten Schwefelwasserstoff. Die Proben enthielten zum Teil so viel Gas (bis zu 400 ml pro Liter Wasser), daß das Wasser wie bei Selterswasserflaschen übersprudelte. Das ist unseres Wissens für antarktische Seen einmalig!
Der Verdacht, daß bei solchen Gasgehalten und im Vergleich dazu noch mildem Gestank auch andere Gase, wie Kohlendioxid und Methan, im Spiele sind, bestätigte sich bei der Entnahme der oberflächennahen Ablagerungen (Kurzkerne) vom Seegrund. Sie entwickelten einen enormen Gasdruck. Das aus ihnen entweichende Methan konnten wir mühelos mit einem Streichholz anzünden. Die in dem Unterseewasser enthaltene Gasmenge hätte wahrscheinlich ausgereicht, um unser Gruppenzelt die ganze Zeit mit Energie zu versorgen. All das deutet auf die Anwesenheit von Bakterien hin, Lebenskünstlern, die noch unter extremen Bedingungen existieren können. Wir haben jedenfalls ausreichend Wasserproben entnommen und unter anderem für Altersbestimmungen und Isotopenanalysen präpariert, sicher ein Leckerbissen für Isotopenfreaks.
Wie bereits mitgeteilt, konnten wir trotz widriger Bedingungen (die Lufttemperatur am Untersee lag an keinem Tag unseres Aufenthaltes über Null, zumeist blies ein kräftiger, alles schnell einfrierender Wind) an zwei Stellen des Untersees das Sedimentkernrohr bis zur Moräne vortreiben ...
Nach Rückkehr in die Station sind wir dabei, an den Proben erste Analysen durchzuführen und vor allem die nächsten Einsätze auf den Seen der Schirmacher-Oase vorzubereiten. Gegenwärtig ist das Wetter (Temperatur um $-8\,°C$) noch ganz gut.
Mittels Sprengseismik wurde dem Gletscher an den Stellen auf den Grund gegangen, an denen das sonst benutzte Eisradar keine Ergebnisse brachte. Diedrich Fritzsche wird wegen seiner sprengseismischen Arbeiten zur Bestimmung der Eisdicke mittlerweile von den Forster-Leuten Dynamit-Harry genannt. Hauptanliegen auf der Trasse war jedoch nicht die Knallerei im Eisloch, sondern die Bestimmung der Erdschwere (Gravimetrie) über mehr als 100 Profil-

kilometer mit einem Meßpunktabstand von einem Kilometer. Das Gravimeter ist ein in einer »Silberkiste« steckendes, unscheinbares Kästchen, das über raffinierte Hebel und Federsysteme hochgenau die Kraft zu registrieren erlaubt, mit der eine Masse von der Erde angezogen wird. Dieser Wert hängt von der geographischen Breite, der Höhe, der Eisdicke und vom geologischen Aufbau der Erdkruste in der Gegend des Meßpunktes ab. Letzterer Einfluß ist von besonderem Interesse; er zeigt sich aber nur, wenn man die anderen Größen kennt. Sie müssen also ebenfalls ermittelt werden (in dem Zusammenhang das Dynamit). Für Bestimmung von Lage und Höhe war die ausgezeichnete Kooperation mit den Dresdner Geodäten wichtig.

Das Gravimeter bedurfte Diedrichs besonderer Obhut. Neben schonsamster mechanischer Behandlung – in dem über Schneewehen und Spalten hupfenden Kettenfahrzeug nicht ganz einfach – muß gewährleistet sein, daß das Innere des Gerätes ständig auf plus 50 °C erwärmt bleibt. Dies ist nicht immer trivial bei nur gelegentlich verfügbarem Strom zum Aufladen der Akkumulatoren. Das Gravimeter hatte wegen der notwendigen Fürsorge den Spitznamen »Baby«. Die Daten müssen nun im Rechner ausgewertet werden, so daß sich Sensationen erst später zeigen können.

Zur sofortigen Untersuchung von unter dem Eis versteckten geologischen Störungszonen haben wir an ausgewählten Stellen das Magnetfeld der Erde gemessen, dessen Intensität ebenfalls vom geologischen Aufbau der Erdkruste bestimmt wird. Kartiert wurde eine Anomalie etwa in Trassenmitte (drei parallele Profile). Die von indischer Seite proklamierten Riftstrukturen mit Nord-Süd-Ausdehnung bestätigten sich an dieser Stelle nicht, sondern eher ein Ost-West-Verlauf der Störzonen, parallel zum Kontinentalrand.

Ein Höhepunkt war der Hubschrauberflug auf den Dellde-Gletscher. Schon bei der Einrichtung des Geologenlagers am Untersee war der Geodät Wilfried Korth zu diesem westlich der Gruberberge gelegenen Gletscher geflogen, um dort die Koordinaten eines ausgesuchten Punktes zu bestimmen. Die wiederholte Koordinatenbestimmung durch Rolf Dach bei erneuter Verfügbarkeit russischer Hubschrauber am 14. März versetzt uns in die Lage, die Fließgeschwindigkeit des Gletschers zu berechnen. Zusätzlich maß Diedrich, der auf der Trasse vom Hubschrauber aufgenommen wurde, die Eisdicke mittels Eisradar (gute 1000 m) und bestimmte Erdschwere und -magnetfeld. Aus den Werten werden wir den Masseeintrag dieses größten Gebirgsgletschers unseres Untersuchungsgebietes in den Haupteisstrom, den die Unterseetrasse quert, abschätzen können. Die Messung in ca. 1100 m Höhe bei strahlendem Sonnenschein und Windstille war ein ganz besonderes Erlebnis. Wie berichtet, tobte zur gleichen Zeit im 13 km östlich gelegenen Unterseetal ein schwerer Sturm!! ...

Alles in allem können wir ... sagen, unter den gegebenen Bedingungen, die manch anderem schon zum Werfen des Handtuchs reichlich Anlaß geboten hätten, aus der Expedition bisher das maximal Mögliche herausgeholt zu haben. Man sollte bei allen Wunschvorstellungen ... nicht vergessen, daß dies keine Schönwetter-Landexpedition ist und wir zu einem Zeitpunkt in der Antarktis ankamen, als andere Saisongruppen bereits dabei waren, ihre Zelte abzubrechen ...

Ulrich Wand

Die letzten Bemerkungen beziehen sich auf die Sorge der Forschungsstellenleitung in Potsdam, daß das wissenschaftliche Ziel der Expedition vielleicht nicht erreicht wird. Die Landmärsche über Inlandeis in das antarktische Hochgebirge, auf manche Unwägbarkeiten der russischen Partner angewiesen, sind tatsächlich nicht zu vergleichen mit den exakt durchkalkulierten Meeresexpeditionen der POLARSTERN, bei denen alles stimmt und das Schiff fast immer in der vor einem Jahr in der Planungsrunde festgelegten Stunde auch am Einsatzort erscheint.

Die letzten Arbeiten

Das ökologische Programm wurde voller Erfolg. Die 20 bereits im vergangenen Jahr gefüllten Großcontainer sind auf die FJODOROW verladen worden. Die Funkstation, die aerologischen Einrichtungen, das gesamte Antennenfeld sowie kleinere Bauten wurden demontiert. Die Dieselelektrostation ist vollständig entsorgt. Die »Ökos« haben weitere 23 Großcontainer mit Schrott, Holz und anderem Unrat gefüllt, ein Teil davon sowie ein Tankschlitten und zwei defekte Kettenfahrzeuge wurden mit der FJODOROW nach Kapstadt verschifft. Als die Sommerkampagne im April 1995 zu Ende ging, standen weitere 15 leere Container zur Verfügung, damit, wie geplant, das Ökoprojekt in der Sommersaison 1995/96 abgeschlossen werden kann.

Bis zuletzt, noch unter den Teilnehmern der

GEOMAUD-Expedition, wurde darüber diskutiert, ob der vollständige Abriß der Station »Georg Forster« sinnvoll sei. Die endgültige Entscheidung, »Forster« auch als Sommerbasis nicht mehr zu erhalten, fiel im Herbst 1995. Offenbar hatten die Verantwortlichen keine andere Wahl. Logistiker Heinz Kohnen dazu: »Die Rekonstruktion auch nur eines Teiles der alten Einrichtungen wäre uns teurer zustatten gekommen als ein Neubau, der ja ursprünglich seitens der DDR auch einmal geplant war. Aber in Zeiten der Kürzung finanzieller Mittel hätten uns Bau und Unterhaltung einer autarken Sommenstation überfordert, zumal wir ja kurz zuvor auch die Neumayer-Station auf dem Ekström-Schelfeis ersetzen mußten. Andererseits gab es kein wissenschaftliches Langzeitprogramm, das ständige Einsätze in dieser Region erforderlich gemacht hätte. Und, auch das muß man sehen, unsere gesamte Technologie, zu See und auf Land, ist auf ›Neumayer‹ und die dortigen Eisverhältnisse abgestimmt. Wir wären mit unserer Landtechnik auf dem Neulasarew-Schelfeis und in der Oase gar nicht zurechtgekommen. So blieb uns zwangsläufig nichts anderes übrig, als ›Forster‹ und die umliegenden Deponien sowieso konsequent abzuräumen. Denn das Madrider Protokoll der Antarktisvertragsstaaten zum Umweltschutz ließ keine Halbheiten zu; sie hätten auch unserem Selbstverständnis widersprochen. Der Abriß von ›Forster‹ besagt ja nicht, daß dort keine deutschen Wissenschaftler mehr forschen könnten. Die Inder und die Russen sind liebend gern bereit, zum Beispiel mit interessierten deutschen Hochschulen zu kooperieren.«

Die letzten Altlasten sowie die übriggebliebenen Wohncontainer der Forster-Station hat der norwegische Eisbrecher POLAR QUEEN im Südsommer 1996 an Bord genommen, der zu diesem Zweck und für eine seismische Meeresexpedition gechartert worden war. In drei Phasen haben deutsche und russische Räumtrupps über tausend Tonnen Schrott, Baumaterial, Holz, kompaktierte Fässer, Fahrzeuge, aber auch Chemikalien, Altöle, Elektronikartikel usw. ordnungsgemäß entsorgt. Vieles stammte von den zahlreichen Müllhalden, die im Laufe von Jahrzehnten um die Station Nowolasarewskaja entstanden waren.

Geht man heute durch die Oase, ist nichts mehr davon zu sehen. Nur vor einem Felshang hat Günter Stoof ein Schild angebracht, auf dem zu lesen ist, daß sich an diesem Ort die Station »Georg Forster« befand. Er hatte sie einst mit aufgebaut, und er hat sie nun auch mit demontiert. Was empfindet solch ein Kronzeuge erster und letzter Anwesenheit? Natürlich Wehmut. Nicht im nostalgischen Sinne, aber hier hat sich Leben abgespielt, ein Gutteil Schicksal, hier wurden Biographien geprägt und beachtliche Leistungen vollbracht. Es war auch ein Gefühl der Beruhigung, das Günter Stoof mit nach Hause nahm. Er schrieb einmal über das »große Reinemachen«: »Als Bilanz unserer Arbeit kann man sagen, daß der Ostteil der Schirmacher-Oase den Namen ›Oase‹ wieder verdient. Polarniks, die dieses Stück Erde von vergangenen Expeditionen kennen, sind nicht selten von der jetzt herrschenden Sauberkeit überrascht und bewundern sie.«

Damit ist den Forschern selbst eine Last von der Seele genommen. Wer möchte schon gern in den Verdacht geraten, trotz aller, wodurch auch immer gehemmter, Sorgfalt zu den Schmutzfinken zu gehören? Das Entsorgungsprogramm des Alfred-Wegener-Instituts hat auch international ein Zeichen gesetzt. Noch nie wurde eine Landstation in der Antarktis vollkommen abgetragen und nach ökologischen Gesichtspunkten faktisch in ein Nichts aufgelöst. Das fand in den internationalen Gremien hohe Anerkennung. Die östliche Schirmacher-Oase präsentiert sich annähernd wieder in ihrem ursprünglichen natürlichen Zustand.

Anhang

Aus der Werkstatt der Expeditionen

Bodo Tripphahn*

Die Initiative des Marineleutnants Weyprecht
Bereits in früheren Jahren erregten Entdeckungsreisen und Expeditionen unter den Menschen aller Bevölkerungsschichten und – bei bedeutenden Unternehmungen – vieler Nationen Aufmerksamkeit. Zu einem Teil galt das Interesse den mit diesen Reisen verbundenen Abenteuern, zum anderen aber auch den dabei erzielten neuen Erkenntnissen.

Doch die verhältnismäßig leicht zugänglichen Gebiete der niederen und mittleren Breiten unseres Erdballs waren in der Mitte des 19. Jahrhunderts weitgehend erkundet, und ein Vorstoß in die hohen geographischen Breiten, vor allem jenseits der Polarkreise, erforderte erheblich größeren finanziellen und materiellen Aufwand. Es kam deshalb nicht von ungefähr, daß der österreichische Marineleutnant Karl Weyprecht unmittelbar nach der Entdeckung des Franz-Joseph-Landes durch die von ihm geleitete österreichisch-ungarische Nordpolexpedition (1872–1874) die Idee hatte, die Arktis in einer *gemeinsamen* Aktion daran interessierter Nationen zu erforschen. Vor der österreichischen Akademie der Wissenschaften erläuterte Weyprecht im Januar 1875 seine Gedanken. Er wies darauf hin, daß alle Polarexpeditionen, die nur die Absicht haben, im Wettstreit einige Meilen weiter polwärts vorzustoßen, um die eine oder andere Flagge zu hissen, kaum wesentliche Erkenntnisse bringen werden.

Damit war die Idee der internationalen Polarforschung geboren. Weyprecht gilt als der Initiator des ersten Internationalen Polarjahres. Er mußte sich gegen die Vertreter der bis dahin gültigen Grundsätze der nationalen, manchmal auch nationalistisch motivierten Polarforschung durchsetzen. Auf der Polarkonferenz 1879 in Hamburg wurden die Pläne Weyprechts beraten. Während der 3. Internationalen Arktiskonferenz 1881 in Moskau traf man schließlich unter dem Vorsitz des Petrograder Meteorologen Heinrich von Wild die letzten Absprachen für das erste Polarjahr 1882/83. Der Begriff Polarjahr umfaßt jeweils den Zeitraum vom 1. Juli eines Jahres bis zum 31. Dezember des nächsten Jahres. Dadurch ist gewährleistet, daß alle Jahreszeiten gänzlich in den Meß- und Beobachtungsbereich einbezogen werden.

Das zweite Polarjahr fand fünfzig Jahre später, 1932/33, statt. Nach dem vorgesehenen Rhythmus hätte das dritte Polarjahr 1982/83 stattfinden müssen. Auf Grund der beschleunigten technischen Entwicklung, vor allem der Einführung neuer Meßmethoden, zum Beispiel hochfrequenztechnischer Verfahren, dem Einsatz künstlicher Erdtrabanten, Raketen u. a., wurde jedoch beschlossen, das dritte Polarjahr bereits nach 25 Jahren, also 1957/58, durchzuführen. 67 Nationen hatten ihre Bereitschaft erklärt, an diesem Vorhaben mitzuwirken, das – als »Internationales Geophysikalisches Jahr« geplant – weit größere Dimensionen annahm als alle Forschungsunternehmungen der Vergangenheit.

Mit 83 wissenschaftlichen Einrichtungen, vom großen Observatorium bis zur kleinen Beobachtungsstation, beteiligte sich auch die DDR am Internationalen Geophysikalischen Jahr (IGJ). Die Schwerpunkte dieser Aktivitäten lagen auf den Fachgebieten Meteorologie, Geomagnetismus, Hochatmosphärische Leuchterscheinungen, Sonnenaktivität, Kosmische Strahlung, Geodäsie, Glaziologie, Ozeanographie, Raketen und Satelliten, Seismologie, Gravimetrie und Radioaktivität.

Bereits im ersten Programmvorschlag zum IGJ hatte die DDR Expeditionen angekündigt. Beabsichtigt war die Teilnahme an einer französischen Expedition nach Grönland und die Entsendung einer astrophysikalischen Gruppe in die Walfischbucht an der Südwestküste Afrikas. Beide Vorhaben scheiterten an der damaligen gespannten politischen Situation. Auf der Moskauer Konferenz der am Internationalen Geophysikalischen Jahr teilnehmenden sozialistischen Länder (1956) schlugen die Vertreter der UdSSR den Vertretern der DDR vor, sich mit eigenen Forschungs-

---

* Oberingenieur Bodo Tripphahn galt als der »Vater« der ostdeutschen Polarexpeditionen. Er verstarb 1983 an seinem Arbeitsplatz. Mit der Veröffentlichung dieses Beitrages, den er kurz vor seinem Tod geschrieben hat, möchte die ältere Generation der Polarfahrer einen ihrer aktivsten Wegbereiter ehren.

programmen an den von der UdSSR vorgesehenen Expeditionen zu beteiligen. Dieses Angebot kam für uns unverhofft. Mit Begeisterung wurden verschiedene Möglichkeiten in der DDR-Delegation diskutiert. Wir waren uns zwar alle bewußt, welche Konsequenzen in personeller, materieller und nicht zuletzt finanzieller Hinsicht ein derartiger Einsatz haben würde; dennoch waren wir zuversichtlich. Auf der nächsten Gesamtberatung stimmte unser Delegationsleiter, Professor Horst Philipps, dem Vorschlag zu – vorbehaltlich der Regierungsentscheidung, die dafür natürlich noch eingeholt werden mußte. Wir brauchten nicht lange auf das »grüne Licht« zu warten.

Lehrzeit am Tujuksu- und am Fedtschenko-Gletscher

Zunächst kreuzten DDR-Wissenschaftler auf fünf Meßfahrten mit dem sowjetischen Forschungsschiff MICHAIL LOMONOSSOW die Meere. Danach beteiligten sich zwei DDR-Gruppen, bestehend aus Geodäten, Photogrammetern, Hydrologen und Meteorologen, an Expeditionen der Usbekischen Akademie der Wissenschaften in den Pamir und der Kasachischen Akademie der Wissenschaften in den Tienschan. Beide Unternehmungen waren vorwiegend glaziologischer Natur. Sie können als eine erste »Schule« der damals noch jungen DDR-Wissenschaftler für die spätere Polarforschung angesehen werden.

Die Gruppe der usbekischen Expedition unter Leitung von Georg Dittrich sollte im Gebiet des Fedtschenko-Gletschers an topographischen und glaziologischen Spezialkarten mitarbeiten. Die Gruppe der kasachischen Expedition unter Leitung von Günter Skeib hatte die Aufgabe, im Gebiet Saliski Alatau, vornehmlich am Tujuksu-Gletscher, neben der Arbeit an den Spezialkarten hydrologische und meteorologische Forschungen zu betreiben, deren Ergebnisse Aussagen über das Mikroklima sowie den Wärme- und Strahlungshaushalt zulassen. Wir vom »Boden- und Hauspersonal« der Expeditionen konnten Erfahrungen sammeln, wie man Arbeitsgruppen, die über einen längeren Zeitraum in Gletschergebieten tätig sein sollten, auszurüsten hat.

Ich entsinne mich noch, wie wir recht kleinlaut wurden angesichts der Höhenangaben in den topographischen Karten. Gipfelhöhen zwischen 2000 und 4000 Metern! Das machte auf die Mitarbeiter unseres Kollektivs, die überwiegend aus der norddeutschen Tiefebene kamen, Eindruck. Selbstverständlich hatten wir von anderen alpinen Expeditionen oft über solche Höhen gehört, doch jetzt sollten wir Voraussetzungen schaffen, damit unsere Kollegen dort sicher arbeiten können! Manchmal erschienen uns die Berge wie ein Alptraum.

Wir nahmen Verbindung mit den Bergsteigern auf, die uns viele wertvolle Hinweise geben konnten. Wie erwartet, sah es mit den bergsteigerischen Kenntnissen der Expeditionsteilnehmer sehr bescheiden aus. Es ergab sich jedoch für alle die Gelegenheit, an einem alpinen Hochgebirgskursus in Obergurgl (Österreich) teilzunehmen. Auch in späteren Jahren trainierten unsere Antarktisforscher immer wieder auf einem der größten Alpengletscher, dem Vernagtferner bei Obergurgl.

Die Tujuksu-Gruppe hatte kaum kartographische Unterlagen zur Verfügung, doch die Fedtschenko-Gruppe konnte ihre Vorbereitungen mit einer aufschlußreichen Begegnung krönen. 1928 hatte Professor Richard Finsterwalder von der Technischen Universität München als Teilnehmer einer gemeinsamen deutsch-sowjetischen Pamirexpedition das Gebiet des Fedtschenko-Gletschers photogrammetrisch aufgenommen und unter anderem eine Karte im Maßstab 1:50 000 erarbeitet. Professor Finsterwalder war, als er von unserem Vorhaben hörte, sofort bereit, einen Vortrag über die damalige Expedition zu halten. Eine umfassende Aussprache schloß sich an, und die Freude über die neuen Aufgaben war beim Referenten ebenso groß wie bei den Expeditionsteilnehmern.

Unerbittlich rückte der Termin der Abreise näher. Immer noch wurden Ausrüstungen und Geräte probiert, Änderungen vorgenommen, zusätzliche Gegenstände beschafft. Dann, nach einer generellen Überprüfung, schließen sich die Deckel der Kisten. Die Zollverschlüsse werden angebracht; nun ist ein Öffnen nicht mehr möglich. Aber – wie kann es anders sein – dem einen oder anderen fällt noch etwas ein, das er unbedingt mitzunehmen für erforderlich hält. Diese Gegenstände müssen im persönlichen Gepäck mitgeführt werden; das geht also zu Lasten des Teilnehmers, der ohnehin schon wie ein Packesel beladen ist.

Im Frühjahr 1958 startete ich mit einer Chartermaschine der Interflug, um das Expeditionsgut nach Mittelasien zu bringen. Auf dem Flugplatz von Alma-Ata erwartete uns der Leiter der Tujuksu-Expedition, Professor Konstantin Makarewitsch. Nach kurzem Wortwechsel stellten wir fest, daß wir uns einigermaßen der englischen Sprache bedienen konnten. Makarewitsch hatte ein Ausladekommando mitgebracht, in kurzer Zeit war das Expeditionsgut übernommen. Mit Neugier wurde die große Anzahl von Knäckebrotkartons betrachtet. Da meine Englischkenntnisse für die

Übersetzung des Wortes Knäckebrot nicht ausreichten, öffnete ich einen Karton und zeigte den Inhalt. Makarewitsch fand es sehr lustig, daß wir unser Brot mitbrachten und fragte, ob wir befürchteten, in Kasachstan kein Brot zu bekommen. Ich erläuterte ihm die Besonderheiten dieses Dauergebäcks. Nach Beendigung der Expedition wußte auch Konstantin Makarewitsch unser Knäcke zu schätzen; bei Nachschubschwierigkeiten im Gletschergebiet hatten sich unsere sowjetischen Freunde von der Zweckmäßigkeit und dem guten Geschmack überzeugen können.

Über die Qualität der Ausrüstung hörten wir viele lobende Worte. Im gemeinsamen Wirken mit den sowjetischen Kollegen haben wir weitere Erkenntnisse gewonnen. Das Wesentliche dieser Einsätze aber bestand in folgendem: Die Möglichkeit, über die Grenzen unseres Landes hinaus Forschungsaufgaben zu verfolgen, eröffnete völlig neue Perspektiven. Junge Wissenschaftler erhielten die Chance, sich außerhalb wohleingerichteter Labors zu bewähren und, weitgehend auf sich allein gestellt, neue Arbeitsgebiete zu erschließen.

Der Ruf nach Antarktika

Noch während des Verlaufs der Expeditionen im Tienschan und Pamir erreichte uns im Nationalkomitee für das Internationale Geophysikalische Jahr eine Anfrage des Geophysikalischen Komitees der UdSSR, ob die DDR sich an den sowjetischen Antarktisexpeditionen beteiligen möchte. Am Rande des Abschlußkongresses zum IGJ, der 1958 in Moskau stattfand, sollte noch einmal darüber beraten werden. Da Günter Skeib, einer unserer passionierten Meteorologen, sowohl im Verlauf der ozeanographischen als auch – noch zu jenem Zeitpunkt – der Tienschan-Expedition Erfahrungen hatte sammeln können, wurde er aus Kasachstan kurzfristig nach Moskau gerufen. Ich war von der Möglichkeit, Expeditionen in die Antarktis zu entsenden, begeistert. Auch Makarewitsch, der mit sichtlichem Vergnügen vom guten Einklang zwischen den sowjetischen und den DDR-Wissenschaftlern in seiner Tujuksu-Expedition erzählte, schilderte uns die Perspektiven eines Einstiegs in die Polarforschung in leuchtenden Farben. Seinen Ausführungen konnten wir entnehmen, daß er von der Arbeit des Teams eine ausgezeichnete Meinung hatte.

Die DDR-Delegation unter Leitung von Professor Philipps hat sich die Entscheidung nicht leicht gemacht. Bis in die Nacht hinein haben wir jedes Für und Wider gründlich bedacht. Nach Beendigung des Kongresses konnte eine Beteiligung an sowjetischen Antarktisexpeditionen zugesagt werden. Günter Skeib war Feuer und Flamme und schwelgte schon darüber, mit welcher Freude seine Kollegen im Tienschan die Nachricht aufnehmen würden.

Auch zu Hause in Potsdam sollte die Entscheidung dem kleinen Ausrüstungsteam neuen Auftrieb geben. Selbstverständlich wußten wir, daß nun weit schwierigere Anforderungen auf uns zukommen würden. Insbesondere stellen die Tropen und nicht zuletzt die Antarktis selbst strengere Maßstäbe an die Qualität und Zuverlässigkeit der Geräte, Vorrichtungen, der Behausung, Bekleidung, Verpflegung und der vielfältigen Waren des täglichen Bedarfs. Die wissenschaftliche, technische und auch die moralische Vorbereitung mußte in jedem Falle so gründlich, ja annähernd vollkommen sein, daß in den Weiten der Antarktis keine Komplikationen eintreten, die das Leben der Teilnehmer gefährden oder die Forschungsarbeit wesentlich beeinträchtigen. In einem Privatbrief äußerte sich der berühmte Polarforscher Alfred Wegener 1928 zu diesen Problemen: »Wir brauchen auf unserer Expedition die Suggestion, daß unsere Arbeit sowohl nach ihrer wissenschaftlichen Qualifikation wie in reisetechnischer Hinsicht eine Rekordleistung ist. Wir müssen uns in die Vorstellung hineinarbeiten, daß die wissenschaftlichen Probleme, denen wir nachgehen, überhaupt die interessantesten Probleme sind, die es auf der Welt gibt, und andererseits, daß wir bahnbrechend vorgehen in der Anwendung neuzeitlicher technischer Hilfsmittel und ihrer Verbindung mit den alten Methoden der Zugtiere. Nur eine solche übertriebene Wertung der eigenen Arbeit befähigt zu übernormaler Leistung.«

Alfred Wegener ist diesen Worten bis zu seinem Tod während der Grönlandexpedition 1930/31 treu geblieben. Sie haben trotz der enormen technischen Entwicklung seitdem auch heute noch Gültigkeit. Wir konnten in den vielen Jahren, in denen wir antarktische Expeditionen organisierten und ausrüsteten, immer wieder erfahren, daß die Intensität der Vorbereitungsphase, das Erkennen der komplizierten Zusammenhänge, die exakte Verwirklichung der einzelnen Aktivitäten und vor allem die enge Zusammenarbeit mit den Fachkollegen entscheidende Voraussetzungen für den Erfolg einer Expedition schaffen. Hierbei spielt auch die innere Einstellung eines jeden Teilnehmers zu seiner Aufgabe und damit zum Gelingen der Expedition eine große Rolle. Es darf als erwiesen angesehen werden, daß sich eine Teilnahme nur wegen materieller, mit der Expedition in Verbindung stehender Vorteile oder wegen der vielleicht zu erwartenden Abenteuer negativ auswirkt. Unsere Expeditionen sind wissenschaftliche Einsätze, die den ganzen Menschen und von ihm ausgezeichnete fachliche Kenntnisse, gepaart mit körperlicher Tüchtigkeit und kollektiver Einordnung, fordern.

Zunächst sollten drei Wissenschaftler mit der 5. Sowjetischen Antarktisexpedition überwintern. Da nach dem Studium der einschlägigen Literatur bei uns viele Fragen und in mancherlei Hinsicht auch Zweifel auftauchten, und da das wissenschaftliche Programm zur Vermeidung von Doppelarbeit abgestimmt werden mußte, fand im Frühjahr 1959 eine umfassende Konsultation mit den Mitarbeitern des Arktischen und Antarktischen Forschungsinstituts (AANII) in Leningrad statt. Günter Skeib, der mit der Leitung der ersten Gruppe betraut worden war, und ich sahen der Aussprache voller Spannung entgegen. In Leningrad hatten wir bald Gelegenheit, dem Leiter des Bereiches Antarktisforschung, Professor Michail Somow, unsere Anliegen vorzutragen. Ein großer, drahtiger Mann saß uns gegenüber. Geduldig beantwortete er alle unsere Fragen. Er sprach über die Schwierigkeiten, die bei der Gründung antarktischer Stationen und Forschungsstützpunkten zu überwinden sind, und lächelte dann, als wollte er sagen: Es ist ja doch zu schaffen.

Wir mußten feststellen, daß die für die bisherigen Expeditionen bereitgestellten Ausrüstungen in der Antarktis nicht ausreichten. Eine lange Liste der Bekleidungsstücke wurde uns vorgelegt und jede Position erklärt. In vielen, vielen Polareinsätzen war diese Bekleidung auf ihre Zweckmäßigkeit erprobt und immer wieder verbessert worden. Mir war sofort klar, daß wir auf diesem Sektor nicht mithalten konnten. Es war uns ja auch gar nicht in dem Umfange bewußt geworden, was ein Polarforscher neben seiner persönlichen noch an spezieller Bekleidung alles braucht. Da ging es um einen Lederanzug, um einen kamelhaargefütterten Klimaanzug, einen Sturmanzug und einen Arbeitsanzug, wiederum mit besonderem Futter, um Pelzsocken, Pelzhandschuhe, Stiefel und Schuhe mit Pelzfutter und vieles andere. Michail Somow hat wahrscheinlich bemerkt, daß wir zu all diesen Dingen recht bedenkliche Gesichter machten. Auch die sowjetischen Expeditionsteilnehmer hätten viel Zeit und Erfahrung benötigt, bis sie eine allen Ansprüchen gerecht werdende Polarkleidung nutzen konnten, sagte er; sie wären gern bereit, uns die Kajeschkas, Sturmowkas usw. zur Verfügung zu stellen. Wir haben diesem Angebot sofort zugestimmt. Ein für uns schier unlösbares Problem war damit auf beste Weise beseitigt.

Michail Somow wies uns auch darauf hin, daß fast alle Expeditionen zu umfangreich ausgerüstet sind. Das bestätigte noch einmal die eindringlichen Hinweise unserer Bergsteiger. Nicht immer stehen Fahrzeuge für den Transport der Ausrüstung am Einsatzort bereit, und man kommt zwangsweise zu neuen Überlegungen, wenn man alles selber schleppen muß. Dabei muß jedoch zu allererst an die Sicherheit der Expeditionsteilnehmer gedacht werden. Ein Verzicht auf Ausrüstung aus Gewichtsgründen darf niemals Leben gefährden. Unsere Partner wußten aus Erfahrung, worauf es ankommt. Sie schilderten uns ernste und auch heitere Erlebnisse in der Antarktis, bis zu ungewöhnlichen Situationen auf driftenden Stationen. Diese erste Konsultation im AANII in Leningrad war für uns sehr lehrreich. Vollgepfropft mit Informationen und Erkenntnissen kehrten wir nach Potsdam zurück.

Startplatz Potsdam, Telegrafenberg

Wenn man bedenkt, daß sich das Ausrüstungssortiment unserer Antarktisexpeditionen – abhängig vom Umfang des wissenschaftlichen Programms und der personellen Stärke – zwischen 1000 und 1500 Positionen bewegt, dann wird man ermessen können, daß bereits das Beschaffen dieser Gegenstände als ein wichtiger Abschnitt in der Vorbereitung einer Expedition angesehen werden muß. Nur ein gut aufeinander eingespieltes Team ist in der Lage, alles Erforderliche zusammenzustellen. Es bestand aus der Ausrüstungsgruppe der Verwaltungs- und Dienstleistungseinrichtungen, die zum Forschungsbereich Geo- und Kosmoswissenschaften der Akademie der Wissenschaften der DDR gehörte, und den jeweiligen Expeditionsteilnehmern.* Die Ausrüstungsgruppe hatte ihren Sitz auf dem Telegrafenberg in Potsdam. Hier befand sich auch das Zentralinstitut für Physik der Erde, das seit 1969 als Leitinstitut für Polarforschung die Beteiligung der DDR-Gruppen innerhalb der sowjetischen Antarktisexpeditionen konzipierte und verantwortete. (Zuvor oblag diese Funktion dem Nationalkomitee für Geodäsie und Geophysik der DDR.) Auf dem Telegrafenberg kommen auch die Expeditionsteilnehmer aus den verschiedensten Institutionen zusammen und formen in gemeinsamer Arbeit ihr Kollektiv, so daß wir mit Fug und Recht sagen können: Die antarktischen Unternehmungen der DDR begannen allemal

---

* B. Tripphahns Ausführungen über Forschungsstrukturen, die sich nach dem Beitritt der DDR zur Bundesrepublik Deutschland verändert haben, wurden vom Herausgeber in die sprachliche Vergangenheit transponiert.

in Potsdam. Hier liefen alle Fäden zusammen; hier endeten die Einsätze und Auswertungen der ostdeutschen »Polarniks«.

Unabhängig von der rein sachlichen Notwendigkeit, daß die Teilnehmer ihre Expedition zuverlässig und nach aufeinander abgestimmten Verantwortlichkeiten vorzubereiten haben, müssen auch begründete Forderungen an bestimmte menschliche Qualitäten, besonders an die Fähigkeit kollektiven Verhaltens, erhoben werden. Die meisten Teilnehmer kennen sich bis zum Zeitpunkt des Zusammenführens nicht. Menschen mit unterschiedlichen Charakteren und Mentalitäten, die in keiner Beurteilung ausgewiesen sind, treffen aufeinander. Sie alle sollen in Antarktika, auf sich allein gestellt, ohne die Möglichkeit des Aussteigens, zusammenleben. Fügen sie sich in das Kollektiv ein oder laufen sie als Einzelgänger nebenher? Diese und noch weitere Fragen muß man in der Vorbereitungsphase sehr ernst und einfühlsam prüfen und – wenn notwendig – in unklaren Fällen einen Psychologen zu Rate ziehen. Kleine, im allgemeinen Leben kaum beachtete Widrigkeiten können unter den zu erwartenden Bedingungen schwerwiegende Auseinandersetzungen provozieren und für das Kollektiv zu harten Prüfsteinen werden. Wenn auch nach Rückkehr einer Expeditionsgruppe von mißlichen Vorfällen meist nicht mehr gesprochen wird, so erfahren wir doch schon aus dem Telegrammwechsel, ob in der einen oder anderen Beziehung Schwierigkeiten bestehen. Es kann vorkommen, daß ein Teilnehmer in der langen Polarnacht mit Depressionen zu tun hat oder von Heimweh geplagt ist und ein bißchen »durchdreht«. Ein gutes Kollektiv wird derartige Unstimmigkeiten schnell gemeinsam überwinden. Schlimmer ist es um jene Teilnehmer bestellt, die die Expedition als Abenteuerreise ansehen. Sie scheren meistens bei speziellen Arbeiten aus, und eine entsprechende Aussprache wird nicht zu umgehen sein. Die Qualitäten des Gruppenleiters in der Menschenführung spielen also eine mitunter ausschlaggebende Rolle. Er trägt nicht nur die Verantwortung für eine umfassende Bereitstellung der Ausrüstung sowie für die wissenschaftliche Vorbereitung der Expedition, sondern er soll mit seinen Kameraden bereits in der Heimat ein gewisses Training für den Polareinsatz absolvieren.

Die wissenschaftlich-technische Ausstattung der Expeditionsgruppen wird zumeist von den für das Forschungsprogramm verantwortlichen Instituten und Observatorien bereitgestellt. Sie muß jedoch in der Mehrzahl der Fälle entsprechend den Besonderheiten am Einsatzort, zum Beispiel für Arbeiten auf einem Gletscher, Teilnahme an einem Schlittenzug oder Einsatz an einer innerkontinentalen Station, ergänzt und teilweise verändert werden. Selbstverständlich laufen diese Arbeiten nicht ohne Schwierigkeiten ab. Vielfach werden die für die Umrüstung der Geräte, für die Fertigung von Zusatzeinrichtungen benötigten Gegenstände, aber auch manche speziellen Dinge des täglichen Bedarfs einer Polarexpedition nicht im handelsüblichen Warensortiment angeboten. In wöchentlichen Kontrollberatungen haben wir versucht, uns Klarheit über diese »Paßstellen« zu verschaffen und Versorgungslücken nach Möglichkeit zu schließen. Dabei ist es wichtig, daß alle Aktivitäten kurzfristig, eindeutig und mit der Festlegung von Terminen geordnet werden, denn wir mußten immer wieder feststellen, daß die Vorbereitungszeit weitgehend von Hektik gekennzeichnet ist. Ohnehin ist der Zeitfaktor für den Expeditionsteilnehmer von entscheidender Bedeutung. Es ist ja nicht so, daß er sich ausschließlich um seine Ausrüstung zu kümmern hat. Er muß sich auch umfassend über die auf seinem Fachgebiet in Polarregionen durchgeführten wissenschaftlichen Arbeiten informieren. Nicht selten macht es sich erforderlich, die eigene Befähigung zu vervollkommnen, um die spezifischen Messungen und Untersuchungen des Forschungsprogramms mit maximalem Erfolg zu bewältigen. Und darüber hinaus muß er sich handwerkliche Fertigkeiten aneignen, zum Beispiel das Verlegen elektrischer Leitungen, Auswechseln von Ersatzteilen, Funken und manch anderes erlernen. Da kann man noch so früh mit der Vorbereitung einer Expedition beginnen, die dafür zur Verfügung stehende Zeit ist fast nie ausreichend.

Während dieses konzentrierten Einsatzes wachsen Expeditions- und Ausrüstungsgruppe mehr und mehr zusammen. Gewiß ist es für manchen Teilnehmer nicht einfach, schon lange vor Beginn der großen Reise aus der gewohnten Umgebung auszuscheiden, doch das inzwischen gestärkte Gefühl der Zusammengehörigkeit und nicht zuletzt auch der Ernst der Situation, die von jedem einzelnen unbedingtes Engagement für den Erfolg der Expedition verlangt, helfen weiter. Trotzdem kommt bei allem auch der Humor nicht zu kurz. Es gibt manchen Anlaß zu Scherzen und witzigen Einlagen, beim Probieren der Bekleidung, beim Üben der Montagen, beim Kistenpacken. Und oft hat uns in einer scheinbar ausweglosen Situation ein Lachen neuen Mut gegeben.

Daß für alle Ausrüstungsfragen auch ökonomische Probleme von Bedeutung sind, leuchtet ein; Expeditionen sind eine kostspielige Angelegenheit. Deshalb haben wir uns von Anfang an überlegt, welchen *unmittelbaren* wissenschaftlichen, eventuell auch volkswirtschaftlichen Nutzen die jeweilige Expedition erbringen könnte. Auch hierbei hat die Sicherheit der Expeditionsteilnehmer das Primat vor allen anderen Erwägungen. Das heißt zum Beispiel, daß nur solche Industrieerzeugnisse zum Einsatz gelangen, deren Belastbarkeit unter den zu erwartenden Bedingungen als erwiesen gilt. Dennoch schlossen wir nicht aus, im Auftrag interessierter Betriebe bestimmte Erzeugnisse in Antarktika oder auf der Schiffsreise dorthin zu testen. Wir haben unter anderem mit Lebensmitteln, Konserven und technischen Industriegütern ausgezeichnete Ergebnisse erzielt und konnten der Produktion gute Hinweise vermitteln. Diese Tests sind nicht Selbstzweck. Einerseits helfen wir den Ausrüstungsbetrieben, andererseits schufen wir damit Voraussetzungen für Forschungsprogramme, die von unseren Wissenschaftlern selbständig, fernab der sowjetischen Forschungsbasen, ausgeführt werden konnten.

Das kam erstmals für die DDR-Gruppe der 19. SAE zum Tragen, die ein umfangreiches wissenschaftliches Programm außerhalb der Station Molodjoshnaja zu erfüllen hatte. (s. Georg Dittrich und Alfred Helbig, S. 97 bis 106). Sowohl die drei separaten Unterkünfte als auch die geodätischen und meteorologischen Meßmasten sowie Beobachtungspodeste mußten zusätzlich zur »üblichen« Ausrüstung bereitgestellt werden. Schon 1960 hatten wir mit der Konstruktion und dem Bau leicht montierbarer Hütten für den Einsatz in Polargebieten begonnen. Ein kleiner Betrieb in dem mecklenburgischen Städtchen Goldberg, von Meister Walter Nikow geleitet, hat sich sehr ideenreich mit dem Bau von Polarhütten befaßt und in den vergangenen Jahren darauf spezialisiert. Diese Hütten wurden auf dem Fichtelberg in harten Wintermonaten getestet. Während der Spitzbergen-Expedition der DDR, die 1964/65 am Kongsvegen überwinterte, mußten sie arktischen Bedingungen trotzen. Sie haben auch diese Prüfung gut bestanden. Später schrieben uns Westberliner Spitzbergenforscher, daß sie 1972/73 und 1974 in unserer dort verbliebenen Hütte jeweils eine Zeitlang gewohnt hätten und von ihr begeistert seien.

Viele Initiativen großer und kleiner Betriebe, die uns vorbildlich unterstützten, wären hier noch zu nennen. So erklärte sich die FIMAG Finsterwalde bereit, die Stromversorgungsanlagen für unseren Forschungskomplex in der Schirmacher-Oase zu liefern. Dieser Betrieb war an der Aufgabe so interessiert, daß er nicht nur die Aggregate und Ersatzteile lieferte, sondern auch seinen Prüffeldingenieur, Peter Stock, zur Bedienung und Wartung der Maschinen in die Antarktis schickte. Oft haben die Betriebe die von uns erteilten Aufträge und zumeist ausgefallenen Wünsche zusätzlich zu ihren planmäßigen Aufgaben, aus Interesse an der Sache, übernommen und uns damit sehr geholfen.

Nicht selten wurden wir gefragt, was ein Antarktisforscher zu essen auf den Tisch bekommt oder – wenn er selbst der Koch sein muß, in Außenstationen und auf Schlittenzügen – von welcherart Vorräten er zehren kann. Unsere Expeditionsteilnehmer waren als Gäste der sowjetischen Stationen in deren Hauptverpflegung einbezogen. Dennoch hat die von uns zusammengestellte Zusatzverpflegung volle Berechtigung. Gemeinsam mit dem Zentralinstitut für Ernährung in Potsdam-Rehbrücke haben wir uns überlegt, wie man unsere Expeditionsteilnehmer in Antarktika versorgen könnte. Auf Grund vorliegender Erfahrungswerte wurde pro Teilnehmer und Tag, je nach Schwere der Arbeit, von einem Richtsatz in der Größenordnung 4500 bis 6000 Kilokalorien ausgegangen. Während wir also für die selbständigen DDR-Expeditionen nach Spitzbergen den vollen Richtsatz in Naturalien bereitstellen mußten, konnten wir uns bei der Teilnahme an den sowjetischen Expeditionen auf spezielle Zugaben beschränken. Sie sollten als Notverpflegung dienen, vor allem aber auch gesundheitliche Störungen überbrücken helfen. Wenn beispielsweise jemand an einer Magenverstimmung leidet, müssen auch Diätgerichte vorhanden sein. Es ist schwierig, für den Versorgungsplan Regeln aufzustellen. Eine möglichst abwechslungsreiche Kost, die dem Geschmack der Mannschaftsmitglieder angepaßt sein sollte, ist zu empfehlen. Dabei kann nicht immer auf sogenannte »Leib- und Magen-« oder »Nationalgerichte« Rücksicht genommen werden.

Die Zusatzverpflegung hat uns immer die größten Kopfschmerzen bereitet, nicht zuletzt deshalb, weil uns für den Transport Kühlcontainer fehlten. Wenn wir mit unserer Verpflegung auf den sowjetischen Schiffen eintrafen, waren die vorhandenen Kühleinrichtungen schon überbelegt. Sie mußten ja nicht nur die Vorräte für die Schiffsbesatzungen und die Reiseverpflegung der Expeditionsteilnehmer aufnehmen, sondern auch sämtliche verderblichen Lebensmittel der sowjetischen Stationen für die Dauer einer Überwinterung. Daher kamen für unsere Zusatzverpflegung weitgehend nur Konserven in Frage. Wir haben uns mit einigen Partnern der Lebensmittelindustrie beraten und fanden auch hier große Unterstützung. Die Firma Beier KG, Parchim, beispielsweise sorgte in

Abstimmung mit dem Kombinat Nordfrucht für ein umfassendes Sortiment an Gemüse- und Obstkonserven. Die Fleischkombinate Wismar, Halberstadt und Eberswalde steuerten die erforderlichen Fleischkonserven bei. Alle Betriebe waren bereit, ihre Konserven so herzurichten, daß sie die Reise durch die unterschiedlichen Klimazonen gut überstehen würden. Im VEB Elde Konserven haben Mitarbeiter sogar an einem produktionsfreien Tag Kaffee für die Expeditionsteilnehmer eingedost. Sorge bereitete uns die Haltbarkeit von Wurst und Schinken über einen längeren Zeitraum. Nachdem wir uns mit dem Obermeister der Fleischer in Schwerin, Gerhard Roost, unterhalten hatten und ihn für diese Aufgabe gewinnen konnten, war auch dieses Problem gelöst. In Zusammenarbeit mit Dr. Kuhlmann vom Veterinärmedizinischen Institut Schwerin wurde eine Rezeptur erarbeitet, die sich hervorragend bewährte. Einer unserer Geologen brachte das Urteil eines Amerikaners, ebenfalls Gast an einer sowjetischen Station, mit: Die Wurst schmecke so gut, daß man dagegen seine Schuhe eintauschen könnte. Dem Witz sei, was des Witzes ist; unter extremen Bedingungen bleibt er dennoch bemerkenswert.

Endlich geht es los

Die Vorbereitungsphase nähert sich dem Abschluß. Im Ausrüstungslager treffen tagtäglich Waren aller Kategorien ein. Alles muß überprüft und einsortiert werden. Die Expeditionsteilnehmer und Mitarbeiter der Ausrüstungsgruppe beginnen mit dem Verpacken in bereitstehende Kisten. Bei diesen Abschlußarbeiten herrscht eine Freude, die ausdrückt, daß wieder einmal die Zeit des hektischen Be- und Heranschaffens, des Bauens und Probierens beendet ist. Alles findet seinen wohlbedachten Platz. Stoßempfindliche Geräte müssen in Schaumgummi, temperaturempfindliche Geräte in Isolierstoffen und Lebensmittel möglichst luftig verpackt werden. Auch unsere Kolleginnen, die sonst an Schreibtisch und Schreibmaschine ihr Tagwerk tun, wickeln ein und schnüren, sobald sie von der Büroarbeit loskommen, und scheuen sich nicht, den Hammer zu nehmen, um Kisten zuzunageln. Alle sind einbezogen und wie angesteckt von einem fieberhaften Enthusiasmus, denn jetzt endlich geht es los. Niemand sieht auf die Uhr, und so wird oft die reguläre Arbeitszeit überschritten; keiner fragt, wie diese Überstunden bezahlt oder »abgebummelt« werden.

Mit dem Schließen des letzten Kistendeckels und dem Anbringen der Plomben durch die Zollverwaltung ist die Vorbereitung abgeschlossen. Hunderte von Kisten, Verschlägen, Kollis und Verpackungen mit sperrigem Gut lagern im Ausrüstungsbereich und warten auf den Abtransport. Dafür gibt es die unterschiedlichsten Möglichkeiten. 1959 wurde die gesamte Fracht in Wismar auf einen Fischkutter verladen. Zu einem genau festgelegten Termin trafen wir vor der Kiel-Holtenauer Schleuse auf den sowjetischen Eisbrecher OB. Während der Wartezeit vor der Schleuse, noch auf See, wurde dann das Ausrüstungsgut unserer Expedition übernommen.

Bereits beim Verladen auf den Fischkutter im Wismarer Hafen mußten wir viele Fragen der Schaulustigen beantworten. Wollen Sie mit *dem* Schiff in die Antarktis? Was machen denn unsere Leute dort? Kann sich da jeder melden? Fragen über Fragen, nicht nur von den Bürgern, sondern auch von inzwischen wach gewordenen Reportern. Käpt'n Hanne Kahl hatte für jeden eine passende, mit viel Humor gewürzte Antwort. Als wir dann vor Holtenau die OB sichteten, hatten wir doch etwas Bammel, ob das alles so klappen würde, wie wir es uns ausgemalt hatten. Auch hier nahm uns der umsichtige Käpt'n Kahl alle Bedenken: »Wenn hei uppäßt und uns in Lee annimmt, kann gor niks passieren.« Es verlief alles ausgezeichnet. Für unsere Ausrüstung war an Bord zwischen den Flugzeugen, Containern, Schlitten und Fahrzeugen ein sicherer Platz reserviert worden. In großen Netzen wurde die Ladung hochgehievt. Die Aktion ging nicht ohne Hallo der zupackenden oder nur zuschauenden Männer auf der OB ab. In zwei Stunden war alles vollzogen.

In den darauffolgenden Jahren nahm der Umfang der Beteiligung an den sowjetischen Expeditionen zu. Ein Kutter hätte für die Ausrüstung nicht mehr gereicht. Mit Lastkraftwagen, Containerfahrzeugen und Küstenmotorschiffen wurde das Expeditionsgut nach Leningrad gebracht und im großen Antarktisklad der Fracht für die jeweiligen Polarstationen zugeordnet.

Im Hafen von Leningrad hatten wir auch des öfteren Gelegenheit, an der Verabschiedung der Expeditionsschiffe teilzunehmen. Wir waren überrascht, mit welcher Begeisterung die Menschen im Hafen, die Beschäftigten der Institute und wohl sämtliche Familienangehörigen an diesem Fest teilnehmen. Alle Schiffe sind über die Toppen geflaggt, und während mehrere Musikkapellen muntere Weisen spielen, beginnt das große feierliche Abschiednehmen. Mit lautem Sirenengeheul verlassen die Schiffe den Kai. Auch wenn man nicht die Sprache dieser Menschen spricht, fühlt man sich doch so einbezogen und dazugehörig, daß man immer wieder an derartige Erlebnisse denkt.

Ich bin eigentlich ein bißchen traurig, daß dies alles bei uns so anders ist. Bei uns ist alles schon so selbstverständlich und wird so unbedacht erwartet, daß man von Herzlichkeit und Menschennähe wenig spürt. Schade, sehr schade.

Welche Verbindung besteht nun noch zu unseren Polarfahrern, nachdem die Expedition die heimatlichen Gewässer verlassen hat? Können – beispielsweise – fehlende Ausrüstungen nachgesandt werden? Ich wies schon darauf hin, daß alle fachlichen Abläufe in der Heimat weitgehend erprobt und Verschleißmaterialien ausreichend mitgenommen werden. Auch für unvorhergesehene Zwischenfälle sind gewisse Reserven in die Ausrüstung einbezogen. Solange sich die Schiffe im Bereich der Antarktis bewegen können, besteht in Einzelfällen immer noch die Möglichkeit einer gegenseitigen Hilfe, die gegebenenfalls durch Flugzeuge unterstützt werden kann. Wenn aber das letzte Expeditionsschiff im Verlauf des Monats März das Gebiet der Antarktis verläßt, gibt es bis zum Eintreffen der Ablösung im Dezember keine unmittelbare Verbindung. Nunmehr sind wir ausschließlich auf den Funkkontakt über Radio Moskau angewiesen. Auf diesem Wege werden fachliche Fragen mit den Forschungsinstituten, Programmänderungen mit dem Leitinstitut, allgemeine und persönliche Probleme mit der Ausrüstungsgruppe und den Familien geklärt. Bei guten atmosphärischen Bedingungen kann zeitweise ein Telefongespräch über die 14 000 km Entfernung nicht ausgeschlossen werden. Ansonsten erwarten wir etwa alle 14 Tage ein Lebenszeichen unserer Polarniks.

Inzwischen wird die Ablösungsgruppe ausgewählt und mit der Vorbereitung der nächsten Expedition begonnen. Vielleicht bearbeitet sie ein völlig neues Programm oder ist Gast an einer anderen sowjetischen Station. Vielleicht errichtet sie einen neuen, von der Station entfernten Meßpunkt; vieles ist möglich. Es dauert nicht allzu lange, dann wird angefragt, wer denn zur Ablösungsgruppe gehört? Welche Aufgabe wird sie übernehmen? Während sich bei uns im Juli und August die Menschen in der Sonne tummeln, erreichen uns manchmal doch Telegramme, aus denen eine gedämpfte Stimmung spricht. Dann herrscht in der Antarktis Polarwinter mit Stürmen bis zu 200 km in der Stunde und eisiger Kälte sowie andauernde Nacht. In dieser Zeit verkürzen wir die Telegrammabstände, um unseren Kollegen die Sauregurkenzeit überwinden zu helfen.

Im Oktober stehen die Fahrpläne der im Antarktisdienst eingesetzten Expeditionsschiffe fest. Empfehlungen werden telegrafiert und Hinweise, was unbedingt mitgebracht werden soll. Dann treffen die lange erwarteten Schiffe an den Eisbarrieren ein. Mit Raketen und allem möglichen Feuerwerk werden sie begrüßt. Die Post wird ausgetauscht, und die Tage des Lesens, neuer Bekanntschaften und der anstrengenden Ent- und Beladearbeiten beginnen. Da der Raum in den Stationen durch die Ablösungsmannschaften äußerst beengt ist, ziehen die heimkehrenden Polarniks bald auf das Expeditionsschiff um.

Auch in der Heimat trifft man nun Vorbereitungen für den Empfang der Männer, die fast 18 Monate unterwegs waren und davon 15 Monate im Eis der Antarktis gelebt haben. Wir stehen mit dem heimkehrenden Schiff über Rügen-Radio in Verbindung. Mit dem Forschungsinstitut in Leningrad war die Übernahme unserer Expeditionsteilnehmer auf der Reede vor Warnemünde vereinbart worden. Rechtzeitig wird der Bugsierer bestellt. Die offiziellen Abholer treffen mit den Angehörigen in Rostock ein und beziehen Quartier. Alle wollen den Willkommensgruß entbieten, und man merkt, daß sich über der ganzen Gruppe eine erwartungsvolle Spannung ausbreitet. Dann ist es soweit. Das Expeditionsschiff hat sich gemeldet und steuert die Reede an. Wir haben Glück; wegen des Umfangs der zurückgebrachten Ausrüstung hat der Kapitän beschlossen, in den Hafen einzulaufen. Der Lotse hat bereits die Station verlassen. Das Schiff soll nach Anweisung des Hafenamtes im Stadthafen Rostock anlegen. Nun kennt die Begeisterung keine Grenzen. Jetzt werden die Minuten Wartezeit zu Stunden.

Einige Angehörige waren schon mit dem Auto nach Warnemünde gefahren, um das Einlaufen des Schiffes von der Mole aus zu beobachten. Endlich, langsam und bedächtig, vorne und achtern an einem Hochseeschlepper befestigt, nähert sich das Schiff dem Stadthafen. Inzwischen sind auch die Beobachter von der Mole wieder eingetroffen und berichten, was sie gesehen haben. Das Schiff kommt näher. Auf der Brücke und in den Gängen haben viele Menschen Aufstellung genommen. Unter ihnen unsere Expeditionsteilnehmer. Das Winken beginnt, doch man kann noch kaum jemanden erkennen. Die Männer auf dem Schiff stehen dicht gedrängt. Ihre Gesichter sind überwiegend von langen Bärten verdeckt. Plötzlich kommt Bewegung in die Wartenden; einige Frauen haben ihre Männer erkannt. Aus der Masse Menschen winken uns alte Freunde aus Leningrad zu, die wir gar nicht auf dem Schiff erwartet hatten. Sowjetische Seeleute von anderen Schiffen haben sich eingefunden, auch Passanten, die auf das Ereignis aufmerksam geworden sind; alle sind voller Freude. Und dann bricht ein unglaublicher Jubel auf beiden Seiten aus, und wir befürchten, daß jemand, da das Schiff noch nicht angelegt hat, ins Wasser stürzen könnte.

Nun müssen der Zoll und die Hafenpolizei das Schiff erst einklarieren; es vergeht noch etwas Zeit, bis die Angehörigen an Bord dürfen. Doch jetzt werden bereits durch lautes Zurufen die ersten Informationen ausgetauscht. Es ist ein zünftiges Durcheinander. Dann wird die Gangway freigegeben, der Sturm auf das Schiff beginnt, es gibt kein Halten mehr. Wir ziehen uns von den familiären Begrüßungen zurück und gehen zum Kapitän. Er nimmt uns überaus herzlich auf. Wir bedanken uns für sein Entgegenkommen und entsprechen gern der Bitte, ihn bei der Entladung zu unterstützen. Wir trommeln unsere Geister zusammen und löschen gemeinsam mit der Besatzung unseren Frachtanteil. Die Angehörigen können sich ein – wenn auch nur bruchstückhaftes – Bild vom Leben auf einem Expeditionsschiff machen. Sind alle Formalitäten erledigt, übertönt ein lautes Signal den Hafen. Das Kommando »Alle Fremden von Bord« wird durchgegeben. Unsere Expeditionsteilnehmer müssen ihre schwimmende Wohnstatt verlassen, die sie mit vielen guten Freunden geteilt hatten. Es gibt ein bewegtes und herzliches Abschiednehmen, und manchem dieser harten Männer rinnen die Tränen im Bart herunter. Wenn man sich umsieht, kann man feststellen, daß sich auch anfangs unbeteiligte Fremde die Augenwinkel trocknen. Ein weiteres Signal erschallt, die Gangway wird hochgehievt. Ganz ruhig ziehen die Schlepper an. Laute Rufe hallen vom Land zum Schiff und umgekehrt. Immer größer wird der Abstand. Die Ausrüstungsgruppe hat inzwischen die Ladung auf Lastwagen verstaut. Langsam entzieht sich das Expeditionsschiff unserer Sicht.

Populäre Forschungschronik als Vermittlerwerk

Gert Lange

1

Antarktika rückt näher in das Bewußtsein der Menschen. Die Nachrichten über diesen für uns so fernliegenden, unwirtlichen Kontinent mehren sich. Nicht so sehr sind es vielverheißende Reichtümer, die das Interesse anstacheln, obwohl in absehbarer Zukunft, eine friedliche Entwicklung vorausgesetzt, auch Technologien vorhanden sein werden, welche diesen oder jenen Rohstoff weitgehend schadlos für die Umwelt bergen helfen. Es ist vielmehr ein geographisches Bild, das die Menschheit zwei Jahrhunderte lang, seit Scotts furchtbarer Gewißheit über den Eispanzer im Süden, als zu unsympathisch von sich gewiesen hat und das sie nun, nach langem Zögern, zu begreifen beginnt: Die Erde, alle ihre bevölkerten oder unbevölkerten, blühenden oder darbenden, schaffenden und von Konflikten geschüttelten Regionen, die Erde bewegt sich wie eingespannt in zwei mächtige natürliche Pole: die großen Eiskappen unseres Planeten. Und allerorten wird der Lebensraum des Menschen auch von Einflüssen erfüllt, die ursächlich mit den Polargebieten zusammenhängen.

Nicht nur die Ungewißheiten des Wetters und des Klimas veranlassen uns, in den Eiswüsten des Nordens und Südens zu forschen (man hat sie ja als Wetterküchen der Erde bezeichnet), nicht nur die Einbrüche solarer Teilchenstrahlung, die das Magnetfeld verändern und bei Magnetstürmen noch in Äquatornähe ihre Spuren hinterlassen, nicht nur die ungenutzten Ressourcen, besonders der Antarktis, in welche die Menschheit begründete Hoffnungen setzt. Auch eine der ganz großen Fragen der Geowissenschaften wird möglicherweise in den Polargebieten beantwortet: ob wir uns am Ende oder am Anfang einer Kaltzeit befinden oder in einer glaziologisch stabilen Periode.

Der im Alltag befangene und von Klischees geprägte Mensch fragt, was es denn auf diesem eintönigen Kontinent noch zu ergründen gäbe. Aber nimmt es bei der ungeheuren Dimension solch eines Forschungsgegenstandes wunder, daß Antarktika trotz moderner wissenschaftlicher Methoden bis hin zur Satellitenerkundung noch immer ein wenig bekannter Erdteil ist und daß es erheblicher Anstrengungen bedarf, bis wir wirklich wissend sind? Allein um einzusehen, Antarktika ist nicht gleich Antarktika, brauchte es viele Expeditionen. Der einstmals undifferenziert gesehene Südpolarkontinent hat Konturen angenommen. Die Antarktische Halbinsel und die kontinentalen Küstenregionen, der Eisschild des Inlandes, die gewaltigen Gletscherströme, die Felsoasen, die Inselgruppen in der subantarktischen Zone, all diese geographischen Gebilde unterscheiden sich in ihrer Natur und Naturgeschichtlichkeit. Und sind wiederum von Gemeinsamem geformt.

In dem kleinen Dorf Garwitz im Mecklenburgischen, wo die Südpolarforscher der DDR einer Tradition gemäß alljährlich zusammenkamen, um ihre Arbeitsergebnisse zu diskutieren, war es Professor Jewgenij Korotkewitsch, ein Nestor der sowjetischen »Polarniks«, der in einfachen Worten vom Sinn der Antarktisforschung sagte: »Wir haben nur ein Haus, in dem wir alle wohnen: unseren Planeten Erde. Und in diesem Haus möchten wir jeden Raum gut kennen, um uns heimisch zu fühlen und damit wir ihn einst vernünftig nutzen können.«

Die geographische Erforschung des Kontinents ist weitgehend abgeschlossen. Aber wir werden auch künftig noch von Entdeckungen hören, die uns überraschen. Eine zweite Kategorie von Aufgaben, denen sich die Antarktisforscher widmen, umfaßt globale Probleme unseres Planeten, etwa das Wettergeschehen, die Dynamik der Magnetfelder, den Ozonhaushalt und den Aufbau der erdumhüllenden Räume. Bedrohliche Veränderungen der Natur durch Militär und Zivilisation gehören dazu. Drittens gibt es eine Reihe wissenschaftlicher Fragen, die in den Heimatländern der Polarforscher akut sind, aber nur oder unter günstigeren Bedingungen in Antarktika beantwortet werden können. Alle diese Anliegen hängen engstens miteinander zusammen – kein Thema, das ausschließlich einer dieser Kategorien zugeordnet wäre. Eine Vielzahl von Wissenschaftlern ist in Antarktika gefordert, bisher unzugängliche Erkenntnisse zusammenzutragen – für die gesamte Menschheit und zur Bereicherung der Fachdisziplin, in der sie arbeiten.

2

Muß es einen Journalisten, der sich mit Wissenschaft befaßt, nicht sehr verlocken, Entdeckung nachzuvollziehen? Mit den Mitteln, die ihm gegeben sind, mit Bleistift und Notizheft, Schreibmaschine und Computer, mit Sinn für Substanz, an die er immer glaubt, und der Fähigkeit des Ausdrucks und der Komposition, die er hoffentlich gelernt hat, möchte er »dabeisein«. Aber Wissenschaft, speziell Forschung, ist eine langwierige Angelegenheit. Sie hat nichts vom Marktplatz der Sensationen, wo man sieht und hört und nach Erleben schreiben kann. Das Registrieren der Tatsachen muß der Wissenschaftsjournalist in aller Regel anderen überlassen; es ist nicht sein Beruf. Selten in die Lage des Augenzeugen versetzt, ist er ein Nachvollzieher. Und wird dadurch unversehens zum Chronisten. Jeder gute Journalist ist auch Chronist.

Zwar könnten der Physiker, der Chemiker, der Antarktisforscher ... ihre Chronik selber schreiben. Das wäre eine hervorragende Sache. Aber sie tun es nicht oder nur in den wenigsten Fällen. Sie sind so von ihrer Arbeit besessen, vielleicht auch unfreiwillig in Anspruch genommen, daß sie gar keine Zeit dafür haben. Und dann kommt etwas Paradoxes hinzu: Die Wissenschaften stehen heutzutage so fein gegliedert und verästelt vor uns, daß der Fachmann, hochspezialisiert, auf Kompetenz bedacht, kaum noch über etwas anderes zu reden wagt als über den schmalen Zweig, auf dem er gerade sitzt. Oft ist er auch ungeübt, seine eben erkannten mikrokosmischen Details einzuordnen in den größeren Zusammenhang.

Doch nur er, der Experte, dessen schöpferische Unrast ihn von einer Frage zur nächsten, von Ergebnis zu Ergebnis treibt, kann Primärdaten für die Chronik liefern. Hier bietet ihm der Journalist seine Hilfe an. Ist das Anmaßung? Ja, das ist es. Er vertraut dabei seiner Methode und der Glaubwürdigkeit des Informanten. Kein blindes Vertrauen. Gewiß ist er unfähig, alle Informationen zu überprüfen, und somit der Seriosität oder Unseriosität des Wissenschaftlers ausgeliefert; trotzdem muß er wahr sein! Ja, gerade er unterwirft sich leidenschaftlich dem Verdikt der Wahrheit. Man muß also nicht glauben, daß der reportierende Aufschreiber ohne eigene Urteilskraft auskäme. Denn worüber auch ein Wissenschaftler seine These formuliert, meistens wird sich irgendwo ein Kontrahent einfinden, der, nicht weniger begründet, etwas anderes behauptet. Selbst Tatsachen sind trügerisch. Und manchmal setzt der Journalist aufs falsche Pferd. In diesem fatalen Sinne wäre sein Bericht nicht Chronik der Wissenschaftsentwicklung, sondern Dokument ihrer Irrtümer.

Insgesamt ein zwiespältiges Metier, mitunter Ammentätigkeit, mitunter Handwerk im Schatten der Koryphäen, dem eigenen Ansehen wenig zuträglich. Wen das kränkt, wer seine »Größe« nicht in dieser Dienstleistung zu erkennen vermag, der soll die Finger auch von der Chronik lassen. Der Wissenschaftsjournalist gehört zur Gilde der »Arbeiter für andere«. Nicht aus Not oder Zufall, sondern weil er meint, so das meiste bewirken zu können. Weil er Wissen und Ideen, die er für wichtig hält, publik machen will. Dank kann er dafür nicht erwarten. Im Gegenteil, er macht sich unbeliebt. Er ist lästig mit seiner penetranten Hartnäckigkeit, seiner Neugier, seinem ewigen »Dranbleiben«. Aber gerade diese Eigenschaften zeichnen ihn aus! Versagt man ihm Einsicht, er kommt wieder! Oder, glücklicher Umstand, wie im Falle dieses Buches, er ist aufgenommen in den Arbeitsbund.

Der Geistesarbeiter für andere hat, in beinahe allen schöpferischen Bereichen, bedeutende Beispiele vor Augen, wenn es darum geht, sich Mut zu machen. Ohne einen Eckermann wüßten wir sehr viel weniger über Goethe. Die Biographie Gustav Mahlers fiele ohne die drängenden Erkundungen des Musikschriftstellers Richard Specht mager aus (einen tapferen, reproduzierenden Pionier hat ihn Mahler genannt, und genau das trifft es). Ohne die Notizen Alexander Moszkowskis stünde Albert Einstein nicht so leibhaftig vor uns.

Namen, Namen ... Die große Anzahl der ungenannten Tagesschriftsteller, die fleißig das Journal geführt, hat gleich viel geleistet wie jene Vorbilder, die »ihre« Chronik bündeln konnten. Getrieben von dem unbedingten Ehrgeiz, das eben erst Geschehene, ja, den Fluß der Dinge und Ereignisse zu registrieren, werden sie genau so gehetzt, wie – bleiben wir in unserem Metier – der Forscher von Forschungszwängen seiner Disziplin. Vielleicht noch schlimmer. Denn das Spektrum, das der Journalist zu überschauen hat, ist breiter. Und so lernt er immer wieder ganz von vorn die ABCs der Wissenschaft und Technik, um aktuell berichten zu können. Die bereits auf- und oftmals abgeschriebenen Geschichten interessieren ihn allenfalls als Grundlage für weiteres. Er geht in die Laboratorien, an die Fernrohre, auf Forschungsschiffe, er befragt die Auguren der Arena, die um neueste Erkenntnisse ringen. Und er genießt den Reiz, etwas zum ersten Mal vielen Menschen mitzuteilen.

3

Das Pech des Wissenschaftsjournalisten ist es, daß er für diese Art frischer, doch notwendig unvollkommener Geschichtsschreibung in den Verlagen wenig Gegenliebe findet. Sie drucken eher zum x-ten Male »Auf den Spuren erfolgreicher Entdecker« oder Erfinder, als daß sie einem Genre ihre Titellisten öffnen, das sie nicht recht einzuordnen wissen, das zwischen zeitgenössischer Reportage und zeitgeschichtlichem Nachschlagewerk steht. »Sonne, Sturm und weiße Finsternis« ist solch ein journalistisches Buch. Deshalb hat es auch einen Redaktionsschluß. Die Autoren geben einen durchaus persönlich bestimmten Überblick über drei Jahrzehnte Antarktisforschung der DDR und deren Integration in das gesamtdeutsche Wissenschaftsgefüge. Sie schreiben über ihre Erlebnisse und Ergebnisse.

Das war für manchen Autor eine Qual. Gewohnt, nichts anderes abzufassen als Forschungsberichte, hin und wieder einen Aufsatz für eine Fachzeitschrift oder Monographie, fällt es vielen Wissenschaftlern schwer, ihre Gedanken ins Populäre umzusetzen. Ich habe, ging es ans Schreiben für einen weiten Leserkreis, völlig hilflose Naturen kennengelernt, manchen einfühlsamen, ungeübten Aufklärer, der dankbar war für jeden guten Hinweis, aber auch Männer von abstoßender Eitelkeit und hartgesottene Pedanten, die Begriffe als unverzichtbare Termini technici verteidigten, welche in noch keinem Lexikon zu finden sind. Solche Fachausdrücke und Wendungen, Idiotismen (das ist, im Sprachlichen, gar nicht negativ belegt) kennt jede Wissenschaft. Schon Diderot hat sich über Sinn und Unsinn der Berufsidiotismen ausgelassen. Der Journalist muß sie übersetzen. Manchmal wirklich nicht viel anders wie ein Sprachmittler sitzt er mit zwei Wörterbüchern und dem Duden vor einem schwer verständlichen Text, überträgt er Inhalte für seine Leser; oft muß er die jedermann einsichtige Beschreibung eines Begriffs, eines wissenschaftlichen Sachverhalts erst regelrecht erfinden. Gelingt ihm dies, darf er sich glücklich schätzen und ein wenig stolz sein, etwas Eigenes eingebracht zu haben.

Was sich hier im Stilistischen zeigt, ist der formale Ausdruck seiner Stellung überhaupt: Er ist Mittler. Vermitteln, weitertragen, das ist seine eigentliche Passion. Ergebnisse, Beobachtungen, Trends … Aber auch: wie Wissenschaft geschieht. Deshalb läßt er gern die Akteure selber zu Wort kommen, ist er mit Leib und Seele Redakteur. Ein wachsamer Zeugenbefrager. Er rückt die Hocker an den Tisch heran, im Wohnschlitten am fernen Nunatak Basisny, und läßt die Teilnehmer der Hochgebirgsexpedition über die beste Route debattieren. Er will genau wissen, wie an einer senkrechten Gletscherwand Eisproben erbohrt werden und was die Meßergebnisse besagen. Er sitzt mit im Schlauchboot vor der Insel Nelson und erlebt das Aufschlagen der Motorschraube auf dem Felsriff. Er bedenkt die schwer erklärbaren Veränderungen des Magnetfeldes der Erde, bevor er mit dem Spezialisten einen Blick auf den Pulsationsschreiber wirft. Das alles soll verständlich und soll nacherlebbar sein. In solcher Eigenschaft, als Bearbeiter von Manuskripten, reportiert er weiter, tiefer und gibt seine besten Einfälle seinen Autoren.

Kommt es darauf an, was ein Vermittler sich selber aus der Feder zieht? Ja und nein. Ein Journalist ist, was er schreibt. Aber nicht nur. Letztlich wertet ihn, was er in der Öffentlichkeit auslöst. Und jener, den ein Wind aus Doktor Faustens Bannkreis angeweht hat, möchte Wissenschaft öffentlich machen. Dieser Berufung geht er mit heiligem Ernst nach, weil er davon überzeugt ist oder, zumindest, die Hoffnung nicht aufgegeben hat, daß es einen Fortschritt der menschlichen Entwicklung gibt und daß dieser Fortschritt Wissenschaft, gepaart mit humanem Geist, voraussetzt.

Zweifler haben in den letzten Jahren die Wissenschaft angefeindet. Verwirrt von den Problemen der Zeit, ist ihnen der Kopf zu schwer geworden, nun versuchen sie, auf Händen zu laufen. Verkehrte Sicht – verkehrte Perspektive. Sie übertragen die Schuld gesellschaftlichen Versagens, die uns alle (einschließlich der Wissenschaftler), insbesondere die Politiker angeht, auf die Urheber exakter Erkenntnis. Nein, nicht der Erfindung des Bleistifts sind die Taten des Schreibtischmörders anzulasten, nicht der Erfindung des Messers die unzähligen Erdolchungen, der Mut des Prometheus rechtfertigte zu keiner Zeit den Brandstifter. Obwohl das Feuerlegen erst durch Aneignung des Feuers möglich wurde. Es ist der alte Widerspruch, der jedem Werkzeug innewohnt: es kann nutzen und kann schaden. Auf die Hand kommt es an. Und den Kopf, der sie führt.

Klarheit in den Köpfen, Genauigkeit des Denkens, das will der Journalist für Wissenschaft. Deshalb kann es nicht anders sein, als daß der wirkliche Transponent auch eine Menge kritischer oder einfach ungelöster Fragen an jene heranträgt, die es wissen müßten oder auf dem Wege sind zu besserem Wissen. Antarktika, beispielsweise, gibt bis zum heutigen Tage mehr Rätsel auf als es den wagemutigen, ausdauernden Männern aller bisherigen Expeditionen an Einsichten gewährte. Neue Ungewißheiten – der Umweltbelastung, des Naturschutzes, der wirtschaftlichen Ausnutzung, auch des politischen Schicksals der Antarktis – sind hinzugekommen. Trotzdem ist der Journalist verpflichtet, Antwort entsprechend dem Erkenntnisstand zu verlangen, wie der Wissenschaftler verpflichtet ist, Rechenschaft vor seinem ersten Auftraggeber, vor dem Volk, abzulegen. Dieses Buch ist ein Stück Rechenschaftslegung. Sowohl der Polarforscher als auch eines Journalisten. Ob es etwas bewirkt, nämlich Verständnis für die Polargebiete und Freude an der Beschäftigung mit wissenschaftlichen Phänomenen? Weder sicher noch je zufrieden mit dem Ergebnis seiner Arbeit schickt der Vermittler seine Sendungen aus und lauscht.

Register

Abendberg 75f, 94, 134
Abkühlungsgröße 28-30
Ablation 75, 130
Absorption von Funkwellen 23, 129, 130
Adeliepinguine 30, 79, 134, 171, 222, 257
Aerosol 211, 233, 243, 256, 260
Ahlmannrücken 234
Akademie der Wissenschaften 199, 211, 233, 234, 239, 250, 256, 257
AKADEMIK FJODOROW 248, 249, 260, 263, 265, 268, 269
AKADEMIK SHIRSHOW 215
Aktinien 184
Albatros 222
Albedo 79, 105
Alfred-Wegener-Institut, Bremerhaven 192, 244, 256, 257, 260, 262, 265, 266, 271
Algen 152, 165, 188, 199, 166, 239f, 254
All-sky-Kamera 26, 60, 71, 249
Alteis 188
Altersbestimmung 132, 135, 141, 150, 151, 156, 164, 165, 167, 178, 225, 229, 232, 259, 263
Amateurfunk 202, 233, 253
Amery-Peaks 108
Amery-Schelfeis 107
Amundsen-Scott, Station 151, 215
Anomalien, geomagnetische 197, 254, 270
Anorthosite 204, 228f
Anpassung der Organismen 166, 183, 231
Antarktis 168, 170
Antarktis-Kormoran 220
Antarktis-Seeschwalbe 204
Antarktische Halbinsel 193
Antarktisvertrag 170, 194, 221, 223, 233, 260, 262, 271
Antennen 22, 129, 161, 235f
Antibiotikaresistenz 114
Anutschingletscher 229, 230, 243
Ardley Island 176, 185, 220, 221
Argentine Island, Station 215
Asselspinnen 191
Astronomische Dämmerung 70

Astronomische Ortsbestimmung 32f, 37, 38, 75
Atomteststopp 134
ATT, Kettenfahrzeug 207, 226
Aufheizung der Gesteine 182, 202
Auroral Zone Absorption (AZA) 24
Ausflußgletscher 75, 92, 95
Ausstrahlung, nächtliche 20

Ballontechnik 11, 12, 13
Balneologie 114, 121
Balok 131, 132
Bardin, Wladimir 142, 163
Barometrisches Höhenprofil 90, 149
Basisny, Nunatak 226
Bathymetrie 269
Bellingshausen, Fabian von 66, 169
Bellingshausen, Station 169, 192
Benthos 176, 256
Beobachtungsmasten 100, 104-106
Bergakademie Freiberg 51, 123, 132, 141, 155, 263
Berge der Freundschaft 76, 86f, 89, 90, 93, 123, 131, 145
Bioklimatologie 28, 114, 121, 156
BIOMASS-Programm 167, 199
Biometrische Messungen 223
Biorhythmus 117
Blaualgen (Cyanobakterien) 240, 241, 242
Blaueis 227
Bodenbildung 200f, 263
Bodengrube, bodenkundliche 200
Bodeninversion 105
Bodenleitfähigkeit 161
Bodenreibung 93
Bodenschätze 110, 112, 142
Braunalgen 185, 191
Braunerde 200
Brutbiologie 221, 222
Bubnoff, Serge von 141
Bubnoff-Nunatakker 141
Bundermann, M. 176
Bundesanstalt für Geowissenschaften 258
Bunger-Oase 242, 260

Buntfüßige Sturmschwalbe   79
Burgmassiv   234
Byrd, Richard E.   122
Byrd, Station   150
Byrranga-Gebirge   261

Cain, Viktor   112
Campbell-Gletscher   75, 86, 95, 102
Charkowtschanka   82, 180
Clairault, Alexis Claude   47
Coatsland   234
Collins-Gletscher   192, 223
Cook, James   233
Cumpstone-Massiv   108

D-Schicht   23, 24, 57, 129, 250
Dakshin Gangotri, Station   208, 218, 234, 238
Dallmann, Eduard   169
Dauerfrostboden   200, 260
Davis, Station   167, 173, 174
DDT-Verbreitung   114
Deformation der Erdkruste   165, 266
Deformation der Gesteine   137, 231, 232
Deklination   195
Dellde-Gletscher   270
Desaquamation   154
Deuterium   132, 143, 150, 152, 153, 155, 218, 256
Deutsche Antarktisexpedition 1938   123, 176, 181, 199
Deutsche Südpolarexpedition 1901   9, 10, 48, 173
Diabase   112
Dieselelektrostation   137, 206f
Dissoziation   70
Dobson-Spektrometer   9, 15
Dominikanermöwe   224
Dopplermessungen   233, 236
Drakestraße   219
Dredge   190, 192
Drift der Kontinente   140
Drushba, Außenstation   12
Drushnaja I   138, 218
Drushnaja II   176
Drygalski, Erich von   9, 10, 48, 173
Drygalski-Insel   9, 10
Dufekmassiv   142, 167

E-Schicht   23, 57, 70, 130
Eckhörner   259
Eis, pleistozänes   179, 180, 238
Eisabbruch   59, 218
Eisaufklärung   61

Eisbedeckung   60, 62, 95, 165, 169, 177
Eisberge   93, 192, 218
Eisbewegung   26, 28, 37, 56, 78, 79, 86, 148, 226, 229, 243, 245, 258
Eisdicke   18, 92, 94, 139, 152, 162, 246, 258, 270
Eisenerze   107, 112
Eisenoxide im Boden   200, 203
Eisfreiheit   135, 152, 156, 164, 165, 232, 259, 263
Eiskappe   94, 152, 177, 179, 261
Eispressungen   153
Eisrückgang   79, 164, 174, 175
Eisschichtung   88, 150, 153, 180
Eistemperatur   92
Eisuntersuchungen   88, 132, 150f, 178f
Eiswand   150, 178, 179
Eiswüste   169
Eiszeit   95, 152, 260
Ekström, Bertil   256
Ekström-Schelfeis   256
Elektrojet   250
Elektromagnetische Strahlung   129
Elektronendichte der Atmosphäre   23, 57, 129, 250
Elektrostatische Erscheinungen   23, 60, 67, 157, 158
Else-Plattform   243
Enderbyland   95
Energieniveaus   249, 250
Energieumsetzung in der Atmosphäre   123, 128-130, 143
Entfernungsmeßgeräte   100, 245
Epischelfseen   153, 156, 162, 243, 256
Erdellipsoid   47
Erdgezeiten   46, 66f
Erdung   21, 23, 159-161
Erwärmung, globale   177, 180
Erzbildungen   218, 228, 229, 231, 254, 259
Eselspinguine   171, 220, 221
ESTONIA   33
Eutrophierung   183, 192
Evaluation der Institute   257

Fading   25
Fahrtrassen   208, 243, 246, 258
Fallwinde   61, 62, 93, 102, 103, 105, 106, 155
Faltung   112, 141
Farman, Joe C.   211, 216
Fata Morgana: siehe Refraktion
Faulschlick   192
Fedtschenko-Gletscher   276
Feldlinien, magnetische   71, 128, 130
Feldspäte   153, 231
Feldstärke, magnetische   160

289

Fels(Stein-)wüste 109, 163, 242
Festpunkte 78, 233, 266
Festpunktnetz 243, 245, 258, 259
Filchner, Wilhelm 138
Filchner-Schelfeis 124, 138, 139, 218, 267
Filchner-Station 268
Fildes-Halbinsel 169, 223
Fildesstraße 190
FINNPOLARIS 208
Finsterwalder, Richard 276
Flechten 79, 152, 153, 165, 231, 241
Fließgeschwindigkeit 56, 86, 87, 93, 139, 148, 245, 246, 258
Flohkrebse 183, 188, 189, 192f
Flugverkehr 17, 223, 267, 268
Fluorchlorkohlenwasserstoffe 215
Forschungsstelle Potsdam des AWI 257, 260
Forschungsstelle Wirbeltierforschung 199, 257
Forster, Georg 233
Fossilien 141, 142
Franz-Joseph-Land 275
Frigorimeter 28, 30
Frostmusterböden 79, 248
Funkstation 234f
Funkwellenausbreitung 21f, 57, 64, 123, 129

Ganggesteine 230
GANOVEX-Expedition 257
Garwitz, Mecklenburg 240, 284
Gasbranderreger 114
Gauss 9, 173
Gaußberg 48, 173
Gebietsansprüche 223
Geodätische Traverse 26, 27, 52f, 75, 78, 80f, 87, 143f 144f, 147, 245
Geodätisches Institut Potsdam 46, 48
Geoid 47
Geolog, Außenlager 176
Geomagnetische Profile 243, 255
Geomagnetisches Observatorium Niemegk 156, 176, 193, 197, 236, 248
Geomagnetisches Programm 156, 159f, 167, 176, 193f, 225, 233, 245, 254
Geomagnetismus 159, 194f, 254
GEOMAUD-Expedition 257, 271
Geometrisches Nivellement 97
Georg Forster, Station 233f, 236, 252, 259, 260, 262, 271
Georg von Neumayer, Station 239, 251, 252, 256
Gezeitenpegel 243, 256
Gezeitenspalten 92

Gezeitenströmung 191
Gigantismus, biologischer 185
Gletschergrund 92, 93
Gletscherspuren 78, 154, 163
Gletscherwellen 94
Gletscherwind, siehe Fallwind
Gletscherzunge 92f, 148
Glimmer 109
Gneise 79, 108, 112, 141, 163
Goldalge 242
Gondwana 140, 193, 212
GPS-Messungen 266, 267
Grabenbruch, siehe Rift
Gradienten 19, 104, 106
Granat 79, 109, 231
Granite 112, 141
Gravimeterfaktor 68
Gravimetrie 46f, 64, 66, 243, 256, 263, 270
Gruberberge 246, 269, 270
Grundeis 92, 94
GT-T, Kettenfahrzeug 82
Guanoalter 135
Guettard Range 193, 204

Haarsterne 189
Halley Bay, Station 124, 215, 251, 268
Haswellinsel 30
Haysgletscher 75f, 86f, 91f, 102, 131f, 143f
Hebung der Küste 165
Helengletscher 55, 56
Helmert, Friedrich Robert 46, 47
Henryk Arctowski, Station 172
Herbert Mts. 143
HESPERIDES 183, 192
Hillock-Insel 107
Hornblende 109
Humboldtgebirge 238, 243, 244, 246, 253, 258, 259
Humboldtgletscher 246, 248
Huminsäure 203
Hutton Mts. 204
Hydrologie 153, 156, 182, 269

Impulssondierung der Atmosphäre 130, 137
Indikatorarten 171, 192, 211, 221
Inklination 196
Inlandeis 62, 76, 104, 126, 155, 162, 165, 178, 207, 258
Institut f.solar-terrestrische Physik 57, 123
Institut Ostseeforschung Warnemünde 259
Internat. Geophysikalisches Jahr 128, 275, 277
Internationale Grönlandexpedition 97

Internationale Magnetosphärenstudie 123, 129
Interplanetares Magnetfeld 143
Intrusion 124, 142, 254
Inversion 246
Ionisation 21f, 70f, 130, 143
Ionosphäre 15, 64, 70, 123, 129, 130, 248, 250
Ionosphärisches Forschungsprogramm 22, 123, 129, 143
Isotope 132, 149, 178
Isotopenphysik und -chemie 123, 143, 153, 156, 164, 204, 218, 225, 232, 233, 238, 243, 269
Isotopenverhältnisse 132, 149f, 178, 225

Jahr der ruhigen Sonne 128
Jetty-Oase 63, 96, 212
JOHANNES R. BECHER 172
Jubany, Station 225
JUNGE GARDE 172

Kaiserpinguine 30
Kaltzeit 94, 176, 178, 180, 259, 260, 263
Kap Chmara 33, 54
Kap Norwegia 124
Kap Ostry 124, 126, 177, 237
Kapitän Gotski 205, 209, 210
Kapitän Markow 61, 124, 167, 177
Kapitän Myschewski 211, 212
Kartierung
– biologische 199, 165, 204
– geologische 96, 37, 107, 204, 218, 225, 231, 259
– hydrologische 156, 163
– topographische 90, 174, 226
– glaziologische 89, 148
– geomagnetische 193, 196, 197, 245, 254, 255
Kastenbussole 54
Katabatische Winde, siehe Fallwind
Kernreaktionen 132
Kettentraktor 83
Kimberlit 212
King George Island 168f, 223
Kit, Nunatak 226
Klima 17, 178
Klimaänderung 56, 132, 150, 152, 177, 179, 180, 211, 215, 259
Kohlendioxid 151, 225, 256, 269
Kohlenstoffisotope 151
Kohlevorkommen 110, 140
Koldeway-Station, Spitzbergen 260, 261
Konvergenz 168
Korotkewitsch, Jewgenij 284
Korrasion 90

Kosmische Strahlung 129, 130, 132, 137
Kosmischer Staub 132
Kosmisches Rauschen 129, 236, 248, 249, 250
Kraulberge 234
Krill 170
Kristallines Fundament 107, 108, 112
Krustenbildung, planetare 204, 229, 257
Küstenlinie 162, 164, 177, 178, 219

Labas-See 261
Lambert-Gletscher 62, 63, 93, 94, 107f, 212
Laplace, Pierre Simon 47
Larsemann-Hügel 167, 173f
Lasarew, Michail 66
Latady Mts. 199
Lauter, Ernst-Ludwig 123
Levinson-Lessing-See 261
Lichtverhältnisse 19, 121, 204
Litoral 176
Lorentz-Kraft 250
Lotschwankungen 64
Luft, »prähistorische« 151
Luftfeuchte 153-155, 159, 169, 218, 256
Luftschicht, bodennahe 96, 104

Magenöl 223, 232
Magmatite 142, 229, 232, 259
Magnetfeld 23, 24, 71, 128f, 159f, 167, 195, 245, 249, 250
Magnetismus der Gesteine 193, 197
Magnetohydrodynamik 250
Magnetometer 160, 167, 197, 225, 248, 249
Magnetometerkette 233, 238, 246, 250
Magnetosphäre 123, 128f, 143, 159, 160, 176, 196
Magnetpole 23, 71, 159, 195, 196
Magnetschweif 250
Magnetsturm, Substorms 24, 25, 130, 195, 196
Maitri, Station 209, 236, 238
Marmor 142, 259
Massebilanz des Eises 75, 88, 92, 93, 95, 148, 177, 266, 270
Massenspektrometer 259
Mawson, Station 107
Mawson-Abbruch 63, 107, 108
Maxwell Bay 171, 192, 219f
Medizinische Akademie Erfurt 114
Meeresgezeiten 66, 92, 162, 243, 256
Menzelkette 230, 231
Meßwerterfassungssystem 225, 233, 236, 249, 256
Metabasite 109
Metamorphe Gesteine 107, 112

Metamorphose 137
Meteorologischer Dienst der DDR 15, 17, 114, 211
Methan 269
MICHAIL LOMONOSSOW 276
MICHAIL SOMOW 235, 237, 249
Middle Atmosphäre Program 25
Mirny 66
Moose 79, 152, 165, 241, 242
Moränen 62, 94, 108, 109, 165, 203, 227, 232, 248, 259, 260, 269
Morphologie 62, 258
Mt.Maguire 108f
Mt.McDummet 111
Mt.Menzies 108
Mt.Riiser-Larsen 37
Mt.Ritscher 228, 254, 259
Mt.Ruker 107, 111, 112
Mt.Seekopf 230
Mt.Stinear 111, 112
MTLB, Kettenfahrzeug 207
Mülldeponien 262
Mumijo 232
Muscheln 184

Nachthimmelsstrahlung 70f
NADESHDA KRUPSKAJA 83
Nahrungskette 170, 183, 222
Nansen, Fridtjof 261
Napfschnecken 183
NAWARIN 83
Neptun Range 143, 156
Neulasarewschelfeis 178, 271
Neumayer, Station 216, 256, 268, 271
Neutralgas 23, 24
Niederschlag 88, 132, 134, 151, 153, 169, 256
NINA SAGAJDAK 96
Nord-Viktoria-Land 257
Nordwestinsel (Gebirgsmassiv) 238, 243, 246f, 259
Norilsk-Taimyr-Expedition 260
Normwert-Abweichungen 117
Nunatakker 38, 87, 108, 109, 166, 181, 218, 225, 243

Oasen, antarktische 78, 126, 128
Oasenklima 79, 126, 166
Oasenseen 151f, 156, 259
Ob 26, 43, 55, 60, 85, 114, 281
Obergurgel, Österreich 276
Obersee 230, 259
Observatorium Kühlungsborn 15, 22, 24, 57, 143
Observatorium Lindenberg 211
Ökologie-Programm 262f

Ökologische Nischen 183
Ökosystem 170, 171, 192, 221, 224
Olenjok 96, 98
Operation »High Jump« 106
Otradnaja, Nunatak 227, 229, 253, 258
Ozon, atmosphärisches
– Ballonstarttechnik 213, 214
– Dobson-Einheit 9, 216
– Gesamtozongehalt 9, 215, 216, 256
– Haushalt 15, 215
– Langzeitmessungen 212f, 218, 256
– Maximum 9, 214, 216, 217
– Meßstationen 215
– Minimum 9, 216, 217
– natürlicher Jahresgang 9
– Ozonloch (Frühjahrsanomalie) 211, 216, 217, 225
– Ozonschicht 212, 218
– Reduktion 211, 216, 217
– Sonden 123, 211, 112
– Transport 217
– und Strahlungshaushalt 215
– vertikale Verteilung 123, 211, 216, 217, 225, 256
– Zerstörung 215, 217
Ozon, bodennahes 9, 15

Packeis 62
Paläoklimatologie 178, 179, 260
Paläomagnetik 193
Palmer, Nathaniel 169
Palmerland 204
Parasitologie 167, 170, 176
Partikel(Korpuskular-)strahlung 24, 25, 57, 71, 128f, 143
Pegmatite 153
Penck, Albrecht 138
Pendelmessungen 46f, 64
PENGINA 61, 142
Pensacola Mts. 96, 142, 156, 167
Petermann-Ketten 246, 255
Philipps, Horst 276, 277
Photogrammetrie 78, 86, 88, 174, 176, 230, 243, 276
Phototheodolit 78, 89
Physiologie 114, 117, 121, 204
Phytoplankton 152, 170, 187
Pinguine 168f, 219, 221
Pipes 212
Plasmapause 128
Pobeda, Außenstation 12
Podprudnoje-See 238, 236
POLAR QUEEN 271
Polarbekleidung 205, 278

Polarjahre 275
Polarkappenabsorption (PCA) 24
Polarlicht 24, 70f, 82, 129, 160, 196, 249, 250
Polarlichtspektrograph 71
Polarlichtzone 71, 123, 128, 130, 143, 250
Polarmedizin 117, 120, 204
Polarnacht 19, 68, 87, 214
POLARSTERN 244, 252, 256, 259, 265
Polarwirbel 216, 256
Populationsökologie 199, 204, 220, 243
Potentialstruktur 250
Priednikowoje-See 238, 236
Prince Charles Mts. 62, 106f, 243
PROFESSOR SUBOW 69, 193
PROFESSOR WIESE 58, 64, 96, 114, 164
Proteinstoffwechsel 204
Prydsbucht 107
Psychische Belastung 68, 101, 115, 118, 133, 142, 198, 253, 279
Pulsationen, geomagnetische 159f, 167, 196, 249, 254
Punktbestimmung, geodätische 78, 143, 236

Radarsondierung 94, 246, 258, 267
Radiokohlenstoff (C-14) 135, 164, 225, 259
Radioluminiszenz 263
Radionuklide 132
Radiosonden 12
Rare Range 193
Rawitsch, Michail 110
Rayner-Gletscher 87, 93
Read Mountains 137f
Reflektor 100, 244, 245
Reflexion von Strahlung 18, 75
Refraktion des Lichtes 26, 87, 96f, 104
Refraktionserscheinungen 81, 97, 102, 106, 246
Refraktionskoeffizient 97, 104, 106
Refugium 176, 221, 238
Reibungswärme 92
Reicheneder, Karl 48
Rekombination 70
RESOLUTION 233
Ressourcen, biologische 170
Richardsonsee 37
Riesensturmvogel 199, 220, 224
Riesenwasserassel 185, 189
Riftstrukturen 63, 92, 270
Riometer 24, 249
Ritscher, Alfred 123, 176, 181
Robben 168f, 205
Robbenkrankheiten 225

Robbenmumien 163
Robbenschläger 169
Röhrenwürmer 191
Ronne-Schelfeis 176
Rose, John C. 49, 51
Rosenquarz 226
Ross-See 249
Rossrobbe 170
Rückwärtseinschnitt 54
Rutil 259
Ruttner-Schöpfer 152

Satelliten 57f, 60, 61, 218, 263
Satellitenbildprogramm 61, 218
Satellitengeodäsie 236, 243
Sauer, S. 176
Sauerstoffisotope 150, 152, 153, 178
Sauerstoffverbrauch 121
Sawadowski-Eiskappe 12, 173
SCAR 167, 194, 199, 224, 266
Schelf, Sommerstation 176
Schelfeis 58, 59, 62, 153, 162, 178, 179, 258
Scherspalten 227
Schichtung im Wasser 153, 162, 269
Schieferung 112, 231
Schiffsmagnetismus 193
Schiffspresse 250
Schirmacher, Richard 123
Schirmacher-Oase 126, 128, 149f, 162f, 178f, 200, 249, 266
Schlangensterne 184
Schmelovsky, Karl-Heinz 57
Schmelzwasser 93, 108, 125, 126, 152, 156, 163, 255
Schnecken 184, 188
Schneealgen 242
Schneegrube, glaziologische 88, 180
Schneesturmvögel 90, 166, 231
Schneesumpf 207, 208, 255
Schneetreiben 86, 102, 248
Schneezutrag (Akkumulation) 56, 88, 93, 134, 178, 179, 243
Schnurwürmer 184, 187
Schüssel, Moränenfeld 259
Schutzmaßnahmen 169, 170, 205
SCHWABENLAND 123, 176, 199
Schwämme 185
Schwefelwasserstoff 192, 269
Schweregezeiten 64
Schweresystem, Internationales 47
Schweresystem, Potsdamer 47
Schwerkraftmessungen 46f, 66

Scott, Robert 110
Scottberge 37
Seal 169
Sedimente in Süßwasserseen 178, 199, 259, 260, 266, 269
Sedimente, äolische 263
See-Eisgrenze 61, 62
See-Elefanten 169, 170, 221, 225, 226
Seeanemonen 183, 184
Seebären 169, 170, 205, 220
Seegurken 191
Seeleopard 80, 185, 220
Seescheiden 184
Seesterne 185, 187
Seevermessung, geomagnetische 193
Sewernaja Semlja 261
Shackleton Mts. 96
Shackleton Range 140
Shackleton-Schelfeis 12
Shackleton, Ernest Henry 138
Shirase-Gletscher 93
Sibirien 260, 261
Sicherheit 38, 85, 101
Sichtzylinder 55, 78
Skaife Mts. 199
Skaly IGA 181
Ski-Doo 141, 258
Slot-Region 143
Smith, William 169
SMOW-Standard 150, 153
Sodrushestwo, Sommerstation 96, 109
Sojus, Sommerstation 243
Solowjew, Dimitri 107, 110
Somow, Michail 43, 278
Sonnenaktivität 23, 24, 71, 73, 129, 130, 160, 178, 197
Sonneneinstrahlung, direkte 18, 28, 90, 126, 202
Sonnenfleckenmaximum 64
Sonnenkompaß 54
Sonnensterne 184
Sonnenwind 128, 159, 249, 250
Sör-Rondane-Gebirge 206
Spaltenzonen 62, 77, 85, 92-94, 133, 144, 181, 227, 246, 253, 258
Sparkmann, I. S. 51
Spektralphotometer 64, 71, 129
Spitzbergenexpedition der DDR 86, 280
Spoonerbucht 75
Sprengseismik 270
Spurengase 212, 215, 216
Stationsaufbau 128

STEFAN KRASCHENINNIKOW 263
Steinringe 79
Steinschlag 111
Stofftransport 178, 181, 246
Stokes, George 47
Störungszonen, geologische 62, 63, 109, 112, 232, 233, 270
Strahlungsbilanz 104-106, 152
Strahlungshaushalt 9, 18, 20, 60, 61, 62, 215
Stratigraphie 137
Stratosphäre 32, 214, 215
Stratosphärische Wolken 216
Streckenmessung 81
Stromatolithen 141
Stromfelder, ionosphärische 248, 250
Strukturgeologie 111, 137, 156, 243
Sub, See 151, 209
Subantarktis 168
Sublimation 182
Süd-Shetland-Inseln 168
Südgeorgien 169
Südpolare Raubmöwe (Skua) 80, 135, 154, 163, 166, 224, 231
Symbiose 184, 242
Synoptik 26, 27, 32, 59
Syowa, Station 215, 251

Taimyr-Halbinsel 261
Technische Universität Dresden 53, 75
Tektonik 62, 108, 137, 156
Temperaturprofil, vertikales 104-106
Teniente Marsh, Station 192
Testfläche, bodenkundliche 202
Thermoregulation 118
Theron Mts. 140
Tiefbohrungen in Eis 150, 152, 177, 179, 180
Tiergeographische Regionen 168
Tintenstriche (Algologie) 241, 242
Totalintensität, geomagnetische 160, 195, 196, 233, 249
Toteis 182
Tourismus 211, 223, 224
Toxikologie 114
Trail, D. S. 107
Transantarktisches Gebirge 106, 110, 139
Trematomus 190
Tributärgletscher 63, 107, 108
Trigonometrie 54, 55, 88, 97f
Tritium-Messungen 123, 132, 134
Trjoschnikow, Alexej 66
Troposphäre 32

Trübung der Atmosphäre 18, 28, 32
Tujuksu-Gletscher 276, 277
Tulaberge 32, 37

Uferterrassen 163, 165
Umweltverschmutzung 192, 224, 262
Universität Oxford 259
Universität Potsdam 258, 263
Universität Rostock 239
Untersee 181, 182, 199, 254, 259, 266, 269
Untersee-Oase 240, 242, 243, 253f
UV-Strahlung 70, 71, 215

Variationen, geomagnetische 160, 196, 249
Verdunstung 182
Verwitterung 79, 90, 141, 154, 163, 200, 202, 263
Vögel 168, 220
Vogelberingung 205, 223
Vogelschutzwarte Hiddensee 205
Vulkanstaub 132

Walter, Johannes 163
Wärmeempfinden 28, 30
Wärmestrahlung 15, 18, 20, 108, 221
Warmzeit 178
Wasserbildung bei Frost 90, 182
Wassergewinnung 68
Wasserstoffisotope 150, 178
WASSILI FEDOSSEJEW 193, 195
Weddell, James 138
Weddellmeer 138, 218
Weddellrobbe 225

Wegener, Alfred 48, 140, 277
Wegener-Eisplateau 248
Weiken, Karl 48
Weiße Finsternis 13, 119
WERNER KUBE 172
Westwinddrift 223
Wetterbeobachtung 11, 18, 27, 231, 236
Wetterbildempfangsanlage 57, 60
Wetterbilder 57f
Weyprecht, Karl 275
Wild, Heinrich von 275
Windgangeln (Sastrugi) 89, 268
Windschliff 231, 248
Wirbellose 183f
Wohlthatmassiv 125, 181, 199, 204, 218, 225f, 246, 258
WOSTOK 66
Wostok, Station 65f, 150
Wüstenlack 163

Zentralinstitut für Isotopen- und Strahlenforschung, Leipzig 151, 154, 155, 179, 199, 204, 239
Zentralinstitut für Physik der Erde 46, 130, 233, 236, 238, 257, 278
Zielstrahl 104
Zirkulation der Luftmassen 143, 151, 153-155, 217
Zirkulation, hochatmosphärische 215, 217
Zooplankton 170
Zügelpinguine 171, 183, 222
Zyklonen 12, 105, 154